Theorie in der Archäologie:
Zur jüngeren Diskussion
in Deutschland

Tübinger Archäologische Taschenbücher

herausgegeben von
Manfred K. H. Eggert (Tübingen)
und Ulrich Veit (Leipzig)

Band 10

Waxmann 2013
Münster / New York / München / Berlin

Manfred K. H. Eggert,
Ulrich Veit (Hrsg.)

Theorie in der Archäologie:
Zur jüngeren Diskussion
in Deutschland

Unter Mitarbeit von
Melanie Augstein

Waxmann 2013
Münster / New York / München / Berlin

Bibliografische Informationen der Deutschen Nationalbibliothek
Die Deutsche Nationalbibliothek verzeichnet diese Publikation in
der Deutschen Nationalbibliografie; detaillierte bibliografische
Daten sind im Internet über http://dnb.d-nb.de abrufbar.

Tübinger Archäologische Taschenbücher, Band 10

ISSN 1436-5219
ISBN 978-3-8309-2967-3

© Waxmann Verlag GmbH, Münster 2013
Steinfurter Straße 555, 48159 Münster

www.waxmann.com
info@waxmann.com

Umschlaggestaltung: Pleßmann Design, Ascheberg
Satz: Sven Solterbeck, Münster

Gedruckt auf alterungsbeständigem Papier,
säurefrei gemäß ISO 9706

Vorwort

Vor einer Reihe von Jahren hatte einer von uns (U. V.) die Idee, die zehnjährige Wiederkehr des Erscheinens des ersten Bandes der *Tübinger Archäologischen Taschenbücher* (TAT) im Jahre 1998 zum Anlass für die Herausgabe einer ähnlichen Veröffentlichung zu nehmen. War jener Band der englischsprachigen Theoriediskussion gewidmet, sollte der neue einen kritischen Überblick zum aktuellen Stand der Grundsatzdebatte in der deutschsprachigen Prähistorischen Archäologie liefern.

Ursprünglich war geplant, dieselben Autoren wie 1998 für dieses Projekt zu gewinnen – eine Absicht, die sich jedoch nur eingeschränkt umsetzen ließ, da einige Kollegen aufgrund anderer Verpflichtungen zwischenzeitlich absagen mussten. Wir baten daher andere um ihre Mitarbeit – auch dies trug zur langen Vorbereitungszeit dieses Bandes bei. Wir sind froh, dass es letztlich dennoch gelungen ist, dieses Vorhaben zu verwirklichen, und wir danken allen Beteiligten für ihre Unterstützung und Geduld.

Auch wenn die zehnjährige Wiederkehr der Veröffentlichung des ersten Bandes der TAT-Reihe inzwischen längst verstrichen ist, müssen wir dennoch auf Zahlensymbolik nicht gänzlich verzichten: Dieser TAT-Band trägt die Nummer 10.

Es bleibt uns nur noch, Melanie Augstein und Dirk Seidensticker für ihren großen Einsatz bei der Redaktion der Manuskripte zu danken. Außerdem gilt unser Dank wie üblich Beate Plugge, die die Zusammenarbeit mit dem Waxmann Verlag wieder einmal sehr angenehm gestaltete.

Tübingen und Leipzig, im Juli 2013

Die Herausgeber

Inhalt

Ulrich Veit und Manfred K. H. Eggert

Einführende Bemerkungen

Anders als noch vor wenigen Jahrzehnten kann man der deutschen Ur- und Frühgeschichtlichen Archäologie heute nicht mehr pauschal ›Theoriefeindlichkeit‹ vorwerfen. Vielmehr ist ein nicht unbeträchtlicher Teil der jungen Archäologinnen und Archäologen an Fragen von Theorie und Methode interessiert, wobei dieses Interesse meist eng mit einem Interesse an der Geschichte der Archäologie verbunden ist. Natürlich reicht das noch längst nicht aus, und man wünschte sich einen noch stärkeren Zuspruch zu diesen Grundlagenbereichen. Dies erscheint jedoch angesichts der immer noch eher beiläufigen Vermittlung der theoretischen und methodischen Basis an den Universitäten durchaus nicht leicht. Dennoch ist der Fortschritt, der in den letzten zwei Jahrzehnten auf dem uns hier interessierenden Feld der im engeren Sinne archäologischen Theorie und Methode erzielt wurde, zu offenkundig, um ignoriert werden zu können.

Wie sehr sich die Gesamtsituation tatsächlich verändert hat, lässt sich etwa an der Veröffentlichung einführender Fachliteratur ablesen. Für Generationen von Studierenden bot die erstmals 1959 erschienene *Einführung in die Vorgeschichte* von Hans Jürgen Eggers (1906–1975) den Studierenden einen eng an der Fachgeschichte orientierten ersten Zugang zum Fach. Darüber hinaus vermittelte ›der Eggers‹ anhand sehr gut gewählter Beispiele die Grundlagen archäologischer Quellenkritik und Methodik.

Obwohl seit der Erstauflage unverändert – der dritten Auflage von 1986 wurde lediglich ein Nachwort von Georg Kossack hinzugefügt –, wird dieses Buch von den Studierenden auch heute noch vielfach geschätzt. 2004 erschien eine vierte Auflage, zu der Claudia Theune ein Nachwort beisteuerte. 2005 folgte die fünfte und 2010 die sechste Auflage. Dabei ist diese Einführung seit mindestens 25 Jahren in vielen Teilen überholt, und zudem hat sie das Fach schon zur Zeit ihres Erscheinens weder systematisch repräsentiert noch seine Schwerpunkte angemessen gewichtet. Daher überrascht es ungeachtet aller Verdienste dieses Werks, dass es mehr als 40 Jahre dauerte, bis diese Einführung durch eine neue ersetzt wurde.

Seit 2001 sind ›dem Eggers‹ drei neue Einführungen an die Seite gestellt worden, die in einem beträchtlichen Maße auch dezidiert erkenntnis- und kulturtheoretische Aspekte berücksichtigen (Eggert 2012; Eggert/Samida 2013; Trachsel 2008). Darüber hinaus wurden inzwischen auch mehrere Bücher vorgelegt, die aus einer theoretisch-methodischen Perspektive heraus versuchen, die verschiedenen archäologischen Einzelfächer gesamthaft darzustellen (Bernbeck 1997; Eggert 2006).

Ähnlich klar wie die neuen Facheinführungen spiegeln die *Tübinger Archäologischen Taschenbücher* (TAT) seit 1998 die Veränderung des noch bis weit in die 1980er Jahre hinein größtenteils unentwickelten Theorie- und Methodenbewusstseins in der deutschsprachigen Archäologie wider. Den beiden Herausgebern dieser Reihe ist es vom ersten Band an darum gegangen, der Grundlagenreflexion in der deutschsprachigen Archäologie ein Forum zu bieten, und wir freuen uns, dass diese Möglichkeit, sich an Grundsatzdebatten zu beteiligen, von so vielen Kolleginnen und Kollegen unterschiedlichster Altersgruppen genutzt wurde.

Die bisher erschienenen neun Bände sprechen für sich selbst. In ihren wird die internationale Diskussion über Grundsatzfragen eingehend analysiert und kritisch kommentiert.

Der hier vorgelegte Band 10 weicht insofern etwas von diesem Schema ab, als er die jüngere deutschsprachige Theoriedebatte selbst in den Fokus rückt. Inhaltlich gesehen bildet er somit ein Pendant zum ersten TAT-Band von 1998, der – mangels ausreichender Alternativen – noch ganz der englischsprachigen Theoriediskussion gewidmet war (Eggert/Veit 1998). Trotz aller Sympathie für den Gegenstand ihrer Erörterung zeigen die Beiträge in TAT 1 aber deutlich, dass es ihren Verfassern nicht um Affirmation, sondern um eine kritische Aneignung der englischsprachigen Entwicklung ging. Dahinter stand vor allem die Frage, welchen Gewinn die deutschsprachige Forschung aus einer intensiveren Beschäftigung mit den entsprechenden Schriften ziehen könnte. Diese Frage ließ sich seinerzeit zwangsläufig nur hypothetisch beantworten. Mit der Distanz von 15 Jahren können wir heute dagegen schon eher beurteilen, inwieweit die internationale Theorie-Debatte auf die deutschsprachige Archäologie durchgeschlagen hat und wie sich die Akzente der archäologischen wie kulturwissenschaftlichen Grundsatzdebatten verschoben haben. Dies zu klären, ist deshalb eine der Aufgaben, die die beiden Herausgeber den Autorinnen und Autoren von TAT 10 und damit auch sich selbst gestellt haben.

In ihren Beiträgen beleuchten sie jeweils einen zentralen Forschungsbereich, wobei der Fokus dort besonders auf Fragen der expliziten und impliziten Theoriebildung liegt. Überschneidungen zwischen den einzelnen durch Schlagworte wie ›Kultur‹, ›Umwelt‹, ›Wirtschaft‹, ›Gesellschaft‹, ›Raum‹ und ›Ethnizität‹ umschriebenen Bereichen (z. B. zwischen Gräber- und Sozialarchäologie oder zwischen Wirtschaftsarchäologie und archäologischen Raumanalysen) wurden dabei bewusst in Kauf genommen.

Um eine gewisse Einheitlichkeit der Präsentation zu gewährleisten, wurden die Mitarbeiterinnen und Mitarbeiter gebeten, möglichst dafür Sorge zu tragen, dass die einzelnen Beiträge folgende Punkte enthalten:

- Eine Skizze der langfristigen Entwicklung des behandelten Forschungsbereiches sowie der wesentlichen Veränderungen der Fragestellungen (etwa: affirmative Anknüpfung an die ältere Forschung oder kritische Absetzung davon)

und ihrer Hintergründe (etwa: Verarbeitung von Anregungen der internationalen Fachdebatte oder aus anderen Fächern),
- eine Vorstellung und kritische Bewertung wichtiger Forschungsbeiträge der letzten drei Jahrzehnte mit einem Fokus auf Fragen der Theoriebildung bzw. Methodologie,
- die Formulierung von Perspektiven für die zukünftige Forschung.

Insgesamt sollte der Schwerpunkt der jeweiligen Erörterungen eindeutig auf der jüngeren deutschsprachigen Debatte liegen. Internationale Entwicklungen waren in diesem Sinne nur insofern relevant, als sie von der deutschen Forschung rezipiert wurden. Sie konnten bzw. sollten von den Autorinnen und Autoren aber auch dann aufgegriffen werden, wenn sie eine Kritik bzw. substantielle Erweiterung der deutschsprachigen Forschung beinhalteten.

In ihrer Gesamtheit repräsentieren die hier versammelten Beiträge ein recht buntes Kaleidoskop archäologischer Grundlagenreflexion. Wer sich mit ihnen im Einzelnen beschäftigt, wird feststellen, dass alle Autorinnen und Autoren bemüht waren, ihr Thema nicht nur möglichst breit, sondern auch mit der nötigen kritischen Sonde anzugehen. Es besteht kein Zweifel, dass das Generalthema noch sehr viele andere Aspekte und Facetten birgt; eine noch weiter ausgreifende Perspektive wäre also durchaus sinnvoll und wünschenswert gewesen, lag jedoch außerhalb unserer Möglichkeiten. Wir hoffen indes, dass dieser Band dennoch als Ansporn und Anregung für zukünftige Grundlagendiskussionen dienen wird.

Literatur

Bernbeck 1997: R. Bernbeck, Theorien in der Archäologie. UTB 1997. Tübingen u. a.: Francke.

Eggers 1959: H. J. Eggers, Einführung in die Vorgeschichte. München: Piper 1959. [³1986 mit einem Nachwort von G. Kossack; Neuauflage, hrsg. von Th. Jaeger u. Ch. Krauskopf mit einem Nachwort von C. Theune. Berlin: skrîpvaz ⁴2004; ⁶2010.]

Eggert 2006: M. K. H. Eggert, Archäologie: Grundzüge einer Historischen Kulturwissenschaft. UTB 2728. Tübingen u. a.: Francke 2006.

Eggert 2012: Ders., Prähistorische Archäologie: Konzepte und Methoden. UTB 2092. Tübingen u. a.: Francke ⁴2012. [Erstauflage 2001.]

Eggert/Samida 2013: Ders./St. Samida, Ur- und Frühgeschichtliche Archäologie. UTB basics 3254. Tübingen u. a.: Francke ²2013. [Erstauflage 2009.]

Eggert/Veit 1998: Ders./U. Veit (Hrsg.), Theorie in der Archäologie: Zur englischsprachigen Diskussion. Tübinger Arch. Taschenbücher 1. Münster u. a.: Waxmann 1998.

Trachsel 2008: M. Trachsel, Ur- und Frühgeschichte: Quellen, Methoden, Ziele. UTB 8369. Zürich: Orell Füssli 2008.

Manfred K. H. Eggert

›Kultur‹: Zum praktischen Umgang
mit einem Theoriekonzept[*]

»Archäologen würden gewiß auch Mausefallen selbst als Kultur
ansehen, wir dagagen nur die im Objekt reproduzierte Möglichkeit,
sie zum Gegenstand von Kommunikation zu machen.«

N. Luhmann (1984, 224 Anm. 49)

ZUSAMMENFASSUNG: Nach einer Einleitung in das Anliegen dieses Beitrages und begrifflichen Klärungen wird im ersten Teil das konventionelle Kulturkonzept in der
deutschsprachigen Ur- und Frühgeschichtlichen Archäologie einschließlich seiner auf
V. G. Childe zurückgehenden Systematisierung behandelt. Daran schließt sich eine Erörterung des funktionalistischen, positivistischen, historistisch-diffusionistischen und
evolutionistischen Kulturkonzeptes an. Es folgt eine Charakterisierung des semiotisch-
kommunikationstheoretischen Forschungsansatzes und entsprechender Überlegungen
zum Kulturkonzept in der gegenwärtigen Archäologie. Abschließende Bemerkungen
beschäftigen sich mit dem erkenntnistheoretischen Potential solcher Forschungen. Der
Beitrag endet mit der Einschätzung, dass in der Archäologie über das semiotisch-kommunikationstheoretische Kulturkonzept und das darauf basierende Forschungsanliegen
die kulturtheoretische Durchdringung anderer Bereiche nicht vergessen werden sollte.

ABSTRACT: Following an introduction into the topic of this paper and some conceptual
clarifications the first part discusses the conventional concept of culture in German-
speaking pre- and protohistoric archaeology. Thereby, attention is also paid to V. G.
Childe's attempts of its systematization. This is followed by a discussion of the functionalist, positivist, historicist-diffusionist and evolutionist concept of culture. Then,
the paper focuses on a concept that is inspired by semiotics and communication theory.
This part ends with remarks on the epistemological potential of this kind of research.
In a concluding section, a reminder is voiced that beyond the semiotically inspired
concept of culture and corresponding research a number of other archaeological fields
await theoretical elucidation.

[*]   Stefanie Samida (Potsdam) und Ulrich Veit (Leipzig) danke ich sehr für ihre Kommentare
zu früheren Versionen dieses Textes. Dank ihrer Kritik hat der vorliegende Text allerdings
kaum noch etwas mit den von ihnen gelesenen Fassungen gemein.

Einleitung

Der Begriff ›Kultur‹ spielte seit der universitären Etablierung der deutschsprachigen Archäologie[1] um die Wende vom 19. zum 20. Jahrhundert eine zentrale Rolle, und daran hat sich bis heute nichts geändert.[2] So wird man bereits im ersten Semester des Ur- und Frühgeschichtsstudiums in aller Regel mit einer beträchtlichen Zahl von ›Kulturen‹ konfrontiert, etwa mit der endmesolithischen ›Ertebølle-Kultur‹ und der frühneolithischen ›Trichterbecherkultur‹ im Ostseeraum oder der frühbronzezeitlichen ›Aunjetitzer Kultur‹ und der endeisenzeitlichen ›Spätlatènekultur‹ in Mitteleuropa.

In Anbetracht dieser Tatsache muss es überraschen, dass eine inhaltliche Auseinandersetzung mit einem derart zentralen Begriff bis Ende der sechziger Jahre des 20. Jahrhunderts ein allenfalls beiläufiges Interesse gefunden hat. Dies gilt umso mehr, als hinter dem Begriff ›Kultur‹ keineswegs nur eine mehr oder weniger griffige ›Kurzformel‹ im gerade angeführten Sinne steckt. Überdies erweist bereits ein näherer Blick auf die Erscheinungen, die sich hinter dieser Kurzformel verbergen, deren heterogenen Charakter. Aber es kommen – wie sich zeigen wird – Dimensionen des Kulturkonzeptes hinzu, die durch diese Kurzformel nicht abgedeckt sind. Systematische Arbeiten zu diesem Thema erschienen in der deutschsprachigen Ur- und Frühgeschichtsforschung erstmals vor gut drei Jahrzehnten (Eggert in Vorb. a).

In diesem Beitrag geht es um den Versuch, einige der auch für die Archäologie wichtigen Dimensionen des Kulturbegriffs auszuloten. Wo immer es für eine halbwegs geschlossene Präsentation sinnvoll erscheint, greife ich in die Forschungsgeschichte zurück. Obwohl der britische Archäologe Vere Gordon Childe an sich nicht für die deutschsprachige Archäologie in Anspruch genommen werden kann, wähle ich seine weithin bekannte Bestimmung des gängigen archäologischen Verständnisses von ›Kultur‹ als Ausgangspunkt meiner Darlegungen. Das ist vor allem deswegen berechtigt, weil das traditionelle Kulturkonzept in der Archäologie – wie die folgenden Ausführungen zeigen werden – vor allem pragmatisch-technisch orientiert ist. Dabei spielen seit Childe die materiellen Hinterlassenschaften eine entscheidende Rolle. Insofern handelt es sich bei ›Archäologischen Kulturen‹ um Hilfsbegriffe, die nicht mit soziopolitischen oder kulturellen Entitäten vergangenen Lebens verwechselt werden dürfen. Natürlich ist es das Ziel der Archäologie, diesen einstigen Entitäten nahezukommen, indem sie wann immer möglich etwa Phänomene der Siedelweise, des Wirtschaftens und des Totenbrauchtums zu be-

---

1 Unter ›Archäologie‹ wird hier und im Folgenden – sofern nicht anders vermerkt – immer die Ur- und Frühgeschichtliche Archäologie verstanden. Zum Kulturkonzept in der Klassischen Archäologie siehe Dally 2000.

2 In diesem Beitrag werden ›Begriff‹ und ›Konzept‹ sowie folglich auch ›Kulturbegriff‹ und ›Kulturkonzept‹ als inhaltlich synonym betrachtet.

rücksichtigen sucht. Dennoch wird sie nicht in der Lage sein, aus ihren Quellen ein Kulturkonzept – geschweige eine Kulturtheorie – zu entwickeln, das über den Rahmen eines fachlichen *terminus technicus* hinausgeht. Ein diese Ebene transzendierendes Konzept lässt sich nur auf der Grundlage solcher Wissenschaften entwickeln, die sich mehr oder weniger direkt mit dem handelnden Mensch befassen. Die intensive Theoriediskussion in diesen Kultur- und Sozialwissenschaften muss deswegen auch von der Archäologie berücksichtigt werden.

In diesem Beitrag geht es daher keineswegs in erster Linie um den traditionellen oder – wie ich ihn hier meist nenne – ›konventionellen‹ – archäologischen Kulturbegriff. Vielmehr sollen verschiedene Sichtweisen auf das Phänomen ›Kultur‹ erörtert werden, die aus einem weiteren kulturwissenschaftlichen Umfeld gewonnen sind. Gemäß der Gesamtzielsetzung dieses Bandes interessiert nicht nur der Status quo, sondern die fachspezifische Diskussion der letzten zwei bis drei Jahrzehnte. Dabei wird die hier gewählte Differenzierung des Kulturbegriffs – sieht man einmal vom konventionellen Konzept ab – in hohem Maße von nicht-archäologischen Aspekten bestimmt. Alles andere wäre nach den vorausgehenden Andeutungen inkonsequent.

›Kultur‹ als zentraler Begriff der Historischen wie der auf die Gegenwart konzentrierten Kulturwissenschaften ist offenkundig nicht *a priori* und grundsätzlich festzulegen. Das zeigt bereits die 1952 erstmals erschienene, inzwischen berühmte Sammlung der beiden amerikanischen Kulturanthropologen Alfred L. Kroeber und Clyde Kluckhohn (1963). Darin kommentierten sie nicht weniger als 164 der etwa 300 von ihnen berücksichtigten Definitionen und fassten sie zu sieben Hauptgruppen zusammen (ebd. 77 ff.; 291 ff.). Angesichts der zahlreichen zeitgenössischen Lesarten wird deutlich, dass die in solchen Zusammenhängen gern zitierte Begriffsgeschichte[3] kaum weiterzuhelfen vermag. Die von mir unten vorgenommene Systematisierung ist daher nur eine von vielen Möglichkeiten; sie beansprucht keinerlei Originalität, sondern erscheint lediglich dem hier verfolgten Anliegen angemessen. Um eine andere Differenzierung anzusprechen, möchte ich beispielhaft auf Ulrike Sommers (2007) Aufsatz »Archäologische Kulturen als imaginäre Gemeinschaften« verweisen. Sie unterscheidet darin unter anderem eine »essenzialistische«, »imaginäre«, »taxonomische« und »voluntaristische« Kulturdeutung und damit entsprechende Kulturkonzepte. Ihre Ausführungen finde ich jedoch für meine Fragestellung wenig geeignet. Folgt man der neueren und neuesten Literatur, kristallisiert sich bei allen Unterschieden im Einzelnen der bedeutungsorientierte Kulturbegriff als theoretische Grundlage der Kulturanalyse heraus.[4] Hier liegt derzeit auch für die Archäologie eine große Herausforderung, und daher wird das ›semiotisch-kommunikationstheoretische‹ Kulturkonzept in diesem Beitrag gebührend gewürdigt.

3 Siehe etwa die Kurzfassung bei Moebius 2009, 14 ff.
4 Siehe z. B. Reckwitz 2006, 64 ff., bes. 84 ff.; R. Sommer 2005; Möbius 2009, 9; 19.

Diese Bemerkungen sollten deutlich machen, dass ich unter ›Kulturbegriff‹ mehr verstehe als nur ein nachdrückliches Interesse – und sei es systematischer Natur – an der Bearbeitung von Fragestellungen, die ein starkes theoretisches Moment enthalten. So stellt etwa die Erörterung von Prestige, Prestigegütern und Sozialstrukturen in einem von Johannes Müller und Reinhard Bernbeck (1996) herausgegebenen Sammelband zwar eine wichtige Theoriethematik dar, hat aber nach meinem Verständnis nichts mit einem Kulturkonzept *sensu stricto* zu tun. Das Gleiche gilt für einen Beitrag, der sich mit Prestigegütern und Sozialstruktur in der Späthallstattzeit befasst (Eggert 2011/1991a). Nicht anders steht es mit vielen Themen, die bestimmten mehr oder weniger stark ›theoriehaltigen‹ Fragen gewidmet sind. Unser gesamter Band stellt dafür – mit einer gleich zu nennenden Einschränkung – ein vorzügliches Beispiel dar.

Wenn damit klar ist, was hier nicht unter ›Kulturbegriff‹ fällt, bedarf es noch einer positiven Bestimmung seines Inhalts. Dies lässt sich ebenfalls an unserem Band illustrieren. So ist etwa die Umweltarchäologie (siehe Beitrag Knopf) auf einen ökologischen Kulturbegriff gegründet, und die Konzeptualisierung weiträumiger Kulturkontakte basiert – jedenfalls in der Späthallstattforschung, aber meist auch darüber hinaus – auf einem vorwiegend historistisch-diffusionistischen Kulturkonzept, das weiter unten erörtert wird. Somit ließe sich die in solchen Beiträgen zumindest implizit enthaltene, auf den Kulturbegriff bezogene Thematik als Ausgangspunkt für eine systematische Betrachtung wählen. Mit anderen Worten, mit dem Begriff ›Kultur‹ jenseits des technisch-archäologischen Verständnisses bezeichne ich einerseits einen Komplex von Grundannahmen über in der Regel tradierte Auffassungen und Verhaltensweisen, die die – relative – Stabilität von Gemeinschaften sichern und den Fortbestand dieser Gemeinschaften garantieren. Andererseits aber verstehe ich darunter eine ausgesprochen wissenschaftsbezogene, analytische Perspektive, die bei der Erforschung von Kultur beziehungsweise Kulturerscheinungen auf eben jene Faktoren besonderen Wert legt, die aus den genannten Grundannahmen resultieren. So werden etwa mit einem evolutionistischen Kulturbegriff zum einen die Wirkkräfte betont, die zu einer soziopolitischen Differenzierung führen. Zum anderen repräsentiert er für den Archäologen oder Ethnologen einen spezifischen Blickwinkel oder Forschungsansatz.

Nach diesen Vorbemerkungen möchte ich als Erstes eine Unterscheidung des Kulturbegriffs einführen, die in den Kulturwissenschaften grundlegend ist.

Holistischer und partitiver Kulturbegriff

In seiner 1948 zum ersten Mal veröffentlichten Dissertation *A Study of Archeology* setzte sich der amerikanische Archäologe Walter W. Taylor auch eingehend mit dem Kulturbegriff der amerikanischen *Cultural Anthropology* und Archäologie auseinander. Dabei unterschied er zwischen einem *holistischen* und einem *partitiven* Kulturkonzept. ›Kultur‹ im holistischen Sinne begriff er als Gegensatz zu ›Natur‹, während sich das auf einer niedrigeren Abstraktionsebene angesiedelte partitive Verständnis auf ein »Segment des holistischen Konzeptes«, das heißt auf »*eine* Kultur« bezog (Taylor 1967, 96).

1978 erschien in den *Bonner Jahrbüchern* eine Erörterung des Kulturkonzeptes in der Prähistorischen Archäologie (Eggert 2011/1978). Sie ging vom damaligen Diskussionsstand in der ›traditionellen‹ amerikanischen Archäologie und der sogenannten *New Archaeology* aus und suchte dabei Grundfragen zu erörtern, die mit diesem Konzept zusammenhingen. In jenem Rahmen wurde auch die Taylor'sche Differenzierung behandelt – sie blieb in der deutschsprachigen Diskussion jedoch weitgehend unbeachtet.[5] Für das holistische Kulturkonzept stellt ›Kultur‹ ein dem Menschen – und nur dem Menschen – eigenes Artmerkmal dar.[6] Aus dieser Perspektive kann man Karl J. Narr (1961, 1) zustimmen, für den Kultur »in der Wesensmitte des Menschlichen, seiner Geistigkeit, zu deren Selbstverwirklichung sie wesentlich beiträgt«, wurzelt. Damit sei sie eine »grundlegende und kategoriale Funktion des Menschseins überhaupt« (ebd.).[7]

Gut ein Jahrzehnt vor dem Beitrag in den *Bonner Jahrbüchern* von 1978 hatte Edward Sangmeister (1967, 222) – zweifellos ohne Taylors Dissertation zu kennen – der »Kultur der Menschheit« die »Teilkultur einer Menschengruppe« gegenübergestellt.[8] Ganz entsprechend findet sich die Taylor'sche Differenzierung in der englischen archäologischen Fachliteratur – allerdings ohne konkreten Bezug auf ihn – bei Vere Gordon Childe (1956, 95) in seiner Einführung *Piecing Together the Past*. Er wies wie Taylor auf den konzeptuellen Unterschied zwischen ›*der* Kultur‹ und ›*den* Kulturen‹ hin – eine Differenzierung, die er ebenfalls als »holistischen« und »partitiven« Kulturbegriff bezeichnete.

In dem genannten Beitrag von 1978 wurde der Zusammenhang zwischen Kulturkonzept und Kulturtheorie thematisiert (Eggert 2011/1978, 40 ff.). Ausgangspunkt war die Tatsache, dass jede inhaltliche Bestimmung des Kulturkonzeptes von vornherein – wenngleich meist implizit – ein erklärendes oder interpretatives Moment enthält. Allerdings vermag ein ausgeprägt theoretisch-explanatorisch geprägter Kulturbegriff in seiner Anwendung auf eine bestimmte archäologisch oder ethnographisch definierte Kultur – also auf die Konkretisierung eines partitiven

5   Eine Ausnahme stellen die Arbeiten von K. J. Narr (1985, 62) und H.-P. Wotzka (1993, 35; 2000, 55 ff.; 2003, 60; 91 f.) dar.

6   Ähnlich Hütig (2010, 111) in seiner Auslotung der Dimensionen des Kulturbegriffs.

7   Narr (1961, 1 f.) führt weiter aus: »Kultur ist damit aber auch ein wesentlicher *Aspekt der Geschichtlichkeit des Menschen*, wenn wir unter Geschichte das in der freien *Selbstverwirklichung und Entscheidung des Menschengeistes* gegründete Geschehen verstehen«. (Hervorhebung im Original.)

8   Sangmeister setzte beide Begriffe in Anführungszeichen.

Konzeptes – sein explanatorisches Potential erst im Rahmen einer weitergefassten Kulturtheorie zu entfalten. In der Ethnologie – insbesondere in der amerikanischen Kulturanthropologie – gibt es zahlreiche Entwürfe solcher Theorien (s. etwa Keesing 1994). Auch in der amerikanischen Archäologie ist darüber intensiv diskutiert worden.[9]

Von einer Kulturtheorie erwartet man die Formulierung und systematische Verknüpfung aller für das Kulturproblem wichtigen Konzepte. Dazu gehören nicht nur das Kulturkonzept selbst, sondern zudem alle Schlüsselbegriffe jener Bereiche, in denen der Mensch als soziokulturelles Wesen handelnd tätig ist. Eine Kulturtheorie hat daher neben dem im engeren Sinne kulturellen Bereich (etwa dem Verhältnis von Materieller zu nicht-materieller Kultur) Grundstrukturen der Konstituierung des sozialen Feldes sowie der Interaktion zwischen Mensch und natürlicher Umwelt zu berücksichtigen. Bei der soziokulturellen Entfaltung des Menschen – und damit in jeder Kulturtheorie – sind seine biotischen Voraussetzungen mit einzubeziehen. Eine Kulturtheorie sollte also eine umfassende Perspektive auf den Menschen als ein entscheidend kulturbestimmtes Lebewesen bieten (Eggert 2011/1978, 39).

Aus diesen Bemerkungen ergibt sich, dass sich Kulturtheorien ausschließlich auf Kultur im holistischen Verständnis beziehen können. Sie stellen das theoretische Fundament dar, das die zentralen Konzepte und die leitenden Prinzipien für die Analyse und Verknüpfung der Strukturelemente konkreter Kulturen bereithält. Daraus folgt, dass jedes partitive Kulturkonzept im Idealfall auf einer übergreifenden Kulturtheorie beruhen sollte.

In diesem Beitrag werden insgesamt sechs Perspektiven auf den Begriff ›Kultur‹ unterschieden. Es handelt sich dabei um den konventionellen, den funktionalistisch-antitheoretischen, den positivistisch-antitheoretischen, den historistisch-diffusionistischen, den evolutionistischen und den semiotisch-kommunikationstheoretischen Kulturbegriff. Sie werden im Folgenden knapp erörtert. Die Unterteilung als solche – das habe ich oben bereits ausgeführt – hätte man selbstverständlich auch anders vornehmen können. Tatsächlich liegen dieser Gliederung ja lediglich bestimmte Aspekte zugrunde, die ich für wesentlich erachte.

Konventioneller Kulturbegriff

Der konventionelle archäologische Kulturbegriff wurde, wie oben angedeutet, besonders klar und knapp von Childe (1956, 16) formuliert. Damit lieferte er die Definition eines zentralen archäologischen Konzeptes, wie es weit über den englischen Sprachraum hinaus angewendet wurde. Mit dem *terminus technicus*

---

9   Die Diskussion bis in die Mitte der 1970er Jahre ist bei Eggert 2011/1978 zusammenfassend referiert. Zur *New* oder *Processual Archaeology* sowie zur *Post-Processual Archaeology* siehe unten S. 28–30.

›Kultur‹ – so stellte Childe in seiner bereits zitierten Einführung fest – werde ein regelhaftes gemeinsames Auftreten von unterschiedlichen archäologischen Objekten in bestimmten Befunden bezeichnet.[10] Es muss allerdings erwähnt werden, dass Childe in der Anwendung seines Kulturbegriffs nicht immer konsequent war. So verknüpfte er etwa ›Kultur‹ mit ›Volk‹ und kam damit in beträchtliche Schwierigkeiten.[11]

Nachdem bereits Ulrich Veit (1984) in einer umfangreichen Abhandlung die Verbindungen zwischen Gustaf Kossinna und Childe untersucht hatte, widmete sich Hans-Peter Wotzka (1993; 2003) im Rahmen einer kritischen Erörterung des Kulturbegriffs in der Prähistorischen Archäologie besonders intensiv dem Konzept von Childe. Dabei ging es ihm auch um die Frage, inwieweit Childe das, was er als ›Kultur‹ im archäologischen Verständnis bezeichnete, mit einem ›Volk‹ (*people*) beziehungsweise einer ›Gesellschaft‹ (*society*) gleichsetzte (Wotzka 1993, 30 ff.).[12] Er kam zu dem Ergebnis, dass Childe einer solchen Gleichsetzung seit den späten 1940er Jahren zunehmend skeptischer gegenüberstand, das Problem aber schließlich mit einer Art ›Zaubertrick‹ zu lösen versuchte: Unter ›Volk‹ und ›Gesellschaft‹ verstand er nunmehr lediglich »die hinter der archäologischen Kultur angenommene Menschengruppe mit einheitlichem materiellen Habitus« (Wotzka 1993, 31).

Wie Wotzka (1993, 31) zu Recht feststellt, hat Childe mit seiner inhaltlichen Reduktion von ›Volk‹ und ›Gesellschaft‹ die Verknüpfung von archäologischem Inhalt mit sozialethnologischen Kategorien aufgelöst und damit auch das eigentlich beabsichtigte explanatorische Potential verspielt. Letztendlich muss man wohl

10 Childe (1956, 16) spricht statt von ›Objekten‹ oder ›Typvertretern‹ nach dem heutigen Verständnis nicht ganz korrekt von »Typen«. Er schreibt: »In practice it turns out that particular types of adze, dagger, razor and personal ornament are repeatedly found together in a particular type of grave and dwelling house under conditions implying simultaneous use. Such a recurrent assemblage of archaeological types is technically termed a *culture* while being found together with, in, or containing, is termed ›association‹«. – Mit dieser nüchternen deskriptiven Charakterisierung einer regelhaften Assoziation von ur- und frühgeschichtlichen Phänomenen und ihrer Benennung als ›Kultur‹ im archäologischen Sinne hat Childe an eine ganz ähnliche Definition angeknüpft, die er knapp 30 Jahre zuvor veröffentlicht hatte: »We find certain types of remains – pots, implements, ornaments, burial rites, house forms – constantly recurring together. Such a complex of regularly associated traits we shall term a cultural group‹ or just a ›culture‹« (Childe 1929, VI).

11 Diese Verknüpfung führte ihn zu folgender Gleichung: »To a prehistorian a people are just what they did. Their culture is their behaviour, fossilized, and that is what the culture name connotes«. Oder: »Cultures are assemblages of types that are associated because they are made by the same people« (Childe 1956, 111 f.). Es liegt auf der Hand, dass hier die deskriptive Ebene mit der interpretativen vermischt wird. Hierzu unten auch die Bemerkungen von Wotzka 1993 und 2003.

12 Dies hat Wotzka (2003) in seiner unveröffentlichten Habilitationsschrift noch eingehender als 1993 dargelegt.

unterstellen, dass Childe sich über diese Konsequenz nicht klar war.[13] Wotzka (ebd. 32) hat unmissverständlich auf die zirkuläre Struktur hingewiesen, die fortan die Childe'sche Interpretation prägte: die archäologische Kultur repräsentiert die dahinter stehende materiell homogene Gesellschaft, und die Verhaltensmuster dieser Gesellschaft haben die zur Diskussion stehende Kultur hervorgebracht. Infolgedessen handele es sich hierbei um einen tautologischen Forschungsansatz.

Generell ist festzuhalten, dass der Childe'sche Kulturbegriff als eine seinem Wesen nach empirische, unmittelbar auf die archäologischen Quellen zurückgehende Größe keineswegs nur die Forschungspraxis in Großbritannien kennzeichnete. Ein ähnliches Kulturverständnis – meist ohne dass die von Childe vorgenommene theoretische Bestimmung bekannt gewesen wäre – wurde auch in Deutschland sowie in zahlreichen anderen Ländern praktiziert.[14]

Eine im Prinzip ähnliche Auffassung liegt auch einer bekannten Abhandlung von Jens Lüning (1972) zugrunde. Ihm ging es darum, jedwede archäologische Erkenntnis möglichst voraussetzungslos aus den Quellen abzuleiten.[15] Damit vertrat er ein extrem empirizistisches Archäologieverständnis. Seine Konzeption einer streng induktiv vorgehenden Archäologie steht und fällt mit einer von ihm vorausgesetzten und daher nicht weiter erörterten Prämisse: Er meinte, der Archäologie erschließe sich der »kulturelle Aspekt ihrer Objekte« unmittelbar.[16] Dabei lieferten sie dem Archäologen zugleich die Kriterien mit, mit deren Hilfe dieses Material dann betrachtet und gegliedert, kurz in »kulturelle Einheiten« transformiert werden könne (ebd. 159). Diese ›Induktionsprämisse‹ erscheint problematisch, da sie die Rolle des Archäologen unberücksichtigt lässt – schließlich wählt er die »kulturellen Aspekte« aus und gewichtet sie. Lüning verkennt somit das wesentliche theoretisch-deduktive Moment jedweder Operation dieser Art. Jedenfalls plädierte er auf der Grundlage dieser Prämisse für einen »Kulturbegriff der urgeschichtlichen Praxis« und meinte, dass ein solches Konzept »zwanglos aus dem Quellenmaterial« erwachse (ebd. 162).

Mit dem Konzept der ›Archäologischen Kultur‹ hat sich auch Karl J. Narr (1985) befasst.[17] Im Gegensatz zu Lüning strebte er jedoch keinen angeblich voraussetzungslosen, aus dem Quellenmaterial entwickelten Kulturbegriff an.

---

13 So implizit etwa Veit 1984, 342; Wotzka 1993, 32.

14 Der in der älteren deutschen Ur- und Frühgeschichtlichen Archäologie gängige Kulturbegriff ist am Beispiel herausragender Forscherpersönlichkeiten von Gustaf Kossinna bis Vladimir Milojčić in Hachmann 1987a untersucht worden.

15 Da Lünings Aufsatz an anderer Stelle eingehend gewürdigt worden ist (Eggert 2012a, 308 ff.), erscheint es unnötig, hier noch einmal darauf einzugehen.

16 Zu diesen »kulturellen Aspekten« zählt Lüning (1972) »z. B. die formale, funktionale, technologische, topographische, ökonomische und ökologische Struktur des Materials«.

17 Auch dies ist von mir bereits eingehend behandelt worden (Eggert 2012a, 315 ff.); daher beschränke ich mich auf das knappe Resümee einiger Hauptpunkte.

Sein Anliegen war vielmehr methodologisch-kulturvergleichend. Als empirische Fallbeispiele für seine Studie wählte er die endneolithische ›Schönfelder Kultur‹ Mitteldeutschlands und archäologisch, ethnohistorisch und ethnographisch bezeugte indianische Kulturen im amerikanischen Südwesten. Im Kontext eines Vortragszyklus der *Rheinisch-Westfälischen Akademie der Wissenschaften* zum Thema »Ethnogenese« interessierte ihn besonders das Problem der archäologischen Bestimmung des Konzeptes ›Ethnos‹. Er wollte untersuchen, ob sich im archäologischen Material »Züge« erkennen lassen, »die eine bestimmte Gruppe so verbinden und so gegen andere Gruppen abheben, daß sie auf eine Zusammenhang und Abgrenzung stiftende oder bewahrende Größe schließen lassen« (ebd. 65). Solche Gruppen bezeichnete er als »Ethnoi« oder »Ethnien«, wohl wissend, dass er damit das gängige Verständnis von ›Ethnos‹ in einer Weise einschränkte, die zwar der archäologischen Quellenbasis, nicht aber dem Gebrauch dieses Begriffs in der Ethnologie angemessen ist (siehe etwa Müller 1989). Es erschien ihm möglich, anhand von bestimmten Kriterien definierte ›archäologische Kulturen‹ als materiellen Niederschlag von ›Ethnien‹ zu interpretieren. Solche Kriterien suchte er in Auseinandersetzung mit den Auffassungen von Kossinna und Childe zu entwickeln (Narr 1985, 57 ff.).

Narrs Konzept der ›Archäologischen Kultur‹ basierte auf dem partitiven Kulturbegriff,[18] trug aber der Tatsache Rechnung, dass quellenbedingt »nicht alle Teilbereiche« vergangener Kulturen archäologisch repräsentiert sein können. Es handele sich daher – so Narr (1985, 62) – um einen »Hilfsbegriff«, dessen empirischer Kern ein archäologisch fassbarer »Komplex zusammengehöriger Kulturelemente« sei. Diese Kulturelemente müssten funktional unabhängig sein. Nur so sei gewährleistet, dass ihre Assoziation durch etwas gestiftet werde, das jenseits des rein Archäologischen liege (ebd. 63). Damit meinte er ein in der einstigen kulturellen Lebenswelt verankertes Phänomen, das integrierend gewirkt habe (ebd. 64) und als solches archäologisch natürlich nicht überliefert werden konnte. Im konkreten Falle der Schönfelder Kultur, die durch eine spezifische Keramik, eine spezifische Bestattungssitte und eine hinreichend klare räumliche und zeitliche Abgrenzung definiert wird, zögerte er nicht, sie als archäologisches Korrelat eines Ethnos zu betrachten (ebd. 65 ff.).

Narr (1985, 66 et pass.) bezeichnete diesen kulturtheoretisch inspirierten, pragmatisch die Möglichkeiten der Archäologie ausschöpfenden interpretatorischen Ansatz bescheiden als »heuristisches Prinzip«. Er verfolgte damit das auch in unserem Kontext zentrale Ziel, den archäologisch überlieferten Phänomenen zu einer historisch und kulturanthropologisch relevanten Dimension zu verhelfen.

---

18 In Narrs (1985, 62) Worten: »Es ist klar, daß damit nicht ›Kultur‹ im Sinne eines allgemeinen und umfassenden Begriffs gemeint sein kann – etwa ›Kultur‹ im Gegensatz zu ›Natur‹ –, sondern lediglich eine räumlich und zeitlich abgrenzbare und von anderen zu unterscheidende konkrete Erscheinungsform von ›Kultur‹«.

Das von ihm vorgeschlagene Prinzip hat ebenso wie das oben knapp referierte Kulturkonzept von Childe eine massive Kritik von Wotzka (1993) erfahren (hierzu Eggert 2012a, 316 ff.).

Die wichtigsten Arbeiten zum konventionellen Kulturkonzept in der deutschsprachigen Ur- und Frühgeschichtlichen Archäologie hat Hans-Peter Wotzka (1993; 1997; 2000) verfasst. Hinzu kommt seine leider unveröffentlichte Kölner Habilitationsschrift von 2003.[19] In dieser Schrift untersucht er die Rolle, die dieses Konzept in der Erforschung des mitteleuropäischen Neolithikums gespielt hat und spielt. Dabei dienen ihm seine Aufsätze als theoretische Richtschnur.[20] Die in der Habilitationsschrift entwickelten Ideen wendet er – ergänzt um ein breites Spektrum zusätzlicher Reflexionen – besonders auf den ›Übergang‹ von der Cortaillod- zur Pfyner Kultur am Zürichsee an.

Wotzkas Gesamtergebnis ist insofern radikal negativ, als er das traditionelle oder – in meiner Diktion – konventionelle Kulturkonzept als »ein problematisches, in verschiedener Hinsicht defizitäres Konzept« betrachtet, »dessen interpretatives Potential für die Urgeschichtsforschung entsprechend gering ausfällt« (Wotzka 2003, 410). Seine Kritik richtet sich besonders gegen die in diesem Konzept von ihm sogenannte »Bündelungshypothese« oder »Bündelungsprämisse«, die von einer Kongruenz von je spezifischen Kategorien von Kulturelementen wie Keramik, Steinartefakten, Metallerzeugnissen, Bestattungssitten und dergleichen mehr ausgeht (ebd. 46 et pass.). Durch die einseitige Betonung solcher Einzelkategorien – häufig der Keramik beziehungsweise bestimmter Keramikstile –, die man dann im Sinne des *pars pro toto* als gesamtkulturell aussagekräftig ansehe, werde sowohl gegen kulturtheoretische Grundvoraussetzungen als auch gegen die archäologische Pragmatik verstoßen: zum einen gebe es keine kulturtheoretische Rechtfertigung für die Auswahl bestimmter Kategorien, und zum anderen seien bei Berücksichtigung anderer Kategorien nicht selten »ganz andere Zeit- und Raummuster« zu erkennen (Wotzka 2000, 72; 2003, 57).

Dieser Auffassung wird man ohne Einschränkung zustimmen können. Auch seine Feststellung, dass es für die Urgeschichtsforschung aufgrund der Struktur

---

19 Ich danke H.-P. Wotzka, dass er mir eine elektronische Fassung seiner Habilitationsschrift zur Verfügung gestellt hat.

20 Im Zusammenhang mit den kulturtheoretischen Implikationen des archäologischen Kulturkonzeptes setzt sich Wotzka (2003, 73 ff.) in einer Antikritik auch sehr eingehend mit jener Kritik auseinander, die ich an seiner Stellungnahme (Wotzka 1993) zu Narrs (1985) Beschäftigung mit dem Kulturkonzept geäußert habe. Meine kritischen Bemerkungen wurden erstmals 2001 in der ersten Auflage eines Lehrbuches vorgelegt (Eggert 2001, 294 f.; siehe jetzt Eggert 2012a, 305 ff.). Es würde an dieser Stelle zu weit führen, auf Wotzkas Antikritik näher einzugehen – einerseits ist sie rund zehn Jahre nach der Abfassung noch unveröffentlicht und damit nicht allgemein zugänglich, und andererseits sind unsere Positionen aus meiner Sicht ohnehin nicht so weit auseinander, wie es die Lektüre seiner Darlegungen erscheinen lässt.

ihrer Quellen in der Regel aussichtslos ist, »historische Gesellschaften« herausarbeiten zu wollen (Wotzka 2003, 88 et pass.), ist unbestritten – eben deswegen kann ein archäologisches Kulturkonzept nur reduktionistisch sein. Es gilt, generalisiert, dass empirische archäologische Forschung allein keine kultur- und sozialwissenschaftlich relevanten Kategorien hervorbringen kann (Eggert 2012a, 317).[21] Wotzka (2003, 88) plädiert dafür, dass die Ur- und Frühgeschichtliche Archäologie auf den Begriff ›Kultur‹ verzichten solle, sofern es sich bei den von ihr erfassten Phänomenen nicht nur um »Zeitpunkte oder relativ flache Zeitscheiben« handele. In dieser Auffassung sieht er sich nachdrücklich durch seine Analyse der als ›Übergang von Cortaillod zu Pfyn am Zürichsee‹ bekannten Situation bestärkt. Beide ›Kulturen‹ verkörpern für ihn lediglich »Zustände regionaler Töpfereitraditionen«; die mit ihnen immer wieder verknüpften Bevölkerungsbewegungen stellten daher »ein durch die archäologische Praxis erst geschaffenes, gewissermaßen hausgemachtes Problem« dar (ebd. 340 f.).[22] In Anbetracht dieser Situation hält er es für angebracht, für den Wandel materieller Phänomene nicht das Kultur-, sondern das Traditionskonzept zu verwenden, indem man etwa von »Keramik- oder Töpfereitraditionen« spreche (ebd. 341).[23]

Im Rahmen seines auf die Späthallstattzeit Südwestdeutschlands bezogenen Projektes »Siedlungshierarchien und kulturelle Räume«[24] hat Oliver Nakoinz eine Reihe von Arbeiten vorgelegt, in deren Mittelpunkt ein spezifisches Kulturkonzept steht, das in jeder Hinsicht das Gegenteil des grundsätzlichen Anliegens von Wotzka darstellt.[25] Bevor ich die Auffassung von Nakoinz resümiere, muss ich auf das 1995 erstmals erschienene Lehrbuch *Kultur und Kulturwissenschaft* des Amerikanisten Klaus P. Hansen eingehen. Es hat besonders in den praxisorientierten kulturbezogenen Studiengängen, die auf eine Tätigkeit in Presse, Rundfunk und Fernsehen, in der Touristik oder in Verlagen zielen, bis heute einen so großen

---

21 Siehe hierzu auch das knappe Resümee von Wotzka in Brather/Wotzka 2006, 201 ff., bes. 203.

22 Wotzka (2003, 341) schreibt: »Die Fallanalyse hat gezeigt, daß die zur Verfügung stehenden Daten mit dem Bild eines Wechsels von der Cortaillod- zur Pfyner Kultur gar nicht treffend beschrieben sind. Der untere Zürichsee hat niemals zu jenem Cortaillod gehört, das einst anhand westschweizerischer Befunde definiert wurde, noch je zum ›echten‹ Pfyn des Bodenseeraums und seiner unmittelbaren Nachbarregionen. Tatsächlich bildete das Züricher Stadtgebiet in der Zeit des Seeuferneolithikums stets nur einen Punkt in einer chronologischen und chorologischen Kultursequenz, deren wesentlicher Charakter als Kontinuum in beiden Dimensionen durch die traditionelle archäologische Kulturbegrifflichkeit verschleiert wird und in den darauf beruhenden, quasihistorischen Interpretationen nicht zum Ausdruck kommt«.

23 Siehe hierzu auch die Zusammenfassung bei Wotzka 2003, 413 f.

24 Dieses Projekt wurde im Rahmen des Schwerpunktprogrammes 1171 der Deutschen Forschungsgemeinschaft (DFG) durchgeführt.

25 Siehe hierzu etwa Nakoinz 2009a; 2009b; 2010a; 2010b; Nakoinz/Steffen 2008.

Erfolg, dass es 2011 in einer vollständig überarbeiteten vierten Auflage erschien (K. P. Hansen 2011). Nakoinz machte es zur kulturtheoretischen Grundlage seiner hier interessierenden archäologischen Arbeiten.

Hansen (2011, 8) verfolgt in seiner Erörterung der Genese und der vielen Facetten des Kulturbegriffs das zunächst widersprüchlich erscheinende Ziel, das überkommene Konzept sowohl zu überwinden als auch zu erhalten. Wie er in einem Vortrag, den er vor Archäologen im Rahmen des DFG-Schwerpunktprogrammes 1171 in Esslingen hielt, feststellte – der Artikel basiert darauf –, wollte er mit seinem Buch zeigen, »dass alle Kulturbegriffe – von der Alltagskultur über die materielle bis hin zur Kunst – ein gemeinsames Fundament besitzen« (K. P. Hansen 2009, 17). Dieses Fundament umschreibt er mit den Begriffen wie »Standardisierung«, »Kollektivität« und »Kommunikation«. Der erste ist mit ›Konvention‹ gleichzusetzen und besitzt bereits einen starken Gruppenbezug, der von Hansen (ebd. 30 f.) mit seinem zweiten Begriff zusätzlich betont wird. Der dritte Terminus schließlich ist schon in den beiden ersten enthalten, da sowohl die Herausbildung als auch die Erhaltung von Kollektiven und Standardisierungen ein wie immer beschaffenes kommunikatives Medium voraussetzen. Diese höchst allgemeine Bestimmung von ›Kultur‹ resultiert aus Hansens (ebd. 31) Auffassung, dass eine Kulturdefinition höchst allgemein und offen sein müsse, da sie nur in ihrer Konzentration auf das Formale die permanente Veränderung von Kulturen erfassen könne.

Nakoinz' archäologische Umsetzung der Hansen'schen Konzeption bleibt jedoch insofern auf der Oberfläche der kulturhistorischen Fragestellung, da sie der altbekannten Thematik lediglich Hansens Vokabular überstülpt.[26] Gegenüber der klassischen Analyse von Funden (»Typen«) geht Nakoinz allerdings nicht von sogenannten ›Leitformen‹, sondern von »Typenspektren« aus.[27] Tatsächlich ist die Analyse gegenüber seiner Dissertation (Nakoinz 2005) und sich daran anschließenden Arbeiten qualitativ und quantitativ erheblich verfeinert worden. Eine weitere wichtige, damit zusammenhängende technische Innovation stellen die verschiedenen quantitativen Analysemethoden dar, ohne deren Hilfe die Fülle der erfassten Daten gar nicht hätte ausgewertet werden können. Allerdings

26 So etwa grundsätzlich: »Der Gedanke, Kultur als von Kollektiven getragene Standardisierungen aufzufassen, umfasst die meisten existierenden Theorien und gibt uns eine Metatheorie an die Hand, die sowohl elaborierten theoretischen Konzepten, als auch den archäologischen Daten gerecht zu werden vermag« (Nakoinz 2009a, 11); ferner: »Von einer Kultur oder Kulturgruppe soll dann gesprochen werden, wenn zwischen mehreren Kollektiven mit einem gemeinsamen Verbreitungsraum eine deutliche Korrelation besteht, sodass sie sich nach außen abgrenzen« (Nakoinz/Steffen 2008, 386).

27 Diese Typenspektren geben nach Nakoinz (2010b, 320) »den Anteil aller Fundtypen am Gesamtmaterial« an. Dadurch könne nicht nur auf eine »Auswahl signifikanter Typen« verzichtet werden, sondern sie erlaubten es zudem, eine »kulturelle Metrik« zu definieren, mit der sich »kulturelle Abstände zwischen Einheiten« ermitteln ließen (ebd.).

ist dieser verfahrenstechnisch-apparative Aufwand für die hier interessierende archäologisch-kulturtheoretische Fragestellung gänzlich nachgeordnet, wenn nicht irrelevant.

Nakoinz (2010a, 29) zufolge ergibt sich aus Hansens Standardisierungskonzept für die Archäologie anstelle einer relativ kleinen Zahl räumlich abgrenzbarer und verhältnismäßig weitverbreiteter Kulturen »eine reiche Differenzierung der gesamten Gesellschaft in zahlreiche Kulturen«. Diese Kulturen müssten dann allerdings klassifiziert und interpretiert werden. Da sich die Hansen'schen Standardisierungen – wie Nakoinz (ebd.) zu Recht betont – archäologisch nur über ihren materiellen Niederschlag fassen lassen, liegt es auf der Hand, dass er sie dem konventionellen Kulturkonzept einfach aufgepfropft hat.[28] Abwegig erscheint schließlich seine Meinung, ›Kultur‹ werde durch die Hansen'sche Konzeption »wieder zu einem zentralen Forschungsgegenstand der Archäologie« (ebd.).

Soweit sich die Ergebnisse bisher beurteilen lassen, hat das Projekt von Nakoinz keinen weiterführenden Beitrag zum Kulturkonzept in der Archäologie erbracht. In dieser Hinsicht ist er ebenso gescheitert wie Hansen (2009) mit seiner »essayistischen Heuristik für Archäologen«. Mehr noch: Gerade weil Nakoinz jedwede Auseinandersetzung mit kulturanthropologischen Theorien vermeidet und nur das nomenklatorische Skelett von Hansen übernimmt, musste die kulturtheoretische ›Grundlegung‹ seines Vorhabens der archäologisch-kulturhistorischen Fragestellung äußerlich bleiben. Man kann noch weitergehen und den Schluss ziehen, dass der von Hansen inspirierte kulturtheoretische ›Überbau‹ für das seinem archäologischen Kern nach traditionelle Projekt von Nakoinz überflüssig war.

Zusammenfassende Bemerkungen
zum konventionellen Kulturbegriff

Wir können festhalten, dass empirische archäologische Forschung aus sich selbst heraus keine kultur- und sozialwissenschaftlich relevanten Kategorien hervorbringen kann. Diese Kategorien müssen vielmehr von ›außen‹, das heißt aus jenen Fächern kommen, deren Quellenbasis anders als in der Archäologie[29] einen mehr oder weniger direkten Zugriff auf die Lebenswirklichkeit ermöglicht – so sehr diese Quellen dann ihrerseits einer radikalen Kritik zu unterziehen sind. Ganz im Sinne von Narr sollten daher aus dem archäologischen Befund Kulturelemente isoliert und Verknüpfungen zwischen diesen Elementen herausgearbeitet werden –

---

28 Wie konventionell und in theoretischer Hinsicht aprioristisch die tatsächlichen Datensätze und die ihnen übergeordneten Kategorien sind, zeigt sich bei Nakoinz 2010b, 325 Abb. 5.

29 Zu archäologischen Quellen zuletzt Eggert 2011a.

insoweit bewegt sich der Narr'sche Ansatz ganz in dem von Childe vorgegebenen Rahmen. Dieser Rahmen wird jedoch in dem Augenblick verlassen, in dem die komparative Komponente von Narr wirksam wird: das etwaige Deutungspotential der aus dem archäologischen Befund ermittelten Kulturelemente und ihrer Verknüpfungen wäre im transarchäologisch-kulturwissenschaftlichen Rahmen zu testen. Dies alles fällt unter Narrs »heuristisches Prinzip« und enthält von Beginn an einen wesentlichen theoretischen Kern. Die Plausibilität einer spezifischen archäologischen Deutung resultiert sowohl aus der Qualität ihrer archäologisch-empirischen Fundierung als auch aus ihren analogischen Verknüpfungen.

Für das archäologische Kulturkonzept ergibt sich also, dass es sich nicht um eine theoriefreie, ausschließlich empirisch-induktiv gegründete Größe im Sinne von Lüning handelt. Es ist vielmehr eine Schöpfung des Archäologen und damit notwendigerweise ein mehr oder minder stark theorieabhängiges Gebilde. Daher erscheint es nicht nur naheliegend, sondern sogar geboten, es von vornherein auf der Grundlage kulturwissenschaftlich aussagefähiger Kategorien zu entwickeln. Jeglicher Interpretation archäologischen sowie allen historischen Materials als Zeugnisse menschlichen Handelns liegen zumindest implizit immer auch Aspekte einer Kulturtheorie zugrunde (Eggert 2011/1978, 41). Nicht irgendwelche prä-existenten archäologischen ›Fakten‹ gilt es zu interpretieren, sondern die ›Fakten‹ selbst sind bereits Teil des interpretatorischen Unterfangens. Zwar wird niemand bezweifeln wollen, dass archäologische Funde und Befunde als solche konkret existieren, aber im Gegensatz zu ihnen bestehen die in unserem Kontext interessierenden ›Fakten‹ nicht an sich, sondern sind bereits das Ergebnis theoriegeleiteter zeitlich-räumlicher Integration.[30] Dies ist die Ausgangslage archäologisch-kulturwissenschaftlicher Deutung.

Unter diesen Voraussetzungen spricht nichts dagegen, die zeitlich-räumliche Kongruenz von ›Befundkreisen‹[31] als ›Kultur‹ im Sinne einer ›Archäologischen Kultur‹ zu bezeichnen. Selbst der Begriff ›Kulturkreis‹ käme grundsätzlich in Frage. Da er jedoch durch die Kulturhistorische Ethnologie belastet, ›Kultur‹ hingegen in der Archäologie gang und gäbe ist, sollte man diesen Begriff nur mit Vorbehalt benutzen. Für eine konkrete, in einer bestimmten Fund- und Befundsituation herausgearbeitete Archäologische Kultur gibt es – wie bereits angedeutet – keine Patent- oder Standarddeutung. Das Spektrum der Möglichkeiten muss vielmehr an jeden einzelnen Fall herangetragen und sorgfältig erwogen werden.

---

30 Hierzu im Einzelnen Eggert 2002, 23 ff.
31 Zu Befundkreisen siehe Eggert 2012a, 291 ff., bes. 294 ff.

Funktionalistischer Kulturbegriff

Childe hat mit seiner nüchternen deskriptiven Charakterisierung einer regelhaften Assoziation von ur- und frühgeschichtlichen Phänomenen und ihrer archäologischen Benennung als ›Kultur‹ mehr oder weniger indirekt klargemacht, dass es neben einer solchen technisch-fachspezifischen Auffassung auch noch ein anderes Verständnis dieses Begriffs gibt. Dabei wird ›Kultur‹ nicht auf das materiell Fassbare reduziert, sondern – wie oben unter der Bezeichnung ›holistischer Kulturbegriff‹ ausgeführt – als ein dem Menschen eigenes Artmerkmal aufgefasst.

Neben dieser auf das allgemeine Wesen von Kultur zielenden Bestimmung gibt es eine weitere Ebene, die gleichsam zwischen Kultur als Artmerkmal des Menschen und ›Kultur‹ als Fachbegriff der Archäologie liegt. Dabei geht es um die ungezählten konkreten Realisierungen dieses Artmerkmals, wobei sich Kultur jedes Mal als ein von den spezifischen historischen Bedingungen menschlicher Vergesellung abhängiges komplexes Gebilde darstellt. Diese Tatsache blieb unter Archäologen erstaunlich lange weitgehend unbeachtet. In Deutschland dürfte Rolf Hachmann (1950) der Erste gewesen sein, der ein entsprechendes Kulturkonzept an urgeschichtliche Quellen herantrug. Er wendete sich gegen die bis dahin übliche isolierte Betrachtung einzelner Kulturelemente, die man kartierte und dann über den Schritt der Addition solcher Karten zu ›Kulturen‹ oder ›Kulturkreisen‹ erklärte.[32]

Nach Hachmann (1950, 36) kann die vergangene Wirklichkeit jedoch nicht als »Summe ihrer Einzelerscheinungen«, sondern nur als ein komplexer »Wirkungszusammenhang« begriffen werden. Unter ausdrücklicher Berufung auf die britischen Funktionalisten Bronislaw Malinowski und Alfred Reginald Radcliffe-Brown sowie den deutschen Sozialethnologen Richard Thurnwald sprach er von einer »funktionalistischen Betrachtungsweise«, mit der die ur- und frühgeschichtlichen Quellen zu analysieren seien.[33] Hieraus folge, dass der »Funktionszusammenhang«, in dem die einzelnen Kulturgüter zueinander stünden, stärker beachtet werden müsse. Dies sei bereits der methodologische Kern jener Darlegungen gewesen, mit denen Hans Jürgen Eggers (1939) die mehrfache ›Filterung‹ der Hauptquellengattungen – also der Gräber, Siedlungen und Horte – beschrieben habe.[34]

---

32 Zu Hachmann siehe Eggert 2012a, 299 ff.; 302 f.; zum Funktionalismus und zur Rolle der Theorie in Hachmanns Werk auch Stockhammer 2011.

33 Außer bei Hachmann lässt sich ein – allerdings geringerer – Einfluss des Funktionalismus auch bei G. Kossack feststellen; beide Archäologen promovierten Ende der 1940er Jahre (siehe auch Eggert 2012a, 299).

34 Eggers (1959, 255 ff.) hat die ursprünglich 1939 veröffentlichten Überlegungen im letzten Kapitel seiner *Einführung in die Vorgeschichte* noch einmal aufgenommen und in den Kontext des von ihm vertretenen ›Dreisprunges‹ (»Archäologische These – Literarische

Rund zwanzig Jahre später ist Hachmann (1973a) im Rahmen eines Symposiums über die Entstehung der Badener Kultur auf seine »funktionalistische Kulturauffassung« beziehungsweise den »funktionalistischen Kulturbegriff« (ebd. 84; 86) zurückgekommen. Er wandte sich erneut dagegen, ›Kultur‹ als »die Summe ihrer Teile« zu betrachten – eine Auffassung, die durchaus noch nicht überwunden sei (ebd. 82 f.). Tatsächlich habe »alle Kultur strukturellen Charakter«, und Kultur allgemein sowie jede spezifische Kultur sei ein »funktionelles Gebilde« (ebd. 82; 85). Er verlangte daher einerseits eine Theorie »vom Wesen der Kultur«; andererseits wies er nachdrücklich darauf hin, dass »Kulturtheorien allgegenwärtig sind« (Hachmann 1973b, 530). Ihm ging es also letztlich um die Entwicklung einer *systematischen* Kulturtheorie, die durch eine funktionalistische Betrachtungsweise beziehungsweise – wie er formulierte – durch einen »Strukturbegriff« bestimmt sein müsse (ebd. 532). Da er von der impliziten Präsenz von Kulturtheorien überzeugt war – eine Ansicht, die auch von mir vertreten wird –, setzte er voraus, dass selbst eine chronologische Studie »ohne eine bestimmte kulturtheoretische Einstellung des Verfassers« nicht möglich sei (ebd. 530). Hachmann erschien ein brauchbarer archäologischer Kulturbegriff demnach nur auf der Basis einer Theorie sinnvoll, die auf das Wesen von Kultur zielte. Das Entscheidende einer solchen Theorie war für ihn ein funktional-strukturell verstandenes Kulturkonzept. Dieses Konzept bedurfte wiederum gewisser Modellvorstellungen, die sich – so Hachmann (ebd. 536) – nur dann erarbeiten ließen, wenn die Archäologie aus ihrer Isolierung herausträte.

Aus heutiger Sicht stellte Hachmanns funktionalistische Konzeption einen für die damalige Zeit theoretisch außerordentlich innovativen Schritt dar. Allerdings beruhte sie auf einer nur sehr oberflächlichen Lektüre der ethnologischen Referenzliteratur. Überdies dürfte das von ihm vertretene Konzept ebenso wie sein Verlangen nach einer Kulturtheorie wohl fast allen seinen Hochschullehrerkollegen im Fach gänzlich abwegig erschienen sein. Denn kaum jemand anderes sah ebenso klar wie er, dass der konventionelle Kulturbegriff im Wesentlichen nur ein technisch-archäologisches Konzept mit sehr begrenztem Potential war. Hachmann strebte an, das vorgegebene archäologisch ›Handfeste‹ der Funde und Befunde mit seinem funktionalistischen Kulturbegriff zu überwinden – ein Ziel, das er jedoch letztlich nicht erreichte.

Wenn wir Hachmanns Initiative rückblickend betrachten, überrascht es angesichts des zu jener Zeit vorherrschenden Standes der Theoriereflexion im Fach durchaus nicht, dass sie gänzlich folgenlos blieb. Sie bewirkte letztlich sogar das Gegenteil dessen, was er beabsichtigte: Es genügt, an J. Lünings Aufsatz von 1972

Antithese – Historische Synthese«) gestellt. Hierzu im Einzelnen Eggert 2012a, 114 ff.; 299 ff.; ferner Eggert 2006, 219 ff.

zu erinnern.[35] Interessanterweise haben etwa zur gleichen Zeit in der angloamerikanischen *New* oder *Processual Archaeology*[36] die Begriffe ›Funktion‹, ›System‹ und auch ›Struktur‹ eine zentrale Rolle gespielt, so dass man dort ohne Weiteres von einem ›funktional-systemtheoretischen Kulturbegriff‹ sprechen konnte (Eggert 1978, 74 ff; siehe auch Kienlin 1998). Ein funktionalistisch-systemtheoretischer Forschungsansatz wurde vor allem im Zusammenhang mit paläoökologischen Fragestellungen praktiziert (siehe Eggert 1978, 91 ff., bes. 105 f.). Dies blieb jedoch ohne Folgen für die deutschsprachige Archäologie, da die entsprechenden Arbeiten dort nicht rezipiert wurden.

Wenn wir uns den funktional-systemtheoretischen Kulturbegriff[37] in der Neuen beziehungsweise Prozessualen Archäologie[38] näher ansehen, stellen wir fest, dass er dort wie so viele Konzepte und Methoden aus anderen Wissenschaften ziemlich unreflektiert übernommen wurde.[39] Einer der wesentlichen Kritikpunkte am Funktionalismus in der Ethnologie war der berechtigte Vorwurf, diese Theorie sei nicht an Kulturwandel, sondern an quasi zeitlosem Funktionieren von Gemeinschaften interessiert und damit ahistorisch. Das Konzept der ›Funktion‹ unterstellte eine so enge Verknüpfung aller wesentlichen soziokulturellen Elemente und Teilsysteme, dass dies angeblich einen Gleichgewichtszustand des Gesamtsystems gewährleistete oder jedenfalls seine Herausbildung wahrscheinlich machte. Besonders Bronislaw Malinowski betonte den Faktor der Befriedigung vor allem physischer und emotionaler Bedürfnisse, die er mit der Funktion soziokultureller Institutionen und dem durch sie gesteuerten Handeln gleichsetzte. Dies und vieles andere wurde in der Funktionalismuskritik sehr klar artikuliert, ist jedoch weder von Hachmann – das verwundert nicht, wenn man bedenkt, in welchem Umfeld er agierte –, noch von der Neuen Archäologie rezipiert worden, der das allerdings vorgeworfen werden muss. Ganz ähnlich verhält es sich mit der Systemtheorie in der Neuen Archäologie.

In der britischen *Social Anthropology* war der Höhepunkt des Funktionalismus gegen Ende der fünfziger Jahre ohnehin längst überschritten, und sein Einfluss ging danach rapide zurück. Die Kritik am funktional-systemtheoretischen Ansatz in der Neuen Archäologie setzte erst später ein. So hat der Sozialanthropologe Edmund Leach (1973, 762) über eine charakteristische funktionalistische Aussage

---

35 Lüning stand Hachmanns seinerzeit noch nicht veröffentlichter Vortrag in Form eines vervielfältigten Textes zur Verfügung (Lüning 1972, 172).

36 Hierzu im Einzelnen Eggert 1978; ders. in Vorb. b; Wolfram 1986.

37 Da im Rahmen der Neuen oder Prozessualen Archäologie statt ›systemtheoretisch‹ meist der Begriff ›systemisch‹ verwendet wurde, böte sich auch die Bezeichnung ›funktional-systemischer Kulturbegriff‹ an.

38 Immer, wenn ich im Folgenden von der Neuen Archäologie spreche, schließe ich die Prozessuale ein und umgekehrt.

39 Zur gesamten Problematik ausführlich Eggert 1978.

von Lewis Binford – er war der Begründer der *New Archaeology* in den USA – gesagt, sie klinge, als stamme sie von Malinowski zur Zeit des »naiven Funktionalismus« um 1935.[40] Andere Kritiker haben unter anderem auf die überaus simplifizierende archäologische ›Umsetzung‹ der Systemtheorie hingewiesen und zugleich die mit dem funktional-systemtheoretischen Kulturbegriff einhergehende Eliminierung des Menschen als handelndes Subjekt der Geschichte beklagt (ebd. 763 f.; Eggert 1978, 79 f.; 85 f.).[41]

Leach (1973, 768) hat die Neue Archäologie als »funktionalistisch und behavioristisch« bezeichnet und damit sowohl ihren ökonomischen, demographischen und siedlungsbezogenen Forschungsschwerpunkt als auch ihre bis zu einem gewissen Grade positivistische Grundorientierung gemeint. Diese Feststellung war insgesamt sicher zutreffend. Aus solchen und ähnlichen Beobachtungen ist später bei der Beurteilung der Neuen Archäologie eine recht pauschale Gleichsetzung von Funktionalismus und Positivismus hervorgegangen (etwa Bernbeck 1997, 272 f.). Wie vorsichtig man mit dem Begriff ›Positivismus‹ sein muss, zeigt bereits eine flüchtige Gegenüberstellung von Neuer und deutschsprachiger Archäologie. Beide teilten ein ausgeprägtes Forschungsinteresse an Siedlungsstrukturen, Wirtschaft und Demographie, wobei dies für die deutschsprachige Ur- und Frühgeschichtsforschung immer noch gilt. Dennoch bestehen in der Ausprägung des Positivismus beider Archäologierichtungen, wie gleich zu zeigen sein wird, fundamentale Unterschiede. Also impliziert eine funktionalistische Kulturauffassung nicht notwendigerweise eine ausgeprägte positivistische Einstellung. Vermutlich liegt es gewissermaßen an einem Umkehrschluss dieser Art, dass die zeitgenössische deutschsprachige Ur- und Frühgeschichtsforschung gelegentlich als ›funktionalistisch‹ oder ›neo-funktionalistisch‹ wahrgenommen wird, wenngleich ich ihr dieses Prädikat nicht zuerkennen würde – schließlich lässt sie jedwede gründliche Auseinandersetzung mit dem Funktionalismus vermissen.

Positivistischer Kulturbegriff

Wenn ich im Folgenden von einem ›positivistischen Kulturbegriff‹ spreche, meine ich damit eine Einstellung in der Archäologie, die sich weitgehend mit dem vorgeblich ›Faktischen‹ des Faches begnügt und sich zugleich zu einer oft dezidiert antitheoretischen Einstellung bekennt. Insofern schließe ich die Prozessuale Archäologie hier nicht mit ein, denn diese Richtung, die im deutschen Sprachraum bekanntlich nicht Fuß fassen konnte, ist ja – und das mag zunächst widersprüchlich

---

40 Leach (1973, 762) schreibt weiter: »Functionalism is ›old hat‹ in social anthropology; it is ›new style‹ in archaeology«.

41 Entsprechend auch die Bemerkungen von Bernbeck (1997, 272), der die Kritik von I. Hodder (1982c, 6 ff.) resümiert.

klingen – trotz einer gewissen positivistischen Prägung in einem hohen Maße an theoretisch-methodisch inspirierten Grundlagendiskussionen interessiert gewesen. Gerade dies hat sie von der von ihr bekämpften sogenannten ›traditionellen‹ Archäologie unterschieden. Auch die verschiedenen Strömungen der Post-Prozessualen Archäologie zeichnen sich durch ein sehr starkes Interesse an Fragen der Theorie aus.

Somit verbinde ich mit einem positivistischen Kulturkonzept in der Archäologie eine Haltung, die die ›Realien‹ – Funde und Befunde – in einem hohen Maße als selbstevident betrachtet und sich zugleich mehr oder weniger ausgeprägt gegen methodologische Überlegungen sträubt. Daher hätte man genauso gut auf eine eigene Benennung dieses Konzepts verzichten und die folgenden Ausführungen einfach dem konventionellen Kulturbegriff zuweisen können. Wenn ich mich dagegen entschieden habe, dann nur um klarzumachen, dass der positivistische Grundansatz des konventionellen Konzepts bis heute fortgeführt und die antitheoretische Orientierung eher noch verstärkt worden ist. Diese Feststellung dürfte kaum überzeichnet sein, sie trifft in jedem Fall den Kern der Sache. Es ist ja offenkundig, dass in unserem Fach – im Gegensatz etwa zu den Geschichtswissenschaften im engeren Sinne – etwa über das, was ein ›Faktum‹ konstituiert, kaum nachgedacht worden ist. Man braucht sich nur einmal zu fragen, wieviele Archäologen sich mit einer Definition anfreunden könnten, der zufolge ein ›Befund‹ die Gesamtheit historisch aussagefähiger Beobachtungen in archäologischen Fundsituationen repräsentiert, wie in einem Lehrbuch (Eggert 2012a, 50) festgestellt wird. Es ist auch aufschlussreich, sich einmal klarzumachen, dass es nur eine verschwindend geringe Zahl von Arbeiten gibt, die sich mit der in erster Linie praktizierten Beschaffung archäologischer Zeugnisse, also mit der Problematik von Ausgrabungen, aus quellenkritischer Perspektive auseinandersetzen (siehe etwa Eggert 2002). Man darf unterstellen, dass bei einer positivistisch betriebenen Archäologie solche Fragen gar nicht aufkommen – die Funde und Befunde bieten sich ja scheinbar selbsterklärend den Augen und Händen des Betrachters dar: er oder sie kann sie vermessen, zeichnen, fotografieren und dabei sogar haptisch erfahren.

Aber diese beiden simplen Beispiele betreffen nur einen gewissermaßen handwerklichen Aspekt des Faches. Es ist zu fragen, wie es erst um jene Bereiche bestellt sein muss, die in die ›höheren Sphären‹ gehören. Wie steht es also um jene Sphären, in denen der Schritt von den Realien und ihren Beziehungen in Zeit und Raum – vielleicht hervorragend aufbereitet durch komplexe statistische und sonstige Verfahren – zur Deutung vollzogen werden muss? Wer die Literatur kennt, weiß, wie die Antwort ausfällt. Trotz aller unbestreitbaren Fortschritte, die in den letzten drei Jahrzehnten gemacht worden sind, ist das Gesamtpanorama, so fürchte ich, hierzulande immer noch wenig ermutigend. An wie vielen Universitätsinstituten werden denn methodologische Fragen kontinuierlich, systematisch und zugleich praxisnah angegangen? Regiert, von wenigen Ausnahmen abgesehen, nicht allenthalben das sogenannte ›Faktische‹ in seiner scheinbar unerschöpflichen Fülle? Die Probleme aber, die unter dieser archäologischen Oberfläche liegen, sie werden nur allzu selten thematisiert. Dabei möchte ich gar nicht erst auf jenen Bereich eingehen, den man ›Metatheorie‹ nennt, also den Bereich, in dem nicht die archäologisch gewonnenen Hinterlassenschaften in ihrer Komplexität den Forschungsgegenstand bilden, sondern die Theorien, mit deren Hilfe sie zu historischen Quellen werden sollen.

Bleiben wir also besser auf der darunter liegenden Ebene der Theorien und der Methoden. Hier mag ein einziges Beispiel genügen. Ulrich Veit (2012) hat sich soeben in einem Beitrag mit dem Thema »Methodik und Rhetorik in der Sozialarchäologie« auseinandergesetzt und sich dabei unter anderem auch paradigmatisch mit der Früheisenzeitforschung im südwestdeutschen Raum befasst. Was bei ihm auf knapp zwei Seiten resümiert ist, enthüllt für den von ihm behandelten Kontext das Dilemma, von dem ich spreche. Und seine Ausführungen illustrieren zudem aufs Beste, was ich unter einem positivistischen Kulturkonzept verstehe.

Will man die knappen Darlegungen dieses Abschnitts zusammenfassen, muss die einseitig ›faktenorientierte‹ Ausrichtung des hier skizzierten Kulturkonzeptes betont und zugleich kritisiert werden. Aus meiner Sicht hat die deutschsprachige Archäologie hier immer noch einen beträchtlichen Nachholbedarf. Denn die Archäologie, wie sie ›wirklich‹ ist, offenbart sich nicht in Universitätsinstituten – sie wirken zwar in dieser oder jener Richtung prägend, aber das, was die Archäologie wirklich ist, zeigt sich in einigen wenigen außeruniversitären Forschungsinstitutionen sowie vor allem in der Archäologischen Denkmalpflege und in Archäologiemuseen.

Historistisch-diffusionistischer Kulturbegriff

Der historistisch-diffusionistische Kulturbegriff wurde in der jüngeren deutschsprachigen Archäologie am markantesten von Wolfgang Kimmig (1983) im Zusammenhang mit dem früheisenzeitlichen ›Fürstenphänomen‹ vertreten. Seine Auffassung soll daher hier in paradigmatischer Absicht knapp erörtert werden.[42]

Kimmigs Auffassung fußte auf der Annahme, es habe zwischen der Späten Hallstatt- und Frühen Latènekultur und mediterranen Kulturen direkte Beziehun-

---

42 Hier erscheint eine grundsätzliche Bemerkung angebracht. Gerade in Bezug auf den historistisch-diffusionistischen Kulturbegriff mag man sich fragen, ob beziehungsweise inwieweit er wirklich vom positivistischen Kulturbegriff unterschieden werden kann. Die gerade erwähnten Ausführungen von Veit zur Früheisenzeitforschung beleuchten diesen Punkt aufs Beste. Es liegt auf der Hand, dass hier zu gewichten ist: Der historistisch-diffusionistische Kulturbegriff mag häufig, aber er muss nicht von vornherein positivistisch sein.

gen gegeben, die zu einem Akkulturations- oder – zurückhaltender ausgedrückt – Aneignungsprozess innerhalb des früheisenzeitlichen Raumes geführt hätten. Die damit einhergehende Gesamtperspektive basierte auf einer historistischen Konzeption nicht nur des ›Fürstenphänomens‹, sondern der Geschichte insgesamt. Die früheisenzeitlichen ›Fürsten‹ Südwestdeutschlands und angrenzender Regionen Ostfrankreichs und der Schweiz wurden aus individualisierender Sicht als eine Art ›Große Männer‹ gedeutet, die sich in ihrem »Entwicklungsland«, der »zentraleuropäischen Barbarike«, die »Lebensqualität« des Südens aneignen wollten. Durch ein »zivilisatorisches Drängen des hochkulturellen Südens« sei es zu einem »Prozeß der Mediterranisierung« gekommen.[43]

Kimmigs These implizierte im Einzelnen, dass zunehmend engere Beziehungen zwischen den Kulturen nördlich der Alpen zu solchen des Südens im Norden ein Verlangen nach mediterranen Gütern schürten und schließlich gar zu einer partiellen Imitation mediterranen Lebensstils führten. Auf eine kurze Formel gebracht, sind die späthallstatt- und frühlatènezeitlichen Phänomene, um die es hier geht, demnach durch Kulturkontakt hervorgerufen worden, wobei der kulturelle Stimulus sowohl materiell in Form von Gütern als auch immateriell als Vorstellung von standesgemäßem Leben vom Süden in den Norden gewirkt haben soll.

Kimmigs Konzeption – seit Ende der achtziger Jahre kritisch analysiert[44] – lebt in ihren Grundzügen in der südwestdeutschen Früheisenzeitforschung ziemlich ungebrochen fort (siehe Biel 2007). Hierzu gehört auch das kürzlich von Dirk Krausse (2008) veröffentlichte »Wellenmodell«,[45] mit dem er die Entstehung von Zentralorten vom 8.–4. Jahrhundert v. Chr. zu erfassen sucht. Er meint in den »Zentralorten und Machtzentren« wie der Heuneburg und dem Mont Lassois sowie den zugehörigen ›Fürstengräbern‹ das Ergebnis eines »Zivilisationsprozesses« erkennen zu können, der sich »wellenartig von Süd nach Nord« ausgebreitet habe. Von diesem letztlich »von der Ägais bzw. Vorderasien« ausgehenden Prozess seien im späten 8. und frühen 7. Jahrhundert zunächst Süd- und Mittelitalien und wenig später auch Südfrankreich erfasst worden. Diese »Welle«, so Krausse (ebd. 437 f.) weiter, »schwappte dann um 600 v. Chr. über und um die Alpen herum nach Norden und erfasste die südlichen Zonen der Hallstattkultur zwischen Südwürt-

---

43 Kimmigs Konzeption entsprach – zweifellos ohne dass er sich dessen bewusst war – letztlich der zu seiner Zeit in der Geschichts- und Historischen Sozialwissenschaft gängigen ›Modernisierungstheorie‹, wie sie etwa 1963 von dem amerikanischen Historiker William H. MacNeill in seinem universalgeschichtlichen Werk *The Rise of the West* vertreten wurde. Sie kommt am besten in seiner Mommsen-Vorlesung zum Ausdruck (Kimmig 1983), aus der auch die zitierten Passagen genommen sind.

44 Früheste Arbeiten: Eggert 2011/1989; 2011/1991a; 2011/1991b; 1999; ferner Veit 2000; Eggert 2003; Jung 2005; 2007; 2010; Rieckhoff 2007, 23 ff.; 2010, 223 ff. Eine hervorragende Übersicht bietet Schier 2010.

45 Dieser Terminus bei Krausse 2008, 436.

temberg und Burgund«. Dieses um eine sogenannte »Zentralisierungswelle« und einen vorgeblichen »Zivilisationsprozess« errichtete Konstrukt ist unverkennbar eine modifizierte Version dessen, was Kimmig in vielen Arbeiten bis in die frühen achtziger Jahre vertreten hat. Wir haben es hier also mit einem besonders guten Beispiel der Konstanz eines archäologisch-diffusionistischen Paradigmas zu tun.

Eines der Kernprobleme der hier skizzierten Auffassung liegt offenbar in der individualhistorischen, bisweilen geradezu ereignisgeschichtlichen Bewertung und Deutung früheisenzeitlicher Kulturphänomene. Darüber wurde bereits vor längerer Zeit alles Notwendige gesagt (Eggert 1999, 214 ff.). Überdies ist frappierend, in welchem Maße jedweder Versuch gemieden wird, die behauptete ›Zivilisierung‹ der früheisenzeitlichen Gemeinschaften zu begründen, statt sie lediglich mit unverbindlichen Schlagwörtern zu behaupten. Auch sehe ich bei denen, die sich so engagiert für die historisch-diffusionistische Konzeption verwenden, keinen ernsthaften Versuch, sich mit den wirtschaftlichen Grundlagen auseinanderzusetzen, die nun einmal die Minimalbedingung für Macht und Zentralisierung bilden.[46] Vielmehr drängt sich der Eindruck auf, dass sie deren Bedeutung für ihre Auffassung noch gar nicht recht wahrgenommen haben.

Schließlich sei ein letzter Punkt angesprochen, der in der Archäologie über den hier behandelten konkreten Fall hinaus kennzeichnend ist. Dabei geht es um eine kritische Reflexion des jeweiligen Modus der Diffusion. Es ist erstaunlich, dass trotz der weitgefächerten ethnologischen Literatur zur Diffusionsthematik die möglichen Mechanismen des Güter- oder Ideenflusses kaum je thematisiert werden. So ist etwa der Terminus ›Stimulusdiffusion‹ in der Ur- und Frühgeschichtsforschung so gut wie unbekannt. Wie aber kann beispielsweise ein so komplexes Szenario wie das Krausse'sche Wellenmodell, das für die Zentralisierung von Macht und der ›Zivilisierung‹ von ›Mächtigen‹ – oder gar von Gemeinschaften – in Anspruch genommen wird, ohne eine einzige Aussage zu den Mechanismen auskommen, die den postulierten Zentralisierungs- und Zivilisierungsprozessen zugrunde liegen?

Ich habe die vorherrschende Auffassung in der hiesigen Ur- und Frühgeschichtsforschung bereits an anderer Stelle als ›historistisch‹ im Sinne einer das Individuelle jeder geschichtlichen Situation betonenden, nicht auf Generalisierung zielenden Konzeption beschrieben (Eggert 2007, 259). In Überstimmung mit dieser Feststellung ließen sich für den hier skizzierten Kulturbegriff durchaus zahlreiche andere Beispiele für eine historistisch-diffusionistische Argumentation finden, aber vielleicht kaum eine, die ähnlich ›sprechend‹ wäre.

---

46 Zu Fragen früheisenzeitlicher Wirtschaft siehe Eggert 2007, 271 ff.; Kurz 2010a; 2010b, 246 ff.; 2012, 451 ff.

Evolutionistischer Kulturbegriff

Im Grunde bedürfte dieser Abschnitt einer längeren Einleitung, die die Thematik des Evolutionismus vor allem in der Ethnologie zusammenfassen müsste.[47] Hier muss ein Hinweis auf die Tatsache genügen, dass besonders in der gegenwärtigen englisch- und deutschsprachigen Sozialwissenschaft auch kulturevolutionistische Konzepte vertreten werden; das trifft allerdings kaum auf die deutsche Ethnologie zu.[48] In Bezug auf die deutschsprachige Archäologie könnte man sich auch fragen, ob es nicht sinnvoll wäre, auf eine Behandlung dieses Kulturbegriffs zu verzichten, und sei sie noch so kurz gehalten. Dafür spräche die Tatsache, dass die Anhänger einer kulturevolutionistischen Konzeption hier überaus rar sind. Dennoch habe ich mich vor allem aus grundsätzlichen Überlegungen dagegen entschieden.[49]

Kulturevolutionistisches Denken hat in der deutschsprachigen Ur- und Frühgeschichtsforschung nie einen festen Platz gehabt. Das ist insofern erstaunlich, als allein dieses Fach die gesamte soziokulturelle Entfaltung der Menschheit überblickt. Allerdings sind 40 Jahre Archäologie in der Deutschen Demokratischen Republik unter dem Vorzeichen des ›Dialektischen und Historischen Materialismus‹ und dem damit verbundenen Konzept gesetzmäßig aufeinanderfolgender Gesellschaftsformationen am Fach nicht spurlos vorübergegangen.[50] Das ist dem Kulturevolutionismus im übrigen deutschen Sprachraum zweifellos sehr abträglich gewesen. Aber selbst wenn man dies berücksichtigt, erscheint die beinah vollkommene Abstinenz dennoch ungewöhnlich.

Von der Ur- und Frühgeschichtlichen Archäologie als einer Historischen Kulturwissenschaft wird nicht nur eine beschreibende Bestandsaufnahme der kulturellen Vielfalt über Zeit und Raum erwartet – wie immer der jeweilige Fokus dann im konkreten Fall auch gewählt sein mag. Erwartet werden darüber hinaus generalisierende Aussagen zu lang- und mittelfristigen Abläufen in ur- und frühgeschichtlichen Gemeinschaften. Um die solchen Abläufen zugrunde liegenden

47   Eine forschungsgeschichtliche Einführung bietet Eggert 1978, 106 ff.
48   Zur Herausbildung komplexer Gesellschaften siehe etwa K. Eder (1976); zusammenfassend zur soziokulturellen Evolution aus forschungsgeschichtlicher Sicht Eder 2004.
49   Für eine ausführliche Darlegung der Diskussion des evolutionistischen Kulturkonzeptes in der nordamerikanischen Kulturanthropologie sowie in der englisch- und deutschsprachigen Archäologie siehe Eggert 2012b. Darin wird auch meine eigene Haltung zur Frage der soziokulturellen Evolution hinreichend deutlich.
50   Hierzu zusammenfassend Kossack 1999, 77 ff. Es ist bezeichnend, dass Kossack zwar zu Recht den doktrinären Charakter der offiziellen DDR-Archäologie verdammte, zugleich aber auch eine negative Haltung zu allen Versuchen in den neunziger Jahren einnahm, Theoriefragen der nicht-marxistischen Ur- und Frühgeschichtsforschung kritisch zu erörtern (ebd. 6 f.). Die sich darin ausdrückende Einstellung eines der seinerzeit führenden deutschen Archäologen wirft ein bezeichnendes Licht auf das damalige, auch heute noch vorherrschende, gegen Generalisierungen aller Art gerichtete Fachverständnis.

Faktoren und Prozesse einschätzen und mit den archäologisch gewonnenen Hinterlassenschaften aus längst vergangenen Zeiten konfrontieren zu können, bedarf die Archäologie der Zusammenarbeit mit anderen Kultur- und Geschichtswissenschaften. Der Kulturevolutionismus stellt eine Möglichkeit dar, sich ur- und frühgeschichtlichen Quellen mit einer vergleichend gewonnenen Perspektive zu nähern, um zu generalisierenden Aussagen über die soziokulturelle Entwicklung zu kommen.[51]

Allerdings muss zunächst einmal ein grundlegendes Missverständnis ausgeräumt werden: Der evolutionistische Kulturbegriff impliziert keineswegs eine starre Abfolge von Stufen der kulturellen Entwicklung, die alle Gesellschaften durchlaufen, wie es – fälschlicherweise – mit dem Klassischen Evolutionismus des 19. Jahrhunderts verknüpft wird.[52] Auch in diesem Fall ist die oben dargelegte Unterscheidung eines holistischen und eines partitiven Kulturbegriffs hilfreich. Selbstverständlich wäre es unsinnig, zu behaupten, sämtliche Kulturen oder Gemeinschaften müssten ein und denselben Entwicklungsgang durchlaufen. Aus der Fülle aller Kulturerscheinungen in Zeit und Raum lässt sich lediglich generalisieren, dass *die* Kultur weltweit gesehen eine bestimmte Entfaltung aufweist. Hier wären die zunehmende Naturbeobachtung und vernunftgeleitete Weltwahrnehmung ebenso zu nennen wie die stetige Verbesserung der technisch-materiellen Verhältnisse. Für die soziopolitische Dimension lässt sich ein ausgeprägter Trend zu wachsender Komplexität konstatieren. All das bedeutet aber offenkundig nicht, dass diese Entwicklung überall stattfinden muss – schließlich geht es ja von vornherein nicht um einzelne Kulturen, sondern um die Kultur. Und mit der Feststellung dieses Evolutionstrends ist auch keinerlei Aussage über dessen Unumkehrbarkeit getroffen – aus ›Evolution‹ kann unter bestimmten Bedingungen durchaus ›Devolution‹ werden.

In dem hier umrissenen Verständnis bezeichne ich mich ohne Einschränkung als Evolutionist. Wie ich darüber hinaus in verschiedenen Arbeiten dargelegt habe (etwa Eggert 2007; 2012b), bin ich auch Anhänger einer evolutionistischen Kulturauffassung bei der Interpretation konkreter ur- und frühgeschichtlicher Kulturerscheinungen. Nur unter Zugrundelegung einer soziopolitischen Typisierung nach neo-evolutionistischem Vorbild – wobei es mir um die großen Linien, nicht jedoch um die dogmatische Auslegung bestimmter Autoren geht – erscheint mir eine überzeugende Deutung etwa des früheisenzeitlichen ›Fürstenphänomens‹ möglich.

---

51   Hier wie im Folgenden verwende ich die Begriffe ›kulturell‹ und ›sozial‹ bzw. ›soziokulturell‹ und ›soziopolitisch‹ gleichwertig. Für mich schließt der Terminus ›Kultur‹ dieses Verständnis ein.

52   Zum fälschlicherweise dem Klassischen Evolutionismus zugeschriebenen, für alle Gesellschaften verbindlichen Stufenschema siehe Eggert 1978, 107 mit Anm. 222; 112 ff.

Semiotisch-kommunikationstheoretischer Kulturbegriff

Der sogenannten ›Welt der Dinge‹ misst man rund zwei Jahrzehnten in vielen kulturwissenschaftlichen Fächern sowohl in Deutschland als auch in vielen anderen Ländern große Bedeutung bei. Bereits heute lässt sich die Zahl der daraus erwachsenen Publikationen in den wichtigsten Wissenschaftssprachen nicht mehr überblicken, und vorerst ist kein Ende der Flut von Veröffentlichungen abzusehen – ganz im Gegenteil. All diese Arbeiten beruhen in unterschiedlichem Maß auf semiotisch-kommunikationstheoretischen Grundlagen. Es bleibt zu hoffen, dass dieses außerordentliche Interesse an den Dingen anhält. Hier gilt es allerdings zu bedenken, dass viele, ja die meisten Wissenschaften, die inzwischen die ›Dinge‹ entdeckt haben, eines ›materiellen Schwerpunktes‹ *a priori* nicht bedürfen. Wenn also die ›Dingwelt‹ gegenwärtig eine dermaßen große Aufmerksamkeit erfährt, dann liegt das an dem derzeit vorherrschenden Kulturbegriff mit seiner starken Ausrichtung an Bedeutung und soziokultureller Praxis (siehe etwa Moebius 2009, 123 ff.). Es ist erfreulich, dass damit die traditionsreiche, aber höchst unfruchtbare Differenzierung von ›Geist‹ und ›Materie‹ endgültig überwunden scheint.

Im Gegensatz zu anderen Kulturwissenschaften ist die Archäologie in all ihren Spielarten, wenn nicht in jedem Falle vollständig, so doch in hohem Grade auf dingliche Quellen angewiesen. Darin dürfte ein entscheidender Grund für die Tatsache liegen, dass dieser Fächerkomplex niemals grundsätzliche Probleme mit seiner materiellen ›Erdung‹ hatte. Allerdings üben die besonderen Voraussetzungen der Überlieferung, denen meist alles Organische zum Opfer fällt, einen erheblichen Einfluss auf die Quellenbasis der Archäologie und daher auf die Erkenntnismöglichkeiten aus. Insgesamt trifft es generell zu, dass jedwede Erkenntnis der urgeschichtlichen Vergangenheit letztlich materiell vermittelt ist. Aus kulturtheoretischer Sicht geht die Frage nach dem ›Universum der Dinge‹ aber – wie angedeutet – weit über die Quellenbasis der Archäologie hinaus.

Im Bereich der semiotisch-kommunikationstheoretischen Forschung in der deutschen Ethnologie hat sich Hans Peter Hahn international einen Namen gemacht. Er stammt aus dem Kreis der Schule von Eike Haberland, dem früheren Direktor des Frobenius-Instituts an der Universität Frankfurt. Haberland regte seit den frühen siebziger Jahren mehrere Dissertationen über die Materielle Kultur nord-, west- und zentralafrikanischer Ethnien an.[53] Diese Arbeiten waren allerdings weitgehend positivistisch als Inventarwerke konzipiert, bei denen eine grundlegende theoretische Reflexion und damit eine strukturierende und integrierende theoretische Ausrichtung weder vorhanden noch angestrebt war.[54] Vielmehr wurde die Do-

---

53　Beispielsweise Gruner 1973; Wente-Lukas 1977; K. Schneider 1990; Geis-Tronich 1991; Hahn 1996.

54　Hiervon ist jedoch Hahn 1996 auszunehmen, der sehr theorie- und methodenbewusst vorging.

kumentation in diesen Untersuchungen, wie Hahn (2003a, 21) treffend formuliert, »zu einem eigenständigen Arbeitsziel« erhoben. Hahn vollzog den entscheidenden Schritt von den gängigen Frankfurter Korpuswerken zur Analyse des mit der Materiellen Kultur verknüpften Bedeutungsfeldes. In einer Monographie legte er schließlich die mannigfachen Aspekte und Verknüpfungen sowie das große Potential des Forschungsfeldes ›Materielle Kultur‹ dar (Hahn 2005a). Darin definiert er den Begriff ›Materielle Kultur‹ als die »Summe aller Gegenstände«, die »in einer Gesellschaft genutzt werden oder bedeutungsvoll« sind. Entscheidend sei dabei nicht der Grad ihrer Bedeutung, sondern die Tatsache, dass sie in der »Lebenswelt der Menschen« eine Rolle spielten (ebd. 18). Er vertritt ein semiotisches Konzept Materieller Kultur, indem er das Materielle als Zeichensystem wahrnimmt und Dinge beziehungsweise Objektzeichen in diesem Kontext als ›unscharfe‹ Zeichen charakterisiert.[55] Hahn betont immer wieder, dass das Kommunizieren mit Hilfe von Objekten sich an anderen semiotischen Regeln auszurichten habe als die sprachliche Kommunikation. Im Gegensatz zur Sprache seien Objektbedeutungen »kontextabhängig und polyvalent«; daher bestünden zwischen Objektzeichen und Texten grundlegende Unterschiede.[56] Er sieht es, meines Erachtens völlig zu Recht, als entscheidend an, dass die Bedeutung der Dinge nicht aus ihrer Materialität resultiert, sondern aus dem Kontext ihrer Verwendung und den damit verknüpften Konzeptualisierungen derer, die sie benutzen (Hahn 2005b, 63).

Die Semiotik[57] geht in ihrer modernen Form auf den amerikanischen Philosophen Charles Sanders Peirce (1839–1914) und den Schweizer Linguisten Ferdinand de Saussure (1857–1913) zurück.[58] Sie untersucht Zeichen und Zeichensysteme aller Art; nach Umberto Eco (2002, 19) erforscht sie »Kultur als Kommunikation«.[59]

---

55 Zu Dingen als ›unscharfe‹, das heißt polysemische Zeichen siehe Hahn 2003b, 35; 2005a, 122 ff.

56 So Hahn 2006, 5. Zum Verhältnis von Objektbedeutungen und Sprache/Text siehe Hahn 2003b, pass.; 2005a, 136 ff. Diese Auffassung kollidiert mit jener des Kultursemiotikers R. Posner (z. B. Posner 1991, 46 ff.; 2003, 50 ff.), der – wie in der Kultursemiotik gängig – mit kulturspezifischen Bedeutungen versehene Artefakte mit Texten gleichsetzt.

57 Zur Geschichte der Semiotik siehe den eingehenden Überblick von Nöth 2000, Kap. 1.

58 Zu Peirce und seiner ›Semiotik‹ sowie zu de Saussure und seiner ›Semiologie‹ siehe eingehend Nöth 2000, 59 ff. Im Jahre 1969 hat das Gründungskomitee der *International Association of Semiotic Studies* beschlossen, diese beiden seinerzeit sehr unterschiedlich verwendeten Termini zukünftig mit dem Begriff ›Semiotik‹ zu belegen (ebd. 3; siehe auch Eco 2002, 17 Anm. 1).

59 Siehe hierzu auch Eco (1987, 52): »Es ist jetzt klar geworden, daß meine erste (*radikale*) Hypothese die Semiotik zu einer allgemeinen Kulturtheorie und im Grund zu einem Substitut für Kulturanthropologie macht«. (Hervorhebung im Original.) – Um den Unterschied zu natürlichen Zeichenprozessen – die im Gegensatz zu Peirces »pansemiotischer Sicht des Universums« (Nöth 2000, 61 f.) etwa von Eco nicht zur Semiotik gerechnet werden (ebd. 129 f.) – deutlich zu machen, spricht man bisweilen auch von ›Kultursemiotik‹ (z. B. Posner 1991; 2003).

Diese inhaltliche Bestimmung ist insofern zentral, als seit den frühen neunziger Jahren des 20. Jahrhunderts die ›Kulturwissenschaft‹ beziehungsweise ›Kulturwissenschaften‹ zunehmend diskutiert werden.[60] Man kann es daher als natürliche Folge des damit verbundenen Interesses werten, dass parallel dazu auch die Semiotik kontinuierlich an Bedeutung und Einfluss gewann. Diese Entwicklung spiegelt sich paradigmatisch in den vielen Beiträgen und Monographien von Hahn, der zunächst noch stark im Bann der Ethnologie von Eike Haberland stand (etwa Hahn 1991), sich aber dann mit jeder weiteren Arbeit mehr davon emanzipierte.[61]

Hahn ist auch in der deutschsprachigen Archäologie mit seiner Monographie von 2005 und zahlreichen kleineren Veröffentlichungen bekannt geworden. Sie haben wesentlich zur Ausleuchtung der semiotischen Aufladung Materieller Kultur beigetragen und sind damit zugleich von grundsätzlichem Interesse für die archäologische Deutung. Um einige der im engeren Sinne semiotisch und kommunikationstheoretisch ausgerichteten archäologischen Arbeiten soll es im Folgenden gehen. Dabei gilt das Augenmerk in erster Linie der Frage, wie sich Semiotik und Kommunikationstheorie in der Archäologie umsetzen lassen. Diese beiden Wissenschaften weisen zwar einen großen Überschneidungsbereich auf, sind nach dem Semiotiker Winfried Nöth (2000) jedoch nicht identisch.[62] Aufgrund der Tatsache, dass Semiotisches und Kommunikatives im realen Leben gänzlich miteinander verschränkt sind, sehe ich hier von einer Differenzierung ab.

Ulrich Veit (2006, 156) hat vor wenigen Jahren unter Hinweis auf die englischsprachige Archäologie festgestellt, dass dort ein »semiotischer Kulturbegriff« eine »grundsätzliche Neuorientierung des Faches« eingeleitet habe. Dadurch sei wiederum der Zugang zu »entsprechenden Paralleldiskursen in den Kulturwissenschaften« ermöglicht worden.[63] Die daraus resultierenden, durchaus noch nicht

---

60 Hierzu Eggert 2010a, 61 ff.; 2006, 236 ff.

61 Zu Haberlands Verhältnis zur ›Materiellen Kultur‹ siehe die informativen Ausführungen von E. Platte (1999, 131 ff.); ferner Haberland 1986. Angesichts der komplexen Verhältnisse zwischen dem Frankfurter Frobenius-Institut unter Haberland und dem Städtischen Völkerkundemuseum sind auch die Darlegungen von Mark Münzel in unserem Zusammenhang von grundsätzlichem Interesse (2006, 203 ff.; 208 ff.).

62 Nöth (2000, 235) schreibt:»Kommunikation ist ein Schlüsselbegriff der Semiotik, denn in der Semiotik geht es um die verbale und nonverbale, menschliche und animalische, auditive und visuelle sowie viele andere Modi der Kommunikation; und doch ist die Semiotik nicht deckungsgleich mit Kommunikationswissenschaft, denn der Gegenstandsbereich der Semiotik ist nicht nur die Kommunikation, sondern auch die Kognition und die Signifikation«. – Wie sehr semiotische und kommunikative Aspekte im Kontext Materieller Kultur miteinander verflochten sind, erörtern Müller-Scheeßel und Burmeister (2006, 21 ff.). Vor dem Hintergrund der »kommunikativen Bedeutung des Objektgebrauchs« sind Dinge für sie »Bestandteil zeichengesteuerter Kommunikation« (ebd. 21).

63 Bereits drei Jahre zuvor hat Veit (2003a, 24) im Zusammenhang mit der Bedeutungsdimension Materieller Kultur der Archäologie eine Erweiterung ihres Kulturkonzeptes

beendeten Debatten über die erkenntnistheoretische Basis der Archäologie hätten
– so Veit weiter – »entscheidend zur Profilierung der britischen prähistorischen
Archäologie im Bereich der Kulturwissenschaften beigetragen«.[64]

Man wird Veit ohne Weiteres zustimmen, dass in erster Linie die britische
Archäologie lautstark eine »symbolische und strukturale Archäologie« (Hodder
1982a; 1982b) propagiert hat. Es scheint mir jedoch eine andere Frage zu sein, ob
dies im Kontext der britischen *Social Anthropology* und der *Humanities* tatsächlich
die unterstellte Wirkung zur Folge hatte. Zudem wäre zu untersuchen, wie die dabei erzielten Ergebnisse zu beurteilen sind.[65] Unabhängig davon hat Veit zweifellos
recht, wenn er meint, dass wir uns auch hierzulande intensiv um das Ausloten jener
Möglichkeiten bemühen sollten, die ein semiotischer Kulturbegriff der Ur- und
Frühgeschichtlichen Archäologie vielleicht erschließen könnte.[66] Inwieweit dieser
Weg bereits beschritten worden ist, soll anschließend an einigen wenigen Beispielen umrissen werden. Dabei geht es vornehmlich auch um die für die Archäologie
zentrale Frage, ob bereits ein brauchbares theoretisch-methodisches Instrumentarium entwickelt worden ist, mit dem dieses Forschungsfeld für die Archäologie
nutzbar gemacht werden könnte.

Es ist festzuhalten, dass Veit schon seit vielen Jahren für eine semiotische
Erweiterung des Kulturkonzeptes eintritt. Soweit ich sehe, hat er sich dafür erstmals in seinem knappen und prägnanten Aufsatz über »Des Fürsten neue Schuhe«
(1988) ausgesprochen. Er behandelte darin die offenkundige Vertauschung der
ornamentierten goldenen Knöchelbänder an den – nicht erhaltenen – Schuhen des
›Fürsten‹ von Hochdorf und skizzierte dabei ein breites Spektrum ethnographisch
dokumentierter und kulturanthropologisch analysierter Möglichkeiten des Umgangs mit dem Tode und den Toten durch die Weiterlebenden. Eine dieser Möglichkeiten, die er erwog, war das Konzept der ›verkehrten Welt‹ (*mundus inversus*),
also die rituelle Umkehrung des Gängigen. Es war klar, dass Veits Überlegungen
die Deutung des zur Diskussion stehenden Befundes durch den Ausgräber Jörg
Biel als widersprüchlich und fragwürdig erwiesen – ob Veits Interpretation jedoch
zutrifft, ist wiederum eine andere Frage. Allerdings ging es ihm darum auch gar
nicht – er wollte lediglich zeigen, dass man nicht zuletzt im Kontext von Leben
und Tod, von Diesseits und Jenseits, von Totenritualen und Trauersitten die symbolischen Verknüpfungen beachten und sich dabei eines ethnologisch inspirierten
Forschungsansatzes bedienen sollte. Wenngleich in diesem Aufsatz der Begriff

empfohlen. Dabei wies er explizit auf jene Auffassung hin, die der Interpretativen Ethno-
    logie von Geertz zugrunde liegt.

64 Zur anglophonen ›semiotischen‹ Archäologie siehe Preucel 2006.

65 Zu Hodders Monographie *Symbols in Action* (1982a) siehe Eggert 2012a, 365 ff.

66 Über die Geschichte und Rolle der Semiotik in der Klassischen Archäologie informiert
    L. Schneider 2006.

›semiotisch‹ nicht fiel, macht die Verwendung des Adjektivs ›symbolisch‹ (ebd. 166) klar, worin Veits Anliegen bestand.

Ganz entsprechend lassen sich seine Ausführungen zum Phänomen der Kollektivbestattung im nord- und westeuropäischen Neolithikum verstehen (Veit 1993).[67] Ferner führt ein vier Jahre später veröffentlichter kurzer Kommentar zu Form und Funktion von keramischen Gefäßen im Untertitel die bezeichnende Formulierung »Eine semiotische Perspektive«, und der Text trägt dem Rechnung (Veit 1997).

Diese drei Beiträge können als Vorläufer einer kulturtheoretischen Ausrichtung betrachtet werden, die sich dann wenig später in der deutschen Ur- und Frühgeschichtlichen Archäologie – wenngleich immer noch auf einen recht kleinen, aber in diesem Bereich meinungsbildenden Kreis konzentriert – entfaltete. In diesem Kontext wurden im letzten Jahrzehnt mehrere grundlegende Werke zu einer semiotisch orientierten Archäologie veröffentlicht. Hier sind vor allem der von Veit u. a. (2003) herausgegebene Band *Spuren und Botschaften: Interpretationen materieller Kultur*, das von Tobias L. Kienlin (2005a) edierte Buch *Die Dinge als Zeichen: Kulturelles Wissen und materielle Kultur* sowie der von Christoph Kümmel, Beat Schweizer und Veit (2008) vorgelegte Band *Körperinszenierung – Objektsammlung – Monumentalisierung: Totenritual und Grabkult in frühen Gesellschaften* zu nennen. Alle drei sind aus Tagungen hervorgegangen. In den Einführungen zu den drei Bänden finden sich wesentliche Bemerkungen zu den Schwierigkeiten, mit denen die semiotische Analyse archäologischer Funde und Befunde zu kämpfen hat. So propagieren Veit, Kienlin und Kümmel (2003, 11) ein »im weitesten Sinne semiotisches Kulturverständnis«, das die Materielle Kultur als einen bedeutungsvollen und aktiven Teil jeder Gesellschaft wertet. Sie sei ein »Medium, in dem vergangene Ideen und Bedeutungen in einer kodierten Form« vorlägen. Allerdings merken sie einschränkend an, dass die meisten materiellen Reste, mit denen es die Archäologie zu tun habe, nicht oder jedenfalls nicht primär »in kommunikativer Absicht« geschaffen worden seien. Aber auch solche Objektivierungen, die eine einstige semiotische Kodierung nahelegen – etwa Bildquellen (Steinplastik, Toreutik, Felsbilder), Grab- und Zeremonialarchitektur sowie Objektdeponierungen in Gräbern und Horten –, ließen die materiell verschlüsselten Botschaften nicht ohne Weiteres erkennen (ebd. 12).

Wann immer der Kontext keine entsprechenden Hinweise im oben angesprochenen Sinne bereit hält, stellt bereits die Bestimmung, was denn an einem konkreten Ensemble Materieller Kultur überhaupt kommunikativen Zwecken diente, für eine semiotische Archäologie ein erhebliches Problem dar.[68] In den eher ›offenkundigen‹ Kontexten verlagert sich das Problem dann auf die Ebene des Inhalts der intendierten ›Botschaft‹. Veit (2003a, 25 f.) hat davor gewarnt, den semiotischen Ansatz zu überdehnen und die Materielle Kultur immer und überall mit Bedeutung

---

67 Hierzu Eggert 2010b, 63 f.
68 Hierzu auch Furholt/Stockhammer 2008, 61; 62; 65; 66 ff.

und Kommunikation in Zusammenhang bringen zu wollen. Ähnlich argumentiert auch Kienlin (2005b, 3; 13) in seiner Einführung zu dem von ihm herausgegebenen Band.[69] In einem späteren Beitrag betont Veit (2008, 28 f.) zwar die »unhintergehbare Zeichenhaftigkeit« der rituellen Inszenierungen im Kontext des Todes, warnt aber zugleich vor der Gefahr, »in unseren Deutungsansätzen letztlich nur unsere eigenen kulturellen Vorurteile zu bestätigen«.

In einem der genannten, von ihm mitherausgegebenen Bände beschäftigt Veit (2005) sich wiederum mit dem ›Fürstenphänomen‹. Allerdings geht es darin nicht um Kultursemiotik im weiteren Sinne, sondern um das Konzept des ›Kulturellen Gedächtnisses‹, das von Jan Assmann und Aleida Assmann und anderen im Heidelberger Arbeitskreis »Archäologie der literarischen Kommunikation« sowie in Kolloquien und Ringvorlesungen entwickelt wurde (Assmann 1997). Veit – der seine Auffassung als Alternative zu Georg Kossacks (1974) Konzept von ›Prunkgräbern‹ entwickelt – meint, die bei Prunkbegräbnissen anzunehmenden Rituale und Zeremonien entsprächen in gewisser Weise »rituellen ›Texten‹«. Der öffentliche Vollzug dieser »rituellen Inszenierungen« habe der Sicherung ihrer gesellschaftlichen Weitergabe gegolten. Zugleich seien sie Ausdruck des Kulturellen Gedächtnisses der Bestattungsgemeinschaft, deren Identität durch die verschiedenen öffentlichen, zum Trauer- und Bestattungsritual gehörigen Handlungen stabilisiert worden sei (Veit 2005, 31 f.). Die reiche Ausstattung der ›Prunkgräber‹ – besonders die darin häufig zu findenden exotischen Objekte – bringt Veit (ebd. 33 ff.) mit der ›Semiophorenthese‹ des polnisch-französischen Kulturwissenschaftlers Krzysztof Pomian (1998) in Verbindung: sie seien keineswegs – wie in der Hallstatt- und Latèneforschung zumeist angenommen – Zeugnisse des einstigen herausgehobenen Lebensstils der Bestatteten, sondern mit Bedeutung aufgeladene Objekte jener Menschen, die »Zeichenträger« und damit »Repräsentanten des Unsichtbaren« gewesen seien (ebd. 52).

Angesichts des breiten Spektrums der semiotisch orientierten Arbeiten, die in den zitierten drei Sammelbänden sowie an anderer Stelle vorgelegt wurden, muss ich mich auf eine Auswahl beschränken. Ich gehe zunächst knapp auf drei Aufsätze zur Frühen Eisenzeit des süd- und südwestdeutschen Raumes ein. Danach möchte ich eine Studie zur Frühen Bronzezeit Europas behandeln, in der reich ausgestattete Gräber und Horte als Zeugnis von Kommunikation zwischen Angehörigen der sozialen Elite gedeutet werden. Zusammenfassende Bemerkungen zu grundsätzlichen Aspekten semiotisch-archäologischer Analyse und Deutung bilden sodann den Abschluss dieses Kapitels.

Als erstes Beispiel möchte ich einen Aufsatz über den Wandel der Bestattungssitte im hallstattzeitlichen Gräberfeld von Schirndorf in der Oberpfalz anführen. Darin sucht der Autor, Nils Müller-Scheeßel (2005), sich der Problematik der »To-

---

69 Zu diesem Problem aus ethnologischer Perspektive Hahn 2005b, 71 ff., bes. 79.

ten als Zeichen« anzunähern. Dabei unterscheidet er in sepulchralem Kontext drei »Zeichenebenen«: den toten menschlichen Körper, den Bestattungsvorgang sowie – nicht ganz konsequent – die Veränderungen sepulchraler Institutionen (Bestattungsregeln, Gräberfelder). Ihm geht es bei seiner Analyse von Schirndorf um die dritte, also die Ebene der Veränderungen, mit dem Ziel, daraus »Verschiebungen in der Einstellung den Toten und ihren Gräbern gegenüber« abzuleiten (ebd. 340). Das Problem der Zeichenhaftigkeit im Zusammenhang mit Bestattungen verfolgt Müller-Scheeßel (2008) auch in einem weiteren Beitrag. Nunmehr widmet er sich auffälligen Armhaltungen bei Toten in hallstattzeitlichen Körpergräbern. Zwar möchte er solche von der Norm abweichenden Positionen der Arme nicht als »Gesten im Sinne von Sprachersatz« auffassen, aber sie doch zumindest damit im Zusammenhang sehen. Wie andere Zeichen, so meint er, generierten sich Gesten und Körperhaltungen »immer im Wechselspiel mit dem semiotischen Kontext« (ebd. 523).

Ähnliche Fragen verfolgt Melanie Augstein (2009a; 2009b). Auch sie hat sich mit Toten der Hallstattzeit beschäftigt, die in von der Norm – gestreckte Rückenlage mit parallel zum Körper ausgerichteten Armen – abweichender Weise bestattet wurden. Die Arme sind vielmehr stark angewinkelt und liegen auf dem Bauch, der Brust oder den Schlüsselbeinen.[70] Diese meist weiblichen Toten sind mehr und weniger reich mit Trachtschmuck versehen, bisweilen aber auch ohne Beigaben bestattet worden. Augstein spricht sich für einen semiotischen Deutungsansatz aus: In Anlehnung an Kienlins (2005a) Sammelband *Die Dinge als Zeichen* plädiert sie mit Müller-Scheeßel (2005) dafür, die Toten bzw. Körper als Zeichen wahrzunehmen (Augstein 2009a, 16). Sie unterstellt, dass die »von den Bestattenden vorgenommene Manipulation des Körpers sicherlich eine zeichenhafte Funktion hatte und eine Nachricht oder einen bestimmten Inhalt übermitteln sollte« – der Körper sei als Zeichen eingesetzt worden (ebd. 20). Dabei macht sie sich allerdings keine Illusionen über die Möglichkeit, der einstigen Bedeutung solcher »Körperinszenierungen« auf die Spur zu kommen (ebd. et pass.).

Stefan Burmeister (2003) hingegen hat sich aus semiotischer Perspektive nicht mit dem toten Körper, sondern mit den goldenen Halsringen der sogenannten ›Hallstattfürsten‹ beschäftigt. Dabei ist er detailliert auf den über Symbole vermittelten kommunikativen Prozess gesellschaftlichen Handelns eingegangen,[71] dessen Mittelpunkt diese Halsringe als Statussymbol – so seine Interpretation – bildeten.[72] Diese wie andere archäologisch erschlossenen Hinterlassenschaften sind – in den Worten von Burmeister – »ein für allemal verstummt«; ein Brückenschlag zu den einstigen Symbolen und ihrer Deutung könne nur über Analogien erfolgen (ebd.

---

70 Hierbei handelt es sich um die Teilmenge mit stark angewinkelten Armen der von Müller-Scheeßel (2008) behandelten Toten. Siehe hierzu auch Nikulka 2008.

71 Diese Formulierung nach Burmeister 2003, 290.

72 Zum semiotischen Umfeld dieser Fragestellung siehe auch Burmeister 2009.

273). In Bezug auf Statussymbole und konkret auf das Statussymbol ›goldener Halsring‹ unterscheidet er zwei zentrale Aspekte: die Zeigefunktion und das zu Zeigende, also die soziale Position des Zeichenträgers (ebd. 276). Burmeister nähert sich der Interpretation der goldenen Halsringe unter anderem auch über eine ›Inwertsetzung‹ des Werkstoffs ›Gold‹ sowie der Verarbeitung und der Verzierung der Ringe. Aus den verschiedenen Einzelbeobachtungen ergibt sich für ihn nach dem Prinzip einer Art ›additiver Plausibilität‹ die Deutung der Goldhalsringe als »elitäres Statussymbol«.[73]

Vor rund zehn Jahren hat Svend Hansen (2002) einen Aufsatz veröffentlicht, in dem er sich mit dem von ihm so genannten Phänomen der »Überausstattungen« frühbronzezeitlicher Gräber mit Waffen, aber auch mit entsprechend zusammengesetzten Horten beschäftigte. Als Beispiel solcher Gräber führt er etwa die bekannten ›Fürstengräber‹ von Leubingen und Helmsdorf in Mitteldeutschland sowie ähnliche Grabensembles in der Bretagne und in Wessex an. Als gute Beispiele für ›reiche‹ Horte können die Depots von Gau-Bickelheim in Rheinhessen sowie Melz, Dieskau 2 und Neunheiligen in Mitteldeutschland gelten. Die von Hansen genannten Fundkomplexe zeichnen sich jedoch nicht nur durch eine beträchtliche Zahl von Waffen, sondern oft auch durch Gold- und Silberobjekte aus. Hinzu kommen goldene und silberne »Überwaffen« – ein Begriff, den Hansen wegen des Edelmetalls, aus dem sie gefertigt wurden, gewählt hat (ebd. 152; 161; 165). Gräber und Horte mit »Überausstattung« sowie goldene und silberne »Überwaffen« sind bis nach Italien und Mesopotamien verbreitet, wobei die ostanatolisch-mesopotamischen Fundkomplexe teils noch in die Späte Kupferzeit datieren (ebd. 158 Abb. 8; 163 Abb. 13).

Für Hansen (2002, 151 et pass.) repräsentieren die reich ausgestatteten Gräber die soziale Elite der Frühbronzezeit. Er tendiert ebenso dazu, die entsprechenden Horte solchen Einzelpersönlichkeiten zuzuweisen (ebd. 160; 168). Die Gräber seien »Waffenkammern« oder »Waffenarsenale« (ebd. 151; 154 et pass.), wobei er in dieser Überausstattung sicherlich zu Recht ein gutes Argument gegen eine funktionale Deutung im Sinne von Waffengarnituren sieht (ebd. 151 et pass.). Auch Steinstelen mit Waffendarstellungen führt er an.[74] Eine andere Frage ist es, ob man ihm zustimmen mag, wenn er das Phänomen der ›Überausstattung‹ als »eine ›Verhaltensweise‹« beschreibt, die »über den Austausch wertvoller Güter« hinausgehe (ebd. 166) und einen »Kommunikationszusammenhang« zwischen Angehörigen der Oberschicht verschiedener Regionen widerspiegele (ebd. 154 et

73 Burmeister (2003, 292 f.) schreibt weiter: »Sie waren in ihrer Trageposition deutlich sichtbar und ihre Signalwirkung wurde durch den Glanz des Goldes, aber auch durch die im Verhältnis zu anderem Halsschmuck große Breite der Ringe verstärkt«.

74 Die frühbronzezeitlichen Steinstelen mit Waffendarstellungen aus Südtirol und Tübingen-Weilheim werden von Hansen (2002, 166) in den Kontext der Horte gestellt und als »gleichsam nach außen gekehrte Waffenkammer« gedeutet.

pass.). Er schließt nicht aus, dass sich in Überausstattungen »umrißhaft (soziale) Leitbilder der frühbronzezeitlichen Führungsschichten« zu erkennen geben (ebd. 168). Diese Gräber, Horte und Stelen sieht er als »Monumente« der »Selbstdarstellung einer Gesellschaft« mit einer »Botschaft« an. Zumindest bei den Gräbern meint er, dass sich in der Vielzahl der Waffen eine kennzeichnende Eigenschaft des Toten ausdrücke (ebd. 167).

Hier geht es nicht darum, ob Hansens Deutung insgesamt überzeugt oder nicht. Wichtiger ist vielmehr sein Versuch, räumlich weit ausgreifend bestimmte archäologische Phänomene ›kommunikationstheoretisch‹ zu interpretieren. Dass er dabei letztlich allerdings doch dem Bereich sozialarchäologischer[75] Interpretation verhaftet bleibt, liegt in diesem Fall in der Natur der Sache. So hätte denn, bei näherer Betrachtung, eine ›streng funktionalistische‹ Sicht auch kein anderes Ergebnis hervorgebracht: Als ›vollständige‹ Garnitur lässt sich die Überfülle an Waffen eben nicht deuten, wohl aber als Ausdruck des sozialen Leitbildes der Führungsschichten. Bricht man es eine Ebene weiter herunter, dann muss es nicht unbedingt ein Charakteristikum des Toten selbst sein, das gespiegelt wird, sondern lediglich das, was die Bestattungsgemeinschaft gespiegelt sehen wollte. Wie dem auch sei, die Bedeutung von Hansens Aufsatz liegt in der Betonung des kommunikationstheoretischen Potentials archäologischer Fundkomplexe. Leider geht er nicht darauf ein, wie der von ihm unterstellte Kommunikationszusammenhang konkret realisiert wurde. Meines Erachtens kann man sich den zugrunde liegenden Prozess nur zwischen den Polen ›direkte‹ oder ›indirekte‹ Kommunikation vorstellen, wobei die zweite Variante in die klassische ethnologische Kategorie ›Diffusion‹ (am ehesten Stimulusdiffusion) fällt. Überraschenderweise schließt Hansen (2002, 165) Diffusion aus.

Natürlich muss man sich fragen, ob der Begriff ›Kommunikation‹ bei Hansen und die von ihm mehrfach geäußerte Zurückweisung einer ›vordergründig funktionalen‹ Deutung des Phänomens der Überausstattung nicht einen Scheingegensatz darstellen.[76] Sein Konzept des Funktionalen bezieht sich allzu deutlich nur auf eine Art ›Grund-‹, ›Kern-‹ oder ›Idealausstattung‹ eines Kriegers und unterschlägt dadurch alle anderen Aspekte einer funktionalistischen Interpretation von Gräbern und Horten. Tatsächlich repräsentiert seine These, das Phänomen der Überausstattung spiegele die Selbstauffassung einer bestimmten Gesellschaftsschicht, auch nichts anderes als eine verkappte funktionalistische Deutung: der bei Bestattungen betriebene Aufwand wird schließlich von einer wie auch immer zusammengesetz-

---

75 Ich verzichte hier und im Folgenden auf eine strenge Differenzierung von ›Sozial‹- und ›Politikarchäologie‹, wie sie Veit (2012, 127) nach dem Vorbild von ›Sozial‹- und ›Politikethnologie‹ (»Archäologie des Politischen«) vorschwebt.

76 Ein ähnlicher Gegensatz scheint bei Augstein (2009a, 18 et pass.) auf. Anders – und nach meiner Meinung adäquat – nimmt sich hingegen das Verhältnis von Symbolisch-Kommunikativem und Funktion bei Burmeister (2003) aus.

ten Gemeinschaft der Hinterbliebenen inszeniert. Er dient letzten Endes dazu, den bestehenden soziopolitischen Verhältnissen Ausdruck zu verleihen sowie sie dadurch zu bestätigen und zu perpetuieren. Zumindest aus analytischer Perspektive handelt es sich hierbei also um eine klassische gesellschaftliche Funktion im Sinne des Funktionalismus. Folgt man Hansens oben erwähnter Deutung reich ausgestatteter Horte, dann ist das funktionale Element dort ebenso klar: je nach Region werden entweder Gräber oder Horte angelegt.[77] Auch der von Hansen unterstellte Kommunikationskontext – so vage er bleibt – lässt sich ohne Weiteres auf eine funktionalistisch-sozialarchäologische Aussage zurückführen.

Diese Verknüpfung von Überausstattungen mit Fragen der soziopolitischen Verhältnisse kommt auch in anderen Arbeiten Hansens zum Ausdruck, etwa in einem Beitrag über Kommunikationsverbindungen zwischen dem Nordkaukasus und Mitteleuropa (Hansen 2010). Darin geht es einerseits um die Überausstattung mit Waffen[78] in Gräbern des späten 4. Jahrtausends v. Chr. unter anderem in der Majkop-Region. Dem stellt er wiederum sehr reich mit Metall ausgestattete Horte,[79] beispielsweise im Gebiet der Trichterbecherkultur während der zweiten Hälfte des 3. Jahrtausends v. Chr., gegenüber.[80] In einer zwei Jahre später erschienenen Veröffentlichung verzichtet Hansen (2012) zwar auf sein Konzept der Überausstattung. Dafür widmet sich aber umso stärker der soziopolitischen Macht und ihrer Repräsentation in Gräbern sowie dem überregionalen Kommunikationszusammenhang, die er sonst mit diesem Konzept zu bezeichnen pflegt.[81]

---

77 Hansen (2002, 160) schreibt: »Wenn sich die sozialen und politischen Führungsschichten in einem Gebiet durch die Ausstattungen ihrer Gräber bestätigen, dann geschieht das in anderen Gebieten offensichtlich durch die Anlage von Horten«. Inwieweit diese Auffassung einleuchtet, soll hier nicht erörtert werden.

78 Hansen (2010, 303; 307 et pass.) spricht von »over-display« und »over-representation«, wobei er diese Begriffe jeweils in Anführungszeichen setzt.

79 In Hansens (2010, 307 et pass.) Worten: »›visible presence‹ of metal«.

80 Zum hier erörterten Problemkreis siehe auch Hansen 2011, bes. 174 ff.

81 So umschreibt er etwa die reiche Ausstattung von Gräbern und Horten – von denen sich manche Elemente bisweilen auch in Siedlungen fänden – als »a system of signs that possibly applies to a large area and displays distinct supra-regional features« (Hansen 2012, 219); die entsprechenden Horte sind für ihn im Sinne der traditionellen Opferthese »a medium of the socially controlled communication with the powers believed to be supernatural« (ebd. 221), und in dem Gesamtphänomen erkennt er »a new disposition over power« (ebd.) – eine Entwicklung, die in der zweiten Hälfte des 4. Jahrtausends v. Chr. einsetze.

Zusammenfassende Bemerkungen zum semiotisch-kommunikationstheoretischen Kulturbegriff

Bei einigen der hier vorgestellten Arbeiten zur Frühen Eisenzeit und Bronzezeit bleibt das Gesamtergebnis – wie häufig bei Untersuchungen, die sich mit Zeichenprozessen in einem nicht-schriftführenden Umfeld auseinandersetzen – sehr im Allgemeinen. So enden Müller-Scheeßels Analysen zu »Toten als Zeichen« mit drei alternativen Hypothesen, die dann in eine Frage einmünden. Nicht anders steht es mit seinem Beitrag zu Armhaltungen hallstattzeitlicher Körperbestattungen: die Zahl neuer Fragen, so stellt der Autor fest, sei mindestens ebenso groß wie die, die mit seiner Untersuchung ansatzweise geklärt seien. Hier müsse auch die »notorische Interpretations- und Reinterpretationsfähigkeit von Zeichen« berücksichtigt werden (Müller-Scheeßel 2008, 532).

Zu einem ähnlichen Urteil kommt – wie bereits angeführt – Augstein (2009a, 20), die die Möglichkeit, Körperinszenierungen inhaltlich zu deuten, für sehr beschränkt hält, ohne allerdings in Frage stellen zu wollen, dass entsprechende Manipulationen des Körpers eine zeichenhafte Funktion hatten und damit kommunikativ eingesetzt wurden. Schließlich deutet sie die von ihr analysierten Toten »als Mitglieder einer distinguierten Bevölkerungsgruppe«, deren Status unter anderem durch Alter und Geschlecht bestimmt war (Augstein 2009b, 65).

Hansen wiederum konzentriert sich ganz auf die Fülle der von ihm behandelten weitverbreiteten archäologischen Erscheinungen. Er deutet nur an, was er eigentlich mit theoretischen Reflexionen stützen müsste. Man würde den symbolisch-kommunikativen Charakter seiner Überausstattungen weit besser nachvollziehen können, wenn er sich entschlossen hätte, sein Kommunikationskonzept auszuführen. Hier ist also ein ausgesprochener Mangel an theoretischer Unterfütterung zu konstatieren.

Im Gegensatz zur Studie von Hansen sind vor allem die Studien von Burmeister und Veit in einen expliziten theoretischen Kontext eingebettet. Allerdings ziehen die beiden daraus recht unterschiedliche Schlüsse. Burmeister (2003, 290 et pass.) betont, dass Symbole gesellschaftlich konstruiert würden und nur in dem Rahmen verständlich seien, dem sie entstammten. Der Zeichenprozess selbst, die »ideelle Ebene des Symbolischen«, sei zwar über die Deutungskonventionen mit der Materiellen Kultur verbunden, manifestiere sich jedoch nicht im Objekt als solchem. Veit ist in dieser Hinsicht zweifellos optimistischer. Aus seinen Darlegungen wird klar – und er ist darin zudem explizit (Veit 2005, 34) –, dass er aus seiner ›qualitativen‹, an Konzepten bedeutender Kulturwissenschaftler ausgerichteten Analyse einen klaren Schluss zieht: manche geläufigen Interpretationsmodelle des ›Fürstengrabphänomens‹ müssen neu überdacht werden. So konsequent und suggestiv er auch argumentiert, es stellt sich doch die Frage, inwieweit etwa Pomians Hypothesen zwingend sind und Assmanns ›Kulturelles Gedächtnis‹ die mannigfachen soziokulturellen Implikationen dieses Phänomens zu erklären vermag. Veit (ebd. 35) hat mit seinem Beitrag allerdings gar nicht den Anspruch erhoben, eine umfassende Deutung der Prunkgräber zu liefern. Man wird ihm also kaum negativ anrechnen können, wenn er sich auf den »symbolischen Aspekt der Begründung gesellschaftlicher Hierarchie« konzentriert hat.

Wie man es dreht und wendet: Es scheint unabweisbar, dass – wie Burmeister (2003, 273) formuliert – zwar die Realien, nicht aber der einstige »Handlungsrahmen« überliefert werden. Somit kann die Dechiffrierung nicht-schriftlicher Zeichensysteme bestenfalls in Ansätzen gelingen. Der sozial konstituierte Zeichenprozess ist der Materiellen Kultur nur in seiner gelebten Gegenwart eingeschrieben. Sind die Menschen, die ihn geschaffen haben, und ihre Tradition vergangen, bleiben die einstigen Zeichen nur noch als materielle Formen – die Bedeutung ist ihnen abhanden gekommen. Bei dieser Befundlage erscheint es schwierig, Kienlins (2005b, 9) Wunsch gerecht zu werden, für die Interpretation der »Dinge als Zeichen« ein »eigenständiges Instrumentarium« zu entwickeln. Wir befinden uns hier offenbar in einer Art erkenntnistheoretischer Sackgasse. Dieses Problem ist mit den Mitteln der Archäologie allein nicht zu lösen – hier bedarf es der analogischen Hilfe durch die kulturwissenschaftlich-historischen Nachbarfächer. Es ist beruhigend festzustellen, dass diese Auffassung von allen hier zitierten Archäologen geteilt wird.

Rückblick und Ausblick

Wenngleich es unüblich ist, muss ich diesen letzten Abschnitt mit einer negativen Feststellung einleiten. Edmund Leach (1973, 762) wies in seinem oben zitierten Aufsatz nicht nur darauf hin, dass der Funktionalismus in der Sozialanthropologie überholt sei, sondern er sagte zudem voraus, dass der Strukturalismus – zu dessen Anhängern er sich selbst zählte – bald auch in der Archäologie Einzug halten werde. Er hat recht behalten, denn mit der *Post-Processual Archaeology* von Ian Hodder (z. B. 1982b) wurde eine Zeitlang tatsächlich ein ›archäologischer Strukturalismus‹ mit einem entsprechenden Kulturkonzept propagiert (siehe Bernbeck 1997, 273 ff.; Kerig 1998). Wie bereits im Fall der Neuen oder Prozessualen Archäologie blieb dies im deutschen Sprachraum jedoch so gut wie ohne Widerhall. Dies änderte sich auch nicht, als sich in der britischen Post-Prozessualen Archäologie hermeneutisch-interpretative Ansätze der amerikanischen Kulturanthropologie sowie ein Trend vom Strukturalismus zum Post-Strukturalismus mit einem entsprechenden, mehr oder weniger reflektierten Kulturbegriff durchzusetzen begannen (siehe Bernbeck 1997, 286 ff.; Müller-Scheeßel 1998; Porr 1998). Hierzulande war die Diskussion theoretischer Grundfragen insgesamt eher zurückhaltend.[82] Soweit sie den Kulturbegriff betraf, ging es, wie oben erörtert, vor allem um die konventionelle Variante.

Vergleicht man den Reflexionsstand zum Kulturkonzept in der deutschsprachigen Ur- und Frühgeschichtlichen Archäologie der siebziger Jahre mit der heutigen Situation, fällt dennoch auf, wie lebhaft die Diskussion auch hierzulande in den seither vergangenen rund vier Jahrzehnten geworden ist. Auf der anderen Seite kann man sich gegenwärtig nur schwer des Eindrucks erwehren, dass die Beschäftigung mit der semiotisch-kommunikativen Sphäre der Materiellen Kultur und ihres Umfeldes – etwa im Bereich der Bestattungssitten – gegenwärtig noch mehr von Absichten als von grundsätzlich neuen Einsichten geprägt ist.

Für die Archäologie bedeutet die seit einer Reihe von Jahren in allen Kulturwissenschaften zu beobachtende Hinwendung zur Welt der Dinge ohne Zweifel eine große Chance. Soweit es dabei um die damit verknüpften Zeichenprozesse geht, fehlt es in unserem Fach meines Erachtens – und ich habe das bereits mehrfach zum Ausdruck gebracht[83] – an Versuchen, in denen das gesamte Arsenal archäologischer Analyse und Deutung an konkreten Funden und Befunden erprobt wird. Dabei genügt es nicht, wie bisher zumeist geschehen, einen Katalog von Forderungen und Möglichkeiten aufzustellen, die in den je spezifischen oder ähnlichen Fällen zur Anwendung kommen sollten oder könnten. Gefragt ist vielmehr eine eingehende Gesamtanalyse, die in eine nicht minder konsequente Deutung konkreter Fälle einmündet, in der – kaufmännisch gesprochen – Soll und Haben unmissverständlich aufgelistet werden. Allein dadurch wird man zu einer realistischen Einschätzung des Erkenntnispotentials der Archäologie auf diesem Felde kommen können und allein dadurch werden sich erkenntnistheoretische Skeptiker, zu denen ich mich rechne, in ihrem Urteil beeinflussen lassen.

Ich habe oben auf Ulrich Veits (2006, 156) grundsätzliche Einschätzung der Bedeutung des semiotischen Kulturbegriffs hingewiesen. Er meint, mit dem Anschluss an aktuelle kulturwissenschaftliche Debatten – besonders an jene, die die semiotisch-kommunikative Perspektive betreffen –, ließe sich in der Archäologie »die heute schon sichtbare Orientierungslosigkeit und zunehmende Zersplitterung des Faches in unzählige Spezialdiskurse« eindämmen.[84] Seine Sorge um eine

---

82　Ausnahmen bestätigen auch in diesem Fall die Regel: So erschienen etwa 1978 eine umfangreiche Abhandlung über die *New Archaeology* (Eggert 1978), 1986 die Monographie von S. Wolfram über die Theoriediskussion in der Prähistorischen Archäologie Großbritanniens und 1997 R. Bernbecks Buch über Theorien in der Archäologie.

83　Siehe etwa Eggert 2003 – dazu Veit 2003b; Eggert 2010b, 68 ff.

84　Veits Argumentation erscheint insofern mehrschichtig, als er unmittelbar darauf meint, die Ur- und Frühgeschichtliche Archäologie könne solche Gefahren dann abwenden und »zukunftsfähig« werden, wenn sie ihre Position auf zwei Ebenen überdenke: zum einen müsse sie das Verhältnis von Grundlagenforschung und archäologischer Praxis (»anwen-

konzentrierte Weiterentwicklung archäologischer Theorie ist zweifellos berechtigt. Dennoch vermag ich seine Position in diesem speziellen Punkt nicht ganz zu teilen: Erstens sehe ich keine Orientierungslosigkeit – allerdings bin ich durchaus der Meinung, dass vieles verbesserungsfähig ist und manches andere noch berücksichtigt werden sollte; zweitens bilden Spezialdiskurse meines Erachtens eine *conditio sine qua non* jeder Wissenschaft – nicht deren Existenz halte ich für gefährlich, sondern das im Fach insgesamt unzureichende Bemühen um eine kritische Bewertung solcher Diskurse;[85] und drittens sollte ein auf das semiotisch-kommunikative Kulturkonzept zentrierter Dialog in der Archäologie aus meiner Sicht nur eine Option unter anderen sein.[86]

Für die Archäologie genügt es daher nicht, sich als eine Historische Kulturwissenschaft zu verstehen, die der ›Bedeutsamkeit der Dinge‹ nachspürt.[87] Veit (1988, 166 f.) wies seinerzeit mit dem britischen Sozialanthropologen Leach (1973, 768 f.) darauf hin, dass im Kontext von ur- und frühgeschichtlichen Gräbern nicht nur der einstige Sozialstatus der Bestatteten im Mittelpunkt des Interesses stehen, sondern zudem alle Indizien für die »jeweils spezifische Ausprägung der kategorialen Unterscheidung« zwischen Diesseits und Jenseits sowie des Zwischenbereiches erforscht werden sollten. Das war damals ein Appell, die Relevanz von Gräbern »als ›religiöse‹ Dokumente« gebührend zu würdigen. Heute hingegen erscheint es nicht minder wichtig, auch an die immer noch weitgehend ungelösten theoretischen Probleme einer adäquaten archäologischen Sozialanalyse (siehe Beitrag Veit) sowie an andere wichtige, nicht genügend erforschte grundsätzliche Bereiche des ur- und frühgeschichtlichen Lebens zu erinnern. Hierzu gehört etwa die Archäologie frühen Umweltverhaltens (Knopf 2008; 2010: siehe auch Beitrag Knopf) sowie des Wirtschaftens allgemein (siehe Beitrag Kerig). In all diesen Bereichen geht es immer auch um das Maß und die Art der Verknüpfung des Handelns mit der gelebten ›Kultur‹ sowie um den Freiraum, den die Akteure dabei einnehmen. Hier bedarf es also eines Kulturkonzeptes, das jedoch gewiss nicht in erster Linie semiotisch-kommunikationstheoretisch geprägt sein wird.[88] Und es

dungsorientierten Arbeiten«) klären und zum anderen überfachlich ihre Position zu den weiteren Archäologiefächern sowie zu den Kulturwissenschaften bestimmen (Veit 2006, 156 f.). Beide Ebenen sind zweifellos relevant und bedürfen der ständigen Reflexion.

85 Hierzu die grundsätzlichen Überlegungen Veits (2012) zur deutschsprachigen Sozialarchäologie am Beispiel der Forschung zum Neolithikum und der Frühen Eisenzeit.

86 Mit dem letzten Punkt möchte ich jedoch durchaus nicht unterstellen, dass Veit ausschließlich auf das semiotisch-kommunikative Kulturkonzept setzt.

87 Zu diesem Begriff – ausgehend von K.-S. Kramers Konzept der »Dingbedeutsamkeit« – Korff 2000; 2002.

88 U. Veit weist mich freundlicherweise darauf hin, dass er die Umweltarchäologie und die semiotisch-kommunikationstheoretische Archäologie nicht als einander entgegengesetzt begreift, da er »einen kommunikationstheoretisch erweiterten Kulturbegriff« nicht »als sektoriell, sondern als integrierend« versteht. (Elektr. Mitt. vom 3.08.2012.)

gilt überdies die oben formulierte Feststellung, dass wir auf diesem Feld nur auf vergleichend-analogischem Wege zu Einsichten gelangen werden.

Neben solchen Bereichen gibt es aber epistemologische Grundsatzfragen, wie die nach dem Modus beziehungsweise den Modi archäologischen Erkennens, die noch intensiverer Forschung bedürfen. Bei all dem mag immer wieder das semiotisch-kommunikative Kulturkonzept mit hineinspielen, aber offenkundig kann es nicht beanspruchen, für alle archäologischen Fragen gleichermaßen wesentlich zu sein. Insofern ist das Nachdenken über das Kulturkonzept in der deutschsprachigen Archäologie mit der Entdeckung des Semiotischen in der Materiellen Kultur keineswegs an sein theoretisches Ende angelangt – ganz im Gegenteil.

Literatur

Assmann 1997: J. Assmann, Das kulturelle Gedächtnis: Schrift, Erinnerung und politische Identität in frühen Hochkulturen. München: Beck [2]1997.

Augstein 2009a: M. Augstein, Der Körper als Zeichen? Deutungsmöglichkeiten von Körperinszenierungen im hallstattzeitlichen Bestattungsritual. In: R. Karl/J. Leskovar (Hrsg.), Interpretierte Eisenzeiten – Fallstudien, Methoden, Theorie: Tagungsbeiträge der 3. Linzer Gespräche zur interpretativen Eisenzeitarchäologie. Stud. Kulturgesch. Oberösterreich 22. Linz: Oberösterreichisches Landesmuseum 2009, 11–26.

Augstein 2009b: Dies., Ein Grab mit Halbmondfibeln aus Dietfurt a. d. Altmühl, Lkr. Neumarkt i. d. Oberpfalz: Aspekte der Distinktion im Rahmen hallstattzeitlicher Bestattungssitten. Germania 87/1, 2009 [2011], 41–74.

Bernbeck 1997: R. Bernbeck, Theorien in der Archäologie. Tübingen u. a.: Francke 1997.

Biel 2007: J. Biel, ›Fürstensitze‹: Das Modell Wolfgang Kimmigs vor dem Hintergrund neuer Ausgrabungs- und Forschungsergebnisse. Fundber. Baden-Württemberg 29, 2007, 235–245.

Brather/Wotzka 2006: S. Brather/H.-P. Wotzka, Alemannen und Franken? Bestattungsmodi, ethnische Identitäten und wirtschaftliche Verhältnisse zur Merowingerzeit. In: St. Burmeister/N. Müller-Scheeßel (Hrsg.), Soziale Gruppen – Kulturelle Grenzen: Die Interpretation sozialer Identitäten in der Prähistorischen Archäologie. Tübinger Arch. Taschenbücher 5. Münster u. a.: Waxmann 2006, 139–224.

Burmeister 2003: St. Burmeister, Die Herren der Ringe: Annäherung an ein späthallstattzeitliches Statussymbol. In: Veit u. a. 2003, 266–296.

Burmeister 2009: Ders., »Codierungen/Decodierungen«: Semiotik und die archäologische Untersuchung von Statussymbolen und Prestigegütern. In: B. Hildebrandt/C. Veit (Hrsg.), Der Wert der Dinge – Güter im Prestigediskurs. »Formen von Prestige in Kulturen des Altertums«: Graduiertenkolleg der DFG an der Ludwig-Maximilians-Universität München. Münchner Stud. Alte Welt 6. München: Utz 2009, 73–102.

Childe 1929: V. G. Childe, The Danube in Prehistory. Oxford: Clarendon Press 1929.

Childe 1956: Ders., Piecing Together the Past: The Interpretation of Archaeological Data. London: Routledge & Kegan Paul 1956.

Dally 2000: O. Dally, Die Diskussion des Kulturbegriffs in der Klassischen Archäologie – ein Desiderat? In: Fröhlich 2000, 81–115.

Eco 1987: U. Eco, Semiotik: Entwurf einer Theorie der Zeichen. Supplemente 5. München: Fink 1987. [Originalauflage unter dem Titel »A Theory of Semiotics«, Bloomington, Ind.: Indiana University Press 1976.]

Eco 2002: Ders., Einführung in die Semiotik. UTB für Wissenschaft 105. München: Fink [9]2002.

Eder 1976: K. Eder, Die Entstehung staatlich organisierter Gesellschaften: Ein Beitrag zu einer Theorie sozialer Evolution. Frankfurt am Main: Suhrkamp 1976.

Eder 2004: Ders., Kulturelle Evolution und Epochenschwellen – Richtungsbestimmungen und Periodisierungen kultureller Entwicklungen. In: F. Jaeger/B. Liebsch (Hrsg.), Handbuch der Kulturwissenschaft: Grundlagen und Schlüsselbegriffe. Stuttgart u. a.: Metzler 2004, 417–430.

Eggers 1939: H. J. Eggers, Natürliche Erkenntnisgrenzen bei vorgeschichtlichen und volkskundlichen Fundkarten. Erstes Beih. Erwerbungs- u. Forschungsber. Pommersches Landesmus. Stettin, 3–10. [Ursprünglich in: K. Kaiser (Hrsg.), Beiträge zur Volkskunde Pommerns. Pommernforsch. 2 = Veröff. Volkskundl. Arch. Pommern 8. Greifswald: Bamberg 1939, 166–173.]

Eggers 1959: Ders., Einführung in die Vorgeschichte. München: Piper 1959.

Eggert 1978: M. K. H. Eggert, Prähistorische Archäologie und Ethnologie: Studien zur amerikanischen New Archaeology. Prähist. Zeitschr. 53, 1978, 6–164.

Eggert 1999: Ders., Der Tote von Hochdorf: Bemerkungen zum Modus archäologischer Interpretation. Arch. Korrbl. 29/2, 1999, 211–222.

Eggert 2001: Ders., Prähistorische Archäologie: Konzepte und Methoden. UTB 2092. Tübingen u. a.: Francke 2001.

Eggert 2002: Ders., Über Feldarchäologie. In: R. Aslan/S. Blum/G. Kastl/F. Schweizer/D. Thumm (Hrsg.), Mauerschau: Festschrift für Manfred Korfmann, 1. Remshalden-Grunbach: Greiner 2002, 13–34.

Eggert 2003: Ders., Über Zimelien und Analogien. Epistemologisches zum sogenannten Südimport der späten Hallstatt- und frühen Latènekultur. In: M. Heinz/M. K. H. Eggert/U. Veit (Hrsg.), Zwischen Erklären und Verstehen? Beiträge zu den erkenntnistheoretischen Grundlagen archäologischer Interpretation. Tübinger Arch. Taschenbücher 2. Münster u. a.: Waxmann 2003, 181–209.

Eggert 2006: Ders., Archäologie: Grundzüge einer Historischen Kulturwissenschaft. UTB 2728. Tübingen u. a.: Francke 2006.

Eggert 2007: Ders., Wirtschaft und Gesellschaft im früheisenzeitlichen Mitteleuropa: Überlegungen zum ›Fürstenphänomen‹. Fundber. Baden-Württemberg 29, 2007, 255–302.

Eggert 2010a: Ders., Die Vergangenheit im Spiegel der Gegenwart: Überlegungen zu einer Historischen Kulturwissenschaft. In: J. Kusber/M. Dreyer/J. Rogge/A. Hütig

(Hrsg.), Historische Kulturwissenschaften: Positionen, Praktiken und Perspektiven. Mainzer Hist. Kulturwiss. 1. Bielefeld: transcript 2010, 43–66.

Eggert 2010b: Ders., Hermeneutik, Semiotik und Kommunikationstheorie in der Prähistorischen Archäologie: Quellenkritische Erwägungen. In: C. Juwig/C. Kost (Hrsg.), Bilder in der Archäologie – eine Archäologie der Bilder? Tübinger Arch. Taschenbücher 8. Münster u. a.: Waxmann 2010, 49–74.

Eggert 2011: Ders., Retrospektive: Archäologie in kulturwissenschaftlicher Sicht, hrsg. von M. Augstein u. S. Samida. Münster u. a.: Waxmann 2011.

Eggert 2011/1978: Ders., Zum Kulturkonzept in der Prähistorischen Archäologie. In: Eggert 2011, 27–49. [Ursprünglich in: Bonner Jahrb. 178 (Festschr. R. von Uslar) 1978, 1–20.]

Eggert 2011/1989: Ders., Die ›Fürstensitze‹ der Späthallstattzeit: Bemerkungen zu einem archäologischen Konstrukt. In: Eggert 2011, 113–139. [Ursprünglich in: Hammaburg N. F. 9, 1989 (= Archäologischer Befund und historische Deutung: Festschrift für Wolfgang Hübener, hrsg. von H. Lüdtke/F. Lüth/F. Laux) 53–66.]

Eggert 2011/1991a: Ders., Prestigegüter und Sozialstruktur in der Späthallstattzeit: Eine kulturanthropologische Perspektive. In: Eggert 2011, 141–167. [Ursprünglich In: Saeculum 42/1, 1991 (= Urgeschichte als Kulturanthropologie: Beiträge zum 70. Geburtstag von Karl J. Narr, 2) 1–28.]

Eggert 2011/1991b: Ders., Die konstruierte Wirklichkeit: Bemerkungen zum Problem der archäologischen Interpretation am Beispiel der Späten Hallstattzeit. In: Eggert 2011, 169–182. [Ursprünglich in: Hephaistos 10, 1991, 5–20.]

Eggert 2011a: Ders., Über archäologische Quellen. In: St. Burmeister/N. Müller-Scheeßel (Hrsg.), Fluchtpunkt Geschichte: Archäologie und Geschichtswissenschaft im Dialog. Tübinger Arch. Taschenbücher 9. Münster u. a.: Waxmann 2011, 23–44.

Eggert 2012a: Ders., Prähistorische Archäologie: Konzepte und Methoden. UTB 2092. Tübingen u. a.: Francke [4]2012. [Erstauflage 2001.]

Eggert 2012b: Ders., Cultural Anthropology, Archaeology and Sociocultural Evolution: Exploring Submerged Territory. In: Kienlin/Zimmermann 2012, 91–103.

Eggert in Vorb. a: Ders., Kultur und Materielle Kultur. In: St. Samida/M. K. H. Eggert/H. P. Hahn (Hrsg.), Materielle Kultur: Ein interdisziplinäres Handbuch. Stuttgart: Metzler in Vorb.

Eggert in Vorb. b: Ders., New Archaeology − Prozessuale Archäologie. In: D. Mölders/S. Wolfram (Hrsg.), Schlüsselbegriffe der Prähistorischen Archäologie. Tübinger Arch. Taschenbücher. Münster u. a. in Vorb.

Eggert/Veit 1998: M. K. H. Eggert/U. Veit (Hrsg.), Theorie in der Archäologie: Zur englischsprachigen Diskussion. Tübinger Arch. Taschenbücher 1. Münster u. a.: Waxmann 1998.

Eggert u. a. 2010: Ders./B. Schweizer/D. Krausse/A. Dix/O. Nakoinz/S. Sievers/ S. Kurz/C. Pare, Zu kulturwissenschaftlichen Theorien und Konzepten im DFG-Schwerpunktprogramm 1171. In: Krausse 2010a, 19–75.

Fröhlich 2000: S. Fröhlich (Hrsg.), Kultur – Ein interdisziplinäres Kolloquium zur Begrifflichkeit. Halle (Saale), 18. bis 21. Februar 1999. Halle (Saale): Landesamt für Archäologie – Landesmuseum für Vorgeschichte 2000.

Furholt/Stockhammer 2008: M. Furholt/Ph. Stockhammer, Wenn stumme Dinge sprechen sollen: Gedanken zu semiotischen Ansätzen in der Archäologie. In: M. Butter/R.Grundmann/Ch. Sanchez (Hrsg.), Zeichen der Zeit: Interdisziplinäre Perspektiven zur Semiotik. Frankfurt am Main u. a.: Peter Lang 2008, 59–71.

Geis-Tronich 1991: G. Geis-Tronich, Materielle Kultur der Gulmance in Burkina Faso. Stud. Kulturkunde 98. Stuttgart: Steiner 1991.

Gruner 1973: D. Gruner, Die Berber-Keramik am Beispiel der Orte Afir, Merkalla, Taher, Tiberguent und Roknia. Stud. Kulturkunde 33. Wiesbaden: Steiner 1973.

Haberland 1986: E. Haberland, Das Keramik-Programm des Frobenius-Instituts in der Volta-Niger-Region (Burkina Faso) und angrenzenden Staaten. Paideuma 32, 1986, 199–206.

Hachmann 1950: R. Hachmann, Studien zur Geschichte Mitteldeutschlands während der älteren Latènezeit. Arch. Geogr. 1, 1950, 33–48.

Hachmann 1973a: Ders., Die östlichen Grenzen der Michelsberger Kultur. In: B. Chropovský (Red.), Symposium über die Entstehung und Chronologie der Badener Kultur. Bratislava: Slowakische Akademie der Wissenschaften 1973, 79–109.

Hachmann 1973b: Ders., Am Ende eines Symposiums über die Badener Kultur. In: B. Chropovský (Red.), Symposium über die Entstehung und Chronologie der Badener Kultur. Bratislava: Slowakische Akademie der Wissenschaften 1973, 527–537.

Hachmann 1987a: Ders. (Hrsg.), Studien zum Kulturbegriff in der Vor- und Frühgeschichtsforschung. Saarbrücker Beitr. Altertumskunde 48. Bonn: Habelt 1987.

Hachmann 1987b: Ders., Vorwort. In: Hachmann 1987a, 7–8.

Hahn 1991: H. P. Hahn, Die materielle Kultur der Bassar (Nord-Togo). Arb. Seminar Völkerkunde Johann Wolfgang Goethe-Univ. Frankfurt am Main 24. Stuttgart: Steiner 1991.

Hahn 1996: Ders., Die materielle Kultur der Konkomba, Kabyè und Lamba in Nord-Togo: Ein regionaler Kulturvergleich. Westafrikanische Stud.: Frankfurter Beitr. Sprach- u. Kulturgesch. 14. Köln: Köppe 1996.

Hahn 2003a: Ders., Monographien zur materiellen Kultur in Afrika. Anthropos 98/1, 2003, 19–29.

Hahn 2003b: Ders., Dinge als Zeichen – eine unscharfe Beziehung. In: Veit u. a. 2003, 29–51.

Hahn 2005a: Ders., Materielle Kultur: Eine Einführung. Ethnologische Paperbacks. Berlin: Reimer 2005.

Hahn 2005b: Ders., Dinge des Alltags. In: G. M. König (Hrsg.), Alltagsdinge: Erkundungen der materiellen Kultur. Tübinger Kulturwiss. Gespräche 1 (= Stud. & Mat. Ludwig-Uhland-Inst. Univ. Tübingen 27). Tübingen: Tübinger Vereinigung für Volkskunde e. V. 2005, 63–79.

Hahn 2006: Ders., Die Sprache der Dinge und Gegenstände des Alltags: Eine afrikanische Perspektive. Sociologia Intern. 44/1, 2006, 1–19.

K. P. Hansen 2009: K. P. Hansen, Kultur und Kollektiv: Eine essayistische Heuristik für Archäologen. In: Krause/Nakoinz 2009, 17–25.

K. P. Hansen 2011: Ders., Kultur und Kulturwissenschaft: Eine Einführung. UTB 1846. Tübingen u. a.: Francke ⁴2011. [Erstauflage 1995.]

Hansen 2002: S. Hansen, ›Überausstattungen‹ in Gräbern und Horten der Frühbronzezeit. In: J. Müller (Hrsg.), Vom Endneolithikum zur Frühbronzezeit: Muster sozialen Wandels? Tagung Bamberg 14.–16. Juni 2001. Universitätsforsch. Prähist. Arch. 90. Bonn: Habelt 2002, 151–173.

Hansen 2010: Ders., Communication and Exchange between the Northern Caucasus and Central Europe in the Fourth Millennium BC. In: Ders./A. Hauptmann/I. Motzenbäcker/E. Pernicka (Hrsg.), Von Majkop bis Trialeti: Gewinnung und Verbreitung von Metallen und Obsidian in Kaukasien im 4.–2. Jt. v. Chr. Beiträge des Internationalen Symposiums in Berlin vom 1.–3. Juni 2006. Koll. Vor- u. Frühgesch. 13. Bonn: Habelt 2010, 297–316.

Hansen 2011: Ders., Technische und soziale Innovationen in der zweiten Hälfte des 4. Jahrtausends v. Chr. In: Ders./J. Müller (Hrsg.), Sozialarchäologische Perspektiven: Gesellschaftlicher Wandel 5000–1500 v. Chr. zwischen Atlantik und Kaukasus. Internationale Tagung 15.–18. Oktober 2007 in Kiel. Arch. Eurasien 24. Darmstadt: von Zabern 2011, 153–191.

Hansen 2012: Ders., The Archaeology of Power. In: T. L. Kienlin/A. Zimmermann (Hrsg.), Beyond Elites: Alternatives to Hierarchical Systems in Modelling Social Formations. International Conference at the Ruhr-Universität Bochum, Germany October 22–24, 2009. Universitätsforsch. Prähist. Arch. 215/1. Bonn: Habelt 2012, 213–223.

Hodder 1982a: I. Hodder, Symbols in Action: Ethnoarchaeological Studies of Material Culture. New Stud. Arch. Cambridge u. a.: Cambridge University Press 1982.

Hodder 1982b: Ders. (Hrsg.), Symbolic and Structural Archaeology. New Directions Arch. Cambridge: Cambridge University Press 1982.

Hodder 1982c: Ders., Theoretical Archaeology: A Reactionary View. In: Hodder 1982b, 1–16.

Hütig 2010: A. Hütig, Dimensionen des Kulturbegriffs. In: J. Kusber/M. Dreyer/J. Rogge/A. Hütig (Hrsg.), Historische Kulturwissenschaften: Positionen, Praktiken und Perspektiven. Mainzer Hist. Kulturwiss. 1. Bielefeld: transcript 2010, 105–124.

Jung 2005: M. Jung, Nochmals zum Problem späthallstattzeitlicher Adelssitze: Eine kritische Wiederlektüre des Textes von Wolfgang Kimmig. In: R. Karl/J. Leskovar (Hrsg.), Interpretierte Eisenzeiten: Fallstudien, Methoden, Theorie. Tagungsbeiträge der 1. Linzer Gespräche zur interpretativen Eisenzeitarchäologie. Stud. Kulturgesch. Oberösterreich 18. Linz: Oberösterreichisches Landesmuseum 2005, 181–190.

Jung 2007: Ders., Einige Anmerkungen zum Komplex des Südimportes in hallstattzeitlichen Prunkgräbern. In: R. Karl/J. Leskovar (Hrsg.), Interpretierte Eisenzeiten: Fallstudien, Methoden, Theorie. Tagungsbeiträge der 2. Linzer Gespräche zur interpretativen Eisenzeitarchäologie. Stud. Kulturgesch. Oberösterreich 19. Linz: Oberösterreichisches Landesmuseum 2007, 213–224.

Jung 2010: Ders., Hofberichterstattung: Zur Wirkmächtigkeit des narrativen Ideals in der Hallstattforschung. Ethnogr.-Arch. Zeitschr. 51, 2010, 151–172.

Keesing 1994: R. M. Keesing, Theories of Culture Revisited. In: R. Borofsky (Hrsg.), Assessing Cultural Anthropology. New York u. a.: McGraw-Hill 1994, 301–310.

Kerig 1998: T. Kerig, Ian Hodder und die britische Archäologie: Ein Profil. In: Eggert/ Veit 1998, 217–242.

Kienlin 1998: T. L. Kienlin, Die britische Processual Archaeology und die Rolle David L. Clarkes und Colin Renfrews: Herausbildung, Struktur, Einfluß. In: Eggert/Veit 1998, 67–113.

Kienlin 2005a: Ders. (Hrsg.), Die Dinge als Zeichen: Kulturelles Wissen und materielle Kultur. Internationale Fachtagung an der Johann Wolfgang Goethe-Universität Frankfurt am Main, 3.–5. April 2003. Universitätsforsch. Prähist. Arch. 127. Bonn: Habelt 2005.

Kienlin 2005b: Ders. Die Dinge als Zeichen: Zur Einführung in das Thema. In: Kienlin 2005a, 1–20.

Kienlin/Zimmermann 2012: Ders./A. Zimmermann (Hrsg.), Beyond Elites: Alternatives to Hierarchical Systems in Modelling Social Formations. International Conference at the Ruhr-Universität Bochum, Germany October 22–24, 2009. Universitätsforsch. Prähist. Arch. 215/1. Bonn: Habelt 2012.

Kimmig 1983: W. Kimmig, Die griechische Kolonisation im westlichen Mittelmeergebiet und ihre Wirkung auf die Landschaften des westlichen Mitteleuropa. Jahrb. RGZM 30, 1983, 5–78.

Knopf 2008: Th. Knopf, Umweltverhalten in Geschichte und Gegenwart: Vergleichende Ansätze. Tübingen: Attempto 2008.

Knopf 2010: Ders., Ressourcennutzung und Umweltverhalten prähistorischer Bauern: Eine Analyse archäologischer und ethnographischer Untersuchungen. Unveröffentlichte Habilitationsschrift, Universität Tübingen 2010. [In Druckvorb. für Universitätsforsch. Prähist. Arch.]

Korff 2000: G. Korff, Ein paar Worte zur Dingbedeutung. Kieler Bl. Volkskunde 32, 2000, 21–33.

Korff 2002: Ders., Notizen zur Dingbedeutsamkeit (1992). In: Ders., Museumsdinge: deponieren – exponieren. Hrsg. v. M. Eberspächer/G. M. König/B. Tschofen. Köln u. a.: Böhlau 2002, 283–297.

Kossack 1974: G. Kossack, Prunkgräber: Bemerkungen zu Eigenschaften und Aussagewert. In: Ders./G. Ulbert (Hrsg.), Studien zur Vor- und Frühgeschichtlichen Archäologie: Festschrift für Joachim Werner I. Allgemeines, Vorgeschichte, Römerzeit. Münchner Beitr. Vor- u. Frühgesch., Erg.-Bd. 1/I. München: Beck 1974, 3–33.

Kossack 1999: Ders., Prähistorische Archäologie in Deutschland im Wandel der geistigen und politischen Situation. Bayer. Akad. Wiss. Phil.-Hist. Kl. Sitzungsber. 1999, H. 4. München: Verlag der Bayerischen Akademie der Wissenschaften 1999.

Krausse 2008: D. Krausse, Etappen der Zentralisierung nördlich der Alpen: Hypothesen, Modelle, Folgerungen. In: Ders. (Hrsg.), Frühe Zentralisierungs- und Urbanisierungsprozesse: Zur Genese und Entwicklung frühkeltischer Fürstensitze und ihres territorialen Umlandes. Kolloquium des DFG-Schwerpunktprogramms 1171 in Blaubeuren, 9.–11. Oktober 2006 [Festschr. Jörg Biel]. Forsch. u. Ber. Vor- u. Frühgesch. Baden-Württemberg 101. Stuttgart: Theiss 2008, 435–50.

Krausse 2010a: Ders. (Hrsg.), ›Fürstensitze‹ und Zentralorte der frühen Kelten: Abschlusskolloquium des DFG-Schwerpunktprogramms 1171 in Stuttgart, 12.–15. Oktober 2009. T. I. Forsch. u. Ber. Vor- u. Frühgesch. Baden-Württemberg 120/1. Stuttgart: Theiss 2010.

Krausse 2010b: Ders. (Hrsg.), ›Fürstensitze‹ und Zentralorte der frühen Kelten: Abschlusskolloquium des DFG-Schwerpunktprogramms 1171 in Stuttgart, 12.–15. Oktober 2009. T. II. Forsch. u. Ber. Vor- u. Frühgesch. Baden-Württemberg 120/2. Stuttgart: Theiss 2010.

Kroeber/Kluckhohn 1963: A. L. Kroeber/C. Kluckhohn, Culture: A Critical Review of Concepts and Definitions. New York: Vintage Books o. J. [1963]. [Erstauflage in: Papers Peabody Mus. Am. Arch. and Ethn., Harvard University 47/1 (1952).]

Kümmel/Schweizer/Veit 2008: Ch. Kümmel/B. Schweizer/U. Veit (Hrsg.), Körperinszenierung – Objektsammlung – Monumentalisierung. Totenritual und Grabkult in frühen Gesellschaften. Archäologische Quellen in kulturwissenschaftlicher Perspektive. Tübinger Arch. Taschenbücher 6. Münster u. a.: Waxmann 2008.

Kurz 2010a: S. Kurz, Handwerk und Handel. In: Eggert u. a. 2010, 34–40.

Kurz 2010b: Ders., Zur Genese und Entwicklung der Heuneburg in der späten Hallstattzeit. In: Krausse 2010a, 239–56.

Kurz 2012: Ders., Die Heuneburg an der oberen Donau: Ein Ansatz zur Interpretation eines späthallstattzeitlichen Siedlungszentrums. In: Kienlin/Zimmermann 2012, 449–459.

Leach 1973: E. Leach, Concluding Address. In: C. Renfrew (Hrsg.), The Explanation of Culture Change: Models in Prehistory. London: Duckworth 1973, 761–771.

Luhmann 1987: N. Luhmann, Soziale Systeme: Grundriß einer allgemeinen Theorie. Frankfurt a. M.: Suhrkamp 1987. [Erstausgabe 1984.]

Lüning 1972: Ders., Zum Kulturbegriff im Neolithikum. Prähist. Zeitschr. 47, 1972, 145–173.

Moebius 2009: St. Moebius, Kultur. Einsichten: Themen der Soziologie/Soziologische Themen. Bielefeld: transcript 2009.

Müller/Bernbeck 1996: J. Müller/R. Bernbeck (Hrsg.), Prestige – Prestigegüter – Sozialstrukturen: Beispiele aus dem europäischen und vorderasiatischen Neolithikum. Arch. Ber. 6. Bonn: Holos 1996.

Müller 1989: E. W. Müller, Der Begriff »Volk« in der Ethnologie. Saeculum 40, 1989, 237–252. [Wiederabdruck in: Ders., Kultur, Gesellschaft und Ethnologie: Aufsätze 1956–2000. Mainzer Beitr. Afrika-Forsch. 5. Münster u. a.: Lit 2001, 103–124.]

Müller-Scheeßel 1998: N. Müller-Scheeßel, »Archaeology is nothing if it is not critique« – Zum Archäologieverständnis von Michael Shanks und Christopher Tilley. In: Eggert/Veit 1998, 243–271.

Müller-Scheeßel 2005: Ders., Die Toten als Zeichen: Veränderungen im Umgang mit Grab und Leichnam während der Hallstattzeit. In: Kienlin 2005a, 339–354.

Müller-Scheeßel 2008: Ders., Auffälligkeiten bei Armhaltungen hallstattzeitlicher Körperbestattungen: Postdeponale Eingriffe, funktionale Notwendigkeiten oder kulturelle Zeichen? In: Kümmel/Schweizer/Veit 2008, 517–535.

Müller-Scheeßel/Burmeister 2006: Ders./St. Burmeister, Einführung: Die Identifizierung sozialer Gruppen. Die Erkenntnismöglichkeiten der Prähistorischen Archäologie auf dem Prüfstand. In: St. Burmeister/N. Müller-Scheeßel (Hrsg.), Soziale Gruppen – Kulturelle Grenzen: Die Interpretation sozialer Identitäten in der Prähistorischen Archäologie. Tübinger Arch. Taschenbücher 5. Münster u. a.: Waxmann 2006, 9–38.

Münzel 2006: M. Münzel, Das Frankfurter Völkerkundemuseum und universitäre Konzepte in den 60er und 70er Jahren. In: K.-H. Kohl/E. Platte (Hrsg.), Gestalter und Gestalten: 100 Jahre Ethnologie in Frankfurt am Main. nexus 73. Frankfurt am Main u. a.: Stroemfeld 2006, 187–213.

Nakoinz 2005: O. Nakoinz, Studien zur räumlichen Abgrenzung und Strukturierung der älteren Hunsrück-Eifel-Kultur. Universitätsforch. Prähist. Arch. 118. Bonn: Habelt 2005.

Nakoinz 2009a: Ders., Einleitung. In: D. Krausse/O. Nakoinz (Hrsg.), Kulturraum und Territorialität: Archäologische Theorien, Methoden und Fallbeispiele. Kolloquium des DFG-SPP 1171, Esslingen 17.–18. Januar 2007. Intern. Arch.: Arbeitsgemeinschaft – Symposium – Tagung – Kongress 13. Rahden/Westf.: Leidorf 2009, 11–13.

Nakoinz 2009b: Ders., Die Methode zur quantitativen Untersuchung kultureller Ähnlichkeiten im Rahmen des Projektes »Siedlungshierarchien und kulturelle Räume«. In: D. Krausse/O. Nakoinz (Hrsg.), Kulturraum und Territorialität: Archäologische Theorien, Methoden und Fallbeispiele. Kolloquium des DFG-SPP 1171, Esslingen 17.–18. Januar 2007. Internat. Arch.: Arbeitsgemeinschaft – Symposium – Tagung – Kongress 13. Rahden/Westf.: Leidorf 2009, 87–97.

Nakoinz 2010a: Ders., Kulturraum und Zentralorte der frühen Eisenzeit. In: Eggert u. a. 2010, 28–31.

Nakoinz 2010b: Ders., Kulturelle Räume der älteren Eisenzeit in Südwestdeutschland. In: Krausse 2010b, 317–332.

Nakoinz/Steffen 2008: Ders./M. Steffen, Siedlungshierarchien und kulturelle Räume. In: D. Krausse (Hrsg.), Frühe Zentralisierungs- und Urbanisierungsprozesse: Zur Genese und Entwicklung frühkeltischer Fürstensitze und ihres territorialen Umlandes. Kolloquium des DFG-Schwerpunktprogramms 1171 in Blaubeuren, 9.–11. Oktober 2006 [Festschr. Jörg Biel]. Forsch. Ber. Vor- u. Frühgesch. Baden-Württemberg 101. Stuttgart: Theiss 2008, 381–398.

Narr 1961: K. J. Narr, Urgeschichte der Kultur. Kröners Taschenauflage 213. Stuttgart: Kröner 1961.

Narr 1985: Ders., Kulturelle Vereinheitlichung und sprachliche Zersplitterung: Ein Beispiel aus dem Südwesten der Vereinigten Staaten. In: Rheinisch-Westfälische Akademie der Wissenschaften (Hrsg.), Studien zur Ethnogenese. Abhandl. Rheinisch-Westfälische Akad. Wiss. 72. Opladen: Westdeutscher Verlag 1985, 57–99.

Nikulka 2008: F. Nikulka, Bestattungsvarianten, Zeichensprache und Kommunikationslinien. In: F. Verse u. a. (Hrsg.), Durch die Zeiten… Festschrift für Albrecht Jockenhövel zum 65. Geburtstag. Internat. Arch. Stud. Honoraria 28. Rahden/Westf.: Leidorf 2008, 373–382.

Nöth 2000: W. Nöth, Handbuch der Semiotik. Stuttgart u. a.: Metzler ²2000. [Erstauflage 1985.]

Platte 1999: E. Platte, Afrikanische Keramik in der ethnographischen Sammlung des Frobenius-Instituts (1952–1993). Tribus 48, 1999, 127–145.

Pomian 1998: K. Pomian, Der Ursprung des Museums: Vom Sammeln. Wagenbachs Taschenbuch 302. Berlin: Wagenbach 1998. [Franz. Originalauflage 1987.]

Porr 1998: M. Porr, Die Postmoderne Archäologie in Großbritannien. In: Eggert/Veit 1998, 183–216.

Posner 1991: R. Posner, Kultur als Zeichensystem: Zur semiotischen Explikation kulturwissenschaftlicher Grundbegriffe. In: A. Assmann/D. Harth (Hrsg.), Kultur als Lebenswelt und Monument. Frankfurt am Main: Fischer 1991, 37–74.

Posner 2003: Ders., Kultursemiotik. In: A. Nünning/V. Nünning (Hrsg.), Konzepte der Kulturwissenschaften: Theoretische Grundlagen – Ansätze – Perspektiven. Stuttgart u. a.: Metzler 2003, 39–72.

Preucel 2006: R. W. Preucel, Archaeological Semiotics. Soc. Arch. Malden, MA u. a.: Blackwell 2006.

Reckwitz 2006: A. Reckwitz, Die Transformation der Kulturtheorien: Zur Entwicklung eines Theorieprogramms. Weilerswist: Velbrück Wissenschaft. [Studienauflage; Erstauflage 2000.]

Rieckhoff 2007: S. Rieckhoff, Keltische Vergangenheit: Erzählung, Metapher, Stereotyp. Überlegungen zu einer Methodologie der archäologischen Historiographie. In: St. Burmeister/H. Derks/J. von Richthofen (Hrsg.), Zweiundvierzig: Festschrift für Michael Gebühr zum 65. Geburtstag. Internat. Arch. Stud. Honoraria 25. Rahden/ Westf.: Leidorf 2007, 15–33.

Rieckhoff 2010: Dies., Happy End oder Aufruhr? Zur Narratologie der ›keltischen Kunst‹. Ethnogr.-Arch. Zeitschr. 51, 2010, 215–238.

Sangmeister 1967: E. Sangmeister, Methoden der Urgeschichtswissenschaft. Saeculum 18/3, 1967, 199–244.

Schier 2010: W. Schier, Soziale und politische Strukturen der Hallstattzeit: Ein Diskussionsbeitrag. In: Krausse 2010b, 375–405.

K. Schneider 1990: K. Schneider, Handwerk und materialisierte Kultur der Lobi in Burkina Faso. Stud. Kulturkunde 94. Stuttgart: Steiner 1990.

L. Schneider 2006: L. Schneider, Zeichen, Spur, Gedächtnis: Der semiotische Blick und die Fachwissenschaft Archäologie. Zeitschr. Semiotik 28, 2006, 7–52.

R. Sommer 2005: R. Sommer, Stichwort ›Kulturbegriff‹. In: A. Nünning (Hrsg.), Grundbegriffe der Kulturtheorie und Kulturwissenschaften. Stuttgart u. a.: Metzler 2005, 112–114.

U. Sommer 2007: U. Sommer, Archäologische Kulturen als imaginäre Gemeinschaften. In: S. Rieckhoff/U. Sommer (Hrsg.), Auf der Suche nach Identitäten: Volk – Stamm – Kultur – Ethnos. Internationale Tagung der Universität Leipzig vom 8.–9. Dezember 2000. BAR Internat. Ser. 1705. Oxford: Archaeopress 2007, 59–78.

Stockhammer 2011: Ph. Stockhammer, Theories in German Archaeology: A Critical Discussion of Theoretical Aspects in the Work of Rolf Hachmann. In: A.

Gramsch/U. Sommer (Hrsg.), A History of Central European Archaeology: Theory, Methods, and Politics. Budapest: Archaeolingua Alapítvány 2011, 89–105.

Taylor 1967: W. W. Taylor, A Study of Archeology. Arcturus Books 31. Carbondale u. a.: Southern Illinois University Press 1967. [Originalauflage: Mem. Am. Anthr. Ass. 69 (1948).]

Veit 1984: U. Veit, Gustaf Kossinna und V. Gordon Childe. Ansätze zu einer theoretischen Grundlegung der Vorgeschichte. Saeculum 35/3–4, 1984, 326–364.

Veit 1988: Ders., Des Fürsten neue Schuhe – Überlegungen zum Befund von Hochdorf. Germania 66/1, 1988, 162–169.

Veit 1993: Ders., Kollektivbestattung im nord- und westeuropäischen Neolithikum: Problemstellung, Paradigmen, Perspektiven. Bonner Jahrb. 193, 1993, 1–44.

Veit 1997: Ders., Zur Form und Funktion ur- und frühgeschichtlicher Gefäßkeramik: Eine semiotische Perspektive. Arch. Inf. 20/2, 1997, 265–267.

Veit 2000: König und Hohepriester? Zur These einer sakralen Gründung der Herrschaft in der Hallstattzeit. Arch. Korrbl. 30, 2000, 549–568.

Veit 2003a: Ders., Menschen – Objekte – Zeichen: Perspektiven des Studiums materieller Kultur. In: Veit u. a. 2003, 17–28.

Veit 2003b: Ders., Über die Grenzen archäologischer Erkenntnis und die Lehren der Kulturtheorie für die Archäologie. In: Veit u. a. 2003, 463–490.

Veit 2005: Ders., Kulturelles Gedächtnis und materielle Kultur in schriftlosen Gesellschaften: Anthropologische Grundlagen und Perspektiven für die Urgeschichtsforschung. In: Kienlin 2005a, 23–40.

Veit 2006: Ders., »Digging for Symbols«: Ur- und Frühgeschichtliche Archäologie als Kulturwissenschaft? Ethnogr.-Arch. Zeitschr. 47, 2006, 145–162.

Veit 2008: Ders., Zur Einführung. In: Kümmel/Schweizer/Veit 2008, 17–30.

Veit 2012: Ders., Methodik und Rhetorik in der Sozialarchäologie: Einige grundsätzliche Überlegungen zur deutschsprachigen Debatte. In: Kienlin/Zimmermann 2012, 125–136.

Veit 2014: Ders., Ur- und Frühgeschichtliche Archäologie. In: St. Samida/M. K. H. Eggert/H. P Hahn (Hrsg.), Materielle Kultur: Ein interdisziplinäres Handbuch. Stuttgart: Metzler in Vorb.

Veit/Kienlin/Kümmel 2003: Ders./T. L. Kienlin/Ch. Kümmel, Zur Einführung. In: Veit u. a. 2003, 11–14.

Veit u. a. 2003: Ders./T. L. Kienlin/Ch. Kümmel/S. Schmidt (Hrsg.), Spuren und Botschaften: Interpretationen materieller Kultur. Tübinger Arch. Taschenbücher 4. Münster u. a.: Waxmann 2003.

Wente-Lukas 1977: R. Wente-Lukas, Die materielle Kultur der nicht-islamischen Ethnien von Nordkamerun und Nordostnigeria. Stud. Kulturkunde 43. Wiesbaden. Steiner 1977.

Wolfram 1986: S. Wolfram, Zur Theoriediskussion in der Prähistorischen Archäologie Großbritanniens: Ein forschungsgeschichtlicher Überblick über die Jahre 1968–1982. BAR Internat. Ser. 306. Oxford: B.A.R. 1986.

Wotzka 1993: H.-P. Wotzka, Zum traditionellen Kulturbegriff in der prähistorischen Archäologie. Paideuma 39, 1993, 25–44.

Wotzka 1997: Ders., Maßstabsprobleme bei der ethnischen Deutung neolithischer Kulturen. Das Altertum 43, 1997, 163–176.

Wotzka 2000: Ders., ›Kultur‹ in der deutschsprachigen Urgeschichtsforschung. In: Fröhlich 2000, 55–80.

Wotzka 2003: Ders., Aspekte des traditionellen archäologischen Kulturbegriffs in der Forschung zum mitteleuropäischen Neolithikum. Mit einem Exkurs zur ethnischen Deutung frühgeschichtlicher Grabfunde. Unveröffentlichte Habilitationsschrift, Universität zu Köln 2003.

Thomas Knopf

›Umwelt‹ als Forschungsgegenstand:
Konzepte und Theorien

Zusammenfassung Obwohl sich die Ur- und Frühgeschichtliche Archäologie schon früh mit der Umweltrekonstruktion beschäftigt hat, setzte eine Diskussion um Konzepte und Theorien erst sehr spät ein. Dies liegt vor allem daran, dass das Thema ›Umwelt‹ stark von naturwissenschaftlichen Ansätzen und Auswertungen geprägt ist. In den Anfängen der Siedlungsarchäologie im frühen 20. Jahrhundert wurde die natürliche Umwelt als der bestimmende Faktor für die ur- und frühgeschichtlichen Menschen und ihre ›Kultur‹ betrachtet. Später dominierte die Sichtweise eines in seinen Handlungen relativ freien Menschen innerhalb eines von der Natur vorgegebenen Rahmens. Diese possibilistischen Konzepte, später auch solche, die man einem Kulturmaterialismus oder einer *cultural ecology* zuordnen kann, bestimmen im Wesentlichen bis heute die archäologische Umweltforschung. Während für die Beschäftigung mit dem Thema ›Landschaft‹ in der Archäologie bereits eine gewisse Einbeziehung kulturtheoretischer Konzepte – etwa ›Landschaft als sozialer Raum‹ – stattgefunden hat, scheint die allgemeine umweltbezogene Archäologie von solchen Ansätzen noch weiter entfernt zu sein. Meist geht es hier um aus der Natur entnommenen Ressourcen und den Wandel dieser Nutzung bzw. der damit verbundenen Tier- und Pflanzenwelt. Es wird abschließend dafür plädiert, für Interpretationen der Ressourcennutzung verstärkt Konzepte des Mensch-Umwelt-Verhältnisses sowie Analogien aus der Ethnologie und Geschichte heranzuziehen, um Hypothesen und Modelle für die kulturellen Ursachen des früheren Umgangs mit der Umwelt sowie Aussagen über Wahrnehmungen von Umwelt durch die ur-und frühgeschichtlichen Menschen zu erhalten.

Abstract: Although pre- and protohistoric archaeology treated ›environment‹ quite early, a discussion of concepts and theories began only recently. This is due to the fact that the topic ›environment‹ is based on scientific approaches and analyses. The beginnings of settlement archaeology in the early 20th century were characterized by the idea that the natural environment was the determining factor of the life of prehistoric people and their ›culture‹. This concept was later replaced by the view that man acted freely within a given natural framework. Archaeological environmental research is still governed by these possibilistic approaches and by those that are derived from cultural materialism and cultural ecology. While the topic ›landscape‹ in archaeology has profited from an integration of theoretical concepts such as ›landscape as social space‹, similar approaches are still absent in general environmental archaeology. Rather, its main focus is the use of natural resources as well as the change of this use and the associated fauna and flora over time. It is finally argued that interpretations of resource use should be based on concepts of man-environment interactions as well as on ethnological and historical analogies. They will enable the archaeologist to design hypotheses and models for the cultural causes of environmental activities and also to draw conclusions on the perception of the environment by prehistoric people.

Einführung

›Umwelt‹ schien bis vor kurzem nicht gerade ein Begriff, der für eine archäologische Theoriediskussion prädestiniert ist. Wird doch meist – und unter einer weitgehenden Gleichsetzung von ›Umwelt‹ mit ›Natur‹ – die ehemalige Tier- und Pflanzenwelt untersucht. Dabei geht es vor allem um eine Rekonstruktion des Vorhandenen sowie um eine Darstellung der Art und Intensität der menschlichen Nutzung dieser ›Naturstoffe‹. Somit scheint ›Umwelt‹ in erster Linie ein Gegenstand der Naturwissenschaften, genauer der naturwissenschaftlichen Nachbarfächer der Archäologie, wie z. B. der Archäozoologie und Archäobotanik, zu sein. In der archäologischen Praxis dient die naturwissenschaftlich gewonnene Rekonstruktion nicht selten als eine Art ›Hintergrundfolie‹, auf der Wirtschaft, Handel usw. ablaufen. Umwelt wird damit Teil der Ökonomie einer Siedlung und ist in aller Regel in den großen Bereich der Siedlungsarchäologie eingebettet. ›Umwelt‹ schien lange Zeit für die Ur- und Frühgeschichtswissenschaft als historisch-kulturwissenschaftlichem Fach kein eigener Forschungsgegenstand zu sein. Aus einer naturwissenschaftlichen Perspektive könnte sogar der Eindruck entstehen, dass eine theoretische Fundierung weitgehend überflüssig sei.[1] Noch mehr als bei anderen archäologischen Themen scheinen doch vordergründig die Fakten für sich zu sprechen. Dabei geht es natürlich nicht um die vielfältigen methodischen Aspekte der Rekonstruktionsmöglichkeiten bzw. inhärenten Probleme naturwissenschaftlicher Analysen wie Probenmenge, Repräsentativität usw. Hier hat eine bis heute anhaltende intensive Diskussion stattgefunden und neue Ansätze werden laufend integriert. Für eine Betrachtung ex- und impliziter Theorien und Konzepte geht es vielmehr darum, was diese Rekonstruktion über das Leben und Wirken der ja letztlich im Fokus der Ur- und Frühgeschichtlichen Archäologie stehenden Menschen aussagt. Dabei ist klar, dass jeglicher Schluss, der über die reine Feststellung einer bestimmten Nutzung, Verarbeitung usw. hinausgeht, Annahmen über das Denken und die Einstellungen, Normen und Riten prähistorischer Menschen einschließt, sei dies bewusst oder unbewusst. Die gesamthafte Darstellung der genutzten ›natürlichen Umwelt‹ (beispielsweise einer Siedlung) einschließlich ihres Wandels und die darauf basierenden Schlüsse kulturgeschichtlicher Art auf die

---

1 Hier sei betont, dass es natürlich zahlreiche Naturwissenschaftler oder naturwissenschaftlich arbeitende Archäologen gibt, die explizit auch theoretische Aspekte im hier behandelten Sinne der Denkansätze und Konzepte hinterfragen, man denke an die Arbeiten von B. Herrmann (1996; 2008; 2009; 2011).

Wirtschaftsweise, Religion oder das soziale Miteinander kann auf Vorstellungen über das Verhältnis des Menschen zu seiner ›Umwelt‹ kaum verzichten.

Dies reicht weit über die bloße Rekonstruktion der Tier- und Pflanzenwelt und ihrer Nutzung hinaus. Gleichwohl ist das auf naturwissenschaftlichem Wege gewonnene Bild der Nutzung von materiellen Ressourcen aus der Natur – neben grundlegenden Vorstellungen über das Mensch-Umwelt-Verhältnis – die Grundlage, auf der jede entsprechende ›archäologische‹ Interpretation zu beruhen hat.

Diese Bemerkungen mögen die Situation überzeichnen, hängen doch – wie die Forschungsgeschichte zeigt – Untersuchungen zur ›Umwelt‹ sowie seit einer Reihe von Jahren auch zur ›Landschaft‹ durchaus mit Fragen nach sozialen und anderen Aspekten zusammen; sie wurden auch immer wieder angesprochen (siehe z. B. Kossack 1995 oder Bantelmann 1984, bes. 145). Nichtsdestotrotz bleibt als Grundproblem eine gewisse Kluft zwischen Rekonstruktion und Interpretation, zwischen natur- und kulturwissenschaftlichen Ansätzen bestehen.

Die Einleitung macht aber auch bereits die Problematik der Begriffe deutlich. ›Umwelt‹ wird als ein gängiger Terminus verwendet, zu dem es eine Art vorwissenschaftliches Allgemeinverständnis gibt. In diesem Sinne meint es meist die Gesamtheit der biotischen Faktoren, mit denen die Menschen in Wechselwirkung standen; üblicherweise wird dies als Gegensatz zu ›Kultur‹ verstanden.[2] Doch der Begriff ist vielschichtiger und gleiches gilt etwa für ›Natur‹, ›Ressourcen‹ oder ›Landschaft‹. Daher sollen zunächst einige Bemerkungen zur Terminologie folgen, bevor Konzepte und Theorien selbst zu erörtern sind.

Begriffe und Inhalte

Eine terminologische Beschäftigung mit den Begriffen ›Natur‹, ›Umwelt‹ und ›Ressourcen‹ findet sich in der Archäologie kaum.[3] Man muss zuerst einmal auf die vergleichsweise junge, aber mittlerweile etablierte Umweltgeschichte zurückgreifen.

Der Begriff ›Natur‹ ist in den Wissenschaften ausführlich diskutiert worden. Die vielfältigen Überlegungen müssen hier nicht in aller Breite nachvollzogen

---

2 Als Beispiel seien archäobotanische Publikationen genannt, in deren Titel ›Umwelt‹ vorkommt: Behre 1991; Jacomet 1991. Es gehe um »die Rekonstruktion der frühmittelalterlichen Vegetationseinheiten« (Behre 1991, 143) bzw. die »Bestandsaufnahme des Pflanzenmaterials« (Jacomet 1991, 298). In einem zweiten Schritt werden dann Rückschlüsse auf »Ackerbau, Sammelwirtschaft und Veränderungen des Landschaftsbildes« gezogen (ebd.). ›Umwelt‹ scheint hier somit zugleich auch ›Landschaft‹ zu sein.
3 Eine Ausnahme bilden Meier 2006 und Meier 2009, 703–709.

werden.[4] Während Natur in traditionellen Auffassungen als statische Größe, die auf den Menschen wirkt, betrachtet wurde, ist heute klar, dass sie nicht unabhängig von Mensch und Kultur gedacht werden kann (siehe z. B. Dressel 1996, 154). So betonte etwa Joachim Radkau (1994, 11), dass Natur kein vorgegebenes Faktum, sondern ein kulturelles Konstrukt sei.[5] Die Vorstellung von der »ursprünglichen Natur«, die erhalten werden müsse, sei neuzeitlichen bzw. modernen Ursprungs. Natur ist, so Radkau (ebd. 13), jedoch kein willkürliches Konstrukt ohne objektive Substanz und ohne normative Werte (siehe auch Radkau 2002, 29–32). Natur ist etwas, das vom Menschen angeeignet worden ist, aber auch dessen Erfahrung mitkonstituiert hat (Dressel 1996, 155). Rolf-Peter Sieferle (1999, 10) ist der Ansicht, dass man bei der Erörterung von kulturellen »Wahrnehmungen« von Natur und Umwelt in der Vergangenheit nicht von einer realen Objektivität von Naturerfahrung ausgehen könne.

Wichtig im Kontext der Beschäftigung mit vorindustriellen Gesellschaften dürfte eine Erfahrung aus der Ethnologie sein. Eine grundsätzliche Trennung von Natur (Pflanzen, Tiere, Berge usw.) und Kultur (vom Menschen Geschaffenes oder Gedachtes) findet bei vielen dieser Gesellschaften nicht statt (Bargatzky 1986, 15–17; 2008, 99). Natur ist nicht »aus dem Handlungs- und Sinnzusammenhang des Lebens [...] herauslösbar«, es erfolgt keine Distanzierung von der Natur (Bargatzky 2008, 99).

Trotz einer umfangreichen umweltgeschichtlichen Literatur wird der Begriff ›Umwelt‹ häufig unscharf verwendet. Umwelt meint mehr als Natur, konstatierte Franz-Josef Brüggemeier (1992, 13). Radkau (1989, 141–142) hat auf die Notwendigkeit einer problembezogenen Anwendung für den Begriff Umwelt hingewiesen. Am ausführlichsten hat sich Verena Winiwarter (1994) mit den vielfältigen Bedeutungsebenen von ›Umwelt‹ auseinandergesetzt. Während in seiner ursprünglichen Bedeutung seit dem frühen 19. Jahrhundert allgemein die den Menschen umgebende Welt gemeint war, wird heute der Lebensbereich eines Individuums, d. h. alles, was einen Menschen umgibt und in seinem Verhalten beeinflusst, als Umwelt definiert. Insgesamt gibt es aber unterschiedliche Bedeutungsinhalte in den einzelnen Wissenschaften. Für die Umweltpädagogik wird in einer Definition auf die soziokulturell geformte, vom Menschen geschaffene Natur abgehoben, d. h. natürliche und soziale Umwelt seien verbundene Teile, »die weitgehend vom Modus des menschlichen Umgangs mit Natur abhängig sind« (ebd. 143). Winiwarter (ebd. 155) betonte zu Recht, dass für die historischen Wissenschaften zwangsläufig ein anthropozentrischer Umweltbegriff notwendig sei. Es gehe in der historischen Umweltforschung um »gesellschaftliche Naturaneignung« (ebd. 151, mit Verweis

---

4   Zum Naturbegriff grundlegend etwa Böhme 1997; zu den verschiedenen Konzepten von ›Natur‹ in Religion und Philosophie auch außereuropäischer Völker siehe Bargatzky/ Kuschel 1994.

5   Hierzu auch die Arbeiten von R. und D. Groh (1991; 1996).

auf Arne Andersen). Insofern sei eine Gleichsetzung von Natur und Umwelt nicht adäquat (ebd. 153). Vielmehr wäre, so Winiwarter (ebd. 154), die Frage zu stellen, was Natur zur Umwelt mache. Sie kam letztlich zu dem Schluss, dass eine Trennung von historischer Umweltforschung und Umweltgeschichte geboten sei. Die eine schreibe naturwissenschaftliche Datensätze in die Vergangenheit fort, die andere berücksichtige die soziale und ökonomische Dimension. Die ›Umwelt‹ der Umweltgeschichte sei dann die Gesamtheit aller Phänomene, die die Lebenssituation einer menschlichen Gemeinschaft beeinflusse (ebd.).

Thomas Meier (2009, 704) ging in Bezug auf ›Umwelt‹ auf die bereits im Kontext des Begriffs Natur angesprochene Abtrennung von Kultur ein. Dies sei im Sinne eines analytischen Zugriffs nicht zu kritisieren, jedoch müsse bedacht werden, dass die daraus resultierenden Erkenntnisse diese Trennung fortschrieben (ebd. 705). Umwelt sei somit im ökologischen Kontext ein objektivierbarer, überindividueller Begriff, der sich im Deutschen auf die naturräumlichen Bedingungen konzentriere (ebd. 706).

Die eben für ›Natur‹ und ›Umwelt‹ diskutierten Bedeutungsfacetten können im Prinzip auf den Terminus ›Ressource‹ übertragen werden. In der Regel werden mit Ressourcen im allgemeinen und umgangssprachlichen Sinne in der belebten wie unbelebten Natur vorkommende Rohstoffe wie Erze, Salz, Holz, Pflanzen und Tiere, aber auch Boden bezeichnet. Der für eine historische Kulturwissenschaft letztlich entscheidende Aspekt ist –dies führt bereits die Brockhaus-Enzyklopädie unter dem entsprechenden Stichwort an –, dass Ressourcen von Menschen unter jeweils spezifischen, raum-zeitlichen Bedingungen gezielt angeeignet und genutzt werden.[6] Erst durch eine menschliche Nutzung und damit letztlich Inwertsetzung werden also beliebige ›Naturstoffe‹ zu Ressourcen.

Auch ›Landschaft‹ steht zweifellos im Zusammenhang mit ›Umwelt‹. Seit rund 20 Jahren ist dieser Begriff auch in der deutschsprachigen Archäologie eingeführt und kaum mehr aus der Literatur und Forschungslandschaft wegzudenken.[7] Großprojekte wie die Kieler *Graduate School »Human Development in Landscapes«* haben den Begriff vereinnahmt, wobei sich häufig Begriff und Inhalt von einer eher klassisch siedlungsarchäologischen Prägung Jankuhn'scher Art zu einer meist umfassender verstandenen Spanne von Konzepten entwickelt haben.[8] Die oben für ›Natur‹ und ›Umwelt‹ diskutierten Aspekte (etwa ›gesellschaftliche Naturaneignung‹ oder soziale und ökonomische Dimensionen) haben auch in die Archäologie Eingang gefunden, ohne dass eine bestimmte Meinung dominierte. Die genannte Graduiertenschule definiert Landschaft als einen dynamischen Raum sozialer,

6   Brockhaus Enzyklopädie 18 (Mannheim 1992) 320.
7   Siehe auch die forschungsgeschichtlichen Überblicke von Müller 2003 und Gramsch 2003.
8   Siehe dazu den Überblick von Gramsch 2003, 42–43 und ebenso auch bei Meier 2006, 13–24.

kultureller und ökologischer Signifikanz, der sich interaktiv mit ihn besiedelnden menschlichen Gesellschaften entwickelt.[9] Hier werden moderne Definitionselemente (›sozialer Raum‹) und traditionelle Ansätze ökologischer Art verknüpft, was in der praktischen Forschung vor allem den annähernd rein naturwissenschaftlich-rekonstruierenden Arbeiten Legitimation unter dem Landschaftsbegriff verschafft.

Im Kontext von Überlegungen zur bronzezeitlichen Deponierungspraxis sah Ariane Ballmer (2010a, 122) die Funktion der Landschaft als die eines physischen Stellvertreters einer gedachten Welt, die die Praxis mitstrukturiere und gleichzeitig durch die Praxis erzeugt und strukturiert werde. Mit dem Einsatz moderner Methoden des GIS gehen die Betrachtungen bis hin zu »digitalen Wahrnehmungen von Landschaft« (Löwenborg 2010). Thomas Meier (2009, 728) sieht ›Landschaft‹ als durchaus geeigneten Terminus an, das sozial Konstruierte von Räumen hervorzuheben – und sie damit von dem oben von ihm charakterisierten Umweltbegriff abzusetzen.[10]

Schließlich sei auf den Begriff ›Umweltarchäologie‹ eingegangen. In der angloamerikanischen Literatur ist der Begriff *environmental archaeology* schon seit den 1970er Jahren in Gebrauch.[11] Wie in der englischsprachigen Fachliteratur üblich, entstanden schon früh Einführungs- und Überblickswerke, die unter diesem Titel firmierten und in den letzten Jahren sind weitere Publikationen hinzugekommen.[12] Auch die *Association for Environmental Archaeology* wurde bereits Ende der 1970er Jahre gegründet. Sowohl die Handbücher als auch die Zeitschrift *Environmental Archaeology* sind ganz wesentlich naturwissenschaftlich ausgerichtet, präsentieren also eine Methodendiskussion sowie z. B. Ergebnisse archäobotanischer und archäozoologischer Untersuchungen. Diesem Zuschnitt entsprechend, lautet der Untertitel der genannten Zeitschrift auch *The Journal of Human Palaeoecology*.

Demgegenüber hat sich das deutsche Pendant ›Umweltarchäologie‹ erst in den letzten ca. 15–20 Jahren eingebürgert. Wie Helmut Bender und Günther Moosbauer (1997, 19) festgestellt haben, taucht der Begriff ›Umweltarchäologie‹ zuerst im Brockhaus von 1993 auf. Er werde dort definiert als ein »Forschungsbereich der Vor- und Frühgeschichte, dessen Ziel die Erschließung von Landschaft und Umwelt der vorgeschichtlichen Epochen ist. Die Umweltarchäologie ist aus der Verbindung archäologischer, geographischer und naturwissenschaftlicher Forschungen hervorgegangen. [...] Neben den naturbedingten Einflüssen auf die Umwelt

---

9   Siehe dazu http://www.uni-kiel.de/landscapes/index3.shtml [Zugriff: 27.02.2012].
10 Siehe dazu auch den Beitrag von N. Müller-Scheeßel in diesem Band.
11 Evans 1978; Shackley 1981; 1985; Bintliff et al. 1988.
12 Dincauze 2000; Evans/O'Connor 2001; Branch et al. 2005.

(Klimaschwankungen, Naturkatastrophen) sind die kulturbedingten Einwirkungen Forschungsschwerpunkt der Umweltarchäologie« (ebd.).[13]

Bereits der Blick auf die Begriffe zeigt somit, dass in der Archäologie vor allem die zuletzt angesprochene Diskussion um das Landschaftskonzept einen vergleichsweise festen Platz auch in der theoretischen Debatte einnimmt. Demgegenüber treten ›Natur‹ und ›Umwelt‹, obwohl es sich eigentlich – oder gerade deswegen? – um übergeordnete Begriffe handelt, zurück. Wie sich im Folgenden zeigt, gilt dies auch für die grundsätzliche Theoriediskussion.

Archäologische Umweltforschung: Rückblick auf Konzepte und Theorien

Auf ›Umwelt‹ bzw. die Erforschung der Mensch-Natur-Beziehungen in der Archäologie wird bisher in gewissem Sinne bei Darstellungen der Geschichte der Siedlungsarchäologie und der Landschaftsarchäologie eingegangen. Eine explizite Perspektive auf theoretische Aspekte findet sich hingegen nur sehr vereinzelt.[14]

Viele, vielleicht sogar die meisten, Aufarbeitungen von Fundstellen oder auch regionale Darstellungen einzelner Epochen oder Zeitstufen (›Die Hallstattzeit in ...‹/›Das Neolithikum in ...‹) gehen einführend auf den Naturraum bzw. Parameter der ›Umwelt‹ wie Böden, Gewässernetz, Temperaturen ein.[15] Spätestens bei der Kartierung der Fundstellen vor dem naturräumlichen Hintergrund (etwa Böden) und entsprechenden Deutungen spielen jedoch spezifische Konzeptionen von Mensch-Umwelt-Beziehungen eine Rolle, auch wenn sie nicht explizit gemacht werden. Gerade diese Konzepte reichen weiter in die Forschungsgeschichte zurück als 20 Jahre, sind aber bis heute wesentlich bestimmend im Fach. Bevor daher der theoretische *status quo* in der umweltbezogenen Forschung der Archäologie besprochen wird, sei ein knapper Überblick über Art und Herkunft von Konzepten und Theorien in der deutschsprachigen Forschung gegeben.

13 Als ›Umweltarchäologe‹ bezeichnen sich in der Regel naturwissenschaftlich arbeitende Archäologen, also Personen mit Archäologiestudium, die sich auf Archäozoologie, Archäobotanik usw. spezialisiert haben, oder archäologisch arbeitende Naturwissenschaftler, also etwa Botaniker und Zoologen, die sich meist über einen längeren Zeitraum hinweg mit archäologischem Material beschäftigen. Zum hier nicht näher erläuterten Begriff ›Geoarchäologie‹ siehe Meier 2009, 719 f.

14 Meier 2009. Im Hinblick auf Landschaftsarchäologie sind Gramsch 2003 und Müller 2003 zu nennen. Theoretische Aspekte auch bei Brather 2006; 2011. »Ökologische Ansätze« als eigenes Kapitel bei Bernbeck 1997, 130–152.

15 Siehe etwa für die Region ›Oberes Gäu‹ in Südwestdeutschland Bofinger 2005, 14–21, oder Hald 2009, 16–24.

Noch vor der Herausbildung und Etablierung einer wissenschaftlichen Archäologie begannen die ersten naturwissenschaftlichen Untersuchungen zur Umwelt prähistorischer Menschen.[16] Entscheidend war dabei die Entdeckung der sogenannten Pfahlbauten in den Schweizer Seen mit der augenfällig guten Erhaltung organischer Überreste. Da z. B. die Faunenanalyse überwiegend in der Hand von Zoologen und Paläontologen lag, betrafen die Interpretationen meist stammesgeschichtliche oder rassenkundliche Aspekte.[17] Jedoch ging es von Anfang an auch um die Rekonstruktion der Ernährung und der natürlichen Umwelt der Pfahlbaubewohner.[18] Eine systematischere Beschäftigung mit der prähistorischen Tier- und Pflanzenwelt setzte erst in den 20er und 30er Jahren des 20. Jahrhunderts ein.[19] Hier sind insbesondere die Arbeiten im Bereich des Federsees unter Leitung von Robert Rudolf Schmidt und Hans Reinerth durch das sogenannte »Urgeschichtliche Forschungsinstitut« der Universität Tübingen zu nennen (siehe dazu Keefer 1992, bes. 30–32 und 41–48).

Schon vor den 20er Jahren hatte eine Forschungsrichtung eingesetzt, die mit gewissen Änderungen und Erweiterungen bis heute in der Ur- und Frühgeschichtlichen Archäologie ihren festen Platz hat. Dabei handelt es sich um siedlungsarchäologische Studien. Diese hatten aber nichts mit der Kossinna'schen Siedlungsarchäologie zu tun, wenngleich sie in ihren Anfängen durchaus auch Fragen bzw. Interpretationen der Ethnizität einschloss.

Schon im Jahr 1906 hatte der Heilbronner Arzt und Archäologe Alfred Schliz (1906, 334–336) den Zusammenhang von Lößverbreitung und neolithischer Besiedlung herausgestellt. Im selben Jahr beschäftigte sich der Geograph Robert Gradmann mit urgeschichtlichen Phänomenen und entwickelte die sogenannte ›Steppenheidentheorie‹.[20] Hier schien ein scheinbar eindeutiger Zusammenhang zwischen natürlicher Umwelt und archäologischen Hinterlassenschaften gegeben,

---

16　B. Trigger (1989, 247) hat auf den dänischen Archäologiepionier Jens Jacob Asmussen Worsaae verwiesen. Dieser hätte mit Biologen und Geologen kooperiert und schon in den 40er Jahren des 19. Jahrhunderts argumentiert, dass archäologische Funde in Beziehung zu ihren früheren Umweltbedingungen studiert werden müssten.

17　In diesem Sinne Brewer 1992, 196.

18　Jacomet (2004, 162) mit Verweis auf die Arbeit des Züricher Botanikers Oswald Heer von 1865 über die Pflanzen der Pfahlbauten.

19　Eine Durchsicht der, wenngleich auf Mitteleuropa und Südskandinavien beschränkten, jedoch weit über 1500 Literaturzitate zur Archäozoologie bei Benecke (1994, 393–451) erbrachte für die Zeit vor 1900 fünf Angaben, davon stammen drei aus der Feder Rütimeyers. Aus der Zeit zwischen 1900 und 1920 kommen sieben Arbeiten. In den 1920er und 1930 Jahren steigt die Zahl dann deutlich an (15 bzw. 21 Schriften). Eine ähnliche Situation darf man für die Archäobotanik annehmen.

20　Gradmann 1906. Er ging von der Annahme aus, dass die Deckungsgleichheit der heutigen Verbreitung von Steppenheidegewächsen an trocken-warmen Standorten und neolithischen Siedlungsresten nicht zufällig sein könne. Vielmehr hätten die keine Rodung

der zukünftig den Blick für ähnliche Verknüpfungen schärfen sollte. Selbst wenn in den ersten siedlungsarchäologischen Arbeiten nicht immer direkt auf Schliz oder Gradmann verwiesen wird, so dürften entsprechende knappe Ausführungen auf deren Einfluss zurückzuführen sein.

So werden beispielsweise in Georg Wolffs (1913, 5) Arbeit über die Wetterau die Lößflächen angesprochen, auf denen sich Ackerbau lohne und wo eine relativ dichte Bevölkerung gesiedelt habe. Ebenso wird die Bevorzugung von Tälern und »Talwänden« in der Bronze- und Eisenzeit angesprochen (ebd. 7). Auch Karl Schumacher (1921) ging im ersten Band seiner *Kulturgeschichte der Rheinlande* auf die natürliche Umwelt ein. Für die Zeit vor dem Neolithikum betonte er die Abhängigkeit von der Natur bzw. sprach von der »Ausnutzung der von der Natur gebotenen Hilfsmittel«, um das Dasein zu meistern (ebd. 3).

Praktisch allen diesen frühen siedlungsarchäologischen Arbeiten ist ein gewisser Naturdeterminismus zu eigen, d. h. die Annahme, dass die natürlichen Rahmenbedingungen das Siedelverhalten und daran anknüpfend auch Wirtschafts- und Sozialstrukturen beeinflusst, ja bestimmt hätten.

In einer größeren Studie hat Ernst Wahle (1920) die Besiedlung Südwestdeutschlands in vorrömischer Zeit »nach ihren natürlichen Grundlagen« untersucht. In seiner Einleitung berief er sich explizit auf eine geographische Betrachtung der »vorgeschichtlichen Zeiten« und führte die Thesen Gradmanns aus (ebd. 1–4). Der Wunsch nach einem Bild der Urlandschaft sei insofern berechtigt, als der auf einer ganz anderen Kulturstufe als wir stehende urgeschichtliche Mensch wohl auch eine ganz andere Beziehung zu der ihn umgebenden Natur gehabt hätte. In bisherigen Arbeiten seien diese Bilder jedoch vielfach der Phantasie entsprungen, so Wahle (ebd. 1). Er versuchte auf dem Wege zu einer »allseitigen geographischen Durchdringung des vorgeschichtlichen Stoffes« über die Arbeiten Gradmanns hinauszugehen, indem er einen Kleinraum über alle Zeiten hinweg einschließlich allem zur Verfügung stehenden Quellenmaterial untersuchte und geologische und pflanzengeographische Karten zugrunde legte (ebd. 4–5). Hauptziel war es festzustellen, ob sich ein Wandel in der Beziehung zwischen Mensch und Natur im Lauf der Zeit vollzogen habe. Insbesondere sei eine Entwicklung zu ermitteln, die zeige, dass der Mensch sich die Natur immer mehr dienstbar gemacht hätte und damit unabhängiger von den Zufällen ihres Wesens wurde (ebd.).[21] Wahle betonte etwa, dass wohl viele »Erscheinungen der Siedelungs- und Kulturverhältnisse« des Neolithikums »als unter bestimmten natürlichen Verhältnissen geworden« anzusehen seien (ebd. 53). Zugleich wies er aber auch immer wieder auf die Ein-

von Wald erfordernden Steppenflächen die steinzeitlichen Siedler angezogen. Ähnliche Ideen finden sich bereits in einer älteren Arbeit (Gradmann 1901).

21 Wahle fügte dieser Ausführung den in Klammern gesetzten Namen ›Ratzel‹ an. Der zu Beginn des 20. Jahrhunderts gestorbene Geograph Friedrich Ratzel gilt als Begründer der Anthropogeographie und zugleich als Vertreter des Naturdeterminismus.

flussnahme der Menschen hin, z. B. durch Rodungen der Wälder den natürlichen Lebensraum umzugestalten (ebd. 50–52). In diesem Zusammenhang führte Wahle sogar analogisch rezente Gruppen »niederer Kulturstufen« in der Südsee, Brasilien und Kamerun an, die dichten Urwald rodeten. Die Ansicht von der »Hilflosigkeit der Primitiven« dürfe daher nicht einseitig betont werden (ebd. 14–16). Insgesamt war Wahles Studie nicht allein auf deterministischen Konzepten aufgebaut. Seine Hinweise auf eine andersartige Beziehung der urgeschichtlichen Menschen zur Umwelt (und damit ihre Wahrnehmung) sind durchaus als richtungsweisend zu bezeichnen.

In den dreißiger Jahren gehörte der von Wahle und anderen beschriebene geographische Ansatz mit Berücksichtigung insbesondere der Böden und Pflanzenstandorte zu den grundlegenden Methoden siedlungsarchäologischer Arbeit.[22] Alexander Gramsch (2003, 37) hat es mit Bezug auf Carl Engel (1930) so zusammengefasst: »Es wurde also versucht, die Beziehungen zwischen Mensch und Natur als historischen Faktor zu erkennen« –, und Gramsch setzt fort: » – eine Tradition, die sich bis heute fortsetzt«. Ob man Wahle bereits eine Art einfachen systemtheoretischen Ansatz unterstellen möchte, wie dies Thomas Meier (2009, 700) getan hat, sei dahingestellt. Zustimmen möchte man Meier (ebd. 701) freilich bei seiner Charakterisierung der frühen siedlungsarchäologischen, umweltbezogenen Forschung: »Im Fortschrittsmythos vom Naturdeterminismus über den Possibilismus bis zur Freiheit des Menschen von der Natur und deren willkürlicher Gestaltung in der Moderne, übernahm die Prähistorie die Aufgabe, die ersten Kapitel vom primitiven, naturabhängigen Menschen zu erzählen und so die Naturbeherrschung der Gegenwart in ein um so strahlenderes Licht zu setzen«.

Auch in der Folge und bis heute sind naturdeterministische und possibilistische Tendenzen anzutreffen.[23] So hat Burchard Sielmann (1971; 1976) in seiner vielzitierten Studie die älteren geographischen Ansätze konsequent fortgesetzt und die Beziehung von Böden, Temperaturen und Niederschlag zur jungsteinzeitlichen Besiedlung untersucht.[24] Die geographischen Bedingungen schrieben weitgehend das Gefüge des Nahrungserwerbs und damit der Wirtschaft der bäuerlichen Siedler vor. Die Wirtschaft wiederum wirke auf den größten Teil der neolithischen materiellen Kultur ein. Wirtschaftsform und Wirtschaftsstruktur beeinflussten weiterhin

---

22 Jacob-Friesen 1928, bes. 121–137 (»Fundgeographie auf ökologischer Grundlage«); Kiekebusch 1928, bes. § 13; regionale Aufarbeitungen: etwa Stoll 1933 oder Steinhausen 1936.

23 Mit ›possibilistisch‹ ist gemeint, dass die Menschen die Möglichkeit haben, frei und aktiv umweltrelevante Handlungen durchzuführen, allerdings innerhalb eines von der Natur vorgegebenen Rahmens.

24 Lüning (2000, 30) hat die Arbeiten von Sielmann als »bahnbrechend« bezeichnet.

die Arbeitsteilung und fänden damit auch in der Sozialstruktur ihren Niederschlag (ebd. 128).[25]

Diese konsequent geforderte Kausalität zwischen ökologischen Bedingungen und der Ausbildung von unterschiedlichen Kulturelementen vermag heute nicht mehr zu überzeugen.[26] Zugleich wird aber niemand einen prinzipiellen Zusammenhang zwischen bestimmten naturräumlichen Vorgaben und grundlegenden Anpassungen der wirtschaftlichen Strukturen einer menschlichen Gemeinschaft leugnen.[27] Insofern kann man dem Archäobotaniker Arie Kalis zustimmen, der den Begriff des ökologischen Determinismus als einer der wenigen explizit angesprochen hat (Lüning/Kalis 1988, 46): Welche Rolle man ihm beizumessen gewillt sei, hinge von der untersuchten Periode und vom erforschten Gebiet ab. Eine bestimmte Vegetation brauche nicht zwangsläufig zu einer bestimmten menschlichen Lebensweise zu führen.

Schon seit den 1950er Jahren hatte eine gewisse Systematisierung naturwissenschaftlicher Auswertungen im Rahmen siedlungsarchäologischer Ausgrabungen eingesetzt; dies ließ eine umfassendere Rekonstruktion und darauf aufbauende Schlüsse zu. Sowohl für den norddeutschen Küstenraum als auch die süddeutsch-schweizerischen Seeufersiedlungen lag das Augenmerk auf dem natürlichen Lebensraum, der jeweils in gewissem Sinne extrem war. Übergeordnetes Ziel war es – wie letztlich bereits bei Gradmanns Steppenheidentheorie –, kausale Verknüpfungen zwischen Naturraum, Siedlungsweise und den jeweiligen Veränderungen herauszufinden. So ging es etwa um Rückschlüsse von der Morphologie der

25 Sielmann (1971, 186) geht sogar so weit, dass er sagt: »Die Koinzidenz bestimmter Kulturelemente mit bestimmten geographischen Umweltbedingungen läßt sich in sämtlichen postbandkeramischen bäuerlichen Gruppen bis in unsere Zeit verfolgen«. Man mag die Studie Sielmanns durchaus in der Nähe der *New Archaeology* sehen. Die Konzentration auf ökologische Gegebenheiten, die gleichsam gesetzesmäßige Erklärung von Zusammenhängen stehen hier Pate für einen prozessualen Ansatz, ohne dass alle typischen Merkmale der *New Archaeology* vorhanden wären. Zum ökologischen Ansatz der *New Archaeology* siehe Eggert 1978, 86–106.

26 Siehe etwa die Analyse und Kritik von Pantzer (1995, 144–149) sowie z. B. Lüning (2000, 60–61), der für räumliche Unterschiede im Getreideanbau des Altneolithikums zwingende naturräumlich-klimatische Ursachen ausschließen möchte und die »Ökologiekreise« Sielmanns für sehr fragwürdig hält. Zur Erklärung blieben nur kulturelle und historisch-ausbreitungsgeschichtliche Präferenzen und Faktoren.

27 Vor rund zehn Jahren hat etwa A. Posluschny (2002) in seiner Arbeit über die hallstattzeitliche Besiedlung im Maindreieck einen explizit deterministischen Ansatz verfolgt und dabei mehr oder weniger die Vorgehensweise Sielmanns verwendet (ebd. 6 mit Anm. 2). Posluschny betonte den starken Naturraumbezug der untersuchten Siedlungen (ebd. 119). Zwar werden Aspekte von Handel, Religion oder allgemein »soziologische Entwicklungen« (etwa die Aufsiedlung vorher dünn besiedelter Gebiete) nicht ausgeschlossen. Dies geschehe aber wohl im Zusammenspiel mit »(landschafts)ökologischen Aspekten« (ebd. 119–120).

Landschaft bzw. den Böden auf die jeweiligen Wirtschaftsformen (Jankuhn 1952, 70). Man strebte an, den Zusammenhang zwischen Klimaveränderungen und dem Wandel des Siedlungsbildes, z. B. durch Pollenuntersuchungen und andere botanische Auswertungen, nachzuweisen (ebd. 85–92).

Im Kontext des sogenannten ›Nordsee-Programms‹ zur Untersuchung eisenzeitlicher bis mittelalterlicher Siedlungen[28] wurden diese flächig aufgedeckt, um »aus der Wahl des Standorts, der Art der Bebauung, den Bauformen und der Produktionsweise sowohl umweltbedingte als auch zeit- und gruppenspezifische Verhaltensmuster ihrer Bewohner« zu erschließen (Kossack 1984, 13). Hier klingt erstmals ein von der Natur losgelöstes ›Verhalten‹ an, wobei unklar bleibt, was »zeit- und gruppenspezifisch« im einzelnen sein sollte. In den Blickpunkt trat auch das Konzept ›Anpassung‹. Die Marschbewohner kamen ursprünglich von der Geest, also einem deutlich andersartigen Naturraum. So lautete die Frage: »Was hatten sie an gewohnten Einrichtungen mitgebracht und wie passten sie sie an die ihnen bis dahin fremde Umwelt an?« (ebd. 15). Die aktive Rolle des Menschen wurde zunehmend betont. Herbert Jankuhn (1977, 193) hat in seiner »Einführung« abschließend bemerkt, dass sich durch die siedlungsarchäologischen Arbeiten, u. a. im Küstenraum, das Bild des Verhältnisses des Menschen zu seiner natürlichen Umgebung geändert habe. Lange Zeit habe die Vorstellung von dem mehr oder weniger inaktiven Dahinleben von Menschengruppen geringer Naturbeherrschung dominiert. Das neue Bild sei durch das »Eingreifen des Menschen in die natürliche Entwicklung«, z. B. durch die Erfindung neuer Hilfsmittel und Möglichkeiten »im Kampf um die wirtschaftliche Behauptung« geprägt. Der Mensch erweise sich nicht nur als das passive, sondern aktiv gestaltende, »in die Entwicklung eingreifende Wesen« (ebd.). Diesen Ansatz kann man mit Thomas Meier (2009, 704) als »*grosso modo* possibilistisch« bezeichnen. Meier (ebd. 702 f.) sah darüber hinaus in dem von Jankuhn verwendeten Begriff »Wirkungsgefüge« bereits einen Schritt hin zu einem, allerdings impliziten, systemtheoretischen Verständnis (siehe dazu Bernbeck 1997, 109–123).

Zunehmend sind es nun die Naturwissenschaftler, die die umweltbezogene und damit vor allem wirtschaftsbezogene ›Geschichte‹ schreiben. Der ›aktive‹ und nicht mehr der ›ausgelieferte‹ (von der Natur determinierte) Mensch ist nunmehr zum Normalfall geworden.[29] Im Prinzip lassen sich auch die Großprojekte

---

28 Siehe etwa Treue 1961 und Kossack 1984; zum Konzept der Forschungen auch Pantzer 1995, 122–135.

29 Dies gilt etwa auch für die Untersuchungen im Kontext des 1979 begonnenen ›Projekts Bodensee-Oberschwaben‹ bzw. des 1983 eingerichteten Schwerpunktprogramms der Deutschen Forschungsgemeinschaft ›Siedlungsarchäologie im Alpenvorland‹ (siehe dazu etwa Becker et al. 1985 sowie Siedlungsarchäologische Untersuchungen 1990). Auch hier lag der Bereich ›Umwelt‹ in den Händen der entsprechenden Naturwissenschaftler; nur in geringerem Umfang finden sich Synthesen, in denen die archäologischen

der Nachkriegszeit mühelos an die siedlungsgeographischen Arbeiten à la Wahle anschließen. Methodisch erfuhren sie eine Erweiterung durch die Naturwissenschaften. Inhaltlich verlagerte sich der Schwerpunkt weg von den deterministischen Ansätzen zu Fragen der Anpassung und Veränderung (ohne dass jegliche Determinismen aufgegeben worden wären). Der wirtschaftende Mensch, der den Naturraum zu einem (durchaus positiv belegten) Kulturraum wandelte, war im Blickpunkt. Dabei sollten auch weiterhin »die Befunde aus sich selbst heraus zu verstehen« sein (Gramsch 2003, 39 mit Verweis auf Kossack). Insgesamt spricht Gramsch (ebd. 40 f.) von einem »utilitaristisch-funktionalistischen Paradigma« und dem »Primat der Ökonomie«. Gefragt worden sei in erster Linie nach dem Nutzen, so meint er (ebd. 41). Er sieht die Wurzeln dieses Denkansatzes bereits am Beginn der Wissenschaftlichkeit in der frühen Neuzeit, der damals begonnenen »Objektivierung« von Natur, legitimiert von »platonisch-christlichen« Vorstellungen (ebd.).

Die Wahrnehmung einer zunehmenden Umweltbelastung und die allgemeine Beschäftigung mit dem Thema ›Umwelt‹ in der Gesellschaft seit den 1970er Jahren spiegelte sich sowohl in den Geschichtswissenschaften als auch in der Archäologie. So häuften sich Aufsätze, Monographien und insbesondere Sammelbände[30], die sich mit der Thematik ›Mensch und Umwelt‹ in der Archäologie auf die eine oder andere Art auseinandersetzten.[31]

Ergebnisse im engeren Sinne (Befunde, Funde und ihre räumlich-zeitliche Verteilung) mit den naturwissenschaftlichen zusammengeführt werden (siehe z. B. Schlichtherle 1990, bes. 222 und 241 und Schlichtherle 1997, bes. 9–12).

30 Grundlegend sind etwa die in der Zeitschrift *Siedlungsforschung. Archäologie – Geschichte – Geographie* (6, 1988, 9–186 sowie 269–279) unter der Überschrift »Historische Umweltforschung« veröffentlichten Beiträge der Tagung »Frühe Umwelten« des Arbeitskreises für genetische Siedlungsforschung im Jahre 1987.

31 Auch in der DDR wurde das Thema ›Umwelt‹ behandelt (siehe etwa Schlette 1980a; Brachmann/Vogt 1992). Dabei wurde – nicht immer, aber durchaus auch – der Einfluss marxistischer Weltsicht auf die Archäologie deutlich. So betonte Friedrich Schlette (1980a, 7) im Vorwort, dass es keineswegs nur um die Rekonstruktion der Umwelt als Kulisse, in der Menschen agierten, gehe, sondern um die Art der Auseinandersetzung mit dieser Umwelt. Die natürlichen Bedingungen hätten keinesfalls eine primäre Rolle in der Geschichte der Menschheit gespielt. In seinem Fallbeispiel (Schlette 1980b, 54) sah er denn auch »gesellschaftliche Verhältnisse« als ausschlaggebend, hier für Siedlungsverlagerungen, an.

Siedlungs-, Umwelt- und Landschaftsarchäologie: Konzepte und Theorien heute

Es scheint kaum mehr als ca. 15 Jahre her zu sein, dass man in der deutschsprachigen Archäologie begonnen hat, über theoretische Aspekte der Umwelt- und Landschaftsarchäologie nachzudenken. Zwar hatte bereits 1978 Manfred K. H. Eggert den ökologischen Ansatz der *New Archaeology* diskutiert, jedoch widmete erst Reinhard Bernbeck (1997) in seiner Einführung zu *Theorien in der Archäologie* den ökologischen Konzepten in der Archäologie insgesamt ein Kapitel (ebd. 130–152). Er referierte vor allem Grundlagen der Ökologie sowie die im anglophonen Raum zuweilen eingesetzte *Optimal Foraging*-Theorie bzw. Ökosystemanalysen als ältere Ansätze. Unter der Überschrift »Historische Ökologie« brachte er das veränderte Verständnis von Landschaft (vor allem im Sinne kognitiver Aspekte) ein (ebd. 148–151). Abschließend bemerkte er, dass trotz der Analyse ökologischer Bedingungen in fast jedem Ausgrabungsprojekt »die kontinuierliche Auseinandersetzung mit den dahinterstehenden Modellen« fehle. Als Postulat formulierte er, dass in zukünftigen Arbeiten nicht einem Ausschnitt der Umwelt (effektive oder wahrgenommene), sondern dem Verhältnis dieser Umwelten zueinander nachgegangen werden sollte (ebd. 152). Die später behandelten Fallstudien werden zeigen, inwieweit diese Forderung noch immer Bestand hat.

Wenige Jahre später nahm Heiko Steuer (2001, 630 f.) in seinem Beitrag zum Begriff Landschaftsarchäologie eine Erweiterung von Landschaft als ein Gesamtkonzept und zugleich eine kultur- und sozialgeschichtlich geprägte Konstruktion vor.

Alexander Gramsch (2003) hat dann hinsichtlich Landschaftsarchäologie sowohl einen »fachgeschichtlichen Überblick« als auch ein »theoretisches Konzept« vorgelegt. Er differenzierte zwischen Siedlungs- und Landschaftsarchäologie. Aus seiner Sicht hat letztere das Ziel, die Fragestellungen auf die soziokulturelle Bedeutung der Landschaft zu erweitern und zugleich Eurozentrismen zu vermeiden, indem sie die epistemologischen Grundlagen einer auf den Raum und die Kultur-Natur-Beziehungen ausgerichteten Archäologie verdeutliche (ebd. 41). Somit gehe es um Landschaft als Ganzes, als soziale bzw. kulturspezifische Konstruktion und als geographischer Raum (ebd. 42).

Gramsch kritisierte, dass moderne GIS-gestützte Untersuchungen sich auf ökonomische Fragen nach den Standortfaktoren konzentrierten. Damit würden Aspekte wie Kommunikation, Kontinuität und Abgrenzung vernachlässigt und eine Art positivistisches Bild vermittelt (Gramsch 2003, 43). Er ist der Ansicht, dass eine Ausrichtung auf das Handeln der damaligen Menschen und ihrer Wahrnehmung von Orten und Raum-Strukturen es ermögliche, aus der materiellen Kultur heraus Interpretationen zu sozialen bzw. kulturellen/kulturhistorischen Fragen zu finden (ebd. 44). Voraussetzung sei, dass Landschaft eine soziale Bedeutung besitze. So hätten insbesondere die Forschungen der Humangeographie gezeigt, dass die Mensch-Umwelt-Beziehung nie rein ökonomisch sei. Eine Gesellschaft identifiziere sich mit ihrem Territorium. Eine Raum-Struktur werde durch Grenzen bestimmt und durch Weltsicht bzw. die Wahrnehmung des Raums. Somit konstituieren Orte und Grenzen die Raum-Struktur, aber auch die kognitive Raumordnung (also Weltsicht, Konzepte, Ideale). Grundlegend für dieses Konzept sei zudem, dass ›Umwelt‹ in nicht-industriellen bzw. nicht-westlichen Gesellschaften nicht von einer Natur-Kultur-Dichotomie bestimmt sei. Sie sei vielmehr Teil des soziokulturellen Gefüges (ebd.).

Gramsch (2003, 45–48) identifizierte für sein Konzept von Landschaft drei zentrale Begriffe: Raum, Ort und Grenze. Landschaft sei das Ganze, ein strukturales Phänomen, das durch die Dialektik zwischen Ort und Raum als Träger von Werten geprägt und durch Grenzen verbunden und abgegrenzt sei (ebd. 48). Gestaltete und natürliche Objekte (z. B. Erdwerke und Bohlenwege bzw. Quellen und Berge) erhielten innerhalb dieser Raum-Struktur Bedeutungen und bestimmten diese. Landschaft sei somit etwas soziokulturell Geschaffenes, mit Werten belegtes und durch die Ideologie dieser Werte gesehenes Ganzes (ebd.). Nutzen und Erfahren des Raumes führt zu ›Territorien‹, denen sich Gemeinschaften zugehörig fühlen (ebd. 49).

Die Theorie einer Landschaftsarchäologie müsse »holistisch« sein und sich nicht nur auf ein ökodeterministisches oder ein religiös-kultisches Erklärungsmuster verlassen, sondern auf paläoökologischen und soziokulturellen Fragestellungen beruhen (Gramsch 2003, 49). Ein Verständnis für die Signifikanz der Landschaft könne somit nicht nur durch ökologisch-ökonomische Faktoren erzielt werden. Es seien vielmehr auch Aussagen zu den sozialen Verhältnissen, zu den Werte- und Weltvorstellungen, d. h. zur Ideologie einer Gesellschaft nötig, um das Siedlungsverhalten zu erfassen (ebd. 50).

Gramsch selbst sah sein Konzept nicht als so abstrakt und theoretisch an, wie dies zunächst scheinen möge (Gramsch 2003, 51). Er verwies im Anschluss allerdings nur auf Beispiele, in denen eine *Heritage*-Problematik im Vordergrund stand: Archäologische Landschaften wurden hier als historisch gewachsene Kulturlandschaften wahrgenommen. Dies ist zweifellos ein Gewinn, jedoch bleibt die Frage der praktischen Umsetzung. In der Praxis, so Gramsch, müsse man sich notwendigerweise auf bestimmte Fragestellungen beschränken (ebd. 50). Zentral scheint die von ihm in diesem Kontext aufgeworfene Frage, wie aus materieller Kultur Informationen über die engere Funktion hinaus erschlossen werden können. Er selbst verwies auf archäologische Beobachtungen der *longue durée*, also über eine längere Zeitspanne laufende Aktivitäten ökonomischer, ritueller oder sozialer Art. »Gestaltete Objekte« wie Pflugspuren, Grabmonumente, Abfallhaufen, Felsbilder als materielle Kultur hinterließen Zeichen als jeweils neue Teile der Landschaft (ebd. 49). Landschaft wirke überdies aktiv auf die Menschen zurück, indem sie sie sozialisiere und die Individuen in die Gesellschaft enkulturiere. Wie dies im Einzelfall abläuft, bleibt aber offen. Gute Beispiele aus der Praxis scheinen zu fehlen. Gramsch spricht die im selben Band publizierte Studie von Marcel El-Kassem und Johannes Müller (2003) an. Hier würde gezeigt, dass es auch in GIS-gestützen Prognosemodellen möglich sei, soziale und kulturelle Variablen einzubeziehen. Zwar werden in dieser Arbeit mit Hilfe von GIS-Analysen spezifische Fundverteilungen deutlich, die bestimmte Schlüsse hinsichtlich einer jeweiligen Nutzung und damit verbundenen Wahrnehmung naturräumlicher Einheiten nahelegen. Es wird aber nicht das Problem gelöst, welche Bedeutungen den jeweiligen Landschaften zugeschrieben wurden.[32]

Insofern bleibt neben der wichtigen gedanklichen Fundierung einer archäologischen Beschäftigung mit ›Landschaft‹ vor allem die von Gramsch angesprochene, von Beginn an integrierte Zusammenarbeit nicht nur von Naturwissenschaften, sondern auch von Kulturanthropologie, Humangeographie etc. im Verbund mit theoretisch fundierten Modellen als Ausgangspunkt neuer Untersuchungen.[33]

Sebastian Brather (2006; 2011) hat sich in zwei Beiträgen mit der Siedlungs- bzw. (so von ihm verknüpft) mit Umwelt- und Landschaftsarchäologie beschäftigt.[34] Neben der Forschungsgeschichte und den konkreten, befundorientierten Aspekten wie etwa Größe und Struktur einer Siedlung, Hausformen, wirtschaftlicher Charakter und Veränderungen sprach er auch einige theoretische Aspekte an. So maß er z. B. den prozessualen Ansätzen der *New Archaeology* eine wichtige Funktion bei der Erweiterung der Siedlungs- hin zu einer Umwelt- und Landschaftsarchäologie bei (Brather 2006, 60). Dabei wäre allerdings zu fragen, inwie-

---

32 Insofern erscheint die Aussage von El-Kassem/Müller (2003, 138), dass mit den erarbeiteten potentiellen Gebieten (›potential areas‹), die zuerst einmal nicht mehr sind als küstennah bzw. küstenfern liegende Bestattungs- bzw. Siedlungsflächen, die Bedeutung bestimmter, mit germanischen Gesellschaften assoziierten Landschaften, gelöst sei, allzu pauschal.

33 Die zusammenfassende Bemerkung von J. Müller (2003, 27) im selben Band wie Gramschs Aufsatz, dass angesichts des »interdisziplinären Wesens« der Begriffe »Landschaft« und »Kulturlandschaft« wissenschaftstheoretische Konzepte aus anderen Sozialwissenschaften berücksichtigt werden müssten, passt im Prinzip gut zu den Ausführungen Gramschs. Dabei aber die Aufgabe darin zu sehen, den mathematisch-technischen Apparat geographischer Informationssysteme mit den verschiedensten theoretischen Strömungen vom Funktionalismus bis zum Poststrukturalismus zu einem wissenschaftlichen Werkzeug zu vereinigen, dürfte schwierig sein. Ob aus einem methodischen Werkzeug zur Visualisierung von Datenbankinformationen auf verschiedensten Kartengrundlagen gemeinsam mit theoretischen Ansätzen ein »wissenschaftliches Werkzeug« werden könnte, sei dahingestellt. Die sicherlich zweckmäßigen GIS-Verfahren hängen stets von den (jeweils theoretisch ›gefärbten‹) Fragestellungen und Interpretationen der Ergebnisse ab. Ein Allheilmittel sind sie nicht.

34 Dabei geht es fast ausnahmslos um die deutschsprachige Forschung, zumindest in den forschungsgeschichtlichen und angewandten Beispielen.

weit diese denn tatsächlich von der deutschsprachigen Forschung übernommen oder zumindest reflektiert wurden. Brather zitiert hier jedenfalls keine Beispiele. Gleiches gilt auch für die Aussage, dass die »Paläoökologie« oder »Umweltarchäologie« (die er hier gleichsetzt) aufgrund ihres systemtheoretischen Ansatzes dazu neigten, eher ein statisches als ein historisches Bild zu zeichnen (ebd. 60 f.). Hier werden von ihm englischsprachige Handbücher zitiert. Den ›neueren‹ symbolischen/kognitiven/kontextuellen Ansätzen der Landschaftsarchäologie widmet er dann ein eigenes Kapitel (ebd. 72–77). Die von ihm ausgeführten Beispiele, etwa ethnographische Parallelen für das Festhalten an Pfostenbauten, Ursachen der Aufstallung des Viehs in einem Wohnstallhaus oder die Betonung kultureller und sozialer Faktoren für die Verlagerung von Siedlungen, veranschaulichen diese Aspekte sehr gut, wobei er sowohl auf deutschsprachige als auch europäische Fallstudien zurückgreifen kann.

Brather (2011) sprach in seinem Aufsatz zu den »Perspektiven von Landschafts- und Umweltarchäologie« verschiedene theoretische Konzepte und Strömungen an. Insgesamt betonte er dabei die Fortschritte der umweltbezogenen archäologischen Forschungen. Die früheren funktionalistischen oder deterministischen Ansätze seien seiner Ansicht nach überwunden, die Einsicht in die Komplexität des Wechselspiels zwischen Gesellschaft und ihren Umwelten sei gewachsen (ebd. 449). Zwar dürfte letztere Aussage fast durchweg zu bestätigen sein, eine Überwindung von Funktionalismus und Determinismus hingegen scheint aber in der Archäologie nicht in Sicht bzw. wird, wie ja auch oben schon angesprochen, nach wie vor diskutiert. Brather verweist indes auf neuere Übersichten zur Archäologie der Landwirtschaft. Trotz der hier zu findenden starken Tradition funktionalistischer Ansätze zeige sich, dass zahlreiche Faktoren wirksam und soziale wie kulturelle Reaktionen komplex gewesen seien (ebd. 452). Die Vielfalt der kulturellen und wirtschaftlichen Möglichkeiten werde durch den Blick auf vergleichbare (aber historisch oder ethnographisch besser dokumentierte Gesellschaften) offenbar (ebd.). Wenngleich diese Beispiele durchaus anschaulich sind, mag man Brathers Ansicht als etwas zu optimistisch ansehen. Immerhin ist seine Forderung nach einer Integration ökologisch-systemtheoretischer (»tatsächliche Beziehungen zwischen Umwelten und Besiedlung«) und landschaftlich-kulturwissenschaftlicher Konzepte (»Wahrnehmungen dieser Verhältnisse durch die zeitgenössischen Gesellschaften«) zu unterstreichen (ebd. 459). Letztlich könnte man seine Auffassung bzw. sein theoretisches Konzept wohl am besten mit seinem einleitend formulierten Credo wiedergeben: »Eine fundierte Siedlungs-, Umwelt- und Landschaftsarchäologie lässt sich nicht ohne eingehende Berücksichtigung von Wirtschaft und Gesellschaft betreiben« (Brather 2006, 51).[35]

35　Brather verweist hier allerdings auf ganz traditionelle Ansätze etwa Jankuhns Siedlungsarchäologie (1977) und geht damit eher einen Schritt hinter die von ihm auch genannten Studien zurück.

Die bisher wohl umfassendste Betrachtung von Konzepten der Umwelt- und Landschaftsarchäologie hat Thomas Meier (2009) vorgenommen. Es ist erstaunlich, dass erst so spät ein derartiger Artikel geschrieben wurde, also rund zehn Jahre nach anderen grundlegenden bzw. einführenden Theoriearbeiten der Ur- und Frühgeschichtlichen Archäologie (Bernbeck 1997; Eggert 2001). Verschiedene Bemerkungen bzw. Charakterisierungen Meiers wurden bereits als Kommentar zur vorangegangenen Forschungsgeschichte angeführt. Sein spezifischer Beitrag ist nicht nur eine theoretische Durchdringung der Forschungsgeschichte, sondern die analytische Trennung von Umwelt- und Landschaftsarchäologie. Er stellte den Landschafts-Begriff der »Lüning-Schule« dar (Meier 2009, 709–719) und fasste zusammen: Alle diese Untersuchungen zielten darauf ab, die anthropogen-historischen von den naturbedingten Ursachen besser zu trennen. Zwar könne so deren dynamisches Zusammenwirken genauer verfolgt werden, sie basierten jedoch explizit auf jener Dichotomie von Mensch/Kultur und Umwelt, welches die Umweltarchäologie im Kern charakterisiere (ebd. 718). Folglich erkannte Meier hier klare Bezüge zur prozessualen Archäologie (historische Forschung, Fokus auf Prozesse, systemisches Verständnis, Anspruch auf ein versteh- und nachvollziehbares Vorgehen, durch empirisch-positivistische Forschung wissenschaftlich und objektiv sein). Er sah zugleich den Begriff ›Umweltarchäologie‹ als treffenden Begriff für diesen Forschungsansatz und schloss ihn an den anglophonen Begriff *environmental archaeology* an (ebd. 719).

Ausgehend von neueren Raumkonzeptionen stellt Meier dann den Gegensatz zum Konzept ›Umwelt‹ her. Die soziale und symbolische Konstruktion von Raum, der Mensch als Teil des Raums führt für ihn konsequent zum Begriff ›Landschaft‹ (Meier 2009, 728). Zugrunde lag (in der anglophonen Forschung) die Einsicht, dass die prozessualen Ansätze nicht zu realisieren waren und »possibilistische Ansätze ein größeres Erklärungspotential boten« (ebd. 720). Die post-prozessualen Strömungen mit ihrer generellen Kritik am Erkenntnisideal der älteren Forschungen hatten somit »auch für das Konzept vom Menschen und seiner Umwelt erhebliche Konsequenzen« (ebd. 725). Insgesamt sieht Meier auch im Begriff ›Naturlandschaft‹ die soziale Konstruktion deutlich betont (ebd. 730). Er folgt damit nicht nur der anglophonen Diskussion, sondern durchaus auch dem Konzept von Gramsch. Zugleich stellte er aber einen wesentlichen Unterschied heraus. Während Gramsch ein holistisches Konzept vor Augen habe, bleibe er bei seiner Trennung in eine quantitative, datenbezogene Umweltarchäologie und eine Landschaftsarchäologie mit Bezug auf den sozialen, wahrgenommenen Raum.[36]

---

36 Auch die Kieler Graduiertenschule *Human Development in Landscapes* definiert Landschaft als »Produkt der Umweltbedingungen und der menschlichen Raumkonstruktion« (Müller 2012). Damit wird ebenfalls eine Trennung in eine ›umweltarchäologische‹ und eine ›landschaftsarchäologische‹ Komponente deutlich. Einerseits finden sich also quasi prozessuale, naturwissenschaftlich bestimmte Ansätze, andererseits haben mit Begriffen

Neuere Großprojekte und Regionalanalysen
und ihre theoretische Verortung

Als Beispiel für ein umfangreiches Großprojekt mit Schwerpunkt ›Umwelt‹ sei das zwischen 1994 und 1999 wurde von der Volkswagen-Stiftung geförderte deutsch-polnische Projekt »Mensch und Umwelt im Odergebiet in ur- und frühgeschichtlicher Zeit« diskutiert (Gringmuth-Dallmer 1997a; 1997b; Gringmuth-Dallmer/Leciejewicz 2002). In dieses Projekt waren bodenkundliche, botanische und zoologische Untersuchungen in repräsentativen Kleinlandschaften bzw. Siedlungskammern westlich und östlich der Oder integriert. Für jede untersuchte Teilregion wurden archäologische und geologisch-landschaftsökologische Analysen durchgeführt und die Beziehung zwischen urgeschichtlicher Besiedlung und naturräumlichen Verhältnissen behandelt. Von Interesse sind hier insbesondere die konzeptionellen Bemerkungen, in denen die Fragestellungen formuliert sowie die methodologischen Ausführungen, in denen Grundannahmen zum Mensch-Umwelt-Verhältnis angesprochen wurden.[37]

Der Gegenstand der Forschung sei nicht nur die Abhängigkeit des Menschen von seiner Umwelt, sondern auch die Veränderung der Umwelt. Die vom Menschen gestaltete ›Kulturlandschaft‹ sei daher ebenfalls Untersuchungsobjekt. Weiter sei zu fragen, wie der Mensch die angetroffene Kulturlandschaft wahrgenommen habe und wie er mit ihr umgegangen sei. Während erstere Fragestellung sich letztlich nicht von derjenigen der Küsten- und Feuchtbodenarchäologie der 1970er und 1980er Jahre unterscheidet, greift die zweite neue Themen auf. Eike Gringmuth-Dallmer leitete eine Reihe von konkreteren Fragen für das Forschungsprojekt ab, u. a. welche naturräumlichen Verhältnisse Ansiedlungen bewirkt oder verhindert hätten, wie der Lebensraum erschlossen wurde und wann die natürlichen Grenzen erweitert worden seien oder wie der Mensch die Umwelt verändert habe. Gesucht werden sollte auch nach etwaigen »immateriellen Faktoren«, die bei der Auseinandersetzung des Menschen mit seiner Umwelt eine Rolle gespielt hätten. Schließlich ging es auch um »Verbindungslinien« von frühen Formen der Umweltgestaltung bis in die Gegenwart (Gringmuth-Dallmer/Leciejewicz 2002, 6 f.). Als Prämisse galt zunächst, so Gringmuth-Dallmer (ebd. 8), eine zunehmende Unabhängigkeit des Menschen von seiner Umwelt im Laufe der Zeit. Insgesamt sollte das Projekt dazu beitragen, die immer noch dominierende Sichtweise einer

wie »self-built receptions« (Graduiertenschule 2010, 13) auch die post-prozessualen Aspekte Eingang gefunden. Allerdings thematisieren die allermeisten Teilprojekte ebenso wie Beiträge im Tagungsband vegetationsgeschichtliche Rekonstruktionen oder Besiedlungsgeschichte auf archäologischer Quellenbasis mit GIS als Arbeitsinstrument (Ausnahmen etwa Ballmer 2010b oder Ickerodt 2010).

37 Siehe Gringmuth-Dallmer/Leciejewicz 2002, 6–8 bzw. 8–15. Es handelt sich bei letzteren vor allem um wissenschaftstheoretische bzw. philosophische Überlegungen.

einseitigen Abhängigkeit des Menschen von der Natur durch die der aktiven Beeinflussung zu ergänzen. Die zunehmende Unabhängigkeit, so Gringmuth-Dallmer (ebd. 395), werde durch die Faktoren ›Anpassung‹, ›Umgestaltung‹ und ›gezielten Kampf‹ gekennzeichnet. Hier fühlt man sich an die oben zitierten Äußerungen von Kossack erinnert. Immer wieder seien bestimmte naturräumliche Situationen bevorzugt worden, häufig Grenzlagen, die naturräumlich vielfältiger ausgestattet waren und somit Extremsituationen puffern konnten. Nicht immer hätten aber Regeln existiert. So seien von einigen ›Kulturgruppen‹ häufig relativ unfruchtbare Standorte bevorzugt worden, bei anderen ließe sich keine derartige Häufung feststellen (ebd.). Die Auseinandersetzung mit der Umwelt sei zwar einer gewissen »Regelhaftigkeit« unterworfen gewesen (Intensivierung der Landnutzung/Bevölkerungszunahme, Destabilisierung des Wirtschaftssystems, Bevölkerungsabnahme, erneute Stabilisierung); die Frage nach der Wahrnehmung könne jedoch mit archäologischen Mittel nicht beantwortet werden.

Man wird Gringmuth-Dallmer Recht geben, wenn er annimmt, dass in frühen Kulturen der gesamte wirtschaftliche Bereich eng mit religiösen Praktiken verbunden war, dies archäologisch jedoch nur sehr selten nachzuweisen sei.[38] Bei der Frage der Bewertung der Umweltveränderungen, insbesondere seit dem frühen Mittelalter, müsse überlegt werden, ob diese Veränderungen denn nicht teilweise auch als bewusste, positive Gestaltung zu beurteilen seien (Gringmuth-Dallmer/ Leciejewicz 2002, 413).

Der theoretische Ansatz des Oderprojekts war nicht völlig neu; er ordnete sich im Wesentlichen in die klassischen siedlungsarchäologischen Untersuchungen ein. Man muss jedoch zugleich einräumen, dass zumindest die damit verknüpften Fragen und Perspektiven darüber hinausgingen. Gringmuth-Dallmer sprach Aspekte der Wahrnehmung, des bewussten und unbewussten Umgangs mit Umwelt, des Einflusses von Religion u. ä. an. Die naturwissenschaftlichen Untersuchungen und die befundnahe Interpretation erbrachten zwar viele Ergebnisse z. B. zur Rekonstruktion der Landnutzung und zur Wahrnehmung von Umweltveränderungen, blieben damit aber dennoch sehr eingeschränkt. Ein theoretisches Konzept, wie es etwa Gramsch entworfen hat, wurde letztlich nicht auf eine konkrete Landschaft angewendet.

Ebenfalls eine Regionalstudie aus dem Bereich der Siedlungsarchäologie, aber letztlich mit Bezug zu Umweltfaktoren, stellt die Arbeit von Doris Mischka (2007) zur Landschaftsgenese am südlichen Oberrhein dar. Der Schwerpunkt liegt auf den »Siedlungsmustern« und hier wiederum auf methodischen Aspekten der Rekonstruktion. Ziel sei es, so Mischka, die »Landschaftsentwicklung« zu erforschen (ebd. 7). Ihr ging es um das Verhältnis von Wald zu »Offenland« als wichtigste Größe

---

38 Er selbst führte aus dem Oder-Projekt jedoch ein Beispiel an (Neuenhagener Oderinsel), bei dem eine kultisch interpretierbare Deponierung mit einer bewussten Gestaltung des Bodens einher gehen könnte (Gringmuth-Dallmer 2005).

einer landschaftsgenetischen Fragestellung.[39] Entscheidend sind also »diachrone Lageunterschiede menschlicher Besiedlungen« und »prähistorische Landnutzungskarten« (ebd. 13). Im Vordergrund der GIS-basierten Untersuchungen steht daher die Ermittlung von Lageparametern der Fundplätze hinsichtlich der Geofaktoren (ebd. 14). Insgesamt sollte die Spannbreite der möglichen Wirtschaftsflächengrößen modellhaft ermittelt werden (ebd. 15).

Der Arbeit wird kein spezifischer theoretischer Rahmen gegeben. Auch spielt eine mögliche Bedeutungsvielschichtigkeit von Umwelt oder Landschaft keine Rolle. Im Fokus steht ›Nutzung‹, also eine ökonomische Größe. Überlegungen, welche anderen Faktoren Einfluss auf die Nutzung eines Raumes bzw. einer Landschaft nehmen, wurden nicht angestellt. Selbst wenn die Ergebnisse kein neues und genaueres Bild der Landschaftsgeschichte und keine Modelle kulturellen Wandels als Grundlage der Veränderungen erbrachten (siehe dazu die Rezension von Veit 2008), so ist der implizite Denkansatz eher positivistisch, quantitativ und deskriptiv. Man würde ihn forschungsgeschichtlich noch vor eine prozessuale Ausrichtung der Archäologie stellen. Am ehesten dürften die siedlungsarchäologischen Ansätze von Wahle oder später Sielmann passend sein, die aber in ihren Aussagen z. T. weiter gingen. Zweifellos war es kein Ziel der Studie, explizite theoretische Annahmen über das Mensch-Umwelt-Verhältnis am Beispiel des Wald-Offenland-Verhältnisses darzustellen, aber es ist zu fragen, ob es nicht prinzipiell sinnvoll wäre, solchen Arbeiten entsprechende grundlegende Ausführungen voranzustellen. So könnte beispielsweise überlegt werden, was die Höhe des Anteils an Wald und seine Zusammensetzung (in Bezug auf Nutzholz, Beeren, Wildtiere etc.) für die damaligen Menschen bedeutete. Unbestritten ist natürlich, dass die Analyse des Naturraumbezugs von Siedlungen eine ›umweltarchäologische‹ Grundlage (im Sinne Meiers) für weitergehende ›landschaftsarchäologische‹ Interpretationen bildet. Hier dürften Kleinräume mit sehr gutem Forschungsstand (Ausgrabungen, Archäobotanik etc.) wesentlich besser geeignet sein als Großregionen wie das südliche Oberrheingebiet.

Einen ähnlichen, zugleich aber gänzlich anderen Ansatz wählte Almut Schülke (2011) bei der »archäologischen« Untersuchung einer Kleinregion von ca. 20 x 30 km in Nordostdeutschland unter dem Titel *Landschaften*. Während einerseits eine relativ konventionelle Rekonstruktion der Besiedlungsgeschichte anhand der archäologischen Fundstellen sowie archäobotanischer Untersuchungen vorgenommen wurde, war das Ziel der Arbeit andererseits eine »diachron angelegte Analyse des Mensch-Raum-Verhältnisses im Arbeitsgebiet« (ebd. 3). Es gehe um die »sich ändernden Auffassungen des Landschaftsraumes in prähistorischer Zeit«. Im Grunde handelt es sich technisch gesehen um eine quellenkritisch begleitete Fundstellenaufnahme, die mit GIS operationalisiert wurde. Das Fundma-

---

39 Im Offenland setze vor allem die Erosion an, die die Landschaft verändere (Mischka 2007, 7).

terial wurde also »zeitlich und funktional klassifiziert und auf die Frage seiner Verbreitung und naturräumlichen Lage« untersucht (ebd.). Schülke fasste den Forschungsstand zu Ansätzen der Umwelt- und Landschaftsarchäologie von der deutschen Siedlungsarchäologie bis hin zu post-prozessualen Theorien zusammen und stellte dies als Einleitung ihrem eigenen Konzept der »Landschaften« voran. Ihre pragmatische Gesamteinschätzung stellt den Versuch einer Annäherung dar: »Beide Richtungen könnten voneinander lernen: Die deutschsprachige Siedlungs- oder Landschaftsarchäologie sollte die Gegenwärtigkeit ihres Ausgangspunktes akzeptieren und Überlegungen zur vielschichtigen Bedeutung von Landschaft in ihre Interpretationen miteinbeziehen. Andersherum sollten die sozialen Bedeutungen von ›Landschaft‹ auch einmal an allgemeinem, weniger selektiertem archäologischen Material und für weniger dramatische Landschaften ausgetestet werden, um dadurch auch Schwierigkeiten der Anwendung dieser theoretisch sehr einleuchtenden Interpretationen zu verdeutlichen« (ebd. 16). Dies stellt zweifellos ein sehr treffendes Urteil zur Dissonanz der entsprechenden Forschungsrichtungen dar und kann zugleich als Postulat gesehen werden. Schülke selbst verwendet den Begriff »Landschaftsraum« und versteht darunter »die – theoretische – Gesamtheit der ›kulturellen‹ und ›natürlichen‹ Elemente dieses Raums« (ebd. 17). Mit ›Landschaft‹ sei »die Auffassung, die Menschen von dem sie umgebenden Landschaftsraum oder der sie umgebenden Umwelt haben oder hatten« gemeint. Sie sah die Schwierigkeiten, auf Grundlage archäologischen Materials »menschliche Auffassungen eines Landschaftsraumes« zu analysieren. Letztlich gehe es darum, »prähistorische Muster« zu erkennen und sich zugleich der »mental genutzten« Teile des Landschaftsraumes (wie etwa die Horizontlinie) bewusst zu sein (ebd. 18). In der Auswertung ging es dann darum, »Regelhaftigkeiten und Brüche im Bezug auf Materialausprägung und Niederlegungsformen sowie Lage und Standort prähistorischer Anlagen« aufzuzeigen. Die Ergebnisse sind dann meist sehr vorsichtig formuliert. So stelle z. B. die Aufgabe der Besiedlung der ufernahen Bereiche des Schweriner Sees »einen erheblichen Bruch in der Landschaftsstrukturierung dar« (ebd. 191). Die Trennung der Standorte von Gräbern und Siedlungen im Spätneolithikum bzw. der Frühbronzezeit deute darauf hin, dass die Menschen verschiedene Teile des Landschaftsraumes auf unterschiedliche Weise markiert hätten. Weiterhin wird z. B. der Schweriner See in seiner wechselnden Bedeutung als Kommunikationsfläche angesprochen. Landschaftsteile wie Höhenzüge würden durch Großsteingräber markiert und damit in eine »offenere Landschaftsauffassung integriert« (ebd. 198). Auf die Herausarbeitung von Gründen für die sich wandelnden Auffassungen wollte Schülke verzichten. Sie könnten vielschichtiger Natur sein, z. B. wirtschaftlicher Art infolge Bevölkerungszunahme, klimatischer Veränderungen oder neuer kultureller Einflüsse usw. (ebd. 199).

Insgesamt verfolgt die Arbeit neuere theoretische Ansätze auf Grundlage ›konventionellen‹ Materials. Die Ergebnisse auf herkömmlicher Basis entsprechen derjenigen einer grundsoliden Materialbetrachtung und ›klassisch‹ zu nennenden siedlungsarchäologischen Auswertung. Die darüber hinaus gehenden Ergebnisse sind eher spärlich, weisen aber in die Richtung einer Landschaftsarchäologie, wie sie etwa Gramsch im Sinne hatte.

Klima und Umwelt

Ein altes und zugleich aktuelles Thema, das mit Umwelt in engem Zusammenhang steht, ist der Bereich ›Klima‹. Auch hier liefern die naturwissenschaftlichen Methoden die Grundlagen, Klimaproxies genannt, auf deren Basis Archäologen vor allem Fragen von Kulturwandel bzw. Anpassungen an veränderte Umweltbedingungen angehen.[40] In den letzten Jahren wurde das Thema nicht nur aufgrund neuer Datensätze aufgegriffen (Maise 1998; Gronenborn 2005; 2009; Büntgen et al. 2011), sondern auch vor dem Hintergrund der aktuellen Klimadebatte.

Im Gegensatz zu früheren Determinismen ist man nun überwiegend vorsichtiger mit der Korrelation von klimatischen Kälte- und/oder Nässeperioden u. ä. mit Phasen kulturellen Wandels. So formuliert z. B. Maise (1998, 230) nach der Besprechung des »Klimasturzes um 400 v. Chr.«, dass die »bisher verfügbaren archäologischen Daten nicht im Widerspruch zu der These einschneidender, klimabedingter Veränderungen« stünden; er lehnt einen klimatischen Determinismus entschieden ab (ebd. 197). Seine und andere neuere Untersuchungen legen jedoch kausale Verbindungen zwischen Klima und Kulturwandel nahe, die allerdings stets mit einem Vorbehalt formuliert werden. Dabei bereiten sowohl die genaue Abstimmung verschiedener Klimaproxies als auch – und ganz besonders – die Definition von Kulturwandel und die entsprechende Gegenüberstellung bzw. kausale Verknüpfung mit den Klimadaten nach wie vor Probleme. Nichtsdestotrotz scheint es eine Reihe von Beispielen zu geben, bei denen ein klimainduzierter Wandel des Naturraums zu Folgen für die menschlichen Gesellschaften geführt hat. Als einer der besten Fälle von Übereinstimmung von klimatischen ›Ereignissen‹ und archäologischen Befunden für eine Beeinträchtigung der Versorgung bzw. entsprechende Umstellungen der Wirtschaftsweise gilt nach wie vor der Zürichsee im 37. und 36. Jahrhundert v. Chr. (Schibler et al. 1997). Man kann Hans-Christoph Strien und Detlef Gronenborn (2005, 131) in ihrer Ansicht nur zustimmen, dass das methodisch-theoretische Rüstzeug zur Erklärung der möglichen Zusammenhänge und ihrer Auswirkungen auf die Gesellschaften bislang nur in unzureichender Weise vorhanden sei. Dabei bieten ethnographische Beobachtungen, wie sie

---

40 Bereits Jacob-Friesen (1928, 136) meinte: »Zweifellos hat diese Geschichtsauffassung, bedingt durch klimatische Faktoren, etwas Bestechendes an sich«.

von den Autoren vorgestellt werden (ebd. 134–136), zumindest Analogien und Deutungsmöglichkeiten und damit Grundbausteine eines solchen ›Rüstzeuges‹.

Zwar dürfte jede Verfeinerung der Klimakurve bzw. der verschiedenen Kurven zu Temperaturen, Niederschlag etc. und ihrer gegenseitigen Korrelation zu einer besseren Interpretationsgrundlage führen; jedoch müsste von archäologischer Seite mindestens ebenso intensiv zur Frage von Kulturwandel diskutiert werden. Zwar kann dieses Thema in der Archäologie auf eine sehr lange Diskussion zurückgreifen, man wird sie aber sicher noch lange nicht als beendet bezeichnen können. Der Wandel ›materieller Kultur‹ bzw. die damit wechselseitig verbundene Veränderung kultureller Institutionen und Praktiken dürfte noch viele Studien hervorbringen. Entsprechendes gilt somit auch für die kausale Verbindung von Klima und Kultur.

Zuletzt wurde im Kontext der Klimadiskussion über Art und Charakter von »Umweltkrisen« (Daim/Gronenborn/Schreg 2011) diskutiert, auch unter Einbeziehung von Umwelthistorikern (neben Naturwissenschaftlern und Archäologen). Es spricht für eine durchaus positive Entwicklung, dass hierbei auch Konzepte und Theorien einbezogen wurden (Winiwarter 2011; Knopf 2011; Dotterweich 2011). Dabei stellt der Artikel von Falko Daim (2011) mit seiner Fixierung auf die heutige Umweltpolitik und der (Über-)Betonung der »Relevanz der Umweltarchäologie für den gegenwärtigen gesellschaftlichen Diskurs« wohl ein Extrem dar.[41] Es seien »Langzeitstudien zur Mensch-Umwelt-Beziehung« nötig, um Theorien zur Ursache der heutigen Umweltzerstörung etc. zu testen. Den historischen Disziplinen falle die Aufgabe zu, die zeitliche Tiefe unseres aktuellen Problemkomplexes auszuleuchten. Man habe »in der Vergangenheit auch immer wieder intelligente Konzepte zu einer ›nachhaltigen‹ Nutzung der Umwelt entwickelt« (ebd. 10). Aussagen dieser Art haben zweifellos Anklänge an eine Geschichtsauffassung einer *historia magistra vitae*.[42] Seine Forderung nach einer Erweiterung des konzeptuellen Gebäudes der Archäologie und einer Verfeinerung des theoretischen und methodischen Instrumentariums im Kontext der Überlegungen zu Umwelt und Umweltkrisen (ebd. 11) kann man gleichwohl nur unterstreichen.

Umwelt- und Landschaftsarchäologie
mit kulturalistischer Perspektive

Forschungsvorhaben der letzten Jahre haben versucht, überkommene Diskussionen und Fachgrenzen aufzubrechen und in der umweltbezogenen archäologischen

---

41 Mit seinem Untertitel »Ein Essay« relativiert Daim (2011) den wissenschaftlichen Anspruch sicherlich ein wenig.

42 Daim schreibt u. a.: »Dabei ist es keineswegs verboten, Vergleiche mit unserer heutigen Situation anzustellen und Lehren daraus zu ziehen« (ebd. 11).

Forschung neue Wege zu gehen (siehe z. B. Knopf 2008a; Meier/Tillessen 2011a). Der Versuch, übliche Fachgrenzen – und für die archäologische Umweltforschung sind dies Naturwissenschaften und Archäologie – zu erweitern und Fächer wie Geschichte, Geographie und Ethnologie einzubeziehen, weist in die Richtung einer kulturanthropologisch orientierten Umweltarchäologie. So zielte das von Thomas Meier beantragte Projekt »auf die Wechselwirkung von Ökosystem und Sozialstruktur im mittelalterlichen Altbaiern« (Meier 2004, 63). Die zentrale Frage war, wie sich die jeweilige Sozialstruktur in der Landschaft manifestierte und diese formte, während anthropogene oder natürlich bedingte Veränderungen im Ökosystem auf die Sozialstruktur rückwirkten. Es wurde ein »ganzheitliches komplexes Modell des Mensch-Umwelt-Systems« angestrebt (ebd.). Auch Auswirkungen von Klimaschwankungen sollten einbezogen werden. Besonderes Augenmerk sollte etwa den »Systemübergängen«, z. B. von Wechsel- zu Dauersiedlungen, gelten. Solche Strukturwechsel trügen das Potential gesellschaftlicher Konflikte in sich (ebd. 64). Basis war eine »breit abgestützte Datenbasis« (siedlungsarchäologisch, anthropologisch, archäobotanisch, archäozoologisch, landeskundlich usw.) (ebd.). Konkret wurden ausgewählte, ökologisch und strukturell unterschiedliche Kleinräume untersucht, in denen großflächige Grabungen stattgefunden hatten. Der Vergleich dieser Siedlungskammern sollte letztlich zeigen, inwieweit sich überregionale Änderungen der natürlichen oder sozialen Bedingungen in gleicher Weise und Intensität niederschlugen.

In einer Art Retrospektive haben Meier und Tillessen (2011b, 20) dann ein gewisses Fazit der Projektarbeiten gezogen. Als gemeinsamer Ansatzpunkt habe sich die Produktion und Distribution agrarischer Erzeugnisse angeboten, da hier Zugang zu einem breiten Spektrum mittelalterlichen Lebens möglich war. Die konkreten Arbeiten hätten dann gezeigt, dass ursächliche Zusammenhänge zwischen ökosystemaren Veränderungen und Sozialstrukturen nicht nachgewiesen werden konnten. Veränderungen waren vollständig aus den sozioökonomischen Bedingungen heraus zu erklären. Insgesamt stellte sich darüber hinaus der systemische Ansatz als nicht angemessen heraus. Man versuchte vielmehr Ansätze aus dem *cultural turn* umzusetzen, etwa Raum als ein Netz gesellschaftlich aufgeladener Orte und eine ungewöhnliche Ortswahl als bewusste Konstruktion und Besetzung von Raum zu verstehen (ebd. 23). Erklärungen dieser Art bewegten sich jedoch außerhalb einer »funktionalistischen Logik«. Zudem ließen sich die Aussagen bzw. Ergebnisse der einzelnen beteiligten Disziplinen zwar aufeinander abstimmen, aber kausale Verknüpfungen scheiterten letztlich an Problemen, die jeweiligen Quellen miteinander zu verbinden (ebd. 24). Letztlich, so Meier und Tillessen (ebd.), wurden die Einzelergebnisse zu »leidlich widerspruchsfreien Erzählungen« kombiniert, für die der systemische Rahmen eher als eine Denkstruktur denn als Werkzeug diente. Eine dem Positivismus verpflichtete Empirie stand somit hermeneutischen Argumentationsstrukturen gegenüber. Meier und Tillessen plädierten für eine »interdisziplinäre Hermeneutik«. Diese habe sich »im ersten Praxistest« bewährt. Vorbehaltlich der endgültigen Publikation der Ergebnisse zeigen die im Kontext des Projekt zu sehenden Arbeiten Meiers (z. B. 2005; 2008; Kropp/Meier 2010), dass hier über gängige Ansätze hinausgegangen wurde. Eine intensive Auseinandersetzung mit Denkansätzen, Modellen und Theorien verschiedenster Disziplinen, wie sie hier durchgeführt wurde, ist nicht nur sehr selten, sondern zugleich vorbildlich und dürfte womöglich nur im Rahmen eines solchen Projektes durchführbar sein.[43]

Das Projekt »Das menschliche Umweltverhalten: Eine Synthese archäologischer, naturwissenschaftlicher und ethnographischer Studien« zielte darauf ab, mit Hilfe ethnographischer Analogien zum Umgang überwiegend subsistenzbezogener, agrarisch wirtschaftender Menschen mit ihrer Umwelt bisherige Aussagen und Modelle der Archäologie zu erweitern (Knopf 2004; 2005; 2008b; 2010). Es wurden also systematisch und zeitübergreifend archäologische Aussagen zur – in der Regel durch botanische und zoologische Analysen ermittelten – Ressourcennutzung bzw. dem ›Umweltverhalten‹ gesammelt. Es folgte eine vergleichende Gegenüberstellung mit einer unter vergleichbaren Kriterien angelegten Sammlung ethnographischer Aussagen. Allerdings war hier der ökonomische, soziale, religiöse etc. Kontext vorhanden. Kernpunkt war die Hypothese, dass in viel stärkerem Maße als in der gängigen archäologischen Deutung üblich, kulturelle Ursachen (sozial, religiös, politisch etc.) für die spezifische Nutzung der aus der Natur entnommenen Ressourcen verantwortlich waren. Ein Ergebnis war die Erkenntnis, dass auch ökonomische, gleichsam rational erscheinende Nutzungen mit vielfältigen soziokulturellen Aspekten verbunden sind. Die ›Einbettung‹ jeglicher Ressourcennutzung in das sozial, religiös usw. bestimmte Leben traditionaler Gesellschaften ist im ethnographischen oder auch historischen Befund deutlich und kann somit auch für die ur- und frühgeschichtlichen ›Bauern‹ angenommen werden. Wenngleich die ursprünglich angestrebten ›Modelle mittlerer Reichweite‹ zur Erklärung archäologischer Sachverhalte zum Umgang der Menschen mit ihrer Umwelt nur sehr eingeschränkt ermittelt werden konnten, so steht mit vereinzelt möglichen Generalisierungen zu einzelnen Bereichen oder auch der Fülle an analogischem Vergleichsmaterial ein ganz anderes Instrumentarium zur Verfügung, um Einblicke und Vorstellungen über das Verhalten und die Wahrnehmung ur- und frühgeschichtlicher Ressourcennutzung zu gewinnen. Das zeigte u. a. auch ein Fallbeispiel zum ›Seeuferneolithikum‹. Die theoretische Verortung dieser Untersuchungen sah sich einerseits in einer empirischen Tradition,[44] aber mit einer sehr starken Reflexion von Konzepten etwa der Wirtschaftsethnologie. Der Versuch,

---

43 Die endgültigen Ergebnisse sind noch abzuwarten, da die Habilitationsschrift Meiers noch nicht gedruckt vorliegt.

44 Allerdings mit einem starken Bezug zur sogenannten *grounded theory*. Bei dieser sollen empirische Datenerhebung, Analyse und Bildung theoretischer Konzepte Hand in Hand

gewisse Modelle des Umweltverhaltens unter spezifischen (wirtschaftlichen, sozialen etc.) Bedingungen zu ermitteln, mag an die prozessualen Ansätze vergangener Zeiten erinnern. Die Zielrichtung, sozio-kulturelle Aspekte des Umgangs mit der Umwelt in den Vordergrund zu stellen, also auch Fragen der Wahrnehmung, der sozialen oder religiösen Dimensionen wirtschaftlichen Handelns und ihre materiellen wie immateriellen Auswirkungen, ist jedoch neueren Konzepten geschuldet.

Schluss

Die Beschäftigung von Archäologen mit ›Umwelt‹ bzw. von Naturwissenschaftlern z. B. mit archäobotanischem, archäozoologischem Material hat sicherlich verschiedene Phasen meist wenig reflektierter Konzepte oder impliziter Theorien durchlaufen. Viele dieser Konzepte werden noch heute verwendet. Nicht selten begegnen ein gewisser Umweltdeterminismus und – womöglich noch häufiger – possibilistische Annahmen über die Natur als vorgegebener, begrenzender Rahmen, der bestimmte Strategien der (Subsistenz-)Ökonomie bzw. sozialer Institutionen ermöglicht und andere nicht. Man mag hier auch kulturökologische Konzepte im Sinne der Steward'schen *cultural ecology* sehen: Bestimmte kulturelle Merkmale entstehen durch Anpassung an lokale Umweltbedingungen (siehe z. B. Bargatzky 1986, 24–30; Herzfeld 2001, 178). Auch die kulturmaterialistischen Ansätze von Marvin Harris scheinen – ohne explizit genannt zu sein – auf: Anpassungsprozesse stehen im Mittelpunkt; Werte, Normen, Einstellungen usw. sind Konsequenzen der Adaption an die Subsistenz und die Ökonomie, die wiederum vom Ökosystem abhängig ist (Bargatzky 1986, 24–30).

Die zugleich in der archäologischen Umweltforschung dominierenden, quasi prozessualen Denkweisen hinter einer systematischen Analyse des Bezugs von Fundstellen zu ihren naturräumlichen Faktoren gehen mit diesen impliziten Theorien nicht selten Hand in Hand. Post-prozessuale Ansätze sind höchstens in einer gemäßigten Form anzutreffen und dann in der Landschaftsarchäologie (etwa der sozial konstruierte Raum, der wiederum selbst die Menschen beeinflusst usw.).

Mit dem oben besprochenen Oder-Projekt sowie weiteren Arbeiten[45] dürfte durchaus eine theoretische Erweiterung gegenüber den Großprojekten der 1980er Jahre vorliegen. Gerade die zumindest angesprochene Einbeziehung von

gehen und die weitere empirische Arbeit beeinflussen bzw. weiter entwickeln (siehe Knopf 2010, 67).

45 Hier ist etwa auch Jens Lünings (2000) Arbeit über »Steinzeitliche Bauern« anzuführen, in der zumindest stellenweise über die gängigen Ansätze hinaus gegangen wird: Unterschiede in Fauneninventaren in benachbarten Siedlungen entzögen »sich mithin einer lokalen ökologischen Deutung, so dass hier nur gewollte oder traditionell begründbare Nutzungsentscheidungen unterstellt werden können« (ebd. 204).

Aspekten der Wahrnehmung, von Religion, allgemein immateriellen Faktoren hat die ältere Sichtweise aufgebrochen. Es bleibt natürlich grundsätzlich zu fragen, was die Archäologie hier zu leisten imstande ist. Denn die archäologischen Methoden und die dazu gehörigen naturwissenschaftlichen Analysen bleiben praktisch unverändert. Dies gilt auch für das Quellenmaterial: materielle archäologische Hinterlassenschaften und eine von den Menschen beeinflusste ›Landschaft‹. Insofern können lediglich die Denkansätze, die Hypothesen, das analogische Vergleichsmaterial sowie die Ziele und Erwartungen andere sein. Die Diskussion der Konzepte und Theorien im Rahmen des Projektes von Meier oder meine eigene analogisch angelegte Studie zum Umweltverhalten zeigt, dass andere Zugänge möglich und fruchtbar und für eine Weiterentwicklung der Diskussion ganz wesentlich sind. Patentlösungen sind freilich nicht in Sicht. Das zeigt auch der Blick auf die umweltbezogenen Theorien der Ethnologie (z. B. Herzfeld 2001, 171–191). Immerhin scheint es angeraten, sich auf einige Grundeinsichten zu verständigen. So besteht wohl Einigkeit darüber, dass die Art und Weise, wie Menschen ihre Umwelt verstehen, davon abhängig ist, wie sie sie benutzen und wie sie in ihr leben (ebd. 186). Das heißt, die Art der Subsistenz wird zumindest die Sichtweise auf die Umwelt beeinflussen (ebd. 187). Die Hauptexpertise der Ethnologen besteht nach Herzfeld (ebd.) darin, die Rolle der Kultur in Mensch-Umwelt-Beziehungen verstehen.

Was wäre dann die Hauptexpertise der Archäologie bezüglich des Mensch-Umwelt-Verhältnisses? Die Antwort hängt hier, wie auch bei anderen archäologischen Themen, von den Quellen ab. Diese geben vor allem Auskunft über die verwendeten Ressourcen.[46] Dass damit längere Zeiträume abgedeckt sind und somit etwas über den Wandel oder die Stetigkeit entsprechender Nutzungen gesagt werden kann, ist unbestritten. Allein daraus lässt sich noch keine Geschichte der Mensch-Umwelt-Interaktion schreiben. Es interessieren stets die Ursachen und die nicht selten komplexen Zusammenhänge. Die Anhaltspunkte dafür aus den Quellen herauszulesen, ist schwierig genug, aber eigentlich noch nicht ausreichend. Ohne Analogien, gerade zur Frage der kulturellen Einbettung der Ressourcennutzung, kann keine sinnvolle Hypothesenbildung und schon gar kein konsistentes ›Bild‹ einer früheren, schriftlosen Gesellschaft gezeichnet werden. Insofern wird es auch bei der Archäologie darum gehen müssen, die vielfältigen Implikationen der Nutzung und Wahrnehmung der Umwelt zur Kenntnis zu nehmen und so gut wie möglich in die Interpretationen einzubauen. Dass dabei theoretische Ansätze und allgemeinere Konzepte zu berücksichtigen sind, versteht sich. Dies beginnt bei den Fragestellungen, aber auch bei den Möglichkeiten, die das Material bietet. Ein Naturraumbezug für Fundstellen ist leichter zu erstellen, als sich Gedanken über ihre kulturelle Einbindung in Tauschnetzwerke o. ä. zu machen.

---

46 Aufgrund dieser Fixierung auf Ressourcen wird nicht selten die Verbindung von Wirtschaft und Umwelt betont und die Umwelt damit Teil einer (allerdings meist ebenfalls nicht näher umrissenen) ›Wirtschaftsarchäologie‹.

Sinnvoll wäre es, die für die Landschaftsarchäologie (zumindest konzeptionell) bereits vollzogene Hinwendung zu Ansätzen der sozialen Konstruktion bzw. allgemein der Einbindung in kulturelle Institutionen und Praktiken auch für die sonstige, umweltbezogene Forschung zu realisieren. Sieht man mit Thomas Meier den Begriff ›Umweltarchäologie‹ für die quasi konventionelle, siedlungsarchäologisch orientierte Richtung belegt, so müsste man dafür wohl eine adjektivische Erweiterung wie ›kulturanthropologisch‹ in Erwägung ziehen.

Wie für die moderne Landschaftsarchäologie, so sind auch für eine ›kulturanthropologische Umweltarchäologie‹ Schwierigkeiten gegeben, etwa die sozialen Aspekte aus den Befunden heraus abzulesen. Was Schülke für die Landschaftsarchäologie formuliert hat, wäre sicher auch für die umweltbezogene archäologische Forschung geboten: eine Annäherung an die Gegenwärtigkeit des Ausgangspunktes und Überlegungen zur vielschichtigen Bedeutung von Umwelt; und darüber hinaus wäre die kulturelle Einbindung bzw. die Verflechtung von Ressourcennutzung, natürlicher Umwelt, Ökonomie, Religion einzubeziehen. Somit müsste es also darum gehen – nach einer vorrangig naturwissenschaftlichen Auswertung sowie einer befundorientierten ersten Hypothesenbildung –, die Befunde und Funde auf möglichst breiter analogischer Basis zu deuten. Hier scheinen durchaus Modelle mittlerer Reichweite möglich oder zumindest Hypothesen, die systematisch mit entsprechenden Analogien abgeglichen werden könnten. Ansätze dazu sind vorhanden.[47]

Andere Punkte, die bei einer Betrachtung von Theorien und Konzepten in der archäologischen Umweltforschung vielleicht überlegenswert wären, sind noch nicht zur Sprache gekommen. So könnte man z. B. über das Bild der ur- und frühgeschichtlichen Menschen zwischen ›edlem Wilden‹ (etwa noch im Neolithikum) und frühem Umweltverschmutzer diskutieren. Auf der einen Seite finden sich hier die eher geringen Eingriffe in die Natur, z. T. sogar mit einer Erhöhung der Artenvielfalt verbunden, auf der anderen Seite frühe Gewässerverschmutzung, Bodendegradation u. ä. Das Thema ›Nachhaltigkeit‹ als differenziertes Konzept einer umweltbezogenen Geschichtsbetrachtung hat gleichwohl noch keinen Eingang in die archäologische Forschung gefunden.

Es gibt also noch Handlungsbedarf für theoretische oder konzeptionelle Arbeit im Bereich der Umweltarchäologie. Sie fällt auch für die so naturwissenschaftlich dominierte Umweltforschung in den Bereich der kulturwissenschaftlichen Auswertung.

---

47 Siehe Knopf 2010; ich sehe aber auch beispielsweise die Arbeiten von Janina Duerr (2010a; 2010b) zu einer vergleichenden Betrachtung der Jagd in diesem Kontext.

Literatur

Ballmer 2010a: A. Ballmer, Zur Topologie des bronzezeitlichen Deponierens. Von der Handlungstheorie zur Raumanalyse. Prähist. Zeitschr. 85, 2010, 120–131.

Ballmer 2010b: Dies., Measuring the Mental – A Quantitative Approach to Mental Landscape Concepts. In: Kiel Graduate School (Hrsg.), Landscapes and Human Development: The Contribution of European Archaeology. Proceedings of the International Workshop Kiel 2009. Universitätsforsch. Prähist. Arch. 191. Bonn: Habelt 2010, 193–202.

Bantelmann 1984: A. Bantelmann, ohne Titel. In: Kossack/Behre/Schmid 1984, 144–147.

Bargatzky 1986: Th. Bargatzky, Einführung in die Kulturökologie. Umwelt, Kultur und Gesellschaft. Berlin: Reimer 1986.

Bargatzky 2008: Ders., ›Transzendenz ins Diesseits‹: Voraussetzungen des Naturhandelns in der ›Urproduktiven Gesellschaft‹. In: Knopf 2008a, 91–107.

Bargatzky/Kuschel 1994: Ders./R. Kuschel (Hrsg.), The Invention of Nature. Frankfurt a. M. u. a.: Lang 1994.

Becker et al. 1985: B. Becker/A. Billamboz/B. Dieckmann/M. Kokabi/B. Kromert/H. Liese-Kleiber/M. Rösch/H. Schlichtherle/Ch. Strahm, Berichte zu Ufer- und Moorsiedlungen Südwestdeutschlands 2. Materialh. Arch. Baden-Württemberg 7. Stuttgart: Theiss 1985.

Behre 1991: K.-E. Behre, Umwelt und Ernährung der frühmittelalterlichen Wurt Niens-Butjadingen nach den Ergebnissen der botanischen Untersuchungen. Probleme der Küstenforschung im südlichen Nordseegebiet 18, 1991, 141–168.

Bender/Moosbauer 1997: H. Bender/G. Moosbauer, Siedlungsarchäologie, Agrararchäologie und Umweltarchäologie im Bereich der nordwestlichen Provinzen des Imperium Romanum (Germania Inferior und Superior, Raetia und Noricum). Aus der Arbeit im Fach Archäologie der Römischen Provinzen an der Universität Passau. Jahrb. Hist. Forsch. 1996. München: Oldenbourg 1997, 13–23.

Benecke 1994: N. Benecke, Archäozoologische Studien zur Entwicklung der Haustierhaltung in Mitteleuropa und Südskandinavien von den Anfängen bis zum ausgehenden Mittelalter. Schr. Ur- u. Frühgesch. 46. Berlin: Akademie 1994.

Bernbeck 1997: R. Bernbeck, Theorien in der Archäologie. Tübingen u. a.: Francke 1997.

Bintliff et al. 1988: J. Bintliff/D. A. Davidson/E. G. Grant (Hrsg.), Conceptual Issues in Environmental Archaeology. Edinburgh: Edinburgh University Press 1988.

Bofinger 2005: J. Bofinger, Untersuchungen zur neolithischen Besiedlungsgeschichte des Oberen Gäus. Materialh. Arch. Baden-Württemberg 68. Stuttgart: Theiss 2005.

Böhme 1997: G. Böhme, Natur. In: Ch. Wulf (Hrsg.), Vom Menschen. Handbuch Historische Anthropologie. Weinheim u. a.: Beltz 1997, 92–116.

Brachmann/Vogt 1992: H. Brachmann/H.-J. Vogt (Hrsg.), Mensch und Umwelt. Studien zu Siedlungsausgriff und Landesausbau in Ur- und Frühgeschichte. Berlin: Akademie 1992.

Branch et al. 2005: N. Branch/M. Canti/P. Clark/C. Turney (Hrsg.), Environmental Archaeology. Theoretical and Practical Approaches. London: Hodder Arnold 2005.

Brather 2006: S. Brather, Entwicklungen der Siedlungsarchäologie. Auf dem Weg zu einer umfassenden Umwelt- und Landschaftsarchäologie? Siedlungsforsch., Arch. – Gesch. – Geogr. 24, 2006, 51–97.

Brather 2011: Ders., Historische Umweltforschung und Archäologie. Perspektiven von Landschafts- und Umweltarchäologie. In: Meier/Tillessen 2011a, 447–466.

Brewer 1992: D. J. Brewer, Zooarchaeology: Method, Theory, and Goals. In: M. B. Schiffer (Hrsg.), Archaeological Method and Theory 4. Tucson u. a.: University of Arizona Press 1992, 195–244.

Brüggemeier 1992: F.-J. Brüggemeier, Umweltgeschichte – warum, wozu und wie? Überlegungen zum Stellenwert einer neuen Disziplin. In: Historische Umweltforschung. Wissenschaftliche Neuorientierung – Aktuelle Fragestellungen. Bensberger Protokolle 71. Bergisch Gladbach: Thomas Morus Akademie 1992, 9–26.

Büntgen et al. 2011: U. Büntgen/W. Tegel/K. Nicolussi/M. McCormick/D. Frank/V. Trouet/J. O. Kaplan/F. Herzig/K.-U. Heussner/H. Wanner/J. Luterbacher/J. Esper, 2500 Years of European Climate Variability and Human Susceptibility. Science 331, 2011, 578–582.

Daim 2011: F. Daim, Zur Relevanz der Umweltarchäologie für den gegenwärtigen gesellschaftlichen Diskurs. Ein Essay. In: Daim/Gronenborn/Schreg 2011, 3–13.

Daim/Gronenborn/Schreg 2011: Ders./D. Gronenborn/R. Schreg (Hrsg.), Strategien zum Überleben. Umweltkrisen und ihre Bewältigung. Tagung des Römisch-Germanischen Zentralmuseums 2008. RGZM-Tagungen 11. Mainz: Römisch-Germanisches Zentralmuseum 2011.

Dincauze 2000: D. F. Dincauze, Environmental Archaeology. Principles and Practice. Cambridge: Cambridge University Press 2000.

Dotterweich 2011: M. Dotterweich, Systemtheoretische Konzepte zur interdisziplinären Erforschung komplexer Mensch-Umwelt-Beziehungen. In: Daim/Gronenborn/ Schreg 2011, 95–107.

Dressel 1996: G. Dressel, Historische Anthropologie. Eine Einführung. Wien u. a.: Böhlau 1996.

Duerr 2010a: J. Duerr, Von Tierhütern und Tiertötern. Mythos und Ethik der Jagd im kulturhistorischen Vergleich. Universitätsforsch. Prähist. Arch. 189. Bonn: Habelt 2010.

Duerr 2010b: J. Duerr, Ethnographic and Archaeological Examples of Game Conservation and Exploitation. In: Graduiertenschule 2010, 15–20.

Eggert 1978: M. K. H. Eggert, Prähistorische Archäologie und Ethnologie. Studien zur amerikanischen New Archaeology. Prähist. Zeitschr. 53, 1978, 6–164.

Eggert 2001: Ders., Prähistorische Archäologie. Konzepte und Methoden. Tübingen u. a.: Francke 2001.

El-Kassem/Müller 2003: M. El-Kassem/J. Müller, Predictions for Iron-Age Landscapes of Bornholm (Denmark). In: Kunow/Müller 2003, 135–140.

Engel 1930: C. Engel, Bilder aus der Vorzeit an der mittleren Elbe. Ein Heimat- und Volksbuch für den Regierungsbezirk Magdeburg und seine Grenzlandschaften. Burg b. M.: Hopfer 1930.

Evans 1978: J. G. Evans, An Introduction to Environmental Archaeology. London: Cornell University Press 1978.

Evans/O'Connor 2001: Ders./T. O'Connor, Environmental Archaeology. Principles and Methods. Stroud: Sutton Publishing 2001.

Gradmann 1901: R. Gradmann, Das mitteleuropäische Landschaftsbild nach seiner geschichtlichen Entwicklung. Geogr. Zeitschr. 7, 1901, 361–377; 435–447.

Gradmann 1906: Ders., Beziehungen zwischen Pflanzengeographie und Siedelungsgeschichte. Geogr. Zeitschr. 12, 1906, 305–325.

Graduiertenschule 2010: Kiel Graduate School »Human Development in Landscapes« (Hrsg.), Landscapes and Human Development: The Contribution of European Archaeology. Proceedings of the International Workshop »Socio-Environmental Dynamics over the last 12,000 Years: The Creation of Landscapes« (1st–4th April 2009). Universitätsforsch. Prähist. Arch. 191. Bonn: Habelt 2010.

Gramsch 2003: Landschaftsarchäologie – ein fachgeschichtlicher Überblick und ein theoretisches Konzept. In: Kunow/Müller 2003, 35–54.

Gringmuth-Dallmer 1997a: E. Gringmuth-Dallmer, Das Projekt »Mensch und Umwelt im Odergebiet in ur- und frühgeschichtlicher Zeit«. Vortrag zur Jahressitzung 1997 der Römisch-Germanischen Kommission. Ber. RGK 78, 1997, 5–27.

Gringmuth-Dallmer 1997b: Ders., Das Projekt »Mensch und Umwelt im Odergebiet in ur- und frühgeschichtlicher Zeit«. Arch. Nachrbl. 2, 1997, 309–315.

Gringmuth-Dallmer 2005: Ders., Vom Naturrisiko zur Naturkatastrophe. Landerschließung und Siedlungsabbruch im Odergebiet. Siedlungsforsch. 23, 2005, 101–111.

Gringmuth-Dallmer/Leciejewicz 2002: Ders./L. Leciejewicz (Hrsg.), Forschungen zu Mensch und Umwelt im Odergebiet in ur- und frühgeschichtlicher Zeit. Röm.-Germ. Forsch. 60. Mainz: Philipp von Zabern 2002.

Groh/Groh 1991: R. Groh/D. Groh, Religiöse Wurzeln der ökologischen Krise. Naturteleologie und Geschichtsoptimismus in der frühen Neuzeit. In: Dies., Weltbild und Naturaneignung. Zur Kulturgeschichte der Natur. Frankfurt a. M.: Suhrkamp 1991, 11–91.

Groh/Groh 1996: Dies., Natur als Maßstab – eine Kopfgeburt. In: Dies., Die Außenwelt der Innenwelt. Zur Kulturgeschichte der Natur 2. Frankfurt a. M.: Suhrkamp 1996, 85–146.

Gronenborn 2005: D. Gronenborn (Hrsg.), Klimaveränderungen und Kulturwandel in neolithischen Gesellschaften Mitteleuropas, 6700–2200 v. Chr. RGZM-Tagungen 1. Mainz: Verlag des Römisch-Germanischen Zentralmuseums 2005.

Gronenborn 2009: Ders., Climate Fluctuations and Trajectories to Complexity in the Neolithic: Towards a Theory. Documenta Praehist. 36, 2009, 97–110.

Hald 2009: J. Hald, Die Eisenzeit im Oberen Gäu. Studien zur hallstatt- und latènezeitlichen Besiedlungsgeschichte. Materialh. Arch. Baden-Württemberg 86. Stuttgart: Theiss 2009.

Herrmann 1996: B. Herrmann, Umweltgeschichte als Integration von Natur- und Kulturwissenschaften. In: G. Bayerl/N. Fuchsloch/T. Meyer (Hrsg.), Umweltgeschichte – Methoden, Themen, Potentiale. Tagung des Hamburger Arbeitskreises für Umweltgeschichte, Hamburg 1994. Cottbuser Stud. Gesch. Technik, Arbeit u. Umwelt 1. Münster: Waxmann 1996, 21–30.

Herrmann 2008: Ders., Empirische Zugänge zu historischen Biodiversitätsverdrängungen und Biodiversitätslenkungen. Die Beispiele Melioration und Schädlingsbekämpfung. In: Knopf 2008a, 174–192.

Herrmann 2009: Ders., Umweltgeschichte Wozu? Zur gesellschaftlichen Relevanz einer jungen Disziplin. In: P. Masius/O. Sparenberg/J. Sprenger (Hrsg.), Umweltgeschichte und Umweltzukunft. Zur gesellschaftlichen Relevanz einer jungen Disziplin. Göttingen: Universitätsverlag 2009, 13–50.

Herrmann 2011: Ders., Innerfachliches und Fächerübergreifendes aus einer anthropologischen Sicht und historische Mensch-Umwelt-Beziehungen. In: Meier/Tillessen 2011a, 449–463.

Herzfeld 2001: M. Herzfeld, Anthropology. Theoretical Practice in Culture and Society. Malden u. a.: Wiley 2001.

Ickerodt 2010: U. Ickerodt, Megaliths, Landscape Perception and the Bending of Scientific Interpretation. In: Graduiertenschule 2010, 77–89.

Jacob-Friesen 1928: K. H. Jacob-Friesen, Grundfragen der Urgeschichtsforschung. Stand und Kritik der Forschung über Rassen, Völker und Kulturen in urgeschichtlicher Zeit. Veröff. Urgesch. Abt. Provinz-Mus. Hannover 1. Hannover: Helwingsche Verlagsbuchhandlung 1928.

Jacomet 1990: S. Jacomet, Veränderungen von Wirtschaft und Umwelt während des Spätneolithikums im westlichen Bodenseegebiet. Ergebnisse samenanalytischer Untersuchungen an einem Profilblock aus der Horgener Stratigraphie von Sipplingen-Osthafen (Tauchsondierung Ruoff 1980). In: Siedlungsarchäologie im Alpenvorland II. Forsch. u. Ber. Vor- u. Frühgesch. Baden-Württemberg 37. Stuttgart: Theiss 1990, 295–324.

Jacomet 2004: S. Jacomet, Archaeobotany: A Vital Tool in the Investigation of Lake-Dwellings. In: F. Menotti (Hrsg.), Living on the Lake in Prehistoric Europe. 150 Years of Lake-Dwelling Research. London u. a.: Routledge 2004, 162–177.

Jankuhn 1952: H. Jankuhn, Klima, Besiedlung und Wirtschaft der Älteren Eisenzeit im westlichen Ostseebecken. Arch. Geogr. 3, 1952, 23–35. [Zitiert nach Jankuhn 1976, 69–104.]

Jankuhn 1955: H. Jankuhn, Siedlungsgeschichte und Pollenanalyse in Angeln. Offa 10, 1955, 28–45. [Zitiert nach Jankuhn 1976, 40–68.]

Jankuhn 1976: H. Jankuhn, Archäologie und Geschichte. Vorträge und Aufsätze 1: Beiträge zur siedlungsarchäologischen Forschung. Berlin u. a.: de Gruyter 1976.

Jankuhn 1977: Ders., Einführung in die Siedlungsarchäologie. Berlin u. a.: de Gruyter 1977.

Keefer 1992: E. Keefer (Hrsg.), Die Suche nach der Vergangenheit. 120 Jahre Archäologie am Federsee. Ausstellungskat. Stuttgart. Stuttgart: Landesmuseum 1992.

Kiekebusch 1928: A. Kiekebusch, Stichwort ›Siedlungsarchäologie‹. In: M. Ebert (Hrsg.), Reallexikon der Vorgeschichte 12. Berlin: de Gruyter 1928, 102–117.

Knopf 2004: Th. Knopf, Environment and Change in Archaeology. Remarks from a Cultural-Anthropological Perspective. Ethnogr.-Arch. Zeitschr. 45, 2004, 521–530.

Knopf 2005: Ders., Mensch und Umwelt in der Archäologie – Alte Ansätze und neue Perspektiven. Arch. Nachrbl. 10, 2005, 211–219.

Knopf 2008a: Ders., Umweltverhalten in Geschichte und Gegenwart. Vergleichende Ansätze. Tübingen: Attempto 2008.

Knopf 2008b: Ders., Das Umweltverhalten bäuerlicher Gruppen: Archäologische und ethnographische Informationen. In: Knopf 2008a, 78–90.

Knopf 2010: Ders., Ressourcennutzung und Umweltverhalten prähistorischer Bauern. Eine Analyse archäologischer und ethnographischer Untersuchungen (ungedr. Habilitationsschrift Tübingen 2010).

Knopf 2011: Ders., Grundlagen einer archäologischen Auseinandersetzung mit Krisen. In: Daim/Gronenborn/Schreg 2011, 41–49.

Kossack 1984: G. Kossack, Geschichte der Forschung. Fragestellung. In: Kossack/Behre/Schmid 1984, 5–25.

Kossack 1995: Ders., Kulturlandschaft und Naturkatastrophe. Bäuerliche Verhaltensweisen in prähistorischer Vergangenheit. Siedlungsforsch. 13, 1995, 31–50.

Kossack/Behre/Schmid 1984: Ders./K.-E. Behre/P. Schmid (Hrsg.), Archäologische und naturwissenschaftliche Untersuchungen an ländlichen und frühstädtischen Siedlungen im deutschen Küstengebiet vom 5. Jahrhundert v. Chr. bis zum 11. Jahrhundert n. Chr. Band 1: Ländliche Siedlungen. Weinheim: Acta Humaniora 1984.

Kropp/Meier 2010: C. Kropp/Th. Meier, Entwurf einer Archäologie der Grundherrschaft im älteren Mittelalter. Beitr. Mittelalterarch. Österreich 26, 2010, 97–124.

Kunow/Müller 2003: J. Kunow/J. Müller (Hrsg.), Landschaftsarchäologie und geographische Informationssysteme. Prognosekarten, Besiedlungsdynamik und prähistorische Raumordnungen. Forsch. Arch. Land Brandenburg 8 = Archäoprognose Brandenburg I. Wünsdorf: Brandenburgisches Landesamt für Denkmalpflege 2003.

Löwenborg 2010: D. Löwenborg, Digital Perceptions of the Landscape. An Analysis of the Location of Burial Grounds in Västmanland, Sweden. Acta Arch. 81, 2010, 124–138.

Lüning 2000: J. Lüning, Steinzeitliche Bauern in Deutschland – Die Landwirtschaft im Neolithikum. Universitätsforsch. Prähist. Arch. 58. Bonn: Habelt 2000.

Lüning/Kalis 1988: Ders./A. J. Kalis, Die Umwelt prähistorischer Siedlungen. Rekonstruktionen aus siedlungsarchäologischen und botanischen Untersuchungen im Neolithikum. Siedlungsforsch. 6, 1988, 37–55.

Maise 1998: Ch. Maise, Archäoklimatologie – Vom Einfluss nacheiszeitlicher Klimavariabilität in der Ur- und Frühgeschichte. Jahrb. SGUF 81, 1998, 197–235.

Meier 2004: Th. Meier, Ökosystem, Sozialstruktur und Wirtschaftsweise im mittelalterlichen Altbaiern. Arch. Nachrbl. 9, 2004, 62–67.

Meier 2005: Th. Meier, Archäologie und Naturereignis. Siedlungsforsch. 23, 2005, 253–290.

Meier 2006: Ders., On Landscape Ideologies: An Introduction. In: Ders., Landscape Ideologies. Archaeolingua Minor. Ser. 22. Budapest: Archaeolingua 2006, 11–50.

Meier 2008: Ders., Einige Bemerkungen zum Umweltverhalten der Menschen im Mittelalter. In: Knopf 2008a, 135–157.

Meier 2009: Ders., Umweltarchäologie – Landschaftsarchäologie. In: S. Brather/D. Geuenich/Ch. Huth (Hrsg.), Historia Archaeologica. Festschrift für Heiko Steuer zum 70. Geburtstag. RGA Ergbd. 70. Berlin u. a.: de Gruyter 2009, 697–734.

Meier/Tillessen 2011a: Ders./P. Tillessen (Hrsg.), Über die Grenzen und zwischen den Disziplinen. Fachübergreifende Zusammenarbeit im Forschungsfeld historischer Mensch-Umwelt-Beziehungen. Budapest: Archaeolingua 2011.

Meier/Tillessen 2011b: Dies., Von Schlachten, Hoffnungen und Ängsten: Einführende Gedanken zur Interdisziplinarität in der Historischen Umweltforschung. In: Meier/ Tillessen 2011a, 19–44.

Mischka 2007: D. Mischka, Methodische Aspekte zur Rekonstruktion prähistorischer Siedlungsmuster. Landschaftsgenese vom Ende des Neolithikums bis zur Eisenzeit im Gebiet des südlichen Oberrheins. Freiburger Arch. Stud. 5. Rahden/Westf.: Leidorf 2007.

Müller 2003: J. Müller, Settlement Areas, Landscape Archaeology and Predictive Mapping. In: Kunow/Müller 2003, 27–34.

Müller 2012: Ders., Preface/The Kiel Graduate School »Human Development in Landscapes«. In: J. Kneisel/W. Kirleis/M. Dal Corso/N. Taylor/V. Tiedtke (Hrsg.) Collapse or Continuity? Environment and Development of Bronze Age Landscapes. Proceedings of the International Workshop Kiel 2011. Universitätsforsch. Prähist. Arch. 205. Bonn: Habelt 2012, 9–11.

Pantzer 1995: E. H. M. Pantzer, Settlement Archaeology und Siedlungsarchäologie. Zum Vergleich amerikanischer und europäischer Forschungsstrategien. Hamburg: Universität Hamburg 1995.

Posluschny 2002: A. Posluschny, Die hallstattzeitliche Besiedlung im Maindreieck. GIS-gestützte Fundstellenanalysen. BAR Internat. Ser. 1077. Oxford: British Archaeological Reports 2002.

Radkau 1989: J. Radkau, Wald- und Wasserzeiten, oder: Der Mensch als Makroparasit? Epochen und Handlungsimpulse einer menschenfreundlichen Umweltgeschichte. In: J. Calließ/J. Rüsen/M. Striegnitz (Hrsg.), Mensch und Umwelt in der Geschichte. Geschichtsdidaktik N. F. 5. Pfaffenweiler: Centaurus 1989, 139–174.

Radkau 1994: Ders., Was ist Umweltgeschichte? In: W. Abelshauser (Hrsg.), Umweltgeschichte. Umweltverträgliches Wirtschaften in historischer Perspektive. Gesch. u. Ges. Sonderheft 15. Göttingen: Vandenhoeck & Ruprecht 1994, 11–28.

Radkau 2002: Ders., Natur und Macht. Eine Weltgeschichte der Umwelt. München: Beck 2002. [Erweiterte und aktualisierte Neuauflage der Ausgabe von 2000.]

Schibler et al. 1997: J. Schibler/H. Hüster-Plogmann/S. Jacomet/Ch. Brombacher/E. Groß-Klee/A. Rast-Eicher, Ökonomie und Ökologie neolithischer und bronzezeitlicher Ufersiedlungen am Zürichsee. Ergebnisse der Ausgrabungen Mozartstrasse, Kanalisationssanierung Seefeld, AKAD/Pressehaus und Mythenschloss in Zürich. Monogr. Kantonsarch. Zürich 20. Zürich: Kantonsarchäologie 1997.

Schlette 1980a: F. Schlette (Hrsg.), Urgeschichtliche Besiedlung in ihrer Beziehung zur natürlichen Umwelt. Wiss. Beitr. Martin-Luther-Universität Halle-Wittenberg 1980/6. Halle/Saale: Martin-Luther-Universität 1980.

Schlette 1980b: Ders., Beziehungen zwischen Mensch und natürlicher Umwelt im nördlichen und östlichen Harzvorland. In: Schlette 1980a, 41–56.

Schlichtherle 1990: H. Schlichtherle, Aspekte der siedlungsarchäologischen Erforschung von Neolithikum und Bronzezeit im südwestdeutschen Alpenvorland. Ber. RGK 71, 1990, 208–244.

Schlichtherle 1997: Ders., Pfahlbauten rund um die Alpen. In: Ders. (Hrsg.), Pfahlbauten rund um die Alpen. Sonderh. Arch. Deutschland 1997. Stuttgart: Theiss 1997, 7–14.

Schliz 1906: A. Schliz, Der schnurkeramische Kulturkreis und seine Stellung zu den anderen neolithischen Kulturformen in Südwestdeutschland. Zeitschr. Ethn. 38, 1906, 312–345.

Schülke 2011: A. Schülke, Landschaften – Eine archäologische Untersuchung der Region zwischen Schweriner See und Stepenitz. Röm.-Germ. Forsch. 68. Darmstadt u. a.: von Zabern 2011.

Schumacher 1921: K. Schumacher, Siedelungs- und Kulturgeschichte der Rheinlande von der Urzeit bis in das Mittelalter 1: Die vorrömische Zeit. Mainz: Wilckens 1921.

Shackley 1981: M. Shackley, Environmental Archaeology. London: Allen Unwin 1981.

Shackley 1985: Dies., Using Environmental Archaeology. London: Batsford 1985.

Siedlungsarchäologische Untersuchungen 1990: Siedlungsarchäologische Untersuchungen im Alpenvorland. 5. Kolloquium der Deutschen Forschungsgemeinschaft vom 29.–30. März 1990 in Gaienhofen-Hemmenhofen. Ber. RGK 71, 1990, 23–406.

Sieferle 1999: R. P. Sieferle, Einleitung: Naturerfahrung und Naturkonstruktion. In: Ders./H. Breuninger (Hrsg.), Natur-Bilder: Wahrnehmung von Natur und Umwelt in der Geschichte. Frankfurt a. M.: Campus 1999, 9–18.

Sielmann 1971: B. Sielmann, Der Einfluß der Umwelt auf die neolithische Besiedlung Südwestdeutschlands unter besonderer Berücksichtigung der Verhältnisse am Oberrhein. Acta Praehist. et Arch. 2, 1971, 65–197.

Sielmann 1976: Ders., Der Einfluß der geographischen Umwelt auf die linien- und stichbandkeramische Besiedlung des Mittelelbe-Saale-Gebietes. Jahresschr. Mitteldt. Vorgesch. 60, 1976, 305–329.

Steinhausen 1936: J. Steinhausen, Archäologische Siedlungskunde des Trierer Landes. Trier: Paulinus-Druckerei 1936.

Steuer 2001: H. Steuer, Stichwort ›Landschaftsarchäologie‹. In: RGA² 17, 2001, 630–634.

Stoll 1933: H. Stoll, Urgeschichte des Oberen Gäus. Veröff. Württ. Landesamtes Denkmalpfl. 7. Oehringen: Rau 1933.

Strien/Gronenborn 2005: H.-Ch. Strien/D. Gronenborn, Klima- und Kulturwandel während des mitteleuropäischen Altneolithikums (58./57.–51./50. Jahrhundert v. Chr.). In: Gronenborn 2005, 131–149.

Treue 1961: W. Treue, Das Nordsee-Programm der Deutschen Forschungsgemeinschaft zur Untersuchung eisenzeitlicher Siedlungen im norddeutschen Flachland. Nachr. Niedersachsens Urgesch. 30, 1961, 3–8.

Trigger 1989: B. Trigger, A History of Archaeological Thought. Cambridge: Cambridge University Press 1989.

Veit 2008: U. Veit, Rezension zu Mischka 2007. Bonner Jahrb. 208, 2008 (2010) 295–299.

Wahle 1920: E. Wahle, Die Besiedelung Südwestdeutschlands in vorrömischer Zeit nach ihren natürlichen Grundlagen. Ber. RGK 12, 1920, 1–75.

Winiwarter 1994: V. Winiwarter, Umwelt-en. Begrifflichkeit und Problembewußtsein. In: G. Jaritz/V. Winiwarter, Umweltbewältigung. Die historische Perspektive. Bielefeld: Böhlau 1994, 130–159.

Winiwarter 2011: Dies., Zwischen Innovation und Krisenbewältigung. Umwelthistorische Erklärungsmodelle gesellschaftlichen Wandels. In: Daim/Gronenborn/Schreg 2011, 29–39.

Wolff 1913: G. Wolff, Die südliche Wetterau in vor- und frühgeschichtlicher Zeit mit einer archäologischen Fundkarte. Frankfurt a. M.: L. Ravenstein 1913.

Nils Müller-Scheessel

Mensch und Raum:
Heutige Theorien und ihre Anwendung

Zusammenfassung: Im vorliegenden Beitrag werden anhand der seit langem in der archäologischen Fachliteratur eingeführten Begriffe ›Siedlungs‹- und ›Landschaftsarchäologie‹ wesentliche archäologische Ansätze zum Thema ›Mensch und Raum‹ diskutiert. Dabei lassen sich insgesamt vier zentrale Fragestellungen herausarbeiten, die man als ›kulturhistorisch‹, als ›naturräumlich‹, als ›funktionalistisch‹ und als ›phänomenologisch‹ bezeichnen kann. Gemeinsam ist ihnen in erster Linie das Interesse am Zusammenhang zwischen archäologischen Evidenzen und räumlichen Parametern. Die ›kulturhistorische‹ Fragestellung lässt sich als der Versuch bezeichnen, mittels der Verbreitung von archäologischen Fundtypen oder Befundkategorien ›Geschichte zu schreiben‹. Innerhalb des ›naturräumlichen‹ Ansatzes wird der Blick vor allem auf die Abhängigkeiten des Menschen von seiner belebten und unbelebten Umwelt gerichtet, auf das Wirtschaftssystem und hier vor allem auf die Ressourcennutzung. Bei der ›funktionalistischen‹ Perspektive geht es besonders um die Interdependenzen von Gliedern eines Siedlungssystems, um die Beziehungen von räumlichen Einheiten innerhalb von Siedlungen oder sogar einzelnen Gebäuden. Der ›phänomenologische‹ Ansatz geht schließlich davon aus, dass der Raum menschliches Handeln aktiv kanalisiert und formt. Alle vier Fragestellungen werden auch heute noch verfolgt und sind allesamt ›forschungswürdig‹, d. h., sie können durchaus miteinander kombiniert werden.

Abstract: Based on the long-established terms ›settlement archaeology‹ and ›landscape archaeology‹ this paper discusses significant archaeological approaches to the topic of ›man and space‹. Four key questions can be differentiated that may be called ›cultural-historical‹, ›ecological‹, ›functionalist‹ and ›phenomenological‹. Common to all of them is the interest in the relationship between archaeological evidence and spatial parameters. The ›cultural-historical‹ perspective can be described as an attempt ›to write history‹ from the distribution of archaeological types. The ›ecological‹ approach focuses in particular on the dependence of man on his natural environment. The ›functionalist‹ perspective is primarily concerned with the interdependence of the units of a given settlement system, the functional relations of buildings within settlements or rooms within individual houses. Finally, the ›phenomenological‹ approach assumes that space actively channels and forms human action. All four key questions are still pursued today and ›worthy of research‹, i. e. they may well exist side by side.

Einleitung

Noch vor 20 Jahren wäre ein Beitrag wie der folgende – zumindest unter diesem Titel – wohl nur schwer vorstellbar gewesen. Als zu deutlich wären vermutlich die Assoziationen mit der nationalsozialistischen Ideologie (Stichwort »Volk ohne Raum«) empfunden worden. Heutzutage wird ein solcher Titel in anderen Kulturwissenschaften wahrscheinlich in erster Linie mit dem *spatial turn* verbunden, durch den ›Raum‹ in den letzten Jahren zu einem forschungsleitenden Konzept wurde. Bei solchen fachübergreifenden Schlagworten droht allerdings die Gefahr der Beliebigkeit.[1] Insofern soll hier gar nicht erst der Versuch gemacht werden, ›Raum‹ näher zu definieren, da es sich m. E. dabei um einen jener grundlegenden Begriffe handelt, die ohne Selbstreferenz nicht umschrieben werden können.[2] Als kleinster gemeinsamer Nenner der im Folgenden behandelten archäologischen Ansätze lässt sich allgemein nur eine ›räumliche Betrachtung der archäologischen Quellen‹ festhalten.

Im Gegensatz zum modischen Diskurs um den *spatial turn* ist für die Ur- und Frühgeschichtliche Archäologie die Auseinandersetzung mit ihren Quellen unter räumlichen Gesichtspunkten von Anbeginn des Faches aus der täglichen Praxis nicht wegzudenken. Allerdings wurden im Laufe der Forschungsgeschichte die Schwerpunkte durchaus unterschiedlich gesetzt; im gegenwärtig vorherrschenden Forschungsklima assoziieren Archäologen mit dem hier erörterten Thema wahrscheinlich in erster Linie die Stichworte ›Siedlungs‹- oder ›Landschaftsarchäologie‹, Spielarten einer Forschungsrichtung, deren Bedeutung sich eindrücklich in der großen Zahl der einschlägigen von der *Deutschen Forschungsgemeinschaft* in den letzten Jahrzehnten geförderten archäologischen Großprojekte manifestiert (siehe Brather 2006, 84 f. Tab. 9–10).

Wie sich zeigen wird, sind die Begriffe ›Siedlungsarchäologie‹ und ›Landschaftsarchäologie‹ geeignete Ausgangspunkte, um wesentliche archäologische Ansätze zum Thema ›Mensch und Raum‹ zu diskutieren. Vergleicht man allerdings entsprechende Anwendungsbeispiele und Definitionen, wird deutlich, dass die jeweiligen Autoren teilweise komplett unterschiedliche Dinge unter diese Begriffe

---

1 So hat beispielsweise der Geograph G. Hard in einem einzigen Kontext mindestens fünf parallele Bedeutungen von ›Raum‹ identifiziert: »*Raum* (1.) im Sinne von ›der menschliche Lebensraum auf der Erde‹, (2.) *Raum* als ein Instrument von Distanzrelationen (Transportwiderständen und Erreichbarkeiten), (3.) *Raum* als außergesellschaftliche (extrakommunikative) physisch-materielle Umwelt der Gesellschaft, (4.) *Raum* als Raumsemantik, also als semantische, immaterielle Einheit(en) innerhalb der Kommunikation. Eine weitere (5.), eher kosmologische Verwendung von *Raum* konnte ich nicht genauer entschlüsseln« (Hard 2008, 262 Anm. 2; Hervorhebungen im Original).

2 Grundsätzlich zu Raumkonzepten: Werlen 2003; Miggelbrink 2009; Lossau 2009; Neckel 2009; zu Klassikern der Raumtheorie: Dünne/Günzel 2006.

fassen, wie Thomas Meier (2009; siehe auch Gramsch 2003, 35 ff.; Brather 2011) jüngst aufgezeigt hat. Insofern hat es m. E. auch wenig Zweck, wie Meier mit diesen Begriffen weiterzuarbeiten und eine Begriffsklärung zu versuchen. Stattdessen werden im Folgenden anhand der unterschiedlichen Forschungsstränge diejenigen Fragestellungen extrahiert, die sich als bis in die Gegenwart hinein wegweisend zeigen sollten. Bewusst wird dabei in Bezug auf die Klassifizierung der ›räumlichen Ansätze‹ lediglich von ›Fragestellung‹ und nicht etwa von ›Paradigma‹ gesprochen. Dafür sind die Ansätze häufig zu unreflektiert umgesetzt worden, zudem haben viele Studien mehrere der unten angesprochenen Fragestellungen gleichzeitig verfolgt. Aufgrund der insgesamt zu konstatierenden Unstrukturiertheit dieser Forschung ist der Begriff ›Paradigma‹, wenn man ihn im Sinne von Thomas Kuhn (1989) verwenden will, m. E. nicht angebracht. Viel eher trifft der Begriff des ›Denkstils‹ im Sinne Ludwik Flecks (1980, 54) zu.

Meine Strukturierung ›räumlicher‹ Ansätze in der Archäologie ist vor allem deskriptiv. Im Wesentlichen ist sie auf der Ebene der theoretischen Vorannahmen angesiedelt und stellt damit selbstverständlich keineswegs die einzig mögliche Gliederung dar. Andere sinnvolle Klassifizierungen könnten auch nach der Skalierungsebene im Sinne von David L. Clarke (1977, 11 ff.) oder nach den raumwirksamen Rahmenbedingungen im Siedlungswesen (Kunow 1994, 343 ff.) fragen. Diese Gliederungsalternativen würden zwangsläufig wesentlich stärker auf die Methodik abzielen. Methoden zur Erfassung der Beziehung von Mensch und Raum spielen hier natürlich auch eine wichtige Rolle, aber mit dem Verweis auf den ›Denkstil‹ soll die Aufmerksamkeit bewusst stärker auf die strukturellen Gemeinsamkeiten der jeweiligen Ansätze gerichtet werden. Dies geschieht auch vor dem Hintergrund, dass die einschlägigen Übersichtsartikel theoretisch und methodologisch unbefriedigend bleiben.[3]

Vier ›räumliche‹ Fragestellungen

Analysiert man den vollen Konnotationsumfang der Begriffe ›Siedlungsarchäologie‹ und ›Landschaftsarchäologie‹, so lassen sich m. E. insgesamt vier zentrale Fragestellungen herausarbeiten, von denen die ersten drei die tägliche Praxis noch deutlich dominieren: Stark vereinfachend könnte man sie als ›kulturhistorische‹,

---

3　Als Beispiel sei lediglich auf die entsprechenden Einträge in der Neuauflage von Johannes Hoops' *Reallexion der Germanischen Altertumskunde* verwiesen. Symptomatisch für die unzureichende Theoretisierung scheint mir, dass etwa die Beiträge zu den auch wissenschaftsgeschichtlich enorm hoch einzuschätzenden Begriffen »Siedlungsarchäologie« (Steuer 2005) und »Landschaftsarchäologie« (Steuer 2001) jeweils nur fünf Seiten umfassen, während das nur wenig theoretische Lemma »Verbreitungskarte« (Steuer 2006) auf 25 Seiten behandelt wird.

als ›naturräumliche‹, als ›funktionalistische‹ und als ›phänomenologische‹ Fragestellungen bezeichnen.

Bekanntlich wurde der Begriff der ›Siedlungsarchäologie‹ von Gustaf Kossinna (1920) geprägt, der damit die Identifizierung ethnischer Gruppen in Raum und
Zeit aufgrund ihrer materiellen Kultur im Blick hatte. Auch wenn die ethnische
Interpretation nach dem Zweiten Weltkrieg nicht mehr opportun war, hat das der
grundsätzlichen Fragestellung – der Erforschung der Verteilung archäologischer
Objekte im Raum – keinen Abbruch getan. Neutral kann man diesen Denkstil ›kulturhistorisch‹ nennen.

Eine Umdeutung erfuhr der Begriff der ›Siedlungsarchäologie‹ durch Herbert Jankuhn.[4] Ihm gelang es, den Begriff vollkommen seiner ethnischen und
kulturgeschichtlichen Konnotationen zu entkleiden und stattdessen den Blick auf
Siedlungen im eigentlichen Sinne zu richten. Aber bereits bei Jankuhn (1977, 6;
9 Abb. 2) und mehr noch bei seinen Nachfolgern ist offensichtlich, dass der Begriff
›Siedlungsarchäologie‹ im Wesentlichen drei Komponenten umfasst bzw. umfassen konnte: 1. das naturräumliche Umfeld einer Siedlung; 2. die innere Struktur
einer Siedlung und 3. die Besiedlungsstruktur einer Klein- oder Großregion.[5]
Die erste Komponente soll im Folgenden unter der Bezeichnung ›naturräumliche
Fragestellung‹ behandelt werden. Da es bei den beiden anderen Aspekten – lediglich auf unterschiedlichen Skalierungsebenen – jeweils um die Struktur von
archäologischen Untersuchungsobjekten geht, lassen sie sich gemeinsam unter der
Überschrift ›funktionalistisch‹ behandeln.

Schließlich ist hier der Begriff der ›Landschaftsarchäologie‹ genauer in den
Blick zu nehmen. Tatsächlich zeigt sich bei detaillierter Hinsicht, dass er für viele
seiner Befürworter nahezu deckungsgleich mit der Siedlungsarchäologie Jankuhns
ist, zumindest in ihrem ersten und dritten Teilaspekt.[6] Häufig ist der Vorwurf zu
lesen, dass sich die Jankuhn'sche Siedlungsarchäologie zu sehr auf die Siedlungen
konzentriert und dabei deren jeweiliges Umfeld vernachlässigt hätte (z. B. Lüning
1997, 277). Dies war jedoch, es sei noch einmal hervorgehoben, nur ein Teilaspekt
der Konzeption Jankuhns.

Bei anderen Forschern schlägt allerdings in Bezug auf ›Landschaftsarchäologie‹ eine Rezeption der jüngeren angloamerikanischen Diskussion zur *landscape
archaeology* durch, wo der Begriff der ›Landschaft‹ mit anderen Bedeutungsge-

---

4   Jankuhn 1955; 1977. – Zur Einordnung der Konzeption Jankuhns siehe Pantzer 1995,
    101 ff., dort auch ein ausführlicher Vergleich mit der *settlement archaeology* amerikani-
    scher Prägung.
5   Pantzer (1995, 152) bezeichnet diese Bereiche – in anderer Reihenfolge – folgender-
    maßen: »Ausgrabungen von Siedlungsbefunden (Strukturanalysen), besiedlungsge-
    schichtliche Untersuchungen (Prozeßanalysen) und die vergleichende Umweltforschung
    (ökologische Synthese)«.
6   Lüning 1997; Schade 2000, 192; dazu auch Meier 2009, 709 ff.; Lang 2003.

halten aufgeladen wurde. Dabei geht es um die Wahrnehmung der den Menschen umgebenden Landschaft durch den Menschen (z. B. J. Müller 2003; Gramsch 2003, 45 ff.; Meier 2009, 720 ff.); diese Fragestellung lässt sich deshalb als ›phänomenologisch‹ deklarieren. Wissenschaftshistorisch ist insbesondere diese vierte Fragestellung mit dem *spatial turn* in den Kultur- und Geisteswissenschaften zu verbinden (siehe unten).

Zusammenfassend lassen sich bei der Beschäftigung mit ›Raum‹ in der mitteleuropäischen Archäologie folglich vier Fragestellungen oder ›Denkstile‹ identifizieren: Von allen forschungsgeschichtlichen Verwerfungen absehend, werden sie hier als ›kulturhistorische‹, als ›naturräumliche‹, als ›funktionalistische‹ und als ›phänomenologische‹ Fragestellungen bezeichnet. Im Folgenden sollen diese vier Orientierungen ›räumlicher‹ archäologischer Forschung näher dargestellt und diskutiert werden, wobei der Schwerpunkt auf neueren theoretischen und methodischen Entwicklungen und Tendenzen liegt. Dabei wird sich zeigen, dass alle vier Fragestellungen auch heute noch akut und sinnvoll sind.[7] Abschließend muss insbesondere die Frage nach den Möglichkeiten der gegenseitigen Integration dieser ›Denkstile‹ gestellt werden.

Kulturhistorische Fragestellung

Die kulturhistorische Fragestellung lässt sich mit kurzen Worten als der Versuch charakterisieren, mittels der Verbreitung von archäologischen Fundtypen oder Befundkategorien ›Geschichte zu schreiben‹. Meist unausgesprochen liegt ihm das Axiom zugrunde, dass über die Verteilung der Artefakte auch Rückschlüsse auf die Motive der Menschen zu ihrer Herstellung oder Verbreitung möglich seien. Dieser ›Denkstil‹ hängt eng mit dem Konzept der archäologischen Kultur zusammen.

Die ersten substantiellen Interpretationen archäologischer Verbreitungsbilder sind, wie oben bereits erwähnt, untrennbar mit G. Kossinna und seiner Schule verbunden. Er ging bekanntlich von dem Axiom aus, dass »scharf umgrenzte archäologische Kulturprovinzen […] sich zu allen Zeiten mit ganz bestimmten Völkern oder Völkerstämmen« decken (Kossinna 1920, 3). Es ist offensichtlich, dass dies im logischen Sinne zunächst nicht mehr als eine Annahme sein kann, die zu belegen ist, aber kein Ausgangspunkt für weitere tragfähige Forschungsergebnisse. Die Abkehr von dieser ethnischen Interpretation von Verbreitungsbildern braucht hier nicht im Einzelnen aufgerollt werden (siehe dazu Veit 1984; 1989), sie führte allerdings keineswegs dazu, dass Kossinnas Methode *ad acta* gelegt wurde. Vielmehr lebte sie in den »archäologischen Kulturen« fort, die auch für

---

7 Insofern ist die Darstellung von J. Müller (2003, 27 f. mit Abb. 1), der die genannten Fragestellungen in ein zeitliches Nacheinander bringt, m. E. irreführend.

diejenigen Vorgeschichtsforscher, die nicht der Kossinna'schen Lehre anhingen, die geschichtlichen Akteure der Vorgeschichte schlechthin waren.[8] Es ist bezeichnend, dass das Konzept der archäologischen Kultur nie wirklich expliziert wurde.[9]

Implizit wurden archäologische Kulturen mit ethnischen Gruppen gleichgesetzt, so dass sich über die diachrone Ausbreitung von bestimmten Fundtypen auch die Ausbreitung oder Migration dieser Gruppen verfolgen ließ (zum Thema ›Migration‹ siehe Beitrag Burmeister). In diesem Sinne waren die Konzepte ›Raum‹ und ›Kultur‹ nicht voneinander zu trennen, ja, sie waren eigentlich identisch: Eine archäologische Kultur definierte sich zwar über gewisse materielle Eigenheiten, sie äußerte sich aber in erster Linie räumlich. Doch auch die Umkehrung stimmte lange Zeit: Raum wurde in der Archäologie lange Zeit kaum anders als über Verbreitungskarten kultureller Objekte konzeptualisiert, d. h. der Raum reichte soweit wie die Punkte auf der Karte.

Neben diese forschungsgeschichtlich bedeutsamste Interpretation treten innerhalb des kulturhistorischen Denkstils jedoch auch noch weitere Interpretationsmöglichkeiten. Stark abstrahierend lassen sich drei Deutungsmuster unterscheiden, die die räumliche Verbreitung archäologischer Objekte erklären sollen:

1. Die Verbreitung als Resultat der Bewegung von Menschen. Dies war in der Vergangenheit die am häufigsten bemühte Erklärung; sie fand ihre idealtypische Umsetzung in der erwähnten Gleichsetzung von archäologischer Kultur und handelnden Individuen. Insbesondere in der frühgeschichtlichen Archäologie wird dieser Ansatz nach wie vor gerne verfolgt, sind doch für diese Zeit umfangreiche Wanderungsbewegungen schriftlich belegt (siehe auch Beitrag Burmeister). Für das vereinzelte Vorkommen ›fremdartig‹ anmutender Ausstattungen bei Grabbeigaben wird ferner die Hypothese »fremder Frauen« bemüht, also die exogame Verheiratung von Frauen über weitere Entfernungen hinweg. Interessanterweise findet sich dieses Erklärungsmuster besonders häufig für die Bronzezeit (z. B. Jockenhövel 1991). Bei dem seltener anzutreffenden Auftreten von männlichen ›fremden‹ Ausstattungsmustern verweist man dagegen eher auf ›fremde‹ Kaufleute oder Krieger (z. B. Dörrer 2002) sowie Wanderhandwerker (dazu Neipert 2006).

2. Die Verbreitung als Resultat der Weitergabe von Dingen, etwa durch Handel. Finden sich bestimmte Objekte bei einer Kartierung in linearer Reihung, so werden daraus auch gerne Handelswege rekonstruiert (siehe einige Beispiele in Lang/Salač 2002).

3. Die Verbreitung als Resultat der Übernahme von Verhaltensweisen, wie sie sich insbesondere in bestimmten Beigaben- oder Bestattungssitten äußern.

Letztendlich geht es bei allen genannten Deutungsmöglichkeiten um die Frage der Kommunikation, egal, ob es sich dabei um die Migration größerer Gruppen, die Dislozierung von Einzelpersonen, den Handel bzw. Austausch von Objekten oder

---

8   Siehe Müller-Scheeßel (2000, 63 ff.) für die ›Hallstattkultur‹.
9   Ausführlich dazu Wotzka 1993; 2000; Sommer 2007.

die Weitergabe von Ideen handelt. Soll allerdings diese Deklarierung als Kommunikationsakt mehr sein als lediglich eine Umetikettierung, die alte Konzepte in neue, zeitgemäß klingende Begriffe kleidet, so müssen daraus auch methodologische Konsequenzen erwachsen. Allerdings lehrt der Blick in die Forschungsgeschichte, dass die deutschsprachige Ur- und Frühgeschichte eklatante Schwächen aufwies, wenn es darum ging, handlungsleitende Theorien zu entwickeln, die mehr als ad-hoc-Hypothesen darstellten. Abgesehen von dem Axiom Kossinnas, dessen zweifelhafter erkenntnistheoretischer Wert oben bereits hervorgehoben wurde, hat die deutschsprachige Ur- und Frühgeschichtliche Archäologie nämlich keinen eigenständigen methodischen Beitrag zur inhaltlichen Deutung der archäologischen Verbreitungsbilder geleistet. Kennzeichnend ist, dass sich die vielbeachteten Ausführungen von Hans Jürgen Eggers (1950/51) zum Thema auf praktische Fragen konzentrieren. Eggers sah davon ab, die von ihm herausgearbeiteten archäologischen Gebilde näher zu charakterisieren; er bezeichnete sie lediglich je nach Objektgattung als »Grabsitten«- oder »Werkstattkreis«.

Auch wenn sich innerhalb des kulturhistorischen Denkstils an den Interpretationsmustern wenig geändert hat, haben sich in den letzten Jahren dank der rasant fortschreitenden modernen Datenverarbeitung neue Möglichkeiten ergeben. Ihre jüngste Inkarnation fand diese Entwicklung in dem großangelegten Projekt »Siedlungshierarchien, kulturelle Räume, soziale Evolution und Territorialität im 8. bis 4. Jh. v. Chr. in Südwestdeutschland und den angrenzenden Regionen« innerhalb des Schwerpunktprogramms 1171 der *Deutschen Forschungsgemeinschaft* »Frühe Zentralisierungs- und Urbanisierungsprozesse: Zur Genese und Entwicklung frühkeltischer Fürstensitze und ihres territorialen Umlandes«.[10] Dieses Projekt wurde maßgeblich von Oliver Nakoinz durchgeführt, der damit den bereits in seiner Dissertation verfolgten Ansatz (Nakoinz 2005; dazu Müller-Scheeßel 2007a) konsequent weiterverfolgte (Nakoinz 2009a).

Der Ansatz besteht in der Vektorisierung archäologischer Daten in einem vieldimensionalen Datenraum. Die Vorgehensweise ist aus der *intra-site analysis*, d. h. von bei Ausgrabungen dokumentierten Fundverteilungen (Überblick bei Blankholm 1991) übernommen. Mittels ausgefeilter rechnergestützter Verfahren werden ähnliche Punkte zusammengefasst; durch die Übertragung auf den Raum kann die Signifikanz der zusammengefassten Meta-Strukturen überprüft werden.

Das Problem der Interpretation bleibt allerdings auch hier: Die herausgearbeiteten Gebilde sind relativ amorph; was zu ihrer inneren Kohärenz beitragen soll, bleibt weitgehend ungeklärt. Nakoinz bemüht sich zwar, dies von einem Kulturbegriff abzuleiten, den er in seinen jüngeren Arbeiten aus den Arbeiten des Amerikanisten Klaus P. Hansen (2000; 2009) übernimmt, kann aber auch damit den erkenntnistheoretischen Graben zwischen der archäologischen materiellen

---

10 http://www.fürstensitze.de.

Kultur und den darauf aufbauenden Interpretationen nicht überwinden (siehe Beitrag Eggert).

Das eigentliche Problem des kulturhistorischen Ansatzes liegt in der Interpretation der herausgearbeiteten Verbreitungsbilder. Wenn auch außer Zweifel steht, dass sie in irgendeiner Weise menschliche Kommunikation widerspiegeln (J. Müller 2006; 2009), ist man weit davon entfernt, die Art der Kommunikation eingrenzen zu können. Waren die ausgetauschten Objekte beispielsweise identitätsstiftend, kann also von einer ähnlichen materiellen Kultur auf ein gemeinsames Wir-Bewusstsein geschlossen werden? Ohne eindeutige Identitätsmarker kann diese Frage nicht positiv beantwortet werden, weil ethnologische Studien zeigen, dass Zonen ähnlicher materieller Kultur durchaus mehrere Gemeinschaften umfassen können (Müller-Scheeßel/Burmeister 2006). Die auf hohem Niveau innerhalb der Frühmittelalterarchäologie geführte Diskussion, ob archäologische Muster im Raum auf ethnische Gruppen oder nicht vielmehr auf Wirtschaftsbeziehungen zurückgehen, zeigt die Problematik der Interpretation eindrücklich (vgl. Siegmund 2000 u. 2006 mit Brather/Wotzka 2006).

Die verschiedenen Erklärungsansätze besitzen eine Gemeinsamkeit: Sie suchen nach Formen ›positiver‹ Kommunikation, die mutmaßlich auf direkte oder indirekte Kontakte zurückgehen. So spricht Nakoinz auch explizit von der »Methode zur quantitativen Untersuchung kultureller *Ähnlichkeiten*« (Nakoinz 2009a; Hervorhebung M.-S.). Erstaunlicherweise ist der gegenteilige Ansatz, nämlich nach dem Fehlen von Kommunikation, d. h. nach ›kulturellen *Un*ähnlichkeiten‹ zu suchen, bisher kaum verfolgt worden. Ein solcher Versuch liefe auf die Suche nach Grenzen, nicht nach Gemeinsamkeiten hinaus (Müller-Scheeßel/Burmeister 2006, 28 ff.). Gewöhnlich wird dies mit der Entgegnung kommentiert, dass feste Grenzen im archäologischen Material ja ohnehin nicht zu erwarten seien (z. B. Parzinger 1995, 225). Dies mag in der häufigeren Zahl der Fälle auch zutreffen, jedoch hat die Suche nach Grenzen einen unbestreitbaren Vorteil: Falls sie feststellbar sind und sie nicht naturräumlich erklärt werden können, ist man bei der Interpretation dieser Beobachtung nicht auf Spekulationen angewiesen. Wenn ausgeprägte kulturelle Unähnlichkeiten bei räumlich benachbarten zeitgleichen Gruppen nachgewiesen werden können, so darf man annehmen, dass zwischen ihnen kein Austausch von Informationen, Objekten etc. stattgefunden hat. Dieses Fehlen von Kommunikation lässt sich am schlüssigsten so erklären, dass die betreffenden benachbarten sozialen Gruppen keinen Kontakt gepflegt, sich vielmehr bewusst gegeneinander abgegrenzt haben.

Technisch unterscheiden sich die dafür praktikablen Methoden gar nicht sehr von denjenigen von Nakoinz: Fundplätze oder Regionen werden ebenso als Vektoren aufgefasst, deren Unähnlichkeit über verschiedene Matrixoperationen etabliert wird. Die Visualisierung der so erzielten Ergebnisse kann beispielsweise über

Werkzeuge der Netzwerkanalyse[11] oder mithilfe der so genannten Barriersanalyse (Manni/Guérard/Heyer 2004; Monmonier 1973) erfolgen. Bei der Beschränkung auf nur eine Fundkategorie lassen sich jedoch auch bereits durch einfache Isolinienkartierungen hochinteressante kulturhistorische Erkenntnisse zu Kommunikationsgrenzen gewinnen (Zimmermann 1995; J. Müller 2006).

Möglicherweise kommt es im Zuge der Neubelebung der kulturhistorischen Fragestellung auch zu einer Wiederaufnahme des Interesses an den von der ethnographischen kulturhistorischen Forschungsrichtung gesammelten Daten (Petermann 2004). Angesichts des enormen intellektuellen, materiellen und zeitlichen Aufwandes, der in die Erhebung und Aufbereitung dieser Daten seinerzeit investiert worden war, wäre seine weitere Vernachlässigung außerordentlich bedauerlich. Anhand eines räumlich sehr begrenzten Datensatzes (Neuguinea), anhand dessen das Verhältnis zwischen materieller Kultur und Sprachgruppen intensiv diskutiert wurde,[12] wird das Potential dieses Datenmaterials deutlich. In diesem Fall ist sehr zu wünschen, dass diese parallel in der Ethnologie und der Ur- und Frühgeschichte stattfindenden Debatten zusammengeführt werden. Hier ergeben sich durchaus auch theoretische Anknüpfungspunkte, etwa im Fall des statistischen Kulturmodells, das unter Ethnologen diskutiert wird und das starke Ähnlichkeiten mit dem multivariaten Ansatz aufweist (Brumann 1999; Romney 1999).

Naturräumliche Fragestellung

Auch die zweite Fragestellung, die sich mit Raum beschäftigt, die ›naturräumliche‹, ist in der deutschsprachigen Archäologie seit langem gut verankert. Entsprechende Forschungen können sich auf Arbeiten berufen, die etwa mit Georg Wolff (1913, bes. 5 ff.; 1920) und insbesondere Ernst Wahle (1920; 1922; 1924) bis an den Beginn des 20. Jahrhunderts zurückreichen.[13] Diese frühen Arbeiten wurden sehr stark von der so genannten »Steppenheidetheorie« des Geographen Robert Gradmann (1901; 1906) beeinflusst.[14] Eine erste Systematik entsprechender Ansätze erfolgte durch Karl Hermann Jacob-Friesen (1928, 121 ff.) unter der Überschrift »Fundgeographie auf ökologischer Grundlage« in seinen *Grundfragen der Urgeschichtsforschung*. Seitdem ist die Beachtung des Naturraumes aus keiner größeren Bearbeitung eines Gebietes wegzudenken.

---

11 Für einen Überblick zur Netzwerkanalyse siehe Claßen 2004; U. Müller 2009.
12 Welsch/Terrell/Nadolski 1992; Moore/Romney 1994; Welsch/Terrell 1994; siehe dazu auch aus archäologischer Sicht Shennan/Collard 2005.
13 Forschungsgeschichtliche Übersichten bei Schier 1990, 10 ff.; Saile 1998, 2 ff.
14 Noch die diachrone Studie von K. Brunnacker und G. Kossack (1957) arbeitete sich an der ›Gradmann-These‹ ab.

Bereits Wahle (1922, 152) isolierte als entscheidende Faktoren des naturräumlichen Bezugs prähistorischer Besiedlung topographische Lage, Bodenrelief, Gewässernetz, Klima sowie Vegetation. Nimmt man noch die Bodenqualität hinzu, so sind damit bereits die Parameter abgesteckt, die im Rahmen der naturräumlichen Fragestellung in den darauf folgenden Jahrzehnten immer wieder einbezogen werden sollten. Die entsprechenden Arbeiten waren entweder diachron angelegt oder konzentrierten sich auf das Neolithikum als vermutlich dem Zeitraum, in dem die Abhängigkeit des sesshaften Menschen von seiner natürlichen Umwelt noch als maximal angenommen wird.

Hatte Wahle noch mit stark generalisierten kleinmaßstäbigen Karten gearbeitet, wurden die Arbeitsgebiete in der nachfolgenden Zeit immer kleinräumiger, um auch lokale Variationen in die Betrachtung einbeziehen zu können. Eine der ersten Arbeiten dieser Art dürfte diejenige von Hermann Stoll (1933) gewesen sein. Die frühen Arbeiten waren im Wesentlichen deskriptiv angelegt, argumentierten mit einfachen Punktkartierungen und konzentrierten sich auf einen Faktor.[15] Insofern stellten die Ansätze von Burchard Sielmann und Wolfgang Linke in den 1970er Jahren einen großen methodischen Fortschritt dar. Die Arbeit von Sielmann (1971; 1972) kann als erste siedlungsarchäologische Untersuchung moderner Art im Rahmen des naturräumlichen Denkstils angesehen werden. Konsequent untersuchte Sielmann den Bezug der neolithischen Siedlungsfundstellen in mehreren Kleinregionen insbesondere zu den Faktoren Boden, Niederschlag und Temperatur. Für seine Analysen griff er auf Kartierungen und summarische Tabellen zurück. Dagegen wählte der Geograph Linke (1976) für seine Untersuchung neolithischer Bördelandschaften einen willkürlichen Radius von 750 m um jede Siedlungsstelle, für die er aufgrund minutiöser Kartierungen jeweils die Anteile der Merkmale Bodensubstrat, Hangrichtung, Hangneigung, Höhe, lokales Relief und Entfernung zum Wasser ermittelte. Diese Untersuchungsgebiete nannte er »Siedlungsumfeld«. Sein Vorgehen entspricht sehr genau der in der angloamerikanischen Archäologie zu Beginn der 1970er Jahren entwickelten »Site-Catchment-Analyse«.[16] Die einschlägigen englischsprachigen Arbeiten zitiert Linke allerdings nicht, so dass über die begriffliche Beziehung zwischen seinem Konzept und der »Site-Catchment-Analyse« nur zu spekulieren ist.

Im Kern beruhen beide auf dem bereits 1826 von dem Wirtschaftswissenschaftler Johann Heinrich v. Thünen (1826) entwickelten Modell des »isolierten Staates«. Dabei handelt es sich um eine wirtschaftsgeographische Standorttheorie, die in ihrer Originalfassung die optimale Nutzung des Umlands eines isolierten Zentrums bei der Nahrungsmittelproduktion in Abhängigkeit von den Transportkosten (d. h. der Entfernung) beschreibt. Sowohl bei Linkes »Siedlungsumfeld«

---

15 Zu Böden: z. B. Brunnacker/Kossack 1957; Quitta 1970; zur Topographie: Harck 1972, 95 ff.).
16 Vita-Finzi/Higgs 1970. – Ausführlicher Überblick mit älterer Literatur: Roper 1979.

wie bei der »Site-Catchment-Analyse« steht dagegen die Ressourcen-Nutzung des Umfelds einer Siedlungsgemeinschaft im Vordergrund.

Während das methodische Vorgehen der Arbeiten von Sielmann und Linke richtungsweisend war, wurde bemängelt, dass sie häufig unkritisch mit der vorhandenen archäologischen Datenbasis umgingen und ungenaue oder ungeeignete Bodenkategorisierungen verwendeten (z. B. Seibel 1983; Schier 1990, 13 f.). Infolgedessen konzentrierten sich nachfolgende Studien darauf, diese Defizite zu beheben; auch aufgrund der aufwendigen Datenaufbereitung bleibt ihre Zahl überschaubar (z. B. D. W. Müller 1980; Seibel 1983). Grundlegende methodische Fortschritte wurden dabei kaum erzielt, höchstens mit dem bestehenden Instrumentarium experimentiert.[17]

Mit der Entwicklung leistungsstarker PCs und relativ einfach zu bedienender Software zu Beginn der 1990er Jahre nahm die naturräumliche Richtung unter dem Banner »Geographische Informationssysteme« (GIS) jedoch international einen starken Aufschwung.[18] So ist bemerkenswert, dass inzwischen ein Großteil der Beiträge der jährlich stattfindenden Tagung »Computer Applications in Archaeology« dem Thema »GIS« gewidmet ist (Müller-Scheeßel in Vorb. b). Auch in Deutschland sind mittlerweile eine Reihe einschlägiger Arbeiten erschienen.[19]

Die Dissertation von Wolfram Schier (1990; auch bereits 1985) ist bei den modernen Arbeiten an erster Stelle zu nennen, da sie wohl die erste war, bei der die Auswertung rechnergestützt und teilweise mittels komplexer statistischer Verfahren erfolgte (siehe auch Schier 1992). Dagegen dürfte Thomas Saile (1998, 35 ff.; 87 ff.) der erste im deutschsprachigen Raum gewesen sein, der für seine Arbeit ein regelrechtes Geographisches Informationssystem mit den Parametern Höhenlage, Gewässerbezug, Relief, Exposition sowie Böden erstellte. Ferner griff er die Idee der Umfeldanalyse mit konzentrischen Kreisen von 750 m Durchmesser auf (ebd. 101 ff.). Saile führte darüber hinaus Hauptkomponentenanalysen der prozentualen Anteile der Böden an den Siedlungsumfeldern und pro Periode Clusteranalysen für die Böden der Siedlungsumfelder und Höhenlagen der Siedlungen durch. Weitere multivariat angelegte Studien stellen etwa die Arbeit von Klaus-Peter Wechler (1997) mit einer korrespondenzanalytischen Untersuchung des Lagebezugs neolithischer Siedlungen in Bezug auf Bodenparameter, relative Höhe und Gewässerbezug sowie die statistisch orientierte Studie von Sven Ostritz (2000) mit der Berechnung von Schätzfehlern zur neolithischen Standortplatzwahl dar.

Ein weiteres, durch die moderne Datenverarbeitung überhaupt erst realisierbares Ziel der naturräumlichen Fragestellung ist die Erstellung von Naturraumpo-

---

17 So erstellten Gringmuth-Dallmer/Altermann (1985) Umfeldanalysen mit verschiedenen Radien.

18 Früher Überblick aus deutscher Perspektive: Meyer 1997.

19 Wie z. B. Posluschny 2002; Eichfeld 2005; Pankau 2007; Mischka 2007.

tentialkarten (Mischka 2007, 147). Auch als »Predictive Modeling«[20] bezeichnet, haben solche Karten durchaus Relevanz für die praktische Bodendenkmalpflege: Aus den naturräumlichen Basisparametern einer Fundstelle wie Bodengüte, Bodensubstrat, Entfernung vom Wasser etc. werden Areale mit vergleichbaren Werten ermittelt, von denen bisher keine archäologischen Funde bekannt sind. Mittels statistischer Berechnungen unterschiedlicher Komplexität kann die Wahrscheinlichkeit angegeben werden, mit denen hier weitere Funde zu erwarten sind.[21] Jedoch stellen Naturraumpotentialkarten auch für die Forschung ein wichtiges Werkzeug dar, lässt sich doch erst mithilfe einer solchen Kartierung abschätzen, wie repräsentativ die bekannten Fundstellen für den vermutlichen Gesamtbestand sind, was wiederum einen wichtigen Baustein auf dem Weg zu einer Rekonstruktion der prähistorischen Landnutzung darstellt (exemplarisch Mischka 2007).

An der generellen Vorgehensweise und den Methoden der die naturräumliche Fragestellung verfolgenden Forschenden hat sich durch die modernen Datenverarbeitungsmöglichkeiten nur bedingt etwas geändert. Neu ist die effiziente und vor allem vielfältigere multivariate Auswertung, die dadurch ermöglicht wird, und die erheblich bedeutendere Rolle quellenkritischer Überlegungen.[22]

Neben der oben bereits angesprochenen Qualität der zugrunde liegenden Umweltdaten stellen sich dem naturräumlichen Ansatz vor allem zwei Probleme: Erstens ist dies die teilweise Abhängigkeit der naturräumlichen Daten voneinander.[23] Dass beispielsweise die um einen Fundplatz angetroffene Vegetation von seiner absoluten Höhe abhängt, dürfte offensichtlich sein – man denke an die alpine Pflanzenwelt im Vergleich zu einer solchen im Tiefland. Insofern ist vor einer archäologischen Auswertung zu ermitteln, ob und wie stark die naturräumlichen Daten miteinander korrelieren. Zweitens ergibt sich das Problem der Rekonstruktion bzw. Rekonstruierbarkeit der prähistorischen Verhältnisse (Gerlach 2003): Gewässer verlagern ihren Lauf, Erosion füllt Senken auf, Boden verkarstet, Klimata verändern sich; hier kommen sowohl anthropogene wie auch natürliche Veränderungen zum Tragen. Streng genommen müsste eigentlich vor der Einbeziehung in eine naturräumliche Analyse für jeden Fundpunkt einzeln geklärt werden, inwie-

---

20　Zabel 1999; Posluschny 2002, 107 ff.; Kunow/Müller 2003; Anonym. 2007.

21　Außer vielversprechenden Ansätzen im Land Brandenburg (Kunow/Müller 2003; Anonym. 2007) scheint sich diese Form der Anwendung in der deutschen Landesarchäologie bisher jedoch noch nicht durchgesetzt zu haben.

22　In expliziter Anlehnung an einen bekannten Aufsatz von A. Dauber (1950), in dem dieser auf die Bedeutung des Forschungstandes für die Interpretation von Fundkarten hinwies, apostrophierte etwa Th. Saile (2001) das relative Relief einer Fundgegend als entscheidendes Kriterium der Auffindungswahrscheinlichkeit. – Paradigmatisch in der Quellenkritik Pankau 2007, 98–150; Mischka 2007; exemplarisch allerdings bereits Torbrügge 1958; Übersicht älterer quellenkritischer Arbeiten bei Schier 1990, 16 ff.

23　Darauf wies schon Seibel (1983, 159 ff.) im Zusammenhang mit den oben zitierten Arbeiten von Sielmann eindringlich hin.

weit die heutigen Daten auf die Urgeschichte übertragen oder wenigstens interpoliert werden können. Eine solche Forderung ist selbstverständlich illusorisch, und es bleibt nicht vielmehr, als sich die potentiellen Fehlerquellen aufgrund von diachronen Landschaftsveränderungen bewusst zu machen. Es sollte aber auch nicht verhehlt werden, dass diese Problematik das erkenntnistheoretische Potential der naturräumlichen Fragestellung erheblich limitiert.

Mit dem naturräumlichen Ansatz wird der Blick zwangsläufig auf die Abhängigkeiten des Menschen von seiner belebten und unbelebten Umwelt gerichtet, auf das Wirtschaftssystem bzw. hier vor allem auf die Ressourcennutzung. Es wäre jedoch nicht fair, entsprechenden Arbeiten zwangsläufig einen naturräumlichen Determinismus zu unterstellen, zumal viele von ihnen auch noch weitere der hier erörterten vier Fragestellungen verfolgt haben.

Funktionalistische Fragestellung

Genauso wie der Mensch ein genuin soziales Lebewesen ist, können auch Siedlungen nicht für sich existieren. Menschen benachbarter Siedlungen stehen zwangsläufig in gegenseitigem Kontakt, um Güter oder Heiratspartner auszutauschen oder Konflikte auszutragen. Da es bei einer solchen Perspektive in erster Linie um die Interdependenzen von Gliedern eines Siedlungssystems geht, kann man diesen Forschungsansatz mit einigem Recht als ›funktionalistisch‹ bezeichnen. Diese Betrachtungsweise gilt jedoch nicht nur für Siedlungssysteme, sondern lässt sich genauso auch auf Siedlungen und einzelne Gebäude in Siedlungen übertragen.

Wie eingangs betont, wurde die moderne Siedlungsarchäologie – nicht zu verwechseln mit der »Siedlungsarchäologie« Kossinnas (1920) – innerhalb der deutschsprachigen Archäologie von Herbert Jankuhn begründet.[24] Es ist allerdings auffällig, dass Jankuhn in seiner *Einführung in die Siedlungsarchäologie* (1977) zwar eine Fülle von Beispielen siedlungsarchäologischer Forschungen anführt, jedoch keinen expliziten Fragenkatalog formuliert. Stattdessen orientiert sich seine Darstellung an Funktionstypen (»Ansiedlungen landwirtschaftlichen Charakters«, »Ansiedlungen städtischen Charakters« etc.). Eine Systematisierung möglicher Fragestellungen innerhalb eines funktionalistischen Ansatzes, wie er sich bei der

---

24 Jankuhn 1955; 1977. – Hierbei ist allerdings nochmals zu konstatieren, dass für Jankuhn (1977, 39 ff.) innerhalb seiner »Siedlungsarchäologie« auch die naturräumlichen Voraussetzungen im Sinne der oben genannten »naturräumlichen Fragestellung« eine bedeutende Rolle spielten.

von Jankuhn favorisierten Forschungsrichtung eigentlich aufdrängt, strebte er nicht an.[25]

Zudem fehlte lange Zeit das methodische Rüstzeug, um die Beziehungen zwischen mehreren gleichzeitigen Siedlungen – oder die von Gebäuden innerhalb von Siedlungen oder von Räumen innerhalb von Gebäuden – jenseits von einfachen Kartierungen detaillierter zu analysieren. So ist bezeichnend, dass bei Jankuhn (1977, 25 ff.) ausschließlich Methoden der Quellengewinnung behandelt werden, nicht solche der Quellenauswertung. Die methodischen Defizite zeigen sich auch daran, dass das Mittel der Wahl – in der Regel Verbreitungskarten – meist ausschließlich intuitiv interpretiert wurde. Eine genaue Definition und damit Operationalisierbarkeit der verwendeten Begriffe unterblieb in der Regel (Gringmuth-Dallmer 1993, 425). Anders als etwa die *New Archaeology* angloamerikanischer Prägung, die sich von der *New Geography* in vielfältiger Weise inspirieren ließ (Hodder 1978; Hodder/Orton 1976; Gamble 1987, 228), hat die mitteleuropäische Archäologie einschlägige Anregungen aus Nachbarwissenschaften zu ihrem Schaden lange Zeit ignoriert.

Bevor im Folgenden einige dieser Methoden und Werkzeuge vorgestellt werden, ist die Bedeutung der Skalierungsebene für die funktionalistische Sichtweise hervorzuheben.[26] So macht es durchaus einen Unterschied, ob man sich auf der Ebene von Siedlungsgebieten bewegt oder auf derjenigen von Siedlungen oder gar einzelnen Häusern. Bei jeder Ebene ist sinnvoll nach den funktionalen Zusammenhängen zu fragen; die sozialen Einheiten, die dabei in die Betrachtung geraten, sind jedoch jeweils unterschiedliche: Auf der Ebene von Siedlungsgebieten bewegt man sich – je nach sozio-kulturellem Integrationsniveau – im Bereich großräumiger politischer Einheiten, von Ethnien oder von regionalen Verwandtschaftsgruppen. Untersucht man eine Siedlung, hat man es mit einer Dorfgemeinschaft zu tun, während man bei einem Haus am ehesten mit einer Familie zu rechnen hat. Sozialwissenschaftlich betrachtet ist hierbei wichtig, dass man eine soziale Interaktion auf der Haus- und Siedlungsebene als sicher voraussetzen darf, mithin dass die einzelnen Räume – bei einem Haus – oder Häuser, Plätze und Straßen – bei einer Siedlung – mit großer Wahrscheinlichkeit auch von den betreffenden Menschen als funktionales Gefüge wahrgenommen wurden. Dies ist bei der überregionalen Betrachtung anders: Dass die Siedlungsplätze einer Region tatsächlich in einem mehr oder weniger engen funktionalen Zusammenhang standen, kann nicht ohne

---

25 Vgl. Zimmermann 2005, 29; vor diesem Hintergrund ist wohl auch J. Lünings (1982, 9) Plädoyer zu sehen, dass man von der Orientierung auf das Objekt zu der auf die Fragestellung gelangen müsse.

26 Die Gliederung in verschiedene Skalierungsebenen ist beileibe nichts Neues; D. L. Clarke (1977, 11 ff.) etwa teilte die Untersuchungseinheiten auf Mikro-, Meso- und Makroebene auf. – Zu einer möglichen Ebenengliederung mit ausführlichen Beispielen siehe Zimmermann 2002, 41 ff.

Weiteres vorausgesetzt werden, sondern ist zumindest als Hypothese deutlich so zu formulieren. Demnach sind räumliche Fragestellungen und Methoden innerhalb des funktionalistischen Ansatzes nicht so beliebig auf- und abwärtsskalierbar, wie etwa Jens Lüning (1982, 9 f. mit Abb. 1) suggeriert. Auf die Skalierungsebenen und die sich daraus ergebenden methodischen Konsequenzen wird im Schlusskapitel noch einmal zurückzukommen sein.

Auf der Ebene von Siedlungsgebieten seien aus der Fülle der für den funktionalistischen Denkstil charakteristischen Fragenkomplexe zwei besonders relevante herausgegriffen: Dies ist erstens die Frage nach Besiedlungskonzentrationen und – daraus abgeleitet – der Bevölkerungsdichte und zweitens die Frage nach Siedlungshierarchien sowie Territorien.

Hatte bereits Jankuhn (z. B. 1961/1963) mit durchaus sehr differenzierten, auf unterschiedlichen Ebenen angesiedelten Punktkartierungen gearbeitet, um Besiedlungskonzentrationen bzw. Besiedlungsverlagerungen herauszuarbeiten, ist in diesem Bereich erst in den letzten Jahren der deutliche Versuch der Systematisierung und Objektivierung zu erkennen. Verschiedene Algorithmen zur Punktdichteberechnung stellen hierbei eine große Hilfe dar. Die meisten dieser Methoden basieren im Grundsatz auf einer Delaunay-Triangulation.[27] Ältere Ansätze wie etwa die Quadratmethode zur Herausarbeitung besonders dichter Fundstellenstreuungen (Wagner 1992, 156 ff.; Weber 1992) konnten sich dagegen aufgrund des unlösbaren Problems, dass die Wahl der Quadratgröße entscheidenden Einfluss auf das Endergebnis hat, nicht durchsetzen. Systematisch sind die Möglichkeiten mittels der »Methode der größten leeren Kreise«, letztlich eine Methode zur Errechnung von Fundabständen, durch die Arbeitsgruppe um Andreas Zimmermann ausgetestet worden (Zimmermann u. a. 2004, 51 ff.; auch bereits Saile 1998, 139 ff.). Ziel ist die Ermittlung von plausiblen Kernzonen prähistorischer Besiedlung, die nicht von der subjektiven Einschätzung des Betrachters oder suggestiven Kartierungssymbolen (z. B. besonders große oder kleine Punkte) abhängen.

Sind zwischen den nächsten Nachbarn einer Triangulation regelhafte Abstände zu beobachten, erlaubt dies im Idealfall Aussagen zur wechselseitigen Entfernung der Fundpunkte (z. B. Siedlungen), was prähistorische Präferenzen widerspiegeln könnte (Siegmund 1992; Zimmermann 1992; Saile 1998, 178 ff.). Dies funktioniert im Prinzip auch zwischen unterschiedlichen Fundkategorien (z. B. Siedlungen und Bestattungsplätzen). Gemeinsam mit den Kernzonen prähistorischer Besiedlung lassen sich so Schätzungen der Bevölkerungsdichte anstellen (z. B. Müller-Scheeßel 2007b).

Hinsichtlich der Frage nach Siedlungshierarchien und Territorien ist besonders die ›Theorie der Zentralen Orte‹ relevant. Diese wurde bereits in den 1930er Jahren von dem Wirtschaftswissenschaftler Walter Christaller (1933; siehe auch Heinritz

---

27 Siegmund 1992; Zimmermann 1992; Vergleich verschiedener Methoden bei Herzog 2009.

1979; Blotevogel 2005) begründet und behandelt die Relationen von Siedlungen innerhalb einer Siedlungslandschaft hinsichtlich ihrer Funktionen. Prinzipiell gehorcht die Siedlungslandschaft einer fraktalen Ordnung, d. h. es gibt Orte erster, zweiter, dritter etc. Ordnung. Orte höherer Ordnung weisen nach der Diktion von Christaller gegenüber denjenigen niedrigerer Ordnung einen »Bedeutungsüberschuss« in den von ihnen zur Verfügung gestellten Einrichtungen in beispielsweise sozialer, ökonomischer oder religiöser Hinsicht auf. Dieser Bedeutungsüberschuss gibt wiederum über ihre »Zentralität« Aufschluss. Wesentlich ist bei Christaller, dass er über die Relationalität von Orten nicht nur Aussagen zu ihrer wechselseitigen Beziehung trifft, sondern auch über die der von ihnen jeweils versorgten Gebiete. Christallers Theorie richtet den Blick auf die Bedeutungsunterschiede innerhalb von Siedlungssystemen.

Versuche, die Theorie Zentraler Orte für archäologische Fragestellungen nutzbar zu machen, gingen zunächst von der Geschichtswissenschaft aus, nicht von der Archäologie (z. B. Fehn 1970; Denecke 1973), und sie blieben dort auch lange Zeit ohne Widerhall. Während im angloamerikanischen Raum die Theorie bereits frühzeitig intensiv diskutiert wurde[28], scheint einem breiteren mitteleuropäischen archäologischen Publikum die Theorie erst wieder durch die Untersuchungen Jürgen Kunows (1988; 1992) zu Zentralen Orten und Zentralität im römischen Niedergermanien bekannt gemacht worden zu sein. In letzter Zeit ist ein verstärktes Interesse an der Zentralorttheorie festzustellen, wobei hier die Diskussion um »bandkeramische Zentralorte« (Zimmermann 1995, 92 ff.; Saile 1998, 184 ff.; Schade 2004) befruchtend gewirkt haben dürfte.[29]

Auch wenn das Konzept für die moderne Stadtplanung überholt sein mag (Blotevogel 1996), leuchtet Christallers Modell von theoretischer Seite unmittelbar ein und hat deshalb m. E. für die Archäologie nichts von seiner Relevanz verloren (so auch das Fazit bei Nakoinz 2009b, 376). Gegenüber der deskriptiven Ansprache eines archäologischen Siedlungsplatzes als »Wichtige Siedlung« hat die Christaller'sche Theorie den Vorteil, dass sie neben dem eigentlichen Ort das ihn umgebende Gebiet automatisch miteinbezieht und darauf besteht, benachbarte Orte immer in Relation zueinander zu denken. Sicherlich ist für jedes Siedlungssystem nachzuweisen, dass es dem Christaller-Modell entspricht. Als Arbeitshypothese erscheint es aber sehr attraktiv. Archäologisch ist von einer Siedlung häufig nicht viel mehr als die ehemalige Größe bekannt, und mit Christallers Modell lassen sich die anderen Faktoren – Funktionsumfang und Bedeutung – begründet ablei-

---

28 Siehe die Überblicke bei Hodder/Orton 1976, 60 ff.; Crumley 1979, 151 ff.; Bernbeck 1997, 169 ff.
29 Siehe Nakoinz 2009b; Hofmann u. a. 2010 und die Aufsätze in Kiel Graduate School »Human Development in Landscapes« 2010, 251 ff.

ten.[30] Andererseits kann das Zentralortkonzept aber auch forschungsleitend sein, indem es zum Abgleich mit den archäologischen Fakten auffordert und dadurch dazu zwingt, sich mit der Frage nach relevanten Parametern zur archäologischen Definition von Zentralität auseinanderzusetzen.

Die empirische Untersuchung von Siedlungssystemen kann auf verschiedenem Weg erfolgen: Am bekanntesten sind die Implementierungen *via* Thiessen-Polygonen und Rank-Size-Diagrammen. Die Idee besteht bei Thiessen-Polygonen darin, die Territorien gleichzeitiger Siedlungen – in der Diktion von Christaller: die von ihnen jeweils versorgten Gebiete – auf mathematischem Wege ungefähr anzugeben.[31] Die Methode ist allerdings sehr empfindlich gegen eine unvollständige Überlieferung, die bei archäologischem Material ja geradezu vorauszusetzen ist. Problematisch ist ferner die vorausgesetzte Gleichzeitigkeit von Siedlungen, die sich bei dem häufig spröden Siedlungsmaterial oft nicht genauer als auf einige Jahrhunderte eingrenzen lässt (aoristische Lösung dafür von Mischka 2007). Auch für die Methode der Thiessen-Polygone gilt, dass ihre Rezeption in der angloamerikanischen Archäologie wesentlich früher erfolgte als in der deutschsprachigen (z. B. Renfrew 1974, 76 ff.; Hodder/Orton 1976, 55 ff.). Zwar gab es auch bei Letzterer vereinzelte frühe Anwendungen der Konstruktion von Thiessen-Polygonen[32], jedoch scheint sich diese Methode erst in den letzten Jahren einer größeren Akzeptanz zu erfreuen.[33]

Ähnliches trifft für Rank-Size-Diagramme zu, die in der deutschsprachigen Archäologie nur selten eingesetzt werden (z. B. Kunow 1988, 62 Abb. 4; Hennig/ Lucianu 2000; Hofmann u. a. 2010, 204 ff.), während sich im angloamerikanischen Raum bereits eine intensive Debatte um den bestmöglichen Testalgorithmus entwickelt hat (Savage 1997; Drennan/Peterson 2004). Mit Rank-Size-Diagrammen lassen sich die Größen der Siedlungen eines Siedlungssystems miteinander in Beziehung setzen, insbesondere Veränderungen in den Größenverhältnissen

30 Tatsächlich stellt Christaller (1933, 26 f.) klar, dass sich die Zentralität eines Ortes nicht aus seiner Größe ableitet, erstere stellt gerade den »Bedeutungsüberschuss« über die reine Größe dar. Jedoch spricht m. E. nichts dagegen, bis zur Verfügbarkeit gegenteiliger Hinweise davon auszugehen, dass in einem gegebenen archäologischen Fall Größe und Zentralität miteinander korrelieren.

31 Thiessen-Polygone werden konstruiert aus den Mittelsenkrechten der Verbindungslinie zwischen zwei benachbarten Punkten, Grundlage ist auch hier eine Delaunay-Triangulation.

32 Siehe z. B. Härke 1979, 209 ff. Abb. 54 f. (eisenzeitliches Beispiel); Kunow 1988 (römisches Niedergermanien); Saile 1998, 187 mit Abb. 246 (bandkeramische Siedlungen der Wetterau).

33 Ein Hinweis darauf mag die Erwähnung bei Steuer (2006, 151) sein, der Thiessen-Polygone dort fälschlicherweise als »Sechsecke« bezeichnet – Thiessen-Polygone können Sechseckform annehmen, dies ist jedoch nicht notwendigerweise der Fall.

werden so offenbar. Als weiteres, bisher selten genutztes Werkzeug sind Tests und Visualisierungen zur Autokorrelation zu nennen (Müller-Scheeßel 2007c).

Auf der Ebene von Siedlungen oder Häusern wird innerhalb des funktionalistischen Denkstils meist mit Punkt- oder Dichtekartierungen argumentiert, um Aktivitätszonen oder Funktionsbereiche herauszuarbeiten. Solche Intra-Site-Analysen sind besonders in der Archäologie von Wildbeutern weit verbreitet, da hier Architekturreste die Ausnahme darstellen (z. B. Kroll/Price 1991), finden sich jedoch auch in anderem Kontext (z. B. Hofmann u. a. 2006, 131 ff.). Für die Analyse von komplexer aufgebauten Siedlungen oder Gebäuden bieten sich außerdem die Werkzeuge der »Space Syntax« von Bill Hillier und Julienne Hanson (1984; siehe auch Bernbeck 1997, 196 ff.) an. Sie formalisieren die Beschreibung von Siedlungs- oder Gebäudegrundrissen und ermöglichen damit erst ihre Vergleichbarkeit. Auch hier gilt: Die angloamerikanische Archäologie hat entsprechende Anregungen früh aufgegriffen (z. B. Chapman 1990), während diese Methoden im mitteleuropäischen Bereich erst zögernd Anwendung finden.[34]

Egal ob auf der Ebene von Siedlungskammern, von einzelnen Siedlungen oder Gebäuden, die funktionalistische Fragestellung ist aus einer ernstzunehmenden Betrachtung dieser jeweiligen Einheiten nicht wegzudenken. Auf jeder Ebene geht es um die Fragen, in welcher Weise die einzelnen Bestandteile zusammenhängen und welche Funktion sie jeweils übernommen haben. Ein Problem für jede funktionalistische Analyse stellt besonders die Fundüberlieferung dar; im Prinzip sind gesicherte Aussagen nur bei einer annähernd vollständigen archäologischen Überlieferung möglich.

Phänenomenologische Fragestellung

Allen bisher vorgestellten Fragestellungen bzw. Denkstilen ist gemeinsam, dass sie den Raum quasi als Container betrachten, in dem sich menschliches Handeln lediglich abspielt und dem folglich keine eigenständigen Qualitäten zukommen. In den drei betrachteten Denkstilen ist der Raum an sich merkwürdig abwesend. Betrachtet man den *spatial turn* nicht nur als eine gesteigerte Aufmerksamkeit auf räumlich verankerte Fragestellungen, ist dieses Bekenntnis zum ›Nicht-nur-Container-sein‹ des Raumes auch der kleinste gemeinsame Nenner der Ansätze innerhalb des *spatial turn*.[35]

---

34 Siehe aber Thaler 2005; 2006 und einige Beiträge in Trebsche/Müller-Scheeßel/Reinhold 2010 im breiteren Rahmen einer Architektursoziologie.

35 Zum *spatial turn* siehe Bachmann-Medick 2006, 384 ff.; Döring/Thielmann 2008b; Czáky/Leitgeb 2009; Warf/Arias 2009; speziell zur Begriffsgeschichte Döring/Thielmann 2008a. – Bachmann-Medick verlangt, dass sich für einen wirklichen *turn* das wissenschaftliche Denken und Schreiben »verräumlichen« müsse, bleibt aber relativ diffus, was

In erster Linie bedeutet dies, dass die physische Realität der handelnden Akteure in Betracht gezogen wird, die mit anderen Elementen der physisch-materiellen Welt in Interaktion treten. Für den Ethnologen Benno Werlen (2003, 7) beruht Raum bzw. Räumlichkeit entsprechend »auf der Erfahrung der eigenen Körperlichkeit, ihrem Verhältnis zu den übrigen ausgedehnten Gegebenheiten (inklusive der Körperlichkeit anderer Handelnder) und ihrer Bedeutung für die eigenen Handlungsmöglichkeiten und -unmöglichkeiten«. Dies entspricht wenigstens teilweise dem Begriff des »Spacing« der Raumsoziologin Martina Löw (2001, 158), womit sie »das Errichten, Bauen oder Positionieren« von Gütern und/oder Menschen meint. Dieser Prozess kann nach Löw sinnvoll immer nur in Relation zu anderen Objekten der realen Welt erfolgen. Zu diesem Vorgang des Positionierens tritt für Löw zwingend noch ein zweites Element, das sie »Syntheseleistung« nennt. »Syntheseleistungen« stellen für sie »Wahrnehmungs-, Vorstellungs- oder Erinnerungsprozesse« dar, mit denen »Güter und Menschen zu Räumen zusammen[ge]faßt« werden (ebd. 159). Dies entspricht den zeichenhaften bzw. symbolischen Aspekten von Raum, worunter beispielsweise imaginierte Landschaften oder *mental maps* fallen.[36] Mit dem *spatial turn* ist ›Raum‹ mehr als nur noch bloßer Hintergrund für menschliche Aktivitäten: ›Raum‹ wird zum konstituierenden *sine qua non* menschlichen Handelns und Denkens.

An dieser Stelle trifft sich der *spatial turn* mit einer der Hauptströmungen der *Postprozessualen Archäologie* anglo-amerikanischer Prägung (dazu Müller-Scheeßel in Vorb. a), die sich seit den 1990er Jahren mit »Landschaftsphänomenologie« – so der Titel eines der frühen Hauptwerke dieser Richtung (Tilley 1994) – sowie verschiedenen Formen der »Erfahrung von Vergangenheit« (Shanks 1992) beschäftigt. In Deutschland hat diese Richtung allerdings bisher kaum Anhänger gefunden. Johannes Müller (2003) etwa betont lediglich die symbolische und semiotische Dimension beim menschlichen Umgang mit Landschaft, die seines Erachtens bei der archäologischen Analyse neben die ökonomische treten muss. Differenzierter findet sich die postprozessualistische Sichtweise bei Alexander Gramsch (1996; 2003; siehe aber auch Meier 2009). Für Gramsch ist Landschaft sowohl ein physisches wie ein sozio-kulturelles Phänomen. Gramsch zufolge setzt sich »landscape« aus den Komponenten »space«, »place« und »boundary« zusammen. Er betont die soziale Produktion von Landschaft, die umgekehrt ihren Bewohnern Identifikationsmomente bereitstelle, wobei es zu einem Wechselspiel

die konkrete Umsetzung ihrer Forderung angeht. – In dem Handbuch *Raum* (Günzel 2010, 90) werden dagegen lediglich zwei Kernpunkte als charakterisierend für den *spatial turn* angegeben: die Neu- und Höherbewertung des Raumes als Kategorie und die Entdeckung der Humangeographie als Impulsgeber. – Zur Kritik am *spatial turn* siehe Lippuner/Lossau 2004; Günzel 2010, 110 ff.

36 Damir-Geilsdorf/Hartmann/Hendrich 2005; überblicksartig Günzel 2010, 234 ff.

der Erfahrung von Landschaft und ihrer Wahrnehmung komme. Funktion und Bedeutung von Landschaft sind nach Gramsch nicht voneinander zu trennen.

Die Frage ist allerdings, wie sich diese Erkenntnis auch archäologisch operationalisieren lässt: Wenn Landschaft bzw. allgemeiner Raum tatsächlich sozial konstruiert und produziert wird, dann bedarf es zu seiner Erforschung bzw. der Erforschung dieser Konstruktions- und Produktionsprozesse notwendigerweise des Diskurses, wenigstens aber der Beobachtung. Beides ist für prähistorische Gesellschaften schwerlich zu leisten. Als kartographische Darstellungen zu deutende Piktogramme wie in Çatalhöyük[37] oder auf der so genannten Himmelsscheibe von Nebra (Meller 2004) sind die eindeutige Ausnahme und helfen beim Verständnis räumlicher prähistorischer Vorstellungen kaum, im Gegenteil: An ihnen wird besonders deutlich, wie schwierig die Interpretation symbolischer Codes ist, für die uns der Schlüssel fehlt (Burmeister 2009, 81).

Die symbolische Wahrnehmung von Raum kann sich archäologisch höchstens über die Sinneseindrücke des Menschen erschließen. Die Leistungsfähigkeit der menschlichen Sinne ist bekannt, und man darf annehmen, dass sie sich seit dem Auftreten des modernen Menschen nicht wesentlich geändert hat, womit sie grundsätzlich einer archäologischen Analyse zugänglich ist. Archäologisch ist die soziale Produktion von Raum also nur vor dem Hintergrund der Körperlichkeit des Menschen erschließbar.

In der menschlichen Raumerfahrung spielen mindestens vier der fünf Sinne – nämlich Tasten, Sehen, Hören und Riechen – eine zentrale Rolle.[38] International gab es durchaus bereits Versuche, menschliche Hör- und Riecherfahrungen für archäologische Fragestellungen nutzbar zu machen (z. B. Lawson u. a. 1998; Houston/Taube 2000), doch der Schwerpunkt archäologischer Anwendungen liegt bisher eindeutig auf dem Seh- und Tastsinn (wobei unter letzterem hier auch die Bewegung im Raum verstanden wird).

Dabei lassen sich grundsätzlich zwei Ansätze differenzieren: Der erste geht hermeneutisch vor und bemüht sich, die Wahrnehmung des Raumes durch den Menschen aus seinen physischen Eigenschaften abzuleiten, wobei dem Sehsinn dabei meist die Priorität eingeräumt wird. Dies entspricht dem auch in der traditionellen mitteleuropäischen Forschung gerne gegebenen Hinweis auf die Monumentalität vieler prähistorischer Bauwerke, die den Betrachter beeindrucken oder einschüchtern sollten (z. B. Müller-Karpe 1998). Seltener anzutreffen sind Überlegungen etwa zu Beleuchtungseffekten (siehe aber Schneider/Wulf-Rheidt 2011). Ähnliches gilt für die Bewegung im Raum. Unter dem Stichwort »performativer

---

37 Reflektion aus stadtgeographischer Sicht: Soja 2009, 29 f.

38 Im Extremfall kann auch das Schmecken für die räumliche Orientierung von Bedeutung sein, etwa auf hoher See im Mündungsbereich des Amazonas (http://www.amazonas.de/ amazonas/wissen_amazonas1.html).

Raum« lassen sich Sehen und Bewegen innerhalb von Bauwerken jedoch durchaus gemeinsam analysieren (z. B. Maran 2006).

Der Schwachpunkt des hermeneutischen Ansatzes ist offensichtlich: Die Einschätzung dessen, was beispielsweise als monumental zu gelten hat, ist stark subjektiv gefärbt und wird weiter dadurch erschwert, dass zumindest für mitteleuropäische prähistorische Zusammenhänge die Struktur des Aufgehenden zu einem großen Teil auf Rekonstruktionen beruht. Ob mit der impressionistischen Analyse tatsächlich die Wahrnehmung des prähistorischen Menschen getroffen wird, bleibt unklar.

Die zweite Richtung innerhalb des hier als ›phänomenologischer Denkstil‹ deklarierten Ansatzes macht deshalb intensiven Gebrauch von Geographischen Informationssystemen. Hierbei erfreuen sich insbesondere zwei Anwendungen besonderer Aufmerksamkeit: Sichtanalysen (auch Sichtfeld- bzw. Sichtbarkeitsanalysen; engl. *viewshed analysis*) und Wegeanalysen (engl. *cost surface analysis*). Beide gehörten schon früh zum Repertoire einschlägiger GIS-Untersuchungen, haben aber in Deutschland erst seit kurzem Eingang in das archäologische Methodenspektrum gefunden.

Ausgehend von einem Punkt wird bei Wegeanalysen mittels eines Digitalen Geländemodells (DGM) und verschiedener Algorithmen der Energieaufwand (im Englischen »cost«) berechnet, der für die Bewegung im Raum notwendig ist (Posluschny 2010). So ist offensichtlich, dass eine Steigung bei gleicher Strecke mehr Energie benötigt als die Fortbewegung auf einer Ebene. Verkompliziert wird die Berechnung durch unterschiedliche Transportmittel und die Hinzunahme von Wasserflächen, die sowohl trennend wie verbindend wirken können. Einschlägige Rekonstruktionen von Wegeverbindungen hat es durchaus auch bereits vor der Einführung von Geographischen Informationssystemen gegeben. Insbesondere entlang von Flusssystemen wurden bereits vorher Wegenetze rekonstruiert (differenziert z. B. L. Pauli in: Bender/Pauli/Stork 1993, 163 ff. Abb. 40 ff.). Auch über die Bewegung im Raum zu Lande oder zu Wasser sind für historische Zeiten dank der Existenz einer zentral unterhaltenen Infrastruktur auch ohne GIS weitgehende Aussagen möglich (z. B. Kunow 1989, 382 ff.). Insbesondere für prähistorische Zusammenhänge stellen jedoch einschlägige GIS-Analysen eine Erweiterung der Erkenntnismöglichkeiten dar, wobei sie sich mit einer traditionellen Herangehensweise keineswegs ausschließen müssen (siehe z. B. Schülke 2007, 41 ff.).

Bei Sichtanalysen wird mithilfe eines DGM ermittelt, welche Punkte oder Gebiete innerhalb eines bestimmten Areals von anderen Punkten aus sichtbar sind. Anwendungen dieser Art betreffen beispielsweise die gegenseitige Sichtbarkeit von Grabmonumenten oder diejenige zwischen Siedlungen und Bestattungsplätzen.[39] Anders als Wegeanalysen sind derartige Anwendungen ohne ein GIS kaum systematisch durchführbar.

Sowohl für Verfechter der phänomenologisch-hermeneutischen Archäologie wie auch für strikte Anwender Geographischer Informationssysteme mag diese Verknüpfung beider Erkenntnissstränge etwas ungewohnt erscheinen, unterstellt man GIS-Anwendern doch ein eher szientistisches Wissenschaftsverständnis, von dem sich Hermeneutiker gerne distanzieren. Ich würde allerdings auf der notwendigen Nachvollziehbarkeit aller archäologischen Schlussfolgerungen beharren, und die Werkzeuge, die ein GIS bereitstellt, sind dafür ausgezeichnet geeignet. Ansonsten besteht bei einem rein impressionistischen Vorgehen die Gefahr, dass man nicht prähistorische Interpretationen von Landschaft erforscht, sondern lediglich den eigenen Vorurteilen aufsitzt. Andererseits bleibt ein GIS-Ansatz steril, wenn er nicht die individuell sehr unterschiedlichen Handlungsmöglichkeiten der Akteure berücksichtigt, wie dies bei einem hermeneutischen Vorgehen viel eher geschieht. So hängt beispielsweise die Bewegungsfähigkeit im Raum nicht nur von den unterschiedlichen Transportmitteln ab, sondern auch von den individuellen Möglichkeiten der betreffenden Individuen; hier ist beispielsweise an Alter (Kinder, Alte) oder spezielle Behinderungen oder Verletzungen zu denken.

Über einen phänomenologischen Ansatz werden die Bedingungen und Limitierungen menschlichen Handelns deutlich. Dass der Raum bzw. die ihn konstituierenden Elemente möglicherweise auch Qualitäten eigener Art haben, die das menschliche Denken und Handeln beeinflussen und kanalisieren, gerät durch seine Konzeptualisierung als bloßer Container – wie es bei den anderen Denkstilen der Fall ist – aus dem Blick. Deshalb ist dies auch der Bereich, wo der *spatial turn* innerhalb der Kulturwissenschaften das größte Potential für die Archäologie besitzt. Allerdings ist das unmittelbare Sinneserleben des Menschen beim *spatial turn* erstaunlich unterbelichtet; offensichtlich steht die Angst im Vordergrund, den Raum zu verabsolutieren, und das Schreckgespenst eines neuen »geographischen Materialismus« (Döring/Thielmann 2008a, 26) wird an die Wand gemalt. Dass aber der Mensch zwingend und ausschließlich über seine Organe mit seiner Umwelt kommuniziert, bleibt unthematisiert. Symptomatisch dafür ist der Umstand, dass in dem Handbuch »Raum« die Körperlichkeit des Menschen und deren Raumbezug ausschließlich unter feministischen Gesichtspunkten diskutiert wird (Günzel 2010, 162 ff.). Die grundsätzliche Annahme, dass der Raum menschliches Handeln kanalisiert und formt, erscheint mir keineswegs als Unterlassungssünde, sofern man nicht wieder in ein Ratzel'sches Denken zurückfällt, und es als vom Raum determiniert ansieht.

---

39 Grundsätzlich: Posluschny 2008; Fallbeispiele: Steffen 2008; Demnick 2009; Posluschny/Schierhold 2010.

Fazit und Ausblick

Vordergründig können Archäologen über die Aufregung, die in letzter Zeit in den Kultur- und Geisteswissenschaften durch den *spatial turn* verursacht wird, nur den Kopf schütteln: Neben der zeitlichen Dimension stellt der Raum seit mehr als 100 Jahren *die* feste Größe der archäologischen Theoriebildung dar. Allerdings blieb sie meist implizit. Der *spatial turn* kann deshalb für die Archäologie einen geeigneten Ausgangspunkt darstellen, um die besagten impliziten Theorien zu explizieren und damit zu reflektieren. Auf methodischer Seite sind in den letzten Jahren zahlreiche neue Werkzeuge der räumlichen Auswertung verfügbar geworden, die neben die bisher eingesetzten einfachen Kartierungen als (einzige) Methode der Wahl treten.

Die hier vorgestellten Fragestellungen hinsichtlich des archäologischen Umgangs mit ›Raum‹ mögen sehr unterschiedlich sein, aber sie sind dennoch keineswegs inkompatibel miteinander. Vielmehr erscheint eine Verknüpfung der verschiedenen Ansätze mehr als erstrebenswert. Die einzelnen Fragestellungen verkörpern lediglich eine jeweils andere Herangehensweise an die menschliche Auseinandersetzung mit dem Raum. In der oben gewählten Reihenfolge fungiert Raum jeweils als

- Vermittler von Kommunikation
- naturräumliche Determinante
- Funktionsgefüge
- handlungsleitend.

Jede Fragestellung kann für sich jeweils nur einen Ausschnitt der menschlichen Interaktion mit der natürlichen und sozialen Umwelt erfassen. Wenn man die phänomenologische Anregung auffasst, Raum als produziert und reproduziert anzusehen, so lässt sich folgern, dass alle Bereiche, egal ob nun ökonomisch oder funktional, auf diesen Prozess Einfluss haben und insofern auch Gegenstand der Betrachtung sein müssen (Gramsch 1996, 31). Dadurch ergibt sich automatisch die Frage, wie es mit der Kombinationsmöglichkeit der Denkstile aussieht.

Wie oben bereits betont, haben tatsächlich einige Studien mehr als nur eine der hier thematisierten Fragestellungen verfolgt, wobei aber eine Integration der verschiedenen Sichtweisen nur eingeschränkt gelungen ist. Die Arbeit von Thomas Saile (1998) etwa vereint Aspekte des Naturraumbezugs, der Besiedlungsdichte und der Zentralorttheorie, aber diese Aspekte stehen – auch bedingt durch die teilweise ungünstige Quellenlage – weitgehend unverbunden nebeneinander. Auch beim oben erwähnten Projekt »Siedlungshierarchien, kulturelle Räume, soziale Evolution und Territorialität im 8. bis 4. Jh. v. Chr. in Südwestdeutschland und den angrenzenden Regionen« (Projektüberblicke: Nakoinz/Steffen 2008; Nakoinz

2009b) scheinen die einzelnen Komponenten noch ein weitgehend voneinander unabhängiges Eigenleben zu führen.

Insbesondere beim naturräumlichen Denkstil geben sich zahlreiche interessante Querverbindungen zu den anderen Fragestellungen: Hier ist z. B. an die Kombination von Cost-Surface-Analysen mit Umfeldanalysen oder von Umfeldanalysen im Verein mit Überlegungen zur Siedlungs- bzw. Bevölkerungsgröße (so auch bereits Lüning 1982, 21 Abb. 9; Ebersbach 2003) zu denken. Auch die Verbindung von naturräumlichen Voraussetzungen mit Berechnungen der Besiedlungsdichte drängt sich quasi von selbst auf, ebenso die Verknüpfung von Parametern des Naturraumes mit solchen der menschlichen Wahrnehmung. Dabei ergeben sich zahlreiche Querverbindungen zu den Naturwissenschaften, insbesondere Pollenanalytik und Bodenkunde wären hier zu nennen und die Frage der Rückwirkung des Menschen auf seine Umwelt. Weiter lassen sich die berechneten kostengünstigsten Wege mit den Ergebnissen der traditionellen Wegeforschung (Denecke 1979) vergleichen. Selbstverständlich sind aber Querverbindungen auch zwischen anderen Fragestellungen gegeben: So etwa liegt ein Vergleich der ermittelten funktionalen Einheiten mit möglichen kulturellen Grenzen nahe.

Technisch ist eine Verschmelzung der unterschiedlichen Datensätze angesichts leistungsfähiger Datenbanken und PCs mit entsprechender Software mittlerweile problemlos möglich, zu denken ist hier insbesondere an Software zur Erstellung Geographischer Informationssysteme. Dabei ist jedoch darauf zu achten, dass zwischen den unterschiedlichen Quellenarten – sowohl archäologisch wie naturwissenschaftlich – differenziert wird und dass entsprechend die einzelnen Interpretationsebenen argumentativ sorgfältig getrennt werden. Ein Zusammenhang zwischen den verschiedenen Faktoren – etwa der zwischen der Besiedlung und dem Naturraum – ist erst zu zeigen und darf nicht von vornherein postuliert werden.

Mehrfach wurde oben bereits auf die Bedeutsamkeit der Fundüberlieferung hingewiesen. Die sich aus der Lückenhaftigkeit der archäologischen Daten zwingend ergebende intensive Quellenkritik hat sich allerdings, wie Andreas Zimmermann und Mitarbeiter richtig bemerken, »in vielen Fällen zu einem starren Quellenskeptizismus« verselbständigt (Zimmermann u. a. 2004, 43). Um einerseits der Quellenkritik den ihr gebührenden Platz einzuräumen, ohne dabei aber andererseits in einer Schockstarre vor der Unzulänglichkeit der archäologischen Quellen zu verharren, hat die Kölner Arbeitsgruppe um Zimmermann den Begriff des »Schlüsselgebiets« eingeführt (ebd. 49 ff.). Damit sind Untersuchungsgebiete einer Größe zwischen 20 km² und 400 km² gemeint, für die durch intensive Begehungen, Prospektionen und Ausgrabungen Primärdaten von hoher Qualität erhoben werden konnten. Die durch den Braunkohletagebau gefährdete und durch von der *Deutschen Forschungsgemeinschaft* jahrzehntelang intensiv geförderte Forschungen erschlossene Region der östlichen Aldenhovener Platte in der Niederrheinischen Bucht stellt ein solches Schlüsselgebiet in idealer Weise dar.

Durch Aufwärtsskalieren der hier gewonnenen detailreichen Ergebnisse können auch benachbarte Regionen, die möglicherweise einen schlechteren Forschungsstand aufzuweisen haben, in großräumige Betrachtungen einbezogen werden. Das Zimmermann'sche Konzept der Schlüsselgebiete ist also für jede der hier skizzierten Fragestellungen von Bedeutung, da mit deren Hilfe von gut erforschten Gebieten auf schlechter erschlossene rückgeschlossen werden kann. Zudem ist das von der Zimmermann'schen Gruppe gewählte Vorgehen insofern methodisch richtungsweisend, weil es für archäologisch weniger gut erschlossene Regionen einen konkreten Forschungsplan an die Hand gibt.

Der vorliegende Beitrag begann mit der Erörterung der gut etablierten Begriffe »Siedlungsarchäologie« bzw. »Landschaftsarchäologie«. Es sollte deutlich geworden sein, dass sich dahinter keineswegs ein in sich geschlossenes Forschungsprogramm verbirgt bzw. verbergen kann, sondern dass seine Proponenten damit wenigstens vier sehr verschiedenartige Fragestellungen verfolgt haben, wobei sich in vielen Fällen der Blickwinkel auf eine dieser Fragestellungen verengt hat. Diese Fragestellungen sind hier als »kulturhistorisch«, »naturräumlich«, »funktionalistisch« und »phänomenologisch« bezeichnet worden; gemeinsam ist ihnen in erster Linie das Interesse am Zusammenhang zwischen archäologischen Evidenzen und räumlichen Parametern. Aus diesem Grund scheint der Begriff des ›Raumes‹ geeigneter als »Siedlungs«- oder »Landschaftsarchäologie«, diese Fragestellungen unter einer Rubrik zu vereinigen.

Im Chor der Kulturwissenschaften muss sich die Archäologie damit keineswegs verstecken, im Gegenteil: Im Vergleich mit vielen ihrer Nachbarwissenschaften scheint sie für eine inhaltsreiche Auseinandersetzung mit dem *spatial turn* wesentlich besser gerüstet als diese. Die Archäologie hat die wohl einzigartige Möglichkeit, alle diese Perspektiven in ein umfassendes Raumverständnis zu integrieren, gerade weil ihre Quellen lückenhaft sind und sich deshalb durch die dadurch notwendige Fokussierung viele Probleme anderer Kulturwissenschaften gar nicht erst ergeben können.

Literatur

Anonym. 2007: Anonym. (Hrsg.), Archäoprognose Brandenburg II. Forsch. Arch. Land Brandenburg 10. Wünsdorf: Brandenburgisches Landesamt für Denkmalpflege und Archäologisches Landesmuseum 2007.

Bachmann-Medick 2006: D. Bachmann-Medick, Cultural Turns: Neuorientierungen in den Kulturwissenschaften. Reinbek bei Hamburg: Rowohlt 2006.

Bender/Pauli/Stork 1993: H. Bender/L. Pauli/I. Stork, Der Münsterberg in Breisach II: Hallstatt- und Latènezeit. Münchner Beitr. Ur- u. Frühgesch. 40. München: C. H. Beck'sche Verlagsbuchhandlung 1993.

Bernbeck 1997: R. Bernbeck, Theorien in der Archäologie. Tübingen u. a.: Francke 1997.

Blankholm 1991: H. P. Blankholm, Intrasite Spatial Analysis in Theory and Practice. Aarhus: Aarhus University Press 1991.

Blotevogel 1996: H. H. Blotevogel, Zentrale Orte: Zur Karriere und Krise eines Konzepts in der Regionalforschung und Raumordnungspraxis. Inf. Raumentwicklung 10, 1996, 617–629.

Blotevogel 2005: Ders., Stichwort ›Zentrale Orte‹. In: Akademie für Raumforschung und Landesplanung (Hrsg.), Handwörterbuch der Raumordnung. Hannover: Verlag der Akademie für Raumforschung und Landesplanung 2005, 1307–1315.

Brather 2006: S. Brather, Entwicklungen der Siedlungsarchäologie. Auf dem Weg zu einer umfassenden Umwelt- und Landschaftsarchäologie? Siedlungsforsch. 24, 2006, 51–97.

Brather 2011: Ders., Siedlungs-, Umwelt- und Landschaftsarchäologie: Entdeckung und Analyse des Raumes. Freiburger Universitätsbl. 50/192, 2011, 123–137.

Brather/Wotzka 2006: Ders./H.-P. Wotzka, Alemannen und Franken? Bestattungsmodi, ethnische Identitäten und wirtschaftliche Verhältnisse zur Merowingerzeit. In: Burmeister/Müller-Scheeßel 2006, 139–224.

Brumann 1999: C. Brumann, Writing for Culture: Why a Successful Concept Should not Be Discarded. Curr. Anthr. 40 Suppl., 1999, 1–27.

Brunnacker/Kossack 1957: K. Brunnacker/G. Kossack, Ein Beitrag zur vorrömischen Besiedlungsgeschichte des niederbayerischen Gäubodens. Arch. Geogr. 6, 1957, 43–54.

Burmeister 2009: S. Burmeister, »Codierungen/Decodierungen«. Semiotik und die archäologische Untersuchung von Statussymbolen und Prestigegütern. In: B. Hildebrandt/C. Veit (Hrsg.), Der Wert der Dinge – Güter im Prestigediskurs. »Formen von Prestige in Kulturen des Altertums«, Graduiertenkolleg der DFG an der Ludwig-Maximilians-Universität München. Münchner Stud. Alte Welt 6. München: Utz 2009, 73–102.

Burmeister/Müller-Scheeßel 2006: Ders./N. Müller-Scheeßel (Hrsg.), Soziale Gruppen – kulturelle Grenzen: Die Interpretation sozialer Identitäten in der Prähistorischen Archäologie. Tübinger Arch. Taschenbücher 5. Münster u. a.: Waxmann 2006.

Chapman 1990: J. Chapman, Social Inequality on Bulgarian Tells and the Varna Problem. In: R. Samson (Hrsg.), The Social Archaeology of Houses. Edinburgh: Edinburgh University Press 1990, 49–98.

Christaller 1933: W. Christaller, Die zentralen Orte in Süddeutschland: Eine ökonomisch-geographische Untersuchung über die Gesetzmäßigkeit der Verbreitung und Entwicklung der Siedlungen mit städtischen Funktionen. Jena: Fischer 1933.

Clarke 1977: D. L. Clarke, Spatial Information in Archaeology. In: Ders. (Hrsg.), Spatial Archaeology. London u. a.: Academic Press 1977, 1–32.

Claßen 2004: E. Claßen, Verfahren der ›Sozialen Netzwerkanalyse‹ und ihre Anwendung in der Archäologie. Arch. Inf. 27/2, 2004, 219–226.

Crumley 1979: C. L. Crumley, Three Locational Models: An Epistemological Assessment for Anthropology and Archaeology. Advances Arch. Method and Theory 2, 1979, 141–173.

Czáky/Leitgeb 2009: M. Czáky/C. Leitgeb (Hrsg.), Kommunikation – Gedächtnis – Raum: Kulturwissenschaften nach dem ›Spatial Turn‹. Bielefeld: transcript 2009.

Damir-Geilsdorf/Hartmann/Hendrich 2005: S. Damir-Geilsdorf/A. Hartmann/B. Hendrich (Hrsg.), Mental Maps – Raum – Erinnerung: Kulturwissenschaftliche Zugänge zum Verhältnis von Raum und Erinnerung. Kulturwiss. Forsch. u. Wiss. 1. Münster: LIT 2005.

Dauber 1950: A. Dauber, Der Forschungsstand als innere Gültigkeitsgrenze der Fundkarte dargestellt am Beispiel Nordbadens. In: H. Kirchner (Hrsg.), Ur- und Frühgeschichte als historische Wissenschaft [Festschr. E. Wahle]. Heidelberg: Winter 1950, 94–111.

Demnick 2009: D. Demnick, Sichtanalysen am Beispiel Altmärkischer Megalithgräber. In: H.-J. Beier/E. Claßen/T. Doppler/B. Ramminger (Hrsg.), Varia neolithica VI: Neolithische Monumente und neolithische Gesellschaften. Beitr. Ur- u. Frühgesch. Mitteleuropa 56. Langenweissbach: Beier & Beran 2009, 141–152.

Denecke 1973: D. Denecke, Der geographische Stadtbegriff und die räumlich-funktionale Betrachtungsweise bei Siedlungstypen mit zentraler Bedeutung in Anwendung auf historische Siedlungsepochen. In: H. Jankuhn/W. Schlesinger/H. Steuer (Hrsg.), Vor- und Frühformen der europäischen Stadt im Mittelalter: Bericht über ein Symposium in Reinhausen bei Göttingen in der Zeit vom 18. bis 24. April 1972. Abhandl. Akad. Wiss. Göttingen Phil.-Hist. Kl. 3, 83. Göttingen: Vandenhoeck & Ruprecht 1973, 33–55.

Denecke 1979: Ders., Methoden und Ergebnisse der historisch-geographischen und archäologischen Untersuchung und Rekonstruktion mittelalterlicher Verkehrswege. In: H. Jankuhn/R. Wenskus (Hrsg.), Geschichtswissenschaft und Archäologie: Untersuchungen zur Siedlungs-, Wirtschafts- und Kirchengeschichte. Vorträge u. Forsch. 22. Sigmaringen: Thorbecke 1979, 433–483.

Drennan/Peterson 2004: R. D. Drennan/C. E. Peterson, Comparing Archaeological Settlement Systems with Rank-Size Graphs: A Measure of Shape and Statistical Confidence. Journal Arch. Scien. 31, 2004, 533–549.

Döring/Thielmann 2008a: J. Döring/T. Thielmann, Einleitung: Was lesen wir im Raume? Der *Spatial Turn* und das geheime Wissen der Geographen. In: Döring/Thielmann 2008b, 7–45.

Döring/Thielmann 2008b: Dies. (Hrsg.), Spatial Turn: Das Raumparadigma in den Kultur- und Sozialwissenschaften. Bielefeld: transcript 2008.

Dörrer 2002: O. Dörrer, Das Grab eines nordostalpinen Kriegers in Hallstatt: Zur Rolle von Fremdpersonen in der alpinen Salzmetropole. Arch. Austriaca 86, 2002, 55–81.

Dünne/Günzel 2006: J. Dünne/S. Günzel (Hrsg.), Raumtheorie: Grundlagentexte aus Philosophie und Kulturwissenschaften. Frankfurt a. M.: Suhrkamp 2006.

Ebersbach 2003: R. Ebersbach, Paleoecological Reconstruction and Calculation of Calorie Requirements at Lake Zurich. In: Kunow/Müller 2003, 69–88.

Eggers 1950/51: H. J. Eggers, Die vergleichende geographisch-kartographische Methode in der Urgeschichtsforschung. Arch. Geogr. 1, 1950/51, 1–3.

Eichfeld 2005: I. Eichfeld, Die vorrömische Eisenzeit im Landkreis Rotenburg (Wümme): Eine landschaftsarchäologische Untersuchung mit Hilfe von GIS. Arch. Ber. Ldk. Rotenburg (Wümme) 12. Oldenburg: Isensee 2005.

Fehn 1970: K. Fehn, Die zentralörtlichen Funktionen früher Zentren in Altbayern: Raumbindende Umlandbeziehungen im bayerisch-österreichischen Altsiedelland von der Spätlatènezeit bis zum Ende des Hochmittelalters. Wiesbaden: Steiner 1970.

Fleck 1980: L. Fleck, Entstehung und Entwicklung einer wissenschaftlichen Tatsaeche: Einführung in die Lehre vom Denkstil und Denkkollektiv. Mit einer Einleitung herausgegeben von Lothar Schäfer und Thomas Schnelle. Frankfurt a. M.: Suhrkamp 1980. [Erstausgabe: 1935.]

Gamble 1987: C. Gamble, Archaeology, Geography and Time. Progress Human Geogr. 11, 1987, 227–246.

Gerlach 2003: R. Gerlach, Wie dynamisch sind die geogenen Grundlagen einer archäologischen Prognose? Die Veränderungen von Relief, Boden und Wasser seit dem Neolithikum. In: Kunow/Müller 2003, 89–96.

Gradmann 1901: R. Gradmann, Das mitteleuropäische Landschaftsbild nach seiner geschichtlichen Entwicklung. Geogr. Zeitschr. 7, 1901, 361–447.

Gradmann 1906: Ders., Beziehungen zwischen Pflanzengeographie und Siedlungsgeschichte. Geogr. Zeitschr. 12/6, 1906, 305–325.

Gramsch 1996: A. Gramsch, Landscape Archaeology: Of Making and Seeing. Journal European Arch. 4, 1996, 21–38.

Gramsch 2003: Ders., Landschaftsarchäologie: Ein fachgeschichtlicher Überblick und ein theoretisches Konzept. In: Kunow/Müller 2003, 35–54.

Gringmuth-Dallmer 1993: E. Gringmuth-Dallmer, Mitteldeutschland in der mittelalterlichen Siedlungsgeschichte: Ein Beitrag zur Erfassung und Interpretation von Siedlungsräumen in ethnischen Kontaktgebieten. In: A. Lang/H. Parzinger/H. Küster (Hrsg.), Kulturen zwischen Ost und West: Das Ost-West-Verhältnis in vor- und frühgeschichtlicher Zeit und sein Einfluß auf Werden und Wandel des Kulturraums Mitteleuropa. Berlin: Akademie 1993, 425–449.

Gringmuth-Dallmer/Altermann 1985: Ders./M. Altermann, Zum Boden als Standortfaktor ur- und frühgeschichtlicher Siedlungen. Jahresschr. Mitteldt. Vorgesch. 68, 1985, 339–355.

Günzel 2010: S. Günzel (Hrsg.), Raum: Ein interdisziplinäres Handbuch. Stuttgart/Weimar: J. B. Metzler/C. E. Poeschel 2010.

Hansen 2000: K. P. Hansen, Kultur und Kulturwissenschaft: Eine Einführung. Tübingen u. a. Basel: Francke ²2000.

Hansen 2009: Ders., Kultur und Kollektiv: Eine essayistische Heuristik für Archäologen. In: Krauße/Nakoinz 2009, 17–25.

Harck 1972: O. Harck, Nordostniedersachsen vom Beginn der jüngeren Bronzezeit bis zum frühen Mittelalter. Materialh. Ur- u. Frühgesch. Niedersachsen 7. Hildesheim: Lax 1972.

Hard 2008: G. Hard, Der *Spatial Turn*, von der Geographie her beobachtet. In: Döring/ Thielmann 2008b, 263–315.

Härke 1979: H. Härke, Settlement Types and Patterns in the West Hallstatt Province: An Evaluation of Evidence from Excavated Sites. BAR Internat. Ser. 57. Oxford: BAR 1979.

Heinritz 1979: G. Heinritz, Zentralität und zentrale Orte: Eine Einführung. Stuttgart: Teubner 1979.

Hennig/Lucianu 2000: H. Hennig/C. Lucianu, Zipf, Christaller, Gräberfelder: Sind latente Besiedlungsstrukturen der Hallstattzeit aus der Verteilung der Nekropolen ersichtlich? Arch. Korrbl. 30/4, 2000, 527–548.

Herzog 2009: I. Herzog, Analyse von Siedlungsterritorien auf der Basis mathematischer Modelle. In: Krauße/Nakoinz 2009, 71–86.

Hillier/Hanson 1984: B. Hillier/J. Hanson, The Social Logic of Space. Cambridge: Cambridge University Press 1984.

Hodder 1978: I. Hodder (Hrsg.), The Spatial Organisation of Culture. London: Duckworth 1978.

Hodder/Orton 1976: Ders./C. Orton, Spatial Analysis in Archaeology. Cambridge: Cambridge University Press 1976.

Hofmann u. a. 2006: R. Hofmann/Z. Kujundžić-Vejzagić/J. Müller/N. Müller-Scheeßel/K. Rassmann, Prospektionen und Ausgrabungen in Okolište (Bosnien-Herzegowina): Siedlungsarchäologische Studien zum zentralbosnischen Spätneolithikum (5200–4500 v. Chr.). Ber. RGK 87, 2006, 41–212.

Hofmann u. a. 2010: Ders./N. Müller-Scheeßel/J. Müller/K. Rassmann, Sozio-politische Organisationsstrukturen und zentrale Institutionen des spätneolithischen Visokobeckens in Zentralbosnien (5500–4500 v. Chr.). In: S. Hansen (Hrsg.), Leben auf dem Tell als soziale Praxis: Beiträge des Internationalen Symposiums in Berlin vom 26.–27. Februar 2007. Koll. Vor- u. Frühgesch. 14. Bonn: Habelt 2010, 189–213.

Houston/Taube 2000: S. Houston/K. Taube, An Archaeology of the Senses: Perception and Cultural Expression in Ancient Mesoamerica. Cambridge Arch. Journal 10/2, 2000, 261–294.

Jacob-Friesen 1928: K. H. Jacob-Friesen, Grundfragen der Urgeschichtsforschung: Stand und Kritik der Forschung über Rassen, Völker und Kulturen in urgeschichtlicher Zeit. Veröff. Urgesch. Abt. Provmus. Hannover 1 [Festschrift zur Feier des 75jährigen Bestehens des Provinzial-Museums]. Hannover: Helwing 1928.

Jankuhn 1955: H. Jankuhn, Methoden und Probleme siedlungsarchäologischer Forschung. Arch. Geogr. 4, 1955, 73–84.

Jankuhn 1961/1963: Ders., Terra … silvis horrida (zu Tacitus, Germania cap. 5). Arch. Geogr. 10/11, 1961/1963, 19–38.

Jankuhn 1977: Ders., Einführung in die Siedlungsarchäologie. Berlin u. a.: de Gruyter 1977.

Jockenhövel 1991: A. Jockenhövel, Räumliche Mobilität von Personen in der mittleren Bronzezeit des westlichen Mitteleuropa. Germania 69/1, 1991, 49–62.

Kiel Graduate School »Human Development in Landscapes« 2010: Kiel Graduate School »Human Development in Landscapes« (Hrsg.), Landscapes and Human

Development: The Contribution of European Archaeology. Proceedings of the International Workshop »Socio-Environmental Dynamics over the Last 12,000 Years: The Creation of Landscapes (1st–4th April 2009)«. Bonn: Habelt 2010.

Kossinna 1920: G. Kossinna, Die Herkunft der Germanen: Zur Methode der Siedlungsarchäologie. Mannusbibl. 6. Leipzig: Kabitzsch [2]1920.

Krauße 2008: D. Krauße (Hrsg.), Frühe Zentralisierungs- und Urbanisierungsprozesse: Zur Genese und Entwicklung frühkeltischer Fürstensitze und ihres territorialen Umlandes. Kolloquium des DFG-Schwerpunktprogramms 1171 in Blaubeuren, 9.–11. Oktober 2006. Forsch. u. Ber. Vor- u. Frühgesch. Baden-Württemberg 101. Stuttgart: Theiss 2008.

Krauße/Nakoinz 2009: Ders./O. Nakoinz (Hrsg.), Kulturraum und Territorialität: Archäologische Theorien, Methoden und Fallbeispiele. Kolloquium des DFG-SPP 1171, Esslingen 17.–18. Januar 2007. Internat. Arch. Arbeitsgemeinschaft, Symposium, Tagung, Kongress 13. Rahden/Westf.: Leidorf 2009.

Kroll/Price 1991: E. M. Kroll/T. D. Price (Hrsg.), The Interpretation of Archaeological Spatial Patterning. New York u. a.: Plenum Press 1991.

Kuhn 1989: T. S. Kuhn, Die Struktur wissenschaftlicher Revolutionen. Frankfurt a. M.: Suhrkamp [9]1989.

Kunow 1988: J. Kunow, Zentrale Orte in der Germania Inferior. Arch. Korrbl. 18, 1988, 55–67.

Kunow 1989: Ders., Strukturen im Raum: Geographische Gesetzmäßigkeiten und archäologische Befunde aus Niedergermanien. Arch. Korrbl. 19, 1989, 377–405.

Kunow 1992: Ders., Zentralität und Urbanität in der Germania inferior des 2. Jahrhunderts n. Chr. In: H.-J. Schalles/H. von Hesberg/P. Zanker (Hrsg.), Die römische Stadt im 2. Jahrhundert n. Chr.: Der Funktionswandel des öffentlichen Raumes. Kolloquium in Xanten vom 2. bis 4. Mai 1990. Xantener Ber. 2. Bonn: Habelt 1992, 143–152.

Kunow 1994: Ders., Zur Theorie von kontinuierlichen und diskontinuierlichen Entwicklungen im Siedlungswesen. In: C. Dobiat (Hrsg.), Festschrift für Otto-Herman Frey zum 65. Geburtstag. Marburger Stud. Vor- u. Frühgesch. 16. Marburg: Hitzeroth 1994, 339–352.

Kunow/Müller 2003: Ders./J. Müller (Hrsg.), Archäoprognose Brandenburg I: Symposium Landschaftsarchäologie und geographische Informationssysteme. Prognosekarten, Besiedlungsdynamik und prähistorische Raumordnungen/The Archaeology of Landscapes and Geographic Information Systems. Predictiv Maps, Settlement Dynamics and Space and Territory in Prehistory vom 15. bis 19. Oktober 2001 in Wünsdorf. Forsch. Arch. Land Brandenburg 8. Wünsdorf: Brandenburgisches Landesamt für Denkmalpflege und Archäologisches Landesmuseum 2003.

Lang/Salač 2002: A. Lang/V. Salač (Hrsg.), Fernkontakte in der Eisenzeit. Konferenz Liblice 2000. Praha: Archäologisches Institut der Akademie der Wissenschaften der Tschechischen Republik 2002.

Lang 2003: F. Lang, Zurück nach Arkadien? Möglichkeiten und Grenzen der Landschaftsarchäologie. In: M. Heinz/M. K. H. Eggert/U. Veit (Hrsg.), Zwischen Erklären und Verstehen? Beiträge zu den erkenntnistheoretischen Grundlagen archäologischer Interpretation. Tübinger Arch. Taschenbücher 2. Münster u. a.: Waxmann 2003, 79–95.

Lawson u. a. 1998: G. Lawson/C. Scarre/I. Cross/C. Hills, Mounds, Megaliths, Music and Mind: Some Thoughts on the Acoustical Properties and Purposes of Archaeological Spaces. Arch. Rev. Cambridge 15, 1998, 1, 111–134.

Linke 1976: W. Linke, Frühestes Bauerntum und geographische Umwelt: Eine historisch-geographische Untersuchung des Früh- und Mittelneolithikums westfälischer und nordhessischer Bördenlandschaften. Bochumer Geogr. Arbeiten 28. Paderborn: F. Schöningh 1976.

Lippuner/Lossau 2004: R. Lippuner/J. Lossau, In der Raumfalle: Eine Kritik des spatial turn in den Sozialwissenschaften. In: G. Mein/M. Rieger-Ladich (Hrsg.), Soziale Räume und kulturelle Praktiken: Über den strategischen Gebrauch von Medien. Bielefeld: transcript 2004, 47–63.

Lossau 2009: J. Lossau, Räume von Bedeutung: *Spatial turn, cultural turn* und Kulturgeographie. In: Czáky/Leitgeb 2009, 29–43.

Löw 2001: M. Löw, Raumsoziologie. Frankfurt a. M.: Suhrkamp 2001.

Lüning 1982: J. Lüning, Siedlung und Siedlungslandschaft in bandkeramischer und Rössener Zeit. Offa 39, 1982, 9–33.

Lüning 1997: Ders., Landschaftsarchäologie in Deutschland: Ein Programm. Arch. Nachrbl. 2, 1997, 277–285.

Manni/Guérard/Heyer 2004: F. Manni/E. Guérard/E. Heyer, Geographic Patterns of (Genetic, Morphologic, Linguistic) Variation: How Barriers Can Be Detected by Using Monmonier's Algorithm. Human Biol. 76/2, 2004, 173–190.

Maran 2006: J. Maran, Mycenaean Citadels as Performative Space. In: Maran/Juwig/Schwengel 2006, 75–88.

Maran/Juwig/Schwengel 2006: Ders./C. Juwig/H. Schwengel (Hrsg.), Constructing Power: Architecture, Ideology and Social Practice. Konstruktionen der Macht. Architektur, Ideologie und soziales Handeln. Gesch., Forsch. u. Wiss. 19. Hamburg: LIT 2006.

Meier 2009: T. Meier, Umweltarchäologie – Landschaftsarchäologie. In: S. Brather/D. Geuenich/C. Huth (Hrsg.), Historia archaeologica: Festschrift für Heiko Steuer zum 70. Geburtstag. RGA Ergbd. 70. Berlin u. a.: de Gruyter 2009, 697–734.

Meller 2004: H. Meller (Hrsg.), Der geschmiedete Himmel: Die weite Welt im Herzen Europas vor 3600 Jahren. Stuttgart: Theiss 2004.

Meyer 1997: M. Meyer, ›… the Biggest Step Forward Since the Invention of the Map‹: Geographische Informationssysteme in der Archäologie – Anmerkungen zu einigen Neuerscheinungen. Ethnogr.-Arch. Zeitschr. 38, 1997, 105–114.

Miggelbrink 2009: J. Miggelbrink, Räume und Regionen in der Geographie. In: I. Baumgärtner/P.-G. Klumbies/F. Sick (Hrsg.), Raumkonzepte: Disziplinäre Zugänge. Göttingen: V & R unipress 2009, 71–94.

Mischka 2007: D. Mischka, Methodische Aspekte zur Rekonstruktion prähistorischer Siedlungsmuster: Landschaftsgenese vom Ende des Neolithikums bis zur Eisenzeit im Gebiet des südlichen Oberrheins. Freiburger Arch. Stud. 5. Rahden/Westf.: Leidorf 2007.

Mölders/Wolfram in Vorb.: D. Mölders/S. Wolfram (Hrsg.), Schlüsselbegriffe der Prähistorischen Archäologie. Tübinger Arch. Taschenbücher. Münster u. a.: Waxmann (in Vorb.).

Monmonier 1973: M. S. Monmonier, Maximum-Difference Barriers: An Alternative Numerical Regionalization Method. Geogr. Analysis 5, 1973, 245–261.

Moore/Romney 1994: C. C. Moore/A. K. Romney, Material Culture, Geographic Propinquity, and Linguistic Affiliation on the North Coast of New Guinea: A Reanalysis of Welsch, Terrell, and Nadolski (1992). Am. Anthr. N. S. 96/2, 1994, 370–392.

D. W. Müller 1980: D. W. Müller, Die ur- und frühgeschichtliche Besiedlung des Gothaer Landes: Naturräumliche Voraussetzungen und Kulturenfolge. Alt-Thüringen 17, 1980, 19–180.

J. Müller 2003: J. Müller, Settlement Areas, Landscape Archaeology and Predictive Mapping. In: Kunow/Müller 2003, 27–34.

J. Müller 2006: Ders., Soziale Grenzen und die Frage räumlicher Identitätsgruppen in der Prähistorie. In: Burmeister/Müller-Scheeßel 2006, 103–117.

J. Müller 2009: Ders., Materielle Kultur, Territorialität und Bedeutungsinhalte von Identitäten: Die Wirkung verdichteter Kornmunikationsräume. In: Krauße/Nakoinz 2009, 101–111.

U. Müller 2009: U. Müller, Netzwerkanalysen in der Historischen Archäologie: Begriffe und Beispiele. In: S. Brather/D. Geuenich/C. Huth (Hrsg.), Historia archaeologica: Festschrift für Heiko Steuer zum 70. Geburtstag. RGA Ergbd. 70. Berlin u. a.: de Gruyter 2009, 735–754.

Müller-Karpe 1998: A. Müller-Karpe, Aspekte des frühkeltischen Befestigungswesens. In: Ders./H. Brandt/H. Jöns/D. Krauße/A. Wigg (Hrsg.), Studien zur Archäologie der Kelten, Römer und Germanen in Mittel- und Westeuropa: Alfred Haffner zum 60. Geburtstag gewidmet. Internat. Arch. Stud. Honoraria 4. Rahden/Westf.: Leidorf 1998, 439–448.

Müller-Scheeßel 2000: N. Müller-Scheeßel, Die Hallstattkultur und ihre räumliche Differenzierung: Der West- und Osthallstattkreis aus forschungsgeschichtlich-methodologischer Sicht. Tübinger Texte 3. Rahden/Westf.: Leidorf 2000.

Müller-Scheeßel 2007a: Ders., Besprechung von Nakoinz 2005. Germania 85/1, 2007, 140–144.

Müller-Scheeßel 2007b: Ders., Bestattungsplätze nur für die oberen Zehntausend? Berechnungen der hallstattzeitlichen Bevölkerung Süddeutschlands. In: P. Trebsche/I. Balzer/C. Eggl/J. K. Koch/H. Nortmann/J. Wiethold (Hrsg.), Die unteren Zehntausend – auf der Suche nach den Unterschichten der Eisenzeit: Beiträge zur Sitzung der AG Eisenzeit während der Jahrestagung des West- und Süddeutschen Verbandes für Altertumsforschung e. V. in Xanten 2006. Beitr. Ur- u. Frühgesch. Mitteleuropa 47. Langenweissbach: Beier & Beran 2007, 1–10.

Müller-Scheeßel 2007c: Ders., Weitere Überlegungen zu den latenten Besiedlungsstrukturen der Hallstattzeit Süddeutschlands: Tests auf Autokorrelation. Arch. Korrbl. 37/1, 2007, 57–66.

Müller-Scheeßel in Vorb. a: Ders., Post-Prozessuale Archäologien (Manuskript). In: Mölders/Wolfram in Vorb.

Müller-Scheeßel in Vorb. b: Ders., Quantitative Methoden (Manuskript). In: Mölders/ Wolfram in Vorb.

Müller-Scheeßel/Burmeister 2006: Ders./S. Burmeister, Einführung: Die Identifizierung sozialer Gruppen. Die Erkenntnismöglichkeiten der Prähistorischen Archäologie auf dem Prüfstand. In: Burmeister/Müller-Scheeßel 2006, 9–38.

Nakoinz 2005: O. Nakoinz, Studien zur räumlichen Abgrenzung und Strukturierung der älteren Hunsrück-Eifel-Kultur. Universitätsforsch. Prähist. Arch. 118. Bonn: Habelt 2005.

Nakoinz 2009a: Ders., Die Methode zur quantitativen Untersuchung kultureller Ähnlichkeiten im Rahmen des Projektes »Siedlungshierarchien und kulturelle Räume«. In: Krauße/Nakoinz 2009, 87–97.

Nakoinz 2009b: Ders., Zentralortforschung und zentralörtliche Theorie. Arch. Korrbl. 39/3, 2009, 361–380.

Nakoinz/Steffen 2008: Ders./M. Steffen, Siedlungshierarchien und kulturelle Räume. In: Krauße 2008, 381–398.

Neckel 2009: S. Neckel, Felder, Relationen, Ortseffekte: Sozialer und physischer Raum. In: Czáky/Leitgeb 2009, 45–55.

Neipert 2006: M. Neipert, Der Wanderhandwerker: Archäologisch-ethnographische Untersuchungen. Tübinger Texte 6. Rahden/Westf.: Leidorf 2006.

Ostritz 2000: S. Ostritz, Untersuchungen zur Siedlungsplatzwahl im mitteldeutschen Neolithikum. Beitr. Ur- u. Frühgesch. Mitteleuropa 25. Weissbach: Beier & Beran 2000.

Pankau 2007: C. Pankau, Die Besiedlungsgeschichte des Brenz-Kocher-Tals (östliche Schwäbische Alb) vom Neolithikum bis zur Latènezeit. Universitätsforsch. Prähist. Arch. 142. Bonn: Habelt 2007.

Pantzer 1995: E. H. M. Pantzer, Settlement Archaeology und Siedlungsarchäologie: Zum Vergleich amerikanischer und europäischer Forschungsstrategien. Hamburg: Selbstverlag 1995.

Parzinger 1995: H. Parzinger, Ergebnisse. In: H. Parzinger/J. Nekvasil/F. E. Barth (Hrsg.), Die Býčí skála-Höhle: Ein hallstattzeitlicher Höhlenopferplatz in Mähren. Röm.-Germ. Forsch. 54. Mainz: von Zabern 1995, 179–232.

Petermann 2004: W. Petermann, Die Geschichte der Ethnologie. Wuppertal: Hammer 2004.

Posluschny 2002: A. Posluschny, Die hallstattzeitliche Besiedlung im Maindreieck: GIS-gestützte Fundstellenanalysen. BAR Internat. Ser. 1077. Oxford: Archaeopress 2002.

Posluschny 2008: Ders., Sehen und gesehen werden: Sichtbarkeitsanalysen als Werkzeug archäologischer Forschungen. In: Krauße 2008, 367–380.

Posluschny 2010: Ders., Over the Hills and Far Away? Cost Surface Based Models of Prehistoric Settlement Hinterland. In: B. Frischer/J. Webb Crawford/D. Koller (Hrsg.), Making History Interactive: Computer Applications and Quantitative Methods in Archaeology (CAA). Proceedings of the 37th International Conference, Williamsburg/VA, United States of America, March 22–26, 2009. BAR Internat. Ser. 2079. Oxford: Archaeopress 2010, 313–319.

Posluschny/Schierhold 2010: Ders./K. Schierhold, Einsichten aus Aussichten: Sichtbarkeitsanalysen zu einer Gruppe von Galeriegräbern im Altenautal bei Paderborn,
Nordrhein-Westfalen, Deutschland. In: T. Armbruester/M. Hegewisch (Hrsg.),
Beiträge zur Vor- und Frühgeschichte der Iberischen Halbinsel und Mitteleuropas.
Studien in honorem Philine Kalb – On Pre- and Earlier History of Iberia and Central Europe. Studies in honour of Philine Kalb. Stud. Arch. Europa 11. Bonn: Habelt
2010, 89–96.

Quitta 1970: H. Quitta, Zur Lage und Verbreitung der bandkeramischen Siedlungen im
Leipziger Land. Zeitschr. Arch. 4, 1970, 155–176.

Renfrew 1974: C. Renfrew, Beyond a Subsistence Economy: The Evolution of Social Organization in Prehistoric Europe. In: C. B. Moore (Hrsg.), Reconstructing
Complex Societies: An Archaeological Colloquium. Bull. Am. Schools Oriental
Research Suppl. 20. Cambridge/Mass.: American Schools of Oriental Research
1974, 69–95.

Romney 1999: A. K. Romney, Cultural Consensus as a Statistical Model. Current
Anthr. Suppl. 40, 1999, 103–115.

Roper 1979: D. C. Roper, The Method and Theory of Site Catchment Analysis: A Review. Advances Arch. Method and Theory 2, 1979, 119–140.

Saile 1998: Th. Saile, Untersuchungen zur ur- und frühgeschichtlichen Besiedlung der
nördlichen Wetterau. Mat. Vor- u. Frühgesch. Hessen 21. Wiesbaden: Landesamt
für Denkmalpflege Hessen 1998.

Saile 2001: Ders., Die Reliefenergie als innere Gültigkeitsgrenze der Fundkarte. Germania 79, 2001, 93–120.

Savage 1997: S. H. Savage, Assessing Departures from Log-Normality in the Rank-
Size Rule. Journal Arch. Scien. 24, 1997, 233–244.

Schade 2000: Ch. C. J. Schade, Landschaftsarchäologie: Eine inhaltliche Begriffsbestimmung. In: Studien zur Siedlungsarchäologie II. Universitätsforsch. Prähist.
Arch. 60. Bonn: Habelt 2000, 135–225.

Schade 2004: Ders., Die Besiedlungsgeschichte der Bandkeramik in der Mörlener
Bucht/Wetterau: Zentralität und Peripherie, Haupt- und Nebenorte, Siedlungsverbände. Universitätsforsch. Prähist. Arch. 105. Bonn: Habelt 2004.

Schier 1985: W. Schier, Zur vorrömischen Besiedlung des Donautales südöstlich von
Regensburg. Bayer. Vorgeschbl. 50, 1985, 9–80.

Schier 1990: Ders., Die vorgeschichtliche Besiedlung im südlichen Maindreieck. Materialh. Bayer. Vorgesch. A 60. Kallmünz/Opf.: Lassleben 1990.

Schier 1992: Ders., Zum Einsatz multivariater Verfahren bei der Analyse des Lage- und
Umweltbezugs prähistorischer Siedlungen. Arch. Inf. 15, 1992, 113–122.

Schneider/Wulf-Rheidt 2011: P. I. Schneider/U. Wulf-Rheidt (Hrsg.), Licht-Konzepte
in der vormodernen Architektur. Internationales Kolloquium in Berlin vom 26. Februar–1. März 2009 veranstaltet vom Architekturreferat des DAI. Diskussionen
Arch. Bauforsch. 10. Regensburg: Schnell+Steiner 2011.

Schülke 2007: A. Schülke, Kommunikationslandschaft: Wasserwege versus Land-
wege im Umfeld des wikingerzeitlichen Zentralplatzes Tissø, Westseeland. In: F.
Biermann/T. Kersting (Hrsg.), Siedlung, Kommunikation und Wirtschaft im west-

slawischen Raum: Beiträge der Sektion zur slawischen Frühgeschichte des 5. Deutschen Archäologenkongresses in Frankfurt an der Oder, 4. bis 7. April 2005. Beitr. Ur- u. Frühgesch. Mitteleuropa 46. Langenweissbach: Beier & Beran 2007, 37–55.

Seibel 1983: K. J. Seibel, Die Bedeutung der physisch-geographischen Raumausstattung für das Siedlungsverhalten der frühesten Bandkeramik in der Wetterau (Hessen). Prähist. Zeitschr. 58/2, 1983, 158–172.

Shanks 1992: M. Shanks, Experiencing the Past: On the Character of Archaeology. London u. a.: Routledge 1992.

Shennan/Collard 2005: S. J. Shennan/M. Collard, Investigating Processes of Cultural Evolution on the North Coast of New Guinea with Multivariate and Cladistic Analysis. In: R. Mace/C. J. Holden/S. J. Shennan (Hrsg.), The Evolution of Cultural Diversity: A Phylogenetic Approach. London: UCL Press 2005, 133–164.

Siegmund 1992: F. Siegmund, Triangulation als Methode zur Aufdeckung frühgeschichtlicher Siedlungsmuster und zur Schätzung von Siedlungsdichten. Arch. Inf. 15, 1992, 113–116.

Siegmund 2000: Ders., Alemannen und Franken. RGA Ergbd. 23. Berlin u. a.: de Gruyter 2000.

Siegmund 2006: Ders., *Commentarii*: Besprechung zu Brather/Wotzka. In: Burmeister/ Müller-Scheeßel 2006, 225–232.

Sielmann 1971: B. Sielmann, Der Einfluß der Umwelt auf die neolithische Besiedlung Südwestdeutschlands unter besonderer Berücksichtigung der Verhältnisse am nördlichen Oberrhein. Acta Praehist. et Arch. 2, 1971, 65–197.

Sielmann 1972: Ders., Die frühneolithische Besiedlung Mitteleuropas Va: Westliches Mitteleuropa. In: H. Schwabedissen (Hrsg.), Die Anfänge des Neolithikums vom Orient bis Nordeuropa A, 3. Köln u. a.: Böhlau 1972, 1–65.

Soja 2009: E. W. Soja, Taking Space Personally. In: Warf/Arias 2009, 11–35.

Sommer 2007: U. Sommer, Archäologische Kulturen als imaginäre Gemeinschaften. In: S. Rieckhoff/U. Sommer (Hrsg.), Auf der Suche nach Identitäten: Volk – Stamm – Kultur – Ethnos. Internationale Tagung der Universität Leipzig vom 8.–9. Dezember 2000. BAR Internat. Ser. 1705. Oxford: Archaeopress 2007, 59–78.

Steffen 2008: M. Steffen, Sichtfeldanalysen im Umfeld der Heuneburg bei Herbertingen-Hundersingen, Lkr. Sigmaringen. Arch. Korrbl. 37, 2008, 353–364.

Steuer 2001: H. Steuer, Stichwort ›Landschaftsarchäologie‹. In: RGA² 17, 2001, 630–634.

Steuer 2005: Ders., Stichwort ›Siedlungsarchäologie‹. In: RGA² 28, 2005, 319–323.

Steuer 2006: Ders., Stichwort ›Verbreitungskarte‹. In: RGA² 32, 2006, 142–166.

Stoll 1933: H. Stoll, Urgeschichte des Oberen Gäues. Veröff. Württemberg. Landesamt Denkmalpfl. 7. Oehringen: Rau 1933.

Thaler 2005: U. Thaler, Narrative and Syntax: New Perspectives on the Late Bronze Age Palace of Pylos, Greece. In: A. v. Nes (Hrsg.), Space Syntax 5th International Symposium. Proceedings Volume I. Amsterdam: Techne 2005, 323–339.

Thaler 2006: Ders., Constructing and Reconstructing Power: The Palace of Pylos. In: Maran u. a. 2006, 93–111.

von Thünen 1826: J. H. von Thünen, Der isolirte Staat in Beziehung auf Landwirtschaft und Nationalökonomie, oder Untersuchungen über den Einfluß, den die Getreidepreise, der Reichthum des Bodens und die Abgaben auf den Ackerbau ausüben. Hamburg: Perthes 1826.

Tilley 1994: C. Tilley, A Phenomenology of Landscape: Places, Paths and Monuments. Explorations in Anthropology. Oxford u. a.: Berg 1994.

Torbrügge 1958: W. Torbrügge, Geographische und historische Fundlandschaften in der Oberpfalz: Korrektive zum Fundbild der Bronzezeit. Germania 36, 1958, 10–28.

Trebsche/Müller-Scheeßel/Reinhold 2010: P. Trebsche/N. Müller-Scheeßel/S. Reinhold (Hrsg.), Der gebaute Raum: Bausteine zu einer Architektursoziologie vormoderner Gesellschaften. Tübinger Arch. Taschenbücher 7. Münster u. a.: Waxmann 2010.

Veit 1984: U. Veit, Gustaf Kossinna und V. Gordon Childe: Ansätze zu einer theoretischen Grundlegung der Vorgeschichte. Saeculum 35, 1984, 326–364.

Veit 1989: Ders., Ethnic Concepts in German Prehistory: A Case Study on the Relationship between Cultural Identity and Archaeological Objectivity. In: S. J. Shennan (Hrsg.), Archaeological Approaches to Cultural Identity. One World Arch. 10. London: Unwin Hyman 1989, 35–56.

Vita-Finzi/Higgs 1970: C. Vita-Finzi/E. S. Higgs, Prehistoric Economy in the Mount Carmel Area of Palestine: Site Catchment Analysis. Proc. Prehist. Soc. N. S. 36, 1970, 1–37.

Wagner 1992: K. Wagner, Studien über Siedlungsprozesse im Mittelelbe-Saale-Gebiet während der Jung- und Spätbronzezeit. Jahresschr. Mitteldt. Vorgesch. 75, 1992, 137–253.

Wahle 1920: E. Wahle, Die Besiedelung Südwestdeutschlands in vorrömischer Zeit nach ihren natürlichen Grundlagen. Ber. RGK 12, 1920, 1–75.

Wahle 1922: Ders., Die geographische Betrachtung vorgeschichtlicher Zeitabschnitte. In: H. Hahne (Hrsg.), 25 Jahre Siedlungsarchäologie: Arbeiten aus dem Kreise der Berliner Schule. Mannus-Bibl. 22. Leipzig: Kabitzsch 1922, 149–155.

Wahle 1924: Ders., Stichwort ›Anthropogeographie, vorgeschichtliche‹. In: M. Ebert (Hrsg.), Reallexikon der Vorgeschichte 1. Berlin: de Gruyter 1924, 183–196.

Warf/Arias 2009: B. Warf/S. Arias (Hrsg.), The Spatial Turn: Interdisciplinary Perspectives. Routledge Stud. Human Geogr. 26. London u. a.: Routledge 2009.

Weber 1992: T. Weber, ›Quadratmethoden‹ bei der Analyse von Siedlungsmustern. Arch. Inf. 15, 1992, 95–96.

Wechler 1997: K.-P. Wechler, Zur Lage und wirtschaftlichen Bedeutung frühneolithischer Siedlungen des Uecker-Randow-Gebietes auf Grundlage von Umfelduntersuchungen: Site Catchment-Analysen. In: J. Müller/A. Zimmermann (Hrsg.), Archäologie und Korrespondenzanalyse: Beispiele, Fragen, Perspektiven [Festschrift Peter Ihm]. Internat. Arch. 23. Espelkamp: Leidorf 1997, 91–98.

Welsch/Terrell 1994: R. L. Welsch/J. E. Terrell, Besprechung zu Moore/Romney 1994. Am. Anthr. N. S. 96/2, 1994, 392–396.

Welsch/Terrell/Nadolski 1992: Ders./J. E. Terrell/J. A. Nadolski, Language and Culture on the North Coast of New Guinea. Am. Anthr. N. S. 94/3, 1992, 568–600.

Werlen 2003: B. Werlen, Kulturelle Räumlichkeit: Bedingung, Element und Medium der Praxis. In: B. Hauser-Schäublin/M. Dickhardt (Hrsg.), Kulturelle Räume – räumliche Kultur: Zur Neubestimmung des Verhältnisses zweier fundamentaler Kategorien menschlicher Praxis. Göttinger Stud. Ethn. 10. Münster u. a.: LIT 2003, 1–11.

Wolff 1913: G. Wolff, Die südliche Wetterau in vor- und frühgeschichtlicher Zeit mit einer archäologischen Fundkarte. Frankfurt a. M.: Ravenstein 1913.

Wolff 1920: Ders., Die Bodenformation der Wetterau in ihrer Wirkung auf die Besiedlung in vorgeschichtlicher Zeit. Archiv Hess. Gesch. u. Altkde. N. F. 13, 1920, 1–50.

Wotzka 1993: H.-P. Wotzka, Zum traditionellen Kulturbegriff in der prähistorischen Archäologie. Paideuma 39, 1993, 25–44.

Wotzka 2000: Ders., ›Kultur‹ in der deutschsprachigen Urgeschichtsforschung. In: S. Fröhlich (Hrsg.), Kultur. Ein interdisziplinäres Kolloquium zur Begrifflichkeit. Halle/Saale: Landesamt für Archäologie 2000, 55–80.

Zabel 1999: M. Zabel, Ein Raummodell für die neolithischen Keramikgruppen der Erfurter Mulde. Ber. RGK 80, 1999, 178–198.

Zimmermann 1992: A. Zimmermann, Tesselierung und Triangulation als Techniken zur Bestimmung archäologischer Funddichten. Arch. Inf. 15, 1992, 107–112.

Zimmermann 1995: Ders., Austauschsysteme von Silexartefakten in der Bandkeramik Mitteleuropas. Universitätsforsch. Prähist. Arch. 26. Bonn: Habelt 1995.

Zimmermann 2002: Ders., Landschaftsarchäologie 1: Die Bandkeramik auf der Aldenhovener Platte. Ber. RGK 83, 2002, 17–38.

Zimmermann 2005: Ders., Forschungsgeschichte und Theorien der Ur- und Frühgeschichte. In: T. Fischer (Hrsg.), Bilder von der Vergangenheit: Zur Geschichte der archäologischen Fächer. Schr. Lehr- u. Forschungszentrum Antike Kulturen Mittelmeerraum 2. Wiesbaden: Reichert 2005, 19–38.

Zimmermann u. a. 2004: Ders./J. Richter/T. Frank/K. P. Wendt, Landschaftsarchäologie II: Überlegungen zu Prinzipien einer Landschaftsarchäologie. Ber. RGK 85, 2004, 37–98.

Tim Kerig

Wirtschaft: Struktur und Leistung
in frühen Gesellschaften

ZUSAMMENFASSUNG: Der Beitrag stellt die Entwicklung der deutschsprachigen Wirtschaftsarchäologie ab 1980 dar, wobei die Darstellung auf Beispiele aus dem Neolithikum und der Späthallstattzeit konzentriert ist. Grundlegende Definitionen werden eingeführt: Die Darstellung folgt den zentralen klassischen Begriffen ›Produktion‹, ›Distribution‹ und ›Konsum‹, dann ›Boden‹, ›Kapital‹ und ›Arbeit‹, und es wird diskutiert, inwieweit ein Produktionsfaktor ›Entwicklungsstand‹ hilfreich ist. So werden Desiderata erkennbar: Besonders gravierend ist der Mangel an Untersuchungen zu Arbeit und Konsum auf der Haushaltsebene. Mit der Untersuchung von ›Produktion‹ rücken Arbeit und natürliche Ressourcen in den Mittelpunkt. ›Distribution‹ zeigt Kultur als Regelwerk: wer mit wem und in welcher Sphäre welche Güter austauscht. Konsumpräferenzen zeigen schließlich, wer Zugang zu Gütern und Dienstleistungen hat und wer mit wem welche Lebensstile teilt. Auch wenn die Wirtschaftswissenschaften selbst nicht ohne innere Widersprüche sind, so ist doch allen wirtschaftlichen Ansätzen die Frage nach Kosten und Nutzen gemeinsam. Die deutschsprachige Wirtschaftsarchäologie war bislang mehr an qualitativen Aussagen interessiert als daran Produktions- oder Konsumptionsvolumina abzuschätzen. Erfolgversprechend ist die Verbindung von quantitativen, häufig systemischen Ansätzen mit der handlungstheoretischen Grundprämisse soziales Verhalten immer auf individuelles Verhalten zurückzuführen.

ABSTRACT: The contribution investigates economic approaches to archaeological problems in the German-speaking literature from 1980 to the present. It looks critically on the state of the art and offers new perspectives on some classical issues of Central-European prehistoric archaeology, taken especially from Neolithic and Early Iron Age (Late Hallstatt) contexts. The account defines several core concepts of economic archaeology including ›production‹, ›distribution‹, and ›consumption‹, and discusses archaeological investigations into the *factors* and/or *means of production*, such as ›soil‹, ›capital‹ and ›labour‹, and the level of sociopolitical integration and technology, or ›the status of development‹. Several *desiderata* can be identified: e.g. the larger parts of the labour and consumption connected to the individual households are still largely ignored. Even if economics do not offer a unified field of coherent concepts, all economic approaches ask for costs and benefits. The concept of ›production‹ focus on labour and natural resources while ›distribution‹ can show archaeological culture as a shared set of rules: who exchanges what, with whom, and in which sphere? Preferences – or differences – in consumption can identify who has access to goods and services and who shares a lifestyle. German-speaking archaeology focused more on *structure* than on *performance* or on explaining the underlying economic processes. As a precursor to the latter, it will be useful to attempt estimations of the volume of production and consumption, and how these are affected by technology. Moving forward, the field will benefit by combining quantitative, often systemic approaches with concepts from agency theory.

Ist Wirtschaft untrennbar mit dem gesellschaftlichen Ganzen verwoben, ist eine Forschungsgeschichte der Wirtschaftsarchäologie identisch mit der des Faches. In den letzten drei Jahrzehnten haben sich die archäologischen Disziplinen methodisch-theoretisch, inhaltlich und bezogen auf ihren Quellenbestand explosionsartig erweitert. Unter diesen Voraussetzungen eine wirtschaftsarchäologische Übersicht zu versuchen, bedarf der Rechtfertigung und einer Richtschnur.

Die vorliegende Übersicht zur Archäologie ur- und frühgeschichtlicher Wirtschaft im deutschen Sprachraum seit Mitte der 1980er Jahre ist erstmals an wirtschaftswissenschaftlichen Begriffen und Schlagworten ausgerichtet.[1] Die Anwendung der fachfremden Terminologie soll es zumindest erschweren, fachspezifische Deutungsmuster unreflektiert weiter zu benutzen. Auch soll so deutlich werden, welche archäologischen Arbeiten zur Wirtschaftsarchäologie im engeren Sinne gezählt werden können. Der Perspektivenwechsel verspricht darüber hinaus, wirtschaftsarchäologisch vernachlässigte Themenbereiche erkennbar werden zu lassen.

Die Darstellung setzt zeitlich nach den von Herbert Jankuhn ab Mitte der 1970er Jahre veranstalteten Göttinger Akademiekolloquien ein.[2] Voraus geht ihr eine kurze Übersicht über zentrale Begrifflichkeiten und Bezugspunkte aus Ökonomie und benachbarten Sozialwissenschaften. Der Orientierung dienen die Begriffe ›Produktion‹, ›Distribution‹ und ›Konsum‹, wobei zunächst archäologische Untersuchungen zu den Produktionsfaktoren beziehungsweise Produktionsmitteln

---

1   Auf Nachweise von eingeführten wirtschaftswissenschaftlichen Begriffen und Konzepten habe ich hier weitestgehend verzichtet. Wo ich Definitionen ökonomischer Begrifflichkeiten gebe, verwende ich stets allgemein akzeptierte Standarddefinitionen, wie sie sich in Konversationslexika finden lassen. Darüber hinaus bieten zahlreiche Lehr- und Nachschlagewerke rasch Orientierung. Empfohlen sei als Standardwerk das online verfügbare *Gabler Wirtschaftslexikon* (http://wirtschaftslexikon.gabler.de), entstanden in Zusammenarbeit zahlreicher renommierter Autoren aus dem deutschsprachigen Raum. Das mittlerweile klassische Lehrbuch von Paul A. Samuelson und William D. Nordhaus (2010) bietet die weltweit verbreitetste Einführung in die Ökonomik. – Für Fragen der Wirtschaftsgeschichte noch immer brauchbar ist die von Carlo M. Cipolla herausgegebene *Fontana Economic History of Europe* (1972 ff.; dt. 1978 ff.). Neuere Übersichten zu Mitteleuropa geben Friedrich-Wilhelm Henning *Das vorindustrielle Deutschland 800 bis 1800* (1994) sowie die von Michael North herausgegebene *Deutsche Wirtschaftsgeschichte* (2005). – Den wirtschaftsarchäologischen Forschungsstand fassen für Frühgeschichte und Mittelalter Udo Recker und Michael Schefzik (2006) zusammen.
2   Jankuhn 1981; 1983; Wenskus/Jankuhn/Grinda 1975; zusammenfassend Seemann/Jankuhn 1997.

›Boden‹, ›Arbeit‹ und ›Kapital‹ sowie zu einem möglichen Produktionsfaktor ›Entwicklungsstand‹ referiert werden. Die wirtschaftsarchäologische Modellbildung wird am Beispiel von Problemen der Distribution skizziert. Der Großteil des täglichen Konsums ist in der Prähistorischen Archäologie bislang vernachlässigt worden; hier besteht ein großes wirtschaftsarchäologisches Potential.

Die Anzahl wirtschaftsarchäologischer Arbeiten ist kaum noch zu übersehen. Die hier angeführten Beispiele stammen vor allem aus dem Bereich des mitteleuropäischen Neolithikums und aus dem früheisenzeitlichen Westhallstattkreis. Damit werden zwei Forschungsfelder und Forschungstraditionen thematisiert sowie bisweilen kontrastiert, die gemeinsam für weite Bereiche der deutschsprachigen Forschung typisch sind. Ich habe darauf geachtet, sämtliche Quellengattungen in mindestens jeweils einem der beiden Bereiche zu berücksichtigen. Wenn also beispielsweise Arbeiten zum neolithischen Bergbau[3] nicht näher erörtert werden, dann deshalb, weil ich kurz auf Aspekte der eisenzeitlichen Montanarchäologie eingehen werde. Es wurden ganze Forschungsfelder nicht berücksichtigt, wenn dort wenig Neues zur wirtschaftlichen Perspektive im Sinne der unten gegebenen Definition zu finden ist. So wurde beispielsweise der Bereich der frühen Metallurgie hier vollständig ausgeklammert.

Behandelt werden bevorzugt deutschsprachige Arbeiten, die entweder als repräsentativ oder als herausragend gelten können. Vollständigkeit ist dabei weder möglich noch angestrebt. Die Ausführungen geben nur eine knappe Übersicht, die weder der komplexen Forschungsgeschichte noch den differenzierten Ergebnissen vollständig gerecht werden kann. Mir geht es zunächst darum, einen einfachen begrifflichen Rahmen zu erarbeiten, der für eine systematische archäologische Auseinandersetzung mit wirtschaftlichen Termini geeignet ist.

Das Arbeitsfeld und seine Begriffe

Das Wort und der Begriff ›Wirtschaftsarchäologie‹ werden häufig verwendet – sie bedürfen scheinbar keiner Erläuterung, doch sucht man eine einheitliche Bestimmung vergebens (siehe Recker/Schefzik 2006). ›Wirtschaftsarchäologie‹ bezeichnet einerseits die Archäologie, häufig die Bioarchäologie, der nahrungsmittelproduzierenden Sektoren und der Waldnutzung (z. B. Gross/Jacomet/Schibler 1990; Schibler u. a. 1997). Von daher erklären sich Formulierungen wie »Die Lebensgrundlagen – Wirtschaft, Bergbau, Handwerk« (Pauli 1980, 267). In ähnlichem Sinne wird auch die englische *economic archaeology* beziehungsweise die *palaeoeconomy* als ökologisch ausgerichtete Archäologie verstanden (Clark 1952;

---

3 Zusammenfassend Weisgerber 1999; Körlin/Weisgerber 2006; zuletzt Roth 2008; Schyle 2010.

1953; Sheridan/Bailey 1981). Andererseits wird der Begriff ›Wirtschaftsarchäologie‹ mit ebensolcher Berechtigung auch auf die Erforschung der abiotischen und mineralischen Urproduktion von Steinrohmaterialien, Metallen und Salzen angewendet (z. B. Dobiat/Sievers/Stöllner 2002).

Zunächst soll geklärt werden, was Wirtschaft ist. Diese Frage müssen die an wirtschaftlicher Praxis ausgerichteten Wirtschaftswissenschaften nur selten beantworten. Dass Wirtschaft mehr oder weniger alle Lebensbereiche betrifft, wird allgemein angenommen. Einen von vielen Ökonomen akzeptierten kleinen gemeinsamen Nenner bietet die Definition von Wirtschaft als Einheit von Produktion, Verteilung und Konsum. Wirtschaft wäre demnach nicht einfach Produktion oder Verteilung oder Konsum, sondern die Beziehungen zwischen diesen dreien. Eine einseitige Fixierung, etwa auf Produktion, kennzeichnete frühe wirtschaftswissenschaftliche Konzepte, die jedoch seit der zweiten Hälfte des 19. Jahrhunderts als überholt gelten. Grundsätzlich fragt die Ökonomie immer nach dem Einsatz von Ressourcen zur Güterproduktion und nach der Verteilung dieser Güter auf Konsumenten. Ressourcen sind zwingend knapp: unbeschränkt verfügbare Dinge – die Luft zum Atmen, das Wasser des Meeres – sind nicht Thema ökonomischer Betrachtung. In der Archäologie muss die Knappheit einer Ressource, etwa von verfügbarem Ackerland, jedoch immer erst nachgewiesen werden. Um unter effizienten Verhältnissen ein Mehr eines Gutes zu erzeugen, muss ein anderes in einem geringeren Maße produziert werden. Und nur wenn es Konsumenten gibt, ist Produktion sinnvoll. Ganz offensichtlich muss Wirtschaft, und damit eben auch ur- und frühgeschichtliche Wirtschaft, immer systemisch gedacht werden – wobei hier ›systemisch‹ bedeutet, dass ein Sachverhalt prinzipiell als Bilanzrechnung darstellbar ist. Bei einer grundsätzlichen Knappheit der Ressourcen ist dabei stets nach den jeweils eingesetzten Gütermengen und nach der erreichten Effizienz zu fragen.

In der Alten Geschichte stehen solche Fragen nach Produktionsvolumen und Effizienz am Anfang einer lebhaft geführten grundsätzlichen Debatte. Sie hatte Auswirkungen in die unterschiedlichen Gesellschafts- und Wirtschaftswissenschaften. Um die Wende zum 20. Jahrhundert beurteilte etwa Karl Bücher (1913) die griechische und römische Wirtschaft als im Wesentlichen beschränkt auf das Niveau autarker Haushalte (»Primitivismus« oder »Minimalismus«), während andere (»Modernisten«), darunter Eduard Meyer (1895), durchaus Verhältnisse annahmen, die weitgehend denen der frühen Neuzeit entsprachen (zusammenfassend Finley 1979; Schneider 1990; Eggert 2010, 40 ff.). Ansatzpunkt der Diskussion war die Beurteilung des jeweils erreichten Grades von Gütervolumen und Effizienz; noch bezweifelte niemand, dass die antike Wirtschaft grundsätzlich derselben ökonomischen Rationalität unterlag wie die der frühen Neuzeit.

Bereits ein Vierteljahrhundert früher hatte Karl Marx (1847; 1872) einerseits einen Wert eines Gutes durch die zur Herstellung notwendige Arbeitszeit in ihrer historischen Abhängigkeit von der Entwicklung der Produktivkräfte bestimmt und andererseits mit dem »Fetischcharakter« von Ware und Geld irrationale, ideologische Momente des Wirtschaftens benannt. Marx' historischer, später Friedrich Engels' dialektischer Materialismus begreifen demnach unterschiedliche Stadien der Wirtschaftsentwicklung als qualitativ unterschiedlich: »Die Handmühle ergibt eine Gesellschaft mit Feudalherren, die Dampfmühle eine Gesellschaft mit industriellen Kapitalisten« (Marx 1847, 130).

Georg Simmel (1907) und Max Weber (2005) haben um die Wende zum 20. Jahrhundert manche dieser aus dem Marx'schen Denken stammenden soziologischen Grundfragen in die Diskussion an deutschen Hochschulen eingeführt. Weber hat die gesellschaftliche Determiniertheit wirtschaftlichen Handelns herausgestellt und sie durch die Bildung von Idealtypen solchen Handelns unter ihren jeweiligen gesellschaftlichen Bedingungen verdeutlicht (z. B. ebd. 233 ff.). Er nahm damit die sogenannte substantivistische Position vorweg, die in der Alten Geschichte aus dem vorangegangenen Primitivismus entstanden und insbesondere mit dem Namen Karl Polanyi (1944; 1979) zu verbinden ist. Polyani (1944) prägte das Schlagwort von der Einbettung der Wirtschaft in die Gesellschaft – er meinte damit freilich die Beherrschung der Wirtschaft durch die Gesellschaft – und definierte idealtypisch Formen wirtschaftlicher Integration, die er mit den Begriffen ›Reziprozität‹, ›Redistribution‹, ›Haushaltung‹ und ›Tausch‹ (im Sinne von ›Markttausch‹) bezeichnete. Diesen entsprechen die Distributionshandlungen Gabentausch, Tauschhandel und Marktökonomie; dazu kommt Selbstversorgung. Der Gabentausch beruht zunächst auf Reziprozität, d. h. auf ausgeglichenen Verhältnissen zwischen zumeist ranggleichen Tauschpartnern, ist stark formalisiert und bezogen auf ausgewählte Güter vor allem symbolischer Funktion. Ein klassisches ethnographisches Beispiel für den Gabentausch ist der Kula-Ring (Malinowski 1920), und für die staatliche Redistribution ist es Dahomé unter den Aladoxonu-Königen des 18. Jahrhunderts (Herskovits 1938; Polanyi 1979). Der Tauschhandel ist profitorientiert, die Akteure streben keine ausgeglichenen Verhältnisse an, sondern suchen ihren persönlichen Vorteil, wobei Waren als Güter gegen Güter getauscht werden. Markttausch kann dagegen nur in der Marktsituation von Angebot und Nachfrage stattfinden, wobei die Bewertung und Preisbildung der Güter auf den Märkten durch die Konkurrenzsituation bestimmt und durch Geld erleichtert wird. Geld ist das transaktionsdominierende Tauschmittel, das ohne Abschlag zum Nominalwert (dem aufgeprägten Wert) angenommen wird (Budzinski u. a. 2012) – eine der Funktionen des Geldes, die vollumfänglich erst mit dem Kapitalismus entsteht.

Der Substantivismus war von Anfang an gegen den überzeitlichen Anspruch neoklassischer Ökonomik gerichtet, die wirtschaftliches Handeln immer und überall aus dem Streben nach maximiertem Nutzen deduktiv und formalisiert zu erklären strebt. Die Formalisten – genannt seien als bedeutende Vertreter aus der Ethnologie Raymond Firth (1939), David M. Goodfellow (1939) und Melville J. Herskovits (1938) – versuchten das Instrumentarium der neoklassischen Wirtschaftstheorie stark vereinfacht auf ethnographische und historische Fälle anzuwenden. Ähnlich wie zuvor die Modernisten sahen sie keinen wesentlichen Unterschied zwischen den verschiedenen Wirtschaftssystemen. Zwei Ausgangsannahmen finden sich häufig in formalistischen Argumentationen: Die erste ist die prinzipielle Unbegrenztheit der Bedürfnisse, wobei diese Bedürfnisse nicht unbeschränkt steigend, sondern im Sinne einer infinitesimalen Annäherung von Gütermengen an Kostenschwellen modelliert werden und so zunächst die jeweils dringendsten Bedürfnisse befriedigt werden. Dazu tritt zweitens die Annahme eines Zwanges, unter Bedingungen der Knappheit maximalen Nutzen bei minimalem Aufwand zu erzielen.

Gegen diese Prämissen ist zu Recht vorgebracht worden, sie würden die ideologische Rechtfertigung westlicher kapitalistischer Wirtschaft in den Rang menschlicher Universalien erheben. Der immer vollständig informierte und rational entscheidende Akteur (*Homo oeconomicus*) und die unbegrenzten Bedürfnisse der Neoklassik sind aber noch immer nicht mehr als heuristische Hypothesen, freilich solche, die sich unter den Bedingungen des modernen Kapitalismus lange bewährt haben und schließlich in die formalisierten Modelle wirtschaftswissenschaftlich begründeter Entscheidungsfindung aufgenommen wurden.

Die Dekonstruktion solcher neoklassischer, aber auch marxistischer und konsequent dann auch substantivistischer Positionen endet im Bekenntnis zu schierem Relativismus (etwa Gudeman 1986; 2001). Weder die am Kula-Ring Beteiligten noch Wertpapierhändler der Wall Street kümmern sich indess sonderlich um postmoderne Texte, und zumindest letztere dürfen sich von den Handlungsanweisungen der Neoklassik Profit erhoffen. Der ökonomischen Realität – etwa der der Sozial- oder Entwicklungspolitik – ist die als ›Kulturalismus‹ bezeichnete postmoderne Spielart des Substantivismus wohl kaum gewachsen: Für die wirtschaftliche Entscheidungsfindung bleibt solche Theorie irrelevant – sie muss das Feld der neoliberalen Praxis überlassen.

In der Wirtschaftsethnologie hat sich die Auseinandersetzung zwischen Substantivismus und Formalismus praktisch längst überlebt.[4] Es würde zu weit führen, hier zu zeigen, wie sich jenseits aller Rhetorik selbst in programmatischen Schriften – etwa von Marshall D. Sahlins (1972) – immer eine Gemengelage von Thesen und Arbeitsweisen beider Lager findet. Die grundsätzlichen Positionen der Substantivisten bekommen heute sicher sehr viel weitere Zustimmung als exklusiv neoklassische, doch ist insbesondere die angelsächsische *Economic Anthropology* gegenüber den Wirtschaftswissenschaften durchaus offen: Gerade mikroökono-

---

4   Mündliche Mitteilung M. Rössler, vgl. Rössler 2005, 130 f.

mische Ansätze, die unterschiedliche formalistische Elemente der neoklassischen Theorie beinhalten, werden von Ethnologen verstärkt rezipiert.[5]

Auch in der Wirtschaftsgeschichte der Antike ist ein neues Interesse an Effektivität und Gütermengen unübersehbar (Morris/Saller/Scheidel 2007). Nachdem die Forschung sich dort lange auf die Interpretation einer letztlich überschaubaren Zahl von Schriftquellen beschränkt hatte, öffnet sich jetzt mit der Nutzung des quantitativ überwältigenden archäologischen Quellenmaterials, multivariat-statistischer Verfahren und neuartiger naturwissenschaftlicher Analysemethoden ein Arbeitsfeld, das längst nicht mehr nur als das einer historischen Hilfswissenschaften aufgefasst werden kann (z. B. Ehmig 2006; Bowman/Wilson 2009).

Definition der Wirtschaftsarchäologie

Hier und im Folgenden bezeichne ich eine Archäologie als ›Wirtschaftsarchäologie‹, wenn sie auf die Erfassung, Darstellung und Erklärung vergangenen wirtschaftlichen Handelns zielt und dabei zugleich qualitativ an Struktur (im Sinne der natürlichen und gesellschaftlichen Bedingungen des jeweiligen Wirtschaftens) und quantitativ an Leistung (im Sinne der Gütermengen) interessiert ist. Diese Definition schließt sich ausdrücklich an die der Wirtschaftsgeschichte durch Douglass C. North (1981) an.[6]

Als Prähistoriker wird man auch natürliche – nämlich die klimatischen und naturräumlichen, die agrarbiologischen und die lagerstättenkundlichen – Bedingungen zur wirtschaftlichen Struktur zählen wollen.

Die Bedingungen der Produktion

Die Produktion von Gütern und Dienstleistungen ›verzehrt‹ Ressourcen, die als Produktionsfaktoren eingesetzt werden. Produktionsfaktoren sind ›Boden‹, ›Arbeit‹ und ›Kapital‹. Diese Faktoren können um einen Produktionsfaktor ›Entwicklungsstand‹ ergänzt werden, der die Bündelung technischer und sozialer Gegeben-

---

5 Zum Stand: Carrier 2005; Gudeman 2001; Plattner 1989; Rössler 1999; 2005; Wilk/Cliggett 2007.

6 »I take it as the task of economic history to explain the structure and performance of economies through time. By ›performance‹ I have in mind the typical concerns of economists – for example, how much is produced, the distribution of costs and benefits, or the stability of production. […] By ›structure‹ I mean those characteristics of a society which we believe to be the basic determinants of performance. Here I include the political and economic institutions, technology, demography, and ideology of a society« (North 1981, 3).

heiten repräsentiert und weiter unten diskutiert wird. Das Mischungsverhältnis der Produktionsfaktoren stellt die jeweilige individuelle oder, in anderer Perspektive, historische Lösung für ein Produktionsproblem dar. Eine jeweils optimale Mischung der Produktionsfaktoren ist rechnerisch ermittelbar. Die Struktur und die Volumina der Beziehungen zwischen den Produktionsfaktoren und der gesamtwirtschaftlichen Produktion sind historisch spezifisch.

Aus den Knappheitsverhältnissen der ersten drei Faktoren haben die Ökonomen der volkswirtschaftlichen Klassik wesentliche volkswirtschaftliche Parameter, etwa die Einkommensverteilung, abgeleitet.

Boden

›Boden‹ als Produktionsfaktor der klassischen Ökonomie umfasst Bodensubstanz, Bodenschätze und Energiequellen, die von der Land- und Forstwirtschaft sowie dem Bergbau genutzt werden. Der Boden ist ein Standortfaktor, der etwa durch Urbarmachung, Kolonisation und Siedlungsausweitung in zuvor marginale Landschaften nur beschränkt vermehrbar ist. Wesentliche wirtschaftliche Bedeutung hat die Qualität des Bodens in Abhängigkeit von seiner jeweiligen Nutzung. Hinzu kommt die Lage, also etwa die Marktnähe der produktiven Einheit. Dies wird im Verhältnis von Fläche zu Ertrag (Flächenproduktivität) und in Transportkosten beziehungsweise in Flächenproduktivität abzüglich der Transportkosten ausgedrückt. Bei Betrachtung über einen längeren Zeitraum sind – anders als in der klassischen Volkswirtschaft – Veränderungen zu berücksichtigen, die etwa durch Bodenermüdung oder Klimawandel sowie durch die soziale und technische Entwicklung hervorgerufen werden (siehe unten).

Die historische Bedeutung eines Produktionsfaktors kann dadurch ermittelt werden, dass der Bereich potentieller Wirtschaftsleistungen bei Einsatz dieses Faktors in Abhängigkeit von den anderen Faktoren entsprechend ihrem Entwicklungsstand angegeben wird (z. B. Malanima 2008). Erst aus der ›Mischung der Produktionsfaktoren‹, beziehungsweise Produktionsmittel, ergibt sich die spezifische Leistung einer Wirtschaft. Der Faktor Boden umfasst damit wichtige Variablen, auf deren Bestimmung Umwelt- und Bioarchäologie,[7] Montanarchäologie und Landschaftsarchäologie gerichtet sind. Die genannten archäologischen Forschungsrichtungen haben in den letzten Jahrzehnten wesentlichen Aufschwung genommen, nicht zuletzt durch die Einbindung in große Forschungsvorhaben.[8] Es konnte gezeigt werden, dass der *human impact* zum stärksten landschaftsprägenden

---

7 Zum ökologischen und ökosystemischen Arbeitsfeld siehe Beitrag Knopf.
8 Hierzu zusammenfassend Planck u. a. 1990; Haffner/v. Schnurbein 2000; Schauer u. a. 2001; Krause 2008a; siehe auch: http://www.fuerstensitze.de/ sowie http://www.monument.ufg.uni-kiel.de (Zugriff: 13.06.2012).

Faktor in den Altsiedellandschaften zählte (Lechterbeck 2001; Kerig/Lechterbeck 2004): Wirtschaftliches Handeln formte diese Landschaften letztlich stärker als alle gleichzeitigen natürlich induzierten Prozesse. Wichtig ist, dass in der Bio- und Umweltarchäologie eine auch zunehmend theoretisch fundierte Methodendiskussion einsetzt. Ihre Inspirationsquellen liegen häufig in jenen Fächern, aus denen diese archäologischen Forschungsrichtungen hervorgegangen sind. In der Bioarchäologie etwa führt dies zu einer doppelten Ausrichtung. Zum einen findet dort in Abhängigkeit vom biologischen Deszendenzparadigma eine Diskussion um biologische, insbesondere ökologische Perspektiven und entsprechende Methoden statt, zum anderen werden Anregungen aus historisch-gesellschaftlichen Arbeitsfeldern integriert. Im deutschsprachigen Raum zweifellos am weitesten fortgeschritten sind dabei das »Basler Institut für Prähistorische und Naturwissenschaftliche Archäologie« (IPNA) sowie die anthropologischen Institute in Mainz und Göttingen. Montan- und Landschaftsarchäologie profitieren insbesondere von Fortschritten der Geophysik und der Geoinformatik; für die Montanarchäologie vergleiche man nur die beiden repräsentativen Überblicke von Steuer und Zimmermann (1993) und Stöllner u. a. (2003). Die gegenwärtige Landschaftsarchäologie kann man etwas überspitzt als ›Siedlungsarchäologie plus Geographische Informationssysteme (GIS)‹ bezeichnen (siehe Zimmermann 2002b; Zimmermann u. a. 2004). Gerade die Verfügbarkeit von Geoinformationen ermöglicht die Berücksichtigung standörtlicher Faktoren in neuer Qualität. Aus der Geographie werden immer wieder Ansätze übernommen, die insbesondere post-prozessualen Interpretationen dienen; genannt seien Sichtbarkeitsanalysen, ja selbst Analysen räumlicher Verteilung von Klängen oder Gerüchen.[9] Interessanterweise gibt es aber auch hier Arbeitsfelder, deren ›modernistische‹ theoretische Grundlagen kaum hinterfragt worden sind. Dabei handelt es sich insbesondere um standörtliche Faktoren, die mit der Distribution verbunden sind.[10] Sowohl Wegeberechnungen als auch Zentralitätsmodellen liegen immer Annahmen über kostenminimierendes Verhalten zugrunde. Die Bewegung eines Reisenden in der Landschaft wird dabei als andauernde Kostenoptimierung auf einem Relief aufsummierter Kosten modelliert. Die einfachsten Modelle beachten dabei fast ausschließlich die Hangneigung, komplexere können auch Parameter wie geographische Kenntnisse der Reisenden berücksichtigen. Diese kostenorientierte Wegefindung und die Zentralitätsforschung stammen aus der volkswirtschaftlichen Klassik und beruhen auf Annahmen über Kosten und Weg, sei es in Form von Aufwendungen für Gütertransport oder für die

---

9　Einen jeweils aktuellen Überblick geben die Bände der Jahrestagung »Computer Applications in Archaeology«; für den deutschen Zweig des Vereins »AG Computeranwendungen und Quantitative Methoden in der Archäologie (AG CAA e.V.)«: http://www.caa-d.de/ (Zugriff: 13.06.2012).

10　Etwa Schade 2001; 2002; Hansen/Pare 2008, 83 f.; Nakoinz 2009; Krausse/Nakoinz 2009.

Inanspruchnahme von Dienstleistungen. Die Annahmen über eine Kostenoptimierung und die daraus entwickelten Methoden ermöglichen archäologisch sinnvolle Aussagen, etwa zum notwendigen Aufwand für eine Transportleistung. Die Überspitzung zeigt dies deutlich: Wenn von A nach B ein minimaler Transportaufwand von drei Tagen besteht, dann kann auch bei Umgehung einer Tabuzone (mit ja zusätzlichem Transportaufwand) der Transport nicht in zwei Tagen durchgeführt worden sein. Die kostenoptimierende Perspektive ist für die wirtschaftsarchäologische Betrachtung also immer notwendig; erst sie ermöglicht die Bestimmung ununterschreitbarer Grenzwerte. Sie ist die formale Bedingung jeder wirtschaftsarchäologischen oder -historischen Rekonstruktion.

Arbeit

›Arbeit‹ bezeichnet die für die Güterproduktion notwendigen bewusst geplanten und zielgerichteten sozialen wie körperlichen und geistigen Anstrengungen. Neben Boden und Kapital wird daher auch Arbeit klassischerweise zu den Produktionsfaktoren gerechnet. Die grundsätzliche Untrennbarkeit von Mensch und Arbeitskraft legt nahe, Arbeit selbst als einen einzigen hochkomplexen gesellschaftlichen Produktionsfaktor aufzufassen und diesem Boden und Kapital als Produktionsmittel gegenüberzustellen – diese Auffassung kann als eine wesentliche Grundlage des Marxismus gelten (Marx 1872). Eine regelrechte Archäologie der Arbeit ist bisher nicht entworfen worden (siehe Kerig 2010a). Die Erforschung technologischer wie ergologischer Bedingungen, die Rekonstruktion von Operationsketten, ethnoarchäologische und experimentalarchäologische Forschungen zu Handwerks- und Agrartechniken und schließlich die Anbindungsmöglichkeit über die sogenannten Praxistheorien[11] an die archäologische Theoriediskussion eröffnen hier ein weites Feld.

Untersuchungen zur Arbeitspraxis sind erstaunlich selten. Helmut Schlichtherles (1992) Überlegungen zur Ernte mit Sichel oder Erntemesser im Neolithikum des westlichen Alpenvorlandes zeigen etwa, wie Ergologie und Typbildung, Bewegungsform und Kultur der Arbeit zusammengehen können: Unterschiedlich handhabbare Schnittgeräte lassen sich chorologisch unterscheiden. Die Entschei-

---

11 Unter Praxistheorien wird eine Gruppe von insbesondere soziologischen Theorieansätzen zusammengefasst, die als kleinste Einheit des Sozialen die Praktik benennen (Reckwitz 2003). Bekannte frühe Vertreter der Richtung sind etwa Pierre Bourdieu (1930–2002) und Anthony Giddens (*1938). Die Praxistheorien können als aus den Handlungstheorien hervorgegangen betrachtet werden oder auch zu diesen gerechnet werden (Balog 2001). Neben einer dem Poststrukturalismus zuzurechnenden Richtung wird eine analytische und evolutionäre Praxistheorie zunehmend bedeutend. – Eine Übersicht aus archäologischer Perspektive bei Kerig (2008, 122–146).

dung für die eine oder andere Erntepraxis ist kulturell bedingt. Aus der Form des Erntegerätes werden letztlich Handbewegungen erschlossen, die millionenfach ausgeführt worden sein müssen und die die soziale Zugehörigkeit im Vollzug der Arbeit andauernd reproduzierten.

Zunächst bestimmt die Demographie das maximale gesamtwirtschaftliche Arbeitsvolumen (z. B. Eibner 1997). Demographische Eckdaten (Bocquet-Appel/ Bar-Yosef 2008) können dabei nicht nur aus Gräberfeldern ermittelt werden, sie sind auch prinzipiell aus dem Fundaufkommen erschließbar (Schyle 2006). Solche Werte, als Bevölkerungsdichte bezogen auf die Fläche,[12] sind von wesentlicher wirtschaftlicher Bedeutung. Es zeichnet sich bereits jetzt ab, dass die demographische Modellbildung zukünftig auch in der deutschsprachigen Wirtschaftsarchäologie ähnlich zentral werden wird, wie sie es in der angelsächsischen Archäologie bereits ist.[13]

Die Verfügbarkeit menschlicher Arbeitskraft hat Johannes Müller (2001) für unterschiedliche Landschaftsräume des mitteldeutschen Neolithikums dargestellt. Er ging nicht von Arbeitsquanten (Arbeitszeit mal Arbeitskraft), sondern vom Energieaufwand aus, wie er in Megalithgräbern dokumentiert ist (Müller 1990). Mit der systemischen Darstellung von Energieflüssen hat sich im deutschsprachigen Bereich insbesondere der Göttinger »Arbeitskreis Umweltgeschichte« auseinandergesetzt, freilich ohne Beispiele aus der Ur- und Frühgeschichtlichen Archäologie anzuführen (Herrmann 1991). Das Forschungsanliegen, einst aufgewendete Energie zu berechnen, geht auf Ansätze zurück, wie sie von Leslie A. White (1969) und Roy A. Rappaport (1968; 1984) vertreten wurden. Dabei ging es darum, die ökonomischen Konzepten unterlegte relative Handlungsfreiheit durch Naturgesetzlichkeiten zu ersetzen – Arbeit wird dort praktisch ausschließlich als biotisch vermittelte physikalische Größe begriffen.

Exemplarisch hat Sara Schiesberg (2009) die regional verfügbare Arbeitskraft berechnet. Aus Sterbetafeln wurde die Zusammensetzung bandkeramischer Modellhaushalte ermittelt und dann mit der von Andreas Zimmermann u. a. (2004, 68 ff.) kalkulierten Anzahl bandkeramischer Haushalte im Rheinland multipliziert. Bezogen auf die besiedelte Fläche konnte so der mögliche maximale Arbeitseinsatz, etwa während der Bodenbearbeitung und Ernte, abgeschätzt werden. Es zeigte sich, dass mit der vorhandenen Bevölkerung maximal 0,3 % der am dichtesten besiedelten Fläche pfluglos bestellt und abgeerntet werden konnte (Kerig 2007) – selbst bei der Annahme einer doppelt oder dreimal so hohen Bevölkerungszahl würde sich dieses Bild nur unwesentlich ändern.

Der Umfang von Gemeinschaftsleistungen bemisst sich in der aufgewendeten Arbeit, mithin der Stärke der mobilisierten Arbeitsgruppe multipliziert mit den

---

12 Zimmermann 1996; 2010; Zimmermann/Hilpert/Wendt 2009; Rittershofer 1997; Müller-Scheeßel 2007; Wendt 2008.

13 Hassan 1978; Shennan 2000; Shennan/Edinborough 2006; Chamberlain 2006.

angewendeten technischen Hilfsmitteln. Bereits der Bau der Grabenwerke des Altneolithikums kann nur durch größere Arbeitsgruppen realisiert worden sein (Kerig
2003). Das Volumen solcher kommunalen Arbeiten erreicht mit den Befestigungen
des Jungneolithikums (etwa Knoche 2008; Seidel 2008; Geschwinde/Raetzel-
Fabian 2009) und der Latènezeit (Köhler/Maier 1992; J. Pauli 1993, 83 ff.) einen
Höhepunkt. Es ist eine weitverbreitete Annahme, dass große Unternehmungen
sowohl auf der Baustelle wie in der Gesamtgesellschaft eine Bauleitung und damit
hierarchische Strukturen voraussetzen (Kerig 2003; 2008, 118 ff.). Tatsächlich ist
die Mobilisierung großer Arbeitsgruppen im Rahmen von *working feasts* häufig
mit dem Versuch verbunden, die eigene soziale Position im Rahmen eines Systems
geliehenen Vertrauens und erworbener Verdienste zu verändern (siehe Dietler/
Hayden 2001). Allerdings bilden sich dabei keine stabilen Führungspositionen
heraus; vielmehr ermöglicht das Fehlen solcher stabilen Positionen erst die Gewinnung von zusätzlichem Prestige durch die Organisation von ›Arbeitsfesten‹.

Dass die für große hallstattzeitliche ›Fürstengräber‹ wie ›Magdalenenberg‹
oder ›Hohmichele‹ aufgewendete Arbeitszeit überschaubar gewesen sein muss
und sich daraus eben keine zwingenden Hinweise auf hierarchische Strukturen
gewinnen lassen, hat Manfred K. H. Eggert (1988; siehe auch 1989) gezeigt.

Die Art und Weise, die Form der Arbeit wird wesentlich bestimmt durch Standardisierung und Spezialisierung. Je stärker Produkte standardisiert sind, desto
geringer ist die Notwendigkeit, zur Produktion spezielle Kenntnisse und Fähigkeiten einzusetzen. Standardisierte Produkte erfordern eine Standardisierung der
Arbeit, die damit kalkulierbare Ergebnisse verspricht. Die bandkeramische Kultur zeigt wie vielleicht keine andere archäologische Kultur Standardisierungen
auf einfachstem Niveau. Diese Einheitlichkeit wurde häufig als Artefakt starker
Steuerung verstanden und geradezu als Indiz für die Macht konservativer Kräfte
gedeutet (z. B. Frirdich 1994). Dass dabei soziale Kontrolle involviert ist, steht
außer Frage. Darüber hinaus ermöglicht Standardisierung aber auch die einfache
Weitergabe technischer Lösungen, sei es bei Keramik oder Architektur. Gerade das
Gros der ältesten Keramik Mitteleuropas ist in ihrer technischen und stilistischen
Einfachheit hoch standardisiert; ihre Fertigung ist deshalb schnell erlern- und
reproduzierbar. Die Errichtung bandkeramischer Häuser mit nachbarschaftlicher
Hilfe wird jedem Bandkeramiker jenseits eines bestimmten Alters vertraut gewesen sein. Gerade bei hoher Standardisierung von Bauwerken zeigt die Ethnographie häufig, dass eine Bauleitung überflüssig ist: Jeder weiß, wo sein Platz und was
zu tun ist (z. B. Koch/Schiefenhövel 1987). So wichtig die Standardisierung von
Rezepturen der keramischen Masse, von Brennvorgängen und Keramikformen
auch sein mag, weitaus wichtiger ist die Kalkulierbarkeit landwirtschaftlicher Er-
träge, da davon das Überleben der Gruppe abhängen kann. Erwartungsgemäß sind
Kulturpflanzenspektrum und landwirtschaftliche Betriebsform im Altneolithikum
vergleichsweise hoch standardisiert (Kreuz 1990; Jacomet/Kreuz 1999, 293 ff.).

Die innerhalb dieses engen Spielraumes dennoch bestehenden landschaftlichen Unterschiede geben das Maß erfolgreichen Experimentierens an, werden aber von den Akteuren selbst kaum wahrgenommen worden sein. Die Bedingung für die verlässliche Funktion dieses Systems ist die Einhaltung der sozial vermittelten ökonomischen, also technischen, ökologischen, distributiven Regeln und die Konstanz aller äußeren Faktoren. Die Kosten für Informationsbeschaffung und Ausbildung sind damit ebenso minimiert wie Risiken durch Schwankungen des *outputs*. Im Gegenzug wird auf eventuell höhere, aber risikoreichere Gewinne verzichtet. Standardisierung auf niedrigem Niveau ermöglicht den schnellen Transfer komplexen technischen Wissens an Personen ohne großes Vorwissen – sie ist ein Werkzeug von Pionieren (siehe Schott 1936).

Arbeitsteilung dagegen zergliedert komplexe Arbeitsvorgänge in eine Folge geringer komplexer Verrichtungen. Von arbeitsteiligen Prozessen spricht man, sobald unterschiedliche Personen mit unterschiedlichen Arbeiten beschäftigt sind. Solche Arbeitsteilung kann innerhalb des Haushaltes nach Geschlecht und/ oder Alter erfolgen. Während die Volkswirtschaft noch heute Hausarbeit anders als Erwerbsarbeit wertet – im Haushalt verrichtete Arbeit wird in der Regel nicht mit Geld vergütet und findet daher keine Berücksichtigung bei der Berechnung des Bruttosozialproduktes (siehe Schellenbauer 1999) – erscheint dies für die Wirtschaftsgeschichte, Wirtschaftsethnologie und Wirtschaftsarchäologie nicht angebracht. Grundlage jeder Subsistenzwirtschaft – also der landwirtschaftlichen Produktion, die in erster Linie der Deckung des Eigenbedarfs dient – ist die Organisation der Arbeit der gemeinsam wirtschaftenden Personengruppe, die zumeist einem Haushalt entspricht. Aus den demographischen Faktoren ergibt sich die Zusammensetzung des Haushalts nach Personenzahl, Alter und Geschlecht – und umgekehrt wird die Demographie hier in der sozialen Praxis reproduziert: Wieviele Ehegatten oder Kinder man hat, unterliegt Normen, die hier wirtschaftlich relevant werden.

Verschiedene Haushaltsformen mit unterschiedlicher Personalausstattung mögen dabei nebeneinander bestehen. Sozialstruktur und Familienform im weitesten Sinne bestimmen so die vorhandene Arbeitsmenge und beeinflussen durch die Arbeitsorganisation auch die Effektivität der Arbeit. Die Annahme irgendwelcher ›natürlicher‹ Geschlechterbeziehungen (siehe Rosenbaum 1982) ist immer auch ein Vorurteil über den Faktor Arbeit.

Wenn wir also von ›Spezialisierung‹ sprechen, sind damit arbeitsteilig ausgeführte Verrichtungen in getrennten Wirtschaftseinheiten gemeint. Da jegliche Spezialisierung einerseits von der Zugänglichkeit zu Rohmaterial oder Halbprodukten (also der Distribution) und andererseits von der Nachfrage (dem Konsum) abhängt, ist sie krisenanfällig. Die Vorteile von Arbeitsteilung und Spezialisierung liegen in höherer Produktivität. Die Kosten für die Produktion eines einzelnen Stückes werden beispielsweise geringer mit der Reduzierung von Stell- und Rüstkosten.

Standortvorteile führen zur territorialen Arbeitsteilung, genannt seien Bergbaureviere, Hauberg- oder Almwirtschaft. Auf die Verrichtungen bezogenes technisches, ökonomisches oder magisches Wissen kann über längere Zeit akkumuliert und schließlich so tradiert werden, dass von einer ›Berufsgruppe‹ gesprochen werden kann, die dieses Wissen überliefert. Kontinuität befördert erfolgreiche Spezialisierung – das auf der Heuneburg über mehrere Bauphasen hinweg belegte »Handwerkerviertel« mit Bronzewerkstätten kann hier als Beispiel dienen (Kurz 2010, 36 ff.). Spezialisierung wirkt der Standardisierung auf niedrigem Niveau entgegen: Spezialisierung setzt Standards in Qualität oder Kosten, die im einzelnen Haushalt nicht erreicht werden können.

Archäologisch ist Spezialisierung dann gut erkennbar, wenn sie territorial differenziert ist. So konnte für die Produktion von Mahl- und Mühlsteinen aus Mayener Basalt gezeigt werden, wie die benötigte Arbeitsmenge – ausgedrückt als Anzahl der dort hypothetisch in Vollzeit Beschäftigten – während der Urnenfelder- und Hallstattzeit auf wenige Personen beschränkt blieb, in der Spätlatène- und Kaiserzeit bis auf sechshundert anstieg, um dann während der Völkerwanderungszeit und dem Frühmittelalter bei einhundert Beschäftigten zu stagnieren. Erst in der Neuzeit wurden dann wieder der Kaiserzeit vergleichbare Zahlen erreicht (Mangartz 2008). Diese wechselnden Zahlen der im Bereich der Mahl- und Mühlsteinproduktion tätigen Arbeitskräfte spiegeln also nicht den Stand der technischen Entwicklung, sondern den Grad der Spezialisierung und der Nachfrage bezogen auf einen einzigen wirtschaftlichen Sektor.

Dass etwa im Silexbergbau mit einer beginnenden Spezialisierung zu rechnen ist, ist offenkundig. Weniger klar sind hingegen Ausmaß und Differenzierung. Christoph Willms (1982) hat für den Bergbau selbst Spezialisten angenommen, sah aber Distribution und Transport ganz in den Händen der Endverbraucher. Jürgen Hoika (1987, 121) rechnete generell mit sozialen Verhältnissen, die »eine Art Handwerkerschaft und möglicherweise auch Dienstleistungsbetriebe kannten«. Andreas Zimmermann (1988) hat dann aus quantitativen Unterschieden im Produktionsabfall auf eine zwar im Umfang beschränkte, aber dennoch deutlich sichtbare Arbeitsteilung zwischen benachbarten und gleichzeitigen Siedlungen im Bereich der rheinischen Linearbandkeramik geschlossen.

Kapital

Unter ›Kapital‹ wird hier der Bestand an Ausrüstung und Vorräten verstanden, der für die Produktion zur Verfügung steht. Kapital entsteht aus Konsumverzicht. In den langen Zeitreihen der Archäologie wird deutlich, wie das Roden und das anschließende Offenhalten der Landschaft durch Ackerbau und Viehzucht Kapital schafft. Jutta Lechterbeck (2009; Lechterbeck u. a. in Vorb.) hat auf die Landschaftspflege als Kapitalbildung hingewiesen. Durch die anhaltende Landschaftsnutzung wird über Generationen und chronologische Kulturgrenzen hinweg die Kapitalausstattung einer Landschaft vergrößert, solange der dazu notwendige geringe kontinuierliche Einsatz von Arbeitskraft nicht abreißt. Dabei handelt es sich also um einen gleichsam akkumulativen Vorgang. Die Nutzung römischer Straßen in nachantiker Zeit (z. B. Esch 1997) zeigt dies schön: Noch die Renaissance zehrte von diesem antiken Kapital. Solche Kapitalbildung beginnt immer additiv und mitunter als nicht intendierter Nebeneffekt. So mag etwa aus der Erschließung einer abgelegenen Weide ein Weg entstehen, der Jahrzehnte später in ein interregionales Wegenetz einbezogen wird. Alleine solche Landschaftsveränderung muss, im Verlauf der Zeit, einen allmählichen Anstieg des allgemeinen Wohlstandes (das ›Volksvermögen‹ der klassischen Volkswirtschaftslehre) bedingen. Und umgekehrt bedeutet Diskontinuität der Besiedlung, wie sie etwa im Neolithikum immer wieder belegt ist, Kapitalverlust. Für die gesamtgesellschaftliche Verfügbarkeit des Reichtums bedeutet dies, dass bei Siedlungskontinuität auch ein größerer gesamtgesellschaftlicher Wohlstand erwartet werden kann, während eine höhere Mobilität im Siedlungsverhalten mit geringerem Wohlstand einhergeht. Siedlungskontinuität deutet umgekehrt auch auf stabile Besitzverhältnisse, während demgegenüber höhere Mobilität geringere Reichtumsunterschiede vermuten lässt. Diese Überlegungen gelten insbesondere bei langfristiger und zumindest regionaler Betrachtung.

Bäuerliche Kapitalbildung erfolgte bis in die Gegenwart weniger durch Ausstattung mit produktiverem Gerät, als vielmehr durch Umwidmung von Erträgen. Landnutzungsrechte und Bodeneigentum sind nur bedingt wieder einsetzbar, etwa im Rahmen von Feudal- oder Pachtsystemen. Die Erhöhung der Kopfzahl kleiner Herden dagegen minimiert Ausfallrisiken; die Zufütterung von Getreide ab dem Hohen Mittelalter erhöht die Arbeitskraft von Pferden als Zugtieren, ja ermöglicht erst deren wirtschaftlichen Einsatz in der Bodenbearbeitung. Demgegenüber erlauben es Schaf- oder Ziegenherden, Schweine und vor allem die Geflügelhaltung, auch kleine Kapitalmengen zu entnehmen.

Schatzbildung ist nur unter Vorbehalt als Kapitalbildung zu verstehen: *Keimelia* aus dem Tresor eines Großen sind kaum jemals beliebig in Waren konvertierbar. Welche Güter gegen welche getauscht werden können, wie diese bewertet werden und ob und bei welcher Gelegenheit der Austausch stattfindet, das ist kulturell sehr unterschiedlich (siehe Eggert 2010; Schweizer 2010). Prestigegüter im System einer Prestigegüterwirtschaft stehen für eine spezielle Kapitalform. Die Weitergabe im Tausch oder als Geschenk, die Vernichtung dieser Güter bei Opfer oder Wettstreit kann – von außen gesehen – als Investition verstanden werden, um die zu erwartenden Kosten zu senken: So erworbenes Prestige verspricht, künftig die Anzahl der Transaktionen zu reduzieren, agieren hochrangige Akteure mit wenigen Ihresgleichen auf Augenhöhe. Dazu kommt, dass persönliche Verpflichtungen zwischen diesen Akteuren ausgeglichene Transaktionen erwarten lassen und das auch dann, wenn einer oder beide Akteure nur über beschränkte Informationen verfügen. Das Konzept ›Prestigegut‹ hat in Deutschland vergleichsweise rasch Eingang gefunden. Im Zusammenhang mit der Distribution (siehe unten) wird deutlich, dass wichtige Teile der deutschsprachigen Forschung auf den Austausch zwischen Eliten konzentriert waren und dort ähnliche Vorstellungen wie z. B. Clark (1983; 1986; dazu Kerig/Zimmermann 2010; Kerig 2012) entwickelten. Mitunter wird die Auffassung vertreten, die archäologische Beschäftigung mit Eliten ersetze nicht nur, sondern sei selbst eine Archäologie der sozialen Verhältnisse (z. B. Kilian-Dirlmeier/Egg 1999, VII). Diese Übernahme eines Konzeptes aus der angelsächsischen Archäologie bereitete offensichtlich keine Probleme. Eine intensivere Auseinandersetzung fand dann im Rahmen einer Berliner Tagung zum Thema statt (Müller/Bernbeck 1996). Die darin als Prestigegüter behandelten Artefaktklassen beschäftigen die Forschung seit Beginn, das neue Konzept versprach neue Antworten auf alte Fragen. Ein generelles Problem bleibt, woran Prestigegüter und Prestigegüterwirtschaften überhaupt zu erkennen sind. Dass das bloße Ansammeln von Exotika nicht zwingend hohes Prestige mit sich bringt, ist offenkundig. Auch die Investition in Arbeitskraft kann als Kapitalbildung verstanden werden. Der Gesundheits- und der Bildungsstand werden heute allgemein als wesentliche Faktoren der Arbeitsproduktivität aufgefasst. So hat sich der Wirtschaftsgeschichtler Jörg Baten mit dem Ernährungszustand – er verwendet Körpergröße als Proxy – über längere Zeiträume beschäftigt, um Angaben zur Entwicklung des Humankapitals auch für ausschließlich archäologisch belegte Zeiträume zu gewinnen (Komlos/ Baten 1998; Koeppke/Baten 2009; siehe Siegmund 2011).

Entwicklungsstand

Die technische und soziale Entwicklung ist für die Wirtschaftsarchäologie zweifellos entscheidend (z. B. Zimmermann 2001; 2002a). Dabei könnte der jeweilige technische wie gesellschaftliche Entwicklungsstand in archäologischer wie historischer Betrachtung als eigenständiger Produktionsfaktor begriffen werden (so Metz 2005). Ein solcher Faktor wäre durchaus keine feste Größe und auch keine Funktion der Zeit, sondern variabel im Sinne eines Mehr-oder-Weniger. Ein solches Vorgehen schränkt freilich einen weiteren möglichen Austausch mit den Wirtschaftswissenschaften stark ein. So verbietet sich dadurch etwa die unmittelbare Anwendung neo-klassischer Produktionsfunktionen, die die Beziehung von Input zu Output darstellen und die Technik bereits berücksichtigen (für vorindustrielle Bedingungen z. B. Malanima 2008, 28 ff.): Es gelte $Y = T*P$, wobei Y das Output, T die angewandte Technik und P (L, B, K) die Produktionsfaktoren Arbeit (L), Kapital (K) und Boden (B) sind. Bezogen auf den Faktor Arbeit ergibt sich $Y/L = T*P$ mit P (K/L, B/L), d. h. dass das Output pro Arbeiter abhängt vom Kapital und dem Boden (den eingesetzten Ressourcen) pro Arbeiter. Eine Verringerung des Einsatzes von Kapital oder Boden kann also nur durch eine Veränderung der eingesetzten Technik ausgeglichen werden. In der Praxis bestehen immer verschiedene Techniken und Verfahren nebeneinander. Welches Produktionsverfahren angewendet wird, ist von der gesellschaftlich zugelassenen ›Mischung‹ der einzelnen Produktionsfaktoren beziehungsweise dem Einsatz der Produktionsmittel abhängig. Der Produktionsfaktor ›Entwicklungsstand‹ wäre sicher von der jeweils effektivsten und damit auch ›modernsten‹ Produktions- oder Distributionstechnik mitbestimmt. Entscheidender ist aber wohl die Diversität der gesellschaftlich tatsächlich durchsetzbaren technischen Lösungen, die es den wirtschaftlich Handelnden ermöglicht, den ›Entwicklungsstand‹ flexibel zu handhaben. Ausschlaggebend ist hier die Zugänglichkeit zu technischem Wissen und zu den Produktionsmitteln. Die Anwendung der scheinbar effektivsten Technik kann dabei durchaus unrentabel sein, etwa wenn sie an ein bestimmtes Produktionsvolumen gebunden ist. So konnte in Bezug auf die Verwendung des Pfluges interkulturell und diachron gezeigt werden, dass sie unterhalb bestimmter Feldgrößen zu kostenintensiv wäre, um Pflüger und Spannvieh ernähren zu können. In solchen Fällen sind einfache ›händische‹ Arbeitsgeräte weit überlegen. Sollen aber große Flächen bestellt werden, ist der Einsatz tierischer Anspannung nicht zu umgehen. Die maximale Ackergröße liegt jedoch weit unterhalb der Leistungsfähigkeit von Gespannen, wenn die Flächenproduktivität der Erntetechnik nicht der Bodenbearbeitungstechnik entspricht (Kerig 2007).

Mit der archäologischen Terminologie verschiedener ökonomischer Phasen des Übergangs von der aneignenden zur produzierenden Wirtschaft (z. B. ›Protoneolithikum‹, ›Semineolithikum‹) hat sich in Deutschland besonders Hans-Peter Uerpmann (1979; 1989) befasst, wobei es ihm um eine Wirtschaftsgeschichte des altweltlichen Neolithikums ging. Die von ihm definierten Begriffe dienten dazu, verschiedene Subsistenzstrategien zu kennzeichnen und in ihrer räumlichen und zeitlichen Formation darzustellen. Er selbst stellte sein Vorgehen in die Tradition von V. Gordon Childe (Uerpmann 1989, 92).

Andrew Sherratts (1981; 2004) Konzept einer intensiven Nutzung der tierischen Sekundärprodukte, insbesondere Milch, Wolle sowie der Anspannung, die während des entwickelten Neolithikums eingesetzt habe (*secondary products revolution*), ist auch im deutschsprachigen Bereich intensiv rezipiert worden. Sherratt fasst die neuen Elemente als ein Set von untereinander verbundenen wirtschaftlichen Praktiken auf. Seine Überlegung nahm ihren Ausgang im Vorderen Orient: So sollen erste Wolltextilien als Waren nach Mitteleuropa verhandelt worden sein. Für Sherratt stellte der Gegensatz von Ackerbauern und Viehhaltern im Vorderen Orient einen entscheidenden Motor geschichtlicher Entwicklung dar. Während einerseits Jens Lüning (1979/1980; siehe auch Tegtmeier 1993) die Nutzung von Zugtieren bereits für die bandkeramische Landnahme als zwingend notwendig ansah, datieren andere, etwa Schlichtherle (2004; 2006), den Beginn von Wagen- und Radnutzung sowie Pflugbau in das ausgehende Jung- oder beginnende Spätneolithikum, um die Mitte des vierten Jahrtausends. Markus U. Vosteen (1996) hat dann ein verbreitetes Unbehagen aufgegriffen (siehe etwa Uerpmann 1989, 93) und gezeigt, dass die einzelnen Elemente der *secondary products revolution* keineswegs gemeinsam, sondern chronologisch stark gestaffelt auftreten: Während Milch bereits in der entwickelten Bandkeramik genutzt worden sein könnte, setze eine umfängliche Wollnutzung in Mitteleuropa wohl nicht vor der Bronzezeit ein (siehe auch Banck 1998, 120). Vosteens Kritik ist durchaus zutreffend, geht aber in einem wesentlichen Punkt an der wirtschaftlichen Realität des Neolithikums vorbei. Entscheidend ist nicht der Erstnachweis einer Nutzung von Milch oder Zugkraft beziehungsweise der Lasttiernutzung, da mit beidem grundsätzlich seit dem Altneolithikum zu rechnen ist. Diese einzelnen Sektoren werden aber erst dann auch quantitativ wichtig, wenn sie untereinander neuartig systemisch verbunden sind. Eine wirtschaftliche Entwicklung kann eben nicht additiv aufgefasst werden. Daher bleibt auch Vosteens (1999) späterer Versuch, die neolithische bis hallstattzeitliche Wagennutzung im Zusammenhang mit ihrem religionsarchäologischen Kontext darzustellen, aus wirtschaftsarchäologischer Sicht unbefriedigend. Diese Arbeit ist vielleicht als ein ›reaktionärer‹ Versuch zu verstehen – ›reaktionär‹ im Sinne von Ian Hodder (1982) –, idealistische und kulturgeschichtliche Konzepte als einer rein an Wirtschaftlichkeit orientierten Perspektive überlegen zu erweisen.

Aus dem Bereich der Montanarchäologie sei beispielhaft auf die Untersuchungen zur Salzgewinnung am Dürrnberg (Stöllner 1999) und zur Ur- und Frühgeschichte der Eisenproduktion verwiesen, die eindrucksvoll die Möglichkeiten wirtschaftsarchäologischer Feldforschung belegen. In Kleinräumen haben Hauke Jöns (Haffner/Jöns/Reichstein 2000), Albrecht Jockenhövel und Christoph Willms (2005) sowie gegenwärtig Guntram Gassmann die Entwicklung von Verhüttungstechnik und zugehöriger Infrastruktur, von Wirkungsgrad, Produktionsvolumen und Umweltfolgen paradigmatisch erarbeitet (Gassmann/Wieland 2008). Diese Ergebnisse zum Entwicklungsstand eines überschaubaren Sektors können künftig als Grundlagen für regionale wie interregionale Hochrechnungen dienen. So müsste sich abschätzen lassen, wie groß der Bergbau treibende Bevölkerungsanteil in Marginalgebieten – marginal in Hinsicht auf die Bevölkerungsdichte – gewesen ist, welcher Grad an Spezialisierung vorausgesetzt werden kann und welche Absatzgebiete bedarfsdeckend beliefert worden sein könnten.

Distribution

In der heutigen Wirtschaft dient Geld als das zentrale Tauschmittel. An ihm kristallisieren sich neben primär ökonomischen auch sekundäre, nämlich unterschiedlichste psychische, soziale und ideologische Phänomene (Simmel 1907). Es kann zunächst dadurch hinreichend definiert werden, dass die Geldeinheit prinzipiell mit ihrem Nominalwert identisch ist. Darüber hinaus mögen weitere Funktionen mit Geld verbunden sein; so ist es in seinem Geltungsbereich ohne Verlust lagerfähig und transportabel. Geld ist die Recheneinheit, die ein gemeinsames Maß für die Relationen zwischen unterschiedlichsten Gütern darstellt. Indem so die Anzahl der Naturaltauschraten drastisch reduziert wird, verringern sich auch die Kosten, die dabei entstehen, wenn Informationen über das Marktgeschehen eingeholt werden und eine Transaktion eingeleitet wird. Die Produktivität einer Geldwirtschaft ist dadurch prinzipiell höher als die einer Naturalwirtschaft (Brunner/Meltzer 1971; Niehans 1971).

Den Nominalwerten annähernd identische Geldeinheiten gibt es erst seit der Neuzeit. Einzelne Funktionen des Geldes sind aber auch für die ur- und frühgeschichtliche Zeit vorauszusetzen, doch waren sie nicht zwingend an Geld im Sinne der hier zugrunde gelegten ökonomischen Definition gebunden. Darauf deutet die Akkumulation von standardisierten Gütern etwa in Ring-, Sichel- oder Beilhorten hin (Pauli 1985, 200 ff.; Sommerfeld 1994; Hänsel 1997, 17 f.). Gerade deren Tauschfunktion ist allerdings kaum zu beurteilen, sind sie dem Güterkreislauf doch durch absichtsvolle Deponierung entzogen worden. Es sind wohl insbesondere die oben erwähnten, heute sekundär mit Geld verbundenen Phänomene, die hier in der archäologischen Literatur aufscheinen. Bereits die Worte ›Hort‹ und ›Schatzfund‹ implizieren einen hohen Wert, während die Deponierung grundsätzlich ja auch durch den Verlust des Wertes (etwa durch ›Unreinheit‹) bedingt sein könnte. Ob getauscht wurde und falls ja, was gegen welche Güter und in welcher Sphäre, bleibt unklar.

Die erwähnte Reduktion von Naturaltauschraten ist nicht zu vernachlässigen. Gerade im interkulturellen Handel ist mit erheblichen Kosten zu rechnen. Es sei daran erinnert, dass die Einführung monetärer Handelstechniken zur Senkung der Informations- und Transaktionskosten eine der wesentlichen Voraussetzungen des renaissancezeitlichen Wirtschaftsumbruches war. Mehr oder minder feste Naturaltauschraten für eine überschaubare Anzahl von prinzipiell tauschbaren Gütern an neuralgischen Punkten interkulturellen Austausches haben vermutlich die wirtschaftliche Bedeutung einzelner Umschlag- und Handelsplätze ausgemacht (Steuer 2003, siehe Pare 2010).

Ein großer Teil der süddeutschen Eisenzeitforschung war lange auf den sogenannten ›Südimport‹ fokussiert, wobei die häufige Nennung ökonomischer Begriffe mit einer geradezu ›primitivistischen‹ Zurückweisung jeglicher Modernismen einherging. Wenn etwa Ferdinand Maier (1993, 203 f.) feststellt, dass »eine bloß kaufmännische Interpretation des als Handel definierten Geschehens« nicht angemessen sei, dann liegt dies eben nicht zuletzt auch daran, dass er selbst zuvor »Großkaufleute, Händler und Handwerker, aber auch politische Führung und Gefolgschaft« als Träger dieses Handels bezeichnet hat. Mit solchen eurozentrischen und allenfalls den Verhältnissen des entstehenden Frühkapitalismus angemessenen Deutungen – sieht man einmal vom in sich problematischen Begriff der ›Gefolgschaft‹ ab – sind die frühlatènezeitlichen Verhältnisse selbstverständlich nicht beschreibbar. Hier kollidiert ein modernistisches Verständnis von Wirtschaft mit der Erkenntnis historischer Spezifika. In dem bekannten Handbuch *Die Kelten in Baden-Württemberg* fand sich 1981 kein Kapitel über Wirtschaft, auch unter dem von Franz Fischer (1981, 77 ff.) verfassten Beitrag »Staat, Gesellschaft und Siedlung« sucht man vergebens nach Angaben zu den ökonomischen Grundlagen des eisenzeitlichen Südwestdeutschlands. Informationen dazu können den Kapiteln »Handwerk und Technik« (Reim 1981, 204 ff.), »Münzen und Münzfunde« (Mannsperger 1981, 228 ff.) sowie »Die frühen Kelten und das Mittelmeer« (Kimmig 1981, 248 ff.) entnommen werden. Der damalige Stellenwert wirtschaftsarchäologischer Forschung und die Schwerpunkte des Interesses könnten kaum präziser beschrieben werden: Produktion wird als Handwerk thematisiert, der agrarische und der reproduktive Sektor finden keine Berücksichtigung. Das Interesse an Distribution ist geteilt in den hallstatt- beziehungsweise frühlatènezeitlichen Südimport, ergänzt um die Münzfunde der Oppida. Fischer (1973; 1993) hatte an außergewöhnlichen Einzelstücken als Grabbeigaben ein Konzept des Austausches zwischen mediterranen und keltischen Eliten entwickelt; in diesem Zusammenhang nennt er beispielsweise die Hydria von Grächwil, die Kessel von Vix und Hochdorf sowie die Textilfunde aus dem Hohmichele. Hochgeschätzte Einzelstücke (›Keimelia‹) würden in einer Sphäre kontinentaler fürstlicher Diplomatie als Gast- und Gesandschaftsgeschenke nach Mitteleuropa gebracht. In diesen wenigen exzeptionellen Fundstücken findet Fischer Fernkontakt, Kulturaustausch und Gesellschaftsform in höchster Verdichtung.[14] Einen freien Markt für Edelmetall schließt Fischer explizit aus (F. Fischer 1987, 212). Das Konzept erklärt aber keinesfalls die Mehrzahl der von Süden nach Mitteleuropa eingeführten Güter. Die verkehrsgeographische Situation der hallstatt- und frühlatènezeitlichen ›Fürstensitze‹ haben dann insbesondere Konrad Spindler (1991) und Ludwig Pauli (1993, 110 ff.) zu einer Beschäftigung mit Transportwegen und Transportvolumina geführt. Pauli (ebd. 88) bestimmt den quantitativen Anteil der Importe im Breisacher Keramikspektrum als zwischen einem Promill und einem Prozent; er beschreibt dann wesentliche Standortfaktoren der ›Fürstensitze‹ und schließt daraus auf die hauptsächliche Funktion dieser Plätze im innerkeltischen Handel (ebd. 134). Verkehrsgeographisch eignen sich auffällig viele der von ihm untersuchten Siedlungen als Umladeplätze für einen Wechsel vom Fluss- zum Landtransport. Die von ihm identifizierten Umladestationen sind technisch separierbare Schnittstellen, an denen Transaktionen stattfinden und an denen Reibungsverluste als

---

14　Für eine Übertragung auf bronzezeitliche Verhältnisse siehe Hänsel 1997, 14.

Transaktionskosten anfallen. Berücksichtigt man die Vielzahl der möglichen Wege zwischen Doubs und Donau und sieht zumindest jeden der ›Fürstensitze‹ als mögliche Station an, dann ergibt sich eben nicht nur ein einzelner gangbarer Weg. Ein solcher ›modernistisch‹ gedachter Handel wird von Kosten- und Gewinnerwartung bestimmt. Zur Ermittlung der wirtschaftlich sinnvollsten Route sind Transport-, Informations- und Transaktionskosten zu veranschlagen.

Spindler geht offenbar grundsätzlich von Markttausch zwischen unternehmerischen Händlern und jeweils einheimischen Endverbrauchern aus. Er vertritt dabei konsequent formalistische Positionen. Jürgen Kunow (1980) hatte für die *Germania Magna* Transportkosten für Seetransport zu Flusstransport zu Landtransport im Verhältnis von 1 zu 5,9 zu 62,5 geschätzt. Diese Verhältnisse überträgt Spindler in die Späte Hallstattzeit und stellt fest, dass daher ein regulärer Handel über die Alpenpässe ausgeschlossen werden könne. Die für den Händler höhere Gewinnerwartung im Markt mit dem Endverbraucher ist ihm ein gewichtiges Argument, um jede Form des Zwischenhandels abzulehnen. Begüterte Individuen, »deren besondere Begabung und Persönlichkeit [...] in dieser hochzivilisierten Gesellschaft« nicht unterschätzt werden dürfe, legten »Überschüsse gegebenenfalls in kostbaren oder exotischen Gütern an«, »da der Reichtum nicht im Rahmen einer Geldwirtschaft kapitalisierbar war. Der Fernhandel begann zu blühen«, so Spindler (1991, 367). Zum immer wieder angesprochenen Problem, welcher Gegenwert für diese Exotika gehandelt worden sein könne, zitiert Spindler (ebd. 320) Kunow: »Der Handel verläuft mit dem Kulturgefälle und nicht dagegen« – eine Bemerkung, die wohl nur dahingehend zu verstehen ist, dass die Händler aus dem mediterranen Bereich ins Barbarikum bzw. in das Gebiet des Westhallstattkreises vorgestoßen seien und nicht umgekehrt. Ein solcher Händler – wenn es ihn denn je gab – wäre aber doch wohl von einer hinreichenden Gewinnerwartung in von im Süden geschätzten Gütern ausgegangen. In der Diskussion werden – wieder in Analogie zur *Germania Magna* – Güter genannt wie Sklaven, Honig oder Frauenhaar (z. B. ebd. 321).

Für den Handel zwischen Wirtschaftssystemen, die auf unterschiedlichem Niveau produzieren, versprechen – aus der Sicht unternehmerisch agierender Händler – häufig Güter mit geringen Rohmaterial- und Arbeitskosten (z. B. Glasperlen) gegen solche mit hohem Rohstoffwert (z. B. Gold und Elfenbein) einen hohen Gewinn. Er entsteht überwiegend aus der Differenz in der Bewertung der verhandelten Rohmaterialien (für den fremden Händler) beziehungsweise aus der unterschiedlichen Bewertung der eingesetzten Rohmaterialien, der aufgewendeten Arbeitskraft und der eingesetzten Technik (für den einheimischen Rohmaterialproduzenten). Mit anderen Worten, am Ort A werden Gegenstände in dort relativ wenig aufwändiger Technik hergestellt; diese Technik ist am Ort B so nicht vorhanden, dafür gibt es dort Rohmaterial, das am Ort A höher geschätzt wird als am Ort B. Unter diesen Bedingungen verspricht ein Tausch zwischen den

Orten A und B von Halb- oder Fertigprodukten gegen Rohmaterial hohe Profite. Es ist die unterschiedliche Bewertung der eingesetzten Produktionsfaktoren bzw. der Technik entsprechend der oben erwähnten Produktionsfunktion (siehe Kap. ›Entwicklungsstand‹), die solchen Fernhandel attraktiv macht. Beide Seiten profitieren. Jede Steigerung der Kosten für Rohmaterial, Arbeit oder Reise zwingt den unternehmerischen Händler wie den einheimischen Anbieter zur Neukalkulation. Das unternehmerische Risiko steigt auch durch eine eingeschränkte Einsicht in die Marktlage in großen Entfernungen – auch das gilt für beide Seiten. Feste Handelspartner mit hinreichend sicher abschätzbaren Tauschraten zu haben, kann die Grundlage der Unternehmung bilden. Gegenstände, die in solchem Handel nicht gewinnbringend verhandelt werden können, können als Prestigegüter ausgetauscht werden – etwa kunstvolle Produkte der Toreutik.

Tatsächlich gilt für alle vorindustriellen Gesellschaften, dass Wert fast ausschließlich aus dem unmittelbaren Einsatz des Produktionsfaktors ›menschliche Arbeit‹ entsteht. Darin kann, im Unterschied zum Handel zwischen industrialisierten und nicht-industrialisierten Wirtschaften, kein wesentlicher Unterschied zwischen der mediterranen und der keltischen Welt geherrscht haben. Verhandelte Waren gewinnen durch Knappheit am Zielort ihren Marktwert, der im Regelfall größer als die Summe der Produktions-, Informations-, Transaktions- und Transportkosten gewesen sein dürfte. Der Transportaufwand, bezogen auf das Transportvolumen, wäre für jedes damals verhandelte Gut wohl annähernd gleich und von der transportierten Strecke abhängig. Zu suchen ist also entweder ein seltenes und wertvolles Rohmaterial, wofür zur Zeit keine Anzeichen vorliegen, oder aber ein verhältnismäßig leicht zu transportierendes arbeitsintensives Gut mit absehbaren Transaktionskosten, das in seinem Vorkommen nicht notwendig auf die keltische Welt beschränkt gewesen sein muss. Exzeptionelle Geschenke können einen solchen Handel einleiten, in der Folge garantiert dann eher die Gleichartigkeit verhandelter Güter die Stabilität der Naturaltauschraten. Je weniger Personen dabei zu berücksichtigen sind, desto geringer dürften die Transaktionskosten zu veranschlagen sein; je stärker horizontal gegliedert das Austauschsystem ist, desto weniger kostenintensive Transaktionen sind notwendig, auch wenn die Gesamthöhe der Transaktionskosten selbstverständlich nicht von der Anzahl der Transaktionen bestimmt wird.

Preisabsprachen zwischen Anbietern können aber diese Situation deutlich verunklaren. Solche Bedingungen gelten zunächst für gewinnorientierten Handel, unabhängig von der Reisedauer einzelner Händler. Die genannten Voraussetzungen für Fernhandel erfüllen in der Antike Getreide aus dem Mittelmeergebiet sowie etwa iberische Buntmetalle und Norisches Eisen, seit dem Mittelalter dann vor allem Textilien. Insbesondere die Rolle von Textilien als Exportgut bleibt auch für die Hallstattzeit zu prüfen. Immerhin scheinen in der Latène- und Kaiserzeit neben den ja sehr arbeitsaufwändigen Pökelwaren (z. B. Wiskemann 1859, 76 ff.;

zu Hallstatt siehe Barth 2001; Lobisser 2003) auch gallische Mäntel nach Rom und in weite Teile Italiens verhandelt worden zu sein (v. Kurzynski 1996, 68 ff.). Wie wichtig der archäologisch lange vernachlässigte Textilsektor für die Gesamtwirtschaft ist, kann durch exemplarische Berechnungen des Arbeitsaufwandes verdeutlicht werden: Für das Nachschmieden des hallstattzeitlichen Eisendolches von Wolfegg samt seiner Scheide, jedoch ohne Rohmaterialbeschaffung, sind von einem modernen Kunstschmied um die 67 Arbeitskraftstunden aufgewendet worden (Rieth 1969, 18 ff.; 57). Man vergleiche dagegen Textil: Das frühkaiserzeitliche Hemd der einfachsten Machart aus Reepsholt erforderte dagegen sogar rund 300 Arbeitskraftstunden (Pfarr 2001, 146), und ein Mantel, wie man ihn in Thorsberg und dem Vehnemoor gefunden hat, soll die »Jahresarbeit für zwei tüchtige Weberinnen« (Schlabow 1965, 54) gewesen sein.[15] Auch diese Angaben berücksichtigen nicht den Aufwand für die Beschaffung des Rohmaterials – also für den Anbau, die Ernte und die Verarbeitung der Faserpflanzen – und auch nicht den für Färbung, Stickerei oder ähnliches. Die Tatsache, dass ein prachtvoller Mantel im Verarbeitungsaufwand dem von 50 eisernen Dolchen mit Scheiden entspricht, ist zunächst verblüffend. Dies dürfte vor allem aus der Tatsache resultieren, dass Textilproduktion dem scheinbar unwichtigen reproduktiven Sektor der Hauswirtschaft zugeordnet wurde – mit anderen Worten, eine derartige Frauenarbeit wurde in der Forschung kaum als ein Handwerk wahrgenommen, das potentielle Handelswaren produzierte. Der für das späthallstattzeitliche ›Fürstengrab‹ von Hochdorf betriebene Aufwand für die Textilproduktion mag dem für Metall also nicht wesentlich nachgestanden haben. Die genaue Untersuchung dieser Textilien und eine Durchmusterung der gleichzeitigen oberitalischen und griechischen Vergleiche zeigt aber, dass die Württemberger Hallstatttextilien wohl nicht als Handelswaren südliche Märkte erreichten – erkennbar sind eher kleinräumigere Trachtlandschaften (Banck-Burgess 1999). Gerade Textil als Teil der Tracht und damit sichtbarer Zeichenträger ist offenbar nicht beliebig verhandelbar. Eine Warenproduktion für weit entfernt liegende Märkte ist also für solche Produkte, die zunächst hohe Gewinne zu versprechen scheinen, für hallstattzeitliche Verhältnisse eben nicht nachweisbar.

Manfred K. H. Eggerts Kritik am Konstrukt ›Fürstensitz‹ berücksichtigt wesentlich auch wirtschaftsethnologische Argumente. So referiert er unter anderem verschiedene Beobachtungen zum Gütertausch im subsaharischen Afrika (Eggert 1991). Dabei beschränkt er sich nicht auf den kolonialzeitlichen Austausch zwi-

---

15 Grundsätzlich kann man für mittelfeine Gewebe von etwa 100 Arbeitskraftstunden (AKh) pro Quadratmeter ausgehen (Schlette 1974, 85). Pfarr (2001, 145) nennt eine Untergrenze von 88,2 Arbeitskraftstunden für Wollgewebe, wobei ein Handspinnrad und ein Gewichtswebstuhl benutzt wurden. Das Handspinnrad kommt erst in hochmittelalterlicher Zeit auf, so dass die hier angegebene Arbeitsproduktivität wohl noch über den für prähistorische Zeiten anzunehmenden Werten liegen dürfte.

schen industriellen und traditionellen Wirtschaften, sondern reißt auch die komplexe Problematik historisch gewachsener intertribaler Kontakte an. Gerade Fragen nach der räumlichen Verbreitung etwa von bestimmter Keramik oder besonderer Tracht oder nach dem Herkunftsgebiet der Pollenspektren im Met des Kessels aus dem Grab von Hochdorf, sind geeignet, als Ausgangsbasis einer qualitativen wie quantitativen Beurteilung getauschter Güter und damit verbunden nach den dahinter stehenden Austauschsystemen zu dienen. Die Arbeiten im Umfeld der Heuneburg durch Siegfried Kurz (2007) haben das Verhältnis von zentraler Siedlung und Hinterland sicher beispielhaft thematisiert.

Wenn singuläre importierte Stücke beurteilt wurden, rückten Eliten – wie immer auch konzeptualisiert – in den Blick. Gesamtwirtschaftlich relevant, d. h. von quantitativer Bedeutung für Produktion, Distribution oder Konsum, sind Exotika indessen kaum. Ihrer sehr geringen Verbreitung wegen taugen sie kaum zur Beurteilung der früheisenzeitlichen Wirtschaft. Dass sie mitunter von herausragender zeichenhafter Bedeutung gewesen sind und Konsumansprüche sichtbar gemacht haben, dürfte dennoch außer Frage stehen – gerade die Auswahl von Südimporten in Gräbern nördlich der Alpen macht ja ›gehobenen Konsum‹ überdeutlich augenfällig.

Die Neolithforschung dagegen hatte schon länger, und nicht nur aus segensreichem Mangel an importierten Schauobjekten, den Blick auf die alltäglicheren Güter gerichtet. Herausragende »Hochprestigegegenstände« (Klassen 2004, 318) aus Kupfer oder Jadeit (Klassen o. J.; Pétrequin u. a. 2012) werden erst in den letzten Jahren als solche benannt. Bis dahin war der Fokus klar auf Alltägliches gerichtet. Zu nennen sind hier beispielsweise die Arbeiten zum ›neolithischen Silexhandel‹ und zur Verbreitung von Spondylusschmuck von Willms (1982; 1983; 1985), in denen sich ab Beginn der 1980er Jahre Begriffe wie »Überschußproduktion, Bedarf und Reziprozität« (Willms 1982, 92 f.) finden. Auch Hoika (1987, 121 ff.) hat zur Warenverteilung in der Trichterbecherkultur gearbeitet, wobei er einen Austausch – er spricht von ›Handel‹ – innerhalb der Trichterbecher-Regionalgruppen wahrscheinlich machen konnte.

Hinter den weitgespannten Tauschnetzwerken des mitteleuropäischen Altneolithikums hat dann Zimmermann ausgeglichene Reziprozität erkannt. Die Weitergabe etwa von Rijckholtfeuerstein erschien in Umfang und Bewertung zunächst vergleichsweise unwichtig, mit dem einzelnen Stück als »eine leicht entbehrliche Kleinigkeit für den Gebenden, eine begehrte Kleinigkeit für den Nehmenden« (Zimmermann 1995, 107). Die absoluten Zahlen machen diese Rohmaterialweitergabe aber zu einer wirtschaftlich relevanten Größe und erlauben die Anwendung von Fall-off-Analysen sowie die Überprüfung zentralörtlicher Modelle.

Konsum

›Konsum‹ bezeichnet den Verbrauch von Gütern durch Endverbraucher. In formalsystemischer Darstellung kann Konsum identisch mit Bedarf, Nachfrage oder Verbrauch modelliert werden. Erschließbar sind funktional notwendige Gütermengen als Minima, seltener als Maxima. Präferenzen, etwa im Bereich der Tracht oder bei Nahrungsmitteln, sind zunächst qualitativ zu erkennen. Im Prinzip sind aber auch hier Mindestmengen quantitativ abschätzbar und pro Kopf anzugeben. Ähnlich der Produktionsfunktion lässt sich eine Konsumfunktion[16] darstellen: Eine Veränderung des Konsums ist mit Veränderungen des Einkommens, des Sparens, der Preise usw. verbunden. Der Konsum erfolgt wieder als ›Mischung‹ und nach Vermögen und Präferenzen. Die Grenzen des Konsums einer wirtschaftlichen Einheit lassen sich rein formal als Ableitung der Nutzenfunktion bestimmen: Welcher zusätzliche ›Nutzen‹ entsteht durch jede weitere Einheit eines Gutes, die konsumiert wird? Und bis zu welchem Wert erscheint dem Konsumenten eine Steigerung dieses Nutzens durch Konsum weiterer Einheiten noch wünschenswert, ja ab wann wird zusätzlicher Konsum zur Last?

Es ist merkwürdig, dass in der Ur- und Frühgeschichtlichen Archäologie – obwohl fast das gesamte archäologische Fundmaterial durch Güterverbrauch, also Konsum, in den Boden gelangte – das Thema ›Konsum‹ nur sehr selten thematisiert wurde. Dies betrifft zunächst einmal den alltäglichen Abfall der Hauswirtschaft, seien es Knochen als Reste von Nahrungsmitteln oder Scherben als Reste aufgebrauchter häuslicher Produktionsmittel. Aber auch aufgelassene Siedlungen sind in ökonomischer und gesamtwirtschaftlicher Perspektive Anhäufungen von Resten vollständig aufgezehrter Güter. Siedlungen unter einer Brandschicht sind gleichsam vollkommen konsumiert – die Bewohner haben ihre ehemals vorhandenen Produktionsmittel eingebüßt.

Deponierungen von Horten und Grabbeigaben entziehen dem Wirtschaftssystem zum Teil erhebliche Ressourcen – auch hier werden Güter verbraucht. Die altnordische Selbstausstattung – der einzige Beleg dieser Sitte dürfte das achte Kapitel (»Odins Gesetz«) in Snorris *Ynglingasaga* sein – hat häufig als Modell für die Hortsitte herhalten müssen: Nur Grabbeigaben und das, was er selber in der Erde vergraben habe, könne ein Mann auch im Jenseits genießen (kritisch zur älteren Literatur: Torbrügge 1985, 22 f.). Eine solche vom Akteur beabsichtigte Kapitalbildung für das Jenseits wäre im Diesseits Konsum. Auch nicht gehobene Hortfunde sind in diesem Kontext verbrauchte Güter. Opfergaben an höhere Wesen mit der Motivation, diese günstig zu stimmen – ökonomisch gesprochen also Risiken oder Kosten zu senken – sind zunächst einmal Güterkonsum. Opfergaben

---

16 Man vergleiche hierzu die Stichwörter ›Nutzen‹, ›Nutzenfunktion‹, ›Grenznutzen‹, ›Grenznutzenschule‹ oder ›abnehmender Grenznutzen‹ in den einschlägigen Nachschlagewerken.

haben also immer auch eine ökonomische Dimension. Wirtschaftlich entscheidend ist, dass durch diese ›flankierenden‹ Maßnahmen die Produktionskosten erhöht werden. An unzugänglichen Orten versenkte Äxte, etwa vom Eschollbrückener Typ, sind dem Metall- wie dem Wirtschaftskreislauf entzogen; sie sind restlos konsumiert (Kerig 2010b). Umgekehrt können aber auch unbeabsichtigte Nebeneffekte scheinbar ökonomisch widersinniger Handlungen ökonomische Wirkungen entfalten: So bedeuten Grabbeigaben zunächst immer Kapitalverzicht. Für die Bestimmung des Konsums ist die Motivierung des Güterverbrauches unerheblich; in der Gesamtrechnung zählt nur der Effekt.

Die Beigabenausstattung sogenannter ›Fürstengräber‹ erscheint zunächst als mehr oder minder willkürliche Kapitalvernichtung (z. B. Spindler 1991, 300 f.), etwa dann, wenn von stabilen sozialen Verhältnissen und von der Erblichkeit der gesellschaftlichen Positionen ausgegangen wird. Warum sollten Hinterbliebene sich des reichen Kapitals einer fürstlichen Ausstattung berauben? Tatsächlich scheint solcher sepulchraler Ausstattungsaufwand interkulturell hoch mit der sozialen Durchlässigkeit gesellschaftlicher Ordnung korreliert (Kamp 1998; vgl. Steuer 1982, 531; Schier 1998, 513 f.). Unabhängig vom Anspruch des Toten auf Beigaben, belegen diese zumeist entweder die ökonomische Potenz eines die Bestattung ausrichtenden Nachfolgers oder zumindest die kompetitive Anstrengung einer um Nachfolge kämpfenden Person oder Gruppe. Diese Aufwendungen können als ökonomisch sinnvolle Vorleistungen verstanden werden, um eine gesellschaftlich und ökonomisch günstigere Position für weitere Transaktionen zu sichern. Solche gesellschaftlichen Mechanismen entziehen der Gesamtwirtschaft aber auch Kapital und begrenzen eben jene Besitzunterschiede, die im archäologischen Befund so deutlich erkennbar sind. Gerade wenn es vergleichsweise viele reiche Bestattungen gibt – gedacht sei hier etwa an die Gruppe der mit Goldhalsringen ausgestatteten Gräber des Westlichen Hallstattkreises –, wäre zu untersuchen, worin die ökonomischen Effekte solcher regelhaft und wiederholt ausgeführten Handlungen bestanden haben könnten.

Im Lichte der oben kurz angesprochenen Grenznutzentheorie stellt sich grundsätzlich die Frage, warum Beigabenausstattungen überhaupt ungleich sind. Worin besteht die Steigerung des Nutzens, wenn eine weitere Fibel beigegeben wird? Der Unterschied etwa zwischen Zürns (1970) »erster« und »zweiter Garnitur« reichster und reicher Hallstattgräber in relativer Nähe bzw. relativer Ferne zu den ›Fürstensitzen‹ kann durchaus darin begründet sein, dass die Bestattenden ihre soziale Position durch die Ausrichtung eines angemessenen Begräbnisses einnahmen. Eine solche Position wird umso höher bewertet werden, je mehr sie Zugang zu Ressourcen und Dienstleistungen verspricht. Je höher also die erwartete Zugänglichkeit zum gesamtgesellschaftlich verfügbaren Reichtum, desto höher dürfte auch der gerade noch vertretbare Aufwand für die Bestattung ausfallen. Unbestritten ist jedenfalls, dass der Zugang zu Ressourcen wie Dienstleistungen (geographisch gesprochen: die Zentralität) in den sogenannten Fürstensitzen höher ist als im entfernteren Umland. An Orten hoher Zentralität ist also mit reichen Bestattungen immer dann zu rechnen, wenn die Ausrichtung der Bestattung zur Stellung des Nachfolgers beiträgt.

Die Masse der verzehrten Güter diente bis zur Industrialisierung dem täglichen Konsum an Nahrungsmitteln, Kleidung und Wohnung sowie der Instandhaltung der Produktionsmittel. Der Anteil der in Horten und Gräbern ›verbrauchten‹ Arbeit dürfte, bezogen auf die Gesamtwirtschaft, ausgesprochen gering zu veranschlagen sein. Den alltäglichen Konsum zu rekonstruieren und in Beziehung zur Demographie zu setzen, ist sicher eine der wesentlichen wirtschaftsarchäologischen Zukunftsaufgaben. Dass dabei keine Wirtschaftsdaten direkt erhoben werden können, ist offensichtlich. Angestrebt werden Eckdaten in der Form von Minima und Maxima, Spannen und Mittelwerten. Entgegen dem Vorurteil, dass beim Rechnen mit solchen unscharfen Zuständen aus kleinen Fehlern enorme Fehlermargen erwüchsen, schränkt eine solche Modellierung die möglichen Wertebereiche tatsächlich zunehmend ein. Dies lässt sich folgendermaßen verdeutlichen: Wirtschaftliche Leistung wird zunächst als ein unbeschränkter dreidimensionaler Raum gedacht. Angaben zu Minima oder Maxima können als Flächen verstanden werden, die diesen Raum eingrenzen. Die historisch tatsächlich verwirklichte Wirtschaftsleistung muss zwingend innerhalb des durch Minima und Maxima begrenzten Raumes liegen. Jede neue Angabe, jede weitere Fläche, bringt beide Räume einer Übereinstimmung näher. Mit zunehmender Rechendichte (der Anzahl der Rechnungen) und Rechentiefe (der Differenziertheit der einzelnen Rechnungen) steigt die Präzision wirtschaftsarchäologischer Modellierung. Es ist die archäologische Komplexität, nicht die mathematische, die einen großen Aufwand verlangt. In der zunehmenden Integration von bis dahin unberücksichtigten Wirtschaftssektoren und in der Ausweitung auf weitere Zeiten und Räume liegt vielleicht das größte Potential einer vergleichend quantifizierenden Wirtschaftsarchäologie.

Konjunkturen

Regelmäßige Schwankungen wirtschaftlicher Parameter werden in der Ökonomie als ›Konjunkturen‹ bezeichnet und häufig als Nachfrageschwankungen mit Effekt auf die Produktion verstanden. Ein Konjunkturzyklus umfasst Aufschwung und Abschwung. Saisonale Schwankungen sind davon ausgenommen. Sie sind ebensowenig Konjunkturen, wie dies Schwankungen in der Verfügbarkeit der einzelnen Produktionsfaktoren wären. Auf einzelne Sektoren beschränkte Konjunkturen können von gesamtwirtschaftlichen unterschieden werden. Volkswirtschaft und Wirtschaftsgeschichte haben eine Reihe solcher wiederkehrenden Erscheinungen in Zyklen unterschiedlicher zeitlicher Reichweite retrospektiv beschreiben können, etwa die zur wirtschaftsgeschichtlichen Periodisierung mitunter verwendeten, statistisch aber nicht abgesicherten und deshalb zumeist abgelehnten Kondratieffzyklen (›Dampfmaschinen-Kondratieff‹, ›Eisenbahn-Kondratieff‹) von etwa einem halben Jahrhundert Länge (Kondratjew 1926). In der Archäologie sind insbesondere die drei Wellenbewegungen Braudels bekannt (zusammenfassend Knopf 1998, 279 ff.), die aber strenggenommen ebenfalls nicht als Konjunkturen zu bezeichnen sind.

Davon sind die empirisch gut belegten kürzeren Zyklen zu unterscheiden, etwa die bekannten Schweinezyklen. Diese entstehen durch den Zeitversatz zwischen zunächst hohem Marktpreis, der unmittelbar zu verstärkten Investitionen führt und dem um die Dauer der Aufzucht verzögertem Überangebot schlachtreifer Tiere (Hanau 1928).

Der Versuch, Besiedlungsdichten konjunkturell zu deuten (etwa Krausse 2008b, 442 ff.) ist also mehr als problematisch: Gerade solche demographisch verursachten Schwankungen des Produktionsfaktors ›Arbeit‹ würde man bei der Darstellung einer Konjunktur ja herausrechnen wollen. Die Konjunktur, etwa im Metallsektor, würde man erst in der zeitlichen Perspektive erkennen und dann als Quotient der verfügbaren Metallmenge pro Kopf darstellen. Absolute Mengen, etwa Bevölkerungszahlen oder Fundmengen, eignen sich unter keinen Umständen als Indikatoren für Konjunkturen. Aber zweifellos ist die Bevölkerungsdichte eine entscheidende wirtschaftliche Größe, und dass systemische Zusammenhänge zwischen Volksvermögen, Einkommensverteilung und Bevölkerungsdichte bestehen, ist eine schon länger bekannte Tatsache (Malthus 1798).

Manfred Rösch (1987) hat in Analogie zur tropischen *shifting cultivation* ein System der Flächenverlagerung mit Schwenden, Nutz- und Regenerationsphasen für das Jung- und Spätneolithikum im Voralpenland rekonstruiert und dieses Modell zunehmend empirisch ausbauen können (zusammenfassend Rösch u. a. 2008). Die archäologische Beobachtung zyklischen Geschehens – das ja noch keine Konjunkturen beschreibt – ist zunächst von der chronologischen Auflösung abhängig. In der Praxis sind solche Beobachtungen an das Vorhandensein auf naturwissenschaftlicher Basis ermittelter Abfolgen jahreszeitlicher Bildungen gebunden. So gelang Jutta Lechterbeck (2009) die pollenanalytische Darstellung historischer Konjunkturen. Sie konnte an einem frühneuzeitlichen Beispiel aus dem Bodenseeraum zeigen, wie bekannte Getreidepreisschwankungen und die Ausdehnung der landwirtschaftlich für die Getreideproduktion genutzten Flächen korreliert sind. Zyklen der Waldnutzung hat für das Federseegebiet Niels Bleicher (2009) dendrologisch herausgearbeitet, wobei die jung- und spätneolithische Nutzung auf maximale Ausbeute gerichtet war. Nach Ausschöpfung der Tragfähigkeit muss die Siedlung verlagert werden, bis diese Wälder nach einer gewissen Regeneration wieder bewirtschaftet werden können. In diesem Modell sind zyklische Bewegungen in ihrer Länge sowohl an ökonomische (konsumierte Menge) als auch an biologische Parameter (Regenerationsdauer) geknüpft; entscheidend ist auch hier die zeitliche Auflösung. Die Überlagerung und Addition solcher Zyklen mag zu Konjunkturen im Sinne der Wirtschaftswissenschaften führen.

Übersichtsdarstellungen und Gesamtentwürfe

Eine Wirtschaftsarchäologie im oben definierten Sinne verlangt die Einordnung der untersuchten Einzelaspekte in das gesamtwirtschaftliche System. Erst das wirtschaftliche Ganze erlaubt, die Bedeutung eines Teilbereiches strukturell und nach Volumen zu bestimmen. Der ökonomische Blickwinkel findet sich daher erwartungsgemäß besonders in Übersichtsdarstellungen. Dort werden systemische Zusammenhänge deutlich, die bei einer Abhandlung nach archäologischen Kulturen oder nach einzelnen Teilbereichen kaum hätten erkannt werden können.

Die vom Kölner Wirtschaftshistoriker Friedrich-Wilhelm Henning (1997) herausgegebene *Deutsche Agrargeschichte* vereint in ihrem ersten Band Übersichten mit durchaus enzyklopädischem Anspruch von Torsten Capelle (1997) und Helmut Bender (1997) sowie von Albrecht Jockenhövel (1997) und Jens Lüning (1997). Zum selben Thema hat dann Lüning (2000) eine gegenüber der Agrargeschichte erweiterte monographische Zusammenfassung und Bewertung des Forschungsstandes zum Neolithikum vorgelegt.

Für das Handbuch *Das Neolithikum in Mitteleuropa* versammelte Joachim Preuß (1998) eine Reihe ausgewiesener Spezialisten, die den Stand ihrer jeweiligen Fachgebiete bearbeiteten. Als Gliederungsprinzip bot sich eine Orientierung an wirtschaftlichen Sektoren an. Die Darstellung folgt darin nicht nur praktischen Erwägungen, sie stellt sich auch bewusst in die Tradition der am »Zentralinstitut für Alte Geschichte und Archäologie der Akademie der Wissenschaften der DDR« erarbeiteten Übersichtswerke. In der DDR gehörten Arbeiten zur wirtschaftlichen Basis nicht nur – so ein bekannter Vorwurf – zur staatstragenden Rhetorik. Ohne das hier abgesteckte Areal allzu weit verlassen zu wollen, sei ein kurzer Exkurs erlaubt: Seit Gründung der DDR war die archäologische Beschäftigung mit Wirtschaft personell durchaus prominent vertreten. Mit Martin Jahn (1956; 1960) wurde ein renommierter Archäologe mit wirtschaftsarchäologischen Interessen und Kenntnissen auf den Lehrstuhl für Vor- und Frühgeschichte der Martin-Luther-Universität Halle-Wittenberg berufen. Diese Berufung eines durch und durch ›bürgerlichen‹ Archäologen mit Interesse an Wirtschaft ist im Zusammenhang mit ähnlichen Entwicklungen in Polen, Ungarn und der Sowjetunion zu sehen; selbst im neutralen Österreich hat die Politik der kommunistischen Partei in diese Richtung gewirkt (Kerig/Zimmermann 2010; Kerig 2012). Daneben entwickelten sich allmählich, und darin dürfte die forschungspolitische Absicht bestanden haben, Arbeiten im Sinne des Historischen, vor allem des Dialektischen Materialismus,

für den stellvertretend die Schriften von Karl-Heinz Otto (1955; 1978) genannt
seien. In der Zeitschriftenliteratur der DDR schlug sich dann in den 1950er und
1960er Jahren durchaus ein breiteres wirtschaftsarchäologisches Interesse nieder,
wobei auch experimentelle und vergleichende Aspekte berücksichtigt wurden. Ab
den 1970er Jahren entstanden schließlich umfangreiche Synthesen in Kongressbe-
richten und in den bekannten Handbüchern (z. B. Günther 1975; Herrmann 1985;
Autorenkollektiv 1988), zumeist herausgegeben vom genannten »Zentralinstitut
für Alte Geschichte und Archäologie«. Als frühe Übersichten leiden sie aber häufig
unter der Notwendigkeit, dort vage Richtwerte (die ›Faustzahlen‹ der betrieblichen
Agrarwirtschaft) anzugeben, wo man heute empirisch ermittelte Daten verlangen
würde. Nichtsdestotrotz finden sich in diesen Bänden wesentliche Belege und
Kennzahlen zum jeweiligen ›Stand der Produktivkräfte‹. Was synthetisierend und
mit den traditionellen Mitteln der Ur- und Frühgeschichtlichen Archäologie möglich war, ist dort erreicht worden. In Westdeutschland hat es vergleichbare Arbeiten
zu dieser Zeit nicht gegeben. Eine darüber hinaus gehende intensivere Feld- und
Laborforschung zur gezielten Ermittlung wirtschaftlicher Parameter hat aber in der
DDR – strukturell durchaus vergleichbar mit den Forschungen in Westdeutschland
– erst in den 1980er Jahren begonnen. Eine Kontinuität der wirtschaftsarchäologischen Forschung wäre daher, jenseits persönlicher Forschungsinteressen, kaum zu
erwarten und ist tatsächlich auch nirgendwo erkennbar. Jene Arbeiten der letzten
Jahre, die am ehesten in der Tradition der Akademiehandbücher stehen, vereinen
west- und ostdeutsche Autoren (z. B. Benecke u. a. 2003; Preuß 1998). Neomar-
xistische Konzepte sind in Deutschland meines Wissens nie explizit vertreten worden, obwohl es schon früh an kenntnisreichen neomarxistischen Interpretationen
deutschen Fundmaterials nicht gefehlt hat (z. B. Frankenstein/Rowlands 1978; van
de Velde 1979). Christoph Kümmel (1998; 2001) hat sich mit unterschiedlichen
marxistischen und neomarxistischen Arbeiten aus dem angelsächsischen Bereich
kritisch auseinandergesetzt, wobei er insbesondere die Rezeption von Zentrum und
Peripherie-Modellen untersucht hat. Deutschsprachige Autoren spielen in diesem
Zusammenhang keine Rolle (jüngst jedoch: Pare 2010).

Marjorie E. de Grooths (zusammenfassend 1994) Arbeit zur Silexversorgung
des alt- und mittelneolithischen Hienheim sei hier als herausragendes Beispiel
einer wirtschaftsarchäologischen Arbeit genannt, die – ausgehend von einem einzigen Fundplatz – einen einzelnen Sektor aufarbeitet und dessen Verflechtungen
erfasst. Sie berücksichtigt die Produktionsfaktoren ›Boden‹ und ›Arbeit‹, untersucht die Produktionsvolumina, erarbeitet Distributionsmodelle und setzt diese mit
Konsum in Verbindung.

Eine ganze Reihe von Arbeiten zu neolithischen Steinartefakten folgt dieser
von de Grooth und Zimmermann (1988; 1995) bestimmten Richtung, die von der
Rohmaterialbestimmung (dem ›*sourcing*‹) ausgehend, über die Distribution, nach
der wirtschaftlichen Bedeutung des jeweiligen Rohmaterials für die prähistori-

schen Akteure fragt. Für die Felsgesteingeräte seien insbesondere Britta Ramminger (2007), Nicole Kegler-Graiewski (2007) und Kathrin Nowak (2009) genannt, für die Silices beispielhaft die Arbeiten von Birgit Gehlen und Werner Schön (in Zimmermann 2009).

Eggert (2007) hat sich zusammenfassend zu »Wirtschaft und Gesellschaft im früheisenzeitlichen Mitteleuropa« geäußert. Wie der an Max Weber angelehnte Titel nahelegt, stehen dabei die wirtschaftlichen Strukturen – im Sinne North' – im Mittelpunkt des Interesses. Eine grundsätzliche kritische Durchsicht der Literatur zur sozialtypologischen Ansprache der späthallstatt-/frühlatènezeitlichen Gesellschaft mündet in einer Übersicht über »wirtschaftliche Kernindikatoren« (ebd. 271 ff.). Eggert stellt diese »Wirtschaftsdaten« (ebd. 284) nach wirtschaftlichen Sektoren zusammen. Dabei handelt es sich nicht um Indizes der wirtschaftlichen Entwicklung, sondern letztlich um diagnostische Typmerkmale von Sozialtypologien. Entsprechend der Intention des Autors wird weder die wirtschaftliche Dynamik der Sektoren noch die der Gesamtwirtschaft dargestellt. Letztlich sind es unscharfe Mengenkriterien – das Volumen der Produktion, die Bevölkerungsgröße einer Ansiedlung, die Reichweite von Territorien – die hier als überzeugende Argumente soziopolitischer Zuordnung dienen.

Synthetische Arbeiten aus dem Bereich der Archäobiologie berücksichtigen weit häufiger formal-systemische Aspekte, als dies bei allen anderen archäologischen Unternehmungen der Fall ist. Die Grenzen zwischen Ökologie und Ökonomie werden hier überwunden. Ermöglicht wird dies nicht zuletzt durch statistische Auswertungen der über die Jahre beträchtlich angewachsenen Datenbestände in den naturwissenschaftlichen Labors, die in den letzten Jahren erstmals gesamthaft ausgewertet werden.

Angela Kreuz (2004) beispielsweise kann archäobotanisch verschiedene Betriebssysteme unterscheiden und diese sowohl mit spätkeltischer und germanischer als auch mit römischer Sachkultur verbinden und zu historischen Ereignissen in Beziehung setzen. Landwirtschaftliche Fragen nach Holzbedarf, Düngemanagement oder Aufstallung führen in die Sphäre alltagspraktischer ökonomischer Entscheidungen der ur- und frühgeschichtlichen Akteure. Ihre Synopsis berücksichtigt Aspekte wie identitätsstiftendes Konsumverhalten, zunehmende Marktorientierung, das Nebeneinander unterschiedlicher Betriebsformen und arbeitswirtschaftliche Überlegungen.

Die gesamthafte Auswertung von Pollendaten verschiedener europäischer Arbeitsgruppen zur Darstellung von prähistorischen Landnutzungssystemen unternimmt gegenwärtig Jutta Lechterbeck (Lechterbeck/Kalis/Meurers-Balke 2009). Auf die dendrologische Arbeit von Bleicher (2009) wurde im Zusammenhang mit Konjunkturen bereits hingewiesen. Renate Ebersbach (2002) hat in ihrer »Ökosystemanalyse zur Bedeutung der Rinderhaltung« ausgehend von archäozoologischen und ethnoarchäologischen Fallbeispielen die Größe von Rinderherden für neolithische Feuchtbodensiedlungen der Schweiz modellhaft berechnet, wobei sie auf die jahrelangen paläoökonomischen Arbeiten des Basler Institutes (IPNA) zurückgreifen konnte. Sie nutzt dabei insbesondere die systemisch modellierten Zusammenhänge zwischen den verschiedenen wirtschaftlichen Teilbereichen, um wirtschaftliche Notwendigkeiten possibilistisch zu erschließen.

Wirtschaftswissenschaftlich werden die unterschiedlichen Teilbereiche einer Wirtschaft (Sektoren), aber auch verschiedene Volkswirtschaften durch einheitlich durchgeführte Bilanzierungen untereinander vergleichbar gemacht. Ein wichtiges Instrument vergleichender Forschung ist daher eine Bilanzierungstafel, die sämtliche wirtschaftliche Aktivitäten verzeichnet und ein Maßstab, der es erlaubt, diese interkulturell zu bewerten. Mit dem sogenannten ›Kölner Tableau‹ (Kerig 2009) liegt eine universell verwendbare Gliederung sämtlicher denkbarer Güter nach wirtschaftlichen Sektoren vor. Ausdrücklich mitaufgeführt werden auch solche Sektoren, die nicht archäologisch fassbar oder anderweitig erschließbar sind – Lücken werden so systematisch sichtbar. Quantitativ vergleichbar werden jedoch die Aufwendungen für archäologisch fassbare und als repräsentativ angesehene Güter und deren Mengen. Die einzelnen Aufwendungen für Güter können summiert und mit einem Bewertungsmaßstab multipliziert werden. Als Maßeinheit können energetische Aufwendungen grundsätzlich genauso angewendet werden wie Arbeitsmengen. Letztere, ausgedrückt in Arbeitskraft multipliziert mit Zeit, bieten dabei mehrere Vorteile. Neben der Verankerung der Bilanzierung von Arbeitsmengen in der klassischen wie marxistischen Dogmengeschichte (der historischen Entwicklung der ökonomischen Theorie) können Arbeitsmengen unmittelbar der Rekonstruktion von Arbeitsabläufen dienen. Wenn eine Tätigkeit eine bestimmte Dauer hat, können sich daraus häufig betriebliche Notwendigkeiten ableiten lassen (Kerig 2011). Die dafür aufgewendete Energiemenge wäre erst arbeitsphysiologisch zu ermitteln, während differenzierte Zeitangaben bereits vorliegen. Tatsächlich erlaubt es die statistische Auswertung einer großen Zahl von Arbeitszeitangaben aus ethnographischen, historischen und experimentalarchäologischen Zusammenhängen (zur Zeit ca. 4000 Fälle), verlässliche Angaben zu Arbeitsmenge pro Produkteinheit bei definierter Technik zu gewinnen (Kerig 2009).

Welches Potential verspricht eine wirtschaftswissenschaftlich informierte Wirtschaftsarchäologie?

Es ist bezeichnend, dass in der deutschsprachigen Archäologie Ester Boserups (1965; 1981) einflussreiches Werk zur globalen Bevölkerungs- und Technikentwicklung offenbar erst jüngst (Schier 2009) rezipiert worden ist. Noch findet sich wohl keine Spur von Douglass C. Norths (1981) »Theorie des institutionellen Wandels« – die darin vorgestellte Neue Institutionenökonomik ist immerhin nichts

Geringeres, als eine vergleichsweise gut lesbare, nobelpreisgekrönte wirtschafts-
geschichtliche Theorie, die den Anspruch erhebt, auch die Neolithisierung und
deren Konsequenzen erklären zu können. Die Gründe solcher Ignoranz sind sicher
vielfältig, unübersehbar ist aber ein gewisser anti-ökonomischer Affekt, der in
Deutschland – weit weniger in Österreich und der Schweiz – tief im Idealismus
des 19. Jahrhunderts wurzelt (Kerig/Zimmermann 2010; Kerig in Vorb.).

Solange als »Subjekt der Vorgeschichte [...] die archäologischen Kulturgruppen« (U. Fischer 1987, 183) gelten, ist Wirtschaft ein Kulturmerkmal, bestenfalls
ein Gemenge von Eigenschaften. Tatsächlich ist wirtschaftliches Handeln von
Kulturgruppen nur in Ausnahmefällen beschreibbar (›lössgebunden‹, ›Viehhalter-
kultur‹). Will man über solche schlichten Aussagen zur Produktion hinausgelan-
gen, müssen unterschiedliche Produzenten und Tauschpartner mit ihren jeweiligen
Konsumpräferenzen und Interessenslagen konzeptualisiert werden.

Seit Mitte der 1980er Jahre verstärkt sich das Interesse an Fragen der Sozialstruktur (z. B. Steuer 1982) und nach dem Verhältnis von Mensch und Umwelt
(Herrmann 1986; Brachmann/Dunkelmann/Träger 1992). Dabei wächst quellenbedingt die Rolle der Mittelalterarchäologie bei der Vermittlung umwelt- und
sozialgeschichtlicher Ansätze. Eine weitere Differenzierung forderten dann feministische Ansätze, die heute ihre Fortsetzung in den *gender studies* finden (vom
deutschsprachigen Diskussionsstand unterrichten die vom FemArc-Netzwerk
archäologisch arbeitender Frauen e. V. herausgegebenen Tagungsbände). Mit
der zumeist oberflächlichen Übernahme von *agency* aus der angelsächsischen
Post-Prozessualen Archäologie und der neuerdings auch in Deutschland verstärkt
einsetzenden Rezeption soziologischer Handlungstheorien (zusammenfassend
Kerig 2008, 117 ff.; vgl. Rehbein 2006, 241 f.) werden zunehmend materielle
Hinterlassenschaften individueller Handlungen als Elemente komplexer sozialer
Sachverhalte erkannt.

Das Blickfeld der Archäologen verschiebt und erweitert sich offenbar. Damit
werden die aus Geschichte, Ethnologie und Soziologie eingeführten Begriffe zahlreicher und weiter gefächert. Mit handelnden Akteuren, seien es Individuen oder
soziale Gruppen, sind auch immer deren wirtschaftliche Interessen verbunden. Mit
Blick auf das gesamtwirtschaftliche Volumen wird dabei der Austausch zwischen
Eliten – bis jetzt im Mittelpunkt der Aufmerksamkeit – weit weniger interessant
bleiben als die tägliche hauswirtschaftliche Reproduktion und der Austausch
zwischen Haushalten (siehe Trebsche u. a. 2007). Die Verteilung des Reichtums
ist bislang fast ausschließlich in der Gräberarchäologie untersucht worden (siehe
Müller 2012).

Wirtschaftsarchäologisch steht bislang die wirtschaftliche Struktur – im Sinne
der oben gegebenen Definition – im Mittelpunkt der Forschung. Auf quantitative
Aspekte – also auf die wirtschaftliche Leistung – haben insbesondere Bio- und
Montanarchäologen immer wieder hingewiesen. Diese und die sich rapide ent-

wickelnde Landschaftsarchäologie (über deren Stand seit 1983 die Zeitschrift »Siedlungsforschung: Archäologie – Geschichte – Geographie« einen Überblick bietet) werden auch weiterhin die Ermittlung wesentlicher ökonomischer Parameter ermöglichen. Die Abschätzung von Gütermengen und die Modellierung des Güterflusses muss dabei zukünftig an Bedeutung gewinnen: Der Güterfluss verbindet die wirtschaftlichen Sektoren und damit auch die archäologischen Subdisziplinen – man denke nur an die Holzkohleproduktion zur Verhüttung, wobei Archäodendrologie und Pollenanalyse der Metallurgieforschung wichtige Eck- und Korrekturdaten zu liefern vermögen.

Die Wirtschaftswissenschaften im engeren Sinne können dabei nicht als alleinige Orientierung dienen. Ihre Modelle sind kaum jemals auf interkulturelle Anwendung und schon gar nicht auf historische Entwicklung ausgerichtet. Näher steht der Archäologie die Wirtschaftsethnologie, trotz deren gegenwärtig vorherrschender Orientierung an der Binnensicht. Qualitative ethnologische Aussagen können in der Archäologie als Analoga verwendet werden. Noch immer ist die Definition soziopolitischer Idealtypen hilfreich zur wirtschaftsarchäologischen Analyse. Differenziertere formale ökonomische Modelle der Wirtschaftsethnologie berücksichtigen immer Gütermengen; solche Modelle sind im Prinzip mit archäologischen Daten falsifizierbar.

Es ist unübersehbar, dass selbst eine einfache Übersetzung archäologischer Sachverhalte in die Sprache der Ökonomie immer noch ungewohnte Einsichten verspricht. So kann etwa die Childe'sche Definition der archäologischen Kultur als regelhafte Vergesellschaftung von Typen (Childe 1929, V f.) – gewissermaßen versuchsweise und ohne darauf irgendwelche weiterführende Überlegungen aufbauen zu wollen – ökonomisch formuliert werden. Eine archäologische Kultur würde sich dann als eine Verbindung von wirtschaftlichen Akteuren darstellen, die durch gleichartigen Konsum gekennzeichnet sind, übrigens unabhängig davon, ob dieser Konsum auch gleichartigen Präferenzen entspricht. Dabei schiene eine situative ›Eigendefinition‹ der Akteure ebenso durch, wie die sozial oder regional unterschiedliche Zugänglichkeit zu begehrten Gütern. Eine ganze Reihe von weiteren Überlegungen ließe sich anschließen, etwa nach Kosten und Nutzen von Kulturwandel oder nach dem ökonomischen Sinn von Innovationen. Entscheidend ist, dass alle diese Überlegungen vom handelnden Akteur und seiner eingeschränkten Weltkenntnis ausgehen müssen.

Von der formal-systemischen Modellierung wirtschaftlicher Zusammenhänge – etwa durch Input-Output-Tabellen – sind ebenfalls neue Einsichten zu erwarten. Es werden quantitative Aussagen über archäologisch ansonsten nicht zugängliche Wirtschaftssektoren möglich; genaue Zahlen wird man freilich auch hierbei nicht erwarten dürfen.

Insbesondere Untersuchungen zum Konsum sind erfolgversprechend. Die spezifische Struktur des Konsums im Rahmen eines gegebenen ur- und frühgeschichtlichen Wirtschaftssystems darzustellen, ist nur selten versucht worden – ganz im Gegensatz zu zahlreichen qualitativen Darstellungen prähistorischer Produktionsstrukturen, etwa in den oben genannten Übersichtsdarstellungen. Qualitative Aussagen quantitativ zu bewerten, heißt sich der wirtschaftlichen Dynamik des Konsums zu nähern. Die Masse des Fundmaterials ist – wie oben ausgeführt – der archäologische Niederschlag von Konsumverhalten, von kulturellen Konsumptionsmustern und der Wahl zwischen unterschiedlichen Konsumptionsstrategien. Nicht zuletzt deshalb sind insbesondere von der Anwendung des Grenznutzenkonzeptes in der Haushaltstheorie (siehe oben) neue Erkenntnisse zu den formalen Bedingungen ur- und frühgeschichtlichen Wirtschaftens zu erwarten. Ich möchte noch einmal betonen, dass wirtschaftliche Erklärungen immer der Formalisierung und Quantifizierung bedürfen. Klar ist aber auch, dass eine solche Quantifizierung selten mit absoluten Werten arbeiten kann. Neben einer rein formalen Beschreibung der Beziehungen zwischen Variablen verspricht aber bereits die Angabe eines weiten Wertebereiches wertvolle Einsichten.

Richtet man das Augenmerk auf die Struktur der Produktion, rücken vor allem deren natürliche und naturräumliche Bedingungen sowie der Produktionsfaktor ›Arbeit‹ ins Zentrum des Interesses.

Die Darstellung der Distribution führt notwendig zu einer Perspektive auf Kultur als Regelwerk des Austausches von Gütern: Wer tauscht was? Mit wem? In welcher Sphäre?

Wird der Blick auf Konsum gerichtet, erkennt man einerseits, wer Zugang zu Gütern hat, andererseits geben sich durch gemeinsame Präferenzen definierte und durch einen gemeinsamen Lebensstil verbundene Akteure zu erkennen.

Gegenwärtig erlebt die Wirtschaftsarchäologie im deutschsprachigen Bereich einen regelrechten Boom: Große Teile des Abschlusskolloquiums des DFG-Schwerpunktprogramms 1171 »Frühe Zentralisierungs- und Urbanisierungsprozesse: Zur Genese und Entwicklung frühkeltischer Fürstensitze und ihres territorialen Umlandes« waren wirtschaftsarchäologischen Fragestellungen gewidmet (Eggert u. a. 2010). In den letzten Jahren entstanden ein wirtschaftsarchäologisch ausgerichtetes Graduiertenkolleg in Frankfurt[17], die Bochumer Leibniz-Graduiertenschule ›Rohstoffe, Innovation, Technologie alter Kulturen‹[18] sowie der Bochumer Studiengang ›Wirtschafts- und Rohstoffarchäologie‹[19]; auch wurden internationale Kongresse zum Thema in Otzenhausen[20] oder wiederholt in

---

17 http://www.value-and-equivalence.de/home/ (Zugriff: 13.06.2012).
18 http://www.ritak-leibniz.de/tiki-index.php (Zugriff: 13.06.2012).
19 http://www.ruhr-uni-bochum.de/faecher/fach176_abschl4/index.html
    (Zugriff: 13.06.2012).
20 http://afeaf.hypotheses.org/files/2011/04/Call-for-Papers_Otzenhausen-2011_D.pdf (Zugriff: 13.06.2012).

Köln[21] ausgerichtet. In Tübingen existiert seit 2013 ein Sonderforschungsbereich »RessourcenKulturen. Soziokulturelle Dynamiken im Umgang mit Ressourcen«.[22] Mit Beginn des Wintersemesters 2013/14 hat dann das Graduiertenkolleg »Archäologie vormoderner Wirtschaftsräume«[23] der Universitäten Köln und Bonn die Arbeit aufgenommen.

Noch spielen quantitative Analysen, formale Modellbildung und Simulationen dabei kaum eine Rolle (für vergleichbare Entwicklungen im Bereich der kulturellen Evolution siehe Kerig/Shennan 2013) – dabei sind es gerade jene Verfahren, von denen in der Zukunft entscheidende Weiterentwicklungen zu erwarten sind. Kennzeichen ökonomischen Denkens sind Reduktion, Formalisierung und Generalisierung. Es muss sich erst noch entscheiden, inwieweit Teile der deutschen Archäologie bereit sind, diesen Weg zu beschreiten.

Literatur

Autorenkollektiv 1988: Autorenkollektiv, Die Germanen. 2 Bd. Berlin: Akademie-Verlag ⁵1988.

Banck 1998: J. Banck, 2.4. Textilien. In: Preuß 1998, 113–120.

Banck-Burgess 1999: J. Banck-Burgess, Die Textilfunde aus dem späthallstattzeitlichen Fürstengrab von Eberdingen-Hochdorf (Kreis Ludwigsburg) und weitere Grabtextilien aus hallstatt- und latènezeitlichen Kulturgruppen. Forsch. u. Ber. Vor- u. Frühgesch. Baden-Württemberg 70. Stuttgart: Theiss 1999.

Balog 2001: A. Balog, Neue Entwicklungen in der soziologischen Theorie: Auf dem Weg zu einem gemeinsamen Verständnis der Grundprobleme. Stuttgart: Lucius und Lucius 2001.

Barth 2001: F. E. Barth, Bronzezeitliche Fleischverarbeitung in Hallstatt. Arh. Vestnik 52, 2001, 139–142.

Bender 1997: H. Bender, Agrargeschichte Deutschlands in der römischen Kaiserzeit innerhalb der Grenzen des Imperium Romanum. In: Henning 1997, 263–374.

Benecke u. a. 2003: N. Benecke/P. Donat/E. Gringmuth-Dallmer/U. Willerding (Hrsg.), Frühgeschichte der Landwirtschaft in Deutschland. Beitr. Ur- u. Frühgesch. Mitteleuropa 14. Langenweissbach: Beier und Beran 2003.

Bittel/Kimmig/Schiek 1981: K. Bittel/W. Kimmig/S. Schiek (Hrsg.), Die Kelten in Baden-Württemberg. Stuttgart: Theiss 1981.

---

21 http://www.uni-koeln.de/phil-fak/praehist/seiten/conference_program.pdf (Zugriff: 13.06.2012) sowie http://www.varinst.de/node/50 (Zugriff: 13.06.2012).

22 http://www.uni-tuebingen.de/forschung/forschungsschwerpunkte/sonderforschungsbereiche.html (Zugriff: 11.07.2013).

23 http://www.varinst.de/node/52 (Zugriff: 11.07.2013).

Bleicher 2009: N. Bleicher, Altes Holz in neuem Licht: Archäologische und dendrochronologische Untersuchungen an spätneolithischen Feuchtbodensiedlungen in Oberschwaben. Materialh. Arch. Baden-Württemberg 83. Stuttgart: Theiss 2009.

Bowman/Wilson 2009: A. Bowman/A. Wilson (Hrsg.), Quantifying the Roman Economy: Methods and Problems. Oxford: Oxford University Press 2009.

Boserup 1965: E. Boserup, The Conditions of Agricultural Growth: The Economics of Agrarian Change under Population Pressure. London: Allen and Unwin 1965.

Boserup 1981: Dies., Population and Technological Change: A Study of Long-term Trends. Chicago: University of Chicago Press 1981.

Bocquet-Appel/Bar-Yosef 2008: J. P. Bocquet-Appel/O. Bar-Yosef (Hrsg.), The Neolithic Demographic Transition and its Consequences. Dordrecht: Springer 2008.

Brachmann/Dunkelmann/Träger 1992: H. Brachmann/M. L. Dunkelmann/A. Träger (Hrsg.), Mensch und Umwelt: Studien zu Siedlungsausgriff und Landesausbau in Ur- und Frühgeschichte. Berlin: Akademie-Verlag 1992.

Brunner/Meltzer 1971: K. Brunner/A. H. Meltzer, The Uses of Money: Money in the Theory of an Exchange Economy. Am. Economic Rev. 61/5, 1971, 784–805.

Bücher 1913: K. Bücher, Die Entstehung der Volkswirtschaft. 2 Bde. Tübingen: Laupp ⁹1913.

Budzinsky u. a. 2012: O. Budzinsky/J. Jasper/A. F. Michler/J. Metzger, Stichwort ›Geld‹. In: Gabler Verlag (Hrsg.), Gabler Wirtschaftslexikon. [http://wirtschaftslexikon.gabler.de/Archiv/1597/geld-v6.html (Zugriff: 15.06.2012).]

Capelle 1997: T. Capelle, Die Frühgeschichte (1.–9. Jahrhundert ohne römische Provinzen). In: Henning 1997, 375–460.

Carrier 2005: J. G. Carrier (Hrsg.), A Handbook of Economic Anthropology. Cheltenham: Elgar 2005.

Chamberlain 2006: A. Chamberlain, Demography in Archaeology. Cambridge Man. Cambridge: Cambridge University Press 2006.

Childe 1929: V. G. Childe, The Danube in Prehistory. Oxford: Clarendon Press 1929.

Cipolla 1972: C. M. Cipolla (Hrsg.), The Fontana Economic History of Europe. 6 Bde. London: Collins 1972. [Dt.: Europäische Wirtschaftsgeschichte. 5 Bde. Stuttgart: Fischer 1978.]

Clark 1952: J. G. D. Clark, Prehistoric Europe. The Economic Basis. London: Methuen 1952.

Clark 1953: Ders., The Economic Approach to Prehistory: Albert Reckitt Archaeological Lecture, 1953. Proc. British Acad. 39, 1953, 215–238. [Wiederabdruck: J. G. D. Clark, Economic Prehistory: Papers on Archaeology by Grahame Clark. Cambridge: Cambridge University Press 1989, 149–168.]

Clark 1983: Ders., The Identity of Man: As Seen by an Archaeologist. London: Methuen 1983.

Clark 1986: Ders., Symbols of Excellence: Precious Materials as Expressions of Status. Cambridge: Cambridge University Press 1986.

Dietler/Hayden 2001: M. Dietler/B. Hayden (Hrsg.), Feasts: Archaeological and Ethnographic Perspectives on Food, Politics and Power. Washington: Smithsonian Press 2001.

Dobiat/Sievers/Stöllner 2002: C. Dobiat/S. Sievers/Th. Stöllner (Hrsg.), Dürrnberg und Manching: Wirtschaftsarchäologie im ostkeltischen Raum. Akten des Internationalen Kolloquiums in Hallein/Bad Dürrnberg 7.–11. Oktober 1998. Koll. Vor- u. Frühgesch. 7. Bonn: Habelt 2002.

Ebersbach 2002: R. Ebersbach, Von Bauern und Rindern: Eine Ökosystemanalyse zur Bedeutung der Rinderhaltung in bäuerlichen Gesellschaften als Grundlage zur Modellbildung im Neolithikum. Basler Beitr. Arch. 15. Basel: Schwabe 2002.

Eggert 1988: M. K. H. Eggert, Riesentumuli und Sozialorganisation: Vergleichende Betrachtungen zu den sogenannten ›Fürstenhügeln‹ der späten Hallstattzeit. Arch. Korrbl. 18, 1988, 263–274.

Eggert 1989: Ders., Die ›Fürstensitze‹ der Späthallstattzeit. Bemerkungen zu einem archäologischen Konstrukt. Hammaburg N. F. 9, 1989, 53–66.

Eggert 1991: Ders., Prestigegüter und Sozialstruktur in der Späthallstattzeit: Eine kulturanthropologische Perspektive. Saeculum 42/1–2, 1991, 1–28.

Eggert 2007: Ders., Wirtschaft und Gesellschaft im früheisenzeitlichen Mitteleuropa: Überlegungen zum ›Fürstenphänomen‹. Fundber. Baden-Württemberg 29, 2007, 255–302.

Eggert 2010: Ders., Früheisenzeitlicher ›Handel‹ aus kulturanthropologischer Sicht. In: Eggert u. a. 2010, 40–45.

Eggert/Veit 1998: Ders./U. Veit (Hrsg.), Theorie in der Archäologie: Zur englischsprachigen Diskussion. Tübinger Arch. Taschenbücher 1. Münster u. a.: Waxmann 1998.

Eggert u. a. 2010: Ders./B. Schweizer/D. Krausse/A. Dix/O. Nakoinz/S. Sievers/S. Kurz/ Ch. Pare, Zu kulturwissenschaftlichen Theorien und Konzepten im DFG-Schwerpunktprogramm 1171. In: D. Krausse (Hrsg.), »Fürstensitze« und Zentralorte der frühen Kelten. Abschlusskolloquium des DFG-Schwerpunktprogramms 1171 in Stuttgart, 12.–15. Oktober 2009. Forsch. u. Ber. Vor- u. Frühgesch. Baden-Württemberg 120. Stuttgart: Theiss 2010, 19–75.

Ehmig 2006: U. Ehmig, Die römischen Amphoren im Umland von Mainz. Frankfurter Arch. Schr. 5. Wiesbaden: Reichert 2006.

Eibner 1997: C. Eibner, Demographie und alpine Kupfergewinnung in der Urzeit der Ostalpen. In: Rittershofer 1997, 222.

Esch 1997: A. Esch, Römische Strassen in ihrer Landschaft: Das Nachleben antiker Strassen um Rom. Mit Hinweisen zur Begehungen im Gelände. Sonderh. Antike Welt, Zaberns Bildbd. Arch. Mainz: Zabern 1997.

Fansa/Burmeister 2004: M. Fansa/St. Burmeister, Rad und Wagen: Der Ursprung einer Innovation. Wagen im Vorderen Orient und Europa. Arch. Mitt. Nordwestdeutschland, Beih. 40. Mainz: Zabern 2004.

Finley 1979: M. I. Finley, The Bücher-Meyer Controversy. New York: Ayer 1979.

Firth 1939: R. W. Firth, Primitive Polynesian Economy. London: Routledge 1939.

Fischer 1973: F. Fischer, KEIMHΛIA: Bemerkungen zur kulturgeschichtlichen Interpretation des sogenannten Südimports in der späten Hallstatt- und frühen Latène-Kultur des westlichen Mitteleuropa. Germania 51/2, 1973, 436–459.

Fischer 1981: Ders., Staat, Gesellschaft und Siedlung. In: Bittel/Kimmig/Schieck 1981, 45–76.

F. Fischer 1987: Ders., Der Trichtinger Ring in der Forschung. Fundber. Baden-Württemberg 12, 1987, 206–212.

Fischer 1993: Ders., Vom Oxus zum Istros: Ein Beitrag zur Interpretation kultureller Beziehungen. Istanbuler Mitt. 43, 1993, 319–329.

U. Fischer 1987: U. Fischer, Zur Ratio der prähistorischen Archäologie. Germania 65, 1987, 175–195.

Frankenstein/Rowlands 1978: S. O. Frankenstein/M. J. Rowlands, The Internal Structure and Regional Context of Early Iron Age Society in South-Western Germany. Bull. Inst. Arch. London 15, 1978, 73–112.

Frirdich 1994: Ch. Frirdich, Kulturgeschichtliche Betrachtungen zur Bandkeramik im Merzbachtal. In: J. Lüning/P. Stehli (Hrsg.), Die Bandkeramik im Merzbachtal auf der Aldenhovener Platte. Rhein. Ausgr. 36. Köln: Rheinland 1994, 207–364.

Gassmann/Wieland 2008: G. Gassmann/G. Wieland, Weitere Untersuchungen zur frühkeltischen Stahlproduktion im Montanrevier von Neuenbürg, Enzkreis. Arch. Ausgr. Baden-Württemberg 2008, 94–97.

Geschwinde/Raetzel-Fabian 2009: M. Geschwinde/D. Raetzel-Fabian, EWBSL: Eine Fallstudie zu den jungneolithischen Erdwerken am Nordrand der Mittelgebirge. Mit Beiträgen von E. Gehrt, S. Grefen-Peters und W. Wimmer. Beitr. Arch. Niedersachsen 14. Rahden/Westf.: Leidorf 2009.

Goodfellow 1939: D. M. Goodfellow, Grundzüge der ökonomischen Soziologie: Das Wirtschaftsleben der primitiven Völker dargestellt an den Bantu von Süd- und Ostafrika. Internat. Bibl. Psychologie u. Soziologie 14. Zürich: Pan 1954. [Erstausgabe: Principles of Economic Sociology as Illustrated from the Bantu Peoples of South and East Africa. London: Routledge 1939.]

de Grooth 1994: M. de Grooth, Die Versorgung mit Silex in der bandkeramischen Siedlung Hienheim ›Am Weinberg‹ (Ldkr. Kelheim) und die Organisation des Abbaus auf gebänderte Plattenhornsteine im Revier Arnhofen (Ldkr. Kelheim). Germania 72, 1994, 355–407.

Gross/Jacomet/Schibler 1990: E. Gross/S. Jacomet/J. Schibler, Stand und Ziele der wirtschaftsarchäologischen Forschung an neolithischen Ufer- und Inselsiedlungen im unteren Zürichseeraum (Kt. Zürich, Schweiz). In: J. Schibler/J. Sedlmeier/H. Spycher (Hrsg.), Festschrift für Hans R. Stampfli: Beiträge zur Archäozoologie, Archäologie, Anthropologie, Geologie und Paläontologie. Basel: Helbing und Lichtenhahn 1990, 77–100.

Gudeman 1986: S. Gudeman, Economics as Culture: Models and Metaphors of Livelihood. London: Routledge 1986.

Gudeman 2001: Ders., The Anthropology of Economy: Community, Market, and Culture. Oxford: Blackwell 2001.

Günther 1975: R. Günther (Hrsg.), Die Römer an Rhein und Donau: Zur politischen wirtschaftlichen und sozialen Entwicklung in den römischen Provinzen an Rhein, Mosel und oberer Donau im 3. und 4. Jh. Berlin: Akademie-Verlag 1975.

Haffner/Jöns/Reichstein 2000: A. Haffner/H. Jöns/J. Reichstein (Hrsg.), Frühe Eisengewinnung in Joldelund, Kreis Nordfriesland: Ein Beitrag zur Siedlungs- und Technikgeschichte Schleswig-Holsteins, Teil 2: Naturwissenschaftliche Untersuchungen zur Metallurgie- und Vegetationsgeschichte. Universitätsforsch. Prähist. Arch. 59. Bonn: Habelt 2000.

Haffner/v. Schnurbein 2000: Ders./S. von Schnurbein (Hrsg.), Kelten, Germanen, Römer im Mittelgebirgsraum zwischen Luxemburg und Thüringen: Akten des Internationalen Kolloquiums zum DFG-Schwerpunktprogramm ›Romanisierung‹ in Trier vom 28.–30. September 1998. Koll. Vor- u. Frühgesch. 5. Bonn: Habelt 2000.

Hanau 1928: A. Hanau, Die Prognose der Schweinepreise. Vierteljahresh. Konjunkturforsch., Sonderh. 7, 1928, 1–39.

Hänsel 1997: B. Hänsel, Gaben an die Götter: Schätze der Bronzezeit Europas: Eine Einführung. In: A. Hänsel/B. Hänsel (Hrsg.), Gaben an die Götter: Schätze der Bronzezeit Europas. Bestandskat. 4. Berlin: Seminar für Ur- und Frühgeschichte der Freien Universität/Museum für Vor- und Frühgeschichte 1997, 11–22.

Hansen/Pare 2008: L. Hansen/Ch. Pare, Der Glauberg in seinem mikro- und makroregionalen Kontext. In: Krausse 2008a, 57–96.

Hassan 1978: F. A. Hassan, Demographic Archaeology. Advances Arch. Method and Theory 1, 1978, 49–103.

Henning 1994: F.-W. Henning, Das vorindustrielle Deutschland 800 bis 1800. Paderborn: Schöningh ⁵1994.

Henning 1997: Ders. (Hrsg.), Deutsche Agrargeschichte: Vor- und Frühgeschichte. Stuttgart: Ulmer 1997.

Herrmann 1985: J. Herrmann (Hrsg.), Die Slawen in Deutschland: Geschichte und Kultur der slawischen Stämme westlich von Oder und Neisse vom 6. bis 12. Jh. Ein Handbuch. Berlin: Akademie-Verlag 1985.

Herrmann 1986: B. Herrmann (Hrsg.), Mensch und Umwelt im Mittelalter. Stuttgart: Deutsche Verlagsanstalt 1986.

Herrmann 1991: Ders. (Hrsg.), Energieflüsse in Prähistorischen/Historischen Siedlungen und Gemeinschaften. Saeculum 42/3–4, 1991, 217–348.

Herskovits 1938: M. J. Herskovits, Dahomey: An Ancient West African Kingdom I. New York: Augustin 1938.

Hodder 1982: I. Hodder, Theoretical Archaeology: A Reactionary View. In: Ders. (Hrsg.), Symbolic and Structural Archaeology. New Directions Arch. Cambridge: Cambridge University Press 1982.

Hoika 1987: J. Hoika, Das Mittelneolithikum zur Zeit der Trichterbecherkultur in Nordostholstein: Untersuchungen zu Archäologie und Landschaftsgeschichte. Mit einem Exkurs zu den Ausgrabungen am Flintholm im Bundsø auf Alsen. Unters. Inst. Ur- u. Frühgesch. Univ. Kiel u. Arch. Landesmus. Christian-Albrechts-Univ. Schleswig sowie Landesamt Vor- u. Frühgesch.Schleswig-Holstein, Schleswig N. F. 61. Neumünster: Wachholtz 1987.

Jacomet/Kreuz 1999: S. Jacomet/A. Kreuz, Archäobotanik. Aufgaben, Methoden und Ergebnisse vegetations- und agrargeschichtlicher Forschung. Stuttgart: Ulmer 1999.

Jahn 1956: M. Jahn, Gab es in der vorgeschichtlichen Zeit bereits einen Handel? Abhandl. Sächs. Akad. Wiss. Leipzig. Philol.-Hist. Kl. 48/4. Berlin: Akademie-Verlag 1956.

Jahn 1960: Ders.. Der älteste Bergbau in Europa: Abhandl. Sächs. Akad. Wiss. Leipzig. Philol.-Hist. Kl. 52,2. Berlin: Akademie-Verlag 1960.

Jankuhn 1981: H. Jankuhn (Hrsg.), Das Handwerk in vor- und frühgeschichtlicher Zeit: Historische und rechtshistorische Beiträge und Untersuchungen zur Frühgeschichte der Gilde. Abhandl. Akad. Wissenschaften Göttingen. Philol.-Hist. Kl. 3, 122. Göttingen: Vandenhoeck und Ruprecht 1981.

Jankuhn 1983: Ders. (Hrsg.), Das Handwerk in vor- und frühgeschichtlicher Zeit: Archäologische und philologische Beiträge. Abhandl. Akad. Wiss. Göttingen. Philol.-Hist. Kl. 3, 123. Göttingen: Vandenhoeck und Ruprecht 1983.

Jockenhövel 1997: A. Jockenhövel, Agrargeschichte der Bronzezeit und vorrömischen Eisenzeit (von ca. 2200 v. Chr. bis Christi Geburt). In: Henning 1997, 141–256.

Jockenhövel/Willms 2005: Ders./Ch. Willms, Das Dietzhölzetal-Projekt: Archäometallurgische Untersuchungen zur Geschichte und Struktur der mittelalterlichen Eisengewinnung im Lahn-Dill-Gebiet (Hessen). Münster. Beitr. Ur- u. Frühgesch. Arch. 1. Rahden/Westf.: Leidorf 2005.

Kamp 1998: K. A. Kamp, Social Hierarchy and Burial Treatments: A Comparative Assessment. Cross-Cultural Research 32/1, 1998, 79–115.

Kegler-Graiewski 2007: N. Kegler-Graiewski, Beile, Äxte, Mahlsteine: Zur Rohmaterialversorgung im Jung- und Spätneolithikum Nordhessens. Online Ressource USB Köln 2007. [http://kups.ub.uni-koeln.de/volltexte/2007/2160/ (Zugriff: 15.06.2012)]

Kerig 2003: T. Kerig, Von Gräben und Stämmen: Zur Interpretation bandkeramischer Erdwerke. In: U. Veit/T. L. Kienlin/Ch. Kümmel/S. Schmidt (Hrsg.), Spuren und Botschaften: Interpretationen materieller Kultur. Tübinger Arch. Taschenbücher 4. Münster u. a.: Waxmann 2003, 225–244.

Kerig 2007: Ders., Als Adam grub…: Vergleichende Anmerkungen zu landwirtschaftlichen Betriebsgrößen in prähistorischer Zeit. Ethnogr.-Arch. Zeitschr. 48, 2007, 375–402.

Kerig 2008: Ders., Hanau-Mittelbuchen. Siedlung und Erdwerk der bandkeramischen Kultur: Materialvorlage – Chronologie – Versuch einer handlungstheoretischen Interpretation. Universitätsforsch. Prähist. Arch. 156. Bonn: Habelt 2008.

Kerig 2009: Ders., Towards an Econometrically Informed Archaeology: The Cologne Tableau (KöTa). In: Posluschny/Lambers/Herzog 2009, o. Pag.

Kerig 2010a: Ders., Der Faktor Arbeit im Neolithikum: Steinbearbeitung, Feldbestellung, Schwertransport. In: Badisches Landesmuseum (Hrsg.), Jungsteinzeit im Umbruch. Die »Michelsberger Kultur« und Mitteleuropa vor 6000 Jahren. Katalog zur Ausstellung im Badischen Landesmuseum Schloss Karlsruhe 20.11.2010–15.5.2011. Darmstadt: Primus 2010, 236–242.

Kerig 2010b: Ders., Ein Statuenmenhir mit Darstellung einer Axt vom Eschollbrückener Typ? Zu einem enigmatischen Steindenkmal aus Gelnhausen-Meerholz (Mainz-Kinzig-Kreis). Prähist. Zeitschr. 85, 2010, 59–78.

Kerig 2011: Ders., ›…und Eva spann…‹: Zur Urgeschichte der geschlechtlichen Arbeitsteilung in arbeitswirtschaftlicher Perspektive. In: J. E. Fries/U. Rambuscheck (Hrsg.), Von wirtschaftlicher Macht und militärischer Stärke: Beiträge zur archäologischen Geschlechterforschung. Bericht der 4. Sitzung der AG Geschlechterforschung auf der 79. Jahrestagung des Nordwestdeutschen Verbandes für Altertumsforschung e. V. in Detmold 2009. Frauen – Forschung – Archäologie 9. Münster: Waxmann 2011, 17–36.

Kerig 2012: Ders., Grahame Clark und die mitteleuropäische Archäologie: Eine vergleichende Rezeptionsgeschichte. Ethnogr.-Arch. Zeitschr. 52/1, 2011 (2012) 83–103.

Kerig in Vorb.: Ders., In Kossinna's Shadow: Hans Gummel, Ernst Wahle, Hans Jürgen Eggers and Herbert Kühn writing on ›the History of Archaeology‹. In: A. Rzeszotarska-Nowakiewicz/T. Herbich (Hrsg.), Studies from the History of Archaeology in the 20th Century. Arch. Polona 50, 2012 (in Vorb., Manuskript angenommen).

Kerig/Lechterbeck 2004: Ders./J. Lechterbeck, Laminated Sediments, Human Impact, and a Multivariate Approach: A Case Study in Linking Palynology and Archaeology (Lake Steisslingen, South-West Germany). Quaternary Internat. 113, 2004, 19–39.

Kerig/Shennan 2013: Ders./St. Shennan, Zur kulturellen Evolution Europas im Neolithikum: Begriffsbestimmung und Aufgabenstellung. In: R. Gleser/V. Becker (Hrsg.), Mitteleuropa im 5. Jahrtausend vor Christus. Beiträge zur Internationalen Konferenz in Münster 2010 (6.–8. Oktober 2010). Münster: Lit 2012, 209–218.

Kerig/Zimmermann 2010: Ders./A. Zimmermann, Grahame Clark's Economic Basis: A Central European Perspective on his Holism and his Systemic View. In: A. Marciniak/J. Coles (Hrsg.), Grahame Clark and his Legacy. Cambridge: Cambridge Scholars 2010, 114–149.

Kerig/Zimmermann 2013: Ders./A. Zimmermann (Hrsg.), Economic Archaeology: From Structure to Performance in European Archaeology. Universitätsforsch. Prähist. Arch.237. Bonn: Habelt 2013.

Kilian-Dirlmeier/Egg 1999: I. Kilian-Dirlmeier/M. Egg, Vorwort. In: Römisch-Germanisches Zentralmuseum (Hrsg.), Eliten in der Bronzezeit: Ergebnisse zweier Kolloquien in Mainz und Athen. Teil I. Monogr. 43,1. Mainz: Römisch-Germanisches Zentralmuseum 1999.

Kimmig 1981: W. Kimmig, Die frühen Kelten und das Mittelmeer. In: Bittel/Kimmig/Schieck 1981, 248–278.

Klassen o. J: L. Klassen, Frühes Kupfer im Norden: Untersuchungen zu Chronologie, Herkunft und Bedeutung der Kupferfunde der Nordgruppe der Trichterbecherkultur. Jutland Arch. Soc. 36. Aarhus: Aarhus University Press o. J.

Klassen 2004: Ders., Jade und Kupfer: Untersuchungen zum Neolithisierungsprozess im westlichen Ostseeraum unter besonderer Berücksichtigung der Kulturentwicklung Europas 5500–3500 BC. Jutland Arch. Soc. 47. Aarhus: Aarhus University Press 2004.

Knoche 2008: B. Knoche, Die Erdwerke von Soest (Kr. Soest) und Nottuln-Uphoven (Kr. Coesfeld): Studien zum Jungneolithikum in Westfalen. Münstersche Beitr. Ur- u. Frühgesch. Arch. 3. Rahden/Westf.: Leidorf 2008.

Knopf 1998: Th. Knopf, Annales-Geschichtsschreibung und Archäologie. In: Eggert/ Veit 1998, 273–295.

Koch/Schiefenhövel 1987: G. Koch/W. Schiefenhövel, Eipo (West-Neuguinea, Zentrales Hochland): Neubau des sakralen Männerhauses in Munggona. Film E 2475. Wiss. Film. (Göttingen) Ethn., Sonderser. 7/9, 1987, 130–156.

Koeppke/Baten 2009: N. Koepke/J. Baten, Anthropometric Methods and the Interdisciplinary Conversation between Archaeology and Economics. In: Posluschny/ Lambers/Herzog 2009, 345–352.

Köhler/Maier 1992: H.-J. Köhler/F. Maier, Der nördliche Wall. In: F. Maier/U. Geilenbrügge/E. Hahn/H.-J. Köhler/S. Sievers, Ergebnisse der Ausgrabungen 1984–1987 in Manching. Ausgr. Manching 15. Stuttgart: Steiner 1992, 340–356.

Komlos/Baten 1998: J. Komlos/J. Baten (Hrsg.), The Biological Standard of Living in Comparative Perspective. Contributions to the Conference held in Munich, January 18–22, 1997, for the XIIth Congress of the International Economic History Association. Stuttgart: Steiner 1998.

Kondratjew 1926: N. D. Kondratjew, Die langen Wellen der Konjunktur. Archiv Sozialwiss. Sozialpolitik 56, 1926, 573–609.

Körlin/Weisgerber 2006: G. Körlin/G. Weisgerber (Hrsg.), Stone Age – Mining Age. Veröff. Dt. Bergbau-Mus. Bochum 148 = Anschnitt Beih. 19. Bochum: Deutsches Bergbau-Museum 2006.

Krausse 2008a: D. Krausse (Hrsg.), Frühe Zentralisierungs- und Urbanisierungsprozesse: Zur Genese und Entwicklung frühkeltischer Fürstensitze und ihres territorialen Umlandes. Kolloquium des DFG-Schwerpunktprogramms 1171 in Blaubeuren, 9.–11. Oktober 2006. Forsch. u. Ber. Vor- u. Frühgesch. Baden-Württemberg 101. Stuttgart: Theiss 2008.

Krausse 2008b: Ders., Etappen der Zentralisierung nördlich der Alpen: Hypothesen, Modelle, Folgerungen. In: Krausse 2008a, 435–450.

Krausse/Nakoinz 2009: Ders./O. Nakoinz (Hrsg.), Kulturraum und Territorialität: Archäologische Theorien, Methoden und Fallbeispiele. Kolloquium des DFG-SPP 1171, Esslingen 17.–18. Januar 2007. Internat. Arch. Arbeitsgem. Symposium, Tagung, Kongress 13. Rahden/Westf.: Leidorf 2009.

Kreuz 1990: A. Kreuz, Die ersten Bauern Mitteleuropas: Eine archäobotanische Untersuchung zu Umwelt und Landwirtschaft der ältesten Bandkeramik. Analecta Praehist. Leidensia 13, 1990.

Kreuz 2004: Dies., Landwirtschaft im Umbruch? Archäobotanische Untersuchungen in Hessen zu den Jahrhunderten um Christi Geburt in Hessen und Mainfranken. Ber. RGK 85, 2004, 97–292.

Kümmel 1998: Ch. Kümmel, Marxistische Perpektiven in der gegenwärtigen englischsprachigen Archäologie. In: Eggert/Veit 1998, 115–181.

Kümmel 2001: Ders., Frühe Weltsysteme: Zentrum und Peripherie-Modelle in der Archäologie. Tübinger Texte: Mat. Ur- u. Frühgesch. Arch. 4. Rahden/Westf.: Leidorf 2001.

Kunow 1980: J. Kunow, Negotiator et vectura: Händler und Transport im freien Germanien. Kleine Schr. Vorgesch. Sem. Marburg 6. Marburg: Vorgeschichtliches Seminar 1980.

Kurz 2007: S. Kurz, Untersuchungen zur Entstehung der Heuneburg in der späten Hallstattzeit. Forsch. u. Ber. Vor- u. Frühgesch. Baden-Württemberg 105. Stuttgart: Theiss 2007.

Kurz 2010: Ders., Zum Nachweis von Handwerk auf der Heuneburg. In: Eggert u. a. 2010, 34–40.

v. Kurzynski 1996: K. v. Kurzynski, ›… und ihre Hosen nennen sie bracas‹: Textilfunde und Textiltechnologie der Hallstatt- und Latènezeit und ihr Kontext. Internat. Arch. 22. Espelkamp: Leidorf 1996.

Lechterbeck 2001: J. Lechterbeck, ›Human Impact‹ oder ›Climatic Change‹? Zur Vegetationsgeschichte des Spätglazials und Holozäns in hochauflösenden Pollenanalysen laminierter Sedimente des Steißlinger Sees (Südwestdeutschland). Tübinger Mikropaläontol. Mitt. 25. Tübingen: Institut und Museum für Geologie und Paläontologie der Universität Tübingen 2001.

Lechterbeck 2009: Dies., The Event Horizon in Landscape Development: When Economy Makes the Landscape Cultural. In: Posluschny/Lambers/Herzog 2009, o. Pag.

Lechterbeck/Kalis/Meurers-Balke 2009: Dies./A. J. Kalis/J. Meurers-Balke, Evaluation of Prehistoric Land Use Intensity in the Rhenish Loessboerde by Canonical Correspondence Analysis: A Contribution to LUCIFS. Geomorphology 108, 138–144.

Lechterbeck u. a. in Vorb: Dies./T. Kerig/A. Kleinmann/M. Sillmann/L. Wick/M. Rösch, How was Bell Beaker Economy related to Corded Ware and Early Bronze Age Lifestyles? Archaeological, Botanical, and Palynological Evidence from the Hegau, Western Lake Constance Region (in Vorb. für Environmental Arch., Manuskript angenommen).

Lobisser 2003: W. F. A. Lobisser, Experimentalarchäologische Versuche zur spätbronzezeitlichen Holztechnologie: Der Nachbau einer Holzwanne in Blockbautechnik aus dem 12./13. Jh. v. Chr. in Hallstatt im Rahmen des Projektes ARCHEOLIVE. Experimentelle Archäologie in Europa Bilanz 2003, 57–64.

Lüning 1979/1980: J. Lüning, Bandkeramische Pflüge? Fundber. Hessen 19/20, 1979/1980, 55–68.

Lüning 1997: Ders., Anfänge und frühe Entwicklung der Landwirtschaft im Neolithikum (5500–2200 v. Chr.). In: Henning 1997, 15–139.

Lüning 2000: Ders., Steinzeitliche Bauern in Deutschland – Die Landwirtschaft im Neolithikum. Universitätsforsch. Prähist. Arch. 58. Bonn: Habelt 2000.

Maier 1993: F. Maier, Fernhandel und Kulturbeziehungen in der zweiten Jahrtausendhälfte. In: H. Dannheimer/R. Gebhard (Hrsg.), Das keltische Jahrtausend. Ausstellungskat. Prähist. Staatsslg. 23. Mainz: von Zabern 1993, 203–208.

Malanima 2008: P. Malanima, Wachstum und Reife: Die Arbeitsproduktivität in den traditionellen Agrargesellschaften. In: M. Cerman/I. Steffelbauer/S. Tost (Hrsg.), Agrarrevolutionen: Verhältnisse in der Landwirtschaft vom Neolithikum bis zur Globalisierung. Innsbruck: StudienVerlag 2008, 21–40.

Malinowski 1920: B. Malinowski, Kula: The Circulating Exchange of Valuables in the Archipelagoes of Eastern New Guinea. Man 20, 1920, 97–105.

Malthus 1798: T. R. Malthus, An Essay on the Principle of Population, as it Affects the Future Improvement of Society with Remarks on the Speculations of Mr. Godwin, M. Condorcet, and Other Writers. London: Johnson 1798.

Mangartz 2008: F. Mangartz, Römischer Basaltlava-Abbau zwischen Eifel und Rhein. Monogr. RGZM 75. Vulkanparkforsch. 7. Mainz: Römisch-Germanisches Zentralmuseum 2008.

Mannsperger 1981: D. Mannsperger, Münzen und Münzfunde. In: Bittel/Kimmig/Schieck 1981, 228–247.

Marx 1847: K. Marx, Das Elend der Philosophie. Antwort auf Proudhons ›Philosophie des Elends‹. Karl Marx/Friedrich Engels – Werke Bd. 4. Berlin: Dietz 1982, 63–182.

Marx 1872: Ders., Das Kapital. 3 Bde. Frankfurt: Ullstein 1969.

Metz 2005: R. Metz, Säkulare Trends der deutschen Wirtschaft. In: M. North 2005, 427–500.

Meyer 1895: E. Meyer, Die wirtschaftliche Entwicklung des Altertums. Kleine Schriften zur Geschichtstheorie und zur wirtschaftlichen und politischen Geschichte des Altertums. Halle: Niemeyer 1910, 79–168. [Wiederabdruck des Textes von 1895.]

Morris/Saller/Scheidel 2007: I. Morris/R. P. Saller/W. Scheidel, Introduction. In: W. Scheidel/I. Morris/R. P. Saller (Hrsg.), The Cambridge Economic History of the Greco-Roman World. Cambridge: Cambridge University Press 2007, 1–12.

Müller 1990: J. Müller, Arbeitsleistung und gesellschaftliche Leistung bei Megalithgräbern. Acta Praehist. et Arch. 22, 1990, 9–35.

Müller 2001: Ders., Soziochronologische Studien zum Jung- und Spätneolithikum im Mittelelbe-Saale-Gebiet (4100–2700 v. Chr.). Eine sozialhistorische Interpretation prähistorischer Quellen. Vorgesch. Forsch. 21. Rahden/Westf.: Leidorf 2001.

Müller 2012: Ders., Tells, Fire, and Copper as Social Technologies. In: R. Hofmann/F.-K. Moetz/J. Müller (Hrsg.), Tells: Social and Environmental Space. Proceedings of the International Workshop ›Socio-Environmental Dynamics over the Last 12,000 Years: The Creation of Landscapes II (14th–18th March 2011)‹ in Kiel. Universitätsforsch. Prähist. Arch. 207. Bonn: Habelt 2012, 47–52.

Müller/Bernbeck 1996: Ders./R. Bernbeck (Hrsg.), Prestige – Prestigegüter – Sozialstrukturen: Beispiele aus dem europäischen und vorderasiatischen Neolithikum. Arch. Ber. 6. Bonn: Holos 1996.

Müller-Scheeßel 2007: N. Müller-Scheeßel, Bestattungsplätze nur für die oberen Zehntausend? Berechnungen der hallstattzeitlichen Bevölkerung Süddeutschlands. In: Trebsche u. a. 2007, 1–10.

Nakoinz 2009: O. Nakoinz, Zentralortforschung und zentralörtliche Theorie. Arch. Korrbl. 39, 2009, 361–380.

Niehans 1971: J. Niehans, Money and Barter in General Equilibrium with Transactions Costs. Am. Economic Rev. 61/5, 1971, 773–783.

North 1981: D. C. North, Structure and Change in Economic History. New York: Norton 1981. [Dt.: Theorie des institutionellen Wandels – Eine neue Sicht der

Wirtschaftsgeschichte. Die Einheit der Gesellschaftswissenschaften 56. Tübingen: Mohr 1988.]

North 2005: M. North (Hrsg.), Deutsche Wirtschaftsgeschichte: Ein Jahrtausend im Überblick. München: Beck 2005.

Nowak 2009: K. Nowak, Approaching Linear Pottery Economics: Distribution and Supply of Amphibolite Adzes. In: Posluschny/Lambers/Herzog 2009, o. Pag.

Otto 1955: K.-H. Otto, Die sozialökonomischen Verhältnisse bei den Stämmen der Leubinger Kultur in Mitteldeutschland: Beitrag zur Periodisierung der Geschichte der Urgesellschaft in Mitteleuropa, insbesondere zur Frage der militärischen Demokratie. Ethnogr.-Arch. Forsch. 3. Berlin: Deutscher Verlag der Wissenschaften 1955.

Otto 1978: Ders., Deutschland in der Epoche der Urgesellschaft (500 000 v. u. Z. bis zum 5./6. Jh. u. Z.). Lehrbuch der deutschen Geschichte 1. Berlin: Deutscher Verlag der Wissenschaften 1978.

Pare 2010: Ch. Pare, Fernhandel und ökonomische Integration. In: Eggert u. a. 2010, 50–55.

Pauli 1980: L. Pauli, Die Alpen in Frühzeit und Mittelalter: Die archäologische Entdeckung einer Kulturlandschaft. München: Beck ²1981.

Pauli 1985: Ders., Einige Anmerkungen zum Problem der Hortfunde. Arch. Korrbl. 15, 1985, 195–206.

L. Pauli 1993: Ders., Hallstatt- und Frühlatènezeit. In: H. Bender/L. Pauli/I. Stork, Der Münsterberg in Breisach II: Hallstatt- und Latènezeit. Münchner Beitr. Vor- u. Frühgesch. 40. München: Beck 1993, 21–172.

J. Pauli 1993: J. Pauli, Die latènezeitliche Besiedlung des Kelheimer Beckens. Materialh. Bayer. Vorgesch. A 62. Kallmünz: Lassleben 1993.

Pétrequin u. a. 2012: P. Pétrequin/S. Cassen/M. Errera/L. Klassen/A. Sheridan/A.-M. Pétrequin (Hrsg.), Jade: Grandes haches alpines du Néolithique européen, Vᵉ et IVᵉ millénaires av. J.-C. Charenton-le-Pont: Presses universitaires de Franche-Comté 2012.

Pfarr 2001: E.-M. Pfarr, Handwerk oder Industrie? Erfahrung bei der Herstellung eines hochmittelalterlichen Wollgewebes auf dem Gewichtswebstuhl. In: M. Fansa (Hrsg.), Experimentelle Archäologie – Bilanz 2000. Arch. Mitt. Nordwestdeutschland, Beih. 37, 2000 (2001) 139–147.

Planck u. a. 1990: D. Planck u. a., Siedlungsarchäologische Untersuchungen im Alpenvorland: 5. Kolloquium der Deutschen Forschungsgemeinschaft vom 29.–30. März 1990 in Gaienhofen-Hemmenhofen. Ber. RGK 71, 1990, 23–406.

Plattner 1989: S. Plattner (Hrsg.), Economic Anthropology. Stanford: Stanford University Press 1989.

Polanyi 1944: K. Polanyi, The Great Transformation: The Political and Economic Origins of Our Time. New York 1944. [Dt.: The Great Transformation: politische und ökonomische Ursprünge von Gesellschaften. Frankfurt: Suhrkamp 1978.]

Polanyi 1979: Ders., Redistribution: Der staatliche Bereich im Dahome des 18. Jahrhunderts. In: Ders., Ökonomie und Gesellschaft. Frankfurt: Suhrkamp 1979, 256–283. [Dt. Wiederabdruck o. bibliogr. Nachweis.]

Posluschny/Lambers/Herzog 2009: A. Posluschny/K. Lambers/I. Herzog (Hrsg.), Layers of Perception: Proceedings of the 35th International Conference on Computer Applications and Quantitative Methods in Archaeology (CAA) Berlin, Germany, April 2–6, 2007. Koll. Vor- u. Frühgesch. 10. Bonn: Habelt 2009.

Preuß 1998: J. Preuß (Hrsg.), Das Neolithikum in Mitteleuropa: Kulturen – Wirtschaft – Umwelt vom 6. bis 3. Jahrtausend v. u. Z. 3 Bd. Weissbach: Beier und Beran 1998.

Ramminger 2007: B. Ramminger, Wirtschaftsarchäologische Untersuchungen zu alt- und mittelneolithischen Felsgesteingeräten in Mittel- und Nordhessen: Archäologie und Rohmaterialversorgung. Internat. Arch. 102. Rahden/Westf.: Leidorf 2007.

Rappaport 1968: R. A. Rappaport, Pigs for the Ancestors: Ritual in the Ecology of a New Guinea People. New Haven: Yale University Press 1968.

Rappaport 1984: Ders., Pigs for the Ancestors: Ritual in the Ecology of a New Guinea People. New Haven: Waveland ²1984. [mit erheblichen Änderungen gegenüber der Erstausgabe.]

Recker/Schefzik 2006: U. Recker/M. Schefzik, Wirtschaftsarchäologie: Gegenstand – Methode – Forschungsstand. In: B. Kasten (Hrsg.), Tätigkeitsfelder und Erfahrungshorizonte des ländlichen Menschen in der frühmittelalterlichen Grundherrschaft (bis ca. 1000). Festschrift für Dieter Hägermann zum 65. Geburtstag. VSWG-Beih. 184, 2006, 267–286.

Reckwitz 2003: A. Reckwitz, Grundelemente einer Theorie sozialer Praktiken: Eine sozialtheoretische Perspektive. Zeitschr. Soziologie 32/4, 2003, 282–301.

Rehbein 2006: B. Rehbein, Die Soziologie Pierre Bourdieus. Konstanz: UVK 2006.

Reim 1981: H. Reim, Handwerk und Technik. In: Bittel/Kimmig/Schieck 1981, 204–227.

Rieth 1969: A. Rieth, Zur Herstellungstechnik der Eisendolche der späten Hallstattzeit. Jahrb. RGZM 16, 1969, 17–58.

Rittershofer 1997: K.-F. Rittershofer (Hrsg.), Demographie der Bronzezeit: Paläodemographie – Möglichkeiten und Grenzen. West- und Süddeutscher Verband für Altertumsforschung Jahrestagungen vom 24.–25. Mai 1988 in Ettlingen und vom 16.–21. Mai 1989 in Frankfurt a. M., Kolloquium der Arbeitsgemeinschaft Bronzezeit. Internat. Arch. 36. Espelkamp: Leidorf 1997.

Rösch 1987: M. Rösch, Zur Umwelt und Wirtschaft des Jungneolithikums am Bodensee – Botanische Untersuchungen in Bodman Blissenhalde. Arch. Nachr. Baden 38–39, 1987, 42–53.

Rösch u. a. 2008: Ders./O. Ehrmann/B. Kury/A. Bogenrieder/L. Herrmann/W. Schier, Spätneolithische Landnutzung im nördlichen Alpenvorland: Beobachtungen – Hypothesen – Experimente. In: W. Dörfler/J. Müller (Hrsg.), Umwelt – Wirtschaft – Siedlungen im dritten vorchristlichen Jahrtausend Mitteleuropas und Südskandinaviens. Offa-Bücher 84. Neumünster: Wachholtz 2008, 301–315.

Rössler 1999: M. Rössler, Wirtschaftsethnologie: Eine Einführung. Berlin: Reimer 1999.

Rössler 2005: Ders., Wirtschaftsethnologie: Eine Einführung. Berlin: Reimer 2005. [erweiterte und aktualisierte Fassung von Rössler 1999.]

Rosenbaum 1982: H. Rosenbaum, Formen der Familie: Untersuchungen zum Zusammenhang von Familienverhältnissen, Sozialstruktur und sozialem Wandel in der deutschen Gesellschaft des 19. Jahrhunderts. Frankfurt: Suhrkamp 1982.

Roth 2008: G. Roth, Geben und Nehmen: Eine wirtschaftshistorische Studie zum neolithischen Hornsteinbergbau von Abensberg-Arnhofen, Kr. Kelheim (Niederbayern). Diss. Univ. Köln 2008. [http://kups.ub.uni-koeln.de/4176/ (Zugriff: 15.06.2012)]

Sahlins 1972: M. Sahlins, Stone Age Economics. London: Tavistock ²1974.

Samuelson/Nordhaus 2010: P. A. Samuelson/W. D. Nordhaus, Volkswirtschaftslehre: Das internationale Standardwerk der Makro- und Mikroökonomie. München: mi Verlag 42010.

Schade 2001: C. Schade, Landschaftsarchäologie in der Mörlener Bucht: Zentralität und Rohstoffvorkommen – Ein bandkeramischer Zentralort mit Nebensiedlungen in der Gemarkung von Butzbach-Fauerbach v. d. H. Ber. Komm. Arch. Landesforsch. Hessen 6, 2001, 9–30.

Schade 2002: Ders., Besiedlungsgeschichte der Bandkeramik in der Mörlener Bucht/ Wetterau (BBM). Zentralität und Peripherie, Haupt- und Nebenorte, Siedlungsverbände. Arch. Nachrichtenbl. 7/4, 2002, 325–329.

Schauer u. a. 2001: P. Schauer u. a., DFG-Graduiertenkolleg 462 ›Paläoökosystemforschung und Geschichte‹: Beiträge zur Siedlungsarchäologie und zum Landschaftswandel. Ergebnisse zweier Kolloquien in Regensburg 9.–10. Oktober 2000, 2.–3. November 2000. Regensburger Beitr. Prähist. Arch. 7. Regensburg: Universitätsverlag 2001.

Schellenbauer 1999: P. Schellenbauer, Der Wert der Haushaltsarbeit: Eine empirische Studie für die Schweiz. Zürich: Dissertationdruck 1999.

Schibler u. a. 1997: J. Schibler/H. Hüster-Plogmann/S. Jacomet/C. Brombacher/E. Gross-Klee/A. Rast-Eicher, Ökonomie und Ökologie neolithischer und bronzezeitlicher Ufersiedlungen am Zürichsee: Ergebnisse der Ausgrabungen Mozartstrasse, Kanalistionssanierung Seefeld, AKAD/Pressehaus und Mythenschloss in Zürich. Monogr. Kantonsarch. Zürich 20. Zürich: Kantonsarchäologie 1997.

Schier 1998: W. Schier, Fürsten, Herren, Händler? Bemerkungen zu Wirtschaft und Gesellschaft der westlichen Hallstattkultur. In: H. Küster/A. Lang/P. Schauer (Hrsg.), Archäologische Forschungen in urgeschichtlichen Siedlungslandschaften. Festschrift für Georg Kossack zum 75. Geburtstag. Regensburger Beitr. Prähist. Arch. 5. Regensburg: Universitätsverlag 1998, 493–514.

Schier 2009: Ders., Extensiver Brandfeldbau und die Ausbreitung der neolithischen Wirtschaftsweise in Mitteleuropa und Südskandinavien am Ende des 5. Jahrtausends v. Chr. Prähist. Zeitschr. 84, 2009, 15–43.

Schiesberg 2009: S. Schiesberg, Neolithic Economics: A Case Study in Age, Sex, and Labour. In: Posluschny/Lambers/Herzog 2009, o. Pag.

Schlabow 1965: K. Schlabow, Der Thorsberger Prachtmantel: Schlüssel zum altgermanischen Webstuhl. Veröff. Förderver. Textilmus. Neumünster e. V. Neumünster: Wachholtz 1965.

Schlette 1974: F. Schlette, Germanen zwischen Thorsberg und Ravenna. Leipzig: Urania ²1974.

Schlichtherle 1992: H. Schlichtherle, Jungsteinzeitliche Erntegeräte am Bodensee. Plattform 1, 1992, 24–44.

Schlichtherle 2004: Ders., Wagenfunde aus den Seeufersiedlungen im zirkumalpinen Raum. In: Fansa/Burmeister 2004, 295–314.

Schlichtherle 2006: Ders., Chemins, roues et chariots: Innovations de la fin du Néolithique dans le sud-ouest de l'Allemagne. In: D. Binder (Hrsg.), Premiers chariots, premiers araires: La diffusion de la traction animale en Europe pendant les IVe et IIIe millénaires avant notre ère. Paris: CNRS 2006, 165–178.

Schneider 1990: H. Schneider, Die Bücher-Meyer Kontroverse. In: W. M. Calder III./A. Demandt (Hrsg.), Eduard Meyer: Leben und Leistung eines Universalhistorikers. Mnemosyne Suppl. Leiden: Brill 1990, 417–445.

Schott 1936: C. Schott, Landnahme und Kolonisation in Canada am Beispiel Südontarios. Schr. Geogr. Inst. Univ. Kiel 6. Kiel: Geographisches Institut 1936.

Schweizer 2010: B. Schweizer, Zum Handel der Hallstattzeit aus Sicht der Forschung zur mediterranen Welt. In: Eggert u. a. 2010, 45–50.

Schyle 2006: D. Schyle, Die spätneolithische Beilproduktion auf dem Lousberg in Aachen: Eine Hochrechnung von Angebot und Nachfrage und Rückschlüsse auf die spätneolithische Bevölkerungsdichte. Arch. Inf. 29, 2006, 35–50.

Schyle 2010: Ders., Der Lousberg in Aachen: Ein jungsteinzeitlicher Feuersteintagebau mit Beilklingenproduktion. Nach wissenschaftlichen Vorarbeiten von Jürgen Weiner. Rhein. Ausgr. 66. Mainz: Zabern 2010.

Seemann/Jankuhn 1997: H. Seemann/H. Jankuhn (Hrsg.), Untersuchungen zu Handel und Verkehr VII Register. Teil I–IV: Der Handel. Teil V: Der Verkehr. Teil VI: Organisationsformen der Kaufmannsvereinigungen. Abhandl. Akad. Wiss. Göttingen. Philol.-Hist. Kl. 3, 227. Göttingen: Vandenhoeck und Ruprecht 1997.

Seidel 2008: U. Seidel, Michelsberger Erdwerke im Raum Heilbronn: Neckarsulm-Obereisesheim ›Hetzenberg‹ und Ilsfeld ›Ebene‹, Lkr. Heilbronn, Heilbronn-Klingenberg ›Schloßberg‹, Stadtkreis Heilbronn. Materialh. Arch. Baden-Württemberg, Heft 81/1–3. Stuttgart: Theiss 2008.

Shennan 2000: St. Shennan, Population, Culture History, and the Dynamics of Culture Change. Current Anthr. 41/5, 2000, 811–835.

Shennan/Edinborough 2006: Ders./K. Edinborough, Prehistoric Population History: from the Late Glacial to the Late Neolithic in Central and Northern Europe. Journal Arch. Scien. 34/8, 2007, 1339–1345.

Sheridan/Bailey 1981: A. Sheridan/G. Bailey (Hrsg.), Economic Archaeology. Towards an Integration of Ecological and Social Approaches. BAR Internat. Ser. 96. Oxford: BAR 1981.

Sherratt 1981: A. Sherratt, Plough and Pastoralism. Aspects of the Secondary Products Revolution. In: I. Hodder/G. Isaak/N. Hammond (Hrsg.), Pattern of the Past. Studies in Honour of David Clarke. Cambridge: Cambridge University Press 1981, 261–305.

Sherratt 2004: Ders., Wagen, Pflug, Rind: ihre Ausbreitung und Nutzung. Probleme der Quelleninterpretation. In: Fansa/Burmeister 2004, 409–428.

Siegmund 2011: F. Siegmund, Die Körpergröße der Menschen in der Ur- und Frühgeschichte Mitteleuropas und ein Vergleich ihrer anthropologischen Schätzmethoden. Norderstedt: Books on Demand 2011.

Simmel 1907: G. Simmel, Philosophie des Geldes. Leipzig: Duncker und Humblot ²1907.

Sommerfeld 1994: C. Sommerfeld, Gerätegeld Sichel: Studien zur monetären Struktur bronzezeitlicher Horte im nördlichen Mitteleuropa. Vorgesch. Forsch. 19. Berlin: de Gruyter 1994.

Spindler 1991: K. Spindler, Die frühen Kelten. Stuttgart: Reclam ²1991.

Steuer 1982: H. Steuer, Frühgeschichtliche Sozialstrukturen in Mitteleuropa: Eine Analyse der Auswertungsmethoden des archäologischen Quellenmaterials. Abhandl. Akad. Wissenschaften Göttingen, Philol.-Hist. Kl. 3, 128. Göttingen: Vandenhoeck und Ruprecht 1982.

Steuer 2003: Ders., Stichwort ›Ports of Trade‹. In: RGA² 23, 2003, 292–298.

Steuer/Zimmermann 1993: Ders./U. Zimmermann (Hrsg.), Montanarchäologie in Europa. Berichte zum Internationalen Kolloquium »Frühe Erzgewinnung und Verhüttung in Europa« in Freiburg im Breisgau vom 4. bis 7. Oktober 1990. Archäologie und Geschichte. Freiburger Forschungen zum ersten Jahrtausend in Südwestdeutschland 4. Sigmaringen: Thorbecke 1993.

Stöllner 1999: Th. Stöllner, Der prähistorische Salzbergbau am Dürrnberg bei Hallein I: Forschungsgeschichte – Forschungsstand – Forschungsanliegen. Dürrnberg-Forschungen 1. Abteilung Bergbau. Rahden/Westf.: Leidorf 1999.

Stöllner u. a. 2003: Ders./G. Körlin/G. Steffens/J. Cierny (Hrsg.), Man and Mining – Mensch und Bergbau. Studies in Honour of Gerd Weisgerber on Occasion of his 65th Birthday. Veröff. Dt. Bergbau-Mus. 114 = Anschnitt Beih. 16. Bochum: Deutsches Bergbaumuseum Bochum 2003.

Tegtmeier 1993: U. Tegtmeier, Neolithische und bronzezeitliche Pflugspuren in Norddeutschland und den Niederlanden. Arch. Ber. 3. Bonn: Holos 1993.

Torbrügge 1985: W. Torbrügge, Über Horte und Hortdeutung. Arch. Korrbl. 15, 1985, 17–23.

Trebsche u. a. 2007: P. Trebsche/I. Balzer/C. Eggl/J. K. Koch/H. Nortmann/J. Wiethold, Die unteren Zehntausend: Auf der Suche nach den Unterschichten der Eisenzeit. Beiträge zur Sitzung der AG Eisenzeit während der Jahrestagung des West- und Süddeutschen Verbandes für Altertumsforschung e. V. in Xanten 2006. Beitr. Ur- u. Frühgesch. Mitteleuropa 47. Langenweissbach: Beier und Beran 2007.

Uerpmann 1979: H.-P. Uerpmann, Probleme der Neolithisierung des Mittelmeerraumes. Beih. Tübinger Atlas Vorderer Orient B 28. Wiesbaden: Reichert 1979.

Uerpmann 1989: Ders., Animal Exploitation and the Phasing of the Transition from the Palaeolithic to the Neolithic. In: J. Clutton-Brock (Hrsg.), The Walking Larder. Patterns of Domestication, Pastoralism, and Predation. London: Unwin Hyman 1989, 91–96.

van de Velde 1979: P. van de Velde, On Bandkeramik Social Structure: An Analysis of Pot Decoration and Hut Distributions from the Central European Neolithic Communities of Elsloo and Hienheim. Analecta Praeh. Leidensia 12, 1979.

Vosteen 1996: M. Vosteen, Unter die Räder gekommen: Untersuchungen zu Sherratts ›Secondary Products Revolution‹. Arch. Ber. 7. Bonn: Holos 1996.

Vosteen 1999: Ders., Urgeschichtliche Wagen in Mitteleuropa. Eine archäologische und religionswissenschaftliche Untersuchung neolithischer bis hallstattzeitlicher Befunde. Freiburger Arch. Stud. 3. Rahden/Westf.: Leidorf 1999.

Weber 2005: M. Weber, Wirtschaft und Gesellschaft. Grundriss der verstehenden Soziologie. Neu-Isenburg: Zweitausendeins 2005.

Weisgerber 1999: G. Weisgerber (Hrsg.), 5000 Jahre Feuersteinbergbau: Die Suche nach dem Stahl der Steinzeit. Veröff. Dt. Bergbau-Museum Bochum 77. Bochum: Deutsches Bergbau-Museum [3]1999.

Wendt 2008: K. P. Wendt, Bevölkerungsdichte und Landnutzung in den germanischen Provinzen des Römischen Reiches im 2. Jahrhundert n. Chr.: Ein Beitrag zur Landschaftsarchäologie. Germania 86, 2008, 191–226.

Wenskus/Jankuhn/Grinda 1975: R. Wenskus/H. Jankuhn/K. Grinda (Hrsg.), Wort und Begriff ›Bauer‹. Abhandl. Akad. Wiss. Göttingen, Philol.-Hist. Kl. 3, 89. Göttingen: Vandenhoeck und Ruprecht 1975.

White 1969: L. A. White, The Science of Culture: A Study of Man and Civilization. New York: Farrar, Straus und Giroux [2]1969.

Wilk/Cliggett 2007: R. R. Wilk/L. Cliggett, Economies and Cultures: Foundations of Economic Anthropology. Boulder: Westview Press 2007.

Willms 1982: Ch. Willms, Zwei Fundplätze der Michelsberger Kultur aus dem westlichen Münsterland, gleichzeitig ein Beitrag zum neolithischen Silexhandel in Mitteleuropa. Münster. Beitr. Ur- u. Frühgesch. 12. Hildesheim: Laux 1982.

Willms 1983: Ders., Obsidian im Neolithikum und Äneolithikum Europas: Ein Überblick. Germania 61, 1983, 327–351.

Willms 1985: Ders., Neolithischer Spondylusschmuck: Hundert Jahre Forschung. Germania 63, 1985, 331–343.

Wiskemann 1859: H. Wiskemann, Die antike Landwirthschaft und das Thünen'sche Gesetz: Aus den alten Schriftstellern dargelegt. Preisschriften gekrönt und herausgegeben von der Fürstlich Jablonowski'schen Gesellschaft zu Leipzig. Leipzig: Hirzel 1859.

Zimmermann 1988: A. Zimmermann, Steine. In: U. Boelicke/D. v. Brandt/J. Lüning/P. Stehli/A. Zimmermann, Der bandkeramische Siedlungsplatz Langweiler 8, Gemeinde Aldenhoven, Kreis Düren. Beitr. Neolithische Besiedlung Aldenhovener Platte 3. Rhein. Ausgr. 28. Köln: Rheinland 1988, 569–787.Zimmermann 1995: Ders., Austauschsysteme von Silexartefakten in der Bandkeramik Mitteleuropas. Universitätsforsch. Prähist. Arch. 26. Bonn: Habelt 1995.

Zimmermann 1996: Ders., Zur Bevölkerungsdichte in der Urgeschichte Mitteleuropas. In: I. Campen/J. Hahn/M. Uerpmann (Hrsg.), Spuren der Jagd – Die Jagd nach Spuren. Festschrift für Hansjürgen Müller-Beck. Tübinger Monogr. Urgesch. 11. Tübingen: Mo Vince 1996, 49–61.

Zimmermann 2001: Ders., Auf der Suche nach einer Wirtschaftsarchäologie: Gesellschaften zwischen sozialer Harmonie und individuellem Gewinnstreben. In: B. Gehlen/M. Heinen/A. Tillmann (Hrsg.), Zeit-Räume: Gedenkschrift für Wolfgang

Taute Bd. 1. Bonn: Selbstverlag der Deutschen Gesellschaft für Ur- und Frühgeschichte e. V. 2001, 19–31.

Zimmermann 2002a: Ders., Steinzeit und soziale Marktwirtschaft: Aspekte einer Wirtschaftsarchäologie. Pam. Arch. Suppl. 13, 2000 (2002) 489–494.

Zimmermann 2002b: Ders., Landschaftsarchäologie I: Die Bandkeramik auf der Aldenhovener Platte. Ber. RGK 83, 2002, 17–38.

Zimmermann 2009: Ders. (Hrsg.), Studien zum Alt- und Mittelneolithikum im Rheinischen Braunkohlenrevier. Beiträge zur neolithischen Besiedlung der Aldenhovener Platte VII. Zum Andenken an Bernd Langenbrink, Annemarie Häußer und Helmut Spatz. Kölner Stud. Prähist. Arch. 1. Rahden: Leidorf 2009.

Zimmermann 2010: Ders., Wie viele wart ihr denn? Ein Beitrag zur Demografie des westdeutschen Neolithikums. In: Badisches Landesmuseum (Hrsg.), Jungsteinzeit im Umbruch: Die ›Michelsberger Kultur‹ und Mitteleuropa vor 6000 Jahren. Katalog zur Ausstellung im Badischen Landesmuseum Schloss Karlsruhe 20.11.2010–15.5.2011. Darmstadt: Primus 2010. 230–235.

Zimmermann u. a. 2004: Ders./J. Richter/T. Frank/K. P. Wendt: Landschaftsarchäologie II: Überlegungen zu Prinzipien einer Landschaftsarchäologie. Ber. RGK 85, 2004, 37–95.

Zimmermann/Hilpert/Wendt 2009: Ders./J. Hilpert/K.-P. Wendt, Estimations of Population Density for Selected Periods Between the Neolithic and AD 1800. Human Biology 81, 2009, 357–380.

Zürn 1970: H. Zürn, Hallstattforschungen in Nordwürttemberg: Die Grabhügel von Asperg (Kr. Ludwigsburg), Hirschlanden (Kr. Leonberg) und Mühlacker (Kr. Vaihingen). Veröff. Staatl. Amt Denkmalpfl. Stuttgart 16. Stuttgart: Müller und Gräff 1970.

Ulrich Veit

›Gesellschaft‹ und ›Herrschaft‹: Gleichheit und Ungleichheit in frühen Gesellschaften*

Zusammenfassung: Ziel des vorliegenden Beitrags ist es, eine Bilanz der ›sozialarchäologischen‹ Forschungen im deutschsprachigen Raum während der letzten zwanzig Jahre zu ziehen. Der von außen betrachtet vielleicht etwas missverständliche Begriff ›Sozialarchäologie‹ steht dabei für eine ›Archäologie politischer Organisationsformen‹. Es geht mithin um das ›Politische‹ in nichtstaatlichen Gesellschaften und die Entstehung von ›Herrschaft‹ im Sinne legitimer Machtausübung. Fragen nach der politischen Verfasstheit früher Gesellschaften besitzen eine lange Tradition, auch wenn sich die konkrete Art, wie gefragt wird, die angewandten Methoden und die kommunizierten ›Meistererzählungen‹ über die Jahrzehnte deutlich gewandelt haben. Die Zeiten, in denen das Prinzip von ›Führer‹ und ›Gefolgschaft‹ als quasi-natürliche Grundlage der politischen Organisation prähistorischer Gemeinschaften galt, sind lange vorbei. ›Herrschaft‹ und ›Staat‹ werden heute nicht mehr als universale Strukturen menschlicher Gemeinschaften, sondern als historisch genau zu verortende Innovationen betrachtet. Die Prähistorische Archäologie hat in den letzten Jahrzehnten versucht, mit den ihr zur Verfügung stehenden materiellen Quellen einen eigenständigen Beitrag zu dieser fachübergreifend geführten Debatte zu leisten. Dabei kam der englischsprachigen Forschung zweifellos eine gewisse Vorreiterstellung zu. Im hier zu behandelnden Zeitraum hat man im deutschsprachigen Raum versucht, konstruktiv an die dort entwickelten Ansätze anzuknüpfen und sie weiterzuentwickeln. Teilweise ist man aber auch eigene Wege gegangen. Der Beitrag möchte den Verlauf dieser Debatte nachzeichnen, ihre Ergebnisse bilanzieren und mögliche Forschungsperspektiven aufzeigen.

Abstract: It is the aim of this paper to present a critical overview of recent research in German-speaking ›Sozialarchäologie‹ (social archaeology). This term refers to an ›archaeology of political institutions‹. Therefore, the focus of the paper is on ›politics‹ in non-state societies and on the origin of political authority. Even if studies on the political structure of early societies have a long tradition, the way in which scholars ask, the methods they apply and the master-narratives they produce underwent fundamental changes during the last decades. It has been quite some time since the principles of ›leader‹ and ›retinue‹ were regarded as quasi-natural foundation of the political organization of prehistoric communities. Political authority and ›state‹ are no longer considered as universal structures of human communities, but as innovations, whose origins could be fixed by means of historical and archaeological research. Prehistoric Archaeology during the last decades tried to contribute to this wider debate within the

---

* Manfred K. H. Eggert und Beat Schweizer (beide Tübingen) danke ich für die kritische Kommentierung älterer Versionen dieses Textes und für wertvolle Hinweise zum Thema.

social sciences. In this regard, research in English-speaking countries has been domi-
nant for a long time. In the last two decades which are covered by this paper, German-
speaking archaeologists tried to adopt these approaches and to carry them further on the
discussions. But they often also tried to find own ways in dealing with these problems.
My contribution will try to reconstruct this debate, summarize its results, and show
some perspectives for future research.

›Sozialarchäologie‹: Vom Begriff zum Forschungskonzept

»Sozialarchäologie soll eine Archäologie heißen, die ihre Daten unter Kategorien
des Sozialen ordnet. Die Kategorien und Begriffe der allgemeinen und systematischen Sozialarchäologie ordnen die archäologischen Einzelerkenntnisse in einen
soziologisch konzeptualisierten Rahmen und unterstellen Archäologie einer gezielt soziologischen Blickrichtung« (Hüttel 1981, 127).

Mit diesen Worten hat vor mehr als dreißig Jahren Hans-Georg Hüttel Gegenstand und Aufgaben sozialarchäologischer Forschung zutreffend beschrieben
– auch wenn er es dabei geflissentlich vermied, den Begriff ›sozial‹ näher zu bestimmen. Als ›sozial‹ wird in soziologischer Perspektive gewöhnlich ein Handeln
bezeichnet, das auf den oder die Mitmenschen (lat. *socius* = Gefährte) bezogen
ist. Die Soziologie geht dabei von der Annahme aus, dass das soziale Handeln
der Menschen nach bestimmten Regeln und in bestimmten Formen abläuft und
dass diese eine gewisse Konstanz besitzen. Dies bringt der inzwischen auch in den
archäologischen Fächern gut etablierte Begriff ›Sozialstruktur‹ zum Ausdruck. Er
steht für eine auf relative Dauer angelegte bzw. dauerhaft bestehende Ordnung
der verschiedenen sozialen Akteure, Gruppen, Organisationen und Subsysteme
im Hinblick auf die jeweilige Gesellschaft.[1] Dabei sind unterschiedlichste Ord-
nungsprinzipien (z. B. Schichten, Klassen, Altersklassen, Kasten, Segmente usw.)
möglich, die es zu beschreiben und zu analysieren gilt. In diesem Sinne hat man
lange Zeit die zentrale Aufgabe der Sozialstrukturanalyse darin gesehen, das vergleichsweise stabile ›Skelett‹ einer Gesellschaft offen zu legen. ›Sozialer Wandel‹

1   Der Begriff ›Gesellschaft‹ ist in diesem Zusammenhang nicht ganz unproblematisch.
     Aber auch der offenere Alternativbegriff ›Gemeinschaft‹ ist nicht voraussetzungslos.
     Unter ›Gemeinschaft‹ versteht man seit den Arbeiten von F. Tönnies und M. Weber »eine
     Kollektivität von Menschen, deren Handeln wesentlich solidarischen Charakter hat, man
     ist in einer Gemeinschaft Mitglied als ganzer Mensch, nicht bloß Träger spezifischer
     Rollen. Im Unterschied dazu ist eine Gesellschaft interessengebunden und aus Nützlich-
     keitserwägungen entstanden, sie ist als Produkt einer bewußten Planung die Vereinigung
     mehrerer Personen zur Verfolgung eines bestimmten Zweckes. An der Gesellschaft par-
     tizipiert man nicht als ganzer Mensch, sondern füllt nur eine Rollenvorgabe aus« (Jung
     2006, 21 Anm. 20). ›Gemeinschaft‹ ist demnach das Ursprüngliche und ›Gesellschaften‹
     sind Abstraktionen von ›Gemeinschaften‹.

war dabei zwar ein durchaus wichtiges Thema, bezog sich aber in erster Linie auf langfristigen strukturellen Wandel. Unterbrochen wurde er allenfalls durch Katastrophen bzw. krisenhafte Ereignisse vornehmlich exogenen Ursprungs (Krieg, Naturkatastrophen usw.), die das geregelte Zusammenleben einer Gemeinschaft zeitweise außer Kraft setzen konnten.

In den letzten Jahrzehnten ist man in den Sozialwissenschaften von einer solchen, primär die Beharrungskräfte sozialer Figurationen betonenden strukturellen Betrachtung wieder abgekommen und betont stärker die Situationsgebundenheit, Flexibilität, aber auch Flüchtigkeit sozialer Konstellationen. Damit rückt das sozial handelnde Individuum, das bestimmte Interessen verfolgt, in den Mittelpunkt der Aufmerksamkeit. Zentral ist für entsprechende Theorien der Gedanke, dass Akteure in ihren Handlungen durch Strukturen (etwa im Sinne sozialer Normen) geleitet werden, aber durch ihr Handeln solche Strukturen zugleich aufrecht erhalten bzw. neu schaffen. Seit einigen Jahren werden diese Fragen unter dem Leitbegriff ›agency‹ auch in der englischsprachigen Archäologie erörtert (Dobres/Robb 2000).

In den frühen 1980er Jahren, aus denen das einleitende Zitat stammt, konnte davon indes noch keine Rede sein. Anders als heute war man seinerzeit noch zu glauben geneigt, die Soziologie könne als Beraterin der Politik dabei helfen, die zeitgenössische Gesellschaft zu reformieren und gerechter zu machen. Parallel dazu bestand die Hoffnung, mittels einer soziologischen Erweiterung unser Geschichtsbild diesen neu gewonnenen Einsichten über das menschliche Zusammenleben anzupassen. Zuständig dafür waren die Sozialgeschichte – und eben auch eine sozialgeschichtlich verstandene ›Sozialarchäologie‹ (Hüttel 1981, 134 f.).

Viele der damaligen Hoffnungen sind zwischenzeitlich der Ernüchterung gewichen – auch in den Altertumswissenschaften. Trotzdem ist das Interesse an der sozialen Verfasstheit vergangener Gesellschaften weiterhin groß, und der seinerzeit noch relativ neue Begriff ›Sozialarchäologie‹ scheint heute gut etabliert. Dabei ist die Begriffsbildung selbst missverständlich, geht es in den entsprechenden Studien normalerweise weder um archäologisch gegründete Analysen von Verwandtschaftssystemen (analog zur britischen ›Social Anthropology‹) noch um die ›soziale Frage‹ im Sinne einer Sozial- und Wirtschaftsgeschichte des industriellen Zeitalters. Vielmehr steht ›Sozialarchäologie‹ zunächst einmal für eine ›Archäologie politischer Organisationsformen‹. In deren Mittelpunkt wiederum steht die Frage nach der Entstehung von ›Herrschaft‹ im Sinne legitimer Machtausübung.

Da wir es in der Prähistorischen Archäologie vorwiegend mit Gesellschaften ohne zentrale Herrschafts- und Verwaltungsinstitutionen zu tun haben, spielen in diese Debatte zweifellos auch Aspekte wie ›Familie‹ und ›Verwandtschaft‹ mit hinein, aber sie sind eben nicht zentral. Im Gegenteil: Herrschaft setzt gerade dort ein, wo auf Gegenseitigkeit beruhende verwandtschaftliche Verpflichtungen nicht (mehr) existieren. Fremdheit ist eines ihrer konstitutiven Elemente (Hess 1977), und zwar im Zweifelfall auch dort, wo sich Herrscher der Verwandtterminologie (etwa einer Vater-Kinder-Metaphorik) zur Legitimation ihrer Position bedienen. Das gleiche gilt für Fragen der Ökonomie (›Armut und Reichtum‹), die sich in ›authentischen Gesellschaften‹[2] nicht primär an marktwirtschaftlichen Faktoren orientiert.

Im Kern geht es der ›Sozialarchäologie‹ also um das ›Politische‹ – als etwas verwandtschaftliche Bindungen, aber auch ökonomische Potenzen Transzendierendes – und seine spezifischen Ausdruckformen in vorstaatlichen Gesellschaften. Insofern als hier zentrale Fragen von Selbstverständnis und Identität berührt sind, hat das Politische auch eine religiöse Dimension (Bargatzky 1993).

Wendet man sich solchen Fragen aus der Perspektive des Archäologen[3] zu, ist auch klar, dass die verfügbaren materiellen Quellen in dieser Hinsicht bestenfalls indirekt – d. h. unter Einsatz von Hilfshypothesen, die Sachüberlieferung und soziale Realität systematisch zueinander in Beziehung setzen – deutbar sind. Dieses grundsätzliche Dilemma scheint die archäologische Forschung in den letzten Jahren aber eher beflügelt als abgeschreckt zu haben. Diesen Eindruck gewinnt man jedenfalls bei dem Versuch, das einschlägige Schrifttum der letzten zwanzig Jahre zu sichten. Allein in den letzten drei Jahren sind mehrere voluminöse Tagungsbände erschienen, die jeweils ein breites Panorama aktueller sozialarchäologischer Forschungsansätze im deutschsprachigen Raum und darüber hinaus bieten.[4] Dazu kommen verschiedene Monographien, Sammelbände zu speziellen Themen sowie ungezählte Aufsätze. So bestimmend ›sozialarchäologische‹ Fragen deshalb heute auch in der prähistorischen Forschung sind, so schwer überschaubar ist das entsprechende Forschungsfeld.

Zur Vielfalt sozialarchäologischer Ansätze trägt nicht zuletzt auch die zunehmende Binnendifferenzierung des Faches bei. Steinzeit-, Metallzeiten- und Frühgeschichtsforschung haben unterschiedliche Kommunikationskreise ausgebildet,

---

2 »Authentische Gesellschaften« (Kohl 1993, 52) zeichnen sich durch eine geringe demographische Größe, Verwandtschaft als primärem sozialen Organisationsprinzip, einer Verschränkung der Institutionen (Wirtschaft, Recht, Religion) und eine Abwesenheit des Staates aus. Es existiert kein gemeinsamer Erzwingungsstab, der allein berechtigt ist, physische Gewalt anzuwenden. Politische Zentralinstanzen sind nur in Ansätzen vorhanden: »Die Träger und zugleich die Ausführenden politischer Entscheidungen sind hier vielmehr Gemeinwesen, die sich zum Teil verwandtschaftlich und zum Teil territorial rekrutieren. Sonderformen stellen Gefolgschaften, Bünde und Altersklassen dar. Grundsätzlich gilt jedoch, daß die jeweiligen politischen Systeme eng an die vorfindbaren Sozialstrukturen gebunden sind, wodurch der Verselbständigung von Herrschaft entgegengewirkt wird« (ebd. 53).

3 Wo im Folgenden von Archäologen, Prähistorikern usw. die Rede ist, ist die weibliche Form stets mitgedacht.

4 Egg/Quast 2009; Horejs/Kienlin 2010; Krauße 2010; Hansen/Müller 2011; Kienlin/Zimmermann 2012.

deren Mitglieder Entwicklungen in den jeweils anderen Kreisen größtenteils gar nicht mehr wahrnehmen, was letztlich zu unnötigen Paralleldebatten führt (siehe Veit 2012). Eine fachübergreifende, methodologisch ausgerichtete Grundlagenforschung jenseits der Ebene der Facheinführungen fehlt dagegen noch weitgehend.[5] Insofern kann es in diesem Rahmen lediglich darum gehen, einige generelle Tendenzen aufzuzeigen.

Ziel dieses Beitrags ist es, deutlich zu machen, in welcher Weise Fragen nach der (sozio-)politischen Organisation prähistorischer Gesellschaften und nach den Ursachen sozialen bzw. politischen Wandels heute behandelt werden. Der Fokus liegt dabei auf den letzten zwei Jahrzehnten. Das entspricht etwa jenem Zeitraum, in dem in Deutschland eine breitere Auseinandersetzung mit der britischen ›Social Archaeology‹ stattgefunden hat. Es wird deshalb auch zu fragen sein, inwieweit die dort propagierten Ansätze den Fachdiskurs mitbestimmt haben bzw. inwieweit sich die Debatte hierzulande aus der eigenen Tradition speiste.[6]

Die gewählte zeitliche Abgrenzung erscheint indes nicht allein aufgrund solcher fachinternen Gesichtspunkte sinnvoll. Das Jahr 1990 steht auch für das Ende des Kalten Krieges und die deutsche Wiedervereinigung, Ereignisse, die – zumindest rückblickend betrachtet – auch für die humanwissenschaftliche Forschung eine Zäsur bildeten. Sie markieren das Ende jener Ära, in der historische Forschung in Deutschland zugleich unter zwei unterschiedlichen politischen und gesellschaftlichen Ordnungen – und somit zwangsläufig in Konkurrenz zueinander – betrieben wurde. Dies schließt auch die Prähistorie mit ein. Sowohl die archäologische Denkmalpflege als auch die Universitäts- und Museumslandschaft in den ›neuen Ländern‹ sind nach 1990 vorwiegend nach Konzepten aus dem Westen grundlegend umgestaltet worden. Dies hat speziell im Bereich der archäologischen Denkmalpflege, die durch die umfangreichen wendebedingten Baumaßnahmen einen besonderen Ausbau erlebte, in der Folge zu einer Dynamisierung der Verhältnisse im gesamten Bundesgebiet geführt, deren Ausmaß heute erst in Ansätzen erkennbar ist.[7] Zugleich bereitete der neue neoliberale Zeitgeist sozialen

---

5   Die Facheinführungen selbst behandeln das Thema eher am Rande. Bei Eggert/Samida 2009 fehlt ein entsprechender eigenständiger Abschnitt, ebenso bei Eggert 2012; Trachsel (2008, 239–245) gibt immerhin einen kurzen Abriss. Der Vorderasiatische Archäologe Bernbeck (1997) geht in seiner Einführung *Theorien in der Archäologie* zwar in unterschiedlichen Zusammenhängen auf sozialarchäologische Fragestellungen ein, behandelt ›sozialarchäologische Ansätze‹ aber nicht übersichtsartig. Anders ist die Situation im englischsprachigen Raum (z. B. Renfrew/Bahn 2004).

6   Fokus des Beitrags ist der gesamte deutschsprachige Raum, auch wenn nur in wenigen Fällen auf Beiträge von Autoren aus der Schweiz und Österreich Bezug genommen wird.

7   Hier ist nicht der Ort, um genauer auf den Ablauf und die sozialen Folgen des Wiedervereinigungsprozesses einzugehen. Er hat zweifellos gerade auf Seiten von in der DDR sozialisierten Forschern auch Wunden geschlagen, nicht zuletzt indem dadurch persönliche Karrierepläne zunichte gemacht wurden. Andererseits gab es auch Personen aus beiden

bzw. sozialistischen Utopien, wie sie nach 1968 auch in intellektuellen Milieus im Westen eine Rolle gespielt hatten – und hier einen wesentlichen Antrieb für eine Soziologisierung der Wissenschaften bildeten –, ein vorläufiges Ende.[8]

Welche konkreten Auswirkungen dies auf die deutschsprachige Altertumswissenschaft gehabt hat, müsste noch genauer untersucht werden.[9] Klar ist aber, dass der Zeitgeist die entsprechenden Debatten beeinflusst hat, auch wenn eine tiefgreifende Zäsur auf den ersten Blick nicht auszumachen ist. Der nach 1968 einsetzenden, stärker soziologischen Ausrichtung der Altertumswissenschaften fehlte aufs Ganze gesehen der revolutionäre, auf gesellschaftliche Veränderungen zielende Gestus. Dies zeigt sich nicht zuletzt auch daran, dass eine Aufarbeitung der NS-Vergangenheit in der Prähistorischen Archäologie, um die es hier vor allem gehen wird, anders als in vielen anderen Fächern (Flitner 1965) auf breiterer Basis erst um die Jahrtausendwende einsetzte (Leube 2002). Initiiert wurde sie somit weniger durch die Söhne der ›Tätergeneration‹, als durch deren Enkel.

Diese Generation ist es auch gewesen, die sich erstmals intensiver mit der neueren theoretischen Archäologie Westeuropas mit ihrem ganz speziellen sozialarchäologischen Fokus auseinandersetzte. In der Bundesrepublik begann dieser Prozess schon in den 1980ern (Wolfram 1986), während in der DDR der Vorwendezeit hierzu besonders aus praktischen Gründen ein Zugang fehlte.[10] Dies wiederum hat dazu geführt, dass die sozialarchäologische Debatte nach 1990 wesentlich von Personen bestimmt wurde, die an westdeutschen Universitäten ausgebildet worden sind. Viele davon haben außerdem Studienerfahrungen an britischen Universitäten gesammelt. Sie alle bemühten sich, die in großen Teilen auch in den 1970ern und 1980ern noch stark antiquarisch ausgerichtete deutschsprachige Ur- und Frühgeschichtsforschung (Narr 1990) für neue theoretische und methodische Ansätze aus den Sozial- und Verhaltenswissenschaften zu öffnen.

Teilen Deutschlands, denen die neue Situation im jeweils anderen Teil neue Chancen und Gestaltungsmöglichkeiten eröffnete.

8 Vor dem Hintergrund der aktuellen Weltfinanz- und Weltwirtschaftskrise und den daraus resultierenden sozialen und politischen Verwerfungen zeichnet sich allerdings eine erneute Trendumkehr an.

9 Für Andeutungen zur Situation in der Ur- und Frühgeschichtlichen Archäologie siehe etwa Veit 2011a mit weiterer Literatur.

10 Zu nennen sind ein begrenzter Zugang zur internationalen Literatur, eingeschränkte Reisemöglichkeiten sowie eine vergleichsweise kleine Zahl an Fachstudenten.

Von der ›Kulturgeschichte‹ zur ›Sozialarchäologie‹: Wissenschaftsgeschichtliche Vorüberlegungen

Allerdings hatte – wie bereits angedeutet – schon in den 1970ern der Ruf nach gesellschaftlicher Relevanz der Wissenschaft die Behandlung soziologischer Fragestellungen befördert, schien doch damit ein Feld markiert, das einen Weg aus dem ›Elfenbeinturm‹ versprach, in dem sich die etablierte Altertumsforschung nach Ansicht vieler damals vollzog. So wurden das ›Soziale‹ und das ›Politische‹ schon damals zu Leitkategorien bei der Deutung der verfügbaren schriftlichen und dinglichen Hinterlassenschaft.

Für die Urgeschichtsforschung bedeutete dies ganz konkret, dass das lange Zeit dominante ›völker‹- bzw. ›kulturgeschichtliche‹ sukzessive durch ein ›sozialarchäologisches‹ Paradigma ersetzt wurde (siehe Veit 1984; 1989). Besonders deutlich nachvollziehbar ist der entsprechende Umbruch in der britischen Forschung, wo er zugleich einen Generationenwechsel markiert – mit Persönlichkeiten wie Glyn Daniel oder Stuart Piggott auf der Seite der Arrivierten und jungen Forschern wie David L. Clarke oder Colin Renfrew, die den alten Fachkonsens seinerzeit in Frage stellten. Dabei ist an die Stelle der Untersuchung archäologischer Kulturen die Untersuchung von sozialem und ökologischem Wandel getreten (siehe Veit 1998). Anders als in der stark auf Fragen der Ökologie und Umweltanpassung fixierten amerikanischen Forschung rückten in Westeuropa vor allem Aspekte wie ›social organization‹ und ›social complexity‹ ins Zentrum des Interesses. Dabei knüpfte man an die Begriffe der neoevolutionistisch geprägten amerikanischen Kulturanthropologie an, für deren Kategorien von Vergesellschaftungsformen (›band‹, ›tribe‹, ›chiefdom‹, ›state‹) man im archäologischen Befund Indizien zu finden hoffte (z. B. Renfrew 1974; Renfrew/Shennan 1982).

Den Hintergrund für diese grundlegenden Veränderungen bildeten aber nicht nur neue sozial- und verhaltenswissenschaftliche Theorien, sondern auch methodische Fortschritte wie die Etablierung quantitativer Analyseverfahren. Hierbei zeigte sich für viele Fachvertreter besser als in der Theorie die Unangemessenheit der als monolithische Blöcke aufgefassten ›archäologischen Kulturen‹ der älteren Forschung für die Beschreibung der komplexen archäologischen Befundverhältnisse.

Auf der Quellenseite kam der archäologischen Gräberforschung in diesem Prozess eine Schlüsselrolle zu. Eine neu konzipierte ›Archaeology of Death‹ (Chapman/Kinnes/Randsborg 1981) verstand sich im Kern zunächst als eine von Gräberquellen ausgehende Sozialarchäologie. Allerdings hat sich in der Folge die Perspektive teilweise wieder verschoben. So ist es im Gefolge des ›Cultural Turn‹ der Humanwissenschaften auch in der archäologischen Gräberforschung zu einer kulturalistischen Erweiterung gekommen, die für die Weiterentwicklung der ›Social Archaeology‹ insgesamt relevant wurde. Zentral ist dabei die Vorstellung von

›materieller Kultur‹ als einem ›sozialen Text‹. In einer radikalen Variante ist es dabei sogar zur Infragestellung des sozialen Inhalts materieller Texte und damit des sozialarchäologischen Paradigmas gekommen (siehe unten).

Ähnliches gilt für die ›Social Archaeology‹ insgesamt. Die funktionalistische und neoevolutionistische Orientierung wurde bereits relativ schnell durch marxistische, strukturalistische, praxeologische und handlungstheoretische Ansätze erweitert (Hodder 1982; Miller/Tilley 1984). Im Gefolge dieser Erweiterungen gab es schließlich auch Versuche einer zumindest partiellen Rückgewinnung der mit der Soziologisierung der Debatte verloren gegangenen historischen Dimension. Dies belegen etwa Bemühungen um eine Adaption von Immanuel Wallersteins (1986) Welt-System-Theorie auf ur- und frühgeschichtliche Verhältnisse bei Andrew Sherratt (1993) und anderen.[11]

Auf dem europäischen Kontinent wurde entsprechendes Ideengut zunächst vor allem in Skandinavien (z. B. Randsborg 1974; Kristiansen 1984) und in den Niederlanden (z. B. van de Velde 1979; 1990; Roymans 1996) aufgegriffen und im Rahmen konkreter Forschungsbemühungen auch angewandt. In Deutschland hingegen dauerte es bis in die 1980er Jahre, ehe eine junge Generation deutscher Prähistoriker sich erstmals intensiver mit diesen neuen Konzepten auseinandersetzte und entsprechende Anregungen für die eigene Arbeit nutzbar machte.

Frühe Versuche, die entsprechenden Ideen in die deutschsprachige Forschung hineinzutragen, hatten zunächst kaum Wirkung entfaltet (Bayard 1978; Eggert 1978). Dafür dürfte nicht zuletzt auch eine insgesamt eher praktische, auf Erweiterung des Quellenbestandes fixierte Grundhaltung, die mit einer gewissen Scheu gegenüber Grundsatzerörterungen verbunden war, verantwortlich gewesen sein (siehe Narr 1990). Jedenfalls vertraute man auf die Stärke der eigenen Tradition und war, anders als im englischsprachigen Raum, nicht bereit, zentrale Prinzipien des Faches – bis hin zum Verständnis der Ur- und Frühgeschichte als einer historischen Disziplin – in Frage zu stellen. Dass auch hier bereits in den 1970er Jahren die Frage nach der sozialen Dimension der archäologischen Quellen deutlich an Bedeutung gewann, hatte deshalb zunächst wenig mit der englischsprachigen Debatte zu tun. Orientierung bot hierbei vielmehr die neuere Sozialgeschichtsforschung.

Darüber hinaus sei hier nur ganz am Rande darauf hinzuweisen, dass entsprechende Fragen auch im Fach selbst bereits seit den 1930er Jahren immer wieder aufgeworfen und im Stile der Zeit diskutiert worden sind (z. B. Wahle 1935; Jankuhn 1938; 1942). Nach dem Zweiten Weltkrieg hatte sich – durch die spezifischen politischen Umstände befördert – zunächst in der DDR eine vergleichsweise breite Diskussion über sozialarchäologische Fragestellungen entwickelt.[12] Die dabei

---

11 Dazu und zu anderen Studien in dieser Richtung: Kristiansen/Rowlands 1998; Kümmel 2001.
12 Siehe z. B. Otto 1955 und zahlreiche Beiträge in Herrmann/Köhn 1988.

gewonnenen Einsichten blieben rückblickend betrachtet allerdings in doppelter Hinsicht begrenzt: einmal durch die ideologisch vorgegebene enge Orientierung am Modell des Historischen Materialismus, zum anderen durch das Scheitern der Bemühungen, den methodischen Rahmen der vehement kritisierten kulturhistorisch geprägten ›bürgerlichen‹ Archäologie abzustreifen.[13] Trotz aller begrifflichen Akrobatik[14] blieb auch für die DDR-Forschung das Konzept der ›archäologischen Kultur‹ mit seinen ethnischen Implikationen zentral.

Was die alte Bundesrepublik betrifft, kamen – abgesehen von wenigen Ansätzen im Fach selbst (v. Brunn 1953; Hachmann 1957) – entscheidende Anregungen zur Weiterentwicklung sozialarchäologischer Fragestellungen von Fachfremden. Erinnert sei hier insbesondere an die einflussreiche Studie des Historikers Reinhard Wenskus über *Stammesbildung und Verfassung* aus dem Jahre 1961, einer Schrift, der erst 1982 Heiko Steuer mit seinem Buch *Frühgeschichtliche Sozialstrukturen in Mitteleuropa* ein archäologisches Pendant gegenüberstellte. Dieses Werk, das diachron die sozialgeschichtliche Entwicklung von der Bronzezeit bis ins Mittelalter hinein beleuchtet, bildete den Kulminationspunkt einer insbesondere seit den 1970er Jahren beobachtbaren Tendenz, in größerem Umfang sozialgeschichtliche Fragestellungen in das Fach zu integrieren.

Dabei lag auch im deutschsprachigen Raum ein Schwerpunkt zunächst im Bereich der archäologischen Gräberforschung. Was die sozialgeschichtliche Untersuchung herausragender Gräber betrifft, ist hier insbesondere Georg Kossacks (1974) bekannter »Prunkgräber«-Aufsatz zu nennen. Diesem auf weiträumige Vergleiche und daraus abzuleitende Regelmäßigkeiten setzenden Ansatz standen besonders serielle Untersuchungen größerer lokaler Gräberkomplexe gegenüber. Dabei versuchte man, die beobachtbare Variabilität der Inventare nicht allein chronologisch, sondern auch soziologisch zu deuten. Dies geschah zumeist in Form der statistischen Herausarbeitung bestimmter Ausstattungsgruppen, die dann sekundär mit bestimmten ›sozialen Schichten‹ gleichgesetzt wurden (Christlein 1973; Gebühr 1974; 1975). Es ging also in erster Linie um den Nachweis ›vertikaler‹ und weit weniger um ›horizontale‹ soziale Differenzierungen.[15]

Im Bereich der Frühgeschichte stellte sich zudem die Frage der Gleichsetzung der herausgearbeiteten ›Ausstattungsgruppen‹ mit bestimmten archivalisch

---

13 Ein positiver Nebenaspekt war allerdings, dass man sich nun auch von archäologischer Seite erstmals intensiver zumindest mit einigen Klassikern der Sozialwissenschaft, allerdings ausschließlich jenen des Marxismus, auseinandersetzte (Grünert 1984).

14 Dazu gehört z. B. die Umbenennung der »archäologischen Kulturen« in »sozialökonomische Gebiete« (Herrmann 1965).

15 Unter ›horizontalen‹ Differenzierungen werden gemeinhin unterschiedliche Ausstattungen entsprechend Alter, Geschlecht oder Berufsgruppe verstanden. Sie spielen etwa in der sozialarchäologischen Argumentation von St. Burmeister (2000) in Bezug auf ältereisenzeitliche Grabfunde eine wichtige Rolle.

überlieferten Rechtspositionen, z. B. ›Adelige‹, ›Freie‹, ›Unfreie‹ (Steuer 1968; 1982). Ziel war eine methodisch abgesicherte Strukturgeschichte der ur- und frühgeschichtlichen Perioden als Alternative zu den häufig stark assoziativen und individualisierenden Rekonstruktionen der traditionellen Ur- und Frühgeschichtsforschung. Vorbildcharakter dürfte dabei auch für manche Archäologen die jüngere französische Strukturgeschichte gehabt haben, wenn auch möglicherweise vermittelt über deutschsprachige Historiker (z. B. Steuer 1994).

Dagegen blieb, wie bereits angedeutet, der Einfluss der oben angesprochenen neuen sozialarchäologischen Ansätze in der englischsprachigen Archäologie zunächst marginal. Diese Situation hat sich erst gegen Ende der 1990er Jahre verändert, als gleich zwei Publikationen erschienen, die sich darum bemühten, ein vornehmlich studentisches Publikum in deutscher Sprache mit den Ideen der theoretischen Archäologie, die sich im englischsprachigen Raum zwischenzeitlich als feste Größe etabliert hatte, vertraut zu machen (Bernbeck 1997; Eggert/Veit 1998). Diese Publikationen profitierten von Erfahrungen, die ein Teil der beteiligten Autoren zwischenzeitlich an britischen und amerikanischen Universitäten gemacht hatten, wo Fragen nach der soziopolitischen Organisation prähistorischer Gemeinschaften seit den frühen 1970ern eine zentrale Rolle spielten. Dafür hatte seinerzeit Colin Renfrew (1984) den Begriff ›Social Archaeology‹ als Klammer eingeführt, der nunmehr mit einer gewissen Verzögerung auch im deutschsprachigen Raum gebräuchlich wurde.

Allerdings lässt sich aus dieser Begriffsübernahme nicht ableiten, dass die sozialarchäologische Debatte im deutschsprachigen Raum ab jetzt im Gleichschritt mit der internationalen Forschung erfolgte. Die Rezeption des britischen Vorbilds ist bis heute partiell und unvollständig geblieben. Dabei ist auch zu berücksichtigen, dass mit dem Aufkommen der Postprozessualen Archäologie in den 1980er Jahren viele Gewissheiten der neuen Richtung sogleich wieder in Frage gestellt worden waren. Als man sich im deutschsprachigen Raum intensiver mit diesen neuen Ansätzen zu beschäftigen begann, sah man sich schon keinem einheitlichen Theoriegebäude, sondern verschiedenen miteinander konkurrierenden Richtungen gegenüber.[16] In der Tat dürfte gerade diese offene Situation, verbunden mit einer neuen Form der akademischen Streitkultur, einen Teil des Reizes der Beschäftigung mit diesen Debatten ausgemacht haben. Jedenfalls geht die Hinwendung zur englischsprachigen Archäologie in dieser Zeit häufig mit einer Kritik an der autoritären Struktur der gleichzeitigen mitteleuropäischen Forschung und ihrem akademischen ›Gefolgschaftswesen‹ einher. Hier fochten um ihr berufliches Vorankommen besorgte Schüler eher für die Ideen ihrer akademischen Lehrer als dass sie diese – wie in Großbritannien – zu widerlegen suchten (siehe dazu besonders Härke 1994; 1995; 2000).

---

16 Vgl. dazu etwa die Studien von Wolfram (1986), Härke (1989) und Kienlin (1999) sowie
    die verschiedenen Beiträge in Eggert/Veit 1998.

Sozialarchäologische Ansätze bis 1990

Ein anderer wesentlicher Unterschied zwischen britischer und deutscher Archäologie bezieht sich auf die Reichweite des sozialarchäologischen Forschungsprogramms. Für die Vertreter der neueren britischen ›Social Archaeology‹ gilt das Soziale als jener Kernbereich menschlicher Kulturfähigkeit, auf den alle Erkenntnisbemühungen ausgerichtet sind (Renfrew/Shennan 1982; Renfrew 1984; Bradley 1984). Kultur, und damit auch materielle Kultur, wird dabei direkt auf Gesellschaft bezogen, entweder funktional (im Sinne eines systemischen Zusammenhangs kultureller Merkmale und sozialer Funktionen) oder bedeutungsmäßig (als Träger von ›Botschaften‹, die der Verständigung unter den historischen Akteuren dienen). Dem ›Sozialen‹ werden dementsprechend alle anderen Aspekte untergeordnet.[17]

Dagegen wird im deutschsprachigen Raum Sozialarchäologie traditionell eher als ›Aspektarchäologie‹ konzipiert – auf der gleichen Ebene wie Siedlungsarchäologie, Umweltarchäologie, Religionsarchäologie usw. (Müller-Karpe 1981). Die soziale Deutung archäologischer Quellen bildet entsprechend nur *einen*, wenn auch durchaus gewichtigen Aspekt eines weiterreichenden Bemühens unseres Faches um im weitesten Sinne historische Erkenntnis. Dabei erscheinen ›Sozialstrukturen‹ im Zweifelsfall als ebenso stabil bzw. wandelbar wie andere Kulturelemente.[18] Ein systematischer Zusammenhang zwischen Veränderungen der Sozialstruktur und Veränderungen in anderen Bereichen wird – von Ausnahmen abgesehen (siehe z. B. Kossack 1974) – nicht hergestellt. Das Ziel der sozialarchäologischen Bemühungen ist auch nicht primär die Erarbeitung von Regelhaftigkeiten des sozialen Wandels, sondern die individuelle Charakterisierung der sozialen Struktur und Dynamik der untersuchten Gesellschaften.[19]

Innerhalb dieses epistemologischen Rahmens haben sich bereits in den 1970er und 1980er Jahren verschiedene Hauptrichtungen herausgebildet. Um 1990 lassen sich im Wesentlichen drei konkurrierende Ansätze sozialarchäologischen Argu-

---

17 Daneben existiert kein anderer, ähnlich umfassender, die gesamten Erkenntnisbemühungen des Faches integrierender Ansatz. Allenfalls der ›kulturökologische Ansatz‹, der die Interaktion Mensch und (natürliche) Umwelt ins Zentrum rückt (siehe Beitrag Knopf), mag annähernd so integrativ sein. In jüngerer Zeit haben daneben auch Fragen nach der Entwicklung menschlicher Kognition an Bedeutung gewonnen (Renfrew/Zubrow 1994; Renfrew 2007).

18 Siehe z. B. M. Egg (1996, 83): »Dieser Vergleich macht deutlich, daß die einzelnen Gruppen der Hallstattkultur sich nicht nur durch verschiedene Grabbräuche oder Keramikformen unterschieden, sondern offenbar auch recht unterschiedliche Sozialstrukturen besaßen«.

19 »Sozialarchäologie ist vor allem Sozialgeschichte. Sie will vom Gelingen und Scheitern bestimmter Gesellschaftsformen wissen, vom Werden und Vergehen gesellschaftlicher Einrichtungen, von all den vielen je gelebten Möglichkeiten des Menschen ein ›geselliges Wesen‹ zu sein« (Hüttel 1981, 135).

mentierens unterscheiden: ein traditioneller ›kulturhistorischer‹ Ansatz, ein sich an den jüngeren Entwicklungen der Geschichtswissenschaft orientierender ›sozialarchäologischer‹ Ansatz sowie ein stärker von Einsichten der ethnologischen Forschung ausgehender ›kulturanthropologischer‹ Ansatz.

Zentrum des ›kulturhistorischen‹ Ansatzes bildet die auf Individualisierung zielende Beschreibung vergangener sozialer Verhältnisse aufgrund einer assoziativen Betrachtung der verfügbaren Quellen, wie sie sich exemplarisch etwa in den bis heute viel diskutierten Arbeiten Wolfgang Kimmigs (z. B. 1969) zur ›Sozialstruktur‹ der ›Westhallstattkultur‹ zeigt. Einen übergeordneten Rahmen bildet dabei das Konzept der ›archäologischen Kultur‹ als materieller Ausdruck vergangener Völker bzw. Gesellschaften. Deren Grenzen beschreiben zugleich den Bereich der Gültigkeit bestimmter normativ gegründeter sozialer bzw. politischer Ordnungen.

Sozialer Wandel erscheint im Kontext eines solchen Ansatzes zumeist als exogen verursacht – bei Kimmig z. B. durch einen letztlich von der ›Großen Griechischen Kolonisation‹ ausgelösten Prozess der Mediterranisierung des nordalpinen Raumes, der später mit den historisch belegten Keltenwanderungen in eine Expansion in den Mittelmeerraum mündete (Kimmig 1983). Als vorrangige Aufgabe der Archäologie gilt insofern die Bestimmung der Einflussrichtung und der Art der Einflussnahme im Sinne der Diffusion von Ideen oder von Bevölkerungsverschiebungen in Form von Überlagerungs- und Assimilationsprozessen.

Terminologisch dominieren bei der Beschreibung der sozialen und politischen Verhältnisse in den ur- und frühgeschichtlichen Epochen alltagssprachliche Begriffe (z. B. Oberschicht, Elite) oder Begriffe, die ohne kritische Reflexion anderen vornehmlich historischen Fächern entnommen wurden (z. B. Sozialstruktur, Klassengesellschaft). Dazu kommen Begriffe, die aus den zu untersuchenden archäologischen Kontexten mehr oder weniger nahe stehenden Schriftquellen entlehnt und durch die Geschichtswissenschaft im Laufe der Zeit langsam zu wissenschaftlichen Konzepten umgeformt worden sind. So hat man lange Zeit relativ unreflektiert Begriffe wie ›Fürst‹ ›Adel‹, ›König‹ oder ›Freie‹ auch für rein urgeschichtliche Kontexte verwendet, ohne sich deren konstruktiven Charakter immer bewusst zu machen (Kuhn u. a. 1973; Meinecke/Wenskus 1996). Vielmehr erwecken viele archäologische Studien den Eindruck, dass darin bestimmte historische Realitäten zum Ausdruck kämen. Dies gilt noch mehr für aus solchen Begriffen abgeleitete Begriffsneuschöpfungen wie ›Adelssitz‹ oder ›Fürstengrab‹.

Auf Kritik an einer derartigen Diskurspraxis wiederum reagierte man allenfalls mit der (letztlich nicht zu beweisenden) Behauptung, man komme mit derart ›historisch gesättigten‹ Begriffen den im archäologischen Befund beobachteten Erscheinungen näher als mit eher abstrakten, ihrem Entstehungskontext entfremdeten Termini, wie sie etwa die neoevolutionistische Kulturanthropologie verwendet. Damit aber unterstellte man eine über strukturelle Ähnlichkeiten hinausgehende historisch-genetische Beziehung zwischen den historisch dokumentierten und den archäologisch dokumentierten Befunden. Vorausgesetzt wurde eine ›alteuropäische Kontinuität‹, die eigentlich erst durch geeignete Vergleichsverfahren zu beweisen wäre (z. B. F. Fischer 1995; Gegenposition bei Eggert 2003). Somit erweisen sich viele dieser Richtung zuzuordnenden sozialarchäologischen Argumentationsweisen als zirkulär. Weil alle von ›Fürsten‹ sprechen, glaubte man schließlich an deren Existenz auch in ausschließlich mit archäologischen Mitteln erschließbaren Kontexten.

In den Arbeiten von Vertretern eines so verstandenen kulturhistorischen Ansatzes finden sich daneben übrigens immer wieder auch humanethologische bzw. soziobiologische Argumentationsmuster. Dies ist etwa dort der Fall, wo in archäologisch fassbaren Erscheinungen, wie den sog. ›Fürstengräbern‹, nur unterschiedliche Ausprägungen eines immer gleich bleibenden menschlichen Machtstrebens bzw. Rangbegehrens gesehen werden (z. B. Kossack 1974, 3; Krauße 1996, 19, vgl. aber auch schon Piggott 1974, 39). Herrschaft erscheint in einem solchen Rahmen nicht als ein unter spezifischen Rahmenbedingungen in einem konkreten Handlungskontext entstandenes Phänomen, sondern als integraler Bestandteil der psychischen Grundausstattung des Menschen. Damit aber verfehlt die Sozialarchäologie im Grunde das spezifisch Soziale.

Dem kulturhistorischen Ansatz steht seit den 1970er Jahren ein sozialgeschichtlicher Ansatz gegenüber, zu dessen Verfechtern etwa Heiko Steuer (1982; 1994) zu rechnen ist. Ihm geht es tendenziell weniger um individualisierende Beschreibung, sondern um eine generalisierende Betrachtung der archäologisch fassbaren Vergangenheit im Sinne der französischen Strukturgeschichte. Propagiert wird in diesem Rahmen eine streng quellenorientierte Arbeitsweise, wobei quantitative gegenüber qualitativen Verfahren der Quellenanalyse bevorzugt werden. Besonderer Wert wird außerdem auf eine Trennung von Aussagen aufgrund von archivalischen Quellen und Aussagen, die auf der Basis des Studiums archäologischer Quellen gewonnen wurden, gelegt. Damit soll verhindert werden, dass dem archäologischen Material, wie in der älteren Forschung, einfach Deutungsmuster aus dem Bereich der Geschichtswissenschaft übergestülpt werden. Man versucht auf diese Weise, den archäologischen Quellen zu ihrem eigenen Recht zu verhelfen. Terminologische Fragen werden in größerem Umfang diskutiert, wobei man darum bemüht ist, sich von assoziationsreichen historischen Begriffen zu trennen und an ihre Stelle möglichst neutrale, klar bestimmbare Termini zu setzen.

Dies ist nun aber auch ein Charakteristikum eines dritten, dezidiert ›kulturanthropologischen‹ Ansatzes, wie ihn insbesondere Manfred K. H. Eggert in verschiedenen Beiträgen besonders nachdrücklich eingefordert hat (z. B. Eggert 1988; 1989; 1991).[20] Etablierte sozialarchäologische Begrifflichkeiten, wie das Konzept des ›Fürstensitzes‹, wurden von Eggert systematisch dekonstruiert und

---

20 Zu Struktur und Genese dieses Ansatzes in der deutschsprachigen Forschung mit Verweisen auf weitere relevante Autoren siehe auch Veit 1990; 2000b.

so zu bloßen Verständigungshilfen ohne eine konkrete soziologische Aussagekraft reduziert. Allerdings wurde von Kritikern immer wieder darauf hingewiesen, dass Eggert dem von ihm kritisierten Gesellschaftsmodell selbst kein alternatives Modell der früheisenzeitlichen Gesellschaft gegenübergestellt hat (zuletzt Schier 2010, 377).

Dieser Vorwurf ist nicht von der Hand zu weisen. Eggerts entsprechende Zurückhaltung scheint vor allem damit zusammenzuhängen, dass es ihm im Kern um ein grundsätzlicheres Problem ging und geht, nämlich um die Überwindung einer von ihm ausgemachten latent ethnozentrischen Fixierung der prähistorischen Forschung des deutschsprachigen Raums (siehe Eggert 2003). Sie manifestiert sich besonders in der Beschränkung der herangezogenen Vergleiche auf die zeitnahen antiken Kulturen des Mittelmeerraums. Angeregt durch seine Studien zur amerikanischen *New Archaeology* und ihren epistemologischen Grundlagen (Eggert 1978) forderte Eggert deshalb schon sehr früh auch für die europäische Ur- und Frühgeschichtsforschung einen breiten interkulturell-vergleichenden Ansatz, der solche selbst gesetzten zeitlichen und räumlichen Schranken transzendiere.

Mittel der Wahl ist für Eggert eine entsprechend breit angelegte und systematische Analogiebildung, die explizit außereuropäische Kulturen mit einschließt. Mit Hilfe des Vergleichs der archäologischen Befunde mit dicht dokumentierten ethnographischen Kontexten hofft er die Probleme, die sich zwangsläufig aus dem fragmentarischen Charakter archäologischer Überlieferung ergeben, zumindest teilweise in den Griff zu bekommen. Allerdings bleibt in den einschlägigen Ausführungen Eggerts die konkrete Verfahrensweise, wie aus Analogien belastbare Einsichten in die soziale und politische Verfasstheit früher Gesellschaften werden, undurchsichtig. Analogien selbst beweisen ja noch nichts, sie können allenfalls als Inspiration für die Entwicklung neuer Hypothesen dienen und somit Alternativen zu im Fach etablierten Deutungsmustern aufzeigen. Etwas ganz anderes ist es, solche Hypothesen am archäologischen Befund auf ihre Angemessenheit zu testen. Wie Matthias Jung (2006, 152) herausgearbeitet hat, scheint Eggert in seinen Arbeiten Analogie und Hypothese weitgehend gleichzusetzen[21] und damit den etablierten wissenschaftstheoretischen Sprachgebrauch, der klar zwischen ›Analogien‹ und ›Hypothesen‹ unterscheidet, zu negieren. Im Gegensatz zu Analogien sind Hypothesen auf eine »systematische Begründung« angelegt, »in der das strukturell Gemeinsame des erklärungsbedürftigen Sachverhaltes und der als Erklärungshilfe dienenden Analoga expliziert und gerechtfertigt wird« (ebd.). Wichtig ist in diesem Zusammenhang auch der ergänzende Hinweis Jungs (ebd.), demzufolge »es methodologisch unerheblich [ist], ob das Analogon ein tatsächlich bezeugtes und

---

21 Diese Gleichsetzung werde von Eggert teilweise sogar expliziert (Jung 2006, Anm. 203, mit Verweis auf Eggert 2001, 322: »Die für irgendwelche beliebige Interpretation archäologischer Phänomene erwogenen Analoga besitzen grundsätzlich den Charakter von Hypothesen«).

dokumentiertes oder ein in der Immanenz eines Gedankenexperimentes Erdachtes [ist] – allein die Stimmigkeit der Argumentation, die das Erklärungsproblem aufzulösen vermag, ist von Belang«. Im Gegensatz dazu scheint Eggert Formen der Vergesellschaftung, die konkret gelebt wurden, einen ›Vertrauensvorschuss‹ vor allein erdachten Formen einräumen zu wollen. Jedenfalls wird der Schritt vom Analogieschluss zur systematischen Modellbildung nicht konsequent weiterverfolgt. Es bleibt beim Fingerzeig an die etablierte Forschung, sie habe sich frühzeitig auf eine bestimmte Deutung festgelegt und damit (plausiblere) Deutungen ungeprüft ausgeschlossen.

Im Gegensatz dazu hat die britische ›Social Archaeology‹ schon früh versucht, Analogieschlüsse durch eine systematische Modellbildung zu ersetzen, etwa durch eine Bezugnahme auf die neoevolutionistischen Modelle der amerikanischen Kulturanthropologie, die Veränderungen der politischen Struktur nicht bloß feststellt, sondern durch Rekurs auf Gesetzmäßigkeiten und spezifische Randbedingungen auch zu erklären sucht. In der deutschsprachigen Forschung hingegen beschränkt man sich bis heute darauf, im archäologischen Befund nach Merkmalen zu suchen, die einen bestimmten archäologischen Kontext als ›Häuptlingstum‹ oder ›Big-Man‹-Gesellschaft ausweisen. Dabei wird aktuell die Möglichkeit, diese Frage zu entscheiden, von vielen Autoren eher skeptisch beurteilt (Eggert 2007; Schier 2010; anders Brandt 2001). Anders als in der ›Social Archaeology‹, deren Vertreter die Möglichkeiten sozialarchäologischer Forschung generell eher optimistisch beurteilen, schließt man sich in Deutschland damit gewissermaßen wieder der Beurteilung einer älteren Forschergeneration an. Deren Vertreter betonten regelmäßig die antiquarische Grundstimmung des Faches (die der fragmentarischen Überlieferung geschuldet sei), was allzu große Erwartungen im Hinblick auf die Rekonstruktion politischer Verhältnisse nicht zulasse (U. Fischer 1987; F. Fischer 1995). Verständlich wird diese Einschätzung erst vor dem Hintergrund der seinerzeitigen besonderen Betonung der Individualität historischer Konstellationen, die (kultur-)raumübergreifenden Generalisierungen enge Grenzen setze. Umso mehr erstaunt sie bei Autoren, die im Kern weit stärker auf Generalisierung und eine kulturvergleichende Betrachtung setzen. Bei Eggert wird unter Verweis auf das berühmte ›hierarchy of inference‹-Modell von Christopher Hawkes (1954) sogar noch eine theoretische Begründung für das Dilemma, in dem der Archäologe sich befinde, geliefert (Eggert 1993, 145 f.). Hawkes postulierte seinerzeit, dass der Archäologe aufgrund seiner Quellensituation zu besser ›materialisierten‹ Bereichen wie Technik oder Wirtschaft mehr aussagen könne als zu eher immateriellen Aspekten wie Sozialordnung und Religion. Er formuliert damit zugleich eine Kritik an der Position jener (vorwiegend englischsprachigen) Fachvertreter, die meinen, es sei nur eine Frage der Ausweitung der Datenaufnahme sowie der Entwicklung neuer Techniken, um auch in weniger gut materialisierten Bereichen zu gesicherten Einsichten zu gelangen. Ich teile solche Bedenken im Grundsatz durchaus und halte es für dringend nötig, nicht nur über die faktischen, sondern auch über die grundsätzlichen Beschränkungen unserer Erkenntnismöglichkeiten nachzudenken. Allerdings scheint mir das ›Leiter‹-Modell zur Begründung einer solchen Position ungeeignet, da es von einem überholten ›stratigraphischen‹ Kulturkonzept ausgeht und so eine wissenschaftstheoretisch überkommene Trennung von ›geistiger‹ und ›materieller‹ Kultur aufrecht erhält (dazu Veit 2003, 468 ff. mit Bezug auf die Kulturtheorie von Clifford Geertz).

Jüngere sozialarchäologische Ansätze

Positionen, Projekte, Publikationen

Angesichts der im Rahmen methodologischer Erörterungen immer wieder geforderten Zurückhaltung erstaunt es, zu welch weitreichenden und konkreten sozialgeschichtlichen Deutungen sich die Forschung in den letzten Jahrzehnten dennoch durchringen konnte. Gerade in der Metallzeitforschung existieren sehr dezidierte Vorstellungen bezüglich der politischen Organisation der betreffenden Gemeinschaften, die sich im besten Fall auf konkrete historische Vorbilder beziehen – und so zumindest in gewissem Rahmen einer Kritik zugänglich sind. Anderorts scheinen sich soziologische Deutungen allein am ›gesunden Menschenverstand‹ des Forschers zu orientieren – oder an der Erwartungshaltung des Publikums. Bei manchen im populären und halbpopulären Schrifttum gezeichneten Gesellschaftsbildern fühlt man sich in der Tat eher an hierarchisch wohl geordnete Märchenwelten als an konkrete historische Kontexte erinnert.[22] Und dort, wo zudem der ›ewige Glanz‹ des Goldes den konkreten archäologischen Befund überstrahlt, scheint ohnehin jede weitere Begründung politischer Ordnungen überflüssig.[23] Hier tritt an die Stelle kritischer archäologischer Analyse und historischer Aufklärung oftmals bloße Affirmation. Die Archäologie wird zur Lieferantin einer ans Mythische grenzenden Gegenwelt – und trägt damit möglicherweise zur Kompensation jenes modernen Sinndefizits bei, das aus der Unübersichtlichkeit und Undurchschaubarkeit moderner gesellschaftlicher Gefüge resultiert.

Diese Beispiele verweisen uns auf den konstruktiven Charakter archäologisch gegründeter Bilder der Vergangenheit, die immer – d. h. auch jenseits solcher Popularisierungen – mehr sind als nur Re-Konstruktionen. Insofern sagen sie immer auch etwas über die Gesellschaft aus, die sie hervorgebracht hat. Manche ›postmoderne‹ Archäologen meinen gar, sie sagten letztlich nichts über die Vergangenheit, sondern sprächen allein über die Gegenwart, die sich der archäologischen

---

22 »Ein Königreich an der Luhe« (Körner/Laux 1980); »Fürstenkult der Kelten: Höhenburgen, Prunkgräber und Landsitze von 800 bis 400 v. Chr.« (Biel 1997).

23 »Das Gold der Barbarenfürsten« (Wieczorek/Périn 2001).

und sonstigen Relikte wie in einer Art Steinbruch bediene und sie zu etwas ganz Neuem zusammensetze (Holtorf 2007).[24] Nähme man diese Position ernst, so bedeutete dies, dass archäologische Quellen in jeder erdenklichen Hinsicht sozial deutbar wären – was sie jedoch zugleich für eine empirisch vorgehende Wissenschaft entwertete.

Die überwiegende Mehrheit der Fachvertreter scheint eine solche Position jedoch für überzogen zu halten und der Ansicht zu sein, dass sich durch systematische, methodisch angeleitete Forschung den verfügbaren Quellen begründbare Aussagen über die gesellschaftliche und politische Verfassung der betreffenden Gemeinschaften abgewinnen lassen.[25] In diesem Sinne hat man in den letzten zwei Jahrzehnten jedenfalls auf unterschiedlichen Ebenen an einer sozialarchäologischen Deutung archäologischer Quellen gearbeitet.

Was den Theorieimport betrifft, spielte dabei die 1990 nach dem Vorbild der britischen »Theoretical Archaeology Group (TAG)« im walisischen Lampeter gegründete deutsche »Theorie-AG« (siehe Härke 2000) als offenes Diskussionsforum eine wichtige Rolle. Zwar standen im Zentrum der regelmäßigen Tagungen und Workshops der AG zunächst eher wissenschaftsgeschichtliche und fachpolitische Themen (ebd.; Wolfram/Sommer 1993). In der Folge wurden dann aber immer wieder auch im engeren Sinn ›sozialarchäologische‹ Themen behandelt (v. a. Müller/Bernbeck 1996; Burmeister/Müller-Scheeßel 2006; Trebsche u. a. 2007).

Parallel dazu gewannen aber auch in etablierten Fachinstitutionen entsprechende Fragen an Gewicht. So hat das *Römisch-Germanische Zentralmuseum* in Mainz in den 1990er Jahren einen Schwerpunkt »Frühe Eliten« (RGZM 1999; Egg/Quast 2009; Quast 2011) aufgelegt, in dessen Rahmen epochenübergreifend Fragen der politischen Organisation ur- und frühgeschichtlicher Gesellschaften diskutiert wurden und werden. Die in den vorliegenden Publikationen dokumentierten Zugänge unterscheiden sich allerdings von Epoche zu Epoche sowie von Autor zu Autor teilweise recht markant. Generell besteht in der betreffenden Arbeitsgruppe aber eine Tendenz zu einem weniger theorie- als quellenorientierten Arbeiten. Entsprechend ist das zugrunde liegende Paradigma eher kultur- als dezidiert sozialgeschichtlich im oben definierten Sinne. Untersucht wird vorwiegend mit klassischen

---

24 Auch wird häufig unterstellt, einzelne Personen oder Gruppen versuchten die ›Vergangenheit‹ für ihre Zwecke, d. h. zur Durchsetzung von politischen Führungsansprüchen, zu instrumentalisieren. Archäologie in diesem ›Sinne‹ erscheint lediglich als eine Strategie sozialer Gruppen zur Legitimierung und Ausdehnung ihrer Macht.

25 Dabei wäre allerdings in Erinnerung an M. Webers (1904, 206) Postulat der ›ewigen Jugendlichkeit‹ der Wissenschaft zu ergänzen, dass diese Einsichten gleichwohl unauflöslich an den Kontext ihrer Entstehung gebunden bleiben und somit jede Forschergeneration gezwungen ist, sich dieser Aufgabe neu zu stellen.

archäologischen Methoden (Kartierung, Formvergleich) die großräumige Interaktion von ›Eliten‹, die als primäre Agenten des Kulturwandels angesehen werden.[26]

Auch im *Deutschen Archäologischen Institut* sind in den letzen Jahren in verschiedenen Arbeitsbereichen und Projekten entsprechende Fragen behandelt worden. Eines seiner aktuellen Forschungscluster steht unter dem Titel »Räume von Macht und Repräsentation« (Arnold u. a. 2012).[27] Dieses Thema ist auch Gegenstand eines von Joseph Maran u. a. (2006) unter dem Titel *Constructing Power: Architecture, Ideology and Practice* herausgegebenen, interdisziplinär angelegten Sammelbands, dessen Autoren dezidiert Tendenzen der aktuellen sozial- und kulturwissenschaftlichen Forschung, bis hin zur Raumsoziologie, aufgegriffen haben. Raumsoziologische Fragen erörtern ebenfalls verschiedene Beiträge eines weiteren aktuellen Sammelbands (Trebsche/Müller-Scheeßel/Reinhold 2010).

Impulse erhielt die sozialarchäologische Debatte schließlich auch dadurch, dass die *Deutsche Forschungsgemeinschaft* in den letzten Jahren verschiedene Schwerpunktprogramme bzw. Forschergruppen bewilligte, deren Themen sozialarchäologische Fragestellungen mit einschlossen.[28] Daneben gibt es eine große Zahl von Einzelprojekten und Einzelpublikationen, die einen unmittelbaren oder auch nur mittelbaren sozialarchäologischen Fokus hatten.

Zur letztgenannten Kategorie gehören beispielsweise Studien zur Gewaltanwendung in ur- und frühgeschichtlichen Gesellschaften, die sich primär auf die Auswertung menschlicher Skelettreste aus archäologischen Kontexten stützen (Petrasch 2006; Peter-Röcher 2007; dazu auch Veit 2009b). Neue naturwissenschaftliche Methoden lassen hier Antworten auf zentrale, bisher ungelöste Fragen erwarten – etwa nach der konkreten Behandlung der sterblichen Überreste, den konkreten Umständen der Deponierung sowie nach dem Ernährungsstatus und der geographischen Herkunft der Personen. Es besteht die Hoffnung, dass die hierbei erzielten Ergebnisse in Zukunft auch in einem größeren Umfang für dezidiert sozialarchäologische Fragestellungen nutzbar gemacht werden können. Schließlich bildet die Frage des Umgangs mit Gewalt bzw. die nach ihrer Begrenzung für alle

---

26 Eine gewisse Ausnahme bildet hier D. Gronenborn (2009), der seine sozialarchäologischen Beiträge an theoretischen Vorgaben der amerikanischen Kulturanthropologie ausrichtet.

27 Siehe dazu auch den »Forschungsplan des Deutschen Archäologischen Instituts für die Jahre 2009–2012«.

28 Etwa DFG-Schwerpunktprogramm 1171: »Frühe Zentralisierungs- und Urbanisierungsprozesse. Zur Genese und Entwicklung frühkeltischer Fürstensitze und ihres territorialen Umlandes« (2004–2010); DFG-Schwerpunktprogramm 1400: »Frühe Monumentalität und soziale Differenzierung. Zur Entstehung und Entwicklung neolithischer Großbauten und erster komplexer Gesellschaften im nördlichen Mitteleuropa« (seit 2009); DFG-Forschergruppe 550: »Der Aufbruch zu neuen Horizonten. Die Funde von Nebra, Sachsen-Anhalt, und ihre Bedeutung für die Bronzezeit Europas« (2004–2010).

menschlichen Gesellschaften eine zentrale Herausforderung.[29] Umgekehrt muss dabei aber auch klar sein, dass die entsprechenden Befunde letztlich nur dann verstehbar sind, wenn sie aus einer breiteren sozialarchäologischen Perspektive heraus gedeutet werden. Voraussetzung dafür wiederum ist ein gewisses Maß an soziologischem Wissen.

Abschließend sei noch darauf hingewiesen, dass in den letzten Jahren neben Archäologen vereinzelt auch ausgebildete Soziologen eigene Beiträge zur sozialarchäologischen Debatte beigesteuert haben (Lamprecht/Tjaden/Tjaden-Steinhauser 1998; Jung 2006; 2011; Petzold 2007). Abgesehen von einigen Besprechungen (z. B. Jeute 2008; Hinz 2008; Veit 2009a) sind diese Ansätze von Prähistorikern bislang nicht näher aufgegriffen worden. Dabei wäre es mehr als wünschenswert, dieses gemeinsame Interesse in einen konstruktiven Dialog münden zu lassen.

Methodologische Perspektiven und Probleme

Analysierte man diese jüngeren Beiträge bezüglich ihrer jeweiligen theoretischen Grundausrichtung, so würde sich zeigen, dass sich gegenüber dem oben skizzierten Gesamtbild für das Jahr 1990 bis heute im Kern nur wenig geändert hat. Dies ist insofern nicht überraschend, als die oben genannten Akteure ihre Positionen weiter verfochten und/oder Nachfolger fanden. Allerdings ist es in den letzten Jahren zu einer gewissen Hybridisierung gekommen, d. h. Argumente wurden untereinander ausgetauscht und teilweise übernommen. So ist heute beispielsweise der Begriff ›Kulturanthropologie‹ in aller Munde, doch differieren die Meinungen, was genau darunter zu verstehen sei und welche Bedeutung diesem Konzept im Rahmen sozialarchäologischer Erkundungen zukommt, beträchtlich.[30]

Insgesamt ist die Situation dadurch eher noch unübersichtlicher geworden. Trotzdem lassen sich gewisse Grundstrukturen erkennen. So können wir gegenwärtig einer ›Elitenforschung‹, die im Wesentlichen Positionen der kulturhistorischen Archäologie fortschreibt, zwei konkurrierende Ansätze gegenüberstellen. Die eine Initiative, die inhaltlich den oben genannten strukturgeschichtlichen Ansätzen nahe steht, zeigt ein dezidiertes Interesse für ›Unterschichten‹ und plädiert für eine Betrachtung prähistorischer Gesellschaften aus der Perspektive der Minderprivilegierten und Unterdrückten (Trebsche u. a. 2007). Gesucht wird also nach den Gräbern und Spuren der ›einfachen‹ Menschen. Dies ist sicherlich eine wichtige und längst überfällige Ergänzung zu einer Forschung, die sich allein auf Prunkgräber und die daran ablesbaren weiträumigen Verbindungen konzentriert

---

29 Eine ähnliche Rolle könnten Studien zur Rolle von Sklaverei und Unfreiheit (Gronenborn 2001 mit älterer Literatur) in prähistorischer Zeit spielen.
30 Man vergleiche etwa die Argumente in Eggert 1999; 2007; Krauße 1999; 2006; Veit 2000a; 2012 – dazu zusammenfassend Schier 2010.

(z. B. F. Fischer 1993). Allerdings muss man sich die Frage stellen, ob mit einer solchen Positionierung nicht ungewollt – wenn auch mit anderer Konnotierung – die Position der ›Elitenforschung‹ fortgeschrieben wird. Die Vorstellung einer hierarchischen Strukturierung vieler ur- und frühgeschichtlicher Gesellschaften bleibt erhalten, wenn auch mit umgekehrten Vorzeichen. Aus dem um das Wohl seiner Untertanen besorgten väterlich agierenden Anführer wird lediglich der ›Despot‹ und ›Ausbeuter‹. Von dort ist es dann nicht mehr weit zu einer ›Adelung‹ der Unterschichtenangehörigen als Helden des Alltags oder als stille Widerstandskämpfer. So berechtigt es ist, solche Fragen für jüngere Perioden mit umfangreichen Selbstzeugnissen von Angehörigen aller Stände zu stellen (Warneken 2006), so aussichtslos scheint momentan eine Übertragung auf prähistorische Kontexte.

Eine andere Initiative, die den oben definierten kulturanthropologischen Ansatz fortschreibt, fordert deshalb mit Recht dazu auf, auch einmal genauer über politische Organisationsformen jenseits von Eliten nachzudenken (zuletzt: Kienlin 2012). Und in der Tat kennt die Ethnologie Gesellschaften ohne eine zentrale Herrschaftsinstanz, die deshalb dennoch nicht außerhalb des Bereichs des Politischen stehen (Bargatzky 1993). Allerdings besteht bei der Übertragung solcher Modelle auf archäologische Befunde immer die Gefahr einer unzulässigen ›Primitivisierung‹ ur- und frühgeschichtlicher Gesellschaften (vgl. dazu Gronenborn 2006 und relativierend hierzu Veit 2012). Um Mythenbildungen von vornherein vorzubeugen, ist deshalb darauf hinzuweisen, dass entsprechende segmentäre Organisationsweisen nicht automatisch mit Abwesenheit von sozialem Zwang, der auf den Menschen lastete, verbunden sind. Die Zwänge gehen in solchen Gemeinschaften lediglich von anderen Institutionen (wie etwa Familienoberhäuptern oder ›Ältesten‹) aus. Auch sind solche ›akephalen‹ Gesellschaften nicht zwangsläufig weniger komplex als hierarchisch strukturierte.[31]

Eine solche Position ist aber nicht nur insofern eine beträchtliche Herausforderung für die sozialarchäologischen Studien, als sie etablierte Deutungsmuster des Faches in Frage stellt. Sie führt zugleich die in der Sozialarchäologie etablierten methodischen Zugänge *ad absurdum*. Im Zentrum der allermeisten sozialarchäologischen Studien stand bzw. steht die Herausarbeitung von Fund- bzw. Befundhierarchien, die dann in einem zweiten Schritt mehr oder weniger direkt in soziale Hierarchien übersetzt werden. Beispiele dafür sind ›Objekthierarchien‹, die sich auf Faktoren wie Materialwert, Seltenheit, aufwändige Herstellung und Verarbeitung durch Spezialisten oder praktische Nutzlosigkeit gründen (›Presti-

---

31 Die Frage nach der Komplexität prähistorischer Gemeinschaften sollte deshalb konsequent von jener nach dem Grad sozialer Ungleichheit getrennt werden. Damit soll indes nicht das global gesehen im Vergleich zu hierarchisch organisierten Gemeinschaften begrenzte Integrationspotential segmentär strukturierter Gemeinschaften geleugnet werden. Widersprochen wird lediglich der Vorstellung einer unmittelbaren Abhängigkeit der politischen Organisationsform von der demographischen Dichte eines Gebiets.

gegut‹, ›Statussymbol‹, ›Importgut‹). Auch ›Siedlungshierarchien‹ (›Fürstensitz‹, ›Herrenhof‹, ›Zentralort‹, ›komplexes Zentrum‹) spielen hier eine Rolle (siehe Beitrag Müller-Scheeßel). Im Mittelpunkt der entsprechenden Debatte standen und stehen aber eindeutig ›Gräberhierarchien‹. Dabei werden Gräber nach dem bei ihrer Konstruktion und Ausstattung betriebenen Aufwand gereiht. Diese Reihung bietet wiederum die Grundlage für die Definition bestimmter Aufwands- bzw. Ausstattungsklassen, die dann in einem nächsten Schritt als materieller Ausdruck bestimmter ›sozialer Schichten‹ bzw. ›Klassen‹ angesehen werden – und zwar ohne dass geprüft würde, ob die demographischen und sozialen Voraussetzungen für eine Schicht- oder Klassenbildung im Einzelfall überhaupt vorhanden sind.

Gräber, und hier speziell Einzelgräber, scheinen für eine solche Verfahrensweise im Vergleich zu anderen Befundkontexten deshalb besonders geeignet, da die über serielle Analysen ermittelten Aufwands- bzw. Inventarwerte jeweils bestimmten Einzelpersonen zugewiesen werden können, über die sich im Idealfall mittels anthropologischer und genetischer Untersuchungen mehr erfahren lässt, etwa das Sterbealter, das biotische Geschlecht, Aspekte der Lebensweise und die Todesursache. Härke (1993) hat diesbezüglich in einem viel beachteten Aufsatz von ›intentionalen‹ und ›funktionalen‹ Daten gesprochen, wobei er in solchen ›funktionalen‹ Daten ein Korrektiv zu den – wie er meinte – in gewissem Sinne ›ideologisch‹ geprägten ›intentionalen‹ Daten (Beigabenauswahl usw.) sah. Dies ist insofern problematisch, da die Trennung beider Gruppen von Daten keineswegs so einfach ist, wie Härkes Modell unterstellt. Naturwissenschaftliche Untersuchungen können durchaus auch ›intentionale Daten‹ liefern, wie z. B. Hinweise auf bestimmte Formen der Totenbehandlung, bestimmte Ernährungsgewohnheiten bzw. Kulturtechniken wie Reiterei, Schädeldeformation u. a. Andererseits sind Aufwand und Ausstattung von Gräbern nicht nur propagandistischer Ausdruck eines bestimmten Statusdenkens, sie spiegeln in einem gewissen Umfang immer auch reale technische und ökonomische Möglichkeiten, etwa handwerkliches Können oder die Fähigkeit zur Mobilisierung von Arbeit.

Insofern lässt sich auch mit einem solchen Konzept letztlich keine sichere Grundlage für soziologische Schlussfolgerungen aus Grabbefunden gewinnen. Die Deutung der auf archäologischer Grundlage erstellten ›Gräberhierarchien‹ bleibt weiterhin unsicher. Entsprechend gilt weiterhin das, was Hüttel (1981, 133 f.) schon vor langer Zeit formulierte: Dort, wo Besitzabstufungen oder aufwendige Gemeinschaftsleistungen nicht oder nur schwach ausgeprägt seien, könne im Grunde nicht von »egalitären Gesellschaften« geredet werden, da in diesem Fall eine »negative Evidenz« wertlos sei. Umgekehrt könne aber auch die »positive Evidenz«, das Vorhandensein differenzierter Ausstattungen, mehrdeutig sein. Ferner sei denkbar, »daß die Beigaben nicht nur den Besitz des Toten repräsentieren bzw. daß der Besitz allein nicht notwendig und eindeutig die Stellung in der sozialen Hierarchie ausweist, sondern daß im Spiegel der Beigaben eine Position aktualisiert wird, die

etwa eher der seinem Alter gemäßen Mitgliedschaft als einer durch Geburt und/
oder Besitz begründeten Stellung entspricht« (ebd.). Schließlich ist von anderer
Seite auch mit Recht davor gewarnt worden, im Rahmen sozialarchäologischer
Studien den gleichen Fehler zu begehen wie bei chronologischen Untersuchungen,
wo man immer feinere Gliederungen vorgenommen habe, ohne damit tatsächlich
zu neuen historischen Einsichten zu gelangen (Steuer 1982, 517).

Solche Warnungen haben die jüngere Forschung indes nicht davon abgehalten,
intuitiv oder aber auf der Grundlage virtuos berechneter ›Inventarwerte‹ komplexe
soziale Gliederungen zu entwerfen, die mit der sozialen Realität vorstaatlicher,
noch wesentlich auf das Prinzip der Verwandtschaft gegründeter Gemeinschaften
kaum zu vereinbaren sind (z. B. Spindler 1991; Sangmeister 1994; Nieszery 1995).

Dies gilt auch für einen sog. »materialimmanenten« Ansatz der Gräberanalyse,
wie ihn Stefan Burmeister (2000; 2003; 2009) unter Bezug auf ältere Studien von
Michael Gebühr in verschiedenen jüngeren Arbeiten propagiert. Dabei wird aus
der Frequenz einer Beigabe zugleich ein Wertmaßstab abgeleitet nach dem Motto
›Was selten ist, muss auch wertvoll sein‹. Dieses Prinzip wird dann jedoch auch
nicht konsequent durchgehalten, insofern als Goldbeigaben eine besondere, von der
Frequenz unabhängige Bedeutung zugemessen, wird. Matthias Jung (2006, 211)
hat recht, wenn er konstatiert, dass auch diese Methode der »materialimmanenten
Beigabenbewertung« in hohem Maße von »voraussetzungsreichen Vorannahmen
durchtränkt« sei und insofern keine direkte Rekonstruktion der Sinnstrukturiertheit
der archäologischen Befunde erlaube. Sie beruhe vielmehr auf der Hoffnung, dass
sich als Ergebnis der komplexen Berechnungen ein interpretationsfähiges Muster
abzeichne.[32] Diese Interpretation ist aber wiederum abhängig von den mehr oder
weniger begründeten soziologischen Vorannahmen des jeweiligen Verfassers.

Im Extremfall führt das dazu, dass mit solchen Verfahren ›soziale Schichten‹
kreiert werden, die Familien und Verwandtschaftsgruppen auseinander reißen.

---

32 »Schon die Bezeichnung ›materialimmanent‹ ist irreführend, da sie suggeriert, die zu
untersuchenden Gegenstände könnten unmittelbar analysiert werden. Tatsächlich aber
ist die Immanenz allenfalls eine der Kodierungen des Materials, die notwendig ist, damit
mit ihm überhaupt Rechenoperationen durchgeführt werden können – es handelt sich
somit um die Immanenz einer Messwertekonfiguration, die aber nicht mit dem Material selbst zu verwechseln ist. Anstatt im Sinne einer hermeneutischen Erschließungs-
operation die in dem Material sich ausdrückenden semantischen Relationen direkt zu
rekonstruieren, werden die Gegenstände erst kodiert, dann werden die zwischen ihnen
bestehenden empirischen Zusammenhänge in numerische umgewandelt, und erst dieses
numerische Relationssystem erfährt schließlich eine semantische Interpretation; jede dieser Umwandlungen ist mit einem erheblichen Informationsverlust verbunden. In paradox
scheinender Weise ist jedoch schon die Kodierung nur möglich auf der Grundlage einer
vorgängigen Bestimmung des zu kodierenden, die eben nicht explizit und methodisch
angeleitet, sondern implizit und beiläufig vollzogen wird. [...] Die ›Immanenz‹ ist nicht
die des Materials, sondern die eines vorab Konstruierten« (Jung 2006, 209).

Ein solches Vorgehen negiert im Grunde die Solidarität innerhalb von Verwandtschaftsgruppen und setzt somit ein Klima der ›ausgeglichenen Reziprozität‹ in Bereichen voraus, für die eine ›generalisierte Reziprozität‹ anzunehmen ist (zu diesen wirtschaftsethnologischen Begriffen siehe Sahlins 1965; 1974). Damit sind wir aber bei der Kernfrage nach dem Verhältnis von Wirtschaft und Gesellschaft in vorstaatlichen Gesellschaften angelangt und damit mitten in der Debatte um eine kulturanthropologisch informierte Archäologie (siehe auch Beitrag Kerig).

Eine Erweiterung eines dezidiert kulturanthropologischen Ansatzes stellen auch jüngere Bemühungen um eine kommunikationstheoretische Neuausrichtung der Sozialarchäologie im Kontext des sog. ›Cultural Turn‹ dar. Ausgangspunkt für die betreffenden Überlegungen ist die Einsicht, dass Kultur- bzw. Gesellschaftswandel zutreffend nur zu verstehen sein dürften, wenn die untersuchten Gemeinschaften nicht nur ›von außen‹ (im Sinne einer Analyse der Mensch-Umwelt-Interaktion), sondern zugleich auch ›von innen‹ beschrieben würden. Notwendige, wenn auch nicht hinreichende Voraussetzung zur Gewinnung einer solchen Innenperspektive sei aber eine ›Entschlüsselung‹ auch der nichtsprachlichen kulturellen Codes der betreffenden Gemeinschaft, die primär soziale Informationen transportierten.

Anders als mitunter dargestellt, bedeutet dies nun allerdings nicht, dass sich der Forscher in die historischen Akteure ›einfühlen‹ müsste, um so zu denken wie sie. Eine solche Forderung scheint ebenso illusorisch wie methodisch fragwürdig. Vielmehr geht es lediglich darum, bei der Erklärung gesellschaftlichen Wandels spezifische kulturell geprägte Wahrnehmungsmuster der historischen Akteure mit in unsere modernen Erklärungen einzubeziehen. Ein solches Vorgehen wird durch das Fehlen schriftlicher Selbstzeugnisse natürlich beträchtlich erschwert. Dennoch gibt es immer wieder Situationen, in denen auch im materiellen Befund kultureller Eigensinn deutlich wird, d. h. Handeln, das sich nicht allein an funktionalen Erfordernissen (wie der Überlebenssicherung) oder an ökonomischen Prinzipien (wie einem Gewinnstreben) orientiert. Hier kann und muss ein entsprechendes Nachfragen ansetzen.

In den weiteren Zusammenhang eines solchen semiotischen Ansatzes gehört zunächst die Debatte um den Nachweis sog. ›Statussymbole‹ und ›Prestigegüter‹ im archäologischen Befund (Müller/Bernbeck 1996; Burmeister 2009, 88 f.). Allerdings kann in diesem Zusammenhang nicht von einer wirklichen ›Entschlüsselung‹ gesprochen werden, da die genannten Begriffe vornehmlich in einer generalisierenden, verhaltenswissenschaftlichen Form gebraucht werden. Dies gilt auch für Versuche, aus bestimmten Grabformen – z. B. Individual-/Kollektivbestattung – unmittelbar bestimmte Formen der Vergesellschaftung bzw. eine bestimmte, die Gemeinschaft konstituierende Ideologie abzuleiten. Dabei werden bestimmte Bedeutungen als universal gesetzt (z. B. Kollektivbegräbnis = Gemeinschaftsideologie), wo eigentlich eine konkrete Entschlüsselung von situativ veränderlichen Bedeutungen nötig wäre (Veit 1993).

Ob eine solche Entschlüsselung für ausschließlich archäologisch dokumentierte Kontexte möglich ist, ist allerdings noch umstritten. Voraussetzung dafür wären in jedem Fall relativ dicht beschriebene archäologische Kontexte. Und in der Tat hat es verschiedene Versuche gegeben, differenzierte Grabkontexte, wie den bekannten Befund von Hochdorf (Krauße 1996; 2006; Jung 2006; siehe auch Burmeister 2003) einer solchen ›verstehenden‹ Analyse zuzuführen. Dabei beruft man sich abwechselnd auf die ›Semiotik‹ und die ›Hermeneutik‹, allerdings ohne dass bisher klare methodologische Prinzipien für eine entsprechende Dechiffrierung bzw. Deutung der Quellen entwickelt worden wären. Aber selbst wenn eine ›Lesung‹ entsprechender materieller Kontexte für andere Forscher nachvollziehbar möglich wäre, lässt sich bezweifeln, dass die kommunizierten Inhalte sich auf die jeweilige ›soziale Realität‹ beziehen ließen. Wir haben es in der Archäologie häufig mit offensichtlich rituellen Kontexten oder ›Zeremonialmonumenten‹ zu tun, die – so steht zu vermuten – bestenfalls Idealformen gesellschaftlicher Ordnungen ›formulieren‹. In diesem Sinne scheint mir hier eine Anwendung des Assmann'schen Konzepts des Kulturellen Gedächtnisses (Assmann 1992) vielversprechend, auch wenn dies von enger sozialarchäologischen Fragestellungen wegführt (Veit 2005; 2008).

Die aktuellen Debatten um Semiotik, historische Memorik und andere kultur- und gesellschaftstheoretische Theorien haben zweifellos mit dazu beigetragen, dass in den letzten zwei Jahrzehnten im Fach das Bewusstsein einer Abhängigkeit der von uns entworfenen Gesellschaftsbilder nicht allein von den primären Quellen, sondern auch von den Fragen, die wir an sie stellen – und damit von den sozialen Bedingungen der Gegenwart – gewachsen ist. Wie für die Geschichtswissenschaft gilt auch für die Archäologie: »sie reagiert auf politische Befindlichkeiten und Problemlagen und argumentiert politisch im Medium des Vergangenheitsentwurfs. Wie alle anderen Wissenschaften auch arbeitet sie für die je eigene Gegenwart, bezieht ihre Problemstellungen und ihre Fragen an die Vergangenheit aus den aktuellen Diskussionen ihrer jeweiligen Gesellschaften. Die Legitimation des riesigen Apparates an öffentlich finanzierten Historikern mit ihren immer neuen historischen Entwürfen steht und fällt mit deren Fähigkeit, gegenwärtige Problemlagen im Modus historischer Argumentation mit zu formen, gegenwärtige Erinnerungskulturen wissenschaftlich zu bearbeiten. Und weil diese Kulturen sich dauernd ändern, muß die Geschichte andauernd neu geschrieben werden und auf neue Fragen antworten« (Jussen 2005, XI). Insofern ist es nur konsequent, wenn auch die archäologische Forschung selbst zu einem Untersuchungsgegenstand geworden ist (Veit 2011b). Dies schließt die grundsätzlichere Frage nach dem Verhältnis von Methodik und Rhetorik in archäologischen Studien mit ein (Veit 2006; 2010).

Wie oben angedeutet, ist die sozialarchäologische Debatte im Grunde bis heute von der Vorstellung geleitet, eine Methodisierung des Vorgehens etwa in Form

quantitativer Quellenanalysen bzw. systematischer Modellbildung auf der Basis
weltweiter Kulturvergleiche führe zu einem angemesseneren Verständnis vergangener Vergesellschaften und somit automatisch auch zu einer Überwindung alter,
ideologisch geprägter Vorurteile. In diesem Sinne geht die Mehrzahl der Forscher
davon aus, dass eine systematische Analyse speziell der archäologischen Primär-
quellen letztlich automatisch zu einem besseren Verständnis der Vergangenheit,
d. h. zu einer größeren Annäherung an die ehemalige soziale ›Realität‹ führt. Ich
stimme mit dieser Einschätzung insoweit überein, als auch ich meine, dass den
Quellen letztlich ein »Vetorecht« (Koselleck 1989, 206) bei der Entscheidung über
die Angemessenheit der von uns entworfenen Modelle zur Beschreibung vergangener Vergesellschaftungsformen zugestanden werden sollte: Nicht jeder archäologische Befund ist mit allen Vergesellschaftungsformen gleichermaßen vereinbar.
Allerdings ist der ›Faktendruck‹ in der Prähistorischen Archäologie häufig nicht
groß genug, um allein die Durchsetzung eines bestimmten Gesellschaftsmodells
in der Forschungsdebatte zu erklären. Oft setzen sich die Deutungen durch, die
den zeitgenössischen gesellschaftlichen Erwartungen am nächsten kommen (Veit
2012). Dazu kommt, dass in der Praxis ein entsprechender Wirklichkeitstest der
gängigen Modelle zur Erklärung sozialer Differenzierung und sozialen Wandels
häufig unterbleibt. Stattdessen besteht die ausgeprägte Neigung, übergreifende
Erklärungsmodelle gegenüber allzu weit reichende Kritik zu immunisieren (Veit
2000a). Hier gilt es in Zukunft gegenzusteuern und Begründungen einzufordern.
Zugleich ist aber auch in verstärktem Maße eine kritische Selbstreflexion auf die
impliziten gesellschaftlichen Voraussetzungen der eigenen Arbeit nötig.

Ausblick

Internationalisierung und Globalisierung sind in den letzten 20 Jahren auch in der
archäologischen Forschung vorangeschritten. So sollte man meinen, es sei heute
eine Selbstverständlichkeit, dass Fachdebatten ohne Rücksicht auf nationalstaat-
liche und sprachliche Grenzen geführt werden. Diese Annahme ist in zweierlei
Hinsicht zu relativieren. Zum einen gab es eine nationale Grenzen übergreifende
Forschung auf größeren Forschungsfeldern auch schon im 19. Jahrhundert (Parzinger 2002). Verändert haben sich seit damals lediglich Medien und Intensität
des Austauschs.[33] Zum anderen aber hat die fortschreitende Internationalisierung
keineswegs zu einer Vereinheitlichung der Forschungsansätze geführt. Vielmehr
sind im Rahmen der bestehenden nationalen und regionalen Traditionen externe
Anregungen zumeist so verarbeitet worden, dass sich daraus neue Forschungspa-

---

33 An die Stelle des Briefkontakts und postalischen Austauschs von Sonderdrucken sind re-
    gelmäßige persönliche Treffen und das Internet mit seinen sozialen Netzwerken getreten.

radigmen und Perspektiven ergaben. In diesem Sinne ist die aktuelle sozialarchäologische Forschung im deutschsprachigen Raum nicht einfach als Ableger (oder gar als Klon) der britischen ›Social Archaeology‹ zu verstehen. Vielmehr finden wir hier heute ein breites Spektrum an Ansätzen, in denen in ganz unterschiedlichem Umfang Anregungen aus dem Ausland, aber auch aus anderen Fächern (vor allem Geschichtswissenschaft, Ethnologie, Sozialwissenschaft) aufgegriffen und verarbeitet werden. Dabei zeigt sich entsprechend einem generellen Trend in den Sozialwissenschaften inzwischen auch in Teilen der archäologischen Forschung die Tendenz zu einer dynamischeren Betrachtung des Sozialen: weg von statischen ›Kulturen‹ mit fest gefügten ›Sozialstrukturen‹ und hin zu flexiblen situationsgebundenen sozialen Konstellationen, Personen und Gruppen, die bestimmte soziale Strategien verfolgen.

Allerdings ist auch zu konstatieren, dass die Rezeption dieser unterschiedlichen externen Ressourcen allzu häufig sehr selektiv und oberflächlich bleibt. So beschränkt sie sich oft auf die Übernahme von bestimmten soziologischen Schlagwörtern, ohne deren spezifischen sozialwissenschaftlichen Hintergrund ausreichend zu berücksichtigen. Ein gutes Beispiel dafür bietet die breite Verwendung des ›Elite‹-Begriffs in jüngeren archäologischen Debatten, und zwar ohne dass er im Hinblick auf seine Implikationen und hinsichtlich seiner Anwendbarkeit auf frühe Gesellschaften genauer geprüft worden wäre.[34] Meist dürfte der Begriff ›Oberschicht‹ das treffen, was damit gemeint ist. Dabei bleibt jedoch völlig unberücksichtigt, dass Elitebildung und soziale Schichtung zumindest in modernen Gesellschaften nicht identisch sind, sondern in einem komplexen Verhältnis zueinander stehen (Hartmann 2007). Ebenso wenig wird im einschlägigen Schrifttum die bereits angesprochene grundsätzliche Problematik einer Anwendung des Schichtkonzepts auf vormoderne Gesellschaften erörtert.

Ähnliches wie für den Begriff ›Elite‹ gilt für Begriffe wie ›Macht‹, ›Autorität‹ und ›Herrschaft‹, die in der soziologischen Forschung seit der Zeit Max Webers klar definiert sind, ohne dass man die betreffenden wichtigen Differenzierungen in der Archäologie bereits ausreichend zur Kenntnis genommen hätte. Stattdessen wird hier noch immer häufig recht kurzschlüssig (Ausstattungs-)Reichtum mit politischer Macht gleichgesetzt. Und selbst dort, wo man sich ganz unmittelbar auf ganz konkrete Konzepte einer politischen Ethnographie bezieht, bleibt die Wahrnehmung häufig diffus. So hat Matthias Jung (2011) gerade erst am Beispiel des im Rahmen der amerikanischen Kulturanthropologie entwickelten ›Big Man‹-Konzepts im Detail nachgezeichnet, wie aus einem voraussetzungsreichen Konzept zur Beschreibung einer spezifischen Form von Vergemeinschaftung im Prozess der Adoption in der Archäologie letztlich »nur eine Chiffre für eine nicht näher bestimmte Form informeller Führerschaft« (ebd. 194) geworden ist. Entsprechendes

---

34 Zur Kritik ausführlicher Veit 2012, siehe aber auch schon Wirth 1999.

könnte man sicher auch für die anderen im Rahmen einer neoevolutionistischen Perspektive verbreiteten Begriffe (etwa ›Häuptling‹/›Häuptlingstum‹) ausführen.

Angesichts dieses Befunds müsste man streng genommen konstatieren, dass es eine ›Sozialarchäologie‹ im Sinne eines klaren begrifflichen und konzeptionellen Apparats zur soziologischen Ansprache urgeschichtlicher Befunde in der deutschsprachigen Forschung (und vielleicht auch darüber hinaus) bis heute nicht gibt. Was – abgesehen von einem relativ breiten Interesse an Fragen der sozialen bzw. politischen Ordnung prähistorischer Gemeinschaften – existiert, ist lediglich eine lose Reihe von aus anderen Fächern oder der Alltagssprache entliehenen ›Fachtermini‹ (wie ›Fürstensitz‹, ›Prunkgrab‹ oder ›Prestigegut‹), die teilweise mit neuen, allenfalls fachintern verständlichen Bedeutungen belegt werden. Dazu kommen verschiedene Methoden archäologischer Mustererkennung (Kombinationsstatistik u. ä.), die jedoch in der Regel nicht auf eine soziologische Ausdeutung festgelegt sind, und einige selten explizierte übergeordnete Deutungsmuster zur Erklärung sozialen bzw. politischen Wandels im Sinne von historischen Narrativen bzw. ›Meistererzählungen‹ (Herrschaftsbildung erfolgt durch exogene Einflüsse/Überlagerung bzw. technologische Innovationen induzieren Gesellschaftswandel).

Hingegen fehlt es im deutschsprachigen Raum an klaren Vorstellungen darüber, was ›Sozialarchäologie‹ als Ganzes ausmacht und welche Rolle ihr im Rahmen der Ur- und Frühgeschichtlichen Archäologie zukommt – oder wenigstens zukommen könnte. Um hier in Zukunft weiter zu kommen, müsste meines Erachtens vor allem zweierlei geschehen: Zum einen müsste das für Hüttel (siehe oben) noch unproblematische Verhältnis von ›Sozialarchäologie‹ und ›Sozialgeschichte‹ neu verhandelt werden, zum anderen müsste der in vielen sozialarchäologischen Studien ungeklärte Zusammenhang von ›Gesellschaft‹ und ›Kultur‹ geklärt werden.[35]

Grundvoraussetzung für beides wäre, dass sich die an soziologischen Fragestellungen interessierten Archäologen konsequenter als bisher auf Fragen der sozial- bzw. kulturwissenschaftlichen Theoriebildung einlassen. Dies würde die Grundlage dafür schaffen, dass neben die gut ausgebildete (wenn auch bei soziologischen Deutungsansätzen häufig nicht ausreichend berücksichtigte) archäologische Quellenkritik eine umfassende Erkenntniskritik treten könnte. Dadurch würde deutlich werden, dass neben den in einschlägigen Publikationen häufig thematisierten quellenmäßigen Begrenzungen unserer Aussagemöglichkeiten auch erkenntnistheoretische Begrenzungen existieren, die unsere Art, die verfügbaren Quellen zu befragen, mindestens ebenso nachhaltig prägen – und die somit das Ergebnis unseres Nachdenkens über frühe gesellschaftliche und politische Ordnungen maßgeblich mitbestimmen. Nicht selten scheinen die konkreten Forschungs-

---

35 Dies wäre auch deshalb von großer Bedeutung, weil es nur so möglich wird, konstruktiv auf die Herausforderung zu reagieren, die der neue Kulturalismus in den Sozialwissenschaften (Kaschuba 1995) letztlich auch für die Sozialarchäologie darstellt.

vorhaben zugrunde liegenden soziologischen Fragestellungen so beschränkt, dass sie eigentlich nur moderne gesellschaftliche Vorurteile bestätigen können.

Insofern bliebt im Hinblick auf eine zukünftige ›Methodologie der Sozialarchäologie‹ noch viel zu tun. Meines Erachtens müsste diese in nachvollziehbarer Art und Weise folgende vier Ebenen miteinander verknüpfen: jene der Gesellschaftstheorie, jene der ethnoarchäologischen Modellbildung, jene der Operationalisierung der erhobenen Primärdaten (Methode und Technik) sowie jene der Quellenerhebung.

(1) Auf der Ebene der *Gesellschaftstheorie* sind die grundsätzlichen Fragen nach dem Wesen des Sozialen und die Struktur gesellschaftlichen bzw. politischen Wandels zu erörtern. Hier knüpft der Archäologe an begriffliche und methodologische Vorgaben aus dem Bereich der Kultur- und Sozialwissenschaften an. Auch wenn er dabei in erster Linie zunächst rezeptiv tätig ist, so bleibt die Konstruktion eines solchen kultur- bzw. gesellschaftstheoretischen Referenzrahmens doch ein integraler Teil seiner Aufgabe, ohne den alle späteren Schlussfolgerungen fragwürdig blieben.

(2) Auf Ebene der *ethnoarchäologischen Modellbildung* ist zu erörtern, welche grundsätzlichen Möglichkeiten es gibt, zwischen der sozial- bzw. kulturwissenschaftlichen insgesamt und der quellenmäßig begrenzteren archäologischen Ebene zu vermitteln. Eine Möglichkeit dafür bietet die Suche nach ›Theorien mittlerer Reichweite‹.

(3) Auf der Ebene der *Methodendiskussion* geht es um die Operationalisierung der unter Punkt 2 gewonnenen Einsichten mit dem Ziel, im archäologischen Befund erkennbare Muster soziologisch deuten zu können.

(4) Auf einer *praktischen Ebene* geht es schließlich um eine konsequente Erweiterung der für sozialarchäologische Fragestellungen verfügbaren Quellenbasis durch konkrete Forschungsbemühungen (Prospektion, Ausgrabung, Dokumentation).

Diese Unterscheidung verschiedener Analyseebenen gibt selbstverständlich keine unumstößliche Realität wider, sie repräsentiert vielmehr eine wissenschaftliche Konstruktion, deren heuristischer Wert sich in der konkreten Forschungsarbeit zeigen muss. In der Forschungspraxis beeinflussen und durchdringen die genannten Ebenen einander mehr oder minder stark. Überdies besteht keine Priorität einer dieser Ebenen im Sinne einer einseitigen Determinierung, vielmehr ergänzen sie einander im Idealfall.

Dies lässt sich exemplarisch etwa im Hinblick auf die konkurrierenden Forderungen nach ›Mustererkennung‹ (Ebene 3) und ›Kontextbildung‹ (Ebene 4) veranschaulichen. Der erste Begriff bezeichnet die verfeinerte, methodisch angeleitete Analyse der verfügbaren archäologischen Quellen, der zweite die Erhellung der ehemaligen Verhältnisse durch systematischen Vergleich mit gut dokumentierten rezenten oder historischen Kulturen im Sinne eines asymmetrischen Kulturvergleichs (Osterhammel 1996, 157; dazu Veit 1997, 293). Meines Erachtens kann keiner der beiden Handlungsmaximen für sich genommen als ›Königsweg‹ gelten, entscheidend ist vielmehr ihre Kombination. Nur durch ständigen Rückbezug auf dicht beschriebene ethnographische oder historische Kontexte entgehen wir der Gefahr, die spärlichen archäologischen Daten in einer Weise nach zusätzlichen Hinweisen auf eine gesellschaftliche Aussage hin ›auszupressen‹, die ihr Aussagevermögen übersteigt. Andererseits verhindert nur ein ständiger Rückbezug auf die verfügbaren empirischen Daten, dass unsere historischen Rekonstruktionen mehr als blasse Kopien bestimmter historischer bzw. ethnographischer Situationen bzw. Entwicklungen werden.

Literatur

Arnold u. a. 2012: F. Arnold/A. Busch/R. Haensch/U. Wulf-Rheidt (Hrsg.), Orte der Herrschaft. Charakteristika von antiken Machtzentren. Menschen – Kulturen – Traditionen. Studien aus den Forschungsclustern des Deutschen Archäologischen Instituts. Rahden/Westf.: Leidorf 2012.

Assmann 1992: J. Assmann, Das kulturelle Gedächtnis. Schrift, Erinnerung und politische Identität in frühen Hochkulturen. München: Beck 1992.

Bargatzky 1993: Th. Bargatzky, Politik, die »Arbeit der Götter«. In: Th. Schweizer/M. Schweizer/W. Kokot, Handbuch der Ethnologie. Festschrift für Ulla Johansen. Berlin: Reimer 1993, 263–283.

Bayard 1978: D. Bayard, 15 Jahre »New archaeology«. Eine kritische Übersicht. Saeculum 29/1, 1978, 69–106.

Bernbeck 1997: R. Bernbeck, Theorien in der Archäologie. Tübingen u. a.: Francke 1997.

Biel 1997: J. Biel, Fürstenkult der Kelten: Höhenburgen, Prunkgräber und Landsitze von 800 bis 400 v. Chr. In: D. Planck (Hrsg.), Vom Vogelherd zum Weissenhof. Erbe und Verpflichtung. Kulturdenkmäler in Württemberg. Stuttgart: Theiss 1997, 79–90.

Bradley 1984: R. Bradley, The Social Foundations of Prehistoric Britain. Themes and Variations in the Archaeology of Power. London: Longman 1984.

Brandt 2001: J. Brandt, Jastorf und Latène. Kultureller Austausch und seine Auswirkungen auf soziopolitische Entwicklungen in der vorrömischen Eisenzeit. Internat. Arch. 66. Rahden/Westf.: Leidorf 2001.

v. Brunn 1953: W. A. von Brunn, Frühe soziale Schichtungen im nordischen Kreis und bei den Germanen. In: Festschrift des Römisch-Germanischen Zentralmuseums in Mainz zur Feier seines hundertjährigen Bestehens 1952, Bd. III. Mainz: Verlag des Römisch-Germanischen Zentralmuseums 1953, 13–28.

Burmeister 2000: St. Burmeister, Geschlecht, Alter und Herrschaft in der Späthallstattzeit Württembergs. Tübinger Schr. Ur- u. Frühgesch. Arch. 4. Münster: Waxmann 2000.

Burmeister 2003: Ders., Die Herren der Ringe: Annäherung an ein späthallstattzeitliches Statussymbol. In: Veit u. a. 2003, 265–296.

Burmeister 2009: Ders., »Codierungen/Decodierungen«. Semiotik und die archäologische Untersuchung von Statussymbolen und Prestigegütern. In: B. Hildebrandt/C. Veit (Hrsg.), Der Wert der Dinge – Güter im Prestigediskurs. »Formen von Prestige in Kulturen des Altertums«. Graduiertenkolleg der DFG an der Ludwig-Maximilians-Universität München. München: Utz 2009, 73–102.

Burmeister/Müller-Scheeßel 2006: Ders./N. Müller-Scheeßel (Hrsg.), Soziale Gruppen – kulturelle Grenzen. Die Interpretation sozialer Identitäten in der Prähistorischen Archäologie. Tübinger Arch. Taschenbücher 5. Münster: Waxmann 2006.

Chapman/Kinnes/Randsborg 1981: R. Chapman/I. Kinnes/K. Randsborg (Hrsg.), The Archaeology of Death. New Directions in Archaeology. Cambridge: Cambridge University Press 1981.

Christlein 1973: R. Christlein, Besitzabstufungen zur Merowingerzeit im Spiegel reicher Grabfunde aus West- und Süddeutschland. Jahrb. RGZM 20, 1973, 147–180.

Dobres/Robb 2000: M.-A. Dobres/J. Robb (Hrsg.), Agency in Archaeology. London: Routledge 2000.

Egg 1996: M. Egg, Zu den Fürstengräbern im Osthallstattkreis. In: E. Jerem/A. Lippert (Hrsg.), Die Osthallstattkultur. Akten des Internationalen Symposiums, Sopron, 10.–14. Mai 1994. Archaeolingua 7. Budapest 1996, 53–86.

Egg/Quast 2009: M. Egg/D. Quast (Hrsg.), Aufstieg und Untergang. Zwischenbilanz des Forschungsschwerpunktes »Studien zu Genese und Struktur von Eliten in vor- und frühgeschichtlichen Gesellschaften«. Monogr. RGZM 82. Mainz: Verlag des Römisch-Germanischen Zentralmuseums 2009.

Eggert 1978: M. K. H. Eggert, Prähistorische Archäologie und Ethnologie. Studien zur amerikanischen New Archaeology. Prähist. Zeitschr. 53, 1978, 6–164.

Eggert 1988: Ders., Riesentumuli und Sozialorganisation: Vergleichende Betrachtungen zu den sogenannten »Fürstenhügeln« der späten Hallstattzeit. Arch. Korrbl. 18, 1988, 263–274.

Eggert 1989: Ders., Die »Fürstensitze« der Späthallstattzeit. Bemerkungen zu einem archäologischen Konstrukt. Hammaburg N. F. 9, 1989 (= Festschrift für Wolfgang Hübener) 53–66.

Eggert 1991: Ders., Prestigegüter und Sozialstruktur in der Späthallstattzeit: Eine kulturanthropologische Perspektive. Saeculum 42/1, 1991, 1–28.

Eggert 1993: Ders., Vergangenheit in der Gegenwart? Überlegungen zum interpretatorischen Potential der Ethnoarchäologie. Ethnogr.-Arch. Zeitschr. 34/2, 1993, 144–150.

Eggert 1999: Ders., Der Tote von Hochdorf: Bemerkungen zum Modus archäologischer Interpretation. Arch. Korrbl. 29/2, 1999, 211–222.

Eggert 2001/2012: Ders., Prähistorische Archäologie: Konzepte und Methoden. Tübingen u. a.: Francke 2001. [4. Aufl. 2012.]

Eggert 2003: Ders., Über Zimelien und Analogien: Epistemologisches zum sogenannten Südimport der späten Hallstatt- und frühen Latènekultur. In: M. Heinz/M. K. H. Eggert/U. Veit (Hrsg.), Zwischen Erklären und Verstehen? Beiträge zu den erkenntnistheoretischen Grundlagen archäologischer Interpretation. Tübinger Arch. Taschenbücher 2. Münster: Waxmann 2003, 175–194.

Eggert 2007: Ders., Wirtschaft und Gesellschaft im früheisenzeitlichen Mitteleuropa: Überlegungen zum ›Fürstenphänomen‹. Fundber. Baden-Württemberg 29, 2007, 255–302.

Eggert/Samida 2009: Ders./St. Samida, Ur- und Frühgeschichtliche Archäologie. UTB Basics. Tübingen: Francke 2009. [2. Auflage 2013.]

Eggert/Veit 1998: Ders./U. Veit (Hrsg.), Theorie in der Archäologie: Zur englischsprachigen Diskussion. Tübinger Arch. Taschenbücher 1. Münster: Waxmann 1998.

U. Fischer 1987: U. Fischer, Zur Ratio der prähistorischen Archäologie. Germania 65/1, 1987, 175–195.

F. Fischer 1993: F. Fischer, Vom Oxus zum Istros. Ein Beitrag zur Interpretation kultureller Beziehungen. Istanbuler Mitt. 43, 1993, 319–329.

F. Fischer 1995: Ders., The Early Celts of West Central Europe: the Semantics of Social Structures. In: B. Arnold/D. B. Gibson (Hrsg.), Celtic Chiefdom, Celtic State. The Evolution of Complex Social Systems in Prehistoric Europe. Cambridge: Cambridge University Press 1995, 34–40.

Flitner 1965: A. Flitner (Hrsg.), Deutsches Geistesleben und Nationalsozialismus. Tübingen: Wunderlich 1965.

Gebühr 1974: M. Gebühr, Zur Definition älterkaiserzeitlicher Fürstengräber vom Lübsow-Typ. Prähist. Zeitschr. 49/1, 1974, 82–128.

Gebühr 1975: Ders., Versuch einer statistischen Auswertung von Grabfunden der römischen Kaiserzeit am Beispiel der Gräberfelder von Hamfelde und Kemnitz. Vergleich von anthropologischer Bestimmung und archäologischem Befund. Zeitschr. Ostforsch. 24, 1975, 433–456.

Gronenborn 2001: D. Gronenborn, Zum möglichen Nachweis von Sklaven/Unfreien in prähistorischen Gesellschaften Mitteleuropas. Ethnogr.-Arch. Zeitschr. 42/1, 2001, 1–42.

Gronenborn 2006: Ders., Konstrukte zur politischen Organisationsform neolithischer Gesellschaften in der deutschen Archäologie. In: H.-P. Wotzka (Hrsg.), Grundlegungen. Beiträge zur europäischen und afrikanischen Archäologie für Manfred K. H. Eggert. Tübingen: Francke 2006, 133–149.

Gronenborn 2009: Ders., Zur Repräsentation von Eliten im Grabbrauch. Aussagemöglichkeiten historischer und ethnographischer Quellen. In: Egg/Quast 2009, 217–245.

Grünert 1984: H. Grünert, Die Archäologie im Werk von Karl Marx und Friedrich Engels. Ethnogr.-Arch. Zeitschr. 25, 1984, 257–289.

Hachmann 1957: R. Hachmann, Zur Gesellschaftsordnung der Germanen in der Zeit um Christi Geburt. Arch. Geogr. 5/6, 1956/57, 7–24.

Härke 1989: H. Härke, Die anglo-amerikanische Diskussion zur Gräberanalyse. Arch. Korrbl. 19, 1989, 185–194.

Härke 1993: Ders., Intentionale und funktionale Daten. Ein Beitrag zur Theorie und Methodik der Gräberarchäologie. Arch. Korrbl. 23, 1993, 141–146.

Härke 1994: Ders., Die deutsche Tradition der Vor- und Frühgeschichte: Gedanken zu intellektuellen, strukturellen und historischen Bedingungen. Archeo 16, 1994, 3–9.

Härke 1995: Ders., ›The Hun is a Methodological Chap‹: Reflections of the German Tradition of Pre- and Proto-History. In: P. J. Ucko (Hrsg.), Theory in Archaeology. A World Perspective. London u. a.: Routledge 1995, 46–60.

Härke 2000: Ders. (Hrsg.), Archaeology, Ideology and Society: The German Experience. Gesellschaften und Staaten im Epochenwandel 7. Frankfurt a. M.: Lang 2000.

Hansen/Müller 2011: S. Hansen/J. Müller (Hrsg.), Sozialarchäologische Perspektiven: Gesellschaftlicher Wandel 5000–1500 v. Chr. zwischen Atlantik und Kaukasus. Internationale Tagung 15.–18. Oktober 2007 in Kiel. Arch. Eurasien 24. Mainz: v. Zabern 2011.

Hartmann 2007: M. Hartmann, Eliten und Macht in Europa. Ein internationaler Vergleich. Frankfurt a. M.: Campus 2007.

Hawkes 1954: Ch. Hawkes, Archaeological Theory and Method: Some Suggestions from the Old World. Am. Anthr. 56, 1954, 155–168.

Herrmann 1965: J. Herrmann, Archäologische Kulturen und sozialökonomische Gebiete. Ethnogr.-Arch. Zeitschr. 6, 1965, 97–128.

Herrmann/Köhn 1988: Ders./J. Köhn, Familie, Staat und Gesellschaftsformation. Grundprobleme vorkapitalistischer Epochen einhundert Jahre nach Friedrich Engels' Werk »Der Ursprung der Familie, des Privateigentums und des Staats«. Veröff. Zentralinst. Alte Gesch. u. Arch. Akad. Wiss. DDR 16. Berlin: Akademie-Verlag 1988.

Hess 1977: H. Hess, Die Entstehung zentraler Herrschaftsinstanzen durch die Bildung klientelärer Gefolgschaft. Kölner Zeitschr. Soziol. u. Sozialpsychol. 29, 1977, 762–778.

Hinz 2008: M. Hinz, Besprechung von Petzold 2007. Arbeitsgemeinschaft Theorie in der Archäologie, Rundbrief 7/2, 2008, 33–39.

Hodder 1982: I. Hodder (Hrsg.), Symbolic and Structural Archaeology. Cambridge: Cambridge University Press 1982.

Holtorf 2007: C. Holtorf, Vom Kern der Dinge keine Spuren. Spurenlesen aus archäologischer Sicht. In: S. Krämer/W. Kogge/G. Grube (Hrsg.), Spur. Spurenlesen als Orientierungstechnik und Wissenskunst. Frankfurt a. M.: Suhrkamp 2007, 333–352.

Horejs/Kienlin 2010: B. Horejs/T. L. Kienlin (Hrsg.), Studien zu sozialen Kontexten in der Bronzezeit. Universitätsforsch. Prähist. Arch. 194. Bonn: Habelt 2010.

Hüttel 1981: H.-G. Hüttel, Heuristische Aspekte Allgemeiner Sozialarchäologie. In: H. Müller-Karpe (Hrsg.), Allgemeine und Vergleichende Archäologie. München: Beck 1981, 127–136.

Jankuhn 1938: H. Jankuhn, Gemeinschaftsform und Herrschaftsbildung in frühgermanischer Zeit. Kieler Bl. Jg. 1938, 270–282.

Jankuhn 1942: H. Jankuhn, Politische Gemeinschaftsformen in germanischer Zeit. Offa 6/7, 1941/42, 1–39.

Jeute 2008: G. H. Jeute, Besprechung von Petzold 2007. H-Soz-u-Kult 17.07.2008 [HistLit 2008-3-040].

Jung 2006: M. Jung, Zur Logik archäologischer Deutung. Interpretation, Modellbildung und Theorieentwicklung am Fallbeispiel des späthallstattzeitlichen ›Fürstengrabes‹ von Eberdingen-Hochdorf, Kr. Ludwigsburg. Universitätsforsch. Prähist. Arch. 138. Bonn: Habelt 2006.

Jung 2011: Ders., Der »Big Man« – die Verselbständigung eines theoretischen Konstruktes und ihre Adaption in der Archäologie. Altertum 56, 2011, 187–204.

Jussen 2005: B. Jussen, Um 2005. Diskutieren über Könige im vormodernen Europa. Einleitung. In: Ders. (Hrsg.), Die Macht des Königs. Herrschaft in Europa vom Frühmittelalter bis in die Neuzeit. München: Beck 2005, XI–XXII.

Kaschuba 1995: W. Kaschuba, Kulturalismus: Vom Verschwinden des Sozialen im gesellschaftlichen Diskurs. Zeitschr. Volkskde. 91, 1995, 27–46.

Kienlin 1999: T. L. Kienlin, Vom Stein zur Bronze: Zur soziokulturellen Deutung der frühen Metallurgie in der englischen Theoriediskussion. Tübinger Texte 2. Rahden/Westf.: Leidorf 1999.

Kienlin 2012: Ders., Beyond Elites: An Introduction. In: Kienlin/Zimmermann 2012, 15–32.

Kienlin/Zimmermann 2012: Ders./A. Zimmermann (Hrsg.), Beyond Elites. Alternatives to Hierarchical Systems in Modelling Social Formations. Internationale Conference at the Ruhr-Universität Bochum, Germany, October 22–24, 2009. Universitätsforsch. Prähist. Arch. 215 [2 Bde.]. Bonn: Habelt 2012.

Kimmig 1969: W. Kimmig, Zum Problem späthallstattzeitlicher Adelssitze. In: K.-H. Otto/J. Herrmann (Hrsg.), Siedlung, Burg, Stadt. Studien zu ihren Anfängen (= Festschrift Paul Grimm). Dt. Akad. Wiss. Berlin, Schr. Sektion Vor- u. Frühgesch. 25. Berlin: Akademie Verlag 1969, 96–113.

Kimmig 1983: Ders., Die griechische Kolonisation im westlichen Mittelmeergebiet und ihre Wirkung auf die Landschaften des westlichen Mitteleuropa. Jahrb. RGZM. 30, 1983, 5–78.

Körner/Laux 1980: G. Körner/F. Laux: Ein Königreich an der Luhe. Lüneburg: Museumsverein für das Fürstentum Lüneburg 1980.

Kohl 1993: K.-H. Kohl, Ethnologie – die Wissenschaft vom kulturell Fremden. Eine Einführung. München: Beck 1993.

Koselleck 1989: R. Koselleck, Vergangene Zukunft. Zur Semantik geschichtlicher Zeiten. Frankfurt a. M.: Suhrkamp 1989.

Kossack 1974: G. Kossack, Prunkgräber. Bemerkungen zu Eigenschaften und Aussagewert. In: Ders./G. Ulbert (Hrsg.), Studien zur vor- und frühgeschichtlichen Archäologie. Festschrift für Joachim Werner zum 65. Geburtstag, 2. Teile, Teil I: Allgemeines, Vorgeschichte, Römerzeit. München: Beck 1974, 3–33.

Krauße 1996: D. Krauße, Hochdorf III. Das Trinkservice aus dem späthallstattzeitlichen Fürstengrab von Eberdingen-Hochdorf (Kr. Ludwigsburg). Forsch. u. Ber. Vor- u. Frühgesch. Baden-Württemberg 64. Stuttgart: Theiss 1996.

Krauße 1999: Ders., Der »Keltenfürst« von Hochdorf: Dorfältester oder Sakralkönig? Anspruch und Wirklichkeit der sog. kulturanthropologischen Hallstatt-Archäologie. Arch. Korrbl. 29, 1999, 339–358.

Krauße 2006: Ders., Eisenzeitlicher Kulturwandel und Romanisierung im Mosel-Eifel-Raum: die keltisch-römische Siedlung von Wallendorf und ihr archäologisches Umfeld. Röm.-Germ.-Forsch. 63. Mainz: v. Zabern 2006.

Krauße 2010: Ders. (Hrsg.), »Fürstensitze« und Zentralorte der frühen Kelten. Abschlusskolloquium des DFG-Schwerpunktprogramms 1171 in Stuttgart, 12.–15. Oktober 2009. Forsch. u. Ber. Vor- u. Frühgesch. Baden-Württemberg 120. Stuttgart: Theiss 2010.

Kristiansen 1984: K. Kristiansen, Krieger und Häuptlinge in der Bronzezeit Dänemarks. Ein Beitrag zur Geschichte des bronzezeitlichen Schwertes. Jahrb. RGZM 31, 1984, 187–208.

Kristiansen/Rowlands 1998: Ders./M. J. Rowlands, Social Transformations in Archaeology. Global and Local Perspectives. Material Cultures Series. London: Routledge 1998.

Kümmel 2001: Ch. Kümmel, Frühe Weltsysteme. Zentrum und Peripherie-Modelle in der Archäologie. Tübinger Texte 4. Rahden/Westf.: Leidorf 2001.

Kuhn u. a. 1973: H. Kuhn u. a., Stichwort ›Adel‹. In: RGA² 1, 1973, 58–78.

Lamprecht/Tjaden/Tjaden-Steinhauer 1998: L. Lamprecht/K. H. Tjaden/M. Tjaden-Steinhauer, Gesellschaft von Olduvai bis Uruk. Soziologische Exkursionen. Stud. Subsistenz, Familie, Politik 1. Kassel: Jenior und Pressler 1998.

Leube 2002: A. Leube (Hrsg.), Prähistorie und Nationalsozialismus. Die mittel- und osteuropäische Ur- und Frühgeschichtsforschung in den Jahren 1933–1945. Heidelberg: Synchron 2001.

Maran u. a. 2006: J. Maran/C. Juwig/H. Schwengel/U. Thaler (Hrsg.), Constructing Power: Architecture, Ideology and Practice = Konstruktion der Macht: Architektur, Ideologie und soziales Handeln. Hamburg: Lit 2006.

Meinecke/Wenskus 1996: E. Meinecke/R. Wenskus, Stichwort ›Fürst‹. In: RGA² 10, 1996, 163–166.

Miller/Tilley 1984: D. Miller/Ch. Tilley (Hrsg.), Ideology, Power and Prehistory. New Directions in Archaeology. Cambridge: Cambridge University Press 1984.

Müller/Bernbeck 1996: J. Müller/R. Bernbeck (Hrsg.), Prestige – Prestigegüter – Sozialstrukturen. Beispiele aus dem europäischen und vorderasiatischen Neolithikum. Bonn: Deutsche Gesellschaft für Ur- und Frühgeschichte 1996.

Müller-Karpe 1981: H. Müller-Karpe (Hrsg.), Allgemeine und Vergleichende Archäologie als Forschungsgegenstand. Koll. Allg. u. Vergleichende Arch. 1. München: Beck 1981.

Narr 1990: K. J. Narr, Nach der nationalen Vorgeschichte. In: W. Prinz/P. Weingart (Hrsg.), Die sog. Geisteswissenschaften: Innenansichten. Frankfurt a. M.: Suhrkamp 1990, 279–305.

Nieszery 1995: N. Nieszery, Linearbandkeramische Gräberfelder in Bayern. Internationale Archäologie 16. Espelkamp: Leidorf 1995.

Osterhammel 1996: J. Osterhammel, Sozialgeschichte im Zivilisationsvergleich. Zu künftigen Möglichkeiten komparativer Geschichtswissenschaft. Gesch. u. Ges. 22, 1996, 143–164.

Otto 1955: K.-H. Otto, Die sozialökonomischen Verhältnisse bei den Stämmen der Leubinger Kultur in Mitteldeutschland. Beitrag zur Periodisierung der Geschichte der Urgesellschaft in Mitteleuropa, insbesondere die Frage der militärischen Demokratie. Ethnogr.-Arch. Forsch. 3/1, 1955, 1–124. [Berlin: VEB Deutscher Verlag der Wissenschaften.]

Parzinger 2002: H. Parzinger, »Archäologien« Europas und »europäische Archäologie« – Rückblick und Ausblick. In: P. F. Biehl/A. Gramsch/A. Marciniak (Hrsg.), Archäologien Europas: Geschichte, Methoden und Theorien/Archaeologies of Europe: History, Methods and Theories. Tübinger Arch. Taschenbücher 3. Münster: Waxmann 2002, 35–51.

Peter-Röcher 2007: H. Peter-Röcher, Gewalt und Krieg im prähistorischen Europa. Beiträge zur Konfliktforschung auf der Grundlage archäologischer, anthropologischer und ethnologischer Quellen. Universitätsforsch. Prähist. Arch. 143. Bonn: Habelt 2007.

Petrasch 2006: J. Petrasch, Gewalttätigkeiten in der Steinzeit. Archäologisch-kulturgeschichtliche Analysen zur Ermittlung ihrer Häufigkeiten. In: J. Piek/Th. Terberger (Hrsg.), Frühe Spuren der Gewalt – Schädelverletzungen und Wundversorgung an prähistorischen Menschenresten aus interdisziplinärer Sicht. Beitr. Ur- u. Frühgesch. Mecklenburg-Vorpommern 41. Schwerin: Landesamt für Kultur und Denkmalpflege 2006, 155–162.

Petzold 2007: K. Petzold, Soziologische Theorien in der Archäologie. Konzepte, Probleme, Möglichkeiten. Saarbrücken: Dr. Müller 2007.

Piggott 1974: St. Piggott, Vorgeschichte Europas. Vom Nomadentum zur Hochkultur. Kindlers Kulturgeschichte des Abendlandes (hrsg. v. Friedrich Heer). München: Kindler 1974 [Orig.: Ancient Europe from the Beginnings of Agriculture to Classical Antiquity. Edinburgh: Edinburgh University Press 1965.]

Quast 2011: D. Quast (Hrsg.), Weibliche Eliten in der Frühgeschichte. Internationale Tagung 2008. Mainz: Verlag des Römisch-Germanischen Zentralmuseums 2011.

Randsborg 1974: K. Randsborg, Social Stratification in Early Bronze Age Denmark. Prähist. Zeitschr. 49, 1974, 38–61.

Renfrew 1974: C. Renfrew, Beyond a Subsistence Economy of Social Organization in Prehistoric Europe (mit Kommentaren). In: Ch. B. Moore (Hrsg.), Reconstructing Complex Societies. An Archaeological Colloquium. Bull. Am. Schools Orient. Research, Suppl. 20. Cambridge, MA 1974, 69–95.

Renfrew 1984: Ders., Approaches to Social Archaeology. Edinburgh: Edinburgh University Press 1984.

Renfrew 2007: Ders., Prehistory. The Making of the Human Mind. London: Weidenfeld & Nicolson 2007.

Renfrew/Bahn 2004: Ders./P. Bahn, Archaeology. Theories, Methods and Practice. London: Thames & Hudson 2004.

Renfrew/Shennan 1982: Ders./St. J. Shennan (Hrsg.), Ranking, Resource and Exchange. Aspects of the Archaeology of Early European Society. New Directions in Archaeology. Cambridge: Cambridge University Press 1982.

Renfrew/Zubrow 1994: Ders./E. B. W. Zubrow (Hrsg.), The Ancient Mind: Elements of Cognitive Archaeology. New Directions in Archaeology. Cambridge: Cambridge University Press 1994.

RGZM 1999: Römisch-Germanisches Zentralmuseum (Hrsg.), Eliten in der Bronzezeit. Ergebnisse zweier Kolloquien in Mainz und Athen. Monogr. RGZM 43. Mainz: Verlag des Römisch-Germanischen Zentralmuseums 1999.

Roymans 1996: N. Roymans (Hrsg.), From the Sword to the Plough. Three Studies on the Earliest Romanisation of Northern Gaul. Amsterdam Arch. Stud. 1. Amsterdam: Amsterdam University Press 1996.

Sahlins 1965: M. D. Sahlins, On the Sociology of Primitive Exchange. In: M. Banton (Hrsg.) The Relevance of Models for Social Anthropology. London: Tavistock 1965, 139–236.

Sahlins 1974: Ders., Stone Age Economics. London: Tavistock 1974.

Sangmeister 1994: E. Sangmeister, Einige Gedanken zur Sozialstruktur im Westhallstattgebiet. In: C. Dobiat (Hrsg.), Festschrift für Otto-Herman Frey zum 65. Geburtstag. Marburger Stud. Vor- u. Frühgesch. 16. Marburg: Hitzeroth 1994, 523–535.

Schier 2010: W. Schier, Soziale und politische Strukturen der Hallstattzeit. Ein Diskussionsbeitrag. In: Krauße 2010, 377–405.

Sherratt 1993: A. G. Sherratt, What Would a Bronze-Age World System Look Like? Relations Between Temperate Europe and the Mediterranean in Later Prehistory. Journal European Arch. 1/2, 1993, 1–57.

Spindler 1991: K. Spindler, Die frühen Kelten. Stuttgart: Reclam [2]1991. [Erstausgabe 1983.]

Steuer 1968: H. Steuer, Zur Bewaffnung und Sozialstruktur der Merowingerzeit. Ein Beitrag zur Forschungsmethode. Nachr. Niedersachsen Urgesch. 37, 1968, 18–87.

Steuer 1982: Ders., Frühgeschichtliche Sozialstrukturen in Mitteleuropa. Eine Analyse der Auswertungsmethoden des archäologischen Quellenmaterials. Abhandl. Akad. Wiss. Göttingen, Phil.-Hist. Kl., 3, 128. Göttingen: Vandenhoeck & Ruprecht 1982.

Steuer 1994: Ders., Archäologie und germanische Sozialgeschichte. Forschungstendenzen in den 1990er Jahren. In: K. Düwel (Hrsg.), Runische Schriftkultur in kontinental-skandinavischer und -angelsächsischer Wechselbeziehung. Internationales Symposium in der Werner-Reimers-Stiftung vom 24.–27. Juni 1992 in Bad Homburg. RGA Ergbd. 10. Berlin u. a. 1994, 10–55.

Trachsel 2008: M. Trachsel, Ur- und Frühgeschichte. Quellen, Methoden, Ziele. Zürich: Orell Füssli 2008.

Trebsche u. a. 2007: P. Trebsche u. a. (Hrsg.), Die unteren Zehntausend – auf der Suche nach den Unterschichten der Eisenzeit. Beitr. Ur- u. Frühgesch. Mitteleuropa 47. Langenweissbach: Beier & Beran 2007.

Trebsche/Müller-Scheeßel/Reinhold 2010: Ders./N. Müller-Scheeßel/S. Reinhold (Hrsg.), Der gebaute Raum. Bausteine einer Architektursoziologie vormoderner Gesellschaften. Tübinger Arch. Taschenbücher 7. Münster: Waxmann 2010.

van de Velde 1979: P. van de Velde, On Bandkeramik Social Structure. An Analysis of Pot Decoration and Hut Distributions from the Central European Neolithic Communities of Elsloo and Hienheim. Leiden: Universitaire Pers Leiden 1979.

van de Velde 1990: Ders., On Bandkeramik Social Inequality. Germania 68, 1990, 19–38.

Veit 1984: U. Veit, Gustaf Kossinna und V. Gordon Childe. Ansätze zu einer theoretischen Grundlegung der Vorgeschichte. Saeculum 35, 1984 (1985) 3–4, 326–364.

Veit 1989: Ders., Ethnic Concepts in German Prehistory: a Case Study on the Relationship between Cultural Identity and Archaeological Objectivity. In: St. J. Shennan (Hrsg.), Archaeological Approaches to Cultural Identity. One World Arch. 10. London: Unwin Hyman 1989, 35–65.

Veit 1990: Ders., Kulturanthropologische Perspektiven in der Urgeschichtsforschung. Einige forschungsgeschichtliche und wissenschaftstheoretische Vorüberlegungen. Saeculum 41, 3/4, 1990, 182–214. [= Festschr. K. J. Narr, I. Teil.]

Veit 1993: Ders., Kollektivbestattung im europäischen Neolithikum: Problemstellung, Paradigmen, Perspektiven. Bonner Jahrb. 193, 1993, 1–44.

Veit 1997: Ders., Tod und Bestattungssitten im Kulturvergleich: Ethnoarchäologische Perspektiven einer »Archäologie des Todes«. Ethnogr.-Arch. Zeitschr. 38/3–4, 1997, 291–314.

Veit 1998: Ders., Zwischen Tradition und Revolution: Theoretische Ansätze in der britischen Archäologie. In: Eggert/Veit 1998, 15–65.

Veit 2000a: Ders., König und Hohepriester? Zur These einer sakralen Gründung der Herrschaft in der Hallstattzeit. Arch. Korrbl. 30, 2000, 549–568.

Veit 2000b: Ders., Kulturanthropologische Ansätze in der Ur- und Frühgeschichtsforschung des deutschsprachigen Raumes: Ein Blick zurück nach vorn. Arch. Inf. 23, 2000, 1–22.

Veit 2003: Ders., Über die Grenzen archäologischer Erkenntnis und die Lehren der Kulturtheorie. In: Veit u. a. 2003, 463–490.

Veit 2005: Ders., Kulturelles Gedächtnis und materielle Kultur in schriftlosen Gesellschaften: Anthropologische Grundlagen und Perspektiven für die Urgeschichtsforschung. In: T. L. Kienlin (Hrsg.), Die Dinge als Zeichen: Kulturelles Wissen und materielle Kultur. Universitätsforsch. Prähist. Arch. 127. Bonn: Habelt 2005, 23–40.

Veit 2006: Ders., Der Archäologe als Erzähler. In: H.-P. Wotzka (Hrsg.), Grundlegungen. Studien zur europäischen und afrikanischen Archäologie für Manfred K. H. Eggert. Tübingen: Francke 2006, 201–213.

Veit 2008: Ders., Zur Einführung. In: Ch. Kümmel/B. Schweizer/U. Veit (Hrsg.), Körperinszenierung – Objektsammlung – Monumentalisierung: Totenritual und Grabkult in frühen Gesellschaften. Archäologische Quellen in kulturwissenschaftlicher Perspektive. Tübinger Arch. Taschenbücher 6. Münster: Waxmann 2008, 17–30.

Veit 2009a: Ders., Besprechung von Jung 2006. Germania 87/1, 2009, 242–247.

Veit 2009b: Ders., Besprechung von Peter-Röcher 2007. Germania 87/2, 2009, 684–690.

Veit 2010: Ders., Zur Geschichte und Theorie des Erzählens in der Archäologie: Eine Problemskizze. Ethnogr.-Arch. Zeitschr. 51, 2010, 10–29.

Veit 2011a: Ders., Towards a Historical Sociology of German Archaeology. In: L. Lozny (Hrsg.), Comparative Archaeologies. New York: Springer 2011, 53–78.

Veit 2011b: Ders., Archäologiegeschichte als Wissenschaftsgeschichte: Über Formen und Funktionen historischer Selbstvergewisserung in der Prähistorischen Archäologie. Ethnogr.-Arch. Zeitschr. 52/1, 2011, 34–58.

Veit 2012: Ders., Methodik und Rhetorik in der Sozialarchäologie. Einige grundsätzliche Überlegungen zur deutschsprachigen Debatte. In: Kienlin/Zimmermann 2012 [Bd. 1], 125–135.

Veit u. a. 2003: Ders./T. L. Kienlin/Ch. Kümmel/S. Schmidt (Hrsg.), Spuren und Botschaften: Interpretationen materieller Kultur. Tübinger Arch. Taschenbücher 4. Münster: Waxmann 2003.

Wahle 1935: E. Wahle, Zur deutschen Vor- und Frühgeschichte. Der germanische Führer. Deutsches Bildungswesen 3, 1935, 123–125.

Wallerstein 1986: I. Wallerstein, Das moderne Weltsystem: Kapitalistische Landwirtschaft und die Entstehung der europäischen Weltwirtschaft im 16. Jahrhundert. Frankfurt a. M.: Syndikat 1986. [Orig.: The Modern World System. Capitalist Agriculture and the Origins of the European World Economy in the Sixteenth Century. New York: Academic Press 1974.]

Warneken 2006: B. J. Warneken, Die Ethnographie popularer Kulturen. Eine Einführung. Köln: Böhlau 2006.

Weber 1904: M. Weber, Die »Objektivität« sozialwissenschaftlicher und sozialpolitischer Erkenntnis [1904]. In: Ders., Gesammelte Aufsätze zur Wissenschaftslehre (hrsg. von J. Winckelmann). Tübingen: Mohr [7]1988, 146–214.

Wenskus 1961: R. Wenskus, Stammesbildung und Verfassung. Das Werden der frühmittelalterlichen Gentes. Köln u. a.: Böhlau 1961.

Wieczorek/Périn 2001: A. Wieczorek/P. Périn (Hrsg.), Das Gold der Barbarenfürsten. Schätze des 5. Jahrhunderts n. Chr. zwischen Kaukasus und Gallien. Stuttgart: Theiss 2001.

Wirth 1999: St. Wirth, Auf der Suche nach Eliten der späten Bronzezeit und der Urnenfelderzeit. Bausteine zum Thema aus dem Altsiedelland am unteren Lech in Bayerisch-Schwaben. In: RGZM 1999 [Bd. 2], 565–604.

Wolfram 1986: S. Wolfram. Zur Theoriediskussion in der prähistorischen Archäologie Großbritanniens. Oxford: British Archaeological Reports 1986.

Wolfram/Sommer 1993: Dies./U. Sommer (Hrsg.) 1993: Macht der Vergangenheit – Wer macht Vergangenheit. Archäologie und Politik. Beitr. Ur- u. Frühgesch. Mitteleuropa 3. Wilkau-Hasslau: Beier & Beran 1993.

S̱ᴛᴇꜰᴀɴ Bᴜʀᴍᴇɪsᴛᴇʀ

Migration und Ethnizität:
Zur Konzeptualisierung von Mobilität und Identität

Zᴜsᴀᴍᴍᴇɴꜰᴀssᴜɴɢ: ›Migration‹ und ›Ethnizität‹ sind archäologische Schlüsselkonzepte, die die deutschsprachige archäologische Forschung nachhaltig prägten. In der Regel ist weder Migration noch Ethnizität selbst Gegenstand der Untersuchung, vielmehr handelt es sich hierbei um axiomatische Voraussetzungen, um beobachtete Phänomene zu erklären. Wie am Beispiel der Frühmittelarchäologie dargestellt wird, sind beide Begriffe eng miteinander verwoben, liefert die ethnische Deutung archäologisch erschlossener Sachverhalte doch meist die methodische Grundlage des archäologischen Wanderungsnachweises. Die methodische und theoretische Reflexion beider Schlüsselkonzepte ist wenig ausgeprägt, doch sind hier in den letzten 15 Jahren deutliche Entwicklungen zu erkennen. Positive Impulse gehen wider Erwarten weniger von der englischsprachigen Diskussion aus als vielmehr von der deutschsprachigen, vornehmlich österreichischen Geschichtswissenschaft.

Aʙsᴛʀᴀᴄᴛ: Both migration and ethnicity are archaeological key concepts which have decisively shaped German archaeological research. As a rule, neither migration nor ethnicity have been objects of analysis in their own right. Rather, they were axiomatic preconditions for explaining observed phenomena. As shown for the archaeology of the Early Middle Ages, both concepts are closely interwoven. Ethnic interpretation of archaeological evidence often provides the methodological basis for an archaeological proof of migration. Methodological and theoretical reflections of both key concepts are only little pronounced. After all, in the last 15 years clear developments are noticeable. Against all expectations positive impulses are not directed by the Anglo-American debate but rather by the German, and above all, the Austrian historical science.

Die Ausgangslage

›Migration‹ und ›Ethnizität‹ sind Schlüsselkonzepte der deutschsprachigen Archäologie. Beide Konzepte stehen zunächst in keinem inhaltlichen Zusammenhang, bezeichnen sie doch zwei genuin unterschiedliche Phänomene kulturgeschichtlicher Prozesse. Und dennoch, das wird zu zeigen sein, werden sie im vorgängigen Fachdiskurs in einen unmittelbaren Zusammenhang gestellt; beide Konzepte werden derart miteinander verwoben, dass aus der Verbindung eine neue interpretationsleitende Qualität hervorgeht. Insofern ist auch hier eine gemeinsame Betrachtung sinnvoll. Aus pragmatischen Gründen werden beide Konzepte und die mit ihnen verbundenen Auseinandersetzungen hier getrennt abgehandelt und da, wo sich wechselseitige Verschränkungen ergeben, diese dargestellt.

Die angloamerikanische Prähistorische Archäologie nahm in den letzten Jahrzehnten eine Vorreiterrolle in der Methoden- und Theoriediskussion ein. Wie wenig die deutschsprachige Diskussion an diese Auseinandersetzungen angebunden war, zeigen die jeweiligen Fachdiskurse in Bezug auf das Migrationskonzept. In der *New* oder *Processual Archaeology* wies man seit den 1960er Jahren Migration als tragfähiges Konzept zurück. Es war vor allem die mangelhafte methodische und theoretische Basis des traditionellen archäologischen Ansatzes, die die Protagonisten der *New Archaeology* dazu führte, Migration als Erklärungskonzept für Kulturwandel abzulehnen und somit Wanderungen aus dem Blickfeld archäologischer Forschungen zu verbannen. Mit dem Verlust der prozessualen Erklärungshegemonie seit den 1980er Jahren wendete man sich nun auch im englischsprachigen Raum wieder der Migrationsforschung zu (initial: Kristiansen 1989; Anthony 1990).

Diese Abkehr und erneute Hinwendung zur Migrationsarchäologie wurde in der deutschsprachigen Ur- und Frühgeschichtsforschung nicht nachvollzogen. Heinrich Härke (1997; 1998) führt die gegenläufige Entwicklung der britischen und deutschen Diskussion, die sich plakativ auf das antinomische Begriffspaar ›Immobilität‹ und ›Migrationismus‹ zuspitzen lässt, auf nationalspezifische historische und aktuelle politische Erfahrungen zurück. Auch andere Autoren machen die Ablehnung bzw. Befürwortung von Wanderung als Gegenstand archäologischer Betrachtung an jeweils aktuell gesellschaftlichen Faktoren fest (Chapman 1997; Kristiansen 1989, 211). Das vermag insgesamt nicht zu überzeugen. So lässt sich etwa der »retreat from migrationism« (Adams/van Gerven/Levy 1978), der die englischsprachige Archäologie ab den 1960er Jahren kennzeichnete, in anderen englischen und US-amerikanischen sozialwissenschaftlichen Disziplinen nicht beobachten. Im Gegenteil, sind hier doch im gleichen Zeitraum Wanderungen verstärkt in das Blickfeld wissenschaftlicher Untersuchungen genommen worden. Zeitschriften wurden gegründet, die sich ausschließlich mit dem Migrationsphänomen befassen (z. B. 1963: »International Migration«: 1966: »International Migration Review«), und die Wanderungsliteratur aus den unterschiedlichsten Fächern wuchs ins Unermessliche. Von alldem blieb die Archäologie unberührt – auf beiden Seiten der Sprachgrenze. Der Grund hierfür ist weniger in der Migrationserfahrung der nationalen Gesellschaften zu suchen (siehe Burmeister 1998a) als in den interpretationsleitenden Forschungsparadigmen der jeweiligen Archäologien (siehe Veit 1998). Das politische Umfeld hat ohne Zweifel einen prägenden Einfluss auf das jeweilige wissenschaftliche Fachverständnis, der Taktgeber der Forschungen ist jedoch eher innerhalb der Fächer selbst zu suchen. Dies soll im Weiteren für die deutschsprachige Diskussion dargestellt werden.

Wanderung war in der deutschsprachigen Prähistorischen Archäologie konstant als gängiges Erklärungsmuster für die räumliche Verbreitung archäologischer Funde allgegenwärtig; dies allerdings als axiomatische Voraussetzung der beobachteten Phänomene. Weder wurde und wird Migration selbst als erklärungsbedürftig und damit als eigenes Forschungsthema gesehen noch ihr Erklärungspotenzial für die als Kulturwandel konzeptionalisierten Erscheinungen reflektiert. Darüber hinaus kann man eine methodische Unschärfe in der Abgrenzung von Wanderungen zu anderen Ursachen von Kulturwandel feststellen. Eine klare begriffliche und theoretische Unterscheidung verschiedener kultureller Mechanismen, die zu kulturellen Veränderungen führen, wie sie etwa Bruce Trigger (1968, 26–47) vorgelegt hat, wurde in der deutschsprachigen Archäologie lange weder systematisch nachvollzogen noch durchgeführt.

Einer der niveauvollsten Beiträge zum Thema wurde bereits vor über 50 Jahren von Rolf Hachmann (1956/1957) verfasst. Er erwog für sein Fallbeispiel – ›ostgermanische‹ Funde der Spätlatènezeit in Mitteldeutschland und in der hessischen Wetterau – eine Reihe von Mechanismen, wie es im Westen zu einer Fundausprägung kommen konnte, die ihre nächsten Entsprechungen in der sog. Oder-Warthe-Gruppe hat. Er brachte differenzierte Argumente vor, warum die westlichen Fundverbreitungen »weder durch unmittelbare Kulturkontakte noch durch Handelsverkehr, noch durch Übertragung von religiösen Vorstellungen erklärbar sind« (ebd. 62). Am Ende blieb für ihn ›Wanderung‹ als die beste Erklärung des archäologischen Befundes übrig. Sein Ergebnis war weder originell noch neu. Neu war jedoch der von ihm eingeschlagene stringente Verfahrensweg mit einer eingehenden Diskussion alternativer Deutungsoptionen.

Nicht nur in seinem Verfahrensweg unterschied sich Hachmanns Ansatz von seinen Vorgängern – und vielen seiner Nachfolger. Hachmann bezog sich in seiner Argumentation bewusst nicht auf einzelne Kulturelemente, da diese für sich jeweils zu deutungsoffen sind. Er führte aus, »daß das Wesen einer Kultur nicht durch die Summe ihrer Kulturgüter erfaßt werden kann und sich nicht durch eine begrenzte Zahl isolierter Kulturelemente darstellen läßt, sondern in der Struktur, d. h. dem Wirkungszusammenhang zwischen den einzelnen Kulturgütern liegt« (Hachmann 1956/1957, 58). Mit diesem Bekenntnis zu einem funktionalistischen Kulturmodell[1] markierte er eine theoretische Stärke seines Ansatzes, offenbarte gleichfalls jedoch auch dessen Schwäche. Hachmann verstand Kultur als sozialen

---

1   Hachmann bezieht sich in seinen Arbeiten explizit auf ethnologische Studien. Sein Nebenfachstudium der Völkerkunde 1945–1949 an der Hamburger Universität und seine weitere Lehrtätigkeit am Hamburger Institut für Vorgeschichte, das zu der Zeit am Museum für Völkerkunde und Vorgeschichte angesiedelt war, dürfte ihn mit dem zeitgenössischen Ansatz des Funktionalismus in der Ethnologie bekannt gemacht haben. So war z. B. in Hachmanns Studienjahren die Veranstaltung »Probleme der ethnologischen Kulturkunde« regelmäßig im völkerkundlichen Lehrangebot.

Organismus, der jeweils eine einmalige und unwiederholbare historische Gegebenheit sei (ebd. 61). Damit stand ihm ein geschlossenes Konzept zur Verfügung, das einen Wanderungsnachweis ermöglichte. Kultur in diesem Sinne ist nur um den Preis ihrer Integrität in einzelnen Elementen transferierbar. Ihre historische Einmaligkeit lässt zudem einen genetischen Zusammenhang zwischen der gleichen Kultur an verschiedenen Orten herstellen. Gelingt es ihm, Kulturen jeweils in ihrem Wesen zu erfassen, stellen sich hierüber die Argumente für oder gegen den Wanderungsnachweis zwingend ein. Der Versuch, mit archäologischen Mitteln das ›Wesen‹ einer Kultur zu erfassen, mag heute naiv erscheinen – Hachmann war sich dieser Schwierigkeiten jedoch sehr bewusst –, letztlich muss er als fruchtloses Unterfangen gesehen werden. Dennoch ist festzuhalten, dass das Niveau seiner kritischen Anmerkungen zum archäologischen Wanderungsnachweis und der Entwicklung von Lösungsansätzen von jüngeren Arbeiten in der deutschsprachigen Archäologie kaum mehr erreicht worden ist.

Das Beispiel Hachmann zeigt, dass man mit generellen Etikettierungen von ›Migrationismus‹, also einer Archäologie, die unkritisch einem Migrationsparadigma verpflichtet ist, und einer damit verbundenen unreflektierten Methodenschwäche der deutschsprachigen Archäologie nicht vollgültig gerecht wird. Auch wenn man dem Generalverdikt zustimmen möchte, hat es hier immer Ausnahmen gegeben. Exemplarisch genannt seien hier Andreas Tillmann (1993) und Claus-Joachim Kind (1998), die beide plausibel für eine autochthone Entwicklung des Neolithikums in Mitteleuropa argumentieren und sich gegen eine ›bandkeramische Landnahme‹ positionieren. Eine ähnliche Position nimmt Alexander Häusler in seinen zahlreichen Schriften für die diversen neolithischen Becherkulturen ein, deren Ausbreitung vielfach durch (meist) kriegerische Invasionen postuliert wurde (zusammenfassend Häusler 1996). Insgesamt ist für die urgeschichtlichen Epochen in den letzten zwei Jahrzehnten eine deutliche Aufnahme alternativer Deutungsmodelle festzustellen; Migration ist nicht mehr das unangefochtene Deutungsangebot.

Im Folgenden soll der Blick auf die Frühgeschichtliche Archäologie gerichtet werden, auch wenn diese vielleicht nicht repräsentativ für die gesamte deutsche Archäologie ist. Durch die überlieferten Schriften antiker Autoren ist die Frühgeschichtliche Archäologie mit vielfältigen Informationen konfrontiert, die einen großen Einfluss auf die archäologischen Interpretationen nehmen. Es gibt eine Fülle an Berichten über antike Migrationen, wie auch Nennungen einzelner Ethnien. Die im Zeithorizont schriftlicher Überlieferungen arbeitenden Archäologen haben die einschlägigen Schriften in ihrem Handapparat, und vielfach bilden die aus den antiken Texten und nicht die aus der Analyse genuin archäologischer Quellen gewonnenen Informationen das Koordinatensystem ihrer Interpretationen. Die Fülle an Berichten über zeitgenössische Wanderungen, die in der Regel als Wanderungen ethnischer Gruppen verstanden werden, ist weder übersehbar noch ist sie zu ignorieren. Dass unter dem Eindruck dieser Quellen Wanderungen ein naheliegendes Modell zur Deutung von regionalen Fremdformen auf archäologischen Verbreitungskarten sind, ist kaum verwunderlich. Dies mag auch der Grund dafür sein, dass Arbeiten, die sich gezielt mit dem Status der deutschsprachigen archäologischen Migrationsforschung befassen und hier zu ihrem Negativbild kommen, sich im Wesentlichen auf die Frühgeschichtliche Archäologie beziehen (Andresen 2004; Härke 1997; 1998). Aus einem ähnlichen Grund erklärt sich der im Folgenden gewählte Fokus. Einerseits scheinen Deutungen durch die Zusatzinformationen der antiken Schriften, die mehr Gewinn als Bürde sein sollten, einfacher zu sein. Interessanterweise treten, wie zu zeigen sein wird, die methodologischen Probleme der archäologischen Quelleninterpretation hier sehr deutlich zutage. Des Weiteren sind alternative Deutungen immer mit dem ›Diktat‹ der historischen Überlieferung konfrontiert und müssen vielleicht stichhaltiger begründet werden als die den Schriftquellen angelehnten Deutungen. Seit rund 15 Jahren beginnt sich hier eine Auseinandersetzung zu etablieren, die mitunter nicht nur sehr polarisiert ist, sondern auch in aller Deutlichkeit die Probleme der archäologischen Untersuchung von Migration und Ethnizität aufzeigt. Diese Auseinandersetzungen können hier nur exemplarisch erörtert werden.

Die ethnische Deutung: ein Paradigmenstreit

Mit einer Reihe von Arbeiten hat Sebastian Brather die Auseinandersetzungen im Fach über die ethnische Deutung maßgeblich geprägt.[2] Wer die bisherigen Arbeiten Brathers kennt, weiß, dass er der ethnischen Interpretation im Fach skeptisch bis ablehnend gegenübersteht, und auch der Untertitel seiner Habilitation (Brather 2004) »Geschichte, Grundlagen, Alternativen« macht deutlich, dass er andere Erklärungsmodelle als die ethnischen favorisiert. Dies ruft notwendigerweise Kritik bei jenen hervor, denen Hans Jürgen Eggers vor 50 Jahren einen programmatischen Bezugspunkt gegeben hat: »Die Vorgeschichte würde sich als historische Wissenschaft selber aufgeben, würde sie nicht immer und immer wieder den Versuch machen, auch das Problem der ethnischen Deutung zu lösen« (Eggers 1959, 200). Die gegenwärtige Diskussion ist hochgradig emotional, und mitunter wird weniger dem Sachargument das Wort erteilt als den anscheinend unverrückbaren wissenschaftsideologischen Grundpositionen des jeweiligen Fachverständnisses. Die Diskussion scheint einen zentralen Nerv der akademischen Archäologie zu treffen.[3]

---

2 Brather 2000; 2002; 2004; Brather/Wotzka 2006.
3 Nur so sind Äußerungen zu verstehen, wie sie etwa Volker Bierbrauer in Reaktion auf einige Arbeiten von Brather verfasst hat: »Angesichts solcher bedenklicher Nähe zur

Die Reaktion von Volker Bierbrauer auf die Arbeiten Brathers möchte man zunächst auf grundlegende Missverständnisse zurückführen. Brather (2000, 160; Hervorhebungen St. B.) hatte z. B. festgehalten: »Die Auswahl der als charakteristisch herausgestellten Merkmale einer ethnischen Gruppe erfolgt aber nicht *willkürlich* oder von den Realitäten unabhängig. Sie hängt von zwei wesentlichen Faktoren ab: 1. von *existierenden kulturellen Differenzen* – diese werden zur schematischen Kennzeichnung von Gruppen *überhöht* und damit *instrumentalisiert*; 2. von vorhandenen sozialen und wirtschaftlichen Umständen und Interessen – diese werden durch kulturelle Merkmale verbrämt. ›Ethnizität‹ und ›Kultur‹ werden also von den sozialen Realitäten beeinflußt, auf die sie wiederum zurückwirken«. Brather umreißt in groben Zügen, wie kulturelle Merkmale zielgerichtet instrumentalisiert werden, um soziale Grenzen zu markieren und aufrechtzuerhalten. Ohne an dieser Stelle inhaltlich auf diese Mechanismen einzugehen, sei hier zunächst nur bemerkt, dass Brather sich in seinen Aussagen explizit auf die Akteure bezieht, die ihre eigene ethnische Identität nach außen kenntlich machen, in unserem Falle also jene Gruppen, die wir archäologisch in den Blick nehmen. Keinesfalls sind hiermit jene Wissenschaftler gemeint, die heute versuchen, archäologisch vergangene Gruppenidentitäten zu rekonstruieren. Insofern greift Bierbrauers Klarstellung, die Auswahl der ethnisch signifikanten Merkmale seiner Kulturmodelle seien nicht »willkürlich« getroffen und bezögen sich auf »existierende kulturelle Differenzen«, die von ihm herausgearbeiteten Determinanten seien weder »überhöht« noch wurden sie »instrumentalisiert« (Bierbrauer 2004, 73), ins Leere. Man hat den Eindruck, dass Bierbrauer die gegebene Beschreibung ethnischer Aufladung materieller Kultur als u. a. an ihn gerichteten Vorwurf seiner Methodologie versteht – hier zieht er sich einen Schuh an, der nicht für ihn, sondern seine Untersuchungsobjekte, die Goten, Langobarden etc., geschustert wurde. Doch dass die sich in der Diskussion abzeichnende scheinbar unüberbrückbare Kluft nicht allein eine Folge bloßer Missverständnisse ist, sei im Folgenden dargestellt.

Ein Anlauf zum Paradigmenwechsel

Brather geht bei seinen Überlegungen der Möglichkeiten ethnischer Deutung in der Archäologie vom Ethnosbegriff aus, wie er gegenwärtig in der ethnologischen Wissenschaft diskutiert wird. Diesen Begriff stellt er kontrastierend dem Volksbegriff gegenüber, der maßgeblich die gesellschaftswissenschaftlichen Diskussionen des 19. und weiter Teile des 20. Jahrhunderts geprägt hat (Brather 2004, 32–52). Basierte der Volksbegriff noch auf Vorstellungen von homogenen und

---

Niveaulosigkeit und auch klar erkennbarer Diffamierungsversuche meiner Forschergeneration ist man versucht, hierauf nicht zu reagieren!« (Bierbrauer 2004, 75).

statischen Volksgebilden, deren Mitglieder sich durch eine gemeinsame Sprache, Kultur und Abstammung und damit eng verbunden eine gemeinsame Geschichte auszeichneten, bildet der gegenwärtige Ethnosbegriff hierzu einen deutlichen Gegenpol. Gesellschaftliche Prozesse in den ehemaligen Kolonien wie auch solche in den multikulturellen westlichen Gesellschaften lassen erkennen, dass kulturelle, sprachliche und soziale Entwicklungen keine regelhafte Einheit bilden, sondern jeweils stark den gruppenspezifischen Interessen der Akteure unterliegen. Im Fokus der modernen Gesellschaftswissenschaften zeichnet sich darüber hinaus deutlich ab, dass sich selbst als ethnische Gruppen definierende Gebilde in einem ständigen Wandel befinden. Interaktionen mit dem sozialen und politischen Umfeld führen zu einer kontinuierlichen gesellschaftlichen Veränderung.[4] Der Historiker Jörg Jarnut (1985, 83) spricht in diesem Zusammenhang von ethnischen Gruppen als »Wandlungskontinuum«.

Brather bezieht sich weitgehend indirekt auf die aktuellen Debatten um den Ethnosbegriff in den Gesellschaftswissenschaften. Dennoch ziehen sie sich gedanklich als Webmuster durch seine Arbeit; so rezipiert er diese etwa durch die Arbeiten des Wiener Historikers Walter Pohl (1998a; 2004), der britischen Archäologin Siân Jones (1997; siehe auch Brather 1998) und sicherlich zu einem Großteil durch die an den Freiburger Sonderforschungsbereich 541 »Identitäten und Alteritäten. Die Funktion von Alterität für die Konstitution und Konstruktion von Identität« angeschlossenen Disziplinen,[5] in dessen Rahmen die Habilitationsschrift Brathers entstand.

›Ethnos‹ ist *das* Schlüsselkonzept in den Debatten um Migration und Ethnizität. Der Ethnosbegriff, der in den letzten Jahren für Unruhe in der Archäologie sorgt, steht in krassem Gegensatz zu jenem, den die traditionelle Archäologie – implizit – mit sich führt. Im Zentrum des Ethnosbegriffes, wie er vielfach außerhalb der Archäologie angewandt wird, steht die *Selbstdefinition* der je spezifischen ethnischen Gruppe, die sich ideell als solche konstituiert und damit eine Gruppenidentität erlangt. ›Identität‹ ist ein weiterer Schlüsselbegriff der modernen

---

4   Brather (2004, 51) charakterisiert *Ethnos* wie folgt: »Grundsätzlich handelt es sich um soziale bzw. politische Konstrukte mit realer Bedeutung, denn die Behauptung von Homogenität und Distinktion dient der Identitätsbildung und der Abgrenzung. ›Ethnische Gruppen‹ werden durch den Glauben an kulturelle Gemeinsamkeiten und an eine gemeinsame Abstammung, d. h. die subjektive ethnische Identität von Individuen, zusammengehalten. Ethnien sind deshalb vor allem sich ständig neu konstituierende Traditions- und Rechtsgemeinschaften, die unter Berufung auf gemeinsame ›höhere Ziele‹ die soziale Binnendifferenzierung von Gesellschafen ausblenden oder zumindest überdecken«.

5   In der programmatischen Darstellung des SFB ist zu lesen: »Dabei geht es vorrangig um die auch fiktive Konstruktion von Identität (›acts of identity‹ oder intentionale Geschichte) wie um Prozesse des Abgrenzens und Ausgrenzens«. (http://gepris.dfg.de/gepris/OCT OPUS/;jsessionid=D2560F80B391FB89E29959DB128A5468?module=gepris&task=sh owDetail&context=projekt&id=5481608, abgerufen am 26.04.2010).

Gesellschaftswissenschaften und erlebt in den letzten zwei Jahrzehnten eine erstaunliche Konjunktur (siehe Müller-Scheeßel/Burmeister 2006). Die zahlreichen Kontroversen, die sich um diesen Begriff ranken, können hier nicht nachvollzogen werden (siehe Davidovic 2006). Es sei jedoch ein von dem britischen Sozialwissenschaftler Stuart Hall vorgebrachter Aspekt – über den sich in der allgemeinen Diskussion auch ein weitgehender Konsens einstellen dürfte – hervorgehoben. Hall (2004, 171) betont, dass Identität – und Ethnizität ist hierunter unbedingt zu subsumieren – »innerhalb spezifischer diskursiver Formationen und Praktiken wie auch durch spezifische Strategien hergestellt« wird. Identitätskonstruktionen sind somit kein direktes Abbild gesellschaftlicher Zustände, sondern das Feld, auf dem soziale Ansprüche ausgehandelt werden. Und Identitätsdiskurse sind somit immer auch eine Form, gesellschaftliche Teilhabe und Machtverhältnisse stets aufs Neue zu definieren. Hieraus ergeben sich folgende generelle zentrale Feststellungen:

- Identitäten sind nicht einfach da, sondern werden von sozialen Gruppen erzeugt;
- Identitäten sind Ausdruck und Projektionsfläche sozialer und politischer Ambitionen;
- Identitätsansprüche sind Motor gesellschaftlicher Veränderungen.

Bildet dieses Identitätskonzept der Sozialwissenschaften den theoretischen Bezugspunkt für das weitere Verständnis ethnischer Identitäten und Gruppenbildungen, so folgen daraus für die Archäologie einige Probleme (siehe unten). Brather (2004, 51) versucht, einen Teil des konzeptionellen Problems zu lösen, indem er mit Bezugnahme auf den Historiker Pohl dem operationalen gegenüber einem klassifizierenden Ethnosbegriff den Vorzug gibt, da mit dem Begriff beschreibend und nicht unterteilend zu verfahren sei.[6] Als generelle Konsequenz aus den methodologischen Problemen favorisiert er den Ansatz, Archäologie als Strukturgeschichte zu begreifen,[7] als »eine Geschichte von Gesellschaften« und nicht als Geschichte ethnischer Gruppen (ebd. 350). Brather möchte damit der Frage nach Ethnizität bewusst keine generelle Absage erteilen, er betont explizit, dass es sich um eine sinnvolle Fragestellung handele (ebd. 523 Anm. 763), doch könne sie al-

---

6 In ähnlicher Weise argumentiert der Soziologe Rogers Brubaker (2007, 16–45) für ein Ethnizitätskonzept ohne Gruppen. Ihm zufolge ist ethnische Identität Teil sozialer Praxis und als diskursives Deutungsmuster zu verstehen; sie setzt nicht die Existenz realer Gruppen voraus, sondern konstruiert soziale Kategorien. – Für den Hinweis auf die Arbeit Brubakers danke ich herzlich Philipp von Rummel (Rom).

7 Es ist hier nicht der Ort, näher auf diesen alternativen Ansatz einzugehen, der bei Brather insgesamt sehr vage bleibt (Brather 2004, 525–567). Er selbst schränkt ein: »Dabei stellt die strukturgeschichtliche Alternative selbst keinen geschlossenen alternativen Ansatz dar, sondern umfaßt eine *Vielzahl* möglicher Interpretationen« (ebd. 526).

lein aus methodologischen Erwägungen nicht im Vordergrund der archäologischen Interpretationen stehen (ebd. 565–567).

Die Reaktion

Für Volker Bierbrauer ist die Frage der ethnischen Deutung nicht verhandelbar; der Charakter der Archäologie als historische Wissenschaft stehe und falle damit (Bierbrauer 2004, 47). Er stellt sich der Frage der Methodologie, dem *wie* der ethnischen Deutung und geht dem in fünf ausgewählten Fallbeispielen nach. Ich möchte dies nur an seinem ersten Fallbeispiel, den Langobarden in Italien, nachvollziehen, da seine Methodik hier hinreichend deutlich wird (siehe ebd. 50–53). Dreh- und Angelpunkt der ethnischen Deutung ist das auf Hachmann zurückgehende Konzept des ›Kulturmodells‹. Dieses wird nicht explizit erläutert, Bierbrauers Ausführungen legen jedoch nahe, dass das Kulturmodell spezifische kulturelle Merkmale repräsentiert, die für eine ›Kulturgruppe‹ als wesenseigen gelten können. Wie wir später sehen werden, lässt sich dies präzisieren: Das Kulturmodell fasst kulturelle Attribute zusammen, die mit einer spezifischen, von den Historikern als *gens* bezeichneten Gruppe zu identifizieren seien.

In der archäologischen Überlieferung lässt sich ab Mitte des 6. Jahrhunderts n. Chr. in Italien ein zuvor hier nicht repräsentiertes Kulturmodell nachweisen. Dieses ist durch eine spezifische Beigabensitte charakterisiert: die Bestattung der Toten in einer eigenen Tracht, die Beigabe von Amuletten sowie die Waffenbeigabe, additiv tritt auch die Beigabe von Speisen und Getränken auf. Dieses neu auftauchende Kulturmodell steht einem in Italien herkömmlichen Modell kontrastierend gegenüber. Das bodenständige Modell zeichnet sich durch weitgehend beigabenlose, christliche Bestattungen aus. Dieses ist für Bierbrauer (2004, 50) »unstrittig« und »ohne zu zögern« als romanisch zu bezeichnen. Das in Italien fremde Kulturmodell hat unmittelbare Vorläufer in Niederösterreich, Südmähren und Westungarn. Aufgrund der schriftlichen Überlieferung verbindet Bierbrauer dieses mit den Langobarden und ihrer Einwanderung in Italien. Im 7. Jahrhundert beginnt das langobardische Kulturmodell sich aufzulösen: Langobardische Frauen sind bald nicht mehr von einer Romanin zu unterscheiden, und auch die Männer übernehmen romanische Kleidungsaccessoires; allein die Waffenbeigabe der Männer bleibt bestehen. Im Großen und Ganzen sieht Bierbrauer hierin einen Romanisierungsprozess der eingewanderten Langobarden.

Es ließen sich an der klar formulierten Differenz der beiden Kulturmodelle quellenkritische Bedenken anmelden, da die mitunter problematische Quellenlage nicht in jeder Hinsicht eine klare Unterscheidung zweifelsfrei trägt (siehe Bierbrauer 2003, 215 f.). Ich möchte hier jedoch den methodischen Ansatz in den Vordergrund stellen. Die Kulturmodelle wurzeln in allen von Bierbrauer vorgetragenen

Fallbeispielen in der Sepulkralkultur. Dies ist sicherlich auch der Quellenlage geschuldet, da die – zahlenmäßig geringeren – Siedlungsfunde sich meist einer ethnischen Ansprache gemäß eines bestimmbaren Kulturmodells entziehen. Bierbrauer betont gegen frühere Kritiker,[8] dass die »ethnische Beweisführung« nicht auf der bloßen Verbreitung von Sachgütern basiert. In den unterschiedlichen Kulturmodellen drücken sich abweichende habituelle Repräsentationsformen wie Tracht und vor allem eigene Jenseitsvorstellungen, letztlich ein anderer religiöser Glaube aus. Dass Tracht und Religion identitätsstiftend für das ethnische Bewusstsein gewesen seien, wird nicht näher begründet, muss also als gegeben angenommen werden. Einen besonderen Stellenwert erfährt die ›langobardische‹ Waffenbeigabe. Da sich dieses kulturelle Merkmal gegen den allgemeinen Trend zur Romanisierung noch länger behauptet, rückt die Waffenbeigabe »in die Nähe dessen, was der Historiker mit ›Identität‹ (oder ›Wir-Gefühl‹) glaubt bezeichnen zu dürfen, also wohl doch mehr nur als eine ›Wahrnehmung‹ im Sinne von W. Pohl« (Bierbrauer 2004, 52). Auf diese Argumentationsfigur wird weiter unten zurückzukommen sein. Der archäologische Befund gibt keine Auskunft über die Bedeutung von Waffen bei ›Romanen‹ und ›Langobarden‹; dass Waffen nicht zum romanischen Kulturmodell gehören, kann von quellenkritischer Warte aus auch auf den Bestattungsbrauch und die religiösen Vorstellungen zurückzuführen sein.

Der von Bierbrauer vorgetragene Ansatz soll eine solide Methode zur Bestimmung ethnischer Gruppen sein, doch in der ihm immanenten Logik liefert er darüber hinaus einen archäologischen Nachweis von Wanderungen. Das langobardische Kulturmodell ist nicht nur fremd in Italien, wo es eine Einwanderung markiert, es hat auch Vorgänger. Die Übereinstimmungen mit weiter östlich gelegenen Regionen markieren den Auswanderungsraum. Weitere Übereinstimmungen (Grabformen, spezifische Deponierungen der Waffen im Grab) scheinen diese Annahme zu stützen. Eine Diskussion darum, alternative Deutungsmöglichkeiten (siehe oben) auszuschließen, wie sie Hachmann führte, findet nicht statt. Diese scheint aufgrund der historischen Wanderungsberichte nicht nötig zu sein.

Das Rückgrat der ethnischen Deutung ist mit Bierbrauer in jedem Falle die historische Überlieferung. Dies wird in jenen seiner Fallbeispiele deutlich, wo die antiken Berichte aussetzen. Interessant ist in dieser Hinsicht Bierbrauers zweites Fallbeispiel »Westgoten in Frankreich« (Bierbrauer 2004, 53–57). Hier

---

8   So schrieb H. Steuer (1998, 273): »Die Verbreitung von S-Fibeln unterschiedlicher Typen östlich und südlich der Alpen mit der Einwanderung der Langobarden in Italien in Verbindung zu bringen, ist so lange nicht schlüssig, wie nicht erklärt wird, wie das Vorkommen derartiger Fibeln in gleicher oder größerer Anzahl in Südwestdeutschland und am Rhein zu erklären ist«. Brather (2000, 181) formulierte in ähnlicher Weise: »Für die Völkerwanderungszeit und das frühe Mittelalter orientiert man sich an Einzelelementen wie den ›Thüringer‹ Zangenfibeln, den ›langobardischen‹ S-Fibeln und Goldblattkreuzen [...], ohne damit allerdings strukturelle Besonderheiten zu fassen«.

entwickelt er anhand der Peplostracht ein gotisches Kulturmodell, das jedoch nur durch Frauen repräsentiert wird – die Männer bleiben insignifikant. Aufgrund der historischen Berichte bringt Bierbrauer dieses Kulturmodell mit den Westgoten in Spanien in Verbindung. Die diesem Kulturmodell entsprechende Peplostracht liegt auch in Nordgallien vor und müsse hier als fremd angesehen werden. Der Parallelbefund in beiden Regionen ermutigt Bierbrauer, auch die nordgallischen Frauen mit Peplostracht als Gotinnen zu deuten.[9] Dies ist insofern bemerkenswert, als die historische Überlieferung keine Anwesenheit gotischer Gruppen in Nordgallien bezeugt. Bierbrauer ergänzt somit die historisch überlieferte Geschichte der Goten um ein weiteres Ereignis – die Einwanderung von Goten in Nordgallien am Ende des 5. Jahrhunderts n. Chr. –; ein konkretes historisches Ereignis, das ausschließlich anhand archäologischer Quellen erschlossen ist. Doch zurück zu dem eigentlichen Verfahrensansatz: In jenen Fällen, für die überhaupt keine regionalisierbaren Ethnonyme vorliegen, spricht sich Bierbrauer gegen eine ethnische Deutung archäologischer Befunde aus. Sein methodischer Ansatz basiert somit auf historischem Vorwissen, es ist mitnichten ein selbstständiger Verfahrensweg archäologischer Analyse. In einem Gebiet, für das eine *gens* historisch bezeugt ist, werden aus dem archäologischen Befund kulturelle Muster erschlossen; im gesetzten Idealfall sollen diese sich auf die *gens* beschränken und können somit als ihr wesenseigen gesehen werden.

Da die historische Überlieferung der methodische Ausgangspunkt der archäologischen ethnischen Interpretation ist, weist Bierbrauer (2004, 49) ausdrücklich darauf hin, »daß dem Gebrauch von *gentes*-Namen durch den Archäologen nur jene Sinnhaftigkeit beigemessen werden kann, die der Historiker in Interpretation der Schriftquellen diesen nach dem derzeitigen Forschungsstand beimißt«. Es sei hier jedoch daran erinnert, dass *gens* auch für Historiker kein einfacher Begriff ist, mit dem sich die germanischen Sozialordnungen adäquat abbilden ließen. In keinem Fall versteht ihn die gegenwärtige Geschichtswissenschaft als Bezeichnung einer quasi naturwüchsigen, in sich geschlossenen Abstammungsgemeinschaft, er benennt treffender eine offene, sich kontinuierlich verändernde Gruppe politisch gemeinsam Handelnder, die darüber hinaus durch eine gemeinsame Abstammungsideologie geeint sind (Pohl 1998b; Steinacher 2011; Wolfram 2008, 91 f.).

---

9   Es sei hier nur auf einen Aspekt mangelnder gedanklicher Stringenz hingewiesen. Formulierte Bierbrauer seinen Ansatz der Kulturmodelle explizit gegen seine Kritiker, indem es hierbei gerade nicht um die bloße Ausbreitung von Sachgütern ginge, sondern um habituelle Kulturpraktiken, verwundert die Schlussfolgerung, dass auch jene Frauen in Nordgallien als Gotinnen zu sehen seien, die mit dem gotischen Kulturmodell verbundene Fibeln in einer Weise trugen, die nicht mit diesem Kulturmodell übereinstimmte, sondern fränkische Züge zeigt (Bierbrauer 2004, 56). Letztlich bestimmen hier doch einzelne Fibelfunde die ethnische Deutung.

Die Verwendung gentiler Namen seitens der Archäologie ist mit dem *gens*-Begriff der Geschichtswissenschaft schwerlich kompatibel.

Es wird nicht deutlich, wie Bierbrauer den Ethnosbegriff inhaltlich fasst. Brather hatte zwischen einem »operationalen« und einem »klassifizierenden« unterschieden (siehe oben). Der klassifizierende Begriff basiert letztlich auf einem statischen, primordialen Ethnos-Konzept, demzufolge Ethnizität per Geburt festgelegt wird, und der es ermöglicht, empirisch ethnische Zugehörigkeit trennungsscharf zu unterscheiden. Dem steht der operationale Begriff gegenüber; jener basiert auf einem dynamischen Ethnos-Konzept, das gegenwärtig in den Sozial- und Kulturwissenschaften favorisiert wird und stärker den Prozesscharakter von Ethnizität betont. Mit ihm lassen sich soziale Prozesse nachzeichnen, weniger klar hingegen Stammesgruppen voneinander unterscheiden. Das langobardische Fallbeispiel lässt beide Zugänge zu, blickt man jedoch auf das Fallbeispiel der Goten in Nordgallien zurück, erhält man den Eindruck, dass es vorrangig darum geht, Bevölkerungsgruppen voneinander zu unterscheiden, Bierbrauers Ansatz somit mehr ein klassifizierender ist.

Der Historiker Pohl (2005, 561) konzediert mit Bezug auf die Langobarden: »Diese Überlegungen stellen die Möglichkeit, archäologische Spuren der Langobarden in Italien zu finden, *nicht prinzipiell* in Frage; dass in den Waffengräbern von Nocera Umbra zumindest überwiegend Langobarden bestattet sind, scheint naheliegend. *Doch hat die Archäologie keinen direkten Zugriff auf langobardische Identität.* Das ›langobardische Kulturmodell‹ gibt sicherlich einen guten Anhaltspunkt für Grabsitten und kulturelle Muster, die unter den langobardischen *Führungsgruppen* verbreitet waren. Das entspricht ungefähr einer Definition ethnischer Identität, die auch in den frühmittelalterlichen Schriftquellen verbreitet war und die *das Heer* und *die politischen Mitwirkungsberechtigten* umfasste«. Die Hervorhebungen wurden von mir gesetzt, um die Unterschiede zwischen dem gegenwärtigen Diskussionsstand in der Geschichtswissenschaft, der Bierbrauer das unbedingte Primat bei der inhaltlichen Bestimmung von gentiler Ethnizität zuspricht, und der interpretatorischen Ausformulierung durch den Archäologen Bierbrauer zu kennzeichnen. Die Frage bleibt offen, welche sozialen Gruppen im je spezifischen archäologischen Befund repräsentiert werden. Spiegelt sich etwa im ›langobardischen Kulturmodell‹ nur das Brauchtum spezifischer sozialer Gruppen – der Führungselite – wider oder das einer ganzen ›Volksgruppe‹? Ich werde auf alternative Deutungen zu dem von Bierbrauer vorgetragenen Ansatz zurückkommen.

Tracht als ›Rosetta-Stein‹ der ethnischen Deutung?

Es ist nach wie vor eine gängige Argumentationsfigur in der Archäologie, von der geographischen Ausbreitung spezifischer Sachgüter auf die Mobilität ihrer kulturell ›angestammten‹ Nutzer zu schließen. Letztlich sind es doch oftmals einzelne Typverbreitungen, die als Indiz für Wanderungsvorgänge gewertet werden – und eben nicht als Hinweis auf Handel, Tausch etc. Voraussetzung hierfür ist die ethnische Ansprache von Sachgutformen. Auf die Problematik ethnischer Bezeichnung etwa von Fibelformen hat Brather (2004, 322 mit Anm. 624) bereits hingewiesen. Sicherlich kann man bestimmte Typen in rein deskriptivem Sinne als ›fränkisch‹, ›alamannisch‹ etc. bezeichnen; hierbei meint man sich zunächst auf ihr Hauptverbreitungsgebiet zu beziehen und rekurriert letztlich auf die Schriftquellen, die entsprechende Siedlungsgebiete mit Stammesnamen belegen. Das Problem setzt ein, wenn sich die Verbreitungsgebiete nicht auf diese Siedlungsgebiete beschränken – und oftmals liegen die meisten Funde auch außerhalb dieser Gebiete. Hier verlässt man die formal deskriptive Ebene und beginnt ethnisch zu klassifizieren.

Die von Alexander Koch (1995; 1998a) und Wolfgang Ebel-Zepezauer (1997) kontrovers geführte Debatte über Bügelfibelfunde aus Spanien zeigt die interpretatorischen Probleme, die sich hier ergeben. In ihrer Diskussion morphologischer und technischer Details einzelner Fibeln kommen sie zu einer jeweils anderen kulturgeschichtlichen Bewertung der Funde. Die Diskussion zeigt die vielen und weitreichenden überregionalen Bezüge der Völkerwanderungszeit, denn dass sich hier Kontakte, Austausch und Akkulturationsprozesse widerspiegeln, ist unstrittig. Eine Einigung hingegen, wen wir letztlich hinter den Trägern der Fibeln zu sehen haben, scheint nicht in Sicht. Hier offenbart sich eine Grenze archäologischer Interpretation; zwar kann die Archäologie auf beeindruckende Weise die einzelnen Einflüsse aufzeigen, nicht jedoch, ob die Fibeln jeweils von einer ›Romanin‹, ›Gotin‹ oder ›Fränkin‹ getragen wurden.

Die interpretatorische Ambivalenz der archäologischen Quellen wird auch in dem übergeordneten Beispiel der westgotischen Einwanderung in Spanien deutlich. Die historischen Eckdaten für eine Einwanderung westgotischer Gruppen in Spanien in Folge des Untergangs des sog. Tolosanischen Westgotenreiches in Gallien und die Gründung eines neuen Reiches zu Beginn des 6. Jahrhunderts in Spanien liegen vor. In diesem Zeitraum zeichnet sich ein Zustrom ›gotischer‹ bzw. ›gotisch‹ inspirierter Funde sowie neuer Bestattungssitten archäologisch ab. Im Wesentlichen konkurrieren zwei konträre Ansätze um die Deutung des archäologischen Befundes, die immer auch in den Kontext der historischen Überlieferung gestellt werden (zur Übersicht siehe Eger 2005). 1. Die spanischen Grabfunde lassen eine spezifische Tracht erkennen, die auf die Tracht der kaiserzeitlichen Černjachow-Sîntana-de-Mureş-Kultur in der Südukraine und Rumänien zurückgeführt werden kann. Diese wird historisch mit den Goten identifiziert. Über zwei

Jahrhunderte hätten Goten ihre ›Stammestracht‹ bewahrt. Dieses gotische ›Kulturmodell‹ erlaube im Verbund mit den Schriftquellen die Identifikation der spanischen Gräber mit den Westgoten. 2. Dem entgegen steht das von Michel Kazanski (1989) entworfene Konzept einer »*mode danubienne*«. Was im anderen Ansatz als ›gotische‹ Tracht verstanden wird, ist demnach eine allgemein donauländische Mode, die im Amalgam der unterschiedlichsten, vor allem aber auch reiternomadischen, kulturellen Einflüsse entstand. Das hohe Sozialprestige, das insbesondere die Hunnen in jener Zeit genossen, führte dazu, dass diese Mode von einer kosmopolitischen, oftmals germanischstämmigen Aristokratie übernommen wurde. Der Niederschlag der donauländischen Trachtmode in Spanien lässt zwar auf äußere kulturelle Einflüsse schließen, nicht jedoch zwingend auf eine Wanderung, und schon gar nicht auf eine, die sich anhand der Tracht ethnisch identifizieren ließe. Barbara Sasse (1997, 42) geht sogar so weit zu sagen, dass die Westgoten nach Jahrzehnten der Wanderung keine eigenständige materielle Kultur mehr hatten, die es uns erlauben würde, sie archäologisch von der spätrömischen Bevölkerung zu unterscheiden. Beide Seiten bringen ihre Argumente vor, ohne dass eine Lösung des interpretatorischen Dilemmas in Sicht ist. Für den amerikanischen Historiker Michael Kulikowski (2008, 41) ist die Debatte um die vermeintlichen archäologischen Belege einer gotischen Einwanderung in Spanien letztlich durch das Paradigma der ethnischen Deutung fehlgeleitet. Der geäußerten Hoffnung Christoph Egers (2005, 179), die zukünftige Forschung werde mit erweiterter Materialbasis Lösungsansätze für das geschilderte Dilemma liefern, wird man skeptisch gegenüber zu sein haben.

Ausgangspunkt zahlreicher Aussagen zu Wanderung und Ethnizität ist die ›Tracht‹, der eine besondere Bedeutung für das Selbstverständnis ihrer Träger zugesprochen wird (zugespitzt A. Koch 1998b, 537). Das erkenntnistheoretische Potenzial volkskundlicher Trachtenforschung für die archäologische Diskussion von Ethnizität und Wanderung wurde im deutschsprachigen Raum in den jüngeren Debatten erstmals von Stefan Burmeister (1997) ausgelotet. Tracht erscheint hier als wichtiges Medium der sozialen Kommunikation und Interaktion. Sie erlaubt es, soziale Zugehörigkeiten auszudrücken, und sie hat eine deutliche identitätsstiftende Wirkung. Soweit kommt das dem oben skizzierten archäologischen Trachtverständnis entgegen. Volkskundliche Studien zeigen aber auch, dass Tracht in spezifischen historischen Situationen entsteht – und sich im Zuge sozialer Prozesse wandelt. Sie ist somit nicht statisch – unser Trachtenbild heute ist vielfach von traditionserzeugenden und traditionspflegenden Bemühungen des 19. und frühen 20. Jahrhunderts geprägt –, sondern äußerst wandelbar. Da gerade die Wanderungsbewegungen des Frühmittelalters mit einer Reihe tiefgreifender sozialer Wandlungsprozesse verbunden waren, bin ich damals zu dem Schluss gekommen, dass insbesondere ethnisch begriffene Trachten ein problematisches Indiz für den Wanderungsnachweis sind. Die volkskundliche Sichtweise auf ›Tracht‹ wird durch die neuen geschichtswissenschaftlichen Arbeiten (z. B. Pohl 1998a) und auch durch neuere archäologische Studien zum *habitus barbarus* gestützt (von Rummel 2007; 2010).

Dieser Ansatz wurde vor allem von Brather aufgegriffen und in mehreren Arbeiten vorgetragen.[10] Auch er hebt den besonderen Zeichencharakter von ›Tracht‹ hervor, gruppenspezifische Unterschiede auszudrücken. Für ihn entfaltet Tracht ihre eigentliche Zeichenfunktion innerhalb von Lokalgemeinschaften, wobei vornehmlich Geschlecht, Lebensalter und Familienzugehörigkeit, aber auch Besitz, Profession und Religion dargestellt werden (Brather 2007; 2008a, 288 f.). Brather betont die Binnendifferenzierung in der Lokalgemeinschaft. Da gerade Bestattungen ›Inszenierungen‹ vor der Trauergemeinde sind und jene auch die Projektionsfläche für die etwa durch ›Tracht‹ zur Schau gestellte Identität bilden, sollten ethnische Identitäten als Form der Außendifferenzierung in der Regel keine Rolle spielen[11] – eine bedenkenswerte, letztlich aber nicht begründete Behauptung.[12] Da Grabfunde die Hauptquelle für die ethnische Interpretation in der Archäologie sind, entzieht Brather bereits auf diesem Wege der ethnischen Deutung ihre methodische Grundlage.

10　Brather 2004, pass.; 2007; 2008a; 2008b. – Brather bevorzugt den Begriff ›Kleidung‹ statt ›Tracht‹. ›Tracht‹ sei missverständlich, da dieser Begriff an das Trachtverständnis des 19. Jahrhunderts einer sich nur langsam verändernden, regionaltypischen Kleidung anklinge (Brather 2008a, 283). ›Kleidung‹ sei neutraler und würde sich auch in der Volkskunde durchgesetzt haben. Ich spreche dagegen hier bewusst von ›Tracht‹, da der volkskundliche Kleidungsbegriff noch eine Reihe funktional-praktischer Bedeutungsinhalte hat, die für unsere Diskussion nicht relevant sind. Da wir hier über die Symbolfunktion, soziale Gruppenzugehörigkeit darzustellen, reden, ist der hergebrachte Trachtbegriff besser geeignet, das auszudrücken als der inhaltlich weiter gefasste Kleidungsbegriff.

11　Brather 2008a, 286 f.; 2008b, 257; siehe auch 2007, 205 Tab. 4 – Ethnizität findet hier keinen Niederschlag.

12　Die Kulturanthropologin Ina-Maria Greverus macht auf die besondere Bedeutung von Ritualen bei der Konstitution und Bestätigung von Gruppenidentitäten aufmerksam. Bei diesen handele es sich um normierte und stereotypisierte Handlungsabläufe, die u. a. einen gruppenbindenden und bestätigenden Charakter hätten, die Integration und Zugehörigkeit erfahrbar machten. Durch die Einbindung der Rituale in die Alltagswelt der Gruppe werde Identität durch das Beteiligtwerden wie das Beteiligtsein erlebbar. Hierbei gebe es keine Zuschauer, nur Beteiligte (Greverus 1987, 258; für ein entsprechendes Fallbeispiel: Andretta 1989, bes. 29). Gerade der Tod von Gemeinschaftsmitgliedern kann die Integrität der Gemeinschaft bedrohen, weswegen die Vergewisserung der gemeinsamen, alle verbindenden Identität – und weniger die Linien der Binnendifferenzierung – von kommunaler Bedeutung ist und deshalb auch im Grabbrauch durchaus in den Vordergrund gestellt wird. – Abweichend zu Brather sieht auch der Soziologe Werner Gephart eine u. a. identitätsstiftende Funktion von Religion; gerade religiöse Symbole und Rituale machten die Außengrenzen einer Gemeinschaft sichtbar (Gephart 1999, 265).

Die Abkehr von der Vorstellung ethnisch statischer Gruppen und eine geänderte Sicht auf Kultur, die deren aktiven Anteil an der sozialen Kommunikation innerhalb einer Gesellschaft stärker in den Vordergrund stellt, eröffnen neue Zugänge zu den frühmittelalterlichen Quellen. Philipp von Rummel (2007) setzt sich in seiner Freiburger Dissertation in zuvor ungesehener Weise mit dem sog. *habitus barbarus* auseinander. Nach umfassender Neubewertung der einschlägigen Schriftquellen, Bilddarstellungen und Bodenfunde zieht er die Grenze, die anhand der ›barbarischen‹ Tracht bislang als kulturelle Demarkationslinie zwischen Barbaren und Römern gezogen wurde, neu. Er entkleidet den Begriff seiner ethnischen Deutung und weist den *habitus barbarus* als Distinktionsmerkmal einer neuen Elite aus. Es waren die alten zivilen römischen Eliten, die das Feld der Schrift- und Bilderzeugung besetzt hielten und die sich durch die pejorativ verstandene ›barbarische‹ Kennzeichnung von den neuen militärischen Eliten, in die vielfach auch Barbaren aufgestiegen waren, abzugrenzen versuchten. In den Bodenfunden ist die Gegenseite repräsentiert: die neuen Eliten, die im Grabbrauch – archäologisch fassen wir sie vor allem in den Grabfunden – ihre neu gewonnene gesellschaftliche Teilhabe repräsentativ zum Ausdruck brachten. Das beidseitig anerkannte Distinktionsmerkmal war eine Tracht, die ihre Ursprünge in der soldatischen Kleidung hat, und bei der es sich nicht um eine originäre fremde oder gar germanische Tracht handelt. Für die Interpretation archäologisch erschlossener Trachten hat das weitreichende Konsequenzen, verlieren sie doch – zumindest jene Funde aus den Gebieten des ehemaligen Römischen Reiches – ihre Indizienfunktion als Hinweis auf die diversen germanisch-gentilen Gruppen.[13]

Ethnische Interpretation: Paralleldiskurse

Ein deutliches Problem der fachlichen Debatte ist die mitunter eklatante Beziehungslosigkeit von an sich aufeinander bezogenen kontroversen Beiträgen. Es

---

13 »Wenn Texte und Bilder es demnach als unwahrscheinlich erscheinen lassen, daß sich einzelne *gentes* der Völkerwanderungszeit durch spezifische Merkmale der äußeren Erscheinung als ethnische Gemeinschaft ausgezeichnet haben, müssen die Bodenfunde sehr gute Argumente liefern, um das Gegenteil wahrscheinlich zu machen. Dies ist bisher noch nicht geschehen, soll aber als theoretische Möglichkeit nicht ausgeschlossen werden« (von Rummel 2010, 77). – Es sei hier ausdrücklich betont, dass von Rummel einen ›germanischen‹ Ursprung für die spezifischen Trachtfunde nicht grundsätzlich zurückweist. So verbindet er z. B. den *habitus barbarus*, der sich mit dem Einfall der Vandalen in Nordafrika nun dort archäologisch niederschlägt, durchaus mit den Vandalen, allein schon weil sie dort eine neue Aristokratie etablierten und damit ein spezifisches Repräsentationsbedürfnis erzeugten (von Rummel 2007, 323). Dennoch verbietet sich für den je spezifischen Einzelfall eine ethnische Aussage, es sei denn, man bezeichne alle Angehörigen der neuen Machtelite in Nordafrika pauschal als Vandalen.

scheint mir vor allem ein Phänomen der in Kritik stehenden Vertreter der traditionellen Ansätze zu sein, die eine sichtliche Sprachlosigkeit auf der methodischen und theoretischen Reflexionsebene zu erkennen geben. Dies sei an einem Beispiel dargestellt.

Ursula Koch (1977) gab in ihrer monographischen Vorlage der Funde des Gräberfeldes von Schretzheim eine umfassende historische Interpretation der Belegungsgeschichte. Anhand von Trachtbestandteilen und Keramik stellte sie eine Reihe von ethnisch gedeuteten Einwanderungen fest, die sich in der Belegung abzeichneten. Die Argumentationsmuster gleichen den oben bereits beschriebenen, so dass ein sehr knappes Resümee des Ergebnisses hier genügen soll. Die zum Gräberfeld von Schretzheim gehörende Siedlung wurde ihr zufolge durch thüringische Familien gegründet, die jedoch in Abhängigkeit zu einer fränkischen Familie standen. Des Weiteren ließe sich ein langobardischer Zustrom feststellen. Da die Thüringer im Jahre 531 von den Franken besiegt wurden, sei eine »Umsiedlung von Thüringern auf Grund fränkischer Initiative in der Zeit nach 531 gut vorstellbar« (ebd. 190). Das von Koch entworfene enge chronologische Raster der Belegungsphasen scheint die historischen Deutungen zu stützen.

In seiner 1993 vorgelegten Freiburger Dissertation befasst sich Gerard Jentgens (2001) am Beispiel der Alamannen ausführlich mit »Methoden und Begriffen der ethnischen Deutung archäologischer Funde und Befunde« – so der Untertitel seiner Arbeit. Diese Arbeit kann als Auftaktarbeit des archäologischen Teilprojektes am Freiburger SFB »Identitäten und Alteritäten« (siehe oben) gelten (vgl. H. Steuer im Vorwort).[14] Jentgens setzt sich eingehend u. a. mit dem Gräberfeld von Schretzheim und dessen Bearbeitung durch Ursula Koch auseinander. In seiner Neubewertung der chronologischen Stufen des Gräberfeldes löst er das enge Chronologieraster Kochs auf, wodurch die Belegungsphasen ihre Konkordanz mit den historischen Ereignissen verlieren. Er verwahrt sich sowohl aus methodologischen als auch befundimmanenten Gründen der von Koch vorgeschlagenen ethnischen Deutung der Grabfunde; allein die Beigabe von Eiern bzw. die von Kümpfen in Kindergräbern möchte er als Indiz einer Zuwanderung werten. Er sieht auf dem Gräberfeld keine ethnischen Gruppen repräsentiert, sondern lokale Familienverbände, für die er ein familiär begründetes Wir-Gefühl, nicht ein ethnisches annimmt (Jentgens 2001, 187).

Man mag Jentgens vielleicht nicht immer folgen wollen, interessant ist jedenfalls die eigenwillige Replik von Ursula Koch (2004a). Erneut bestätigt sie ausführlich ihr enges Chronologieraster der Belegungsfolge des Gräberfeldes und bestärkt ihre ursprüngliche historische Interpretation. Sie flicht ein dichtes Gewebe historischer Aktionen, in denen die einzelnen auf dem Gräberfeld bestatteten Per-

---

14 Die Arbeit wurde vier Jahre vor Bewilligung des SFB eingereicht; dies mag erklären, dass Jentgens in seinen Bewertungen – anders als etwa Brather (2004) oder von Rummel (2007) – weitgehend archäologieimmanent argumentiert.

sonen ihre je spezifische Position bekleiden. Sie selbst beschreibt es als »lebendige
Schilderung«, die durch die absolute Chronologie ermöglicht werde (ebd. 568).
Jentgens sparte in seiner Arbeit nicht mit Aussagen, dass die ethnische Interpretation in den von ihm rezipierten Arbeiten methodologisch haltlos sei – auch die
Stichhaltigkeit der Argumente Kochs zur ethnischen Interpretation stellt er infrage
(z. B. Jentgens 2001, 89). Koch geht hierauf in keiner Weise ein; sie ignoriert
diese Kritik vollends und hebt in ihrer Reaktion auf Jentgens ausschließlich auf
die chronologische Debatte ab. Man könnte unterstellen, dass sie hierauf methodologische Antworten hat, hingegen auf die Kritik der ethnischen Deutung nicht.
Insgesamt stabilisiert sie in ihrer Replik ihr Fachverständnis von Archäologie als
Ereignisgeschichte, entzieht sich jedoch konsequent bei den Themen ›Ethnizität‹
und ›Migration‹ der fachlichen Debatte.

Multivariate Verfahren zur Überwindung
einer methodischen Aporie?

Einen gänzlich anderen Verfahrensweg schlägt Frank Siegmund (2000) bei der
Beantwortung der ethnischen Frage ein. Er wählt im Gegensatz zu den bislang
dargestellten Ansätzen nicht einzelne kulturelle Merkmale aus, die aufgrund ihres
Verbreitungsbildes als ethnisch signifikant angenommen werden, sondern ermittelt
anhand multivariater statistischer Verfahren signifikante Variationen von Waffen-
und Gefäßbeigaben. In seine quantitative Analyse fließen über 10 000 Gräber von
annähernd 200 Gräberfeldern ein, wobei sein Bearbeitungsgebiet grob das historisch bekannte Siedlungsgebiet der Alamannen, Franken, Thüringer und Sachsen
im 5.–7. Jahrhundert abdeckt. Abweichend von den sonst üblichen Verfahren beruht Siegmunds Ansatz nicht auf der An- oder Abwesenheit einzelner diakritischer
Merkmale, sondern auf der Häufigkeit, in der die einzelnen Merkmale auf den
jeweiligen Gräberfeldern belegt sind. So kann er für jedes Gräberfeld eine charakteristische Häufigkeitsverteilung der berücksichtigten Merkmale bestimmen. Im
überregionalen Vergleich gelingt es ihm, bei den Verteilungsmustern signifikante
regionale Unterschiede herauszuarbeiten. Die so ermittelten Merkmalsgruppen
definieren nach Siegmund ein räumlich eingrenzbares Kulturmodell, das er mit
Bezug auf die historische Überlieferung ethnisch deutet.

Entscheidend an Siegmunds Ansatz ist, dass er eine andere Bezugsgröße wählt
als etwa Bierbrauer. Er geht nicht vom Individuum, sondern vom Kollektiv jener
Personen aus, die gemeinsam auf einem Gräberfeld bestattet wurden. Die ethnische Aussage bezieht sich somit immer auf eine Gemeinschaft und nicht auf eine
Einzelperson.

Dieser interessante und über die bisherigen Arbeiten weit hinausweisende
Ansatz ist jedoch ebenfalls nicht ohne Probleme. Siegmund betont, dass Identi-

tät – denn um die geht es ihm und hier bezieht er sich auch auf aktuelle sozialwissenschaftliche Diskurse – konstituiert und immer wieder bestätigt werden muss, somit also immer auch im Kontext sozialer Handlungen zu sehen ist. Er betont, dass der »additiv konstatierte Besitz identischen Sachgutes« allein keine Ethnien konstituiere (Siegmund 2000, 83). Im unmittelbaren Anschluss führt er aus, dass besondere Bedeutung jenen Bereichen zukomme, in denen soziales Verhalten sich archäologisch beobachten lasse. Es müsse also versucht werden, »identitätsstiftende Merkmale, Ereignisse oder Handlungen zu fassen«. Damit formuliert er einerseits treffend seine Forschungsstrategie, andererseits setzt er aber auch voraus, dass identitätsstiftende Handlungen sich notwendigerweise auch archäologisch fassbar niederschlagen. Das wäre erst zu zeigen. Ist eine signifikante räumliche Verteilung spezifischer Kulturmuster überhaupt Ausdruck eben solcher identitätsstiftenden Handlungen oder haben diese Muster nicht einen gänzlich anderen Ursprung? Hans-Peter Wotzka (siehe Brather/Wotzka 2006, 145–204) testet Siegmunds Ergebnisse ebenfalls mit einer Reihe multivariater Verfahrensansätze und kommt zu abweichenden Ergebnissen (siehe hierzu die Replik von Siegmund 2006). Die sich abzeichnenden Strukturen wertet er nicht als Ausdruck von Ethnizität, sondern vielmehr als Ausdruck von »Unterschieden der sozialen Praxis, der Verfügbarkeit von Ressourcen oder Produkten, der Verkehrsinfrastruktur oder schlicht der menschlichen Neigung, es den Nachbarn gleichzutun« (Brather/Wotzka 2006, 187). Es zeigt sich, dass jeder Ansatz, den archäologischen Befund im Sinne der hier zur Diskussion stehenden Problematik zu deuten, in erheblichem Maße von je spezifischen Prämissen abhängt.

Fachdiskurs und die Reflexion eines analytischen Dilemmas

Die Kontroverse, die sich etwa zwischen Brather und etlichen seiner Kritiker entspannt, lässt sich im Wesentlichen u. a. auf ein jeweils verschiedenes – und nicht kompatibles – Fachverständnis von Archäologie zurückführen. Zur Erläuterung seines Ansatzes betont etwa Bierbrauer (2004, 71), dass er entgegen Brather den »Weg von ›unten‹, also von der Quelle zur Aussage« wählt.[15] Den Nachteil der Arbeit Brathers sieht er vor allem darin, dass sich dessen Kritik »fast ausschließlich im Theoretischen erschöpfte und damit der Forschung der letzten Jahrzehnte nicht gerecht wurde«. Durch seinen Beitrag will er die Diskussion um die ethnische Diskussion wieder vom »›vom Kopf auf die Füße‹« stellen. Bierbrauer plädiert dafür, die Diskussion quellennah zu führen. Dies würde nicht nur der fachinternen Diskussion zugutekommen, sondern auch das »Mißtrauen« der Nachbardiszipli-

---

15 Fast gleichlautend U. Koch (2004b, 465): »[...] und zeigte einmal mehr, wie viel weiter der Weg von unten, die sorgfältige und genaue Analyse archäologischer Quellen, führt«.

nen, besonders der Geschichte, abbauen (ebd. 74). Einer dezidierten theoretischen Diskussion enthält Bierbrauer sich. Doch lassen sich die hier zu lösenden Probleme allein von der Warte der Quellen her lösen?

Ethnizität, also das Wir-Gefühl einer Gruppe, lässt sich eindeutig nicht aus dem archäologischen Befund herauslesen; doch wie sieht es mit dessen Repräsentationsformen aus, also den materiellen Manifestationen dieses Wir-Gefühls? Auch jene Fachvertreter, die den quellenbasierten Weg ›von unten‹ als den wissenschaftlich korrekten Verfahrensweg postulieren, verlassen frühzeitig die Ebene der Quellen. Die ethnische Deutung erfolgt meist ja nicht nach einer differentialdiagnostischen Befunderhebung; die Interpretation basiert in erheblichem Maße auf bestimmten Setzungen, die an die archäologischen Quellen herangetragen werden und eben nicht aus diesen abgeleitet sind. So wird etwa der Keramik eine besondere Signifikanz für die ethnische Interpretation zugesprochen (z. B. U. Koch 1968, 119), der Tracht (siehe oben) oder den Bestattungssitten.[16] Scheinbare oder offenkundige Gruppenbildungen, die aus dem archäologischen Niederschlag dieser spezifischen Kulturmerkmale erschlossen werden, gelten als ethnisch signifikant; es ist deutlich, dass diese Setzungen den Weg der Interpretation maßgeblich vorzeichnen. Der induktive Verfahrensansatz, der hier als Weg ›von unten‹ in der reinen Lehre favorisiert wird, sitzt einer Idealvorstellung auf, die in der Realität letztlich nicht von ihren Vertretern praktiziert wird. Auch der Weg ›von unten‹ ist in erheblichem Maße deduktiv. Insofern stößt der Vorwurf Ursula Kochs (2004b, 463), Brather argumentiere theoretisch und reihe eine Behauptung an die andere, auf Unverständnis.

Nicht der Umstand, dass die ethnische Interpretation auch bei den traditionellen Vertretern der deutschsprachigen Archäologie letztlich doch nicht unmittelbar aus den archäologischen Quellen erschlossen wird, soll hier stören, sondern, dass die interpretationsleitenden Prämissen wissenschaftlich nicht hinreichend begründet sind. Warum ein kulturelles Merkmal als ethnisch signifikant zu gelten hat, scheint eher dem Vor-Wissen der jeweiligen Bearbeiter zu entspringen, weniger jedenfalls einer kulturwissenschaftlichen Empirie – und diese können nur Disziplinen wie etwa die Ethnologie, Volkskunde oder Soziologie beisteuern, die sich durch eine dichtere Quellenüberlieferung als die Archäologie auszeichnen und die überhaupt nur unmittelbare Aussagen zum Konnex von Wir-Gefühl und seinen kulturellen Repräsentationen erlauben.

Es ist geradezu auffällig, dass die gegenwärtigen kulturwissenschaftlichen Diskurse nicht Eingang in die archäologischen Fachdebatten finden; eine Skepsis gegenüber der rezenten Analogiebildung mag hier mit für verantwortlich zeichnen. Relevante Literatur anderer Disziplinen scheint nicht rezipiert zu werden; Arbeiten, die sich mit den auch seitens der Archäologie behandelten Themen wie

---

16 Siehe z. B. Andresen 2000, 554; U. Koch 1968, 119; Theune 2008, 212; indirekt Kleemann 2005, 231.

›Ethnizität‹, ›Migration‹, ›Akkulturation‹ befassen, bleiben in der Regel unberücksichtigt.[17] Insofern hat der archäologische Fachdiskurs bisweilen deutlich hermetische Züge.

Für die Diskussion grundlegend ist das Verständnis, das dem Aussagepotenzial der archäologischen Quellen entgegengebracht wird. Es ist offensichtlich, dass die Befürworter einer ethnischen Interpretation keine Probleme darin sehen, eine inhaltliche Verbindung zwischen dem archäologischen Befund und gemäß ihrer Prämissen einer ethnischen Aussage zu ziehen. Die Kritiker problematisieren, dass es hinsichtlich ethnischer Identität keine genuine inhaltliche Verbindung zwischen der archäologischen Quelle und ihrer Interpretation gibt. Auf die grundsätzlichen Probleme, symbolische Repräsentationen im archäologischen Befund in ihrer ursprünglichen Zeichenbedeutung zu erfassen, wurde bereits mehrfach hingewiesen (Burmeister 2003, bes. 270–274; 2009). Die dort geäußerte Skepsis der diesbezüglichen generellen archäologischen Interpretationsmöglichkeiten soll hier nicht wiederholt werden; es reicht, auf die entsprechenden Passagen oben zu verweisen. Bei den kulturellen Merkmalen, die zur ethnischen Selbstdefinition und Abgrenzung verwendet werden, handelt es sich um kulturelle Konventionen, die aus der kulturellen Praxis heraus resultieren und sich in dieser zu bewähren haben. Sie resultieren keinesfalls aus einer den Merkmalen selbst innewohnenden Eigenschaft.

Vor allem ethnographische Studien zeigen die Vielfalt möglicher Repräsentationen ethnischer Identität. Sie zeigen, wie Ethnizität kulturell inszeniert wird, und sie geben durchaus Hinweise auf kulturelle Zusammenhänge etwa zwischen ethnischer Identität in ihrem je spezifischen Kontext sowie auf Formen ihrer symbolischen Repräsentanz. Allgemein verbindliche Regeln lassen sie hingegen nicht erkennen. Es lassen sich ebenso Beispiele finden, die die oben genannten als Prämissen gesetzten Annahmen bestätigen, wie solche, die ihnen widersprechen.[18]

---

17 Ein augenfälliges Beispiel liefert A. Koch (1995, 331), der sich in einem Beitrag mit den »Akkulturationserscheinungen im Bereich des merowingischen Kunsthandwerks« befasst. In einem einführenden Absatz geht er allgemein auf Akkulturationsprozesse ein; seine allgemeine kulturwissenschaftliche Referenz ist der Eintrag »Akkulturation« im *Deutschen Wörterbuch* von 1986. Die eklatante Diskrepanz zwischen diesem knappen Eintrag und der Fülle kulturwissenschaftlicher Arbeiten zu diesem Thema ist unübersehbar.

18 In diesem Zusammenhang erhellend ist z. B. die ethnoarchäologische Studie von Dietler/Herbich (1998): Die von den ostafrikanischen Luo produzierte Keramik findet über den regionalen zentralen Markt einen weiten Absatz und wird vor allem von anderen Gruppen gekauft. Eine Kartierung der Keramik zeigt, dass die durchaus vorhandenen kulturell signifikanten Grenzen überlagert werden, wohingegen durch das Kartenbild Grenzen suggeriert werden, wo keine sind. Die Töpferinnen sind in der Lage, ihre eigenen Keramikstile zu erkennen, ohne sich jedoch deren typischer Merkmale immer bewusst zu sein. Für die Käufer und Konsumenten haben die keramischen Stile hingegen keine Bedeutung. Eine Gruppenidentität wird in diesem Fall allenfalls auf der Ebene der

Dies stellt die allgemeine Gültigkeit der genannten Prämissen ethnischer Signifikanz ausgewählter Merkmale grundsätzlich infrage. Es ist in jedem Einzelfall zu begründen, warum diese jeweils zutreffen sollten. Die Bezugnahme auf aus dem archäologischen Befund erschlossene Gruppenbildungen ist ein nicht hinreichendes Indiz, da diese Gruppen auch anders als ethnisch bedingt gewesen sein können; Brather hat hierauf mehrfach zu Recht hingewiesen. Erst durch Setzungen, dass die in die Gruppenbildung eingeflossenen kulturellen Merkmale ethnisch signifikant seien, ergibt sich die ethnische Interpretation. Der Verweis auf die Schriftquellen hilft hier ebenfalls nicht weiter (siehe unten). Die Archäologie entbehrt hier eines unabhängigen Kriteriums, die auf bestimmten Annahmen beruhenden Deutungen zu überprüfen. Insofern ist die Forderung Siegmunds (2000, 82; 352) eines eigenständigen archäologischen Ethnosbegriffs zweifelhaft; auch sein innovativer Verfahrensansatz scheitert letztlich an der fehlenden Überprüfbarkeit. Es scheint unausweichlich, dass sich die Verbindung zwischen der ethnischen Identität vergangener Gruppen und ihren archäologisch erschlossenen Hinterlassenschaften in erster Linie nicht über die ergrabenen Quellen herstellen lässt. Diese Verbindung kann nur theoretisch gezogen und muss von außen an den Befund herangetragen werden. Eine Diskussion, die sich dem theoretischen Diskurs entzieht, ist folglich zum Scheitern verurteilt.

Archäologische Migrationsforschung im Methodenvakuum

Die Diskussion in der archäologischen Migrationsforschung wird durch zwei kontroverse Positionen geprägt. Exemplarisch sei der eine Pol durch Christoph Eger (2008, 183) wiedergegeben, der in Bezug auf die Vandalen festhält, dass die Einwanderer sich vor allem von ihrem angestammten Schmuck und Kleidungszubehör als äußerlich sichtbare Garanten ihres sozialen Status nicht so schnell getrennt haben werden. Dem sei kontrastierend eine Aussage des Historikers Walter Pohl (2008, 20) entgegengehalten, der betont, dass nicht die eindeutige Abgrenzung nach außen das Volk definiere, sondern die aktive und passive Partizipation.

Stark verkürzt ließen sich die beiden Positionen auf einen knappen Gegensatz reduzieren: Einem essentialistischen und statischen Deutungsansatz – der durch die traditionelle deutschsprachige Archäologie wiedergegeben wird – steht ein dynamischer und offener Ansatz gegenüber. Oder anders ausgedrückt: Bevölkerungsgruppen *haben* eine Kultur versus sie *machen* sich eine Kultur zu eigen. Diese Unterscheidung ist plakativ und wird den jeweiligen Ansätzen nicht immer gerecht. Auch die Vertreter des traditionellen Ansatzes berücksichtigen durch

Produzentinnen abgebildet – die sich jedoch aufgrund der Verbreitung der Keramiken archäologisch nicht wirklichkeitsnah ermitteln lässt.

Akkulturation hervorgerufene kulturelle Veränderungen – der archäologische Befund zeigt diese ebenso an wie sie die historisch bekannten Vorgänge nahelegen. Gleichfalls gehen auch die Vertreter des hier als prozessual und offen benannten Ansatzes davon aus, dass bestimmte Gruppen ihre Kultur haben – sie beziehen sich jedoch weniger auf spezifische Ethnien als auf soziale Eliten, die durch spezifische materielle Repräsentationsformen ihre – tatsächliche oder angestrebte – Zugehörigkeit zu einer distinkten Oberschicht demonstrieren. Dies kann durch kulturelle Fremdformen erfolgen, die entweder auf Kontakte zu Oberschichten anderer Räume oder auf eine eingewanderte und sich als neue Oberschicht etablierende Fremdgruppe schließen lassen. Folgen wir etwa den Überlegungen Volker Bierbrauers (siehe oben), so setzten die Akkulturationsprozesse bei den eingewanderten Langobarden erst nach einigen Generationen hin zu einer Romanisierung ein; Walter Pohl (2008, 22 f.) würde hingegen eine wechselseitige Beeinflussung – eben auch der romanischen Bevölkerungsgruppe hin zur langobardischen Kultur – bereits in der ersten Einwanderergeneration annehmen. Letztlich setzen beide Ansätze unterschiedliche Geschwindigkeiten beim Kulturwandel an und gehen von einer unterschiedlichen sozialen – und damit verbunden: kulturellen – ›Durchlässigkeit‹ der eingewanderten und der einheimischen Bevölkerung aus.

Beide Varianten sind kulturgeschichtlich generell möglich, und somit wäre im je spezifischen Einzelfall zu prüfen, welchem Ansatz zu folgen ist. Die methodischen Probleme, die sich hierbei ergeben, wurden oben bereits beschrieben. Der traditionelle Ansatz basiert im Kern auf einer ethnischen Deutung, so dass alle damit verbundenen Probleme hier vollauf zur methodologischen Hürde erwachsen. Doch auch der Gegenentwurf muss die gleiche Hürde überwinden, denn die Abwesenheit von ›Ethnizität‹ im archäologischen Befund nachzuweisen, dürfte kaum ein leichteres Unterfangen sein als dessen positive Bestätigung – bestenfalls kann man das Thema ignorieren. Alles in allem bleibt deswegen festzuhalten, dass die ethnische Deutung für den Wanderungsnachweis keine tragfähige Basis liefert (so bereits Burmeister 1997, 197). Der ethnische Ansatz kann im Einzelfall jede Untersuchung auf eine falsche Fährte führen. Die archäologische Untersuchung von Migrationen muss aus diesem Grund zunächst auf anderem Wege erfolgen; erst *nachdem* eine Einwanderung nachgewiesen ist, ist die Frage der Ethnizität zu stellen.

Es ist selbstverständlich, dass jede konkrete, auf ein Fallbeispiel bezogene archäologische Migrationsdiskussion bei dem Fundmaterial ihren Ausgang nehmen muss. Das im lokalen Milieu als ›Fremdform‹ – hierbei kann es sich um materielle Güter, um Hausformen, Bestattungsbräuche, Trachtenstile etc. handeln – diagnostizierte Merkmal ist erklärungsbedürftig. Dass ›Migration‹ nur eine von mehreren Deutungsmöglichkeiten ist, wurde bereits ausgeführt und soll hier an einem Fallbeispiel illustriert werden.

Die westliche Ausbreitung von Elementen der polnischen Przeworsk-Kultur in der Spätlatènezeit wurde bereits oben durch die mustergültige Analyse von Rolf Hachmann dargestellt. Seit einer Arbeit von Karl Schumacher aus dem Jahre 1920 werden die Przeworsk-Funde aus Hessen mit einer Einwanderung aus den polnischen Ausgangsgebieten dieser Kultur in Verbindung gebracht. Erst vor Kurzem wurde der lange fraglos postulierte Einwanderungshorizont durch Heiko Steuer (2007) generell infrage gestellt. Er führt den großräumigen Niederschlag von Przeworsk-Elementen nicht auf Bevölkerungsverschiebungen zurück, sondern sieht diesen als Ergebnis von Akkulturationsprozessen (ebd. 263). Greifen wir den oben eingeführten Begriff des ›Migrationismus‹ erneut auf, so formuliert Steuer hier einen anti-migrationistischen Gegenentwurf, der dem Geiste nach den prozessualen anglo-amerikanischen Debatten der 1960er bis 1980er Jahre folgt.

Zwischen die beiden Pole – einerseits anhand der Verbreitung von Fremdformen Migrationen nachzuzeichnen, und der Rückführung dieser Fremdformen auf Akkulturationsprozesse und damit die Rückweisung von Migrationen andererseits – schieben sich die Studien von Michael Meyer (2005; 2008a; 2008b). Ausgehend von seinen archäologischen Ausgrabungen in den 1990er Jahren am Fundplatz Mardorf 23, Ldkr. Marburg-Biedenkopf, untersucht er die Besiedlung des deutschen Mittelgebirgsraumes in den Jahrhunderten um Christi Geburt – womit der Titel seiner Habilitationsschrift, in der er seine Untersuchungsergebnisse umfassend vorlegt, bereits annähernd vollständig genannt ist (Meyer 2008b). Meyer zeichnet ein differenziertes Bild der Vorgänge um die Ausbreitung der kulturellen Elemente der Przeworsk-Kultur in ihrem sog. sekundären Verbreitungsgebiet. In Ost- und Westdeutschland kann er letztlich drei Regionen ausweisen – das Saalemündungsgebiet, Nordthüringen und die Wetterau –, die sich durch eine spezifische Befundstruktur von dem weiter gefassten Gesamtraum abheben. Sowohl in der materiellen Ausstattung der Siedlungen als auch in den Grabformen und der Beigabenausstattung lässt sich für diese Räume eine Sonderstellung feststellen. Diese zeigt sich in der Korrelation bestimmter materieller Vergesellschaftungen ebenso wie in der Korrelation von Beigaben und Grabformen sowie von Fremdformen und geschlechts- und altersspezifischer Grabausstattungen. Meyer kommt zu dem Schluss, dass hier zwei verschiedene Populationen z. T. nebeneinander gesiedelt haben, wobei es sich bei der einen um Einwanderer aus dem Raum der Przeworsk-Kultur handeln müsse. Diese Annahme wird durch eine weitere Beobachtung gestützt: Die Przeworsk-Keramik aus der hessischen Siedlung Mittelbuchen unterschied sich deutlich in der Tonaufbereitung und Magerung von der einheimischen Keramik. Da jedoch lokale Tone bei der Herstellung verwendet wurden, müssen die Keramiken lokal produziert worden sein (Daszkiewicz/Meyer 2008, 330 f.).

Die Untersuchungen Meyers zeichnen sich nicht nur durch eine differenzierte Analyse und Kontextualisierung der Fremdformen aus, er bezieht sich bei seiner weiteren kulturgeschichtlichen Interpretation explizit auf die migrationstheoretischen Modelle, die in den letzten Jahren entwickelt wurden (siehe unten). Insgesamt zeichnet Meyer ein Bild der Vorgänge, das von den bisherigen Versuchen den Fundniederschlag zu erklären, deutlich abweicht (Meyer 2008b, 187–193). Er postuliert keine umfassende Bevölkerungsverschiebung, sondern eine Einwanderung kleiner, demographisch aber überlebensfähiger Gruppen. Das Verbreitungsbild der Przeworsk-Funde führt Meyer letztlich sowohl auf Migration als auch Adaption zurück.

Es fehlen bislang klare Methoden, die es erlauben, einen archäologischen Wanderungsnachweis zu führen. Das analytische Problem wird zudem dadurch vergrößert, dass die aufgrund von Fremdformen und antiker Berichte postulierte Migration meist nicht in Abgrenzung zu anderen Formen des Kulturtransfers diskutiert wird. Die ›Beweisführung‹ ist gedanklich stark eingeschränkt und entsagt sich selbst möglicher Gegenkontrolle. Die Arbeiten Michael Meyers, der mit seiner differenzierten Analyse deutliche Lösungswege aufzeigt, bilden hier eine Ausnahme. Er schließt unmittelbar an die rund 50 Jahre ältere Arbeit Rolf Hachmanns an; die Jahrzehnte dazwischen scheinen – von weiteren Materialanreicherungen abgesehen – keine nennenswerten Entwicklungen zu zeigen. Sowohl vom methodischen wie theoretischen Niveau haben seine Arbeiten hier Vorbildcharakter.

Methode und Theorie in der deutschsprachigen Debatte

Eine Debatte über Verfahrensweisen der archäologischen Migrationsforschung fehlt weitgehend. Die gängigen Argumentationsfiguren des Wanderungsnachweises basieren meist auf der Bewertung von ›Fremdformen‹, auf Kontinuitäten und Diskontinuitäten im Fundbild. Das Fehlen von Methoden, die es erlauben, trennscharf zwischen den einzelnen Formen des Kulturtransfers zu unterscheiden, übergibt letztlich das Wort an jene Glaubenssätze, die den jeweiligen Interpretationen zugrundliegen. Solange es nicht gelingt, zwischen den Einwanderergruppen und jenen Einheimischen zu unterscheiden, die Kulturelemente der Einwanderer übernehmen, werden die hier dargestellten Kontroversen, ob das archäologische Fundbild primär durch Einwanderung oder durch Adaption hervorgerufen ist, nicht auflösbar sein.

Erste Ansätze für diagnostische ›Werkzeuge‹ des archäologischen Wanderungsnachweises wurden entwickelt, bislang aber noch nicht systematisch auf ihre Anwendbarkeit überprüft. In zwei Beiträgen habe ich (Burmeister 1996; 2000) modellhaft ein Verfahren dargestellt, das den archäologischen Nachweis von Einwanderungen sowie eine Unterscheidung der durch Migration hervorgerufenen Veränderungen von anderen Formen des Kulturtransfers ermöglichen soll. Anhand historischer Wanderungen, die sich durch eine dichte Überlieferung auszeichnen, lässt sich aufzeigen, dass die Welt der Einwanderer in zwei Sphären organisiert ist: Es gibt den öffentlichen oder Außenbereich, der die Kontaktzone zur Gesellschaft der Einwanderungsregion darstellt. In diesem Bereich reagieren die Einwanderer unmittelbar auf ihre neue Umgebung. Die Sachkultur dieses Bereiches passt sich der Außenwelt an, ist somit wenig geeignet, Wanderungsereignisse zurückzuverfolgen. Davon deutlich abzugrenzen ist der sog. Innenbereich der Einwanderergruppe, deren Privatsphäre, die unter weitgehendem Ausschluss der Öffentlichkeit organisiert ist. Dieser Bereich ist exklusiv, hier hat die Sachkultur der Einwanderer ihre größte Beständigkeit. Die hier beobachtbare kulturelle Beharrung ist nicht zwingend auf Traditionsbewahrung oder Konservativismus zurückzuführen, sondern lässt sich mit dem Habitus-Konzept des französischen Soziologen Pierre Bourdieu (1993, 97–121) erklären. Der Außen- und der Innenbereich unterliegen gänzlich anderen Anforderungen, so dass Einwanderergesellschaften hier ein jeweils spezifisch anderes kulturelles Verhaltensmuster entwickeln.

Für den Wanderungsnachweis sollten daher kulturelle Merkmale ausgeschlossen sein, die aufgrund ihrer Funktionalität oder ihres sozialen Wertes vielfach Anwendung finden könnten. Es sind die Details einer Kultur, die auf Außenstehende wenig funktional wirken bzw. die nach außen keine soziale Signifikanz haben, somit weder als Prestige- noch als Modeobjekt übernommen werden können. Auf Techniken der Tonaufbereitung und Magerung bei der Keramikherstellung wurde oben bereits beispielhaft eingegangen (Daszkiewicz/Meyer 2008, 330 f.; ein ähnliches Beispiel siehe Reichmann 1979, 42 f.). Auf dem Siedlungshügel von Kastanas konnte Hänsel (1989, 336) einen planerischen Neubeginn der Siedlung in Schicht 13 beobachten, den er mit einer neuen Population verbindet – auch die Küchen- und Essgewohnheiten scheinen sich geändert zu haben.

Einen anderen Verfahrensweg beschreitet Michael Gebühr (1997, 13), der über die quantitative Ermittlung von Beigabenkombinationen ausgewählter Gräberfelder Übereinstimmungen zwischen einer Auswanderungs- und Einwanderungsregion zu ermitteln sucht. Dieser Ansatz basiert auf dem Grundgedanken, dass die Übereinstimmung der prozentualen Anteile spezifischer Beigabenkombinationen auf Gräberfeldern unterschiedlicher Regionen weder zufällig noch durch bloße Adaption zustande kommt, sondern dem Beigabenmuster ein kulturelles Verhalten zugrunde liegt, das nur durch die Wanderung der Kulturträger selbst übertragen werden konnte. Das Verfahren wurde in ähnlicher Weise von Frank Siegmund für die Ermittlung ethnischer Gruppen angewendet (siehe oben); Gebühr beschränkt sich jedoch ausschließlich auf den Wanderungsnachweis. Dieses Verfahren setzt allerdings voraus, dass gut ergrabene Gräberfelder sowohl aus der Auswanderungs- als auch der Einwanderungsregion vorliegen.

Doch es mangelt nicht nur an einer Methodendiskussion im Fach, auch der Bereich der theoretischen Reflexion ist weitgehend ausgeblendet. Es gibt keine im Fach etablierte Grundlagenforschung, die sich mit den generellen Problemen der archäologischen Migrationsforschung befasst. Weder wird die weit verzweigte theoretische Literatur, die die unterschiedlichsten Disziplinen zum Thema ›Migration‹ hervorgebracht haben, rezipiert noch wird eine Modellbildung innerhalb des Faches selbst vorangetrieben. Erst in den letzten 15 Jahren sind in der deutschsprachigen Archäologie einige wenige Arbeiten entstanden, die sich generell mit dem Thema ›Migration‹ befassen und die für die archäologische Migrationsforschung eine kulturwissenschaftliche Perspektive entwickeln. Denn das ist sicherlich ein zentrales Manko der bisherigen Forschung, dass Wanderung nur im Rahmen konkreter Fallbeispiele thematisiert wurde, wobei die jeweiligen Bearbeiter sich weitgehend auf den Nachweis einer spezifischen Wanderung beschränkt haben. Ein erfolgreicher Nachweis diente der Erklärung beobachteter kultureller Veränderungen. Wanderung selbst stand bislang nicht im Fokus der Untersuchungen. Migrationen sind mehr als die bloße Dislozierung von Bevölkerungsgruppen; es handelt sich meist um differenzierte kulturgeschichtliche Prozesse, die Ursachen, einen Verlauf mit zu unterscheidenden Phasen sowie Auswirkungen in den Auswanderungs- wie Einwanderungsgebieten haben. Insofern sind Wanderungen selbst ein für die Archäologie relevantes Forschungsthema; der meist aus der Wanderung abgeleitete Kulturwandel ist nur ein Aspekt hiervon.

Die erste deutschsprachige Monographie zur archäologischen Migrationsforschung legte Marc Andresen mit seiner Kieler Dissertation 2004 vor (eingereicht 1998). Mit Bezug auf den französischen Wissenschaftshistoriker Gaston Bachelard verfolgt Andresen (2004, 71) das Ziel, »eine Methoden- und Theoriegeschichte der Erforschung prähistorischer Wanderungen zu schreiben, in der vor allem die Irrtümer und ihre Wesenszüge aufgezeigt werden sollen, mit denen die bisherigen Forschungsansätze behaftet sind. Zugleich wird auf diese Weise ein Hinweis darauf gegeben, wie die die Forschung behindernden Irrtümer überwunden werden können«. Hierbei betrachtet er ausschließlich die deutsche Forschung. Er weist der deutschen Archäologie relative Begriffslosigkeit und Erkenntnishindernisse – ein Begriff Bachelards – nach, die den weiteren Erkenntnisweg verstellen. Das von Andresen in der Folge entwickelte Konzept zur archäologischen Untersuchung von Migrationen ist allerdings derart problematisch, dass es selbst nur als Erkenntnishindernis gesehen werden kann. Seine konzeptionellen Anleihen bei dem Ethnologen Richard Thurnwald, dessen von Andresen aufgegriffenes Akkulturationskonzept letztlich darauf zielte, eine Apartheidsgesellschaft zu legitimieren, sowie eine Reihe fragwürdiger Setzungen können letztlich keine tragfähige Untersuchungsmethode begründen.[19]

Die zweite und bislang letzte monographische Arbeit zur archäologischen Migrationsforschung legte Roland Prien mit seiner Heidelberger Dissertation 2005 vor (eingereicht 2002). Auch Prien versucht ein Methodenrepertoire des

---

19 Eine detaillierte Kritik erfolgt bei Burmeister 2004.

archäologischen Wanderungsnachweises zu entwickeln. Er verfolgt hierbei einen stringenten Weg, der jedoch deutlich erkennbare Brüche zeigt. Prien steigt über die soziologische Theoriebildung ein. Die Soziologie hat eine lange Tradition der Migrationsforschung und sich grundlegend zu Aspekten von Wanderungen geäußert. Dies zu vernachlässigen wäre sträflich. Aus den »wichtigsten soziologischen Migrationstheorien soll eine praktikable Typologie der Wanderungen für die Urgeschichte erstellt werden« (Prien 2005, 8). Die Ethnologie als Referenz lässt er – ohne nähere Begründung – unberücksichtigt. Er erstellt eine Typologie, die vier Formen der Migration erfasst: Elitenwanderung, Massenwanderung, Spezialistenwanderung und Vertreibung. Diese Typen sind jedoch nicht aus der soziologischen Theorie heraus entwickelt worden, sondern aus der historischen und nicht zuletzt ethnologischen Migrationsforschung. Prien wählt eine Reihe von Fallbeispielen, für die sowohl historische als auch archäologische Quellen vorliegen – er erfasst dabei einen Zeithorizont, der von der Spätantike bis zum späten Mittelalter reicht. Die Fallbeispiele werden vor dem Hintergrund der vier Migrationstypen analysiert und auf die Frage hin untersucht, welche materiellen Spuren die jeweiligen Formen hinterlassen. Die Auswahl ist aus forschungspraktischen Erwägungen heraus sinnvoll gewählt, dennoch versucht er sie darüber hinaus zu begründen (ebd. 49 f.). Seine Beispiele stammen aus dem europäischen Umfeld. In der Beschränkung auf diesen geographischen Raum sieht er eine Gewährleistung der Vergleichbarkeit der Fallbeispiele untereinander. Er lässt neuzeitliche Migrationen ebenfalls weitgehend unberücksichtigt, da diese sich aufgrund der fast unbegrenzten, technologischen Möglichkeiten nicht als Vergleichsbeispiele für prähistorische Wanderungen eigneten. Bedenken wir jedoch, dass die soziologische Theoriebildung fast ausnahmslos zur Erklärung von Wanderungsvorgängen in den Industriegesellschaften entwickelt wurde, und auch die von Prien formulierten Migrationstypen letztlich aus der Ethnographie und jüngeren Geschichte entlehnt sind, entzieht er seinem methodologischen Vorhaben die Ankerpunkte seines theoretischen Überbaues, basiert seine Modellbildung doch auf Befunden, die er selbst als Analogie für ungeeignet hält. Das ist allerdings ein von Prien künstlich – und unnötigerweise – erzeugtes Problem, das dem grundsätzlichen Wert seiner Arbeit keinen Abbruch tut.

Klare Kriterien, anhand derer die einzelnen Wanderungsformen – oder Wanderungen überhaupt – nachzuweisen sind, lassen sich nicht ermitteln. Diese Beobachtung sollte nicht verwundern, da die materielle Sachkultur der Einwanderer eben nicht zwingend aus der Art und Weise resultiert, wie jene in die für sie neue Region gekommen sind, sondern – wie hier schon mehrfach diskutiert – aus dem sozialen Kontext, in dem die Einwanderer sich dort befinden. Akkulturation kann die Spuren jeder Einwanderung schnell und nachhaltig verwischen. Prien weist jedoch einige kulturelle Merkmale aus, die durchaus einen Hinweis auf Bevölkerungsverschiebungen geben *können*. Hier folgt er dem Quantitätskriterium, dass die Plausibilität eines Einwanderungsnachweises mit der Zahl positiv nachgewiesener ›Einwanderungsmerkmale‹ steigt (Prien 2005, 315). Wer den Lackmus-Test des archäologischen Wanderungsnachweises erwartet, sieht sich durch die Ergebnisse Priens enttäuscht. Die Arbeit integriert jedoch nicht nur die Theoriebildung anderer sozial- und kulturgeschichtlicher Disziplinen in den archäologischen Fachdiskurs, sie lässt auch deutlich die Mängel der traditionellen Archäologie etwa bei der Auswahl der mitunter sehr apodiktisch gesetzten Kriterien des Wanderungsnachweises erkennen.

In enger Übereinstimmung zu der wenige Jahre später erschienenen Arbeit Priens könnten zwei Arbeiten von mir (Burmeister 1998b; 2000) aufgefasst werden. So beziehe auch ich mich explizit auf die Theoriebildung anderer Disziplinen. Die Verfahrenslogik ist jedoch eine deutlich andere. Ich sehe zunächst kein Problem, Analogien aus gänzlich anderen geographischen Räumen oder aus neuzeitlichen Kontexten zu wählen. Zunächst geht es mir darum, Migration als Prozess zu verstehen und diesen in seine Bestandteile zu zerlegen. Hierbei zeigt sich, dass Migrationsprozesse oft unabhängig ihres historischen oder geographischen Kontextes nach ähnlichen Mustern strukturiert sind – eine feste Regel ist hieraus jedoch nicht abzuleiten. Empirisch lässt sich zeigen, dass Wanderungsbewegungen z. B. meist Vorreiter haben, entlang fest umrissener Routen verlaufen, nach dem sog. Froschsprungverfahren erfolgen, Einwanderer gleicher Herkunft in räumlicher Nähe siedeln, Wanderungen demographisch selektiv sind und von Rückströmen begleitet werden. Diese Merkmale lassen sich – in unterschiedlicher Ausprägung – auch unabhängig des Migrationstyps feststellen. Insofern kann man anhand der Merkmale einen idealtypischen Migrationsprozess formulieren.

Es ist zunächst nicht klar, inwieweit sich rezente Migrationsphänomene auf prähistorische Situationen übertragen lassen. Ob sie sich als Analogie eignen, kann folglich grundsätzlich erst einmal weder positiv noch negativ beantwortet werden. Die Analogiebildung anhand rezenter Wanderungen ist auch nicht das Ziel. Die Beschäftigung mit rezenten Wanderungen soll die notwendige Kenntnis wesentlicher Wanderungsphänomene sowie der diesen zugrundeliegenden Strukturen vermitteln. Erst diese Kenntnis ermöglicht die Formulierung von sinnvollen Hypothesen und schafft die notwendige Grundlage für die Erklärung archäologischer Befundstrukturen. Das hier verfolgte Ziel ist somit weniger als archäologische Theorie der Wanderung, denn als Handlungsanweisung für die archäologische Untersuchung zu verstehen: Es ist ein Untersuchungsmodell.

Lassen sich auf der Ebene der Phänomene Übereinstimmungen feststellen, kann erstmals ein analogischer Bogen von den rezenten Migrationen zu dem prähistorischen Fallbeispiel geschlagen werden. Es wird somit nicht von der Grundannahme ausgegangen, dass es strukturelle Parallelen zwischen prähistorischen und rezenten – gleich welchen Kontextes – Migrationen gibt, sondern diese sind für jeden spezifischen Einzelfall nachzuweisen.

Fazit und Ausblick

Dieser Beitrag ist ein Versuch, den deutschsprachigen theoretischen und methodologischen Fachdiskurs der letzten Jahrzehnte in Hinsicht auf die Begriffe ›Ethnizität‹ und ›Migration‹ zu durchmessen. Es sollte deutlich geworden sein, dass es sich mit diesen Begriffen nicht nur um zentrale Begriffe der archäologischen Forschung handelt, sondern dass sie darüber hinaus zwei zentrale Schlüsselkonzepte der deutschen Archäologie markieren. Sie kennzeichnen jeweils hingegen kein eigenes Forschungsthema, das es zu untersuchen gilt – Ethnizität und Migration selbst bleiben als kulturhistorisches Phänomen weitgehend unbehandelt. Sie müssen deshalb als Schlüsselkonzept angesehen werden, weil sie weniger eine Forschungsfrage beinhalten als einen Erklärungsansatz, der offensichtlich axiomatisch gesetzt ist. Beide Konzepte sind zudem eng miteinander verwoben, da die ethnische Deutung das methodische Fundament des archäologischen Wanderungsnachweises ist. Dass diese Bindung weder zwingend noch hilfreich ist, wurde gezeigt. Der Pauschalvorwurf des ›Migrationismus‹ trifft die deutschsprachige Archäologie jedoch ungerechtfertigt, da auch andere Positionen in den Fachdiskurs eingegangen sind und weiter eingehen werden.

Eine archäologische Grundlagenforschung ist, von wenigen Ausnahmen abgesehen, kaum existent, und das wenige, was hervorgebracht wurde, wird kaum zur Kenntnis genommen oder gibt Anlass zu heftigen Rückweisungen, wie die Reaktion auf die Arbeiten Sebastian Brathers zeigt. Die bloße Bekräftigung des ›Kulturmodells‹ stellt ohne kulturtheoretische Fundierung keine angemessene Antwort auf die Kritik dar, dass es der Archäologie bislang nicht gelungen ist, die für die Deutung notwendigen ethnisch signifikanten Marker hinreichend herauszuarbeiten. Es gibt offensichtlich keine Auseinandersetzungskultur in der deutschsprachigen Archäologie, die jenseits von Typologie und Chronologie die methodologischen und theoretischen Grundlagen der vorgebrachten kulturhistorischen Deutungen reflektiert. Dass es hiervon Ausnahmen gibt, braucht nicht weiter betont zu werden.

Das Heil der fachlichen Entwicklung und die Lösung anstehender Forschungsfragen werden in großem Maße in der Erweiterung der archäologischen Datenbasis gesehen. Blicken wir auf den Normalbetrieb der archäologischen Wissenschaft, so erkennen wir hier einen gänzlich anderen Modus als ihn etwa Karl Popper und Thomas Kuhn umreißen. Diese kommen in ihrer Betrachtung des wissenschaftlichen Alltags zu zwei grundlegend gegensätzlichen Einschätzungen, was die Struktur der normalen Wissenschaft und ihrer Protagonisten anbelangt. Nach Popper sind Wissenschaftler »Problemlöser«, nach Kuhn hingegen »Rätsellöser«. Diese Bezeichnungen machen kaum den unvereinbaren und grundlegenden Unterschied beider Ansätze deutlich. Lassen sich Beobachtungen nicht mit grundlegenden theoretischen Annahmen in Übereinstimmung bringen, zeichnet sich für den Problemlöser eine Unzulänglichkeit der wissenschaftlichen Paradigmen ab (von Kuhn als unrealistische Beschreibung des wissenschaftlichen Alltags abgetan); für den Rätsellöser hingegen stellt sich das als mangelnde Qualität des Wissenschaftlers bzw. der verwendeten Methoden – letztlich auch ein Makel des Wissenschaftlers – dar (Kuhn 1977). Ganz anders in unserem Fall: Hier scheint keiner der Ansätze zu greifen. Weder geraten Paradigmen noch Wissenschaftler und Methoden in Zweifel; das Manko wird bei den Daten gesehen, die in wesentlichen Belangen als unzureichend gelten. Angesichts der regelhaft problematischen archäologischen Quellenlage wird man dem im Grundsätzlichen nicht widersprechen wollen; dennoch offenbart sich hier auch ein spezifisches Wissenschaftsverständnis. Das Streben nach einer hinreichend guten archäologischen Datenbasis ist ein nachvollziehbares, gerade in Hinblick auf ›Ethnizität‹ und ›Migration‹ in den meisten Fällen jedoch letztlich unerreichbares Ziel. Der Archäologe ist diesem Selbstverständnis nach weniger ein Problem- oder Rätsellöser als ein Sammler, der versucht, seine Datenbasis anzureichern und Lücken im Sammlungsbestand zu füllen. Liegt das ›Heilsversprechen‹ in der komplettierten Sammlung, ist die Reflexion von Methoden und Paradigmen nachgeordnet. Da es allerdings letztlich doch immer die interpretatorische Leistung des einzelnen Wissenschaftlers sein wird, die weitere Erkenntnis bringt, wäre hier eine stärkere Hinwendung zur Methoden- und Theoriediskussion notwendig.

Seit einigen Jahren werden große Hoffnungen auf die Naturwissenschaften gesetzt, der Archäologie neue Erkenntnismöglichkeiten zu eröffnen.[20] So können etwa Isotopenanalysen das offenkundige und bislang kaum gelöste Problem des archäologischen Wanderungsnachweises fallweise lösen helfen. Eine Reihe von großangelegten Forschungsvorhaben (z. B. an den Universitäten Mainz und Berlin) versuchen zurzeit das Feld für die Migrationsarchäologie zu erweitern. Doch können solche Methoden die in sie gesetzten Hoffnungen einlösen? Wie Corina Knipper (2004, 653 ff.) klar herausstellt, gibt es einen grundlegenden Unterschied zwischen der Isotopenanalyse und dem archäologischen Wanderungsnachweis: Handelt es sich bei den archäologischen Indizien letztlich nur um indirekte Hinweise auf Wanderungen – können die erfassten kulturellen Merkmale doch auch anders als über Migration transferiert worden sein –, liefert die Isotopenanalyse hingegen einen direkten Beleg, dass Menschen gewandert sind. Des Weiteren basiert der archäologische Wanderungsnachweis in der Regel auf der Beobachtung von Gruppenphänomenen – der disparate Einzelfund bleibt unerklärt –; Aussagen werden folglich auf der Gruppenebene getroffen. Anders dagegen der naturwis-

---

20 Siehe auch die Interviews mit neun »die archäologische Szene in Deutschland prägenden Persönlichkeiten« in *Archäologie in Deutschland* 6, 2009, 38–43. Fast unisono haben die Befragten angegeben, dass die größten Erkenntnisse und Fortschritte in der Archäologie der letzten Jahrzehnte durch naturwissenschaftliche Methoden erzielt wurden. – Für den Hinweis auf das Interview danke ich herzlich Svend Hansen (Berlin).

senschaftliche Ansatz, der Beobachtungen am einzelnen Individuum macht und auch nur Aussagen auf der individuellen Ebene trifft. Die Stärke dieses naturwissenschaftlichen Ansatzes ist unübersehbar, ermöglicht er doch – unter bestimmten Voraussetzungen – erstmals einen methodisch sicheren Nachweis, dass Menschen gewandert sind. Auf einen weiteren wichtigen Aspekt macht Knipper noch aufmerksam: Diese Methode bietet ein Prüfinstrument, inwieweit Wanderungen sich in der materiellen Kultur manifestieren (ebd. 655).[21] Damit kann sie einen wichtigen Beitrag zur archäologischen Grundlagenforschung leisten.

Trotz aller Euphorie über die neuen Möglichkeiten sollte die Grundlagenforschung nicht aus den Augen verloren werden. Über Art und Weise einer Wanderung erlaubt die Strontiumisotopenanalyse keine Aussage. Der Nachweis einer erfolgten Wanderung kann immer nur der Einstieg in die weitere Forschung sein; hierbei ist es unbedingt wünschenswert, dass Migration nicht nur ein Erklärungsparadigma für beobachtete Phänomene ist, sondern selbst Gegenstand der Forschung wird, um so unser Verständnis kulturhistorischer Prozesse zu vertiefen. Die Analyse dieser Prozesse wird letztlich immer im Aufgabenfeld kultur- und somit geisteswissenschaftlicher Methoden bleiben. Allgemeiner formulierte bereits Manfred K. H. Eggert (2010, 194), dass naturwissenschaftliche Ergebnisse in der Archäologie noch keine historische Erkenntnis liefern, sondern im Rahmen eines kulturwissenschaftlichen Kontextes zu deuten sind.

Ebenso in der Frage der begrifflichen Bestimmung von Ethnizität kommt die Archäologie nicht umhin, sich intensiv mit den Konzepten auseinanderzusetzen, die gegenwärtig in anderen sozial- und kulturwissenschaftlichen Disziplinen diskutiert werden. Da sich ethnische Identität allenfalls mittelbar in den archäologischen Quellen niederschlägt, sind jene in dieser Frage notwendigerweise die Leitdisziplinen (siehe hier z. B. auch die wichtige Arbeit Wotzka 1997).

Vor allem die Frühgeschichtliche Archäologie muss eine enge Auseinandersetzung mit ihrer geschichtswissenschaftlichen Partnerdisziplin suchen. Hier ist zu klären, ob eine archäologische Kulturgruppe, die durch ein ›Kulturmodell‹ definiert wird, wirklich das Analogon zur historisch überlieferten *gens* ist. Die unreflektierte Übernahme fachlicher Begriffe hilft keiner der Seiten weiter, da sie eine inhaltliche Verständigung suggeriert, die noch nicht erreicht ist. Der Historiker Walter Pohl (2002, 237) bezweifelt etwa, dass ethnische Identitäten aus den germanischen Wäldern ins Römische Reich importiert wurden. Wie geht das mit den Versuchen zusammen, anhand von ›Kulturmodellen‹ Wanderungen ethnischer Gruppen ins Römische Reich zu identifizieren? Jüngst betonte er (Pohl 2010)[22],

---

21 Eindrücklich zeigt Doris Gutsmiedl (2005) die Diskrepanz zwischen der Herkunft von Trachtbestandteilen in einem Grab und der isotopenbestimmten Herkunft der mit diesen ausgestatteten Frauen.

22 Walter Pohl (Wien) danke ich herzlich für die Möglichkeit, das seinerzeit unveröffentlichte Manuskript einzusehen.

dass ethnische Identität gezielt von barbarischen Gruppen auf dem Territorium des Römischen Reichs genutzt wurde, um den militärischen Zusammenhalt der Verbände zu gewährleisten. Bereits zuvor hatte Michael Kulikowski (2002, 83) auf die irreführende Dichotomie von Volk und Heer dieser Gruppen hingewiesen. Die antiken Berichterstatter haben in jedem Falle die militärisch aktiven Teile der barbarischen Gruppen wahrgenommen und auch diese gemeint, wenn sie von *gens* sprachen. In welchem Verhältnis stehen folglich diese militärisch begründeten *gentes* zu Gruppen, die archäologisch etwa über ihre Bestattungssitten und Merkmale der Frauentracht definiert werden? Es ist eben nicht davon auszugehen, dass das archäologische ›Kulturmodell‹ und die historisch bezeugte *gens* das Gleiche bezeichnen bzw. sich überhaupt auf der gleichen Ebene sozialer Kategorisierung bewegen.

Für die Archäologie ist es nach wie vor eine vorrangige Aufgabe herauszuarbeiten, welche kulturellen und sozialen Mechanismen zur Ausprägung kultureller Muster führen bzw. welche kulturellen Phänomene hinter den archäologisch definierten Gruppen stehen. Martin Furholt (2009) hat in seiner Dissertation gezeigt, dass die Merkmale archäologischer Gruppenbildung deutlich differenzierter und komplexer zu betrachten sind als es die oben vorgestellten ›Kulturmodelle‹ nahelegen. Stephen Shennan (2000) stellt eine Reihe von Mechanismen dar, wie kulturelles Wissen weitergegeben und Kulturmerkmale tradiert werden. In eine ähnliche Richtung zielt Bourdieus Konzept des Habitus (siehe oben). Die beobachtbaren Kulturmuster basieren auf Kommunikation, und die geographische Ausdehnung solcher Muster markiert Kommunikationsräume; sie sind jedoch vielfach nicht identitätsbildend. Auf eine einfache Formel gebracht: Man macht etwas so wie man es macht, weil man es eben so macht. Das heißt selbstverständlich nicht, dass es keine identitätswirksamen kulturellen Merkmale gibt. Hier jedoch mehr Klarheit zu erhalten, ist eine Kernaufgabe archäologischer Theoriebildung.

Literatur

Adams/van Gerven/Levy 1978: W. Y. Adams/D. P. van Gerven/R. S. Levy, The Retreat from Migrationism. Annu. Rev. Anthr. 7, 1978, 483–532.

Andresen 2000: M. Andresen, Besprechung zu Burmeister 2000. Current Anthr. 41, 2000, 553–554.

Andresen 2004: Ders., Studien zur Geschichte und Methodik der archäologischen Migrationsforschung. Internat. Hochschulschr. 373. Münster: Waxmann 2004.

Andretta 1989: E. H. Andretta, Symbolic Continuity, Material Discontinuity and Ethnic Identity among the Murle Communities in the Southern Sudan. Ethnology 28, 1989, 17–31.

Anthony 1990: D. W. Anthony, Migration in Archeology: The Baby and the Bathwater. Am. Anthr. 92, 1990, 895–914.

Bierbrauer 2003: V. Bierbrauer, Stichwort »Romanen«. In: RGA² 25, 2003, 210–242.

Bierbrauer 2004: Ders., Zur ethnischen Interpretation in der frühgeschichtlichen Archäologie. In: W. Pohl (Hrsg.), Die Suche nach den Ursprüngen: Von der Bedeutung des frühen Mittelalters. Österr. Akad. Wiss. Denkschr. Phil.-Hist. Kl. 322 = Forsch. Gesch. Mittelalter 8. Wien: Österreichische Akademie der Wissenschaften 2004, 45–84.

Bourdieu 1993: P. Bourdieu, Sozialer Sinn: Kritik der theoretischen Vernunft. Frankfurt a. M.: Suhrkamp 1993. [Erstveröff.: Le sens pratique. Paris: Minuit 1980.]

Brather 1998: S. Brather, Besprechung zu Jones 1997. Ethnogr.-Arch. Zeitschr. 39, 1998, 457–462.

Brather 2000: Ders., Ethnische Identitäten als Konstrukt der frühgeschichtlichen Archäologie. Germania 78, 2000, 139–177.

Brather 2002: Ders., Ethnic Identities as Constructions of Archaeology: The Case of the *Alamanni*. In: Gillet 2002, 149–175.

Brather 2004: Ders., Ethnische Interpretationen in der frühgeschichtlichen Archäologie: Geschichte, Grundlagen, Alternativen. RGA Ergbd. 42. Berlin u. a.: de Gruyter 2004.

Brather 2007: Ders., Von der »Tracht« zur »Kleidung«: Neue Fragestellungen und Konzepte in der Archäologie des Mittelalters. Zeitschr. Arch. Mittelalter 35, 2007, 185–206.

Brather 2008a: Ders., Kleidung, Grab und Identität in Spätantike und Frühmittelalter. In: G. M. Berndt/R. Steinacher (Hrsg.), Das Reich der Vandalen und seine (Vor-) Geschichten. Akad. Wiss. Denkschr. Phil.-Hist. Kl. 366 = Forsch. Gesch. Mittelalter 13. Wien: Österreichische Akademie der Wissenschaften 2008, 283–293.

Brather 2008b: Ders., Kleidung, Bestattung, Identität: Die Präsentation sozialer Rollen im frühen Mittelalter. In: Brather 2008c, 237–273.

Brather 2008c: Ders. (Hrsg.), Zwischen Spätantike und Frühmittelalter. Archäologie des 4. bis 7. Jahrhunderts im Westen. RGA Ergbd. 57. Berlin u. a.: de Gruyter 2008.

Brather/Wotzka 2006: Ders./H.-P. Wotzka, Alemannen und Franken? Bestattungsmodi, ethnische Identitäten und wirtschaftliche Verhältnisse zur Merowingerzeit. In: Burmeister/Müller-Scheeßel 2006, 139–224.

Brubaker 2007: R. Brubaker, Ethnizität ohne Gruppen. Hamburg: Hamburger Edition. [Erstveröff.: Ethnicity without Groups. Cambridge/Mass.: Harvard University Press 2004; Archives Européennes de Sociologie 43/2, 2002, 163–189.]

Burmeister 1996: St. Burmeister, Migration und ihre archäologische Nachweisbarkeit. Arch. Inf. 19, 1996, 13–21.

Burmeister 1997: Ders., Zum sozialen Gebrauch von Tracht: Aussagemöglichkeiten hinsichtlich des Nachweises von Migrationen. Ethnogr.-Arch. Zeitschr. 38, 1997, 177–203.

Burmeister 1998a: Ders., Besprechung zu Härke 1998. Current Anthr. 39, 1998, 27–28.

Burmeister 1998b: Ders., Ursachen und Verlauf von Migrationen: Anregungen für die Untersuchung prähistorischer Wanderungen. Stud. Sachsenforsch. 11, 1998, 19–41.

Burmeister 2000: Ders., Archaeology and Migration: Approaches to an Archaeological Proof of Migration. Current Anthr. 41, 2000, 539–567.

Burmeister 2003: Ders., Die Herren der Ringe: Annäherung an ein späthallstattzeitliches Statussymbol. In: U. Veit/T. L. Kienlin/Ch. Kümmel/S. Schmidt (Hrsg.), Spuren und Botschaften: Interpretationen materieller Kultur. Tübinger Arch. Taschenbücher 4. Münster u. a: Waxmann 2003, 265–296.

Burmeister 2004: Ders., Autogamie als Mittel der Erkenntnis? Migrationsarchäologie und die Frage, wie die Prähistorische Archäologie zu ihren Deutungen kommt. Eine Rezension der Arbeit von Marc Andresen, Studien zur Geschichte und Methodik der archäologischen Migrationsforschung. Rundbrief Arbeitsgemeinschaft Theorie Arch. 3, 2004, 24–34.

Burmeister 2009: Ders., »Codierungen/Decodierungen«: Semiotik und die archäologische Untersuchung von Statussymbolen und Prestigegütern. In: B. Hildebrandt/C. Veit (Hrsg.), Der Wert der Dinge: Güter im Prestigediskurs. Münchner Stud. Alte Welt 6. München: Utz 2009, 73–102.

Burmeister/Müller-Scheeßel 2006: Ders./N. Müller-Scheeßel (Hrsg.), Soziale Gruppen – kulturelle Grenzen: Die Interpretation sozialer Identitäten in der Prähistorischen Archäologie. Tübinger Arch. Taschenbücher 5. Münster u. a.: Waxmann 2006.

Chapman 1997: J. Chapman, The Impact of Modern Invasions and Migrations on Archaeological Explanation. In: Ders./H. Hamerow (Hrsg.), Migrations and Invasions in Archaeological Explanation. BAR Internat. Ser. 664. Oxford: Archaeopress 1997, 11–20.

Daszkiewicz/Meyer 2008: M. Daszkiewicz/M. Meyer, Archäokeramologische Studien an latènezeitlicher, übergangszeitlicher und kaiserzeitlicher Keramik. In: M. Meyer 2008b, 311–351.

Davidovic 2006: A. Davidovic, Identität – ein unscharfer Begriff: Identitätsdiskurse in den gegenwartsbezogenen Humanwissenschaften. In: Burmeister/Müller-Scheeßel 2006, 39–58.

Dietler/Herbich 1998: M. Dietler/I. Herbich, Habitus, Techniques, Style: An Integrated Approach to the Social Understanding of Material Culture and Boundaries. In: M. T. Stark (Hrsg.), The Archaeology of Social Boundaries. Washington u. a.: Smithsonian Institution Press 1998, 232–263.

Ebel-Zepezauer 1997: W. Ebel-Zepezauer, Exogamie oder Akkulturation? Untersuchungen zu den mitteleuropäischen Bügelfibeln im Westgotenreich. Arch. Korrbl. 27, 1997, 163–169.

Eger 2005: Ch. Eger, Westgotische Gräberfelder auf der Iberischen Halbinsel als historische Quelle: Probleme der ethnischen Deutung. In: Päffgen/Pohl/Schmauder 2005, 165–181.

Eger 2008: Ders., Vandalisches Trachtzubehör? Zu Herkunft, Verbreitung und Kontext ausgewählter Fibeltypen in Nordafrika. In: G. M. Berndt/R. Steinacher (Hrsg.), Das Reich der Vandalen und seine (Vor-)Geschichten. Akad. Wiss. Denkschr. Phil.-Hist. Kl. 366 = Forsch. Gesch. Mittelalter 13. Wien: Österreichische Akademie der Wissenschaften 2008, 183–195.

Eggers 1959: H. J. Eggers, Einführung in die Vorgeschichte. München: Piper 1959.

Eggert 2010: M. K. H. Eggert, Ur- und Frühgeschichtswissenschaft an deutschen Universitäten: Struktur und Entwicklung seit 1945. Arch. Nachrbl. 15/2, 2010, 181–201.

Furholt 2009: M. Furholt, Die nördlichen Badener Keramikstile im Kontext des mitteleuropäischen Spätneolithikums (3650–2900 v. Chr.). Stud. Arch. Ostmitteleuropa 3. Bonn: Habelt 2009.

Gebühr 1997: M. Gebühr, Überlegungen zum archäologischen Nachweis von Wanderungen am Beispiel der angelsächsischen Landnahme in Britannien. Arch. Inf. 20, 1997, 11–24.

Gephart 1999: W. Gephart, Zur Bedeutung der Religionen für die Identitätsbildung. In: Ders./H. Waldenfels (Hrsg.), Religion und Identität: Im Horizont des Pluralismus. Frankfurt a. M.: Suhrkamp 1999, 233–266.

Gillet 2002: A. Gillet (Hrsg.), On Barbarian Identity: Critical Approaches to Ethnicity in the Early Middle Ages. Studies in the Early Middle Ages 4. Turnhout: Brepols 2002.

Greverus 1987: I.-M. Greverus, Kultur und Alltagswelt: Eine Einführung in Fragen der Kulturanthropologie. Notizen. Schriftenr. Inst. Kulturanthr. u. Europäische Ethn. Univ. Frankfurt a. Main 26. Frankfurt a. M.: Institut für Kulturanthropologie und Europäische Ethnologie der Universität Frankfurt a. Main 1987.

Gutsmiedl 2005: D. Gutsmiedl, Die justinianische Pest nördlich der Alpen? Zum Doppelgrab 166/167 aus dem frühmittelalterlichen Reihengräberfeld von Aschheim-Bajuwarenring. In: Päffgen/Pohl/Schmauder 2005, 199–208.

Hachmann 1956/1957: R. Hachmann, Ostgermanische Funde der Spätlatènezeit in Mittel- und Westdeutschland: Ein Beitrag zum Problem des Nachweises von Bevölkerungsbewegungen auf Grund des urgeschichtlichen Grundstoffs. Arch. Geogr. 5/6, 1956/1957, 55–68.

Hall 2004: St. Hall, Wer braucht »Identität«? In: Ders., Ideologie, Identität, Repräsentation. Ausgewählte Schr. 4. Hamburg: Argument Verlag 2004, 167–187.

Hänsel 1989: B. Hänsel, Kastanas: Ausgrabungen in einem Siedlungshügel der Bronze- und Eisenzeit Makedoniens 1975–1979. Die Grabung und der Baubefund. Prähist. Arch. Südosteuropa 7/1. Berlin: Spiess 1989.

Härke 1997: H. Härke, Wanderungsthematik, Archäologen und politisches Umfeld. Arch. Inf. 20/1, 1997, 61–71.

Härke 1998: Ders., Archaeologists and Migrations: A Problem of Attitude? Current Anthr. 39, 19–45.

Häusler 1996: A. Häusler, Invasionen aus den nordpontischen Steppen nach Mitteleuropa im Neolithikum und in der Bronzezeit: Realität oder Phantasieprodukt? Arch. Inf. 19, 1996, 75–88.

Jarnut 1985: J. Jarnut, Aspekte frühmittelalterlicher Ethnogenese in historischer Sicht. In: P. St. Ureland (Hrsg.), Entstehung von Sprachen und Völkern: Glotto- und ethnogenetische Aspekte europäischer Sprachen. Akten des 6. Symposiums über Sprachkontakt in Europa, Mannheim 1984. Linguistische Arbeiten 162. Tübingen: Niemeyer 1985, 83–91.

Jentgens 2001: G. Jentgens, Die Alamannen: Methoden und Begriffe der ethnischen Deutung archäologischer Funde und Befunde. Freiburger Beitr. Arch. u. Gesch. 1. Jt. 4. Rahden/Westf.: Leidorf 2001.

Jones 1997: S. Jones, The Archaeology of Ethnicity: Constructing Identities in the Past and Present. London: Routledge 1997.

Kazanski 1989: M. Kazanski, La diffusion de la mode danubienne en Gaul (fin du IV\u1d49 siècle – début du VI\u1d49 siècle): Essai d'interpretation historique. Ant. Nat. 21, 1989, 59–73.

Kind 1998: C.-J. Kind, Komplexe Wildbeuter und frühe Ackerbauern: Bemerkungen zur Ausbreitung der Linienbandkeramik im südlichen Mitteleuropa. Germania 76, 1998, 1–23.

Kleemann 2005: J. Kleemann, »Die Trägen kamen zu spät«: Zur ethnischen Interpretation ostgermanischen Fundstoffes. In: Päffgen/Pohl/Schmauder 2005, 219–235.

Knipper 2004: C. Knipper, Die Strontiumisotopenanalyse: eine naturwissenschaftliche Methode zur Erfassung von Mobilität in der Ur- und Frühgeschichte. Jahrb. RGZM 51, 2004, 589–685.

A. Koch 1995: A. Koch, Akkulturationserscheinungen im Bereich des merowingischen Kunsthandwerks: Zu einer Bügelfibel vom Typ Hahnheim aus Zentralspanien. Arch. Korrbl. 25, 1995, 331–340.

A. Koch 1998a: Ders., Westgermanische Bügelfibeln im westgotenzeitlichen Spanien. Arch. Korrbl. 28, 1998, 467–482.

A. Koch 1998b: Ders., Bügelfibeln der Merowingerzeit im westlichen Frankenreich. RGZM Monograph. 41/2. Mainz: Habelt 1998.

U. Koch 1968: U. Koch, Die Grabfunde der Merowingerzeit aus dem Donautal um Regensburg, 1. Text. Germ. Denkm. Völkerwanderungszeit A 10. Berlin: de Gruyter 1968.

U. Koch 1977: Dies., Das Reihengräberfeld bei Schretzheim, 1. Text. Germ. Denkm. Völkerwanderungszeit A 13. Berlin: Mann 1977.

U. Koch 2004a: Dies., Polyethnische Gefolgschaften in Schretzheim: Die Abhängigkeit der Interpretation vom Chronologiemodell. Arch. Korrbl. 34, 2004, 559–570.

U. Koch 2004b: Dies., Besprechung zu Brather 2004. Bonner Jahrb. 204, 2004, 463–468.

Kristiansen 1989: K. Kristiansen, Prehistoric Migrations: The Case of the Single Grave and Corded Ware Cultures. Journal Danish Arch. 8, 1989, 211–225.

Kuhn 1977: Th. Kuhn, Logik oder Psychologie der Forschung? In: Ders., Die Entstehung des Neuen: Studien zur Struktur der Wissenschaftsgeschichte. Frankfurt a. M.: Suhrkamp 1977, 357–388. [Erstveröff.: Logic of Discovery or Psychology of Research? In: I. Lakatos/A. Musgrave (Hrsg.), Criticism and the Growth of Knowledge. Cambridge: Cambridge University Press 1970, 1–23.]

Kulikowski 2002: M. Kulikowski, Nation versus Army: A Necessary Contrast? In: Gillet 2002, 69–84.

Kulikowski 2008: Ders., Wie Spanien gotisch wurde: Der Historiker und der archäologische Befund. In: Brather 2008c, 27–43.

Meyer 2005: M. Meyer, Migration und Adaption: Ein differenziertes Modell zur Erklärung der latènezeitlichen Przeworsk-Funde in Deutschland. Alt-Thüringen 38,
2005, 203–212.

Meyer 2008a: Ders., Migration und Adaption: Ein differenziertes Modell zur Erklärung
der latènezeitlichen Przeworsk-Funde in Deutschland. In: M. Zelle (Hrsg.), Terra
incognita? Die nördlichen Mittelgebirge im Spannungsfeld römischer und germanischer Politik um Christi Geburt. Mainz: Zabern 2008, 139–146.

Meyer 2008b: Ders., Mardorf 23, Ldkr. Marburg-Biedenkopf: Archäologische Studien
zur Besiedlung des deutschen Mittelgebirgsraumes in den Jahrhunderten um Christi Geburt. Berliner Arch. Forsch. 5. Rahden/Westf.: Leidorf 2008.

Müller-Scheeßel/Burmeister 2006: N. Müller-Scheeßel/St. Burmeister, Einführung:
Die Identifizierung sozialer Gruppen. Die Erkenntnismöglichkeiten der Prähistorischen Archäologie auf dem Prüfstand. In: Burmeister/Müller-Scheeßel 2006, 9–38.

Päffgen/Pohl/Schmauder 2005: B. Päffgen/E. Pohl/M. Schmauder (Hrsg.), Cum grano
salis: Beiträge zur europäischen Vor- und Frühgeschichte. Festschrift für Volker
Bierbrauer zum 65. Geburtstag. Friedberg: Likias 2005.

Pohl 1998a: W. Pohl, Telling the Difference: Signs of Ethnic Identity. In: Ders./H. Rei-
mitz (Hrsg.), Strategies of Distinction: The Construction of Ethnic Communities,
300–800. Transformation Roman World 2. Leiden u. a.: Brill 1998, 17–69.

Pohl 1998b: Ders., Stichwort »Gentilismus«. In: RGA² 11, 1998, 91–101.

Pohl 2002: Ders., Ethnicity, Theory, and Tradition: A Response. In: Gillet 2002, 221–
239.

Pohl 2004: Ders., Identität und Widerspruch: Gedanken zu einer Sinngeschichte des
Frühmittelalters. In: Ders. (Hrsg.), Die Suche nach den Ursprüngen: Von der Bedeutung des frühen Mittelalters. Österr. Akad. Wiss. Denkschr. Phil.-Hist. Kl. 322 =
Forsch. Gesch. Mittelalter 8. Wien: Österreichische Akademie der Wissenschaften
2004, 23–35.

Pohl 2005: Ders., Geschichte und Identität im Langobardenreich. In: Ders./P. Erhart
(Hrsg.), Die Langobarden: Herrschaft und Identität. Akad. Wiss. Denkschr. Phil.-
Hist. Kl. 329 = Forsch. Gesch. Mittelalter 9. Wien: Österreichische Akademie der
Wissenschaften 2005, 555–566.

Pohl 2008: Ders., Spuren, Texte, Identitäten: Methodische Überlegungen zur interdisziplinären Erforschung frühmittelalterlicher Identitätsbildung. In: Brather 2008c,
13–26.

Pohl 2010: Ders., Archaeology of Identity: Introduction. In: Ders./M. Mehofer (Hrsg.),
Archäologie der Identität. Österr. Akad. Wiss. Denkschr. Phil.-Hist. Kl. 406 =
Forsch. Gesch. Mittelalter 17. Wien: Österreichische Akademie der Wissenschaften
2010, 9–23.

Prien 2005: R. Prien, Archäologie und Migration. Vergleichende Studien zur archäologischen Nachweisbarkeit von Wanderungsbewegungen. Universitätsforsch. Prähist. Arch. 120. Bonn: Habelt 2005.

Reichmann 1979: Ch. Reichmann, Zur Besiedlungsgeschichte des Lippemündungs-
gebietes während der jüngeren vorrömischen Eisenzeit und ältesten römischen
Kaiserzeit. Wesel: Dambeck 1979.

von Rummel 2007: Ph. von Rummel, Habitus barbarus: Kleidung und Repräsentation spätantiker Eliten im 4. und 5. Jahrhundert. RGA Ergbd. 55. Berlin u. a.: de Gruyter 2007.

von Rummel 2010: Ders., Germanisch, gotisch oder barbarisch? Methodologische Überlegungen zur ethnischen Interpretation von Kleidung. In: W. Pohl/M. Mehofer (Hrsg.), Archäologie der Identität. Österr. Akad. Wiss. Denkschr. Phil.-Hist. Kl. 406 = Forsch. Gesch. Mittelalter 17. Wien: Österreichische Akademie der Wissenschaften 2010, 51–77.

Sasse 1997: B. Sasse, Die Westgoten in Südfrankreich und Spanien: Zum Problem der archäologischen Identifikation einer wandernden »gens«. Arch. Inf. 20, 1, 1997, 29–48.

Siegmund 2000: F. Siegmund, Alemannen und Franken. RGA Ergbd. 23. Berlin u. a.: de Gruyter 2000.

Siegmund 2006: Ders., *Commentarii*: Anmerkungen zum Beitrag von S. Brather und H.-P. Wotzka. In: Burmeister/Müller-Scheeßel 2006, 225–232.

Shennan 2000: St. Shennan, Population, Culture History, and the Dynamics of Culture Change. Current Anthr. 41, 2000, 811–835.

Steinacher 2011: R. Steinacher, Wiener Anmerkungen zu ethnischen Bezeichnungen als Kategorien der römischen und europäischen Geschichte. In: St. Burmeister/N. Müller-Scheeßel (Hrsg.), Fluchtpunkt Geschichte: Archäologie und Geschichtswissenschaft im Dialog. Tübinger Arch. Taschenbücher 9. Münster u. a.: Waxmann 2011, 99–122.

Steuer 1998: H. Steuer, Theorien zur Herkunft und Entstehung der Alemannen: Archäologische Forschungsansätze. In: D. Geuenich (Hrsg.), Die Franken und die Alemannen bis zur »Schlacht bei Zülpich« (496/97). RGA Ergbd. 19. Berlin u. a.: de Gruyter 1998, 270–324.

Steuer 2007: Ders., Kulturgruppen der jüngeren vorrömischen Eisenzeit zwischen Keltiké und dem südlichen Skandinavien. In: S. Möllers/W. Schlüter/S. Sievers (Hrsg.), Keltische Einflüsse im nördlichen Mitteleuropa während der mittleren und jüngeren vorrömischen Eisenzeit. Kolloquien Vor- u. Frühgesch. 9. Bonn: Habelt 2007, 255–263.

Theune 2008: C. Theune, Methodik der ethnischen Deutung: Überlegungen zur Interpretation der Grabfunde aus dem thüringischen Siedlungsgebiet. In: Brather 2008c, 211–233.

Tillmann 1993: A. Tillmann, Kontinuität oder Diskontinuität? Zur Frage einer bandkeramischen Landnahme im südlichen Mitteleuropa. Arch. Inf. 16/2, 157–187.

Trigger 1968: B. G. Trigger, Beyond History: The Methods of Prehistory. New York u. a.: Holt, Rinehart and Winston 1968.

Veit 1998: U. Veit, Besprechung zu Härke 1998. Current Anthr. 39, 1998, 39.

Wolfram 2008: H. Wolfram, Germanen: Die 101 wichtigsten Fragen. München: Beck 2008.

Wotzka 1997: H.-P. Wotzka, Maßstabsprobleme bei der ethnischen Deutung neolithischer »Kulturen«. Altertum 43, 1997, 163–176.

Kerstin P. Hofmann

Gräber und Totenrituale: Zu aktuellen Theorien und Forschungsansätzen*

Zusammenfassung: Die Quelle ›Grab‹ spielte bei der Erforschung der prähistorischen Vergangenheit des Menschen stets eine zentrale Rolle, dennoch gibt es bisher noch keine allgemeine Gräberarchäologie mit einem akzeptierten Methoden- und Theorienkanon. Seit Ende der 1960er kam es in der deutschsprachigen Archäologie zu einer Belebung der Diskussion über die Interpretation von Gräbern. Die verstärkt zu registrierenden Reflexionen fanden – bis auf die letzten Jahre – jedoch weitgehend unabhängig von den Entwicklungen in anderen Ländern statt. Heute werden neben der immer noch im Zentrum des Interesses stehenden Konstruktion der vertikalen Sozialstruktur vermehrt Kategorien wie Geschlecht und Alter untersucht. Ferner wird bei der Analyse von Gräbern inzwischen häufig eine semiotische Perspektive eingenommen. Die Grabbefunde sieht man zudem überwiegend als Relikte einst praktizierter Rituale an, die es mit Hilfe von handlungs- und kommunikationstheoretischen Ansätzen zu untersuchen gilt. Damit verlagert sich der Schwerpunkt von der Analyse der Beigaben immer mehr zur kontextuellen Betrachtung der Befunde. Die viel genutzte Metapher ›Gräber – Spiegel des Lebens‹, aber auch die von ihren Kritikern verwendete Version ›Zerrspiegel‹ versinnbildlicht eine Passivität, die der aktiven Rolle der Bestattungen bei der Konstruktion, Modifikation und Manifestation von Wirklichkeiten nicht gerecht wird. Sie gilt es, wie zahlreiche andere unhinterfragte Prämissen, in der Zukunft kritisch zu beleuchten.

Abstract: As an archaeological source, graves have always played an important role in research focusing on the prehistoric past. Nevertheless, a general burial archaeology with an accepted canon of methods and theories still does not exist. Since the end of the 1960s the discussion on the interpretation of burials has increased among German-speaking archaeologists. Apart from the past few years, this development remained largely independent of discussions in other countries. While there is still a strong focus on the construction of social hierarchies using evidence of burials, categories such as gender and age are increasingly being studied. Semiotic perspectives are also now often employed in the analysis of burials. Graves are seen as remains of rituals that were once practiced, and are examined using action and communication theory. Consequently, the focus of analysis has shifted from the grave goods themselves to a more contextual

---

* Für die Unterstützung bei der Erstellung dieses Aufsatzes, für Korrekturlesen, Literaturhinweise und Literaturbeschaffung bzw. für anregende Diskussionen danke ich ganz herzlich Stefan Burmeister, Susanne Grunwald, Barbara Hausmair, Anne Heußner, Benjamin Hübbe, Frank Mehnert, Sabine Pinter, Georg Roth, Sarah Mousavi-Schoch, Stefan Schreiber, Peter Sturm und Felix Wiedemann.

study of the archaeological record. The readily employed metaphor ›graves – mirror of life‹ or ›distorting mirror‹, the version applied by its critics –, suggests a passivity, however, that masks the active role burials play in the construction, modification and manifestation of realities. In the future, these and numerous other unquestioned premises need to be critically examined.

Einleitung

Gräber waren stets von zentraler Bedeutung für die archäologische Erforschung der Vergangenheit des Menschen. Doch galt vor allem die deutschsprachige[1] Gräberarchäologie aufgrund der zahlreichen Materialpublikationen zeitweise als ein wenig antiquiert (Brather 2009b, 247). Durch neue anthropologische Untersuchungen, aber auch durch aktuelle transdisziplinäre[2] Fragestellungen und neue Forschungsansätze wurde dieser Forschungszweig in den letzten Jahrzehnten wiederbelebt und weiterentwickelt. Dies schlägt sich sowohl in der Zunahme thematischer Fachkonferenzen zu Gräbern und Totenritualen[3] als auch in zahlreichen Qualifikationsschriften mit ›kulturanthropologischer‹ Perspektive[4] nieder.

Im Folgenden wird versucht, einen thematisch gegliederten Überblick zur jüngeren deutschsprachigen Theoriediskussion in der Gräberarchäologie zu geben. Auf die in Deutschland lange Zeit vorherrschenden formenkundlichen und chronologischen Fragen wird dabei nicht eingegangen, vielmehr sollen die stark vertretenen sozialgeschichtlichen Perspektiven und neuere kulturwissenschaftliche Ansätze vorgestellt werden. Zunächst gilt es aber, sich nach einigen kursorischen Bemerkungen zur derzeitigen Forschungssituation mit den häufig vernachlässigten epistemologischen Fragen zu beschäftigen.

---

1   Im Folgenden wird auf eine Differenzierung der verschiedenen Entwicklungstendenzen im deutschsprachigen Raum des Überblicks halber verzichtet, obwohl eine diesbezügliche Untersuchung sicherlich zahlreiche interessante Erkenntnisse erbringen würde.

2   ›Transdisziplinär‹ stehe hier für Disziplinen- und Fächergrenzen überschreitende, integrative Forschungsansätze und -fragestellungen, Voraussetzung hierfür sind Multi- und Interdisziplinarität.

3   Siehe z. B. Beilke-Voigt/Biermann 2009; Horst/Keiling 1991; Jarnut/Wemhoff 2003; Kümmel/Schweizer/Veit 2008; Noll/Struwe 1997.

4   Siehe z. B. Burmeister 2000; Gramsch 2010; Hinz 2009; Hofmann 2008a; Kümmel 2009; Meyer-Orlac 1982; Müller-Scheeßel im Druck; Veit 1996. Zur ›kulturanthropologischen‹ Perspektive‹ siehe Hofmann 2006/2007; Veit 2000b; Kümmel 2009, 34 f. Anm. 62.

Zum Status quo der deutschen Gräberarchäologie

Der Umgang mit dem Tod und den Toten ist zeit- und kulturspezifisch. Dies trifft auch auf die archäologische Erschließung, Auswertung und Präsentation von Bestattungen zu, die durch unterschiedliche Forschungstraditionen, aktuelle Interessenlagen etc. geprägt sind.

Die Gräberarchäologie entwickelte sich im deutschsprachigen Raum weitgehend unabhängig von den theoretischen Strömungen anderer Länder. Einen regelrechten Paradigmenwechsel, wie er für den anglophonen Raum festzustellen ist (siehe Bernbeck 1997; Eggert/Veit 1998), gab es in der deutschsprachigen Gräberarchäologie nicht. Bei über typochronologische Auswertungen hinausgehenden Interpretationen zog man bislang vor allem ›historische‹ Vergleiche heran oder rekurrierte auf Schrift- und Bildquellen. Es ist jedoch in letzter Zeit eine Zunahme der Arbeiten mit ethnoarchäologischer Perspektive (siehe Fetten/ Noll 1992; Noll/Struwe 1997; Veit 1997) und zur experimentellen Archäologie[5] festzustellen. Zudem kam es zu einer verstärkten Rezeption anglophoner Literatur, die mit einer Belebung des internationalen Austausches und öffentlich geführter Theoriediskussionen einherging.[6] Eine allgemeine, über Epochengrenzen und nationale Forschungstraditionen hinausgehende Gräberkunde, d. h. eine systematische Auseinandersetzung mit den konzeptuellen und methodischen Grundlagen der Untersuchung der Quelle ›Grab‹ inklusive der dafür notwendigen Terminologie[7], gibt es nach wie vor nicht, daran ändern letztlich auch die seit den 1980ern erschienenen Publikationen zu ›Tod und Archäologie‹[8] nichts, obwohl sie Perspektiven für holistische und transdisziplinäre Forschungsansätze eröffnen.

Die archäologische Quelle ›Grab‹

Obwohl Gräbern und Bestattungsplätzen von den verschiedenen theoretischen Richtungen ein unterschiedlicher Erkenntniswert beigemessen wird und dessen Einschätzung die unterschiedlichen Interpretationsansätze auch maßgeblich be-

---

5   Hierzu z. B. Kurz 1998; Leineweber 2002; Müller 1991; Vorlauf 2002.
6   Als Mittler sind hier u. a. Arnold 2008, Härke 1989; 2000, an Rezipienten z. B. Gramsch 2010; Hofmann 2008a; Kümmel 2009; Müller-Scheeßel im Druck, an Diskussionsthemen die ethnische Deutung und der Tote von Hochdorf (siehe Beiträge Burmeister und Veit) zu nennen.
7   Siehe u. a. Eggert 2012, 55–74; Hachmann/Penner 1999, 169 ff.; Hofmann 2008a, 145– 160 Abb. 43–47; Kümmel 2009, 109–166; Orschiedt 1999, 23 ff.; Veit 1996, 25 ff.; 2008, 49 f.
8   Hofmann 2008a; Meyer-Orlac 1982; Veit 1996, 19 ff.; 1997.

stimmt (Hinz 2009, 31), sind systematische und konsequente Auseinandersetzungen mit der archäologischen Quelle ›Grab‹ nach wie vor selten.[9]

In der deutschen Prähistorischen Archäologie versteht man nach Hans Jürgen Eggers (1959, 255–267) vorgeschichtliches Material auch heute noch allgemein als totes Kulturgut, von dem man außer etwaig bekanntem Fundort und dokumentierten Fundumständen alles andere erst mühsam erschließen müsse. ›Bodenurkunden‹ seien keine unverfälschten ›objektiven‹ Quellen, sondern tendenziös. Jede der drei großen archäologischen Quellenarten – Siedlung, Grab und Depot – besäße einen anderen Erkenntniswert, da sie innerhalb ihres systemischen Kontextes verschiedenen Transformations- und Selektionsmechanismen ausgesetzt wäre. Bei Gräbern, genau genommen bei Grabbeigaben, handele es sich um eine positive Auslese aus bekannten Gründen. Diese missverständliche Behauptung muss spezifiziert werden (Härke 1993, 141 Anm. 4; Hofmann 2008a, 131): Zwar ist die Ursache der bewussten Deponierungen – der Tod einer Person – bekannt, aber dennoch wissen wir nichts Konkretes über die eigentlichen Gründe für die Selektion der Artefakte bzw. die im Befund als Spuren überlieferten Handlungen. Über die Deponierungsgründe der im Zentrum des Interesses stehenden Beigaben gibt es in der Archäologie zwar die verschiedensten Annahmen und mit ihnen sind auch unterschiedliche Konzepte verknüpft – z. B. Totenrecht versus rituelle Konsumtion[10] mit diesseitiger oder jenseitiger Ausrichtung –, aber sie werden selten näher erörtert oder gar systematisch hinterfragt und erforscht (Kümmel 2008, 474–479).

Nach der neuerdings wieder in der archäologischen Literatur aufgegriffenen[11] Droysen-Bernheimischen Systematik werden Geschichtsquellen allgemein aufgrund ihrer Intentionalität in unmittelbar von den Begebenheiten übrig gebliebene *Überreste* und bewusst zum Zweck der historischen Überlieferung der Mit- und Umwelt entstandene *Tradition* unterschieden (von Brandt 1992, 48–64). Unter die erste Kategorie fällt die große Gruppe der von Archäologen untersuchten Sachüberreste (ebd. 52 f.). Allerdings können diese, wenn in kommunikativer Absicht verwendet bzw. entstanden, auch als ein Stück Tradition aufgefasst werden (ebd. 60; siehe Eggert 2012, 44–49 mit Abb. 4; 104–106; Hinz 2009, 31).

Von besonderer Bedeutung für die Gräberarchäologie war der Versuch Heinrich Härkes (1993; 1994; 1997), für die archäologische Quelle ›Grab‹ zwischen intentionalen Daten, die das Totenritual betreffen und vor allem über das Normen- und Wertesystem einer Gemeinschaft Auskunft gäben, und funktionalen Daten, vom Bestattungsritual unabhängige anthropologische und technische Angaben, zu

---

9   Neuerdings vor allem Eggert 2012, 44–124; Härke 1993; 1994; 1997; Hinz 2009, 31–36; Hofmann 2008a, 123–132; Veit 1996, 25 ff. Zu dem wichtigen, aber oft stark vernachlässigsten Aspekt der Taphonomie siehe u. a. Kümmel 2009; Orschiedt 1999; Sommer 1991.

10 Vor kurzem erweitert um Pomians (1988) Idee der Objektsammlung (Veit 2005; Kümmel/Schweizer/Veit 2008).

11 Eggert 2012, 44–49; Hofmann 2008a, 133–134.

unterscheiden. Während er zunächst eine relativ strikte Trennung der beiden Datentypen für möglich hielt, sieht er heute eher einen fließenden Übergang (Härke 1993; 1997, 24 f.). Funktionalität und Intentionalität scheinen nur verschiedene Facetten der gleichen Variablen zu sein, deren Bestimmungen je nach Fragestellung und Perspektive unterschiedlich ausfallen.

In den letzten Jahren werden auch bei der Quellenkritik verstärkt semiotische und kommunikationstheoretische Ansätze verfolgt. Bei Bestattungen kämen laut Martin Hinz (2009, 32) drei potentielle Adressaten in Betracht, die allerdings auch gleichzeitig angesprochen werden könnten: 1) das ›Numinose‹ bzw. die Weltordnung, 2) der Tote selbst sowie 3) die Gesellschaft der Lebenden. In einigen meiner Arbeiten habe ich darauf hingewiesen, dass Grabbefunde eine einzigartige Zwischenstellung einnehmen, da die Botschaften und Zeichensetzungen bei Bestattungen retrospektiv auf das Gewesene, inspektiv auf Mit- und Umwelt und prospektiv auf das geglaubte Zukünftige Bezug nehmen, dies allerdings in unterschiedlichem Maße und in verschiedener Weise, je nach Adressat und je nach Stellung innerhalb des ›Übergangsritus‹[12]. Ferner lassen sich mindestens zwei grundlegende Funktionen eines Bestattungsrituals unterscheiden: die eschatologische und die kommemorative (Hofmann 2009b, 32). Bei all unseren Versuchen, über Religion, Ideologie, Emotionen und soziale Konditionen der Vergangenheit anhand von Gräbern und Bestattungsplätzen etwas erfahren zu wollen, darf jedoch die ›Profanität des Funerären‹ (Näser 2008), also praktische Notwendigkeiten bzw. Problemlösungen, Zufall etc., nicht vergessen werden.

Gräber – Spiegel der Gesellschaft?

Sozialgeschichtliche Interpretationen von Gräbern haben eine lange Tradition (siehe Schweizer 2006; Steuer 1982). Zu einer Intensivierung der Diskussion von methodisch-theoretischen Fragen kam es in Deutschland jedoch erst ab Ende der 1960er Jahre.[13] Vor allem die Bestimmung des sozialen Status der Verstorbenen und die damit verknüpfte Rekonstruktion von Gesellschaftstypen standen und stehen auch heute noch im Fokus des Interesses. Insbesondere Qualität und Quantität der Beigaben galten gemeinhin als Gradmesser für den ehemaligen Rang des Verstorbenen zu dessen Lebzeiten. Dieser in Deutschland vor allem ab den 1990ern von einigen kritisierte positivistische Interpretationsansatz wurde

---

12 Hofmann 2008a; 2008b; 2009b; siehe Gramsch 2010. Das ethnologische und weitgehend ahistorische Konzept der Übergangsriten, die für den sicheren Ablauf von Statuspassagen sorgen sollen und sich in drei Phasen – *rites de séparation, rites de marge* und *rites d'agrégation* – aufteilen lassen, wurde bereits 1909 durch van Gennep (1986) entwickelt und dann von Turner (1967) wiederaufgegriffen.
13 Siehe z. B. Christlein 1973; Gebühr 1974; Schlüter 1970; Steuer 1968.

mit dem Titel einer Trierer Ausstellung »Gräber – Spiegel des Lebens« (Haffner 1989) etikettiert. Die Erkenntnis, dass Gräber nicht Lebenswirklichkeit, sondern eher Idealvorstellungen wiedergeben und aktiv zur Repräsentation und Identitätskonstruktion dienen, führte dazu, Gräber als ›Zerrspiegel‹ zu bezeichnen (Härke 1997) und nach möglichen Filtern, Korrektiven bzw. unabhängigen Prüfkriterien oder ›einfach‹ nach Identitäten zu suchen (z. B. Brather 2010; Hofmann 2012b). Neben der vertikalen Sozialstruktur kam es in den letzten Jahrzehnten nicht nur aufgrund anthropologischer Untersuchungsergebnisse, sondern auch theoretischer Strömungen, wie z. B. der Geschlechterforschung, zu einer verstärkten Diskussion über die horizontale Sozialstruktur.

Vertikale Sozialstruktur

Bei Untersuchungen zur vertikalen Sozialstruktur interessiert man sich neben den archäologisch leichter fassbaren und zudem auch prachtvoller ausgestatteten Gräbern der postulierten Gesellschaftsspitze auch für Rangordnungen und Klassen im Allgemeinen.

›Fürstengräber‹

Seit Ende des 19. Jahrhunderts versteht man in der Archäologie unter ›Fürstengräbern‹ herausragend ausgestattete Gräber mit überdurchschnittlich aufwändigem Grabbau, die meist an einem auffälligen Ort separiert angelegt wurden, und dies unabhängig vom Geschlecht der Bestatteten und der Anzahl der dokumentierten Bestattungen (Schweizer 2006, 82 f.; 92). Derzeit nutzt man hierfür meist den vermeintlich neutraleren Begriff ›Elitegräber‹ (Steuer 1994, 17).

Für den deutschsprachigen Raum hat Georg Kossack (1974) die Grundlage für ihre theoretische Betrachtung gelegt. Zusammenfassend für alle Epochen schlug er anstelle des präjudizierenden Begriffs ›Fürstengrab‹ den neutraleren Terminus ›Prunkgrab‹ vor, da statt sozialer Stellung erst einmal nur die »Akkumulation von Sachgütern und Arbeit« (ebd. 32) festgestellt werden könne. Er nannte für diese Gräber eine Reihe kultur- und raumübergreifender Kriterien (ebd. 4; 15–22). Ferner wendete er sich gegen den postulierten Zusammenhang von ›Prunkgräbern‹ mit Herrscherdynastien und betrachtete sie vielmehr als Zeugnisse spezifischer ›Akkulturationssituationen‹ (ebd. 28). Sein Kriterium der separierten Lage der ›Prunkgräber‹, ihre vermeintliche Traditionslosigkeit, aber auch die starke Betonung externer Einflüsse für ihre Entstehung muss inzwischen relativiert werden (Veit 2005, 28 f.). Detlef Gronenborn (2009) sprach die ›Prunkgräber‹ kürzlich als politische Monumente von Übergangszeiten an und plädierte für eine Ausweitung der in Mitteleuropa bisher rein auf Metallzeiten und das Mittelalter fixierten Untersuchungen auf lithische Gesellschaften. Trotz dieser z. T. kritischen Kommentare bilden Kossacks Thesen auch heute häufig noch den Ausgangspunkt für Diskussionen (von Carnap-Bornheim/Krausse/Wesse 2006).

Richtungsweisend für die deutschsprachige Diskussion um frühgeschichtliche Sozialstrukturen waren die Arbeiten von Heiko Steuer (1968; 1982). ›Fürstengräber‹ sind für ihn Anzeichen für offene Ranggesellschaften, in denen die Ranghohen ihre noch instabile Position durch Grabprunk zu manifestieren suchen (Steuer 1982, 518–525). Statt Kossacks psychologisch-soziologischer Motivsuche (Schweizer 2006, 93) zu folgen, setzte Steuer (2006) sich ausführlich mit den Möglichkeiten und Grenzen der Bestimmung des gesellschaftlichen Stellenwertes eines Prunkgrabes auseinander.

Besonderes Aufsehen erregte in den letzten Jahren die Debatte um die späthallstattzeitliche Sozialstruktur und den Toten von Hochdorf (siehe Beitrag Veit). Lange Zeit herrschte weitgehende Einigkeit über die Deutung der in den Riesentumuli Bestatteten: man sprach sie als Fürsten einer analog zum Mittelalter oder Früharchaik rekonstruierten Adelsgesellschaft an (siehe Kimmig 1969; 1983; Zürn 1970). Dieses Interpretationsmuster wurde dann seit 1988 in mehreren Beiträgen von Manfred K. H. Eggert wegen seiner unzureichenden empirischen Belege, fehlenden Kohärenz und Eurozentrik scharf kritisiert.[14] In seinen Arbeiten zog er Analogien aus Afrika heran und plädierte für eine kulturanthropologische Perspektive in der Prähistorischen Archäologie. Für die soziale Interpretation der Gräber sind vor allem seine Kommentare zur Abschätzung des Arbeitsaufwandes zur Errichtung der Riesentumuli und die Diskussion der Südimporte von Bedeutung (Eggert 1988; 1991a; 2003). Nach Eggert (1991a, 27) könnten die Toten einfach »Oberhäupter von relativ kleinen Verwandtschaftsverbänden« gewesen sein. Erst 1996 wurde auf seine Kritik durch Dirk Krausse (1996, 17) geantwortet: sie scheine zwar zum Teil berechtigt, sei jedoch zu pauschal und bleibe in den aufgezeigten Alternativen vage. An Argumenten für die hohe gesellschaftliche Stellung des in Hochdorf Bestatteten führt er neben dem extrem kräftigen und vergleichsweise großem Körperbau des Toten (ebd. 343 f.) vor allem die sorgfältige Inszenierung des Bestattungsvorgangs, für die zahlreiche Beigaben extra hergestellt wurden, sowie das Grabmonument als solches an. Vier dicht beieinander liegende Gegenstände brachte er mit rituellen Tierschlachtungen in Verbindung und interpretierte sie als liturgische Geräte eines theokratischen Herrschers (ebd. 248; 353). In der sich anschließenden Debatte (Eggert 1999; Krausse 1999; Veit 2000a) ging es vor allem um die Frage des gewählten Vergleichsverfahrens (siehe Krausse 2000; Eggert 2003). Mit Krausses These der Sakralherrschaft beschäftigte sich Ulrich Veit (2000a) ausführlich. Er beanstandete die isolierte Betrachtung von bestimmten

---

14 Etwa Eggert 1988; 1989; 1991a; 1991b; 1999; 2003.

Elementen des Totenrituals, die dann oft im Hinblick auf ethnographische Parallelen einseitig ausgedeutet würden (ebd. 552).

Bei der Interpretation der ›Fürstengräber‹ kam es nach sozialgeschichtlichen Einordnungen in den 1960er bis 1980er Jahren und einer sehr prägenden sozialpsychologischen Erklärung des Phänomens anschließend überwiegend zu wirtschaftsgeschichtlichen Bewertungen, während man heute verstärkt ritualhistorische Aspekte berücksichtigt[15], aber auch Gesellschaftstypologien diskutiert (z. B. Eggert 2007; Gronenborn 2009; Schier 1998). Nur selten ging es dabei um die Möglichkeiten und Grenzen der Aussagefähigkeit von Gräbern und um die Bestattung als solche, sondern vielmehr wurden gleichzeitig vertikale Sozialstrukturen konstruiert, Vergleichsverfahren und die programmatische Erneuerung des Faches debattiert.

Gräberfeld- und Regionalanalysen

Für die Analyse der vertikalen Sozialstruktur versucht man auch die Breite der Datenbasis, die die zahlreich ausgegrabenen Friedhöfe mit ihren vielen geschlossenen Grabkomplexen bieten, zu nutzen. Grundsätzlich stellt sich dabei immer der Frage, ob die überlieferten und ergrabenen Bestattungen eine repräsentative Stichprobe der ehemaligen Lebendbevölkerung und ihrer Sozialstruktur darstellen (siehe z. B. Geschwinde 2000). Ferner müssen innerhalb einer bestimmten Gemeinschaft die Grabausstattung und der Grabbau den Sozialstatus der darin bestatteten Person bzw. zumindest der sie Bestattenden normiert, wenn auch verzerrt, reflektieren. Grundvoraussetzung für alle Aussagen zur vertikalen Sozialstruktur einer Bevölkerung ist jedoch, dass die Wertigkeit von Grabausstattungen und Grabbau in irgendeiner Weise bestimmbar sind (siehe Bernbeck 1997, 262 ff.). Geht man dann von einer mehr oder minder vorhandenen Repräsentativität der dokumentierten Grabbefunde aus, gibt es verschiedene Wege der Analyse von Sozialhierarchien. Nach wie vor prägend – zumindest für die frühgeschichtliche Archäologie – ist der Ansatz von Rainer Christlein (1973). Er unterteilte auf Grundlage der Präsenz bzw. Absenz bestimmter Artefakttypen Männer- und Frauengräber in unterschiedliche ›Qualitätsgruppen‹ bzw. ›Besitzabstufungen‹. Inzwischen wird allerdings nicht nur versucht, die raum- und zeitspezifische Wertigkeit dieser Beigaben zu bestimmen, sondern mitunter auch die hohe Bedeutung einzelner Artefakttypen, die ganze Besitzstufen definieren, in Frage gestellt (Steuer 1994, 17). Zudem forderte Steuer (1982; 1994, 19), Besitzabstufungen nicht mehr als Staffelpyramide mit starren horizontalen Schichtgrenzen, sondern in Form einer gleitenden Pyramide zu rekonstruieren.

15 Beispielsweise Krausse 1996; 1999; Veit 1988; 2000a; 2008.

Seit den 1970ern wird in multidimensionalen Analysen, in denen nicht nur Grabbeigaben, sondern auch der Grabbau und/oder die anthropologischen Untersuchungsergebnisse mit berücksichtigt werden, verstärkt versucht, sich den vertikalen Sozialstrukturen anzunähern (z. B. Gebühr/Kunow 1976; Martin 1976; Schlüter 1970). Einer der Vorreiter in Sachen statistischer Auswertung war Michael Gebühr (1975; 1986). Für die Interpretation rangskalierter Daten stellte kürzlich Johannes Müller (2001, 50) einen Katalog zusammen. Grundsätzlich kann zwischen ›materialimmanenten‹ Verfahren und multivariaten Ansätzen unterschieden werden. Bei den ›materialimmanenten‹ Ansätzen wird meist anhand verschiedener Merkmale für jede Grablegung ein Sozialindex berechnet, der in etwa der sozialen Position des Bestatteten innerhalb der Gemeinschaft entsprechen soll (siehe Burmeister 2000, 127; Rebay 2006, 199 ff.; Sprenger 1999, 11 ff.). Auf diese Weise werden die berücksichtigten Gräber in eine soziale Rangfolge gebracht. Nach Matthias Jung (2003; 2006, 182–194) basiere diese letztlich dennoch auch auf deduktiven Annahmen. Er plädierte daher für eine hermeneutische Sinnrekonstruktion.[16] Jung kritisierte ferner die der Kodierung und den Berechnungsmodi geschuldeten ›Vergröberungen und Verzerrungen‹, die kaum zu aussagekräftigen Ergebnissen über Sozialstrukturen führen könnten (Jung 2003, 18). Laut Martin Trachsel (2005, 84; 2008, 242 f.) führen Sozialindexverfahren zur Reduktion und »Verquirlung aller potenziellen sozialen Marker« (2008, 242), so dass mehr verschleiert als enthüllt würde. Er schlägt vor, Gräbermerkmale besser mittels Korrespondenzanalysen auf mögliche Korrelationen unterschiedlicher sozialer Merkmale hin zu untersuchen.

Bei multivariaten Verfahren, z. B. Clusteranalysen (Gebühr 1986; Kunst 1978) oder Faktorenanalysen (Müller 1994b; Reinhold 1997), werden die Grabausstattungen anhand verschiedener Merkmale, die z. B. die Qualität und Quantität der Grabausstattung beschreiben, untereinander verglichen und Ähnlichkeiten herausgearbeitet. Einen vielversprechenden Ansatz wählte Hinz (2009) in seiner Magisterarbeit über Aunjetitzer Fundgesellschaften. Mit Hilfe mehrerer kanonischer Korrespondenzanalysen untersuchte er Ausstattungsmuster bezüglich ihrer unterschiedlichen Verwendung auf die Dimensionen Raum, Zeit und Soziales. Dabei unterschied er in Anlehnung an Ferdinand de Saussure (1967, 11 ff.) zwischen *langue*, der Bestattungssitte, und *parole*, der einzelnen Bestattung, und versuchte, ihre Bedeutung als Zeichen nach Jacques Derrida (1988) durch die Differenzen, welche Zeichen in ihrem jeweiligen Kontext markieren, zu analysieren. Er konnte zwei distinkte Gruppen von Bestattungen herausarbeiten, von denen er die metallführende als sozial höher stehend interpretierte. Ferner stellte er fest, dass Neuerungen zunächst in den ›reicheren‹ Gräbern vorkamen.

16 Kritisch hierzu Gebühr 2003, 20 ff.

Horizontale Sozialstruktur

Bei der Ermittlung der so genannten horizontalen Dimension der Sozialstruktur geht man meist auf die Suche nach mehr oder minder durch biotische[17] Parameter zumindest mitbestimmten Unterteilungen der Gesellschaft in Geschlecht, Alter und Verwandtschaft[18], aber auch religiöse und berufliche Gruppierungen[19] sowie Fremdheit und Ethnizität (siehe Beitrag Burmeister) werden thematisiert. Hier kann nur auf zwei der wesentlichen Strukturkategorien menschlicher Gesellschaften, Geschlecht und Alter, näher eingegangen werden.

In der Archäologie erfolgt seit einiger Zeit die inzwischen aus theoretischer Sicht als nicht ganz unproblematisch angesehene, aber aus analytischen Gründen dennoch sinnvolle Unterscheidung in *sex* = biotisches Geschlecht und *gender* = soziales Geschlecht (siehe Hofmann 2009a). Eine kritische Auseinandersetzung mit der Bestimmung des sozialen Geschlechts, welches meist anhand vermeintlich ›geschlechtsspezifischer‹ Grabbeigaben erschlossen wurde, oder gar weiterführende Analysen unterblieben jedoch meist. So galten Waffen gewöhnlich als männlich und Artefakte der Textilverarbeitung und Schmuck als weiblich. Mögliche divergierende Geschlechterrollenverteilungen können jedoch, verzichtet man auf ein Überprüfen dieser Prämisse, nicht nachgewiesen werden (Kleibscheidel 1997; Owen 1997). Eine etwaige Grabausstattungspolarität versucht man vor allem seit den 1970ern unabhängig von anthropologischen Daten anhand statistischer Verfahren zu ermitteln.[20] Die Geschlechtstypik der dabei ermittelten Beigabenkombinationen ist jedoch nur mit Bild- und Textquellen oder eben vor allem mit den anthropologischen Daten, die jedoch das biotische Geschlecht angeben, begründbar. Meist basiert sie letztendlich doch wieder auf *common sense* (Kleibscheidel 1997, 52). Zudem finden sich oft nur in ca. 20 Prozent der Gräber so genannte geschlechtsspezifische Beigaben. Dies zeigt jedoch, dass es sich bei ihnen nicht um Objekte handelt, die verbindlich beigegeben werden mussten, um ein Geschlecht

---

17 Auf freundlichen Hinweis von M. K. H. Eggert wird hier statt des allgemein üblicheren Wortes ›biologisch‹ der Begriff ›biotisch‹ verwendet, da ersterer sich streng genommen auf das, was erforscht wird, und letzterer sich auf alles, was mit ›Leben‹ zusammenhängt, bezieht.

18 Trotz der großen Bedeutung von Verwandtschaft für die Organisation vorstaatlicher Gesellschaften lassen sich Verwandtschaftsstrukturen allein archäologisch kaum fassen, auch wenn man dies vor allem über gemeinsame Bestattungskontexte – z. B. Grabhügel und Gräbergruppen –, mitunter aber auch über Verbindungen im Fundmaterial versucht hat (Steuer 1982, 461 ff.; siehe auch Härke 1995). Zur dualen Organisation von Bestattungsgemeinschaften siehe Müller 1994a; kritisch hierzu Jung 2006, 103–114. Zur biotischen Verwandtschaftsanalyse siehe u. a. Alt/Vach 1994; Alt/Munz/Vach 1995; Hummel 2003.

19 Siehe z. B. Henning 1991; Schülke 1997.

20 Etwa Burmeister 2000; Gebühr 1975; 1994; Gebühr/Kunow 1976; Müller 1994a.

zu kennzeichnen (Koch 2003, 202), sondern vielmehr um solche Gegenstände, deren Deponierung im Grab zwar ein bestimmtes Geschlecht des Toten voraussetzen, aber noch mindestens eine weitere Intention vermuten lassen oder z. B. zusätzlich einen anderen Aspekt der personalen Identität darstellen sollten, wie das Alter oder den Familienstand. Von hoher forschungsgeschichtlicher und methodischer Relevanz ist die Diskussion um die vermeintlich getrennt-geschlechtlichen Bestattungsplätze vom Typ Rieste und Darzau, die Heidrun Derks (1993; 2012) zum Anlass nahm, sich aus ethnoarchäologischer Perspektive dem Phänomen geschlechtstypischer Totenrituale zu widmen. Die Frage nach der Unterteilung einer Gesellschaft in mehr als zwei Geschlechter und nach *Transgendering* fand erst in den 1990ern Eingang in die deutschsprachige archäologische Forschung (Kästner 1997; Wiermann 1997). Ihr nachzugehen ist letztlich aber nur bei detailliert bekannten geschlechtstypischen Bestattungsritualen möglich, andernfalls besteht die Gefahr, mögliche anthropologische oder archäologische ›Fehlbestimmungen‹ als Belege für derartige Phänomene anzusehen.

Auch die archäologische Altersforschung steckt noch in den Kinderschuhen. Zwar wurde schon früh eine Abhängigkeit des Bestattungsrituals, insbesondere der Größe des Grabes und der Leichen(brand)behältnisse sowie der Grabausstattung vom Lebensalter festgestellt, allerdings blieb es meist bei einer groben Gegenüberstellung von Kindern und Erwachsenen (Stauch 2008, 276; Gebühr 1994, 81 ff.). Dies lag unter anderem am Fehlen geeigneter anthropologischer Untersuchungsergebnisse, aber auch an der mangelnden Problematisierung des sozialen Alters und Alterns. Einen Schwerpunkt der Forschungen bildet die Feststellung ›altersspezifischer‹ Beigaben, wobei man aufgrund des weitgehenden Fehlens anderer Möglichkeiten von den anthropologischen Untersuchungsergebnissen ausgeht.[21] Ferner wurde in den letzten Jahren verstärkt das Thema ›Kindheit‹ untersucht.[22] Auch das Kinderdefizit auf Bestattungsplätzen und der Infantizid wurden in diesem Kontext diskutiert (z. B. Beilke-Voigt 2004; Krausse 1998). Die Frage, wie die Altersorganisation einer Gesellschaft archäologisch nachgewiesen werden kann, diskutierte Müller (1994c) am Beispiel des Magdalenenberges im Vergleich zum südostäthiopischen Oromo. Anhand räumlicher Verteilungsmuster sowie altersabhängiger Beigabenverteilung schloss er auf einen erheblichen Einfluss der Altersorganisation für den Westhallstattkreis. Jung (2004) schlägt statt dem bei Müller praktizierten Abgleich mit einer Zufallskonstellation eine Normalfallkonstruktion als heuristische Vorgabe vor, um so die Bedeutung von Alter nicht künstlich überzubewerten.

Insbesondere die Betrachtung verschiedener Gemeinschaft strukturierender Kategorien und ihrer Wechselbeziehungen versprechen neue Erkenntnisse. Rela-

---

21 Siehe u. a. Derks 1997; Gebühr 1994; Müller 2005; Stauch 2008.
22 Hierzu z. B. Kraus 2006; Lohrke 2004; Siemoneit 1997.

tiv verbreitet ist inzwischen die kombinierte Analyse von Alter und Geschlecht[23], während die Verknüpfungen mit anderen sozialen Kategorien, wie z. B. Ethnos (Hakenbeck 2007; Reinhold 2005), bisher nur selten diskutiert wurden. Von besonderer Relevanz für die Diskussion um die Bedeutung von Alter und Geschlecht für die soziale Organisation von prähistorischen Gesellschaften ist die Dissertation von Stefan Burmeister (2000) zu »Geschlecht, Alter und Herrschaft in der Späthallstattzeit Württembergs«.[24] Er verfolgte konsequent einen komparatistischen und quantitativen Ansatz und behandelte dabei viele grundlegende Fragen der Gräberarchäologie. Besonders innovativ ist die Arbeit von Alexander Gramsch (2010), der neben der Grabausstattung vor allem auch die Behandlung des Körpers bei seiner Analyse von Altersklassen und Geschlechterdifferenzen eines spätbronze- und früheisenzeitlichen Gräberfeldes untersuchte. Er ging von einem handlungs- und kommunikationstheoretischen Ansatz aus, mit dem er die soziale Bedeutung der Praktiken in ihrem spezifischen Kontext, d. h. in Bezug auf die von ihm nach Arnold van Gennep (1986) und Victor Turner (1967) unterschiedenen Rituale (präfunerale = separative, funerale = liminale und postfunerale = reintegrative), erfasste und interpretierte. Durch die enge Zusammenarbeit mit der Anthropologin Birgit Großkopf wird er dabei den hohen Zielen der archäologischen Geschlechterforschung gerecht, *doing gender* konkret anhand materieller Kultur zu untersuchen (siehe Sørensen 2000). Als ein vielversprechender Ansatz erscheint mir ferner – obwohl aufgrund der Quellensituation nicht einfach umsetzbar – der Versuch, sich mit individuellen Lebensläufen unter besonderer Berücksichtigung der Kategorien Alter, Geschlecht und Fremdheit auseinanderzusetzen (Koch 2010).

Zum Umgang mit dem Tode

Gräber und Friedhöfe können nicht nur Quellen für die Konstruktion vergangener Sozialstrukturen sein, sondern sind auch Zeugnisse der sozialen Konstruktion des Todes und religiöser Vorstellungen, Relikte einst ausgeführter Handlungen und Rituale sowie Orte des Erinnerns und Vergessens. Diese unterschiedlichen Aspekte werden in den letzten Jahren verstärkt auch in der deutschsprachigen Gräberarchäologie thematisiert (siehe Beilke-Voigt/Biermann 2009; Kümmel/Schweizer/ Veit 2008).

23 Beispielsweise Derks 1997; Gebühr 1994; Müller 2005; Owen/Porr/Struwe 2004.
24 Siehe auch Gebühr 2003; Koch 2003; Jung 2003; 2006, 182 ff.

Tod und *post mortem*

Angesichts der Vielzahl an untersuchten Gräbern in der Archäologie mag es verwundern, dass der menschliche Umgang mit Tod und Sterben erst seit den letzten Jahrzehnten thematisiert wird. Monographisch setzte sich in Deutschland als erste Renate Meyer-Orlac (1982) mit verschiedenen Erklärungsmöglichkeiten für Tod- und Jenseitsvorstellungen vergangener Kulturen auseinander. Dabei zitierte sie in ihrer Dissertation »Mensch und Tod. Archäologischer Befund – Grenzen der Interpretation« viele der ›Klassiker‹ der ›Anthropologie des Todes‹, aber auch der angloamerikanischen Trauerforschung, die erst Jahre später von der theoretischen Gräberarchäologie aufgegriffen wurden. Veit (1996, 19 ff.; 1997) definierte dann Mitte der 1990er als Aufgabe einer ›Archäologie des Todes‹, »die konkrete symbolische Umsetzung der kategorialen Unterscheidung zwischen ›lebend‹ und ›tot‹ und des damit verbundenen Prinzips des Übergangs in Beziehung zu den objektiv faßbaren historischen Bedingungen (Wirtschaftsweise, Demographie, Herrschaftsverhältnisse) zu analysieren« (Veit 1996, 23). Dabei dürfe man sich jedoch nicht auf die antiquarische Analyse der Gräberfelder beschränken, sondern vielmehr sei eine kontextuelle Analyse der verschiedenen archäologischen Quellen notwendig (ebd. 19 ff.; Veit 1997, 293 f.). Im Rahmen seiner Studie zu den neolithischen Siedlungsbestattungen Mitteleuropas zeigte Veit richtungsweisend, dass Tod nicht nur ein sozialzeitliches, sondern auch ein sozialräumliches Phänomen ist. Bei der Interpretation der Siedlungsbestattungen hält er einen Zusammenhang mit Ahnenkult für möglich (z. B. Veit 1996, 209; 354; 359): ein Deutungsansatz, der im deutschsprachigen Raum bislang im Vergleich zum angloamerikanischen Raum kaum von Bedeutung war.

In meiner Dissertation (Hofmann 2008a) habe ich dann das Konzept einer transdisziplinär ausgerichteten Thanatoarchäologie entwickelt, in der ein besonderes Gewicht auf ideologische, symbolische und ritualhistorische Aspekte gelegt wird. Ziel ist es, die archäologischen Forschungen zum Thema ›Tod‹ innerhalb der sich international und transdisziplinär etablierenden Thanatologie (siehe Assmann/ Trautzettel 2002; Rest 1989) zu verankern. Anhand bronze- und früheisenzeitlicher Brandbestattungsplätze des Elbe-Weser-Dreieckes habe ich unter anderem versucht, die Bestattungen als Übergangsrituale zu analysieren, Aussagen zu den Einstellungen der Menschen zum Tode zu treffen und mit Hilfe eines kultursemiotischen Ansatzes der Konstruktion von Folgewelten nachzugehen. Das Konzept der Thanatoarchäologie konnte im Rahmen der Arbeit nur in einem eingeschränkten Maße erprobt werden. Es bietet m. E. aber einen geeigneten Rahmen, um Phänomene wie das der ›verkehrten Welt‹ (Veit 1988), des ›schlechten Todes‹ (Brather 2009a, 106 ff.; Meyer-Orlac 1982, 75 ff.) oder der ›Totenfolge‹ (Oeftinger 1984) zu untersuchen.

Symbole, Rituale und Indizien

In letzter Zeit wurde zunehmend der Zeichencharakter materieller Kultur auch in der deutschsprachigen Gräberarchäologie thematisiert.[25] Neben dieser semiotischen Perspektive betonte man, dass Grabbefunde Überreste von Ritualen seien und somit handlungs- und kommunikationstheoretische Untersuchungen erfordern würden. Die dabei notwendige kontextuelle Betrachtungsweise führte zu einem stärkeren Interesse an Befunden, die als Indizien einstiger Handlungen gewertet wurden.

Im Rahmen des semiotischen Ansatzes wird materielle Kultur als Zeichenträger und/oder als kodierter Bedeutungsträger angesehen. Bisher wurden insbesondere Statussymbole (Burmeister 2003; 2009), aber auch der Zeichengehalt von Tracht bzw. Kleidung (Arnold 2008; Brather 2008b; Burmeister 1997) untersucht. Für Fremdobjekte aus Prunkgräbern diskutierte Veit (2005, 33), inwieweit es sich dabei nicht primär um Statussymbole, sondern um Semiophoren im Sinne Krzysztof Pomians (1988) handelt, die in ihrer praktischen Nutzlosigkeit als ›Repräsentanten des Unsichtbaren‹ beigegeben werden (siehe auch Kienlin 2008). Veit interessierte sich vor allem für das Sakrale und interpretierte die Fremdobjekte als Medien der Kommunikation der Lebenden mit den Ahnen und den Göttern. Denkbar wäre nach Pomian aber auch, dass Fremdgüter als Objekte mit einer eigenen Biographie Vergangenheit, Fernkontakte oder Beziehungen darstellen sollten (Schweizer 2008, 262).

In meiner Dissertation habe ich gezeigt (Hofmann 2008a, 140 ff.; siehe auch Hofmann 2008b), dass Gräber und Bestattungsplätze als ›kulturelle Texte‹ aufgefasst werden können. Damit soll jedoch nicht behauptet werden, dass man Friedhöfe wie Bücher einfach lesen kann, denn durch die vielfältigen Handlungs- und Bedeutungskontexte sowie die Zahl der an der Anlage und Nutzung der Friedhöfe beteiligten Personen sind diese z. T. auch immer wieder nachträglich modifizierte ›Palimpseste‹ und letztlich unendliche Zeichenverkettungen. Ein Weg zur Identifizierung von Zeichen, die im weitesten Sinne durch das Totenritual kodiert sind, ist die Feststellung von Regelmäßigkeiten anhand von typologischen, temporalen und dispositionalen, räumlichen Untersuchungen. Bei der Analyse sollten verschiedene, miteinander in Beziehung stehende semiotische Bedeutungsebenen unterschieden werden: 1) die Lage des Bestattungsplatzes, 2) seine innere Struktur, 3) die Bestattungsform und der Grabbau, 4) die Grabausstattung unter Berücksichtigung des Zustands und der Lage sowie 5) die Gestalt der Artefakte, also ihre Form, Farbe und Verzierung (Hofmann 2008b, 363). Eine sechste Ebene bilden die menschlichen Überreste. Unter dem Stichwort »Körperinszenierung« wurden z. B. auffällige Armhaltungen bei hallstattzeitlichen Körpergräbern diskutiert (Augstein

---

25 Siehe u. a. Gramsch 2010; Hinz 2009; Hofmann 2008a; Kienlin 2005; Kümmel/Schweizer/Veit 2008; Meier 2002; Veit u. a. 2003.

2009; Müller-Scheeßel 2008; Nikulka 2008) oder die Körperbehandlung im Rahmen von Brandbestattungen behandelt (Gramsch 2010).

Nach Nils Müller-Scheeßel (2005, 340) lassen sich ferner drei ›prozessuale‹ Zeichenebenen bei Gräbern unterscheiden: 1) der Tote selbst, 2) die Bestattung als solche, 3) das Gräberfeld. Am Beispiel des hallstattzeitlichen Bestattungsplatzes von Schirndorf zeigt er exemplarisch Veränderungen der Zeichensetzung auf der Ebene des Gräberfeldes auf. Während in der älteren Hallstattzeit einzelne, vor allem männliche Individuen durch besonders große und separierte Grabdenkmäler hervorgehoben wurden, seien die Gräber später dicht beieinander angelegt worden, was auch die Signifikanz der einzelnen Grabmonumente gemindert hätte. Als mögliche Gründe für diese ›Nivellierung‹ nennt er neben der räumlichen Verlagerung der reichen Gräber, für die aber keine Hinweise existieren würden, die Egalisierung der Bestattungsgemeinschaft oder die Maskierung der gesellschaftlichen Unterschiede in den Bestattungssitten.

Obwohl die Untersuchung von Ritualen in der Prähistorischen Archäologie stets von Bedeutung war, wurden diese und die sich dahinter verbergenden Konzepte lange Zeit nicht explizit thematisiert. Meist bezeichnete man mit dem Begriff ›Ritual‹ einfach »religiös motivierte Handlungen« (Kümmel 2009, 118) und versuchte durch ihre Untersuchung das sich dahinter verbergende religiöse Denken zu analysieren (Gramsch 2010, 123). Vergleichsweise früh setzte man sich in Saarbrücken vor allem unter Rolf Hachmann mit methodischen Fragen bezüglich des Totenrituals und Totenglaubens auseinander (z. B. Hachmann/Penner 1999; Poppa 1978). Das Totenritual wurde in einzelne Abschnitte gegliedert, die man zunächst isoliert betrachtete: die Aufbahrungs-, die Bestattungs-, die Beigaben- und Mitgaben-, die Tracht- und die Nachgabensitte. Aus einer Summe von Einzelbeobachtungen versuchte man dann, Korrelationen zu gewinnen, die als Chiffre für die archäologische Kultur, innerhalb derer die Bestattungen erfolgt waren, gedeutet werden können.

Erst Jahre später begann man in der deutschsprachigen Gräberarchäologie die Erkenntnisse der *ritual studies* zu rezipieren. Mehr oder minder zeitgleich und meist, ohne aufeinander Bezug zu nehmen, beschäftigte man sich mit den verschiedenen Ritualtheorien und bemühte sich um operationale Arbeitsdefinitionen[26]. Allgemein werden heute die sozialen Funktionen ritueller Praxis betont. Ferner gelten Bestattungen gemeinhin als performative Akte, die eine wichtige Rolle bei der Konstruktion sozialer Identitäten spielen (siehe z. B. Brather 2009b; Gramsch 2010). Trotzdem werden Rituale meist noch als statisch angesehen, und nur vereinzelt thematisiert man ihre Variabilität und Dynamik (z. B. Gramsch 2010; Müller-Scheeßel 2009). Auch die Frage, inwieweit und wann Totenrituale eher konservativ und traditionsbezogen oder eher unbeständig sind, ist bisher

---

26 Siehe z. B. Gramsch 2010, 123 ff.; Hofmann 2008a, 85 ff.; Kümmel 2009, 118 ff.; Trachsel 2005, 54 ff.

kaum diskutiert worden (Hofmann 2008a, 139; 450). Aus der Vielzahl der ritual-
theoretischen Ansätze wurde vor allem das Konzept der Übergangsriten (siehe
Anm. 12) für die Analyse von Grabbefunden zu Grunde gelegt. Seine Adaption auf
die archäologischen Befunde differieren z. T. jedoch deutlich (Trachsel 2005, 57).
Louis Nebelsick (1995; 1997) fragte z. B. nach der Bedeutung des Todes für die
Gemeinschaft und entwickelte für urnenfelder- bis hallstattzeitliche Bestattungs-
rituale ein Interpretationsschema, das auch kosmologische und eschatologische
Aspekte mit berücksichtigt (siehe auch Hofmann 2008a, 469 ff.). Gramsch (2010)
hingegen nutzte das Konzept der Übergangsriten nicht als Analogie, sondern als
heuristisches Mittel zur Klassifizierung und Strukturierung ritueller Handlungen,
um letztlich die Repräsentation, Konstruktion und Transformation sozialer Identitäten zu analysieren.

Christoph Kümmel (2009) hat im Zuge seiner Untersuchungen zu Grabmanipu-
lationen mit Hilfe des Erkenntnismodells Carlo Ginzburgs (1995) sehr eindrucksvoll gezeigt, wie z. T. scheinbar nebensächliche empirische Daten als Indizien für
komplexe Realitäten dienen können. Um die Mehrdeutigkeiten und Widersprüche
des Begriffes ›Grabraub‹ in der bisherigen archäologischen Erforschung zu überwinden, entwickelte er eine neue Terminologie für die Untersuchung von Grab-
manipulationen und trennte dabei die Ansprache kulturgeschichtlicher Phänomene
strikt von den Kriterien und Bezeichnungen für archäologische Befunde. Um das
notwendige Erfahrungswissen für das Verfahren des Indizienbeweises zu erlangen,
führt er einen umfassenden Kulturvergleich durch. Anhand von Fallbeispielen belegte er die Tauglichkeit seiner Begriffe, Methoden und Erklärungsmodelle.

Gräber als Orte des Umgangs mit der Vergangenheit

Im Gegensatz zur englischsprachigen Archäologie, in der »the past in the past«
(Bradley/Williams 1998) in den letzten Jahren vor allem im Zuge der *landscape
archaeology* viel diskutiert wurde, spielt dieses Thema in der deutschsprachigen
Gräberarchäologie bislang noch eine untergeordnete Rolle. Für eine ›Archäologie
des Erinnerns‹ zeichnen sich verschiedene thematische Schwerpunkte ab: 1) Kulturlandschaft, 2) einzelne Grabmonumente, 3) der performative Akt der Bestattung
und 4) die Beigaben und ihre Objektbiographie (siehe Williams 2003). So werden
ganze Landschaften auf ihre Bedeutung für und ihre Formung durch den Menschen
sowie die zeitliche Dimension der Landschaftswahrnehmung untersucht (Schülke
2011). In diesem Zusammenhang geht man auch der Frage nach der Bedeutung
der räumlichen Organisation von Bestattungsplätzen nach (z. B. Härke 2001;
Hofmann 2013). Für Moore und die dortige Deponierung von Leichen diskutierte
Burmeister (2008) kürzlich, ob es sich hierbei nicht um eine ›Topographie des
Vergessens‹ handele. Ferner gibt es inzwischen vereinzelt Arbeiten zum Umgang

mit älteren Bestattungsplätzen, deren erneuten Nutzung sowie zu so genannten Denkmalbestattungen (z. B. Sopp 1999; Thäte 1996). Hierbei spielt stets auch die Frage nach Bestattungskontinuitäten eine Rolle (Hofmann 2012a). Cornelius Holtorf (1993; 2000–2008) verfasste beispielsweise ›Rezeptionsgeschichten‹ von Megalithgräbern. Für Nekropolen, aber insbesondere für monumentale Grabbauten wird inzwischen auch für die Prähistorie allgemein angenommen, dass sie als Monumente Teil des ›kulturellen Gedächtnisses‹ (Assmann 1992) und somit für das Wir-Gefühl von Gemeinschaften von Bedeutung waren (Gramsch 2010, 141; Hofmann 2013). Sebastian Brather (2009b, 248 Anm. 4) bezeichnet Bestattungen als Teile des kommunikativen Gedächtnisses, da es sich um performative Akte im Angesicht von Lokalgemeinschaften handele. Die Grabausstattungen selbst seien nur für sehr kurze Zeit vorgeführt worden, bevor man sie deponierte und damit den Blicken entzog und sie nur noch in der Erinnerung der Beteiligten weiterexistierten. Veit (2005) hat hingegen die eisenzeitliche ›Prunkgrabsitte‹ als Ausdruck des ›kulturellen Gedächtnisses‹ gedeutet. Statt der allgemein üblichen Betonung des Individuums und seiner Machtposition (siehe oben) hob er den gemeinschaftsstiftenden Charakter dieser Bestattungen hervor und interpretierte die mit ihnen verbundenen Inszenierungen als »massive Demonstrationen kollektiver Gefühle und gesellschaftlicher Ordnung« (ebd. 32). In diesem Zusammenhang forderte er dazu auf, Grabbeigaben in Zukunft generell weniger als Mittel zur Befriedigung spezifischer praktischer Bedürfnisse der Verstorbenen denn als mnemotechnische Hilfsmittel für die Hinterbliebenen anzusehen. Auch Archaika (siehe Mehling 1998) oder Fremdgütern könnten so eine ganz andere Bedeutung zukommen (Schweizer 2008, 262; siehe oben). Interessant ist in diesem Zusammenhang auch das Phänomen der Überausstattung (Hansen 2002). Bei all diesen Überlegungen sollte auch eine mögliche Überdeterminiertheit von Handlungen und Beigaben (Jung 2008) beachtet werden. Sie können möglicherweise nicht monokausal auf eine Motivierung zurückgeführt werden, da ihnen unterschiedliche, einander überlagernde Motivierungen und auch Erinnerungen zu Grunde liegen können. Härke (2003) betont in seiner Analyse möglicher Bedeutungen der Beigabensitte, dass Erinnerung allenfalls eine unter mehreren Funktionen der Grabbeigabe sei, und man auch die Absicht des Vergessens als ein Ausstattungsmotiv nicht ausschließen dürfte. Zudem macht er auf die Verwobenheit verschiedener Erinnerungsebenen aufmerksam: eine in die Vergangenheit gerichtete Erinnerung an den Toten, die durch die Beigaben bei der Bestattung geweckt wird und eine in die Zukunft gerichtete Erinnerung an die Bestattung an sich, welche durch die Feier erst geschaffen wird (siehe auch Brather 2009b). Gräber als Orte des Umgangs mit der Vergangenheit bieten gerade vor dem Hintergrund der Dialektik zwischen Erinnern und Vergessen demnach noch viel Forschungspotential.

Resümee

Nach einer Zeit weitgehender Stagnation kam es ab Ende der 1960er zu einer Belebung der theoretischen Diskussion in der deutschsprachigen Gräberarchäologie. Zahlreiche neue Analyseansätze für Grabbefunde wurden gerade in den letzten Jahren entwickelt. Standen lange Zeit nur die Beigaben im Mittelpunkt des Interesses, finden heute zunehmend auch die Befunde, die für die Kontextualisierung der Funde und Prozessualisierung der statischen Quelle ›Grab‹ so wichtig sind, immer mehr Berücksichtigung. Die vielverwendete und diskutierte Metapher ›Gräber – Spiegel des Lebens‹ bzw. die von ihren Kritikern abgewandelte Version in ›Zerrspiegel‹ ist dabei jedoch, in welcher der beiden Varianten man sie auch gebraucht, eher irreführend. Bestattungen und Grabbefunde werden zwar von Gemeinschaften auch zur sozialen Repräsentation genutzt und anthropologische Erkenntnisse können einiges über individuelle Schicksale aussagen, dennoch spiegeln Grabbefunde vergangene Lebenswirklichkeiten nicht passiv (verzerrt) wider, sondern sie waren Teil des Lebens und die in ihnen residual überlieferten Handlungen dienten unter anderem aktiv zur Konstruktion, Modifikation oder dem Fortbestehen vielfältiger Wirklichkeiten.

Der immer lauter werdende Ruf nach transdisziplinären Fragestellungen und interdisziplinärer Zusammenarbeit wurde in letzter Zeit zunehmend erhört.[27] Die Frage, ob Gräber mehr über das Diesseits oder über das Jenseits und andere Vorstellungen aussagen und sie daher eher als soziale oder ideologische Quellen anzusehen sind, wird stets unterschiedlich beantwortet werden. Hilfreich wäre es, beide Sichtweisen zu akzeptieren und als Bereicherung zu betrachten, denn letztlich sind sie die zwei in wechselseitiger Beziehung zueinander stehenden Seiten ein und derselben Medaille.

Die Forschungslandschaft wurde lange Zeit von der Diskussion um die vertikale Sozialstruktur dominiert. Inzwischen interessiert man sich jedoch auch immer mehr für horizontale Sozialstrukturen; vor allem Alter und Geschlecht werden zunehmend thematisiert. Neue Erkenntnisse versprechen insbesondere Ansätze, in denen verschiedene Gemeinschaft strukturierende Kategorien und ihre Wechselbeziehungen analysiert werden. Untersuchungen zum rituellen Umgang mit dem Tod und anderen kulturwissenschaftlichen Themen bilden derzeit hingegen immer noch die Ausnahme. Einige Perspektiven, wie z. B. das Konzept einer Thanatoarchäologie, kommunikationstheoretische Ansätze, aber auch die Möglichkeiten einer Archäologie des Erinnerns und Vergessens, wurden inzwischen aufgezeigt. Hier bedarf es jedoch noch intensiver Forschungen.

Fest steht, dass es in der Gräberarchäologie viele verschiedene Prämissen gibt, die die jeweiligen Interpretationen von Grabbefunden determinieren. Insbesondere

---

27 Hierzu z. B. Alt/Röder 2009; Gramsch 2010; Hofmann 2008a; Kümmel 2009; Veit 1996.

die Konzepte zu Grabbeigaben wurden bisher jedoch zu wenig hinterfragt. Auch allgemein vertretene Annahmen, wie die der Totenruhe und die der Konservativität und Traditionsbezogenheit des Totenrituals, bedürfen einer Überprüfung. Eine systematische Analyse solcher Axiome würde sicherlich vorschnellen Deutungen vorbeugen (siehe Kümmel 2009). Auch wissenschaftshistorische Arbeiten wären von Interesse, um Interpretationsansätze zu kontextualisieren und ihre Tragfähigkeit besser einschätzen zu können.

Die Diskussion um die Interpretation von Gräbern wird also weitergehen, denn gerade in den letzten Jahren haben sich zahlreiche theorie- und methodenbezogene Forschungsansätze entwickelt, die es weiter zu verfolgen gilt.

Literatur

Alt/Röder 2009: K. W. Alt/B. Röder, Das biologische Geschlecht ist nur die halbe Wahrheit: Der steinige Weg zu einer anthropologischen Geschlechterforschung. In: Rambuscheck 2009, 85–129.

Alt/Vach 1994: Ders./W. Vach, Rekonstruktion biologischer und sozialer Strukturen in ur- und frühgeschichtlichen Bevölkerungen: Innovative Ansätze zur Verwandtschaftsanalyse in der Archäologie. Prähist. Zeitschr. 69, 1994, 56–91.

Alt/Munz/Vach 1995: Ders./M. Munz/W. Vach, Hallstattzeitliche Grabhügel im Spiegel ihrer biologischen und sozialen Strukturen am Beispiel des Hügelgräberfeldes von Dattingen, Kr. Breisgau-Hochschwarzwald. Germania 73, 1995, 281–316.

Arnold 2008: B. Arnold, »Reading the Body«: Geschlechterdifferenz im Totenritual der frühen Eisenzeit. In: Kümmel/Schweizer/Veit 2008, 375–395.

Assmann 1992: J. Assmann, Das kulturelle Gedächtnis: Schrift, Erinnerung und politische Identität in frühen Hochkulturen. München: C. H. Beck 1992.

Assmann/Trauzettel 2002: Ders./R. Trauzettel (Hrsg.), Tod, Jenseits und Identität: Perspektiven einer Kulturwissenschaftlichen Thanatologie. Veröff. Inst. Hist. Anthr. 7. Freiburg u. a.: Alber 2002.

Augstein 2009: M. Augstein, Der Körper als Zeichen? Deutungsmöglichkeiten von Körperinszenierungen im hallstattzeitlichen Bestattungsritual. In: R. Karl/J. Leskovar (Hrsg.), Interpretierte Eisenzeit: Fallstudien, Methoden, Theorie. Tagungsbeiträge der 3. Linzer Gespräche zur interpretativen Eisenzeitarchäologie [Kongress Linz 2008]. Stud. Kulturgesch. Oberösterreich 22. Linz: Oberösterreichisches Landesmuseum 2009, 11–25.

Beilke-Voigt 2004: I. Beilke-Voigt, Kinderdefizite und Kinderfriedhöfe: Zur Sonderstellung des Kindes im Bestattungsritual anhand archäologischer und ethnologischer Quellen. Ethnogr.-Arch. Zeitschr. 45, 2004, 271–295.

Beilke-Voigt/Biermann 2009: Dies./F. Biermann, Glaube – Aberglaube – Tod: Vom Umgang mit dem Tod von der Frühgeschichte bis zur Neuzeit [Konferenz Berlin 2008]. Ethnogr.-Arch. Zeitschr. 50/1–2, 2009.

Bernbeck 1997: R. Bernbeck, Theorien in der Archäologie. Tübingen u. a.: Francke 1997.

Bradley/Williams 1998: R. Bradley/H. Williams (Hrsg.), The Past in the Past: The Reuse of Ancient Monuments. World Arch. 30. London: Routledge 1998.

von Brandt 1992: A. von Brandt, Werkzeug des Historikers: Eine Einführung in die Historischen Hilfswissenschaften. Stuttgart u. a.: Kohlhammer [13]1992.

Brather 2008a: S. Brather (Hrsg.), Zwischen Spätantike und Frühmittelalter: Archäologie des 4. bis 7. Jahrhunderts im Westen. RGA Ergbd. 57. Berlin u. a.: de Gruyter 2008.

Brather 2008b: Ders., Kleidung, Bestattung, Identität: Die Präsentation sozialer Rollen im frühen Mittelalter. In: Brather 2008a, 237–273.

Brather 2009a: Ders., Tod und Bestattung im frühen Mittelalter: Repräsentation, Vorstellungswelten und Variabilität am Beispiel merowingerzeitlicher Reihengräber. In: Beilke-Voigt/Biermann 2009, 93–115.

Brather 2009b: Ders., Memoria und Repräsentation: Frühmittelalterliche Bestattungen zwischen Erinnerung und Erwartung. In: Ders./D. Geuenich/Ch. Huth (Hrsg.), Historia archaeologica. Festschrift für Heiko Steuer zum 70. Geburtstag. RGA Ergbd. 70. Berlin: de Gruyter 2009, 247–284.

Brather 2010: Ders., Bestattungen und Identitäten: Gruppierungen innerhalb frühmittelalterlicher Gesellschaften. In: W. Pohl/M. Mehofer (Hrsg.), Archaeology of Identity – Archäologie der Identität [Kongress Wien 2006]. Österreichische Akad. Wiss. Phil.-Hist. Kl. Denkschr. 406 = Forsch. Gesch. Mittelalter 17. Wien: Österreichische Akademie der Wissenschaften 2010, 25–49.

Burmeister 1997: St. Burmeister, Zum sozialen Gebrauch von Tracht: Aussagemöglichkeiten hinsichtlich des Nachweises von Migrationen. Ethnogr.-Arch. Zeitschr. 38, 1997, 177–203.

Burmeister 2000: Ders., Geschlecht, Alter und Herrschaft in der Späthallstattzeit Württembergs. Tübinger Schr. Ur- u. Frühgesch. Arch. 4. Münster u. a.: Waxmann 2000.

Burmeister 2003: Ders., Die Herren der Ringe: Annäherung an ein späthallstattzeitliches Statussymbol. In: Veit u. a. 2003, 265–296.

Burmeister 2008: Ders., Lethe im Moor oder die Topographie des Vergessens. In: Kümmel/Schweizer/Veit 2008, 431–442.

Burmeister 2009: Ders., »Codierungen/Decodierungen«: Semiotik und die archäologische Untersuchung von Statussymbolen und Prestigegütern. In: B. Hildebrandt/C. Veit (Hrsg.), Der Wert der Ding: Güter im Prestigediskurs. »Formen von Prestige in Kulturen des Altertums« Graduiertenkolleg der DFG an der Ludwig-Maximilians-Universität München. München: Utz 2009, 73–102.

von Carnap-Bornheim/Krausse/Wesse 2006: C. von Carnap-Bornheim/D. L. Krausse/A. Wesse (Hrsg.), Herrschaft – Tod – Bestattung: Zu den vor- und frühgeschichtlichen Prunkgräbern als archäologisch-historische Quelle. Internationale Fachkonferenz Kiel 16.–19. Oktober 2003. Universitätsforsch. Prähist. Arch. 139. Bonn: Habelt 2006.

Christlein 1973: R. Christlein, Besitzabstufungen zur Merowingerzeit im Spiegel reicher Grabfunde aus West- und Süddeutschland. Jahrb. RGZM 20, 1973, 147–180.

Derks 1993: Dies., Geschlechtsspezifische Bestattungssitten: Ein archäologischer Befund und ein ethnoarchäologischer Ansatz. Ethnogr.-Arch. Zeitschr. 34, 1993, 340–353.

Derks 1997: Dies., Alter und Geschlecht: Biologische Parameter als Instrument sozialer Differenzierung in der älteren Römischen Kaiserzeit Norddeutschlands? In: Noll/Struwe 1997, 531–550.

Derks 2012: Dies., Gräber und »Geschlechterfragen«. Studie zu den Bestattungssitten der älteren Römischen Kaiserzeit. Arch. Ber. 24. Bonn: Habelt 2012.

Derrida 1988: J. Derrida, Randgänge der Philosophie. Wien: Passagen 1988.

Eggers 1959: H. J. Eggers, Einführung in die Vorgeschichte. München: Piper 1959.

Eggert 1988: M. K. H. Eggert, Riesentumuli und Sozialorganisation: Vergleichende Betrachtungen zu den sogenannten »Fürstenhügeln« der späten Hallstattzeit. Arch. Korrbl. 18, 1988, 263–274.

Eggert 1989: Ders., Die »Fürstensitze« der Späthallstattzeit: Bemerkungen zu einem archäologischen Konstrukt. Hammaburg N. F. 9 [Festschr. W. Hübener] 1989, 53–66.

Eggert 1991a: Ders., Prestigegüter und Sozialstruktur in der Späthallstattzeit: Eine kulturanthropologische Perspektive. Saeculum 42, 1991, 1–28.

Eggert 1991b: Ders., Die konstruierte Wirklichkeit: Bemerkungen zum Problem der archäologischen Interpretation am Beispiel der späten Hallstattzeit. Hephaistos 10, 1991, 5–20.

Eggert 1999: Ders., Der Tote von Hochdorf: Bemerkungen zum Modus archäologischer Interpretation. Arch. Korrbl. 29, 1999, 211–222.

Eggert 2003: Ders., Über Zimelien und Analogien: Epistemologisches zum sogenannten Südimport der späten Hallstatt- und frühen Latènekultur. In: M. Heinz/ M. K. H. Eggert/U. Veit (Hrsg.), Zwischen Erklären und Verstehen? Beiträge zu den erkenntnistheoretischen Grundlagen archäologischer Interpretationen [Kongress Freiburg 1998]. Tübinger Arch. Taschenbücher 2. Münster u. a.: Waxmann 2003, 175–194.

Eggert 2007: Ders., Wirtschaft und Gesellschaft im früheisenzeitlichen Mitteleuropa: Überlegungen zum ›Fürstensitzphänomen‹. Fundber. Baden-Württemberg 29, 2007, 255–302.

Eggert 2012: Ders., Prähistorische Archäologie: Konzepte und Methoden. Tübingen u. a.: Francke [4]2012.

Eggert/Veit 1998: Ders./U. Veit (Hrsg.), Theorie in der Archäologie: Zur englischsprachigen Diskussion. Tübinger Arch. Taschenbücher 1. Münster u. a.: Waxmann 1998.

Fansa 2002: M. Fansa (Red.), Experimentelle Archäologie in Europa. Bilanz 2002. Oldenburg: Isensee 2002.

Fetten/Noll 1992: F. G. Fetten/E. Noll, Perspektiven der Ethnoarchäologie: Das Beispiel der Bestattungen in Molluskenhaufen. Ethnogr.-Arch. Zeitschr. 33, 1992, 161–207.

Gebühr 1974: M. Gebühr, Zur Definition älterkaiserzeitlicher Fürstengräber von Lübsow-Typ. Prähist. Zeitschr. 49, 1974, 82–128.

Gebühr 1975: Ders., Versuch einer statistischen Auswertung von Grabfunden der römischen Kaiserzeit am Beispiel der Gräberfelder von Hamfelde und Kemnitz: Vergleich von anthropologischer Bestimmung und archäologischem Befund. Zeitschr. Ostforsch. 24, 1975, 433–456.

Gebühr 1986: Ders., Ursachen für den »Siedlungsabbruch« auf Fünen im 5. Jahrhundert n. Chr.: Studien zu Voraussetzungen und Motiven für Wanderbewegungen im westlichen Ostseegebiet [Ungedr. Habil. Hamburg 1986].

Gebühr 1994: Ders., Alter und Geschlecht: Aussagemöglichkeiten anhand des archäologischen und anthropologischen Befundes. In: Stjernquist 1994, 73–86.

Gebühr 2003: Ders., Eine Replik auf die Kritik Matthias Jungs an den statistischen Verfahren zur sozialen Interpretation materieller Kultur. Rundbrief Theorie-AG 2/2, 2003, 20–33.

Gebühr/Kunow 1976: Ders./J. Kunow, Der Urnenfriedhof von Kemnitz, Kr. Potsdam-Land: Untersuchungen zur anthropologischen Bestimmung, Fibeltracht, sozialen Gliederung und »Depot«sitte. Zeitschr. Arch. 10, 1976, 185–222.

van Gennep 1986: A. van Gennep, Übergangsriten [Erstausgabe: Les Rites de Passage. Paris: Emile Nourry 1909]. Frankfurt a. M.: Campus 1986.

Geschwinde 2000: M. Geschwinde, Die Hügelgräber auf der Großen Heide bei Ripdorf im Landkreis Uelzen: Archäologische Beobachtungen zu den Bestattungssitten des Spätneolithikums und der Bronzezeit in der Lüneburger Heide. Göttinger Schr. Vor- u. Frühgesch. 27. Neumünster: Wachholtz 2000.

Ginzburg 1995: C. Ginzburg, Spurensicherung: Die Wissenschaft auf der Suche nach sich selbst. Berlin: Wagenbach 1995.

Gramsch 2010: A. Gramsch, Ritual und Kommunikation: Altersklassen und Geschlechterdifferenz im spätbronze- und früheisenzeitlichen Gräberfeld Cottbus Alvensleben-Kaserne (Brandenburg). Universitätsforsch. Prähist. Arch. 181. Bonn: Habelt 2010.

Gronenborn 2009: D. Gronenborn, Zur Repräsentation von Eliten im Grabbrauch: Probleme und Aussagemöglichkeiten Historischer und Ethnographischer Quellen aus Westafrika. In: M. Egg/D. Quast (Hrsg.), Aufstieg und Untergang. Zwischenbilanz des Forschungsschwerpunktes »Studien zu Genese und Struktur von Eliten in vor- und frühgeschichtlichen Gesellschaften«. Monogr. RGZM 82. Mainz. Verlag des Römisch-Germanischen Zentralmuseums 2009, 217–245.

Hachmann/Penner 1999: R. Hachmann/S. Penner, Kāmid El-Lōz 3: Der eisenzeitliche Friedhof und seine kulturelle Umwelt. Saarbrücker Beitr. Altkde. 12. Bonn: Habelt 1999.

Haffner 1989: A. Haffner, Gräber – Spiegel des Lebens: Zum Totenbrauchtum der Kelten und Römer am Beispiel des Treverer-Gräberfeldes Wederath-Belginum. Schriftenr. Rhein. Landesmus. Trier 2. Mainz: Zabern 1989.

Hakenbeck 2007: S. Hakenbeck, Identitätsbildungsprozesse im Gräberfeld von Altenerding. In: Ch. Grünewald/T. Capelle (Hrsg.), Innere Strukturen von Siedlungen und Gräberfeldern als Spiegel gesellschaftlicher Wirklichkeit. Münster: Aschendorff 2007, 89–97.

Hansen 2002: S. Hansen, »Überausstattungen« in Gräbern und Horten der Frühbronzezeit. In: J. Müller (Hrsg.), Vom Endneolithikum zur Frühbronzezeit: Muster sozialen Wandels? (Tagung Bamberg 14.–16. Juni 2001). Universitätsforsch. Prähist. Arch. 90. Bonn: Habelt 2002, 151–173.

Härke 1989: H. Härke, Die anglo-amerikanische Diskussion zur Gräberanalyse. Arch. Korrbl. 19, 1989, 185–194.

Härke 1993: Ders., Intentionale und funktionale Daten: Ein Beitrag zur Theorie und Methodik der Gräberarchäologie. Arch. Korrbl. 23, 1993, 141–146.

Härke 1994: Ders., Data Types in Burial Analysis. In: Stjernquist 1994, 31–39.

Härke 1995: Ders., Zur Bedeutung der Verwandtschaftsanalyse aus archäologischer Sicht. In: Alt/Munz/Vach 1995, 307–312.

Härke 1997: Ders., The Nature of Burial Data. In: C. K. Jensen/K. H. Nielsen (Hrsg.), Burial and Society: The Chronological and Social Analysis of Archaeological Burial Data. Aarhus: Aarhus University Press 1997, 19–27.

Härke 2000: Ders., Social Analysis of Mortuary Evidence in German Protohistoric Archaeology. Journal Anthr. Arch. 19, 2000, 369–384.

Härke 2001: Ders., Cemeteries as Places of Power. In: M. de Jong /F. Theuws/C. van Rhijn (Hrsg.), Topographies of power in the Early Middle Ages: The Transformation of the Roman World 6. Leiden u. a.: Brill 2001, 9–30.

Härke 2003: Ders., Beigabensitte und Erinnerung: Überlegungen zu einem Aspekt des frühmittelalterlichen Bestattungsrituals. In: Jarnut/Wemhoff 2003, 107–125.

Henning 1991: J. Henning, Schmiedegräber nördlich der Alpen: Germanisches Handwerk zwischen keltischer Tradition und römischem Einfluß. Saalburg-Jahrb. 46, 1991, 65–82.

Hinz 2009: M. Hinz, Eine multivariate Analyse Aunjetitzer Fundgesellschaften. Universitätsforsch. Prähist. Arch. 173. Bonn: Habelt 2009.

Hofmann 2006/2007: K. P. Hofmann, Anthropologie als umfassende Humanwissenschaft: Einige Bemerkungen aus archäologischer Sicht. Mitt. Anthr. Ges. Wien 136–137, 2006/2007, 283–300.

Hofmann 2008a: Dies., Der rituelle Umgang mit dem Tod: Untersuchungen zu bronze- und früheisenzeitlichen Brandbestattungen im Elbe-Weser-Dreieck. Arch. Ber. Lkr. Rotenburg (Wümme) 14, 2008 = Schriftenr. Landesverband ehemalige Herzogtümer Bremen u. Verden 32. Oldenburg u. a.: Isensee 2008.

Hofmann 2008b: Dies., Ritual und Zeichen: Zum Umgang des Menschen mit dem Tod anhand eines Fallbeispieles. In: Kümmel/Schweizer/Veit 2008, 353–374.

Hofmann 2009a: Dies., Grabbefunde zwischen *sex* und *gender*. In: Rambuscheck 2009, 133–161.

Hofmann 2009b: Dies., Totenrituale und Akkulturation: Zum Kulturwandel in Südostsizilien unter den Einflüssen der Griechen im 8.–5. Jh. v. Chr. In: P. Trebsche/I. Balzer/Chr. Eggl/J. Fries-Knoblach/J. K. Koch/J. Wiethold (Hrsg.), Architektur: Funktion und Rekonstruktion. Beiträge zur Sitzung der AG Eisenzeit während des 6. Deutschen Archäologie-Kongresses in Mannheim 2008. Beitr. Ur- u. Frühgesch. Mitteleuropa 55. Langenweissbach: Beier & Beran 2009, 189–201.

Hofmann 2012a: Dies., Kontinuität trotz Diskontinuität? Der Wechsel von der Körper- zur Brandbestattung im Elbe-Weser-Dreieck und die semiotische Bedeutungsebene ›Raum‹. In: D. Bérenger/J. Bourgeois/M. Talon/St. Wirth (Hrsg.), Gräberlandschaften der Bronzezeit/Paysages funéraires de l'âge du Bronze. Internationales Kolloquium zur Bronzezeit Herne, 15.–18. Oktober 2008. Bodenaltertümer Westfalens 51. Darmstadt: Zabern 2012, 355–373.

Hofmann 2012b: Dies., Der Identität ihr Grab? Zur Identitätsforschung anhand bronzezeitlicher Bestattungen des Elbe-Weser-Dreiecks. In: I. Heske/B. Horejs (Hrsg.), Bronzezeitliche Identitäten und Objekte. Beiträge aus den Sitzungen der AG Bronzezeit auf der 80. Tagung des Süd- und Westdeutschen Verbandes für Altertumsforschung in Nürnberg 2010 und dem 7. Deutschen Archäologiekongress in Bremen 2011. Universitätsforsch. Prähist. Arch. 221. Bonn: Habelt 2012, 13–25.

Hofmann 2013: Dies., Jenseits zum Quadrat? Zur räumlichen Organisation von Bestattungsplätzen in Südostsizilien im 8.–5. Jh. v. Chr. In: S. Hansen/M. Meyer (Hrsg.), Parallele Raumkonzepte. Workshop des Exzellenzclusters Topoi vom 15.–17. März 2010. Topoi. Berlin Studies of the Ancient World 16, Berlin: de Gruyter 2013, 219–242.

Holtorf 1993: C. J. Holtorf, Bodendenkmäler und ihre heutige Bedeutung: Zur Rezeption von Megalithbauten. Arch. Inf. 16, 1993, 331–333.

Holtorf 2000–2008: Ders., Monumental Past: The Life-histories of Megalithic Monuments in Mecklenburg-Vorpommern (Germany). Toronto 2000–2008. [http://hdl.handle.net/1807/245 (Zugriff: 28.02.2012).]

Horst/Keiling 1991: F. Horst/H. Keiling (Hrsg.), Bestattungswesen und Totenkult in ur- und frühgeschichtlicher Zeit: Beiträge zu Grabbrauch, Bestattungssitten, Beigabenausstattung und Totenkult [Kongress Neubrandenburg 1987]. Berlin: Akademie 1991.

Hummel 2003: S. Hummel, Ancient DNA Typing: Methods, Strategies and Aplications. Heidelberg: Springer 2003.

Jarnut/Wemhoff 2003: J. Jarnut/M. Wemhoff (Hrsg.), Erinnerungskultur im Bestattungsritual. Archäologisch-Historisches Forum [Kongress Paderborn 1998]. MittelalterStud. 3. München: Fink 2003.

Jung 2003: M. Jung, Zum Verhältnis hermeneutischer und statistischer Verfahren in ihrer Anwendung auf materielle Kultur. Rundbrief Theorie-AG 2/2, 2003, 11–19.

Jung 2004: Ders, Die Dimension von Alter und Geschlecht aus strukturanalytischer und empirischer Sicht und ihre Bedeutung für die Rekonstruktion von Sozialstrukturen prähistorischer Gesellschaften. In: Owen/Porr/Struwe 2004, 449–460.

Jung 2006: Ders., Zur Logik archäologischer Deutung: Interpretation, Modellbildung und Theorieentwicklung am Fallbeispiel des späthallstattzeitlichen ›Fürstengrabes‹ von Eberdingen-Hochdorf, Kr. Ludwigsburg. Universitätsforsch. Prähist. Arch. 138. Bonn: Habelt 2006.

Jung 2008: Ders., Zur Überdeterminiertheit von Grabausstattungen: Eine Exemplifikation anhand des späthallstattzeitlichen Grabbefundes von Eberdingen-Hochdorf. In: Kümmel/Schweizer/Veit 2008, 271–285.

Kästner 1997: S. Kästner, Von Mannfrauen und Weibmännern: Ethnohistorische und (ethno)archäologische Beispiele für Geschlechtervarianz in der Diskussion. In: Noll/Struwe 1997, 505–520.

Kienlin 2005: T. L. Kienlin (Hrsg.), Die Dinge als Zeichen: Kulturelles Wissen und materielle Kultur. Internationale Fachtagung an der Johann Wolfgang Goethe-Universität, Frankfurt am Main, 3.–5. April 2003. Universitätsforsch. Prähist. Arch. 127. Bonn: Habelt 2005.

Kienlin 2008: Ders., Der Fürst von Leubingen: Herausragende Bestattungen der Frühbronzezeit als Bezugspunkt gesellschaftlicher Kohärenz und kultureller Identität. In: Kümmel/Schweizer/Veit 2008, 181–206.

Kimmig 1969: W. Kimmig, Zum Problem späthallstättischer Adelssitze. In: K.-H. Otto/J. Herrmann (Hrsg.), Siedlung, Burg und Stadt: Studien zu ihren Anfängen [Festschr. P. Grimm]. Deutsche Akad. Wiss. Schr. Sektion Vor- u. Frühgesch. Berlin: Akademie-Verlag 1969, 95–115.

Kimmig 1983: Ders., Die griechische Kolonisation im westlichen Mittelmeergebiet und ihre Wirkungen auf die Landschaften des westlichen Mitteleuropas. Jahrb. RGZM 30, 1983, 5–78.

Kleibscheidel 1997: Ch. Kleibscheidel, Grundlagen und Methoden traditioneller archäologischer Geschlechtsbestimmung in hallstattzeitlichen Gräbern. In: S. M. Karlisch/S. Kästner/E.-M. Mertens (Hrsg.), Vom Knochenmann zur Menschenfrau: Feministische Theorie und archäologische Praxis [Kongress Stralsund 1996]. Agenda Frauen 9 = Frauen – Forschung – Archäologie 3. Münster: Agenda 1997, 50–63.

Koch 2003: J. K. Koch, Besprechung zu Burmeister 2000. Arch. Inf. 26/1, 2003, 200–205.

Koch 2010: Dies., Mobile Individuen in sesshaften Gesellschaften der Metallzeiten Mitteleuropas: Anmerkungen zur Rekonstruktion prähistorischer Lebensläufe. In: H. Meller (Hrsg.), Anthropologie, Isotopie und DNA. 2. Mitteldeutscher Archäologentag vom 8. bis 10. Oktober 2009 in Halle. Tagungen Landesmus. Vorgesch. Halle 3. Halle: Landesamt für Denkmalpflege und Archäologie Sachsen-Anhalt 2010, 95–100.

Kossack 1974: G. Kossack, Prunkgräber: Bemerkungen zu Eigenschaften und Aussagewert. In: Ders./G. Ulbert (Hrsg.), Studien zur vor- und frühgeschichtlichen Archäologie 1 [Festschr. J. Werner]. München: Beck 1974, 3–33.

Kraus 2006: B. Kraus, Befund Kind: Überlegungen zu archäologischen und anthropologischen Untersuchungen von Kinderbestattungen. Arch. Ber. 19. Bonn: Habelt 2006.

Krausse 1996: D. L. Krausse, Hochdorf III: Das Trink- und Speiseservice aus dem späthallstattzeitlichen Fürstengrab von Eberdingen-Hochdorf (Kr. Ludwigsburg). Forsch. u. Ber. Vor- u. Frühgesch. Baden-Württemberg 64. Stuttgart: Theiss 1996.

Krausse 1998: Ders., Infantizid: Theoriegeleitete Überlegungen zu den Eltern-Kind-Beziehungen in ur- und frühgeschichtlicher und antiker Zeit. In: A. Müller-Karpe/H. Brandt/H. Jöns/D. L. Krausse/A. Wigg (Hrsg.), Studien zur Archäologie der Kelten, Römer und Germanen in Mittel- und Westeuropa [Festschr. Alfred Haffner]. Internat. Arch. Stud. Honoraria 4. Rahden/Westf.: Leidorf 1998, 313–352.

Krausse 1999: Ders., Der ›Keltenfürst‹ von Hochdorf: Dorfältester oder Sakralkönig? Anspruch und Wirklichkeit der sog. kulturanthropologischen Hallstatt-Archäologie. Arch. Korrbl. 1999, 339–358.

Krausse 2000: Ders., Intra- und interkulturelle Vergleichsverfahren in der Hallstatt-Archäologie. In: A. Gramsch (Hrsg.), Vergleichen als archäologische Methode: Analogien in den Archäologien. Mit Beiträgen einer Tagung der Arbeitsgemeinschaft Theorie (T-AG) und einer kommentierten Bibliographie. BAR Internat. Ser. 825. Oxford: BAR 2000, 119–130.

Kümmel 2008: Ch. Kümmel, Recht der Toten, rituelle Konsumtion oder Objektsammlung? Zur Konzeption von Grabbeigaben und ihre Rückwirkung auf die Interpretation von Grabstörungen. In: Kümmel/Schweizer/Veit 2008, 473–494.

Kümmel 2009: Ders., Ur- und frühgeschichtlicher Grabraub: Archäologische Interpretation und kulturanthropologische Erklärung. Tübinger Schr. Ur- u. Frühgesch. Arch. 9. Münster u. a.: Waxmann 2009.

Kümmel/Schweizer/Veit 2008: Ders./B. Schweizer/U. Veit (Hrsg.), Körperinszenierung – Objektsammlung – Monumentalisierung: Totenritual und Grabkult in frühen Gesellschaften [Kongress Tübingen 2004]. Tübinger Arch. Taschenbücher 6. Münster u. a.: Waxmann 2008.

Kunst 1978: M. Kunst, Arm und Reich – Jung und Alt: Untersuchungen zu sozialen Gruppierungen auf dem Gräberfeld von Hamfelde, Kreis Herzogtum Lauenburg. Offa 35, 1978, 86–109.

Kurz 1998: S. Kurz, Grab und Diesseits: Beobachtungen zum Bau hallstattzeitlicher Großgrabhügel. Arch. Korrbl. 28, 1998, 391–401.

Leineweber 2002: R. Leineweber, Brandneu: Verbrennung auf dem Scheiterhaufen – oder Studie über branddeformierte Beigaben aus Brandgräbern der römischen Kaiserzeit Innergermaniens. In: Fansa 2002, 159–171.

Lohrke 2004: B. Lohrke, Kinder in der Merowingerzeit: Gräber von Mädchen und Jungen in der Alemannia. Freiburger Beitr. Arch. u. Gesch. erstes Jahrtausend 9. Rahden/Westf.: Leidorf 2004.

Martin 1976: M. Martin, Das fränkische Gräberfeld von Basel-Bernerring. Baseler Beitr. Ur- u. Frühgesch. 1. Basel: Archäologischer Verlag 1976.

Mehling 1998: A. Mehling, Archaika als Grabbeigaben: Studien zu merowingerzeitlichen Gräberfeldern. Tübinger Texte. Mat. Ur- u. Frühgesch. Arch. 1. Rahden/Westf.: Leidorf 1998.

Meier 2002: Th. Meier, Die Archäologie des mittelalterlichen Königsgrabes im christlichen Europa. Mittelalter-Forsch. 8. Stuttgart: Thorbecke 2002.

Meyer-Orlac 1982: R. Meyer-Orlac, Mensch und Tod: Archäologischer Befund – Grenzen der Interpretation. Hohenschäftlarn: Renner 1982.

Müller 1991: J. Müller, Fürsten oder Häuptlinge: Experimente mit Hallstatthügeln. In: M. Fansa (Red.), Experimentelle Archäologie: Bilanz 1991. Arch. Mitt. Nordwestdeutschland Beih. 6. Oldenburg: Isensee 1991, 215–226.

Müller 1994a: Ders., Bestattungsformen als Spiegel dualer Organisationen in prähistorischen Gesellschaften? Mitt. Berliner Ges. Anthr. 15, 1994, 81–88.

Müller 1994b: Ders., Zur sozialen Gliederung der Nachbestattungsgemeinschaft vom Magdalenenberg bei Villingen. Prähist. Zeitschr. 69, 1994, 175–221.

Müller 1994c: Ders., Altersorganisation und Westhallstattzeit: Ein Versuch. Ethnogr.-Arch. Zeitschr. 35, 1994, 220–240.

Müller 2001: Ders., Soziochronologische Studien zum Jung- und Spätneolithikum im Mittelelbe-Saale-Gebiet (4100–2700 v. Chr.): Eine sozialhistorische Interpretation prähistorischer Quellen. Vorgesch. Forsch. 21. Rahden/Westf: Leidorf 2001.

Müller 2005: Ders. (Hrsg.), Alter und Geschlecht in ur- und frühgeschichtlichen Gesellschaften: Tagung Bamberg 20.–21. Februar 2004. Universitätsforsch. Prähist. Arch. 126. Bonn: Habelt 2005.

Müller-Scheeßel 2005: N. Müller-Scheeßel, Die Toten als Zeichen: Veränderungen im Umgang mit Grab und Leichnam während der Hallstattzeit. In: Kienlin 2005, 337–354.

Müller-Scheeßel 2008: Ders., Auffälligkeiten bei Armhaltungen hallstattzeitlicher Körperbestattungen: Postdeponale Eingriffe, funktionale Notwendigkeiten oder kulturelle Zeichen. In: Kümmel/Schweizer/Veit 2008, 517–535.

Müller-Scheeßel 2009: Ders., Variabilität und Wandel von Bestattungspraktiken am Beispiel des hallstattzeitlichen Gräberfeldes von Schirndorf. Ethnogr.-Arch. Zeitschr. 50, 2009, 519–537.

Müller-Scheeßel im Druck: Ders., Untersuchungen zum Wandel hallstattzeitlicher Bestattungssitten in Süd- und Südwestdeutschland. Universitätsforsch. Prähist. Arch. Bonn: Habelt (im Druck).

Näser 2008: C. Näser, Jenseits von Theben: Objektsammlung, Inszenierung und Fragmentierung in ägyptischen Bestattungen des Neuen Reiches. In: Kümmel/Schweizer/Veit 2008, 445–472.

Nebelsick 1995: L. D. Nebelsick, Der doppelte Abschied: Überlegungen zum hallstattzeitlichen Bestattungsritual auf dem Gräberfeld Niederkaina, Lkr. Bautzen. Arch. Aktuell Freistaat Sachsen 3, 1995, 61–73.

Nebelsick 1997: Ders., Trunk und Transzendenz: Trinkgeschirr im Grab zwischen der frühen Urnenfelder- und späten Hallstattzeit im Karpatenbecken. In: C. Becker/ M.-L. Dunkelmann/C. Metzner-Nebelsick/H. Peter-Röcher/M. Röder/B. Teržan (Hrsg.), Chronos: Beiträge zur prähistorischen Archäologie zwischen Nord- und Südeuropa [Festschr. B. Hänsel]. Internat. Arch. Stud. Honoraria 1. Espelkamp: Leidorf 1997, 373–387.

Nikulka 2008: F. Nikulka, Bestattungsvarianten: Zeichensprache und Kommunikationslinien. In: F. Verse u. a. (Hrsg.), Durch die Zeiten …: Festschrift für Albrecht Jockenhövel zum 65. Geburtstag. Internat. Arch. Stud. Honoraria 28. Rahden/ Westf.: Leidorf 2008, 373–382.

Noll/Struwe 1997: E. Noll/R. Struwe, Bestattungsfunde in ethnoarchäologischer Perspektive: 2. Symposium der AG Ethnoarchäologie vom 13. bis 15. Juni 1997 in Mettmann. Ethnogr.-Arch. Zeitschr. 38/3–4, 1997.

Oeftinger 1984: C. Oeftinger, Mehrfachbestattungen im Westhallstattkreis: Zum Problem der Totenfolge. Aniquitas 3.26. Bonn: Habelt 1984.

Orschiedt 1999: J. Orschiedt, Manipulationen an menschlichen Skelettresten: Taphonomische Prozesse, Sekundärbestattungen oder Kannibalismus? Urgesch. Materialh. 13. Tübingen: Mo-Vince 1999.

Owen 1997: L. R. Owen, Geschlechterrollen und die Interpretation von Grabbeigaben: Nadeln, Pfrieme, Spitzen. In: Noll/Struwe 1997, 495–504.

Owen/Porr/Struwe 2004: Dies./M. Porr/R. Struwe (Hrsg.), Von der Geburt bis zum Tode: Individuelle und gesellschaftliche Dimensionen von Alter und Geschlecht in der Urgeschichte. Konferenz am Lehrstuhl für Ur- und Frühgeschichte der Humboldt-Universität zu Berlin vom 26.–28. März 2004. Ethnogr.-Arch. Zeitschr. 45/2–3, 2004.

Pomian 1988: K. Pomian, Der Ursprung des Museums: Vom Sammeln. Berlin: Wagenbach 1988.

Poppa 1978: R. Poppa, Kāmid el-Lōz 2: Der eisenzeitliche Friedhof. Befunde und Funde. Saarbrücker Beitr. Altkde. 18. Bonn: Habelt 1978.

Rambuscheck 2009: U. Rambuscheck (Hrsg.), Zwischen Diskursanalyse und Isotopenforschung: Methoden der archäologischen Geschlechterforschung. Bericht der 3. Sitzung der AG Geschlechterforschung auf der 78. Tagung des Nordwestdeutschen Verbandes für Altertumsforschung e.V. in Schleswig 2007. Frauen – Forschung – Archäologie 8. Münster u. a.: Waxmann 2009.

Rebay 2006: K. Rebay, Das hallstattzeitliche Gräberfeld von Statzendorf in Niederösterreich: Möglichkeiten und Grenzen der Interpretation von Sozialindexberechnungen. Universitätsforsch. Prähist. Arch. 135. Bonn: Habelt 2006.

Reinhold 1997: S. Reinhold, Zeit oder Sozialstruktur? Bemerkungen zur Anwendung von Korrespondenzanalysen bei der Untersuchung prähistorischer Grabfunde. In: J. Müller/A. Zimmermann (Hrsg.), Archäologie und Korrespondenzanalyse: Beispiele, Fragen, Perspektiven. Internat. Arch. 23. Espelkamp: Leidorf 1997, 161–174.

Reinhold 2005: Dies., Frauenkultur – Männerkultur? Zur Möglichkeit geschlechtsspezifischer Kommunikationsräume in der älteren Eisenzeit Kaukasiens. In: J. E. Fries/J. K. Koch (Hrsg.), Ausgegraben zwischen Materialclustern und Zeitscheiben. Perspektiven zur archäologischen Geschlechterforschung. Frauen – Forschung – Archäologie 6. Münster u. a.: Waxmann 2005, 95–127.

Rest 1989: F. Rest, Stichwort »Thanatologie«. In: A. Eser/M. von Lutterotti/P. Sporken (Hrsg.), Lexikon Medizin, Ethik, Recht. Freiburg u. a.: Herder 1989, 1155–1159.

de Saussure 1967: F. de Saussure, Grundfragen der allgemeinen Sprachwissenschaft. Berlin: de Gruyter 1967.

Schier 1998: W. Schier, Fürsten, Herren, Händler? Bemerkungen zu Wirtschaft und Gesellschaft der westlichen Hallstattkultur. In: H. Küster/A. Lang/P. Schauer (Hrsg.), Archäologische Forschungen in urgeschichtlichen Siedlungslandschaften [Festschr. G. Kossack]. Regensburg: Universitätsverlag 1998, 493–514.

Schlüter 1970: W. Schlüter, Versuch einer sozialen Differenzierung der jungkaiserzeitlichen Körpergräbergruppe von Haßleben-Leuna anhand einer Analyse der Grabfunde. Neue Ausgr. u. Forsch. Niedersachsen 6, 1970, 117–145.

Schülke 1997: A. Schülke, Zeugnisse der »Christianisierung« im Grabbefund? Eine Forschungsgeschichte mit Ausblick. Ethnogr.-Arch. Zeitschr. 38, 1997, 457–468.

Schülke 2011: Dies., Landschaften – Eine archäologische Untersuchung der Region zwischen Schweriner See und Stepenitz. Röm.-Germ. Forsch. 68. Darmstadt u. a.: von Zabern 2011.

Schweizer 2006: B. Schweizer, Fürstengrab und Fürstensitz: Zur Frühgeschichte zweier Begriffe in der Westhallstatt-Archäologie. In: H.-P. Wotzka (Hrsg.), Grundlegungen: Beiträge zur europäischen und afrikanischen Archäologie für Manfred K. H. Eggert. Tübingen: Francke 2006, 81–100.

Schweizer 2008: Ders., Fürstengräber – Heroengräber: Zweierlei Modi der Distinktion im archaischen Griechenland und Italien. In: Kümmel/Schweizer/Veit 2008, 233–270.

Siemoneit 1997: B. Siemoneit, Das Kind in der Linienbandkeramik. Internat. Arch. 42. Rahden/Westf.: Leidorf 1997.

Sommer 1991: U. Sommer, Zur Entstehung archäologischer Fundvergesellschaftungen: Versuch einer archäologischen Taphonomie. Stud. Siedlungsarch. I = Universitätsforsch. Prähist. Arch. 6. Bonn: Habelt 1991, 51–174.

Sopp 1999: M. Sopp, Die Wiederaufnahme älterer Bestattungsplätze in den nachfolgenden vor- und frühgeschichtlichen Perioden in Norddeutschland. Antiquitas 3.39. Bonn: Habelt 1999.

Sørensen 2000: M. L. S. Sørensen, Gender Archaeology. Cambridge: Polity Press 2000.

Sprenger 1999: S. Sprenger, Zur Bedeutung des Grabraubes für sozioarchäologische Gräberfeldanalysen: Eine Untersuchung am frühbronzezeitlichen Gräberfeld Franzhausen I, Niederösterreich. Fundber. Österreich, Materialh. A7. Horn: Berger & Söhne 1999.

Stauch 2008: E. Stauch, Alter ist Silber, Jugend ist Gold! Zur altersdifferenzierten Analyse frühgeschichtlicher Bestattungen. In: Brather 2008a, 275–295.

Steuer 1968: H. Steuer, Zur Bewaffnung und Sozialstruktur der Merowingerzeit. Nachr. Niedersachsens Urgesch. 37, 1968, 18–87.

Steuer 1982: Ders., Frühgeschichtliche Sozialstrukturen in Mitteleuropa: Eine Analyse der Auswertungsmethoden des archäologischen Quellenmaterials. Abhandl. Akad. Wiss. Göttingen, Philol.-Hist. Kl. 3, 128. Göttingen: Vandenhoeck & Ruprecht 1982.

Steuer 1994: Ders., Archäologie und germanische Sozialgeschichte: Forschungstendenzen in den 1990er Jahren. In: K. Düwel (Hrsg.), Runische Schriftkultur in kontinental-skandinavischer und -angelsächsischer Wechselbeziehung. Internationales Symposium in der Werner-Reimers-Stiftung vom 24.–27. Juni 1992 in Bad Homburg. Berlin u. a.: de Gruyter 1994, 10–55.

Steuer 2006: Ders., Fürstengräber, Adelsgräber, Elitegräber: Methodisches zur Anthropologie der Prunkgräber. In: von Carnap-Bornheim/Krausse/Wesse 2006, 11–25.

Stjernquist 1994: B. Stjernquist (Hrsg.), Prehistoric Graves as a Source of Information. Symposium at Kastlösa, Öland, May 21–23, 1992. Konferenser 29. Stockholm: Almqvist & Wiksell 1994.

Thäte 1996: E. Thäte, Alte Denkmäler und frühgeschichtliche Bestattungen: Ein sächsisch-angelsächsischer Totenbrauch und seine Kontinuität. Eine vergleichende Studie. Arch. Inf. 19, 1996, 105–116.

Trachsel 2005: M. Trachsel, Kriegergräber? Schwertbeigabe und Praktiken ritueller Bannung in Gräbern der frühen Eisenzeit. In: R. Karl/J. Leskovar (Hrsg.), Interpretierte Eisenzeiten: Fallstudien, Methoden, Theorie. Tagungsbeiträge der 1. Linzer Gespräche zur interpretativen Eisenzeitarchäologie. Stud. Kulturgesch. Oberösterreich 18. Linz: Oberösterreichisches Landesmuseum 2005, 53–82.

Trachsel 2008: Ders., Ur- und Frühgeschichte: Quellen, Methoden, Ziele. Stuttgart: Francke 2008.

Turner 1967: V. Turner, The Forest of Symbols: Aspects of Ndembu Ritual. Ithaca/NY: Cornell University Press 1967.

Veit 1988: U. Veit, Des Fürsten neue Schuhe: Überlegungen zum Befund von Hochdorf. Germania 66, 1988, 162–169.

Veit 1996: Ders., Studien zum Problem der Siedlungsbestattung im europäischen Neolithikum. Tübinger Schr. Ur- u. Frühgesch. Arch. 1. Münster u. a.: Waxmann 1996.

Veit 1997: Ders., Tod und Bestattungssitten im Kulturvergleich: Ethnoarchäologische Perspektiven einer »Archäologie des Todes«. Ethnogr.-Arch. Zeitschr. 38, 1997, 291–313.

Veit 2000a: Ders., König und Hohepriester? Zur These einer sakralen Gründung der Herrschaft in der Hallstattzeit. Arch. Korrbl. 30, 2000, 549–568.

Veit 2000b: Ders., Kulturanthropologische Ansätze in der Ur- und Frühgeschichtsforschung des deutschsprachigen Raumes: Ein Blick zurück nach vorn. Arch. Inf. 23, 2000, 77–98.

Veit 2005: Ders., Kulturelles Gedächtnis und materielle Kultur in schriftlosen Gesellschaften: Anthropologische Grundlagen und Perspektiven für die Urgeschichtsforschung. In: Kienlin 2005, 23–40.

Veit 2008: Ders., Über die Anfänge menschlichen Totengedenkens und die Entstehung »monumentaler« Grabanlagen im westlichen und nördlichen Europa. In: Kümmel/Schweizer/Veit 2008, 33–74.

Veit u. a. 2003: Ders./T. L. Kienlin/Ch. Kümmel/S. Schmidt (Hrsg.), Spuren und Botschaften: Interpretationen materieller Kultur [Kongress Tübingen 2000]. Tübinger Arch. Taschenbücher 4. Münster u. a.: Waxmann 2003.

Vorlauf 2002: D. Vorlauf, Archäologischer Befund und Experimentelle Archäologie am Beispiel spätbronzezeitlicher Grabhügel auf den Lahnbergen bei Marburg. In: Fansa 2002, 107–125.

Wiermann 1997: R. R. Wiermann, Keine Regel ohne Ausnahme: Die geschlechtsdifferenzierte Bestattungssitte der Kultur mit Schnurkeramik. In: Noll/Struwe 1997, 521–529.

Williams 2003: H. Williams, Introduction: The Archaeology of Death, Memory and Material Culture. In: Ders. (Hrsg.), Archaeology of Remembrance: Death and Memory in Past Societies. New York: Kluwer Academic 2003, 1–24.

Zürn 1970: H. Zürn, Hallstattforschungen in Nordwürttemberg: Die Grabhügel von Asperg (Kreis Ludwigsburg), Hirschlanden (Kreis Leonberg) und Mühlacker (Kreis Vaihingen). Veröff. Staatl. Amt Denkmalpfl. Stuttgart A 16. Stuttgart: Müller 1970.

Martin Porr

›Kunst‹ und Kontext:
Zur Interpretation paläolithischer Bildwerke

Zusammenfassung: Dieser Beitrag beschäftigt sich mit einer Darstellung und Analyse interpretatorischer Ansätze paläolithischer ›Kunst‹ in Deutschland in den letzten Jahrzehnten. Der Begriff des ›Kontextes‹ dient hier als Ausgangspunkt, um verschiedene interpretatorische Ansätze zu verfolgen und kritisch zu untersuchen. Während die Interpretationen in der ersten Hälfte des 20. Jahrhunderts noch sehr vom Zeitgeist der Jagdmagie geprägt waren, entwickelten sich später eher Interpretationen einer geschichtlichen oder universalhistorischen Prägung. Diese verbindet die Überzeugung, dass die paläolithische ›Kunst‹ als Ausdruck einer universalhistorischen Phase des ›Jägertums‹ gesehen werden muss, die sowohl die früheste Phase der Menschheitsgeschichte charakterisieren als auch in heutigen Jäger und Sammlern weiterleben soll. In jüngerer Vergangenheit hat sich verstärkt ein Verständnis durchgesetzt, nach dem ›Kunst‹ methodisch als ein archäologisches Artefakt gesehen wird und in erster Linie funktional interpretiert wird. Insgesamt spielt die ›Kunst‹ als Gegenstand einer eigenständigen Entwicklung von interpretatorischen Ansätzen nur eine untergeordnete Rolle. Die Untersuchung von paläolithischer ›Kunst‹ muss in Zukunft eingebettet werden in vergleichende Untersuchungen von instabilen Prozessen symbolischer und praktischer Interpretation, Interaktion und Identität.

Abstract : This paper provides a discussion and analysis of interpretative approaches towards Palaeolithic ›art‹ in Germany in the last few decades. The notion of ›context‹ is used here to critically explore a range of disparate viewpoints on the subject of Palaeolithic ›art‹. While interpretations in the first half of the twentieth century were still very much dominated by the idea of hunting magic, these were followed by broad historical interpretative perspectives. These approaches are linked by the conviction that Palaeolithic ›art‹ has to be seen as an expression of a universal stage of human history, the phase of hunting societies, which equally encompasses the earliest stages of human history and is reflected in living hunter-gatherers. More recent discussions are largely dominated by functionalist interpretations. ›Art‹ itself does not generally play an important part in the development of interpretative perspectives and it is usually subsumed within the behavioural-ecological explanations within Palaeolithic archaeology. In the future, however, Palaeolithic ›art‹ should be viewed as a product of unstable and dynamic processes of symbolic and practical interpretation, interaction and identity.

Einleitung

Dieser Beitrag beschäftigt sich mit einer Darstellung und Analyse interpretatorischer Ansätze paläolithischer ›Kunst‹[1] in Deutschland in den letzten Jahrzehnten. Die Zeit seit den 1970er Jahren wird dabei den Schwerpunkt bilden. Sie wird jedoch nur im Zusammenhang mit früheren Entwicklungen verständlich werden. Interpretationen paläolithischer Kunst sollen hier als Produkte von wissenschaftsgeschichtlichen Entwicklungen gesehen werden, jedoch auch von Persönlichkeiten, die sich darin bewegt, positioniert und diese auch mitbestimmt haben. Das individuelle Moment wird in diesem Beitrag eine erhebliche Rolle spielen. Dies mag auf den ersten Blick antiquiert erscheinen. Die Forschungsgeschichte zeigt jedoch, dass es sehr schwierig ist, die unterschiedlichen Ansätze zur Interpretation eiszeitlicher Kunst in Deutschland in den vergangenen etwa vierzig Jahren in größere Strömungen oder gar Schulen einzuordnen. Wie unten ausgeführt wird, lassen sich die Beiträge zwar durchaus in abgrenzbare Phasen einordnen, jedoch sind diese in sehr starker Weise wieder von den Überzeugungen einzelner Personen bestimmt. Die Struktur dieser Entwicklung hat sicherlich mit der relativ überschaubaren Zahl an Forschungseinrichtungen und Personen zu tun, die in dem betreffenden Bereich aktiv sind. Sie ist aber sicherlich auch der Individualisierung und Fragmentierung der deutschen Universitätslandschaft zuzuschreiben. Vergleiche mit den sehr unterschiedlichen Entwicklungen im benachbarten Frankreich bieten sich hierbei durchaus an. Die Erwähnung der französischen Tradition verweist denn auch gleich auf ein weiteres äußerst wichtiges strukturelles Element. Im Gegensatz zu Frankreich und Spanien gibt es in Deutschland so gut wie keine paläolithische Höhlenkunst. Letztere hat bis in die jüngste Vergangenheit im Bereich der prähistorischen Kunst sowohl die Forschung als auch die öffentliche Aufmerksamkeit weitgehend dominiert. Es ist sicherlich nicht von der Hand zu weisen, dass gerade in Frankreich eine solche Konzentration auf verschiedenen Ebenen auch zu einer Konzentration in den interpretatorischen Ansätzen geführt hat. Die unbestrittenen wissenschaftlichen Leistungen von A. Leroi-Gourhan (siehe z. B. 1995), aber auch von J. Clottes (siehe z. B. 2008) sind sicherlich auch aus dieser Perspektive zu betrachten.

Es ist bezeichnend und wohl auch ganz natürlich, dass in Deutschland in den vergangenen Jahren das Institut für Ältere Urgeschichte und Quartärökologie an der Universität Tübingen sich immer prominenter im Zusammenhang mit paläolithischer Kunst präsentiert hat – sowohl in der öffentlichen als auch in der akademischen Arena. Der Hauptgrund hierfür ist sicherlich darin zu suchen, dass das erwähnte Institut Zugriff zu einer der wenigen überregional bedeutenden Sammlungen eiszeitlicher Kunst im deutschen Sprachraum hat, die zudem durch

---

1 Im Folgenden wird auf die Anführungszeichen beim Begriff ›Kunst‹ verzichtet.

neue Grabungen in den Höhlen der Schwäbischen Alb noch beeindruckend erweitert werden konnte.[2] Es kommt jedoch hinzu, dass in den vergangenen Jahren im Bereich der Erforschung paläolithischer Kunst eine Umorientierung stattgefunden hat, die mobile Kleinkunst stärker in ihrer Bedeutung wahrnimmt. Gleiches gilt für Funde und Regionen außerhalb von West-Europa (Moro-Abadía/González-Morales 2008). Die Aktivitäten des Tübinger Institutes fügen sich hier sehr gut ein und sind letztlich aktiver Teil dieser Entwicklung.

Der Beitrag ist mit dem Titel »Kunst und Kontext« überschrieben. Ich werde mich jedoch in der folgenden Analyse nicht sehr eng an beiden Begriffen orientieren. Ich möchte vielmehr eine Übersicht über verschiedene Interpretationsansätze zur paläolithischen Kunst der letzten etwa 40 Jahre geben und dabei immer wieder zum Begriff des ›Kontextes‹ zurückkehren. Interpretation und Kontext hängen selbstverständlich untrennbar zusammen, denn nur über den jeweils als relevant definierten Kontext lässt sich eine Interpretation herausarbeiten. Jede Interpretation setzt eine bestimmte Form von Kontextualisierung voraus, genauso wie jede Kontextualisierung – sei sie auch noch so abstrakt – eine Interpretation. In diesem Sinne verstehe ich diesen Beitrag mit dem Titel »Kunst und Kontext« als eine Untersuchung von verschiedenen Interpretationsansätzen, aber auch als Untersuchung verschiedener Ansätze der Kontextualisierung von paläolithischen Darstellungen. Ich möchte jedoch diese Zusammenhänge nicht in jedem Falle im Detail herausarbeiten, sondern mich in erster Linie auf interpretatorische Ansätze zur inhaltlichen Entschlüsselung paläolithischer Darstellungen und weniger auf die Einflüsse von methodologischen Entwicklungen (Grabungstechniken, Datierungen etc.) konzentrieren. Ich werde mich zudem fast ausschließlich auf den akademischen Bereich beschränken, obwohl es ohne Zweifel auch gerade bei der Beschäftigung mit prähistorischer Kunst einen sehr großen Kreis von mehr oder weniger gut informierten Laien gibt, der ohne Zweifel der Untersuchung wert wäre, jedoch hier nicht behandelt werden kann.

Insgesamt soll es darum gehen, die Konzeptionen von ›Kunst und Kontext‹ herauszuarbeiten, die die Sicht von paläolithischer Kunst in der deutschen Archäologie in den vergangenen 30 bis 40 Jahren beeinflusst haben. Die Analyse der verschiedenen Ansätze wird sich chronologisch an einigen wenigen Persönlichkeiten entlang bewegen, ohne einen Anspruch auf Vollständigkeit zu erheben. Auch wenn es an dieser Stelle sicherlich gerechtfertigt wäre, auf verschiedene nicht behandelte Beiträge und Personen einzugehen, so möchte ich hier nur auf eine Auslassung explizit verweisen und meine Entscheidung erläutern. Ich habe in diesem Text bewusst darauf verzichtet, auf die ostdeutsche Tradition der Interpretation paläolithischer Kunst einzugehen, die beispielsweise mit den Namen von H. Ullrich, J. Herrmann und D. Mania verbunden ist. Eine oberflächliche Durchsicht macht

---

2   Siehe Conard 2003; 2007b; 2009; Conard/Malina/Münzel 2009.

dabei bereits deutlich, dass eine angemessene Analyse dieser Tradition Thema ei-
nes eigenen Beitrags sein müsste (siehe z. B. Beiträge in Herrmann/Ullrich 1991).
Es geht dabei nicht nur um ideologische Faktoren und ein historisch-materialistisch
gedeutetes Geschichtsbild innerhalb des sozialistischen Systems der Deutschen
Demokratischen Republik bis 1989, sondern auch um das Zusammenspiel mit
den weiter zu fassenden Forschungstraditionen, die mit den Ländern Mittel- und
Osteuropas, sowie den Staaten der ehemaligen Sowjetunion verbunden sind. Die
Arbeiten von D. Mania müssen dabei wiederum etwas anders gewichtet und bewertet werden, wobei insbesondere seine Interpretationsansätze zur altpaläolithi-
schen Fundstelle von Bilzingsleben einer kritischen und angemessenen Bewertung
unterworfen werden müssen (z. B. Mania/Mania 2004; 2005). Ohne Zweifel sind
dies Forschungsfelder, die in weiten Teilen noch auf eine Aufarbeitung warten und
es wert sind, in Zukunft einer genaueren Betrachtung unterzogen zu werden.

Grundlagen und Strukturen

Interpretationen paläolithischer Kunst sind im deutschen Sprachraum in erster
Linie von einer Reihe von Persönlichkeiten geprägt, die jenseits einer für die Pa-
läolithforschung typischen allgemeinen ökonomisch-ökologischen Ausrichtung
nur mit einigen Schwierigkeiten in bestimmte theoretische Richtungen oder Strömungen eingeordnet werden können. So hat es in Deutschland in den vergangenen
Jahrzehnten im Bereich der Interpretation paläolithischer Kunst kein dominantes
theoretisches Paradigma gegeben. Man kann auch nicht sagen, dass eine einzelne
Persönlichkeit mit ihren Arbeiten oder ihren theoretischen Ansätzen zu einem Zeitpunkt die gesamte Landschaft dominiert hat. Hier liegen selbstverständlich Vergleiche zum benachbarten Frankreich nahe, in dem eben A. Leroi-Gourhan (z. B.
1995) und der Strukturalismus diese Rollen seit den 1960er Jahren gespielt haben
(siehe etwa Conkey 1989).

Die Entwicklungen im deutschsprachigen Raum sind sicherlich durch die
institutionell-universitäre Landschaft geprägt, die eine zentralisierte akademische
Dominanz nicht begünstigt. Jedoch spielt ohne Zweifel auch eine wesentliche Rolle, dass es im deutschen Sprachraum kaum spektakuläre Paläolithkunst gibt, die
eine ähnliche Aufmerksamkeit erreicht hat wie die Bilderhöhlen in Frankreich und
Spanien. Wie oben bereits angedeutet, scheint es so zu sein, dass diese historisch
gewachsene Dominanz von allen Beteiligten mehr und mehr hinterfragt wird. Dies
führt momentan dazu, dass Felskunst immer mehr als globales Phänomen gesehen
und nicht mehr unter einem eurozentrischen Paradigma betrachtet wird. Zudem
wird die mobile Kleinkunst verstärkt wahrgenommen und untersucht (Clottes
2008; Moro-Abadía/González-Morales 2008). Die jüngsten Aktivitäten von Tübinger Seite haben hier eine wichtige Rolle gespielt. In der Vergangenheit war

es jedoch offensichtlich, dass die paläolithischen Kunstobjekte aus Deutschland, Österreich und der Schweiz bis auf wenige Ausnahmen trotz ihrer kulturgeschichtlichen Bedeutung der Öffentlichkeit nur schwer vermittelbar waren. Es sei in diesem Zusammenhang daran erinnert, dass die Statuetten aus dem Vogelherd als älteste figürliche Darstellungen der Menschheitsgeschichte bis in die 1990er Jahre in einem kaum bekannten Seitengang der Universitätsbibliothek ausgestellt waren. Leroi-Gourhan (1995) widmete den seit den 1930er Jahren bekannten Objekten in seinem erstmals 1965 erschienenen Werk *La préhistoire de l'art occidental* gerade einmal drei Zeilen. Neben der Aurignacien-Kunst der Schwäbischen Alb ist im Wesentlichen nur der Magdalénien-Fundplatz von Gönnersdorf als reiche Quelle paläolithischer Kunst zu nennen (siehe unten). Es mag daher kaum verwundern, dass sich die Beschäftigung mit paläolithischer Kunst in Deutschland eher wenig fokussiert abgespielt hat. Trotzdem muss man auch feststellen, dass verschiedene Persönlichkeiten immer wieder wichtige Beiträge zur Interpretation paläolithischer Darstellungen vorgelegt haben, auch ohne direkten Bezug zu einer bestimmten Sammlung. Hier sind insbesondere L. Fiedler und K. J. Narr zu nennen, aber auch Ch. Züchner, die alle – in gewisser Weise aus der Distanz – wichtige methodologische und kulturgeschichtliche Beiträge geleistet haben.

In der Tat wäre niemand anders als H. Obermaier (1877–1946) prädestiniert gewesen, die Grundlagen für eine interpretatorische Schule für paläolithische Kunst in Deutschland zu legen. Immerhin ist er der bis heute einzige Deutsche, der die Grabung in einer der berühmten franko-kantabrischen Bilderhöhlen leiten konnte. Zusammen mit H. Breuil hat er sich erhebliche Verdienste in der Erforschung von Altamira erworben (Breuil/Obermaier 1935). Trotz seiner umfangreichen wissenschaftlichen Tätigkeiten und auch verschiedener Publikationen zur paläolithischen Kunst ist er nicht mit einem systematischen Ansatz in diesem Bereich in Erscheinung getreten. Ähnlich jedoch wie sein prominenter Zeitgenosse Breuil hat er sich an verschiedenen Stellen zur Interpretation und Bedeutung der eiszeitlichen Kunst geäußert, was sehr interessante Einblicke in diese frühe Phase der Beschäftigung mit diesem Thema erlaubt. In einem 1941 erschienenen Text beschäftigt sich Obermaier mit den »Uranfängen der Gravierung und Plastik beim Eiszeitmenschen«. Die Anfänge sieht er in der Nachgestaltung von »Höhlenbärentatzenmustern« im feuchten Lehm der tiefen Höhlen. Gleichzeitig stellt er aber auch fest, dass schon diese Imitation nicht ohne einen »angeborenen Kunstgenius« (Obermaier 1941, 150) möglich gewesen wäre. Somit ist für ihn auch die Verwendung des Begriffes ›Kunst‹ gerechtfertigt, was wiederum auf die Übernahme eines modernen westlichen Kunstverständnisses verweist. Hier wird Kunst mit dem Konzept des individuellen Genies verbunden und ist gleichzeitig der Ausdruck einer universellen menschlichen Qualität (Bourdieu 1984; Miller 1991). Diese idealistische Komponente kommt bei Obermaier (1941, 150) sehr deutlich zum Ausdruck: »Aus dieser vom Geist getragenen Anlage höherer Ordnung empfing der Kunstgenius die entscheidenden Eingebungen und Kräfte«.

Mit dieser Einstellung folgt Obermaier dem Zeitgeist, der in erster Linie von H. Breuil beherrscht und beeinflusst wurde (Conkey/Williams 1991). Für Breuil (1979, 10 f.) war die paläolithische Kunst Ausdruck und Mittel, »über das Unsichtbare nachzudenken und den Kosmos zu beherrschen«. Sie stand somit am Anfang der Unterscheidung von Mensch und Tier und signalisierte eindeutig die Menschwerdung im Paläolithikum. Jenseits dieser einflussreichen Überzeugung sind jedoch Breuils als auch Obermaiers Ansätze relativ wenig systematisiert. Schon P. Ucko und A. Rosenfeld (1967, 129) haben auf den Umstand hingewiesen, dass der Einfluss von Breuils Überzeugungen sicherlich nicht auf deren theoretische Reflektionen und methodische Strenge zurückzuführen ist. Breuils Interpretationen vermengen Elemente der sympathetischen Magie, des Vermehrungszaubers und des Totemismus. Sie gehen auf die Schriften von E. B. Tylor und J. Frazer zurück und basieren damit letztlich auf kulturevolutionistischen Vorstellungen des 19. Jahrhunderts (ebd. 124). Es ist vielleicht nicht verwunderlich, dass eben diese interpretatorischen Elemente sich schließlich in sehr ähnlicher Form bei G. Riek[3] und seiner Beschäftigung mit den Vogelherdfiguren wiederfinden. Tatsächlich ist Rieks Verständnis und Interpretation der Figuren erstaunlich diffus. Hahn (1986) widmet etwa den Ideen Rieks in seiner umfassenden Analyse der Schwäbischen Aurignacien-Kunst keine einzelne Zeile.

In Deutschland hat sich demnach in der Phase der allgemeinen und wissenschaftlichen Anerkennung des tatsächlichen Alters der paläolithischen Kunst in der ersten Hälfte des 20. Jahrhunderts keine einflussreiche Figur hervorgetan, um den wissenschaftlichen Tenor in diesem Bereich vorzugeben. Die Inspirationen der folgenden Autoren lassen sich also nicht auf einen ›Gründervater‹ zurückverfolgen, sondern müssen in der allgemeinen wissenschaftlichen Tradition der deutschen prähistorischen Archäologie gesucht werden. Diese Grundlagen können hier selbstverständlich nicht angemessen dargestellt werden. Es fällt jedoch auf, dass in der Nachkriegszeit eine deutliche historische und universalhistorische Orientierung vorhanden gewesen ist, die man im Falle der paläolithischen Archäologie aufgrund ihrer traditionellen Nähe zu den Geo- und Naturwissenschaften vielleicht nicht unbedingt erwarten kann. Gleichzeitig wird diese Ausrichtung jedoch mit ökonomisch-ökologischen Ansätzen verbunden, die letztlich auf der Anerkennung einer universalen Geschichtsphase des ›Jägertums‹ basieren. Die Bezüge zu allgemeinen Entwicklungen in der deutschen prähistorischen und insbesondere der paläolithischen Archäologie sind sicherlich komplex und erstaunlich wenig reflektiert.[4] Im Folgenden möchte ich diese verschiedenen Elemente anhand einzelner Autoren und Beispiele untersuchen. Das Thema ›Kunst‹ provoziert dabei manch-

---

3   Riek 1932; 1933; 1934; 1935.
4   Eggert 2006; 2012; Härke 1991; Whitley 1987.

mal Interpretationen und wissenschaftliche Reflektionen, die man kaum in einem anderen Bereich der paläolithischen Archäologie findet. Hier wird der Kunst eine Bedeutung für die universelle Entwicklung des Menschen zugeschrieben, die sich wiederum gut in allgemeine Tendenzen einreihen lässt, die die Kunst eher als Teil einer universalgeschichtlichen Entwicklung sehen und weniger als Produkt ihrer jeweiligen Kontexte.

Ansätze und Persönlichkeiten

Karl J. Narr

K. J. Narr hat ein außerordentlich reiches Erbe an Schriften zum Paläolithikum hinterlassen. Von 1965 bis 1986 war er Ordinarius für Ur- und Frühgeschichte an der Universität Münster. Seine vielfältigen Beiträge zur altsteinzeitlichen Kunst zeigen, dass man nicht unbedingt direkten Zugang zu bedeutenden Sammlungen haben muss, um einsichtsvoll über das Thema schreiben zu können. Ein Charakteristikum der Arbeiten Narrs ist seine offene kritische Einstellung zu den Möglichkeiten und Potentialen der archäologischen Quellen. Seine Beiträge sind immer von quellenkritischen Überlegungen und Diskussionen geprägt, manchmal auch von erkenntnistheoretischen Reflektionen über die Interpretationen von prähistorischen Phänomenen (Narr 1958, 5). Hier drückt sich eine grundlegende ›historische Haltung‹ aus, die die Quellenkritik und methodische Reflektion als integrale Bestandteile der interpretatorischen Arbeit sieht.

Ein relativ früher Text zu den »Anfängen der bildenden Kunst« (Narr 1958, 1) beginnt dabei mit der Feststellung, dass einer vernünftigen Auseinandersetzung mit dem Thema zunächst eine kritische Analyse älterer Beiträge vorausgehen muss, um die »heute noch fortlebenden, weltanschaulich vorbestimmten wissenschaftlichen Strömungen des 19. Jahrhunderts« herauszufiltern. Narr legt hier eine schonungslose Kritik der vereinfachenden Übertragungen von ethnographischen Beispielen vor und den häufig damit zusammenhängenden evolutionistischen und rassistischen Ideologien. Er selbst fordert eine genauere Analyse der jeweiligen Kontexte und Strukturen der Kunstwerke (Beziehungen zu Siedlungsspuren, Art der Motive, Übermalungen etc.), sowie schließlich eine Einbeziehung des »Hintergrunds der Gesamtkultur jener Zeit« (ebd. 6). An dieser Stelle führt Narr auch das zentrale Element für seine Interpretationen ein, das Konzept der »Höheren Jägerkultur«. Diese ›Kulturphase‹ ist für ihn durch verschiedene Elemente gekennzeichnet: »eine rein aneignende, keine Nahrungsmittel erzeugende Wirtschaftsform«, »eine Vielfalt von Typen im Werkzeugbestand« und eine »einseitige Bedeutungssteigerung der männlichen Tätigkeit, der Jagd« (ebd. 7). Völkerkundliche Parallelen können in diesem Zusammenhang dann sinnvoll sein, wenn »sie sich innerhalb ähnlich strukturierter Kulturen bewegen« (ebd.).

Besonders relevant für die Interpretation paläolithischer Kunst sei, dass »heutige höhere Jägervölker häufig durch eine animalistische Grundhaltung« charakterisiert sind (Narr 1958, 8). Narr sieht hier den Ansatzpunkt, das weitgehende Überwiegen von Tierdarstellungen in der paläolithischen Kunst zu erklären. Darüber hinaus legt Narr an dieser Stelle kein konkretes Beispiel der Erklärung von bestimmten paläolithischen Motiven oder Artefakten durch ethnographische Parallelen vor. Bezüglich der ›Anfänge der bildenden Kunst‹ kann er sich schließlich nicht von den westlichen idealistischen Traditionen lösen. Innerhalb der animalistisch geprägten Welt des höheren Jägertums reflektieren die ›altsteinzeitlichen Bildwerke‹ die »uns ebenbürtige geistig-seelische Potenz«, die »unerhört ausdrucksvoll aufstrahlt« (ebd. 13).

Für Narr hat insgesamt die geistige Grundhaltung des ›Animalismus‹ die größte Relevanz bei der Interpretation paläolithischer Kunst. Diese Haltung wird bei ihm fundamental mit den ›höheren Jägern‹ verbunden. Dies findet sich in fast unveränderter Form in einem viel späteren Text zur möglichen Relevanz des Schamanismus (Narr 1983). Hier sieht er im Wesentlichen die schamanische Ekstase eingebettet in eine ›animalistisch geprägte Welt‹ (Porr 2003b). Letztere lässt sich aus der ›stetigen und intensiven Beschäftigung mit dem Tier‹ herleiten, die eine der zentralen Merkmale »einer spezialisierten und entfalteten Jägerkultur« ist, »die sich vom Tier existenziell abhängig weiß« (Narr 1983, 125). Aus diesem Grunde ist es nur zu offensichtlich, warum die paläolithische Kunst weitgehend von Tierdarstellungen dominiert ist und warum »das ›Tier an sich‹ im Mittelpunkt des Interesses steht und daneben noch die menschlich-tierische Mischgestalt« (ebd.).

Narrs Verständnis der paläolithischen Kunst ist untrennbar verbunden mit seiner Konzeption des ›Jägertums‹ als einer universalen Phase innerhalb der Menschheitsgeschichte. Diese stellt den eigentlichen und relevanten Kontext zum Verständnis altsteinzeitlicher Kunstwerke dar. Narr sieht das ›Jägertum‹ als eine ›Schicht‹ in der Geschichte der Menschheit, die im gegenwärtigen Europa nicht mehr repräsentiert, »in anderen Erdteilen dagegen noch heute vorhanden oder wenigstens wirksam« ist (Narr 1966, 301). Ebenso wie von dem Phänomen des Schamanismus (siehe Porr 2003b) hat Narr auch von paläolithischen Gesellschaftsformationen ein ausgeprägt essentialistisches Verständnis, wonach verschiedene gegenwärtige Populationen entsprechende Elemente bewahrt haben, die man auf die Vergangenheit zurückbeziehen kann. So spricht er etwa davon, dass eine ethnographisch vergleichende Analyse prüfen muss, »was an geistigen Zügen, die einem spezialisierten und differenzierten Jägertum verhaftet erscheinen, im Jungpaläolithikum bereits angenommen werden darf« (Narr 1966, 306). Konkret sind dies in diesem Falle »Animalismus«, »Magie« und »soziale Funktionen« der Kunst (z. B. ihre Rolle in Initiationsriten) (ebd. 306–310). Interessanterweise relativiert Narr diese Feststellung gleich wieder, indem er einschränkt, dass »konkrete

Belege in prähistorischen Befunden Europas [...] freilich nur schwer zu erbringen«
sind (ebd. 311).

Es ist sicherlich schwierig, die komplexen und insgesamt erhellenden Gedanken K. Narrs hier angemessen zu besprechen. Die letzte Bemerkung deutet
jedoch auf ein Grundproblem von Narrs Argumentationen hin, die häufig aus dem
fast unerschöpflichen Reservoir der ethnographisch fassbaren Informationen über
Jäger- und Sammlerpopulationen gespeist sind und sich schließlich in Unverbind-
lichkeiten verlieren. Hier wird deutlich, dass die Zuweisung der paläolithischen
Kunst zu einer allgemeinen jägerischen Phase der Menschheit häufig sehr wenig
aussagt. Narrs Absicht, eine »geschichtliche Ortsbestimmung« (Narr 1958) der paläolithischen Kunst durchzuführen, läuft daher oftmals ins Leere. Trotzdem dürfen
seine kritischen Bemerkungen zu den mannigfaltigen Interpretationen keinesfalls
außer Acht gelassen werden, genauso wenig wie seine an verschiedener Stelle vorgebrachten Vergleichsbefunde.

Hansjürgen Müller-Beck

H. Müller-Beck war von 1969 bis 1995 Professor für Urgeschichte an der Universität Tübingen. Während dieser Zeit hat er die Geschicke des dortigen Institutes
geleitet und maßgeblich mitbestimmt. Müller-Beck hat unter G. Riek in Tübingen
promoviert und hat sich über seine gesamte Karriere immer wieder mit Aspekten der Eiszeitkunst auseinander gesetzt. Er selbst hat jedoch nie eine Grabung
in den berühmten Höhlen der Schwäbischen Alb geleitet. Müller-Becks Position
zu paläolithischer Kunst lässt sich nur im Zusammenhang mit seiner komplexen
Einstellung zum Verhältnis von Geschichte und archäologischer Forschung verstehen. Es muss an dieser Stelle vorausgeschickt werden, dass es insbesondere im
Falle von Müller-Beck schwierig ist, seinen komplexen Gedankenlinien in wenigen Worten gerecht zu werden. Müller-Becks Beiträge sind häufig voll von Anregungen und Vorschlägen zur Interpretation von historischen Gegenständen und
Vorgängen über verschiedene Geschichtsepochen hinweg, die nur wenig vertieft
und diskutiert werden. Oftmals wird daher das jeweilige Hauptargument von einer
Fülle von Anregungen und Ideen umgeben, die das Lesen in manchen Fällen nicht
einfacher machen. Ich werde mich daher insbesondere in diesem Abschnitt auf
die Untersuchung von einigen wenigen Schlaglichtern und Beiträgen beschränken
müssen. Ich möchte jedoch an dieser Stelle auch darauf hinweisen, dass sich eine
intensivere und systematischere Beschäftigung mit den Vorstellungen von Müller-
Beck in jedem Falle lohnen würde, vor allem, da er eine Herangehensweise an die
archäologische Forschung repräsentiert, die im deutschen Sprachraum selten zu
finden ist.

Müller-Becks Ansatz und Wortwahl sind sicherlich für heutige Studenten der Vor- und frühgeschichtlichen Archäologie, vor allem aber für Studenten der paläolithischen Archäologie ungewohnt. Er verwendet insbesondere die Wörter ›Geschichte‹ und ›Historiker‹ nicht nur als leere Phrasen, sondern offensiv, um auf die Kontinuitäten zwischen den verschiedenen Phasen den Menschheitsgeschichte, zwischen der archäologischen Forschung und anderen Sparten historischer Forschung hinzuweisen. Er selbst bezeichnet sich gerne als »Historiker« oder »Jägerischer Urgeschichtler« (z. B. Müller-Beck 1991, 57). Auf der einen Seite sieht er somit keinen grundsätzlichen Unterschied zwischen der Tätigkeit der Historiker, die mit Schriftquellen arbeiten und den Archäologen, die ausschließlich auf sonstige materielle Hinterlassenschaften angewiesen sind. Auf der anderen Seite sieht er jedoch einen grundlegenden Unterschied zwischen Gesellschaften, die über eine »Lautschrift« verfügen und solchen, die ausschließlich bildliche Darstellungsformen verwenden (ebd.).

Zentral für Müller-Becks Denken und Forschen ist seine Konzeption von ›Jägerischer Urgeschichte‹, die für ihn sowohl den basalen Teil menschlicher Geschichtlichkeit (!) als auch die spätere Geschichte der Jägerpopulationen einschließt. Die früheste Phase der Menschheitsgeschichte, das Paläolithikum, und jüngere »Jägerpopulationen« stellen dabei für ihn ein »unmittelbares Kontinuum« dar (Müller-Beck 1991, 56 Anm. 3). Urgeschichte ist für Müller-Beck auf der einen Seite »eine universalhistorisch beschreibbare Phase«, auf der anderen Seite sind in ihr jedoch auch alle Menschengruppen repräsentiert, die bis in die Gegenwart keine »Lautschrift« verwenden, übernommen oder entwickelt haben (ebd. 56). Die frühesten Phasen der Menschheitsgeschichte leben in seiner Deutung somit in heutigen jägerisch-sammlerischen Populationen weiter, und Aufgabe der ›jägerischen Urgeschichte‹ »ist die möglichst zuverlässige Rekonstruktion dieser basalen menschlichen Geschichtlichkeit als universales, über Zeit und Raum kontinuierliches Phänomen« (ebd. 58).

Insgesamt haben daher heutige und ethnographisch fassbare Jäger und Sammler-Gruppen für Müller-Beck einen unschätzbaren Wert bei der Interpretation von archäologischen Materialien (z. B. Müller-Beck 1987, 21–22). Es wäre nun jedoch falsch, ihm eine naive Gleichsetzung von Vergangenheit und Gegenwart zu unterstellen. Für Müller-Beck geht es vielmehr grundsätzlich darum, dass jeder historische Befund vergleichend und in einem Netz von Unterschieden und Ähnlichkeiten gesehen werden muss. Raum und Zeit spielen dabei auf der einen Seite keine Rolle, weil prinzipiell jeder Vergleich zweier kultureller Phänomene erhellend sein kann. Auf der anderen Seite sind Raum und Zeit, also die Verortung eines Phänomens, für ihn von großer Wichtigkeit, denn letztlich ist seine Überzeugung, dass sich kulturelle Phänomene und somit auch prähistorische Kunst nur in ihrem eigenen Kontext verstehen lassen (ebd. 9). Häufig werden diese Aspekte von anderen Autoren als exklusiv und widersprüchlich betrachtet. Bei Müller-Beck ist dies nicht der Fall, und dies ist der Grund für so manche scheinbaren Widersprüche in seinen Arbeiten, insbesondere, wenn Aussagen isoliert betrachtet werden.

Diese wenigen Bemerkungen deuten jedoch bereits darauf hin, dass für Müller-Beck methodologische, quellenkritische und kulturtheoretische Überlegungen im Zusammenhang mit archäologischen Argumentationen eine große Rolle spielen. Entsprechend gibt er diesen Reflexionen auch mehr Raum und Beachtung als viele andere Autoren. Er ist in diesem Zusammenhang – wieder im Gegensatz zu vielen anderen Archäologen – außerordentlich offen für die Einflüsse anderer Disziplinen und Erkenntnisse aus anderen Wissensfeldern. Es ist dementsprechend auch nicht verwunderlich, dass Müller-Beck zur Erhellung des Phänomens ›Kunst‹ im Paläolithikum Beispiele heranzieht, die räumlich und zeitlich weit voneinander entfernt sind, wie etwa die Bilder von Toulouse-Lautrec, die Kunst des 19. Jahrhunderts oder die Kunst der Renaissance (z. B. Müller-Beck 1987, 9). Über diese Vergleiche versucht Müller-Beck die ferne Vergangenheit des Paläolithikums mit anderen Geschichtsepochen zu verbinden und sie dem Leser durch Verbindungen mit vertrauten Gegenständen näher zu bringen (z. B. auch Müller-Beck/Porr 2004, 25). Der Begriff der ›Kunst‹ bietet sich dafür sicherlich in besonderem Maße an, da er in westlicher Lesart sowieso Raum, Zeit und kulturelle Unterschiede überbrücken soll. Kunst ist jedoch für Müller-Beck nur ein Teil von verschiedenen Strukturen, die sich in mehr oder weniger direkter Weise vom Paläolithikum bis in die Gegenwart verfolgen lassen. Hier finden sich wieder die Elemente der ›Geschichtlichkeit‹ des Menschen (siehe oben), die die Gesamtentwicklung der Menschheit durchziehen. Diese Elemente werden von ihm in einer beeindruckenden Weise in einer Graphik illustriert, die diese Entwicklungen nach »Medien«, »Information Lernen« und »Produktion« getrennt verfolgt, jeweils vom Anfang menschlicher Geschichte vor zwei Millionen Jahren bis heute (Müller-Beck 1987, 18–19). Durch diese Darstellung wird ein erstaunlich lineares und wenig differenziertes Geschichtsbild vermittelt, welches insgesamt den Komplexitäten von Müller-Becks Gedanken wenig gerecht wird. Es vermittelt aber auch seinen Ansatz von geschichtlichen Kontinuitäten über lange Zeiträume hinweg und seine Überzeugung, dass etwa die Eiszeitkunst durch lange, sich differenzierende Traditionen mit heutigen darstellenden Medien verbunden ist. Das Pferdchen aus dem Vogelherd wird dabei als Ursprungspunkt der ›Zunahme kultureller Vielfalt‹ in der Geschichte der ›Medien‹ ein direkter Vorläufer des Fernsehens.

Müller-Becks Interpretationen paläolithischer Kunst sind, wie oben bereits angedeutet, sehr weit von seiner Konzeption der ›Urgeschichte‹ als Raum und Zeit durchdringender Kategorie geprägt. Dementsprechend verwendet er häufig ethnographische Beispiele »jägerischer Symbolik« (Müller-Beck 1987, 21), um paläolithische Darstellungen zu erklären. Paläolithische Handsilhouetten aus Südfrankreich werden etwa unter Rückgriff auf afrikanische und australische Beispiele mit einem »Bezug zum einzelnen Menschen« erklärt. In gleicher Weise wird der

Vogelstab im Schacht von Lascaux »als Symbol des Überganges vom Leben zum Jenseits und vom Jenseits zum Leben« interpretiert. Hier ist die Rolle der »Tauchvögel« in den Vorstellungen der »nördlichen Jägervölker« die Grundlage für diese Aussage (ebd.). Schließlich dient eine moderne Illustration einer Inuit-Geschichte von einer Ehefrau, die ihren Mann nach ihrem Tod als unsichtbare Eule schwebend begleitet, als Grundlage für eine mögliche Erklärung der Körperhaltung des aurignacienzeitlichen Löwenmenschen aus dem Hohlenstein-Stadel (ebd. 22).

Elaborierter ist hingegen an anderer Stelle seine Lesart des Löwenmenschen im Vergleich mit dem gravettienzeitlichen Frauenrelief von Laussel. Er möchte sich hierbei auf die »direkt möglichen Beobachtungen« beschränken (Müller-Beck 1991, 60), was in erster Linie in einer genauen Beschreibung der Figur mündet, die allerdings bereits von Hahns (1986) vorgelegter Analyse abweicht. Müller-Becks (1991, 64) Fazit ist zunächst nur, dass die Figur des Löwenmenschen »geistige Reflexion und Gestaltungswillen bereits in weit zurückliegenden Zeiten« dokumentiert. Der Vergleich mit der gravettienzeitlichen ›Venus von Laussel‹ (Dordogne) wird von Müller-Beck (ebd. 65) zunächst damit eingeleitet, dass sich beide Darstellungen über die ähnlichen Umweltbedingungen verbinden lassen, obwohl sie sehr unterschiedlich ausgeformt sind. Der Löwenmensch ist »offensichtlich mehr Tier als Mensch, das Laussel-Relief vollkommen Mensch und Frau« (ebd.). In der Figur des Löwenmenschen erkennt Müller-Beck die Darstellung des menschlichen, »also in unseren Verhaltensformen agierende[n] Tier[es], das aber körperlich gänzlich Tier bleibt« (ebd.). Demgegenüber ist die Interpretation des Reliefs von Laussel eher diffus und es wird keine weitere Deutung über die Feststellung hinaus versucht, dass es sich hier um ein weit verbreitetes Motiv handelt (ebd. 66). Es ist überraschend, dass Müller-Beck (ebd.) im Folgenden versucht, beide Darstellungen mit Rückgriff auf die ägyptische Bilderwelt (z. B. die löwenköpfige Göttin Sachmet oder die rindgestaltige Göttin Hathor) zu deuten und sich somit vollständig von dem ihm wichtigen jägerisch-sammlerischen Kontext löst. In seinen Ansätzen kommen jedoch immer wieder seine Überzeugungen von tiefen Verbindungslinien in der menschlichen Geschichte zum Vorschein, die sowohl auf historische Kontinuitäten, menschliche kognitive Universalien oder ähnliche sozioökonomische Entwicklungen zurückgehen können. Ähnlichkeiten zwischen der Venus von Laussel und ägyptischen Darstellungen erklärt er somit mit Bezug zum umfassenden »Prinzip der menschlichen Weiblichkeit und Mütterlichkeit« (ebd. 68), während das wiederkehrende »Prinzip der Löwenmacht« immer wieder neu aus Beobachtungen ableitbar sei. Obwohl Müller-Beck (ebd. 67) zugibt, dass die »Hintergründe« der hier aufgeführten Darstellungen »in ihrer Vielfalt völlig unterschiedlich sind«, sieht er dennoch genügende Verbindungslinien, um darauf hinzuweisen, dass sowohl in der ägyptischen als auch in der paläolithischen Bilderwelt die weiblichen Darstellungen »vielfältiger« wirken als die Tier- oder Mischdarstellungen.

Es liegt in der Natur solcher Vergleiche, dass sie dazu tendieren, auf Ähnlichkeiten mehr hinzuweisen als auf die Unterschiede. Interessanterweise ist sich Müller-Beck (1991, 69) dieser Problematik durchaus bewusst, was jedoch letztendlich nur dazu führt, dass der Autor seine eigenen Überlegungen wieder relativiert und entwertet. Müller-Becks Gedankengänge erscheinen häufig als eine Sammlung interessanter Parallelen und Bezüge über Zeiten und Regionen hinweg, oftmals geradezu als Spielereien oder Meditationen. Es fällt daher schwer, hier den Vorwurf zu machen, er sei Opfer der immer weiterführenden Ketten von Ähnlichkeiten und Bezügen im Sinne der endlosen Ketten von Bedeutungen (Yates 1990; Porr 1999b) geworden.

Müller-Beck und Narr verbindet ein ähnliches Konzept der jägerisch-sammlerischen Gesellschaften als einer bestimmten, charakteristischen Phase der Menschheitsgeschichte, die, mit verschiedenen Abstrichen, in modernen Jägern und Sammlern weiterlebt. Wie oben ausgeführt, spricht Narr von den ›höheren Jägern‹ und Müller-Beck bevorzugt von der ›Urgeschichte‹, die in verschiedenen Regionen unterschiedlich lange andauerte. Paläolithische Kunst ist dabei die Kunst der ›Jäger‹. Besonders für Müller-Beck ist jedoch für die Interpretation der Kunst auch ihre Position in den großen Entwicklungslinien der Menschheitsgeschichte wichtig, etwa ihre Aussagekraft zur Entwicklung der spirituellen Fähigkeiten des Menschen oder im sozialen Informationsaustausch. Problematiken, die dem interkulturellen Vergleich zugrunde liegen, werden dabei selbstverständlich potenziert und machen sicherlich die größten Schwachstellen in den jeweiligen Beiträgen aus. Narr möchte Müller-Beck hier sicherlich nicht folgen, jedoch enthält seine Kategorie der ›höheren Jäger‹ dieselben Schwierigkeiten. Auffallend ist bei beiden das weitgehende Fehlen einer allgemeinen Sozial- oder Handlungstheorie, die über allgemeine historische Konzepte und Methoden hinausweisen könnte. Dies ist jedoch ein allgemeines Kennzeichen der Persönlichkeiten, die man dieser Generation hinzurechnen kann, wie etwa G. Bosinski, Ch. Züchner oder L. Fiedler, die hier leider nur sehr kurz besprochen werden können.

Gerhard Bosinski – Christian Züchner – Lutz Fiedler

G. Bosinski hat ohne Zweifel große Verdienste zur der paläolithischen Archäologie in Mittel- und Osteuropa erworben, etwa durch die Zusammenfassungen zur »Kunst der Eiszeit in Deutschland und der Schweiz« (Bosinski 1982) und zur »großen Zeit der Eiszeitjäger« (Bosinski 1987). Daneben ist er als Ausgräber der magdalénienzeitlichen Fundstelle von Gönnersdorf in Erscheinung getreten, die eine umfangreiche Zahl von figürlichen Gravierungen erbracht hat (z. B. Bosinski/d'Errico/Schiller 2001; Bosinski/Fischer 1974). Gerade bezüglich seiner Rolle im Zusammenhang mit der Auswertung der Ausgrabungen von Gönnersdorf kann man ihm hier kaum gerecht werden. Im Falle der Kontextualisierung und Interpretation der paläolithischen Kunst arbeitet er fast ausschließlich vergleichend und beschreibend. Nur die natürliche Umwelt und die damit verbundene Ökonomie der ›Eiszeitjäger‹ bieten oft die einzige zusätzliche Bezugsebene. Aussagen zur Bedeutung sind sehr selten, kurz und häufig deklaratorisch. Bezüglich der Menschendarstellungen im Jungpaläolithikum sagt er etwa: »Es geht um den Menschen selbst, der sich seinen Platz in der Welt, wie sie in den Bildergeschichte der altsteinzeitlichen Welt wiedergegeben ist, selbst ausgedacht hat. [...] Die Menschendarstellungen stehen für uns selbst und somit letztlich im Mittelpunkt, denn anders können wir uns nicht sehen« (Bosinski 1994, 98). Der Interpretationskontext ist hier gleichzeitig die Struktur der Darstellungen, aber auch die Annahme von universellen menschlichen geistigen Eigenschaften, die sich keineswegs aus dem archäologischen Befund ableiten lassen. In diesem Sinne befindet sich Bosinski wieder in der Nähe von Müller-Becks Positionen, wie sich auch an anderer Stelle ablesen lässt: »Die beschriebenen Venusfiguren symbolisieren die weibliche Fruchtbarkeit [...] Die stets in ähnlicher Weise wiederkehrenden Merkmale der Venusstatuetten lassen an die Darstellungen einer Muttergottheit denken. In späterer Zeit sind Muttergottheiten aus vielen Kulturen bekannt; die Frauenfiguren des Statuettenhorizontes sind der älteste Beleg« (ebd. 82–83).

Ch. Züchner ist in der jüngsten Vergangenheit insbesondere als Kritiker an der radiometrischen Datierung der Grotte Chauvet in das Aurignacien in Erscheinung getreten (z. B. Züchner 1995; 2003; 2007). Er versteht sich als Vertreter einer ›archäologischen‹ Methode der Datierung von paläolithischer Kunst, die er bewusst gegen die Dominanz radiometrischer Ansätze setzt (Züchner 2007, 410). Hier drückt sich jedoch bereits auch der Schwerpunkt seiner Arbeit aus. Die Beiträge der letzten Zeit beschäftigen sich ausschließlich mit Fragen der Chronologie und Datierung. Bedeutungsebenen spielen für seine Projekte keine Rolle, denn es geht ihm ausschließlich um die raum-zeitliche Verteilung von Formen und Motiven.

Ganz anders ist dabei L. Fiedler zu bewerten, der zwar hauptsächlich über alt- und mittelpaläolithische Funde gearbeitet hat (z. B. Fiedler 2003), sich jedoch auch zu altsteinzeitlicher Kunst geäußert hat. Hier möchte ich mich auf zwei Beiträge zusammen mit J. Greve beschränken (Fiedler/Greve 1998a; 1998b). Beide Texte sind von erheblicher Dichte. Sie haben beide gemeinsam, dass sie versuchen, die allgemeinen Grundlagen der paläolithischen Kunst zu entschlüsseln. Hier soll die Kunst vor dem Hintergrund ›der systembildenden Elemente der techno-sozialen Hominidenexistenz‹ betrachtet werden (Fiedler/Greve 1998a) sowie in ihrem »Ökokontext« (Fiedler/Greve 1998b). Beide Autoren mischen hier in äußerst komplexer Weise unter anderem ethnographische Beobachtungen, archäologische Befunde und entwicklungs- und wahrnehmungspsychologische Theorien sowie die Philosophie der symbolischen Formen von E. Cassirer. Ziel ist es in jedem Falle, den allgemeinen geschichtlichen Status der paläolithischen Kunst herauszuarbeiten. Dies verliert sich leider jedoch schnell in deklaratorischen, nicht überprüfbaren Einschätzungen, und die Kunst wird schnell als Teil der westlichen modernen Geschichte vereinnahmt: »Die ›Sünde‹ des Tötens soll durch Magie/Rituale ausgeglichen werden, der europäische Mensch – als Herrschaftswesen – befindet sich von nun an im Zustand von Schuldigkeit. […] Die verbildlichte mythologische Weltdeutung stellt zugleich einen Vorgriff auf den religiös und institutionell sanktionierten Missbrauch der Umwelt dar« (ebd. 109).

Insgesamt gibt es bei fast allen bisher besprochenen Autoren die Tendenz, paläolithische Kunst in erster Linie im Rahmen der allgemeinen kulturellen und geistigen Geschichte der Menschheit zu besprechen. Dies führt dazu, dass die Darstellungen in den meisten Fällen in Generalisierungen eingepasst werden (z. B. meistens werden Tiere dargestellt, meistens in der Seitenansicht etc.) oder dass Vergleiche mit zeitlich späteren Phasen der Menschheitsgeschichte gesucht werden (z. B. im Vergleich zu Tier-Mensch-Darstellungen in Ägypten, im Vergleich zu den ›Muttergottheiten des Neolithikums‹ oder bezüglich ihres ›Kunstcharakters‹ im Vergleich zur Kunst innerhalb der modernen westlichen Tradition). Zwar wird immer wieder betont, dass die Kunst in ihrem sozioökonomischen Kontext verstanden werden muss, jedoch liegen die eigentlichen Bezugspunkte außerhalb des Paläolithikums, in späteren Entwicklungen. Paläolithische Kunst wird somit zwar zum Ursprung der späteren Entfaltung des Menschseins, wird jedoch gleichzeitig aus ihren eigenen konkreten Zusammenhängen gerissen. Diese Bewegung wurde in den vergangenen Jahren insbesondere von H. Müller-Karpe in bedenklicher Weise vollzogen. Müller-Beck (2003, 421) erwähnt in einem Artikel zur »Urgeschichte des Bewusstseins« einen »höchst anregenden Grundsatzartikel« von Müller-Karpe (2001) zur »wirklichen Geistesgeschichte« des Menschen. Hier weist Müller-Beck bereits auf gewisse Affinitäten zum christlich inspirierten Mystiker Teihard de Chardin hin, stellt jedoch den grundsätzlichen Ansatz von Müller-Karpe nicht in Frage. Im kommenden Abschnitt möchte ich genauer auf einige der jüngsten Publikationen von H. Müller-Karpe eingehen und sie als äußerst problematische De-Kontextualisierung von paläolithischer Kunst aufgrund einer weltanschaulichen Überzeugung besprechen.

Hermann Müller-Karpe

H. Müller-Karpe hat sich in der längsten Zeit seiner aktiven Karriere nicht auf das Paläolithikum oder paläolithische Kunst spezialisiert. Sein größter Verdienst ist sicherlich die Zusammenstellung und die Herausgabe des monumentalen *Handbuch der Vorgeschichte* in fünf Bänden (Müller-Karpe 1966–1980), welches jedem, der sich mit dem Fach im deutschen Sprachraum beschäftigt, bekannt sein dürfte. Umso bedauerlicher ist es, dass Müller-Karpe in den vergangenen etwa zehn Jahren seine Reputation dazu verwendet hat, seine persönlichen spekulativen Überzeugungen über die geistig-spirituelle Entwicklung der Menschheit in ein quasi-wissenschaftliches Gewand zu kleiden und in etablierten archäologischen Zeitschriften zu veröffentlichen (Müller-Karpe 2001; 2005a). Hinzu kommen in jüngster Vergangenheit zwei Monographien (Müller-Karpe 2005b; 2008), die beide letztlich zum Ziel haben, die Geschichte der Menschheit aus dem christlichen Welt- und Gottesverständnis zu erklären.

Zentral für Müller-Karpes gesamtes Geschichts- und Menschenverständnis ist seine Überzeugung, dass der »Wesenskern des menschlichen Bewusstseins« die »Gotteserkenntnis« ist (Müller-Karpe 2005b, 16). Erst mit der Erkenntnis der Existenz Gottes wurden unsere Vorfahren zu tatsächlichen Menschen im Sinne von denkenden und handelnden Wesen. Im Paläolithikum machte es diese Erkenntnis möglich, die in natürlichen Erscheinungen innewohnende »Ganzheitsdimension« zu erfahren, was in einen Urzustand der »Demut, Dankbarkeit […], Hoffnung und Liebe gegenüber Gott« mündete. Für Müller-Karpe (ebd. 17) ist klar, dass dieser Vorgang »am angemessensten als erneutes göttliches Schöpfungsmysterium verstanden werden« kann und sich »einer wissenschaftlichen Erforschung und Darstellung entzieht«. Tatsächlich versucht der Autor auch nicht, seine Überlegungen durch empirische Befunde zu untermauern, sondern nur durch Rückgriff auf die christliche Überlieferungstradition: »In diesem Sinne dürfen wir in dem Schöpfungshymnus der Genesis mehr Wahrheitsgehalt sehen als in modernen materialistisch-biologistisch-mechanistischen Theorien des Menschheitsursprungs« (ebd. 17).

In diesem Sinne sind denn auch die Bezüge zur paläolithischen Kunst vollständig abstrakt und ohne jegliche Rücksichtnahme auf die tatsächliche Struktur der paläolithischen Höhlen- bzw. Kleinkunst. Es bleibt dabei vollkommen unklar, wie die paläolithischen Bildwerke etwas über einen monotheistischen Glauben aussagen sollen, denn schließlich fehlen klare Hinweise auf einzelne ›Gottheiten‹ in der Form wiederkehrender Statuen, Bilder oder Symbole. Müller-Karpe löst das Problem des Fehlens von klaren Ansatzpunkten einer Gottesverehrung, indem er annimmt, dass sich im Paläolithikum die Verehrung des allgegenwärtigen Gottes in der Allverehrung der Umwelt ausdrückte. Die tatsächlichen Motive der paläolithischen Kunst scheinen hier jedoch keine Rolle zu spielen. Schließlich bestehen sie ja zu großen Teilen aus Darstellungen von Tieren (und schließen somit den größten Teil der Umwelt aus). Es kann daher auch nicht verwundern, wenn somit sich für Müller-Karpe der »Gehorsam gegenüber der göttlich erfahrenen Daseinsordnung« im Paläolithikum durch die Darstellung von beleibten älteren Frauen, Tieren, Mischwesen und abstrakten Zeichen ausgedrückt hat (Müller-Karpe 2005b, 19). Hier wird bereits deutlich, dass Müller-Karpe seine Mutmaßungen in erster Linie aus seiner eigenen spirituellen Offenbarung speist und weniger aus archäologischen und empirischen Befunden.

Sind seine Überzeugungen in dem oben erwähnten Buch noch teilweise diffus, so nimmt er in seinem jüngst veröffentlichen Werk sehr viel konkreter und offener Stellung (Müller-Karpe 2008). Hier werden denn auch verschiedene problematische Implikationen deutlich, die in den früheren Werken nur angedeutet waren. Grundaussage des jüngsten Buches ist die Behauptung, die paläolithischen Menschen hätten sich in einem Zustand der urmonotheistischen Erfahrung befunden. Müller-Karpe stellt eine allgemeine Unzufriedenheit mit allen bisherigen Versuchen fest, die Geistesfähigkeit des Menschen mit evolutionären Ansätzen (im weitesten Sinne) zu erklären. Er geht hingegen davon aus, dass Gott zu einem unbekannten Zeitpunkt den Menschen mit der menschlichen Geistesfähigkeit erleuchtet hat. Dies sei irgendwann im Paläolithikum geschehen, und während des Paläolithikums habe sich an der Fähigkeit zum reinen Erkennen Gottes auch nichts geändert. Mit dem Ausgang des Paläolithikums sei dann der Polytheismus in die Welt gekommen. Offensichtlichster Ausdruck sei hierbei der Göbekli Tepe und die verwandten zeitgleichen Monumente. Wieder führt Müller-Karpe keine Belege für seine Behauptung eines ur-paradiesischen Erkenntniszustandes während des Paläolithikums und der Bewertung des kognitiven Status zu dieser Zeit an. Der Autor nennt zudem keinerlei archäologische Quellen, die die qualitativen Unterschiede zwischen den paläolithischen und den Darstellungen z. B. des Göbekli Tepe untermauern.

Die Beiträge von Müller-Karpe würden als seltsame Erscheinungen am Randbereich der Betrachtungen paläolithischer Kunst dastehen, hätte der Autor nicht in der Vergangenheit unschätzbare Verdienste um die prähistorische Archäologie erworben. Jetzt erscheinen sie leider wie ein verwirrtes Alterswerk, in dem der Autor am Ende von der Existenz von Dämonen, Thronen und der Wirklichkeit der Geisteswesen redet, die in der Bibel erwähnt werden (Müller-Karpe 2008, Anm. 61). Letztlich erscheinen die Beiträge wie bemühte Versuche, die eigenen Überzeugungen über die Struktur der Wirklichkeit und des christlichen Gottes mit der historisch fassbaren Geschichte in Einklang zu bringen. Dies ist nicht nur zum Scheitern verurteilt, sondern nimmt auch gefährliche, überhebliche Dimensionen an, wie etwa seine Bemerkungen zum Islam zeigen (ebd. 66). Mit diesen Äußerungen stellt sich der Autor in die Tradition monotheistischer Religionen mit ihrem inhärenten Absolutheitsanspruch, der auf die ihnen zuteil gewordene Offenbarung zurückgeht (Assmann 2003). Letztlich unterteilt Müller-Karpe alle Religionen in solche, die an der christlichen (und damit in seinem Verständnis wahrhaftigen) Offenbarung teilnehmen und solche, deren transzendentale Erfahrungen dies nicht tun. Gegen solche Vorstellungen lässt sich nicht argumentativ vorgehen. Bei allem Bemühen um Friedlichkeit und Dialogbereitschaft stellen sie daher durch ihren letztendlichen Wahrheitsanspruch eine gefährliche Entwicklung dar.

Müller-Karpe distanziert sich zwar explizit vom Kreationismus angloamerikanischer Prägung (Müller-Karpe 2008, Anm. 19), dennoch erscheinen seine Überlegungen als ein gefährliches Eindringen von fundamentalistischen und religiösen Vorstellungen in den wissenschaftlichen Diskurs, deren Kern nicht hinterfragt oder widerlegt werden kann. Daher ist es auch schwer verständlich, dass verschiedene Autoren sich die Mühe gemacht haben, umfangreich die verschiedensten Behauptungen Müller-Karpes wissenschaftlich zu kommentieren (siehe Müller-Karpe 2005a). Dies kann letztlich nur dazu führen, den Ideen eine Akzeptanz zu geben, die sie im wissenschaftlichen Dialog nicht haben dürfen (siehe dazu Shanks 2006).

Sicherlich sind Müller-Karpes Vorstellungen in ihrer Radikalität eine Ausnahmeerscheinung. Sie sind jedoch auf einem geistigen Substrat gewachsen, welches durchaus generelle Relevanz hat und es lohnt sich, an dieser Stelle darüber nachzudenken. Immer wieder wurde von den vorgestellten Autoren paläolithische (figürliche) Kunst als Reflektion des Ursprungs des menschlichen Geistes dargestellt und diskutiert. Tatsächlich wird die Existenz von figürlichen Darstellungen von den meisten Autoren als Ausdruck modernen menschlichen Verhaltens angesehen (siehe etwa Conard 2007a, 2021). Figürliche Kunst ist hier Gegenstand einer umfangreichen Diskussion rund um die Anfänge menschlichen Verhaltens und Denkens. Es wird dabei häufig implizit angenommen, diese Anfänge könnten irgendwo in Raum und Zeit lokalisiert und charakterisiert werden. Vorschläge zur Identifikation dieser Anfänge gibt es verschiedene, und figürliche Kunst ist dabei nur eine Möglichkeit. Meistens ist sie jedoch Teil einer Zusammenstellung von Merkmalen, die letztlich modernes menschliches Verhalten eindeutig identifizieren sollen (Chase/Dibble 1987; Mellars/Stringer 1989). In der momentanen Diskussion um die Anfänge menschlichen Denkens und Verhaltens im Pleistozän wird dabei insgesamt verdrängt, dass hier auch allgemeine Definitionen des Menschen in Abgrenzung zum Tierreich eine Rolle spielen.

T. Ingold (2002) hat darauf hingewiesen, dass die westliche Tradition davon beherrscht ist, eine klare Unterscheidung zwischen Mensch und Tier zu ziehen, deren Kriterien entweder anthrozentrisch oder ethnozentrisch sind. Schon Kant hat hierzu festgestellt, dass der Mensch als einziges Wesen die Fähigkeit zum Verstehen habe und damit dazu geboren sei, Herr über die Natur zu sein. Seine Existenz sei letztlich ihr eigentliches Ziel (ebd. 25). Dies kann selbstverständlich nur als Weiterentwicklung der biblisch-christlichen Tradition gesehen werden, die sich letztlich wieder aus einem monotheistischen Absolutheitsanspruch speist. Müller-Karpes Ansatz lässt sich somit in gewisser Weise als radikalen Versuch lesen, diese absolute Unterteilung innerhalb der gradualistischen Prozesse der Evolution zu retten. Dass dieses grundsätzliche Bedürfnis keineswegs auf religiöse oder christliche Fundamentalisten beschränkt ist, zeigen die Beiträge von R. Klein zur ›Revolution im Jungpaläolithikum‹ (Klein 1999; 2003; Klein/Edgar 2002). Dieser geht davon aus, dass eine genetische Mutation oder neuronale Reorganisation dazu geführt hat, dass anatomisch moderne Menschen vor ca. 50.000 Jahren auch anfingen, sich modern zu verhalten. Hierzu gehörte schließlich auch die Fähigkeit, figürliche Kunst zu erschaffen. Die Details dieses Ansatzes sollen hier nicht weiter beleuchtet werden, und ohne Zweifel sind sie weit von Müller-Karpes Vorstellungen entfernt. Das Beispiel soll nur darauf hinweisen, dass Interpretationen paläolithischer Kunst sehr häufig in Diskurse zu den Ursprüngen des Menschseins eingebettet sind, welche dazu tendieren, Menschen und Vor-Menschen/Tiere zu polarisieren (Porr 2010b; 2010c; 2011). Kunst ist dabei das Element, welches für die meisten Autoren den Mensch vom Tier trennt. Das Auftreten von Kunst wird dabei zum magischen Moment in der Entwicklung der Menschheit.

In diesen Diskursen der An-/Abwesenheit innerhalb linearer Entwicklungsprozesse wird traditionell den jeweiligen Ausprägungen und Kontexten der Kunst wenig Aufmerksamkeit geschenkt. Genauso wie die Variabilitäten des Menschseins kaum eine Rolle spielen (und eher ethnozentrisch definiert werden), spielen auch Variabilitäten der Kunst kaum eine Rolle. Dabei sind es wahrscheinlich gerade diese Unterschiede und Variabilitäten, die den Menschen in der Vergangenheit zu dem gemacht haben, was wir heute sind (Ingold 2002). Es ist daher auch in Zukunft nicht zu erwarten, dass ein magisches (oder göttliches) Prinzip entdeckt wird, welches den Menschen zum Menschen gemacht und zur Kunstfertigkeit gebracht hat. Tatsächlich zeigt der Fall Müller-Karpe, dass eine solche Suche schädlich und gefährlich für den wissenschaftlichen Dialog ist. Lange Zeit hat man daran festgehalten, dass die Grundprinzipien organischer Evolution nicht auf den menschlichen Geist übertragbar sind. In letzter Zeit mehren sich die Stimmen jedoch, die aufgrund der archäologischen Befunde eine langsame und nicht-lineare Entwicklung der geistigen Fähigkeiten der Menschen propagieren (z. B. Habgood/ Franklin 2008: Henshilwood/Marean 2003). Dass hier die Diskussion schwierig ist und mit viel Mühe über Disziplinen hinweg geführt werden muss, steht außer Zweifel. Zu einer Weiterführung des Dialogs gibt es jedoch keine Alternative.

Joachim Hahn

J. Hahn gilt ohne Zweifel als einer der bedeutendsten Archäologen im deutschen Sprachraum. Sein früher Tod hat uns eines leidenschaftlichen Erforschers des europäischen Paläolithikums und der paläolithischen Kunst beraubt. Hahn verdanken wir die zentralen systematischen Forschungen zur Aurignacien-Kunst im südwestdeutschen Raum und zu den hierzu relevanten archäologischen Hintergrundmaterialien.[5] Trotz seiner intensiven Beschäftigung mit der eiszeitlichen Kunst in archäologischer und technologischer Sicht hat er sich tatsächlich wenig intensiv mit eigenen Interpretationsansätzen und deren Grundlagen befasst. Dies drückt sich etwa in der Struktur seines Hauptwerkes *Kraft und Aggression* (Hahn 1986)

5   Etwa Hahn 1972; 1974; 1977; 1988; 1989.

aus, in dem die Frage der Interpretation der Kunstobjekte nur einen sehr kleinen Teil der gesamten Darstellung einnimmt. Er hat es auch immer vermieden, die paläolithische Kunst Südwestdeutschlands als Ausgangspunkt für umfangreiche Theorien zu nehmen oder sie in größere Entwicklungen der Menschheitsgeschichte einzuordnen. Hier unterschied er sich außerordentlich von H. Müller-Beck, der gleichzeitig mit Hahn am gleichen Institut lehrte und arbeitete. Diese Beobachtung unterstreicht wieder einmal die partikulare Situation in der deutschen akademischen Landschaft, in der sich die einzelnen Akteure nur schwer einer theoretischen Richtung zuordnen lassen.

Es ist schwierig zu sagen, woher Hahns grundsätzliche Einstellung kommt und tatsächlich wäre dies ein Thema, welches man in Zukunft systematisch verfolgen sollte. Ohne dies hier weiter ausführen oder untersuchen zu können, war J. Hahn grundsätzlich sehr von der aktuellen französischen Schule der paläolithischen Archäologie beeinflusst, die einen Schwerpunkt auf genaue Ausgrabungsmethoden, Zusammensetzungen und die Rekonstruktion von Herstellungsketten (*chaîne opératoire*) legte. Einflüsse sind zudem aus der Richtung der *New Archaeology* erkennbar. Dies betrifft insbesondere die Bedeutung der Ökologie, den Stellenwert ökonomischer Strategien und die Nutzung moderner Technologien in Ausgrabungen und Auswertungen. Trotzdem kann man kaum sagen, dass Hahn sich explizit einer dieser Richtungen zugewandt hätte. Insbesondere sind Einflüsse aus dem französischen Raum in der Interpretation der paläolithischen Kunst im Sinne des Strukturalismus eines A. Leroi-Gourhan kaum vorhanden. Aussagen von Hahn zur Interpretation der Kunstwerke, die er selbst wie kein Anderer kannte, sind immer von einer sehr großen Vorsicht begleitet. Man kann meistens förmlich spüren, dass der Autor sich lieber auf das sichere Terrain von Beschreibung, Technologie und vergleichender Chronologie zurückzieht und es vorzieht, anderen die Interpretationen zu überlassen. Trotzdem gibt es auch von J. Hahn immer wieder interessante Einblicke in die Möglichkeiten zur Interpretation paläolithischer Kunst und in sein Verständnis der Bedeutung der Eiszeitkunst für das »Denken« des frühen *Homo sapiens* (Hahn 1983a, 306).

Zur Interpretation der Aurignacien-Kunst ist ›Kontext‹ für Hahn vor allem die natürliche Umwelt des eiszeitlichen Menschen und die damit verbundenen Möglichkeiten und Notwendigkeiten. So unterstreicht er, dass das Mammut in der Häufigkeit der Darstellungen an erster Stelle kommt und somit aufzeigt, dass »diesem Tier als wichtigem Fleisch-, Fell- und Rohmateriallieferanten in der bildhaften Darstellung eine Rolle zukam, die seinem Wert für die eiszeitlichen Jäger entsprochen haben muss« (Hahn 1983a, 308). Jedoch schon im nächsten Satz wird dieser vermuteten Intention bereits widersprochen. Für die am zweithäufigsten dargestellten Löwen vermutet Hahn (ebd.), dass diesen – da sie keine Fleischlieferanten sein konnten – eher eine Rolle als »Herren der Tiere« zugekommen sei. Es ist interessant, dass Hahn an dieser Stelle nicht den Versuch unternimmt, die einzelnen Tierdarstellungen in ein einheitliches System einzuordnen, so dass seine Bemühungen eine erstaunliche Inkohärenz annehmen. Möglicherweise war Hahn in diesem Beitrag noch dabei, seine bekannte Interpretation der Aurignacien-Kunst nach ›Kraft und Aggression‹ zu formen, die er drei Jahre später in dem gleichnamigen Buch präsentierte. In diesem Werk schlägt Hahn in der Tat eine sozio-religiöse Erklärung der Aurignacien-Kunst vor, die auch Bezug auf allgemeine Prinzipien symbolischer Kommunikation nimmt (Hahn 1986, 213). Besonderen Stellenwert nehmen für Hahn in diesem Zusammenhang die »thematische Struktur der figürlichen Zeichen in Bezug auf ökologische und ökonomische Organisation« und die »Funktion der Zeichen in ihrem archäologischen Kontext und den Aktivitäten« (ebd.) ein.

Hahn entwickelt seine Interpretation aus einer genauen, möglichst statistisch abgesicherten Analyse des ihm vorliegenden Inventars und einem ebenso detaillierten Vergleich mit den verfügbaren ökologisch-ökonomischen Daten, die sich etwa aus den Faunenüberresten in den entsprechenden Fundschichten erschließen lassen. Darüber hinaus hat für Hahn die konkrete Verwendung der mobilen Kleinkunst eine besondere Bedeutung, ebenso wie deren archäologische Kontexte. Hahn versucht in der Konsequenz seine Interpretation sehr eng am Material entlang zu entwickeln. Gleichzeitige archäologische Befunde haben für ihn die größte Bedeutung und dienen ihm zu verschiedenen vergleichenden Analysen. Auf einer abstrakteren Ebene lässt sich aus dieser Charakterisierung schließlich ablesen, dass für Hahn die Kontextualisierung der paläolithischen Kunst innerhalb mobiler Jäger- und Sammlerpopulationen die größte Relevanz hat. Hier nimmt er neben den speziellen Faktoren, die sich aus der genauen Analyse der archäologischen Materialien rekonstruieren lassen, auch allgemeine Gesetzmäßigkeiten an, die sich wiederum durch Rückgriff auf ethnographische Beispiele erschließen lassen sollen. Der ethnographische Vergleich spielt jedoch für Hahn keine wesentliche Rolle in seinen Interpretationen. Analogische Vergleiche dienen ihm einerseits zur »Eingrenzung« (Hahn 1986, 213), andererseits dazu, »die Vielfalt der Interpretationsmöglichkeiten vor Augen zu führen« (Hahn 1983b, 96). Diese widersprüchlichen Aussagen zeigen, dass Hahn nicht den Versuch unternommen hat, die Verwendung von ethnographischen Beispielen theoretisch bzw. unter Verwendung einer allgemeinen Kulturtheorie zu systematisieren. Hahns Vergleiche sind daher oftmals sehr interessant, haben aber letztlich einen anekdotischen Charakter. Man hat insgesamt das Gefühl, dass Hahn ethnographische Beispiele eher dazu anführt, um auf die Limitationen des archäologischen Materials hinzuweisen als auf die vorhandenen Potentiale. Hier besteht dann auch ein sehr großer Unterschied zur *New Archaeology* im Sinne von L. R. Binford (z. B. 1978; 1983), von dem Hahn ohne Zweifel Inspirationen bezogen, jedoch nie das gesamte Programm oder die Terminologie übernommen hat.

Zusammenfassend präsentiert sich Hahn als genauer und umsichtiger Analytiker, der stets bemüht ist, seine Interpretationen eng an dem ihm zur Verfügung stehenden Material zu entwickeln. Seine Inspirationen hat er offensichtlich aus verschiedenen Richtungen bezogen, so etwa aus der französischen Schule in der Tradition von A. Leroi-Gourhan und J.-M. Geneste, aber auch von der *New Archaeology*. Die paläolithische Kunst stand jedoch nie alleinig im Zentrum seiner wissenschaftlichen Arbeiten. Er hat die Arbeiten an den teilweise von ihm selbst ergrabenen Kleinkunstwerken Südwestdeutschlands immer als Teil einer umfassenderen Untersuchung der vorhandenen archäologischen Materialien gesehen. Aus diesem Grunde behandelt Hahn die Kunstwerke auch in erster Linie als archäologische Artefakte und unterwirft sie denselben technologischen und funktionalen Analysen wie andere, weit weniger spektakuläre Objekte. Der relevante Kontext zum Verständnis paläolithischer Kunstobjekte ist daher für Hahn das archäologisch fassbare gleichzeitig datierte Fundgut, aus dem sich – in Teilen und unter Rückgriff auf gezielt ausgewählte ethnographische Beispiele – der konkrete, ursprüngliche Verwendungs- und Bedeutungskontext erschließen lässt. Eine Einordnung der Kunstobjekte in eine umfassendere Kultur-, Geistes- oder Entwicklungsgeschichte der Menschheit spielt für Hahn keine Rolle.

Hahn kann mit dieser Charakterisierung als Vertreter einer anderen und neuen Generation von Forschern gelten, zu denen etwa auch G.-Ch. Weniger (z. B. 2003) zu rechnen ist. Diese Autoren haben mittlerweile einen festen und teilweise prominenten Platz im internationalen akademischen Diskurs. Hier fallen insbesondere die Forschungs- und Publikationsaktivitäten des Tübinger Institutes in der jüngsten Vergangenheit auf, die wiederum stark mit der Person von N. Conard verbunden sind.

Nicholas J. Conard

N. J. Conard folgte 1995 H. Müller-Beck auf die Position des Professors für Ältere Urgeschichte und Quartärökologie an der Universität Tübingen. Es steht außer Zweifel, dass es Conard und seinen Kollegen gelungen ist, ihre Tübinger Institutsabteilung auf der Weltkarte der paläolithischen Forschung als feste Größe zu etablieren. Es soll hier nicht darum gehen, diese Entwicklung nachzuvollziehen oder zu analysieren. Vielmehr sollen auch hier das spezifische Verständnis und die Interpretation von paläolithischer Kunst genauer untersucht werden.

Im Gegensatz zu seinem Vorgänger bilden für Conard die Höhlen der Schwäbischen Alb den Hauptpfeiler seiner Forschungsaktivitäten. Es ist sicherlich nicht übertrieben, wenn man die Neufunde aurignacienzeitlicher Kleinkunst im Hohle Fels als einen der Höhepunkte in der jüngsten Geschichte der deutschen Archäologie bezeichnet, was auch international entsprechend hohe Anerkennung gefunden hat (Conard 2003; 2009). Ähnliches gilt für die Funde bei den Nachuntersuchungen der Altgrabung von G. Riek im Vogelherd, auch wenn diese international nicht den gleichen Zuspruch erfahren haben (Conard 2007b; Floss 2007, 316). Die paläolithische figürliche Kunst aus den Höhlen der Schwäbischen Alb spielt für Conard eine wichtige Rolle in der Gesamtdarstellung des Aurignaciens und sicherlich insbesondere für die Öffentlichkeitsarbeit. Es muss jedoch hier auch betont werden, dass die Ausgrabungen und Forschungen in Südwestdeutschland keineswegs ausschließlich auf die Kleinkunstwerke zugeschnitten oder konzentriert sind. Für Conard steht eine genaue Kontrolle des archäologischen Kontextes aller Funde im Vordergrund. Der Einsatz von EDV-unterstützten Ausgrabungstechniken ist dabei genauso wichtig wie von verschiedenen naturwissenschaftlichen Methoden. Conard (2007b, 329) kann mit Recht behaupten, dass »mit den Forschungsergebnissen der letzten Jahre […] die Kunst des schwäbischen Aurignacien im Mittelpunkt der internationalen Diskussion über die Entstehung der Kunst und der kulturellen Modernität« steht. Es ist jedoch genauso richtig, dass diese Diskussion mit harten Bandagen geführt wird (siehe versch. Beitr. in Zilhão/d'Errico 2003; siehe auch Zilhão/d'Errico 1999). Es ist dabei festzustellen, dass diese Debatten ausschließlich um taphonomische Prozesse, stratigraphische Zuordnungen oder die Interpretationen von radiometrischen Daten geführt werden und es daher kein Wunder ist, dass die naturwissenschaftlichen Methoden im Vordergrund stehen.

Darüber hinaus ist jedoch auffällig, dass dezidierte und detaillierte akademische Forschungen zu den figürlichen Objekten in den vergangenen Jahren kaum eine Rolle gespielt haben. Eine umfangreiche taphonomische und naturwissenschaftliche Aufarbeitung der Neufunde wurde etwa noch nicht vorgelegt. Darüber hinaus gibt es jedoch von Conard so gut wie keine expliziten Äußerungen zu den Bedeutungen der figürlichen Kunst. Zwar erfährt die figürliche Kleinkunst viel Beachtung; sie selbst wird jedoch nicht gesondert und isoliert analysiert und thematisiert. Die jüngsten Veröffentlichungen zu den radiometrischen Datierungen der Fundschichten des Aurignacien (Conard/Bolus 2008) und detaillierte Gebrauchsspurenanalysen von Steinartefakten (Hardy/Bolus/Conard 2008) erscheinen in gewisser Weise gleichberechtigt zu den Publikationen zur ›Venus vom Hohle Fels‹ (Conard 2009) und den Flöten aus der gleichen Fundstelle (Conard/Malina/Münzel 2009). Für Conard ist zwar die figürliche Kunst die Krönung der archäologischen Ausgrabungen. Dies hat ihn jedoch nicht dazu verführt, seine gesamten Forschungsstrategien darauf auszurichten. Es hat auch nicht dazu geführt, seine Publikationsschwerpunkte zu verschieben. Figürliche Kunst ist für ihn in erster Linie Teil der Ausdrucksformen des modernen menschlichen Denkens – nicht mehr, aber auch nicht weniger (Conard 2007a, 2020). Es ist daher sicherlich kein Zufall, dass von Conard keine dezidierte Diskussion der Ausprägung und Kontexte der paläolithischen Kunst der Schwäbischen Alb vorliegt, genauso wenig wie ein spezieller Beitrag zur Rolle der Kunst in der Entwicklung des anatomisch modernen Menschen oder der Menschwerdung insgesamt. Diese Aspekte sind für ihn Teile von »Verhaltensmustern, die im großen Maßstab häufig als Indikatoren für das Vorhandensein von kultureller Modernität und entwickelter symbolischer Kommunikation« (Conard 2005; 2007a) gesehen werden. Diese Charakterisierung und die verwendete Formulierung verweist auf Conards äußerst zurückhaltenden Standpunkt über den Status von Kunst im Paläolithikum. Er zeigt jedoch auch an, dass für ihn figürliche Kunst in erster Linie Bedeutung als Index für modernes Verhalten besitzt und zwar im Sinne einer An-/Abwesenheitslogik. Conard konzentriert sich in seinen Beiträgen auf die Position von Kunst im größeren Bedeutungsstrang der globalen Entwicklung des modernen menschlichen Denkens. Im Gegensatz zu verschiedenen oben erwähnten Autoren steht für Conard jedoch die empirische Basis im Mittelpunkt jeglicher Diskussion. ›Geistesgeschichtliche‹ Überlegungen oder Spekulationen sind für ihn kein Thema, da die figürliche Kunst niemals isoliert betrachtet wird, sondern immer im Kontext von ›Verhaltensmustern‹, die durch andere Ausprägungen des archäologischen Befundes rekonstruiert werden können: Mobilität, Subsistenz, Artefaktkomplexität, aber auch Bestattungen, Verzierungen, Farbverwendungen sowie Schmuck (Conard 2007a). Auf den ersten Blick scheint es, als ob hier auch Conard eine Variante der *package idea* der Entwicklung des modernen Denkens vertreten würde (Habgood/Franklin 2008). Dies trifft jedoch nur auf den ersten Blick zu. In dem erwähnten zusammenfassenden Artikel im *Handbook of Paleoanthropology* (Conard 2007a) fasst er die momentanen Kenntnisse jedoch mit einem expliziten Schwerpunkt auf regional äußerst unterschiedliche Entwicklungen zusammen. In einer ähnlichen Form hat er sich auch im Zusammenhang der Frage der Interaktionen zwischen anatomisch modernen Menschen und Neandertalern geäußert (Conard 2006a). Hier ist eine deutliche Abkehr von Versuchen erkennbar, eine einfache, umfassende oder sogar globale Lösung für das Phänomen der Entwicklung des menschlichen Denkens und damit der Ursprünge der figürlichen Kunst zu finden. Vielmehr sollte es darum gehen, regionale Szenarien und Hypothesen auf der Grundlage hoch aufgelöster Daten zu entwickeln und zu testen (Conard 2007a, 2030). Der dabei vertretene Ausblick könnte von mancher Seite als desillusioniert angesehen werden; jedoch ist dieser unter Berücksichtigung der oben angesprochenen Problematiken und den Wünschen, den endgültigen Code zum Verständnis der paläolithischen Kunst zu (er)finden, nur als vernünftiger Weg in die Zukunft zu sehen.

Für die Beurteilung der paläolithischen Kunst müsste dies bedeuten, dass die spezifischen Ausprägungen (Motive, Materialien etc.) im Mittelpunkt der Betrachtung stehen sollten, genauso wie eine konkrete, regionale sowie theoretische Auseinandersetzung mit den jeweiligen Bedingungen des Entstehens von bestimmten künstlerischen (oder anderen) materiellen Ausdrücken. Bis jetzt ist dies jedoch von Conard und seinem Umfeld noch nicht vorgelegt worden, und vielleicht ist es zu diesem Zeitpunkt noch zu früh, eine entsprechende Diskussion einzufordern. Immerhin wurde bis in die jüngste Vergangenheit die paläolithische Kunst der Schwäbischen Alb als einer der Eckpfeiler des so genannten ›Kulturpumpe-Modells‹ (Conard/Bolus 2003) gesehen, welches ein Primat dieses geographischen Raumes für die wichtigsten kulturellen Innovationen des Aurignacien und Gravettien postulierte. Hier sind eindeutig problematische Elemente einer zwar prestigeträchtigen, jedoch genauso schädlichen ›Suche nach dem Ursprung‹ (Conkey/Williams 1991) erkennbar. Wenn nun dieser Absolutheitsanspruch relativiert und letztendlich aufgegeben wird (siehe auch Conard/Bolus 2008), so kann man dies nur begrüßen, denn dies ermöglicht den Weg zu einer offeneren Diskussion von kultureller und biologischer Variabilität.

Conard möchte dabei diese Diskussion explizit auf verschiedene Disziplinen ausdehnen. Auch wenn er in seinen Beiträgen immer explizit oder implizit auf dem Fundament eines ökologischen-ökonomischen Ansatzes (*behavioural ecology*) steht, so hat er doch auch Sympathien für Theorien, die darüber hinaus weisen. Im Zusammenhang mit der paläolithischen Kunst trifft dies etwa insbesondere für die schamanistischen und neuro-psychologischen Überlegungen in der Tradition von D. Lewis-Williams zu (siehe z. B. Conard 2003, 831; 2007a, 2030). Hierzu hat er sich an prominenter Stelle in der Zeitschrift »Nature« in einer Besprechung des Buches *Inside the Neolithic Mind* von Lewis-Williams und D. Pearce positioniert (Conard 2006b, 271), wo er im Fazit feststellt, dass zwar die meisten seiner Kollegen durch dieses Buch nicht von ihren theoretischen Grundlagen abgebracht werden, die Klügeren jedoch etwas länger darüber nachdenken würden, eine Archäologie von Religion grundsätzlich abzulehnen. Hier wird das Nachdenken über die Grundlagen des menschlichen Denkens plötzlich aktuell und erhält einen Gegenwartsbezug. Im Lichte der oben dargestellten Irrwege einer Beschäftigung mit diesen Themen ist es vielleicht besonders ironisch, dass Conard an dieser Stelle seine Einschätzung noch mit einer politischen Warnung verbindet. Bei jedem sollten »die Alarmglocken schrillen, wenn der amerikanische Präsident öffentlich äußert, dass seine Entscheidungen von Gott gelenkt werden« (ebd.). In diesem Zusammenhang ist es auch erwähnenswert, dass Conard der Entdeckung der ›Venus vom Hohle Fels‹ (Conard 2009) ein Buch hat folgen lassen, welches erzählerische Passagen mit populären Erläuterungen zum wissenschaftlichen Hintergrundwissen kombiniert. Dieses Buch ist in Zusammenarbeit mit dem Literaturwissenschaftler J. Wertheimer entstanden (Conard/Wertheimer 2010), wobei letzterer die fiktionalen Elemente beigesteuert hat. Das Werk erscheint als ein interessanter Versuch, sich den Beschränkungen des wissenschaftlichen Diskurses zu entziehen und Inhalte sowie Ansätze darzustellen, die in letzterem weniger akzeptiert erscheinen. Darin drücken sich jedoch auch fundamentalere Problematiken in der Interpretation sogenannter künstlerischer Ausdrucksformen in der Archäologie und Kulturwissenschaft aus, die möglicherweise die grundsätzliche Angemessenheit bisheriger Erklärungsansätze in Frage stellen (Porr/Bell 2012). Diese Ansätze werden jedoch nicht weiter verfolgt und gehören sicherlich auch nicht zu Conards engeren Forschungsinteressen.

Weiter oben ist erwähnt worden, dass von Conard sehr wenige dezidierte Beiträge und Aussagen zu paläolithischen Kunst vorliegen. Dies hat sicherlich mit seiner oben ausgeführten Einstellung zur Archäologie als Wissenschaft zu tun, es muss aber auch erwähnt werden, dass sich im engsten Umfeld insbesondere H. Floss aus dem gleichen Institut diesem Thema angenommen hat (z. B. Floss 2003; 2005; 2007). Es ist hier leider nicht möglich, seinen Beiträgen genügend Raum zu geben. Er scheint sich jedoch in erster Linie als Kommentator zu verstehen, dessen Rolle es ist, die verschiedenen Interpretationsansätze auf ihre logische Konsistenz und auch ihre Anwendbarkeit vor allem für die Aurignacienkunst Südwestdeutschlands zu überprüfen. Floss stimmt dabei mit Conard darin überein, dass es insgesamt notwendig ist, eine Vielzahl von Erklärungen für die paläolithische oder eiszeitliche Kunst in Erwägung zu ziehen: »Eine einfache Erklärung der Eiszeitkunst gibt es nicht, es gibt aber verschiedene Facetten der Interpretation, die verfolgenswert sind« (Floss 2005, 57). Eine dieser Facetten ist wiederum der bereits erwähnte schamanistische Ansatz, dem Floss auch eine gewisse Anwendbarkeit auf die Aurignacienkunst Südwestdeutschlands bescheinigt, obwohl letztere bereits »quasi sämtliche [...] Theorien der Eiszeitkunst über sich ergehen lassen« musste (ebd. 61). Ähnlich wie Conard legt auch Floss in der Konsequenz keine umfassende Erklärung der Eiszeitkunst vor, sondern für ihn steht vielmehr die Vielfältigkeit der Ausdrücke der paläolithischen Kunst im Vordergrund, denen man mit einer Vielzahl von vernünftigen Ansätzen begegnen muss.

Kunst und Kontext: Rückblick und Ausblick

Auf den vorangegangenen Seiten sollte deutlich geworden sein, dass die Interpretation und der Umgang mit paläolithischer Kunst und die verschiedenen involvierten Konzeptionen von Kontext einer großen Variabilität unterliegen. Kritische und auch wertvolle Punkte können aus dieser Übersicht gezogen werden. Diese sollen in den verbleibenden Passagen miteinander verbunden und hinsichtlich ihrer Relevanz für zukünftige Arbeiten diskutiert werden.

Es fällt zunächst auf, dass verschiedene Autoren für eine kritische Analyse ihres Konzeptes von Kontext und Interpretation kaum Angriffsflächen bieten, da sie sich sehr auf beschreibend-vergleichende Ansätze konzentrieren und für die sich die Bedeutung der paläolithischen Kunst auch innerhalb dieses Rahmens erschöpft. Kontext für die Interpretation wird für diese Autoren in erster Linie durch andere paläolithische Objekte gebildet. Interpretation verbleibt dabei auf der Ebene der Einordnung in räumlich-zeitliche Chronologieschemata. Der spezifische Kontext der figürlichen Kunst, also das konkrete Zusammenspiel mit anderen Objekten und

Praktiken, spielt hier implizit oder explizit nur eine untergeordnete Rolle. Es lässt sich ohne Zweifel ein sehr enges Verständnis der Reichweite von archäologischer Interpretation (speziell von paläolithischen Funden) herauslesen, welches sich sehr gut in die Tradition der deutschen kulturhistorischen Archäologie einordnen lässt.

Andere Autoren folgen einer Herangehensweise, die dazu tendiert, die Kunst von ihrem jeweiligen paläolithischen Befund zu trennen und in die ›Kunstgeschichte‹ der Menschheit und den damit verbundenen oder vermuteten geistesgeschichtlichen Dimensionen einzuordnen. Auch wenn von diesen Autoren explizit betont wird, dass der Hauptbezugskontext die einbettende ›Jägerische Kultur‹ ist, so ist doch letztere wieder ein abstrakt konstruierter Bezugsrahmen, der in erster Linie dazu dient, die Einordnung in eine globale Geschichtsabfolge möglich zu machen. Die Folge ist eine Entkontextualisierung der jeweiligen Objekte, eine Trennung von ihren ursprünglichen materiellen Bezügen. Was ist die Motivation hinter dieser Herangehensweise? Sicherlich spielt hier eine Rolle, dass von verschiedenen Autoren die Aussagefähigkeit der archäologischen Funde und Befunde als äußerst begrenzt gesehen wird. Dies steht jedoch in einem erstaunlichen Gegensatz zu den weit reichenden Schlussfolgerungen, die oftmals aus einigen wenigen figürlichen Darstellungen heraus entwickelt werden. Diese Struktur ist eine Folge der in der paläolithischen Archäologie weit verbreiteten Perspektive einer Suche nach den Anfängen verschiedenster biologischer, kultureller oder kognitiver Phänomene. Letztere werden dabei in der Regel aus jüngeren Zeitperioden oder aus der Gegenwart zurückverfolgt. Hier ist entscheidend, dass mit dieser ›Suche nach den Ursprüngen‹ eine Definition von Phänomenen stattfindet, die sich nicht in erster Linie am paläolithischen Befund orientiert, sondern einem modernen Konzept folgt (Alexandri 1995; Gamble/Gittins 2004; Gamble 2007).

Wenn demnach Conard (2007a, 2021) feststellt, dass figürliche Kunst momentan der »goldene Standard« ist, mit dem wir sicher die Existenz von modernem Denken nachweisen können, so muss gleichzeitig betont werden, dass dieser Standard potentiell ganze Kontinente, wie etwa das Pleistozäne Australasien, ausschließt (Habgood/Franklin 2008). Conards (2007a) oben erwähnte Vorschläge zur Ausrichtung zukünftiger Forschung zielen zwar eben auf diese kritischen Punkte. Dies führt jedoch nicht weiter, wenn nicht auch anerkannt wird, dass die Diskussion um die Entwicklung des menschlichen Denkens und damit auch der Interpretation paläolithischer Kunst meist in einem westlichen, fortschrittsdominierten Diskurs geführt wird, nach dem die menschliche Evolution und Geschichte in erster Linie von einem Streben nach verbesserter Effizienz und Komplexität geleitet worden ist (Porr 2010c; 2011). Schon vor über zehn Jahren haben S. Holdaway und R. Cosgrove (1997) darauf hingewiesen, dass es vor dem Hintergrund der australischen und tasmanischen Geschichte keine Gründe gibt, den Menschen des Mittelpaläolithikums Modernität im Denken und Handeln abzusprechen. Wie kann somit figürliche Kunst noch als Gradmesser kultureller oder kognitiver Modernität gelten?

Paläolithische Kunst ist in diesem Kontext ein ganz spezielles Themenfeld, da die Kunst oftmals als einer der wenigen Bereiche der Altsteinzeit gilt, zu denen der moderne Betrachter einen substantiellen bzw. inhaltlichen Zugang haben soll. Hier werden die Prozesse der erwähnten ›Ursprungsperspektive‹ relevant, die dazu führen, dass das moderne Konzept von Kunst auf die Vergangenheit übertragen wird. Dies wird im Falle der paläolithischen figürlichen Darstellungen nur dadurch möglich, dass in der westlichen Tradition ›Kunst‹ als ein universell menschliches Charakteristikum gesehen wird, welches tief im Menschsein angesiedelt ist und nicht hinterfragt werden kann oder darf (Miller 1991). Es ist damit nicht verwunderlich, warum figürliche Kunst eine herausragende Rolle bei der Suche nach den Anfängen des Menschseins spielt. Das dahinter stehende essentialistische Verständnis von Kunst und künstlerischer Motivation führt häufig dazu, dass die Entdeckung von Kunst eher als Endpunkt der Forschung gesehen wird und nicht als ein neuer Ausgangspunkt.

In subtiler Weise drückt sich dies in der Verwendung der Begriffe der ›Ästhetik‹ und ›Schönheit‹ im Zusammenhang mit Kunst- und Schmuckobjekten aus. Die so genannten ästhetischen Qualitäten von Objekten werden dabei funktionalen, symbolischen und sozialen Faktoren gegenübergestellt, indem betont wird, dass Kunst oder der Schmuck nicht auf ihre reine ästhetische Dimension reduziert werden dürften (z. B. Haidle 2003, 12 f.; Floss 2005, 57 f.). Die Fähigkeit der Wahrnehmung des Schönen wird jedoch weiterhin als essentielle menschliche Qualität konstruiert und bleibt unangetastet. Somit bleibt auch offen, wie sie sich von parallelen sowie schon lange vorher vorhandenen Standardisierungen materieller Kultur abgrenzen lässt (Porr 2005).

Ein essentielles und individualisiertes Empfinden von Ästhetik oder Schönheit ist zwar ein zentraler Teil des modernen Verständnisses von Kunst. Es ist jedoch kaum in kulturvergleichender oder soziologischer Perspektive überzeugend. Ästhetik und die Konzeption von Schönheit sind abhängig von verschiedensten Faktoren (z. B. Morphy 1992; 1994; 2008) und es wäre fatal, wenn man davon ausgehen würde, dass dies in der Vergangenheit nicht der Fall gewesen wäre (Heyd/Clegg 2005). Letztendlich muss an dieser Stelle auch betont werden, dass die Ideologie von Kunst auch nicht in westlichen und modernen Kontexten einer kritischen Analyse standhält, sondern ästhetisches Verständnis vielmehr eingebunden ist in Machtdiskurse um den Zugang und die Verteilung verschiedener Formen von Kapital (Bourdieu 1984; 1993; 1996). Somit ist es vielleicht kein Zufall, dass die Kunst im Paläolithikum in den Diskussionen um die An- und Abwesenheit eines modernen Denkens einen ähnlichen Stellenwert einnimmt wie die moderne Kunst in gesellschaftlichen Konflikten um Ressourcen und verschiedene Formen von Kapital. Die Anwesenheit von Kunst adelt den Träger als kulturell kompetentes Wesen, die Abwesenheit entzieht ihm den Zugang zu den höheren Sphären des öffentlichen Lebens. Hier drückt sich die gesellschaftliche und ideologische Funktion von Kunst aus, Mittel und Träger von kulturellem Kapital und Prestige zu sein.

Die kritische kulturvergleichende Perspektive eröffnet hier den Weg, Kunst und Kontext auch im Paläolithikum als eine Kategorie von materieller Kultur zu denken, die durch viele Faktoren beeinflusst wird. Es liegt vielleicht im momentanen Zeitgeist begründet, dass kein Ansatz ernsthaft in Erwägung gezogen wird, um paläolithische Kunst global zu erklären. Es liegt aber sicherlich auch an der Zunahme an Informationen aus der ganzen Welt, die immer mehr die Komplexität und Relativität von früheren Aussagen aufzeigen (Moro-Abadía/González-Morales 2008). Wenn dies dazu führt, bisheriges Wissen grundlegend neu zu überdenken, so kann dies nur begrüßt werden, vor allem, wenn man bereit ist, jenseits von disziplinären Grenzen zu denken (Conard 2007a, 2030; Ingold 1998; Porr 1998). Entscheidend bei dieser Entwicklung ist die Reflektion eines allgemeinen sozialtheoretischen Konzeptes, durch welches menschliches Handeln und seine unterschiedlichsten Ausprägungen und Bedingungen analysiert werden können. An anderer Stelle habe ich dafür plädiert, dass dies ein Ansatz sein müsse, der nicht reduktionistisch und auf das konkrete, praktische und körperliche Handeln ausgerichtet ist (Porr 1999a; 2003a). Innerhalb dieses Rahmens lässt sich paläolithische Kunst in verschiedensten regionalen und lokalen Kontexten analysieren. Tatsächlich macht diese Perspektive es notwendig, Kunst und Kontext sehr lokal und eng um die eigentlichen Akteure zu verstehen. Welche Aspekte dabei in den Vordergrund gestellt werden, wird von Fall zu Fall verschieden sein.[6] Dies hat weniger mit den Unzulänglichkeiten archäologischer Interpretation zu tun, sondern vielmehr mit dem prinzipiell instabilen Charakter symbolischer und praktischer Interpretation und Interaktion. Die Regeln der Praxis sind nicht darauf ausgerichtet, vollständig kohärent zu sein (Porr 2003a, 82). Soziales und kulturelles Leben befindet sich in ständigem Fluss, in ständiger Gestaltung (Porr/Bell 2012). Dies ist heute so und war auch in der Vergangenheit so. Es ist durchaus davon auszugehen, dass die verschiedenen Inhalte, die etwa für die Aurignacien-Kunst Südwestdeutschlands schon vorgeschlagen worden sind, auch schon im Aurignacien kontrovers diskutiert worden sind. Die Beziehung zwischen der Kunst, dem Künstler und dem Betrachter ist nicht abstrakt, sondern konkret und persönlich. Sie ist instabil und potentiell voller Konflikte. Dies sind Aspekte, die bisher nur sehr wenig im Zusammenhang mit paläolithischer Kunst diskutiert worden sind (Lewis-Williams 1995; 1997); es sind jedoch Aspekte, die durch gegenwärtige ethnographische Erfahrungen nahe gelegt werden und deren Implikationen bisher kaum reflektiert worden sind (Porr/Bell 2012).

---

6   Dowson/Porr 2001; Porr 2004; 2010a; 2010b.

Wer sich heute etwa dem kulturellen und künstlerischen Leben im äußersten Nordwesten Australiens (Kimberley) aussetzt, der wird feststellen, dass die Felskunst hier sehr lebendig ist und selbstbewusst lebendig gehalten wird, soweit dies die alten und neuen Eingriffe des Staates zulassen (Crawford 2001). Diese Prozesse sind von unterschiedlichen und wechselnden lokalen Einstellungen und Konflikten über das Verhältnis von Vergangenheit und Zukunft geprägt (Mowaljarlai u. a. 1988; O'Connor/Barham/Woolagoodja 2008). Kunst hat hier gleichzeitig das Potential, eine tiefe Verbindung zum Land wie zu internationalen Auktionshäusern herzustellen (Blundell/Woolagoodja 2005). Letztlich bleibt die Kunst jedoch Ausdruck von Identität, Erinnerung und Selbstbewusstsein – Aspekte, die gleichermaßen von Künstlern und Betrachtern hervorgehoben werden (Mowaljarlai/Malnic 1993; Blundell 2003). Wir tun gut daran, diesen Stimmen aufmerksam zuzuhören. Nicht weil wir dabei erwarten können, dass sie uns Modelle für unsere Interpretationen liefern können. Sie können uns vielmehr helfen, der Kunst, ihren Kontexten und allen anderen Gegenständen der Vergangenheit ihre menschliche Dimension wieder zu geben.

Literatur

Alexandri 1995: A. Alexandri, The Origins of Meaning. In: I. Hodder/M. Shanks/A. Alexandri/V. Buchli/J. Carman/J. Last/G. Lucas (Hrsg.), Interpreting Archaeology. Finding Meaning in the Past. London: Routledge 1995, 57–67.

Assmann 2003: J. Assmann, Die Mosaische Unterscheidung oder Der Preis des Monotheismus. München: Hanser 2003.

Binford 1978: L. R. Binford, Nunamiut Ethnoarchaeology. New York: Academic Press 1978.

Binford 1983: Ders., In Pursuit of the Past. London: Thames & Hudson 1983.

Blundell 2003: V. J. Blundell, The Art of Country: Aesthetics, Place, and Aboriginal Identity in North-West Australia. In: D. Trigger/G. Griffiths (Hrsg.), Disputed Territories: Land, Culture and Identity in Settler Societies. Hong Kong: Hong Kong University Press 2003, 155–185.

Blundell/Woolagoodja 2005: Ders./D. Woolagoodja, Keeping the Wanjinas Fresh: Sam Woolagoodja and the Enduring Power of Lalai. Fremantle: Fremantle Arts Centre Press 2005.

Bosinski 1982: G. Bosinski, Die Kunst der Eiszeit in Deutschland und der Schweiz. Bonn: Habelt 1982.

Bosinski 1987: Ders., Die große Zeit der Eiszeitjäger. Europa zwischen 40 000 und 10 000 v. Chr. Jahrb. RGZM 34, 1987, 3–139.

Bosinski 1994: Ders., Menschendarstellungen der Altsteinzeit. In: B. Reinhardt/K. Wehrberger (Hrsg.), Der Löwenmensch: Tier und Mensch in der Kunst der Eiszeit. Sigmaringen: Jan Thorbecke 1994, 76–99

Bosinski/Fischer 1974: Ders./G. Fischer 1974. Die Menschendarstellungen von Gönnersdorf der Ausgrabung von 1968. Stuttgart: Steiner 1974.

Bosinski/d'Errico/Schiller 2001: Ders./F. d'Errico/P. Schiller, Die gravierten Frauendarstellungen von Gönnersdorf. Stuttgart: Steiner 2001.

Bourdieu 1984: P. Bourdieu, Distinction: A Social Critique of the Judgement of Taste. London: Routledge 1984. [Erstausgabe: Paris 1979.]

Bourdieu 1993: Ders., The Field of Cultural Production: Essays on Art and Literature. Cambridge: Polity 1993.

Bourdieu 1996: Ders., The Rules of Art: Genesis and Structure of the Literary Field. Stanford: Stanford University Press 1996. [Erstausgabe: Paris 1992.]

Breuil 1979: H. Breuil, Four Hundred Centuries of Cave Art. New York: Hacker Art Books 1979. [Erstausgabe: Paris 1952.]

Breuil/Obermaier 1935: Ders./H. Obermaier, La Cueva de Altamira en Santillana del Mar: Nueva Edición publicada por la Junta de Cuevas de Altamira. Madrid: The Hispanic Society of America y la Academia de la Historia 1935.

Burdukiewicz u. a. 2003: J. M. Burdukiewicz/L. Fiedler/W.-D. Heinrich/A. Justus/E. Brühl (Hrsg.), Erkenntnisjäger: Kultur und Umwelt des frühen Menschen. Halle: Landesamt für Archäologie Sachsen Anhalt 2003.

Chase/Dibble 1987: P. G. Chase/H. L. Dibble, Middle Palaeolithic Symbolism: A Review of Current Evidence and Interpretations. Journal Anthr. Arch. 6, 1987, 263–296.

Clottes 2008: J. Clottes, Rock Art. An Endangered Heritage Worldwide. Journal Anthr. Res. 64, 2008, 1–18.

Conard 2003: N. J. Conard, Palaeolithic Ivory Sculptures from Southwestern Germany and the Origins of Figurative Art. Nature 426, 2003, 830–832.

Conard 2005: Ders., An Overview of the Patterns of Behavioral Change in Africa and Eurasia during the Middle and Late Pleistocene. In: F. d'Errico/L. Blackwell (Hrsg.), From Tools to Symbols: From Early Hominids to Modern Humans. Johannesburg: Witwatersrand University Press 2005, 294–332.

Conard 2006a: Ders., Changing Views of the Relationship between Neanderthals and Modern Humans. In: Ders. (Hrsg.), When Neanderthals and Modern Humans Met. Tübingen: Kerns 2006, 5–20.

Conard 2006b: Ders., Unearthing religion: Besprechung zu D. Lewis-Williams/D. Pearce, Review of Inside the Neolithic Mind: Conciousness, Cosmos and the Realm of the Gods. London 2005. Nature 439, 2006, 271.

Conard 2007a: Ders., Cultural Evolution in Africa and Eurasia During the Middle and Late Pleistocene. In: W. Henke/I. Tattersall (Hrsg.), Handbook of Paleoanthropology. Berlin u. a.: Springer 2007, 2001–2037.

Conard 2007b: Ders., Neue Elfenbeinskulpturen aus dem Aurignacien der Schwäbischen Alb und die Entstehung der figürlichen Kunst. In: Floss/Rouquerol 2007, 317–330.

Conard 2009: Ders., A Female Figurine from the Basal Aurignacian of Hohle Fels Cave in Southwestern Germany. Nature 459, 2009, 248–252.

Conard/Bolus 2003: Ders./M. Bolus, Radiocarbon Dating the Appearance of Modern Humans and Timing of Cultural Innovations in Europe: New Results and New Challenges. Journal Human Evolution 44, 2003, 331–371.

Conard/Bolus 2008: Dies., Radiocarbon Dating the Late Middle Palaeolithic and Aurignacian of the Swabian Jura. Journal Human Evolution 55, 2008, 886–897.

Conard/Malina/Münzel 2009: N. J. Conard/M. Malina/S. C. Münzel, New Flutes Document the Earliest Musical Tradition in Southwestern Germany. Nature 460, 2009, 737–740.

Conard/Wertheimer 2010: Ders./J. Wertheimer, Die Venus aus dem Eis. Wie vor 40 000 Jahren unsere Kultur entstand. München: Albrecht Knaus 2010.

Conkey 1989: M. W. Conkey, The Structural Analysis of Palaeolithic Art. In: C. C. Lamberg-Karlovsky (Hrsg.), Archaeological Thought in America. Cambridge: Cambridge University Press 1989, 135–154.

Conkey/Williams 1991: Dies./S. H. Williams, Original Narratives: The Political Economy of Gender in Archaeology. In: M. di Leonardo (Hrsg.), Gender at the Crossroads of Knowledge: Feminist Anthropology in the Postmodern Era. Berkeley u. a.: University of California Press 1991, 102–139.

Crawford 2001: I. Crawford, We Won the Victory: Aborigines and Outsiders on the North-west Coast of the Kimberley. North Fremantle, W.A.: Fremantle Arts Centre Press 2001.

Dowson/Porr 2001: T. A. Dowson/M. Porr, Special Objects – Special Creatures: Shamanistic Imagery and the Aurignacian Art of Southwest Germany. In: N. Price (Hrsg.), The Archaeology of Shamanism. London u. a.: Routledge 2001, 165–177.

Eggert 2006: M. K. H. Eggert, Archäologie: Grundzüge einer Historischen Kulturwissenschaft. Tübingen u. a.: Francke 2006.

Eggert 2012: Ders., Prähistorische Archäologie: Konzepte und Methoden. Tübingen u. a.: Francke ⁴2012.

Fiedler 2003: L. Fiedler, Nach Dmanisi, vor Tautavel. In: Burdukiewicz u. a. 2003, 193–198.

Fiedler/Greve 1998a: Ders./J. Greve, Was bedeutet Prähistorische Kunst. Arch. Inf. 21, 1998, 273–277.

Fiedler/Greve 1998b: Dies., Die jungpaläolithische Kunst im Ökokontext. Ethnogr.-Arch. Zeitschr. 39, 1998, 101–116.

Floss 2003: H. Floss, Faszination Eiszeitschmuck: Vom Blickfang zum Informationsträger. In: S. Kölbl/N. J. Conard (Hrsg.), Eiszeitschmuck: Status und Schönheit. Blaubeuren: Urgeschichtliches Museum 2003, 63–77.

Floss 2005: Ders., Die Kunst der Eiszeit in Europa. In: W. Schürle/N. J. Conard (Hrsg.), Zwei Weltalter: Eiszeitkunst und die Bildwelt Willi Baumeisters. Ostfildern: Hatje Cantz 2005, 8–69.

Floss 2007: Ders., Die Kleinkunst des Aurignacien auf der Schwäbischen Alb und ihre Stellung in der paläolithischen Kunst. In: Floss/Rouquerol 2007, 295–316.

Floss/Rouquerol 2007: Ders./N. Rouquerol (Hrsg.), Les chemins de l'art Aurignacien en Europe: Das Aurignacien und die Anfänge der Kunst in Europa. Aurignac: Éditions Musée-forum Aurignac 2007.

Gamble 2007: C. S. Gamble, Origins and Revolutions: Human Identity in Earliest Prehistory. Cambridge: Cambridge University Press 2007.

Gamble/Gittins 2004: Ders./E. K. Gittins, Social Archaeology and Origins Research. In: R. Preucel/M. Meskell (Hrsg.), Social Archaeology: A Companion. Oxford: Blackwell 2004, 96–118.

Gamble/Porr 2005: Ders./M. Porr (Hrsg.), The Hominid Individual in Context: Archaeological Investigations of Lower and Middle Palaeolithic Landscapes, Locales and Artefacts. London u. a.: Routledge 2005.

Habgood/Franklin 2008: P. J. Habgood/N. R. Franklin, The Revolution that Didn't Arrive: A Review of Pleistocene Sahul. Journal Human Evolution 55, 2008, 187–222.

Hahn 1972: J. Hahn, Das Aurignacien in Mittel- und Osteuropa. Acta Praehist. Arch. 3, 1972, 77–107.

Hahn 1974: Ders., Ein Aurignacien Fundplatz bei Lommersum, Stadtkreis Euskirchen. Arch. Korrbl. 4, 1974, 105–110.

Hahn 1977: Ders., Aurignacien. Das ältere Jungpaläolithikum in Mittel- und Osteuropa. Köln: Böhlau 1977.

Hahn 1983a: Ders., Eiszeitliche Jäger zwischen 35000 und 15000 Jahren vor heute. In: H. Müller-Beck (Hrsg.), Urgeschichte in Baden-Württemberg. Stuttgart: Theiss 1983, 273–330.

Hahn 1983b: Ders., Elfenbeinfiguren der Eskimo und der späten Altsteinzeit. In: A. Schulze-Thulin (Hrsg.), Inuitkunst – Kunst der Eskimo: Stein, Elfenbein, Knochen, Geweih. Stuttgart: Lindenmuseum 1983, 94–106.

Hahn 1986: Ders., Kraft und Aggression: Die Botschaft der Eiszeitkunst im Aurignacien Süddeutschlands? Tübingen: Archaeologica Venatoria 1986.

Hahn 1988: Ders., Die Geißenklösterle-Höhle im Achtal bei Blaubeuren I: Fundhorizontbildung und Besiedlung im Mittelpaläolithikum und im Aurignacien. Stuttgart: Theiss 1988.

Hahn 1989: Ders., Genese und Funktion einer jungpaläolithischen Freilandstation: Lommersum im Rheinland. Köln: Rheinland 1989.

Haidle 2003: M. N. Haidle, Eiszeitschmuck – Schönheit, Selbstbewusstsein und Kommunikation. In: S. Kölbl/N. J. Conard (Hrsg.), Eiszeitschmuck. Status und Schönheit. Museumsh. 6. Blaubeuren: Urgeschichtliches Museum Blaubeuren 2003, 9–14.

Hardy/Bolus/Conard 2008: B. L. Hardy/M. Bolus/N. J. Conard, Hammer or Crescent Wrench? Stone Tool Form and Function in the Aurignacian of Southwest Germany. Journal Human Evolution 54, 2008, 648–662.

Härke 1991: H. Härke, All Quiet on the Western Front? Paradigms, Methods and Approaches in West German Archaeology. In: I. Hodder (Hrsg.), Archaeological Theory in Europe: The Last Three Decades. London: Routledge 1991, 187–222.

Henshilwood/Marean 2003: C. S. Henshilwood/C. W. Marean, The Origin of Modern Behavior: Critique of the Models and Their Test Implications. Current Anthr. 44, 2003, 627–651.

Herrmann/Ullrich 1991: J. Herrmann/H. Ullrich (Hrsg.), Menschwerdung: Millionen Jahre Menschheitsentwicklung. Natur- und geisteswissenschaftliche Ergebnisse. Berlin: Akademie 1991.

Heyd/Clegg 2005: T. Heyd/J. Clegg (Hrsg.), Aesthetics and Rock Art. Aldershot: Ashgate 2005.

Holdaway/Cosgrove 1997: S. Holdaway/R. Cosgrove, The Archaeological Attributes of Behaviour: Difference or Variability? Endeavour 21, 1997, 66–71.

Ingold 1998: T. Ingold, From Complementarity to Obviation: On Dissolving the Boundaries between Social and Biological Anthropology, Archaeology and Psychology. Zeitschr. Ethn. 123, 1998, 21–52.

Ingold 2002: Ders., Humanity and Animality. In: Ders. (Hrsg.), Companion Encyclopedia of Anthropology. London: Routledge 2002, 14–32.

Klein 1999: R. G. Klein, The Human Career: Human Biological and Cultural Origins. Chicago: University of Chicago Press [2]1999.

Klein 2003: Ders., Whither the Neanderthals? Science 299, 2003, 1525–1527.

Klein/Edgar 2002: Ders./B. Edgar, The Dawn of Human Culture. New York: Nevramont 2002.

Leroi-Gourhan 1995: A. Leroi-Gourhan, Préhistoire de l'art occidental [Nouvelle édition révisée par G. et B. Delluc]. Paris: Mazenod 1995.

Lewis-Williams 1995: J. D. Lewis-Williams, Modelling the Production and Consumption of Rock Art. South African Arch. Bull. 50, 1995, 143–154.

Lewis-Williams 1997: Ders., Agency, Art and Altered Consciousness: A Motif in French (Quercy) Upper Palaeolithic Parietal Art. Antiquity 71, 1997, 810–830.

Mania/Mania 2004: D. Mania/U. Mania, Der Urmensch von Bilzingsleben: Seine Kultur und Umwelt. In: Meller 2004, 69–102.

Mania/Mania 2005: Dies., The Natural and Socio-Cultural Environment of Homo erectus at Bilzingsleben. In: Gamble/Porr 2005, 98–114.

Mellars/Stringer 1989: P. Mellars/C. B. Stringer (Hrsg.), The Human Revolution: Behavioural and Biological Perspectives on the Origins of Modern Humans. Edinburgh: Edinburgh University Press 1989.

Meller 2004: H. Meller (Hrsg.), Paläolithikum und Mesolithikum: Kataloge zur Dauerausstellung im Landesmuseum für Vorgeschichte Halle, Bd. 1. Halle: Landesamt für Denkmalpflege und Archäologie 2004.

Miller 1991: D. Miller, Primitive Art and the Necessity of Primitivism to Art. In: S. Hiller (Hrsg.), The Myth of Primitivism. Perspectives on Art. London: Routledge 1991, 50–71.

Morphy 1992: H. Morphy, From Dull to Brilliant: The Aesthetics of Spiritual Power among the Yolngu. In: J. Coote/A. Shelton (Hrsg.), Anthropology, Art and Aesthetics. Oxford: Clarendon Press 1992, 181–208.

Morphy 1994: Ders., The Anthropology of Art. In: T. Ingold (Hrsg.), Companion Encyclopedia of Anthropology. London: Routledge 1994, 648–685.

Morphy 2008: Ders., Becoming Art: Exploring Cross-Cultural Categories. Sydney: UNSW Press 2008.

Moro-Abadía/González-Morales 2008: O. Moro-Abadía/M. R. González-Morales, Paleolithic Art Studies at the Beginning of the Twenty-First Century: A Loss of Innocence. Journal Anthr. Res. 64, 2008, 529–552.

Mowaljarlai/Malnic 1993: D. Mowaljarlai/J. Malnic, Yorro Yorro – Everything Standing up Alive: Spirit of the Kimberley. Broome: Magabala Books Aboriginal Corporation 1993.

Mowaljarlai u. a. 1988: Ders./P. Vinnicombe/G. K. Ward/C. Chippindale, Repainting of Images on Rock in Australia and the Maintenance of Aboriginal Culture. Antiquity 67, 1988, 690–696.

Müller-Beck 1987: H. Müller-Beck, Die Anfänge der Kunst im Herzen Europas. In: Ders./G. Albrecht (Hrsg.), Die Anfänge der Kunst vor 30000 Jahren. Stuttgart: Theiss 1987, 9–23.

Müller-Beck 1991: Ders., Zur inhaltlichen Interpretation früher paläolithischer plastischer Darstellungen. Saeculum 42/1, 1991, 56–70.

Müller-Beck 2003: Ders., Zur Urgeschichte des Bewußtseins. In: Burdukiewicz u. a. 2003, 415–424.

Müller-Beck/Porr 2004: Ders./M. Porr, Beginn und Entwicklung des menschlichen Denkens. In: Meller 2004, 25–34.

Müller-Karpe 1966–1980: H. Müller-Karpe, Handbuch der Vorgeschichte. 5 Bände. München: C. H. Beck 1966–1980.

Müller-Karpe 2001: Ders., Zum Beginn von Geistes- und Religionsgeschichte. Germania 79, 2001, 223–235.

Müller-Karpe 2005a: Ders., Geschichtlichkeit des paläolithischen Menschen: Fakten und Anschauungen. Erwägen Wissen Ethik 16, 2005, 85–92.

Müller-Karpe 2005b: Ders., Geschichte der Gottesverehrung von der Altsteinzeit bis zur Gegenwart. Paderborn u .a.: Bonifatius/Lembeck 2005.

Müller-Karpe 2008: Ders., Zur Aktualität christlicher Weltanschauung: Aufgrund einer geistesgeschichtlichen Sicht des Urmenschen. Frankfurt a. M.: Lembeck 2008.

Narr 1958: K. J. Narr, Anfänge der bildenden Kunst: Probleme ihrer Wesenserfassung und geschichtlichen Ortsbestimmung. Gesch. Wiss. Unterricht 1, 1958, 1–13.

Narr 1966: Ders., Religion und Magie in der jüngeren Altsteinzeit. In: Ders. (Hrsg.), Handbuch der Urgeschichte. Erster Band: Ältere und mittlere Steinzeit. Jäger- und Sammlerkulturen. Bern u. a.: Francke 1966, 298–320.

Narr 1983: Ders., Felsbild und Weltbild: Zu Magie und Schamanismus im jungpaläolithischen Jägertum. In: H. P. Duerr (Hrsg.), Sehnsucht nach dem Ursprung: Zu Mircea Eliade. Frankfurt a. M.: Suhrkamp 1983, 118–136.

Obermaier 1939: H. Obermaier, Altsteinzeitliche Justizpflege: Paideuma – Mitt. Kulturkde. 1, 1939, 193–198.

Obermaier 1941: Ders., Die Uranfänge der Gravierung und Plastik beim Eiszeitmenschen. Forsch. u. Fortschritte 13/14, 1941, 149–152.

O'Connor/Barham/Woolagoodja 2008: S. O'Connor/A. Barham/D. Woolagoodja, Painting and Repainting in the West Kimberley. Australian Aboriginal Stud. 2008/1, 22–38.

Porr 1998: M. Porr, Ethnoarchäologie: Ein Plädoyer für Interdisziplinarität und Disziplinlosigkeit in der Archäologie. Arch. Inf. 21, 1998, 41–49.

Porr 1999a: Ders., Archaeology, Analogy, Material Culture, Society: An Exploration. In: L. R. Owen/M. Porr (Hrsg.), Ethno-Analogy and the Reconstruction of Prehistoric Artefact Use and Production. Urgesch. Materialh. 14. Tübingen: MoVince 1999, 3–15.

Porr 1999b: Ders., The Name of Foucault: An Experimental Exploration of the Works of Umberto Eco. Arch. Rev. Cambridge 15, 1999, 103–123.

Porr 2003a: Ders., Ideologie, Praxis, Materialität: Überlegungen zu einem nicht-reduktionistischen Ansatz zum Studium materieller Kultur. In: U. Veit/T. L. Kienlin/Ch. Kümmel/S. Schmidt (Hrsg.), Spuren und Botschaften. Interpretationen materieller Kultur. Tübinger Arch. Taschenbücher 4. Münster: Waxmann u. a. 2003, 71–87.

Porr 2003b: Ders., Stochern im Dunkeln? Anmerkungen zum Schamanismus als Motiv in der Interpretation paläolithischer Darstellungen. In: Burdukiewicz u. a. 2003, 457–465.

Porr 2004: Ders., Individual Reflections: Gender and the Aurignacian Art of Southwest Germany. Ethnogr.-Arch. Zeitschr. 45, 2004, 257–269.

Porr 2005: Ders., The Making of the Biface and the Making of the Individual. In: Gamble/Porr 2005, 68–80.

Porr 2010a: Ders., Palaeolithic Art as Cultural Memory. A Case Study of the Aurignacian Art of Southwest Germany. Cambridge Arch. Journal 20/1, 2010, 87–108.

Porr 2010b: Ders., The Hohle Fels ›Venus‹: Some Remarks on Animals, Humans and Metaphorical Relationships in Early Upper Palaeolithic Art. Rock Art Research 27/2, 2010, 147–159.

Porr 2010c: Ders., Identifying Behavioural Modernity: Lessons from Sahul. Bull. Indo-Pacific Prehist. Assoc. 30, 2010, 28–34.

Porr 2011: Ders., One Step Forward, Two Steps Back: The Issue of »Behavioral Modernity« Again: A Comment on Shea. Current Anthr. 52/4, 2011, 581–582.

Porr/Bell 2012: Ders./H. R. Bell, ›Rock-Art‹, ›Animism‹ and Two-Way Thinking: Towards a Complementary Epistemology in the Understanding of Material Culture and ›Rock-Art‹ of Hunting and Gathering People. Journal Arch. Method Theory 19, 2012, 161–205.

Riek 1932: G. Riek, Paläolithische Station mit Tierplastiken und menschlichen Skelettresten bei Stetten ob Lontal. Germania 16, 1932, 1–8.

Riek 1933: Ders., Les civilisations paléolithique du Vogelherd près de Stetten-ob-Lonetal (Württemberg). Préhistoire 2, 1933, 149–181.

Riek 1934: Ders., Die Eiszeitjägerstation am Vogelherd im Lonetal. Erster Band: Die Kulturen. Tübingen: Franz F. Heine 1934.

Riek 1935: Ders., Kulturbilder aus der Altsteinzeit Württembergs. Tübingen: Franz F. Heine 1935.

Shanks 2006: N. Shanks, God, the Devil, and Darwin. A Critique of Intelligent Design Theory. Oxford: Oxford University Press 2006.

Ucko/Rosenfeld 1967: P.-J. Ucko/A. Rosenfeld, Palaeolithic Cave Art. London: Weidenfeld and Nicholson 1967.

Weniger 2003: G.-Ch. Weniger, Projekt Menschwerdung: Streifzüge durch die Entwicklungsgeschichte des Menschen. Heidelberg: Spektrum 2003.

Whitley 1987: J. Whitley, Art History, Archaeology and Idealism: The German Tradition. In: I. Hodder (Hrsg.), Archaeology as Long-Term History. Cambridge: Cambridge University Press 1987, 9–15.

Yates 1990: T. Yates, Jacques Derrida: ›There is Nothing Outside of the Text‹. In: Ch. Tilley (Hrsg.), Reading Material Culture: Structuralism, Hermeneutics and Post-Structuralism. Oxford: Blackwell 1990, 206–280.

Zilhão/d'Errico 1999: J. Zilhão/F. d'Errico, The Chronology and Taphonomy of the Earliest Aurignacian and Its Implications for the Understanding of Neanderthal Extinction. Journal World Prehist. 13, 1999, 1–68.

Zilhão/d'Errico 2003: Dies. (Hrsg.), The Chronology of the Aurignacian and the Transitional Technocomplexes: Dating, Stratigraphies, Cultural Implications. Lisboa: Instituto Português de Arqueologia 2003.

Züchner 1995: Ch. Züchner, Grotte Chauvet (Ardèche, Frankreich) oder Muß die Kunstgeschichte wirklich neu geschrieben werden? Quartär 45/46, 1995, 221–226.

Züchner 2003: Ders., Zu den Anfängen der Höhlenkunst in Westeuropa. In: Burdukiewicz u. a. 2003, 689–696.

Züchner 2007: Ders., Die Grotte Chauvet: Ein Kultplatz des Aurignacien? Die Konsequenzen für die paläolithische Kunst. In: Floss/Rouquerol 2007, 409–420.

Stefanie Samida

Archäologie und Öffentlichkeit:
Zum Stand der Reflexion*

Zusammenfassung: Der Beitrag widmet sich dem in der deutschsprachigen Archäologie bislang nur wenig beachteten Forschungsfeld ›Archäologie und Öffentlichkeit‹. Im ersten Abschnitt steht die Wechselbeziehung zwischen Archäologie und Öffentlichkeit aus forschungsgeschichtlicher Sicht im Vordergrund. Es wird dargelegt, dass es gewisse Grundpfeiler in dieser Beziehung gibt, die seit Jahrzehnten die Diskussion dominieren. Der zweite Teil setzt sich fachübergreifend mit verschiedenen in den Kultur- und Geschichtswissenschaften sowie in der Geschichtsdidaktik diskutierten Konzepten sowie ihrer Bedeutung im archäologischen Kontext auseinander, z. B. Geschichtskultur, ›erfundene Traditionen‹, Erinnerungsorte (*lieux de mémoire*), Inszenierung. Fallbeispiele sollen jeweils verdeutlichen, warum eine Beschäftigung mit diesen Konzepten und dem Thema ›Archäologie und Öffentlichkeit‹ im Rahmen der deutschsprachigen Theoriediskussion notwendig ist. Die Ergebnisse des Beitrages werden am Ende in die Perspektive einer ›Archäologiedidaktik‹ eingerückt. Dieser Gesamtentwurf spricht nachdrücklich für eine Erweiterung des theoretisch-selbstreflexiven Horizonts der Archäologie.

Abstract: This paper deals with ›archaeology and the public‹, a topic which has been widely neglected in German-speaking archaeology. The first part presents a historical perspective of the interrelationship in question. It leads to the identification of certain basic issues which have been dominating the discussion for decades. In the second part of the paper selected concepts from fields such as cultural studies, history and didactics of history (*Geschichtsdidaktik*) will be expounded. These include ›invented traditions‹, ›sites of memory‹ (*lieux de mémoire*) and ›staging‹. It is assumed that they will be of interest in archaeology as well. Subsequent to this, some archaeological examples are presented which are intended to illustrate the necessity to deal with the aforementioned concepts and the topic ›archaeology and the public‹ in German archaeology. In a final reflection the findings of this paper are being integrated into what is called here ›didactics of archaeology‹ (*Archäologiedidaktik*). This overall perspective shows that the widening of archaeology's theoretical and self-reflexive horizon constitutes an important goal.

* Mein Dank gilt den beiden Herausgebern für die Aufnahme meines Beitrages in dieses Buch sowie ihrem kritischen Kommentar zu einer früheren Version des Manuskriptes. Zahlreiche Hinweise und Anmerkungen von Manfred K. H. Eggert haben diesen Beitrag les- und verstehbarer gemacht, wofür ihm herzlich gedankt sei. Große Teile des Beitrages entstanden während meines Fellowships am Berliner Exzellenzcluster *TOPOI – The Formation and Transformation of Space and Knowledge in Ancient Civilizations*.

Vergangenheit und Gegenwart: Einführung

Die Auseinandersetzung mit der Vergangenheit, sei sie nah oder fern, spielt derzeit in allen gesellschaftlichen Bereichen eine außerordentlich wichtige Rolle. Dies zeigt sich nicht nur in der wissenschaftlichen Debatte, die in den letzten zehn bis fünfzehn Jahren insbesondere durch die kulturwissenschaftliche Gedächtnisforschung geprägt ist,[1] sondern auch im außerwissenschaftlichen, also öffentlichen Diskurs. Für die jüngere deutsche Geschichte lassen sich vor allem die Jahres- und Gedenktage nennen, die zu einer Beschäftigung mit der Vergangenheit anregen bzw. zu Akten kollektiver Erinnerung führen. Hier sei nur an die Gedenkfeiern im Jahr 2005 zum sechzigsten Jahrestag der Befreiung von Auschwitz durch die Rote Armee, zur Bombardierung von Dresden durch die Alliierten oder zum Ende des Zweiten Weltkriegs erinnert. Gerade die Beschäftigung mit dem Zweiten Weltkrieg und dem Holocaust ist derzeit besonders aktuell.[2] Die Gründe hierfür sind naheliegend: Es gibt immer weniger Überlebende und Zeitzeugen und in absehbarer Zeit werden auch sie nicht mehr zur Verfügung stehen.

Doch nicht nur die jüngere Vergangenheit erfreut sich großer Beliebtheit. Auch die ferne Vergangenheit, wie sie u. a. von den archäologischen Fächern erforscht wird, ist in der öffentlichen Wahrnehmung sehr präsent. Dies lässt sich am besten an der regen medialen Berichterstattung ablesen, die glaubt, in der Archäologie ein vermeintlich ideales Sujet gefunden zu haben, mit dem sie dem Publikum »den Geschmack von Exotischem und Mystisch-Geheimnisvollem, von Phantasie und Faszination, von Abenteuer und Ferne« (Jensen 2002, 13) näherzubringen vermag. Es vergeht mittlerweile kaum ein Tag, an dem uns nicht über eine archäologische Entdeckung berichtet, eine museale Leistungsschau angepriesen oder eine Fernsehdokumentation über spektakuläre Ausgrabungen deutscher Archäologen in aller Welt dargeboten wird. Doch auch im Kleinen, im Alltag, ist die Archäologie allgegenwärtig, etwa wenn in der Lokalzeitung von Ausgrabungen in einem römischen Gutshof berichtet wird, wenn das Nachrichtenmagazin *Der Spiegel* mit der Überschrift »Krieg der ersten Menschen« (12/2000) titelt, wenn wir einen Bierdeckel unter das Glas geschoben bekommen, auf dem ein archäologischer Radwanderweg beworben wird, wenn wir als Touristen am Limes entlang wandern oder in fernen Ländern archäologische Denkmäler besuchen. Viele unserer Zeitgenossen versuchen darüber hinaus in die Vergangenheit – jedenfalls zeitweise

---

1   Hierzu die grundlegenden Arbeiten von Aleida und Jan Assmann, z. B. A. Assmann 1999; J. Assmann 1988; 2000. Einen guten Überblick zum kulturwissenschaftlichen Forschungsfeld ›Gedächtnis‹/›Erinnerung‹ bietet Erll 2005.

2   Neben dem Sachbuch- und Fernsehmarkt liefert auch die Filmindustrie ein beredtes Zeugnis bezüglich der ›Aufarbeitung‹ deutscher Geschichte und Erinnerung; zum derzeitigen Geschichtsmarkt in Deutschland, speziell der neuesten Geschichte, siehe beispielsweise Langewiesche 2008; Fischer/Wirtz 2008.

– ›einzutauchen‹, ja sie zu inkorporieren und damit vergangene Welten ›leibhaftig‹ zu erfahren. Living History[3] wird diese immer beliebtere Art der Geschichtsinszenierung und Geschichtsaneignung genannt. Archäologie, das zeigen diese wenigen Beispiele, fristet heutzutage also kein ›Nischendasein‹ mehr, sondern ist getrost als »Massenphänomen« (Holtorf 2005a, 240) zu bezeichnen.[4] Das ist die eine Seite der Medaille.

Die andere Seite – die der Archäologie – ist dagegen kaum an den Interessen oder ›Bedürfnissen‹ der Öffentlichkeit interessiert. Ein Grund für diese Vernachlässigung dürfte zum einen in der Tatsache zu suchen sein, dass die Thematik von vielen Archäologen[5] in der Regel nicht für relevant erachtet wird, da sie diese nicht als genuinen Forschungsgegenstand des Faches erachten. Was Reinhart Koselleck (1971, 3) vor über vierzig Jahren für die Historie diagnostizierte, trifft immer noch für die Archäologie zu: Sie ist »in vieler Hinsicht echolos zu einer Wissenschaft für die eigenen Spezialisten geworden«.[6] Dabei gehört das Thema ›Archäologie und Öffentlichkeit‹ zum essentiellen Bestandteil des professionellen Ethos (Eggert 2012, 415 f.), und die Beschäftigung damit ist eine ebenso wichtige Aufgabe wie die Ausgrabungs- und Auswertungsarbeit (Eggert/Samida 2013, Internetkapitel Z 12 f.). Daneben spielt das individuelle Forschungsinteresse eine gehörige Rolle. Schließlich bedarf es eines gewissen Mutes zur Grenzüberschreitung, handelt es sich doch um ein klassisch interdisziplinäres Forschungsfeld. Wie dem auch sei – von einem etablierten Forschungsgegenstand ›Archäologie und Öffentlichkeit‹ sind wir in der deutschsprachigen Archäologie noch ein ganzes Stück entfernt, und bislang haben sich nur wenige Archäologen mit der Thematik und ihren verschiedenen Ausprägungen ausführlicher beschäftigt.[7] Grundsätzlich darf man also festhalten, dass das Interesse der Öffentlichkeit an Archäologie größer ist als dasjenige der Archäologie an der Öffentlichkeit, wie Martin Schmidt (1994, 23) vor bald zwanzig Jahren feststellte. Der Grund dafür dürfte in konträren Einstellungen und Erwartungen liegen – das Selbstverständnis der Archäologen und die Rezeption der Archäologie in der Öffentlichkeit sind eben nicht deckungsgleich, da sich das öffentliche Interesse vorwiegend aus der Lust am Fremden, der Sensation und dem Abenteuer speist (Burmeister 2005a, 158). Eine intensive und systematische Re-

---

3 Auf dieses Phänomen wird später noch einzugehen sein.

4 Siehe auch schon Maier (1981), der von einer »Archäomanie« sprach oder Wildung (1981), der eine »Ägyptomanie« zu erkennen glaubte.

5 Selbstverständlich schließt die männliche stets die weibliche Form mit ein.

6 Ähnlich der Klassische Archäologe Hölscher (1995, 203), der von einer »selbstgenügsamen ›Forschung für Forscher‹« spricht.

7 Beispielsweise Holtorf (z. B. 2004; 2005a; 2005b; 2007; 2008a), Sénécheau (z. B. 2007; 2008; 2010a; 2010b) oder auch meine eigenen Beiträge (z. B. Samida 2006; 2010a; 2010b; 2010c; 2010d; 2011a; 2012a).

flexion des komplexen Wechselverhältnisses von Archäologie und Öffentlichkeit ist daher überfällig.[8]

In der Geschichtswissenschaft etwa ist die Frage nach der Beziehung von Fachwissenschaft und Öffentlichkeit seit jeher ein wichtiger Forschungsschwerpunkt.[9] Dieser Aufgabe kommt in erster Linie die seit langem institutionalisierte Geschichtsdidaktik nach. Ihr geht es neben der Vermittlung auch um die Verarbeitung von Geschichte in der Gesellschaft (Walz 2001, 700; 695). Dieses offene Verständnis von geschichtsdidaktischer Forschung verdeutlicht, dass die Geschichtsdidaktik schon lange nicht mehr nur als reine Unterrichtsfachdidaktik zu begreifen ist, sondern ihren Bezugsrahmen auf die Gesamtgesellschaft ausgedehnt hat und danach fragt, »wie sie oder einzelne ihrer Gruppen mit Vergangenheit umgehen« (Schönemann 2008, 11). Eine ähnlich geartete ›Archäologiedidaktik‹, die sich der Vermittlung und Wirkungsweise ihrer Wissenschaft und der von ihr erforschten Vergangenheit in der Gesellschaft zur Aufgabe macht und eine fachübergreifende archäologisch-didaktische Methodik entwickelt, fehlt bisher. Ihre Etablierung im Rahmen aller archäologischen Einzelfächer halte ich aber für ein lohnendes Forschungsprogramm, dem man sich zukünftig eingehender und vor allem in interdisziplinärer Manier widmen sollte.[10]

Es soll im Folgenden darum gehen, verschiedene in den Kultur- und Geschichtswissenschaften sowie in der Geschichtsdidaktik diskutierte Konzepte vorzustellen und ihr Potential für die archäologische Forschung auszuloten. Dazu gehören nicht nur die von der Geschichtsdidaktik geprägten und seit langem bekannten Kategorien wie ›Geschichtsbewusstsein‹ und ›Geschichtskultur‹, sondern auch Konzepte wie der auf Eric Hobsbawm und Terence Ranger (1983/2010) zurückgehende Begriff der ›erfundenen Tradition‹ sowie die Auseinandersetzung mit dem Konzept der ›intentionalen Geschichte‹ (Gehrke 1994). Der seit etwa zwei Jahrzehnten präsente kulturwissenschaftliche Erinnerungsdiskurs ist in diesem Zusammenhang ebenso zu berücksichtigen. Nicht zuletzt spielt die Frage nach der Popularisierung und Medialisierung von Wissenschaft eine wichtige Rolle – ein Forschungsfeld, das gerade in den letzten zehn Jahren einen starken Einfluss vornehmlich auf die wissenschafts- und technikgeschichtliche Forschung hatte. Auch die seit einigen Jahren in der kulturwissenschaftlichen Diskussion zu einem der Leitbegriffe avancierte ›Inszenierung‹ nimmt in dem uns interessierenden Zusammenhang eine zunehmend wichtigere Rolle ein. Diese in methodisch-theoretischer Hinsicht zentralen und viel diskutierten Begriffe und Konzepte der gegenwärtigen

---

8　Der Historiker Vierhaus (1977, 41) stellte völlig zu Recht fest, dass in einer etablierten Wissenschaft »Naivität im Hinblick auf ihre Wirkung in der Gesellschaft« nicht gestattet sei.

9　Siehe etwa Nipperdey 1972, 588; Jeismann 1977, 17 f.; 2000b, 80; Vierhaus 1977, 40.

10　Für einige Aspekte, wie eine solche Archäologiedidaktik beschaffen sein könnte, siehe Samida 2006; 2010d; 2011a; sie werden am Ende dieses Beitrages skizziert.

kulturwissenschaftlichen und geschichtswissenschaftlichen Theoriediskussion wurden von der archäologischen Forschung – wenn überhaupt – nur sporadisch aufgegriffen.

Mein in drei Teile gegliederter Beitrag widmet sich also dem bislang kaum beachteten Forschungsfeld ›Archäologie und Öffentlichkeit‹. Der erste Abschnitt beschäftigt sich mit der Wechselbeziehung zwischen Archäologie und Öffentlichkeit aus forschungsgeschichtlicher Perspektive.[11] Dabei soll deutlich werden, dass es gewisse Grundpfeiler in dieser Beziehung gibt, die seit Jahrzehnten die Diskussion dominieren. Der zweite Teil nimmt sich in fachübergreifender Manier kultur- und geschichtswissenschaftlicher Termini und Konzepten sowie ihrer Bedeutung im archäologischen Kontext an. Konkrete Fallbeispiele sollen jeweils verdeutlichen, warum eine Beschäftigung mit dem Thema im Rahmen der deutschsprachigen Theoriediskussion in der Archäologie notwendig ist. In einer abschließenden Betrachtung werden dann Perspektiven benannt und entwickelt. Damit soll gezeigt werden, dass es sich lohnt, den theoretisch-selbstreflexiven Horizont der Archäologie zu erweitern.

Wenn im Folgenden die verschiedenen archäologischen Fächer nicht differenziert werden, sondern immer nur von ›Archäologie‹ die Rede sein wird, so geschieht das aus pragmatischen Gründen. Es wäre sicherlich wünschenswert, die jeweiligen fachspezifischen Tendenzen zu differenzieren – ein solches Unterfangen kann aber nicht innerhalb eines Beitrages und von einem einzelnen Fachvertreter geleistet werden. Ich spreche also verallgemeinernd von ›Archäologie‹, auch wenn das hier Erörterte und die daraus gewonnenen Erkenntnisse einer dezidiert die Ur- und Frühgeschichtliche Archäologie betreffenden Sicht der Thematik entspringen. Wo immer möglich, habe ich versucht, die in anderen archäologischen Fächern zu unserem Gegenstand vorgelegten Arbeiten zu berücksichtigen.

Archäologie und Öffentlichkeit:
Eine widersprüchliche Wechselbeziehung

Die Allgegenwärtigkeit der Archäologie ist – wie bereits angedeutet – offenkundig. 1981 fragte sich der Althistoriker Franz Georg Maier (1981, 31), warum gerade die Archäologie wie kaum eine andere Wissenschaft den modernen Menschen so fasziniere. Als Antwort darauf führte er mehrere Erklärungen an. Die Gründe lägen in der romantischen Vorstellung von Archäologie als Schatzsuche und Abenteuer, in der Faszination des Alten und im Greif- und Sichtbaren der geborgenen Funde sowie in nostalgischen Motiven wie etwa der Suche nach Geborgenheit (ebd. 41 f.).

---

11 Flashar (2001) spricht von »Spannungsverhältnis«; Kowarik, Pany und Zingerle (2007, 60) sehen gar ein »Abhängigkeitsverhältnis«.

Mit dieser Einschätzung stand Maier nicht allein. Schon vor ihm hatten etwa Horst Kirchner (1964) und Hans von Steuben (1977) in ähnlicher Weise auf einige mit der Archäologie assoziierte Stereotype hingewiesen. Und noch heute gelten das Lösen von Rätseln und Geheimnissen, die Faszination des Alters der Sachüberreste und die mit den Funden scheinbar verbundene greifbare Vergangenheit für viele Archäologen als hinreichende Begründungen für das große öffentliche Interesse an Archäologie (z. B. Härke 1993, 4 f.; Jensen 2002, 13; Holtorf 2005a; 2008a).

Es bleibt also festzuhalten, dass sich in den letzten Jahrzehnten an den Antworten der Archäologen auf die Maier'sche Frage nicht viel geändert hat. Doch wo liegen die Ursprünge für diese Klischees? Begeben wir uns dazu auf eine kurze ›Reise‹ zu den Anfängen der archäologischen Wissenschaften. Für das 18. und 19. Jahrhundert trifft es sicherlich zu, die Ursache der Archäologiebegeisterung im ›emotionalen Wert‹ der archäologischen Altertümer und damit der romantischen Antikenbegeisterung zu suchen (siehe z. B. Zintzen 1998). Gerade in dieser Zeit lässt sich – besonders bei der bürgerlichen Elite – eine Hinwendung zur Archäologie erkennen. Erinnert sei an die zahlreichen Gelehrten und Reisenden, die auf ihrer *Grand Tour* berühmte antike Stätten in Italien, Griechenland und Kleinasien besuchten. Auch auf die vielen Gründungen von Altertumsvereinen zu Beginn des 19. Jahrhunderts ist hier hinzuweisen, in denen sich das Bildungsbürgertum mit den sogenannten ›vaterländischen Altertümern‹ auseinandersetzte.

Gegen Mitte des 19. Jahrhunderts wurde die Archäologie dann großen Bevölkerungskreisen bekannt. Hierzu trugen ganz wesentlich spektakuläre Entdeckungen bei – so etwa die von Ferdinand Keller (1800–1881) in den fünfziger Jahren des Jahrhunderts an den schweizerischen Seeufern aufgefundenen Pfahlbauten, die zu einem regelrechten ›Pfahlbaufieber‹ führten.[12] Ein großes internationales Publikums- und Medieninteresse lösten darüber hinaus die vom Deutschen Reich finanzierten Grabungen während der siebziger und achtziger Jahre des 19. Jahrhunderts in Griechenland und Kleinasien etwa in Olympia und Pergamon aus (z. B. Sösemann 2002; Samida 2011c). Daneben sind ausdrücklich auch die in dieser Zeit unter Heinrich Schliemann (1822–1890) beginnenden Forschungen in Troia (Türkei), Mykene und Tiryns (beide Griechenland) herauszustellen. Mit seiner Inszenierung der Grabungsergebnisse in der Presse popularisierte der »dilettierende Privatier« (Zintzen 1998, 200) wie kein anderer vor ihm die Archäologie als eine ›Ausgrabungswissenschaft‹ (z. B. Samida 2009; 2012b). Spätestens jetzt entstanden die Topoi des ›grabenden‹ bzw. ›schatzsuchenden Wissenschaftlers‹, ›Abenteurers‹ und ›Helden‹, der eine rätselhafte Vergangenheit in entbehrungsreicher Arbeit zu entschlüsseln vermag. Sie gehen unzweifelhaft auf Schliemann und

---

12 Das Thema war äußerst populär und wurde für die damalige Zeit medial stark inszeniert. Es fand Eingang in verschiedene Medien, z. B. in literarische Werke wie Friedrich T. Vischers Roman »Auch Einer« (1879) oder in die Weltausstellungen; dazu etwa Müller-Scheeßel 2001.

dessen »Forschung mit Spitzhacke und Spaten« (Schliemann 1881, 747) zurück und waren schon zu seinen Lebzeiten eng mit seinem Namen verbunden (dazu Samida 2010c). Die Ausgrabung war für die damaligen Zeitgenossen der »Inbegriff der Archäologie«, die von Gefahren und Geheimnissen umwittertet war und deren Erfolg besonders auf Ausdauer und Mut des Archäologen gründete (Maier 1992, 17).

Die Ursprünge dieser Topoi und Stereotype liegen also in den Anfängen der Archäologie selbst und sind damit fachimmanent (Kaeser 2010; Samida 2010c). Sie haben sich tief im Bewusstsein der Gesellschaft festgesetzt, wie auch die im Jahr 2000 von Studierenden der Klassischen Archäologie der Universität Bonn durchgeführte und bislang einzige empirische Untersuchung im deutschsprachigen Raum bestätigt (Bohne/Heinrich 2000).[13] Insgesamt wurden in dieser Studie über 1400 Personen zu drei Themenblöcken – soziodemographische Fragen, Vorstellungen von Archäologie sowie verwendete Informationsmedien – befragt. Die Untersuchung macht deutlich, dass einerseits die in der Wissenschaft gängige Differenzierung in verschiedene archäologische Fächer für Außenstehende meist undeutlich bleibt bzw. nicht in ihrer Vielfalt wahrgenommen wird. Als Tätigkeitsfeld des Archäologen gilt nämlich in der Regel die Beschäftigung mit den Griechen und Römern sowie dem Alten Ägypten: 79,6% der Befragten gaben an, ein Archäologe beschäftige sich mit ›Griechen und Römern‹ bzw. dem ›Alten Ägypten/Alten Orient‹ (78 %). Mit großem Abstand folgen dann auf dem dritten Platz das ›Mittelalter‹ (51,4 %) und an vierter Stelle ›Urmenschen‹ (47,2 %). Die ›Dinosaurier‹ betrachten immerhin noch 32,1 % als Aufgabengebiet des Archäologen – übrigens vor der Auseinandersetzung mit der ›Neuzeit‹ (20,6 %) (ebd. 23).[14] Andererseits verdeutlicht die Studie, dass ›Archäologie‹ immer noch mit ›Ausgrabung‹ gleichgesetzt und der ›Archäologe‹ ausschließlich auf die Funktion des ›grabenden Wissenschaftlers‹ beschränkt wird. Mehr als 90 % der Befragten der Bonner Untersuchung gaben an, ein Archäologe sei jemand, der in erster Linie in der Erde gräbt, um Reste der Vergangenheit zu finden (ebd.).[15]

Angesichts dieser Tatsache liegt es nahe zu fragen, ob es nicht zu den Aufgaben eines Archäologen gehört, sich mit den vorherrschenden Klischees und damit auch

---

13 Zu Untersuchungen in anderen Ländern siehe Holtorf (2007, 51 ff.) mit weiteren Literaturhinweisen. – Besonders die populäre Sachbuchliteratur hat zur Tradierung dieser Vorstellung beigetragen. Es sei lediglich auf den 1949 erstmals erschienenen und bis heute beliebten Bestseller »Götter, Gräber und Gelehrte« von C. W. Ceram verwiesen, dazu z. B. Schörken 1995, 71 ff.; Oels 2005.

14 Offenbar ist weiten Teilen der Bevölkerung der Unterschied zwischen Paläontologie und Archäologie nicht klar.

15 Es sei in diesem Zusammenhang erwähnt, dass immer noch durchschnittlich 20 % der Befragten mit der Archäologie die Suche nach verborgenen Schätzen à la ›Indiana-Jones‹ assoziieren (Bohne/Heinrich 2000, 23).

mit der Beziehung von Archäologie und Öffentlichkeit zu beschäftigen. Dazu gibt
es, grob gesagt, zwei Ansichten. Zum einen ist da die schweigende Mehrheit der
Archäologen. Damit sind besonders die Fachvertreter gemeint, die bislang keinerlei Interesse an der Thematik gezeigt haben. Ihre Antwort lautet also ›Nein‹. Zum
anderen gibt es diejenigen, die sich schon mit Fragen zum Verhältnis von Archäologie und Öffentlichkeit auseinandergesetzt haben. Sie fordern durchweg die Erweiterung des Gegenstandsfeldes hin zur Beschäftigung mit der gesellschaftlichen
Rolle der Archäologie.[16] Der Klassische Archäologe Lambert Schneider (2000,
102) hat dies so ausgedrückt: »Wer schreibt Archäologen vor, daß allein eine ferne
Vergangenheit Gegenstand ihrer fachlichen Betrachtung sein dürfte? Genuiner
Gegenstand der Klassischen Archäologie könnte ebenso die ›Antike‹ *und* jeglicher
moderner Umgang mit diesem Phänomen oder Konstrukt sein«. Man dürfe, so sagt
er weiter, das Feld nicht Pädagogen und Mediensoziologen überlassen (ebd. 103).
Schneider ist grundsätzlich zuzustimmen. Wissenschaft funktioniert nur dann,
wenn neue Forschungsfelder erschlossen, bisher nicht gestellte Forschungsfragen
angegangen werden und in selbstreflexiver Manier über den Zustand des eigenen
Faches nachgedacht und diskutiert wird. Allerdings zeigt sich hier auch gleich ein
Dilemma: Die verschiedenen Archäologien gehören nicht gerade zu den Fächern,
die man als innovativ und aufgeschlossen gegenüber neuen und anderen Zugän-
gen, Theorien, Methoden und Forschungsfeldern bezeichnen würde. Ganz im Gegenteil: Sie weisen in vielerlei Hinsicht starre disziplinäre Strukturen auf und sind
damit »weitgehend ›isolationistisch‹ ausgerichtet« (Eggert 2006, 252). Forschung
wird zumeist im ›08/15‹-Stil betrieben, auf neue Konzepte aus anderen Fächern
wird nur sehr langsam reagiert und Fragen nach dem Selbstverständnis werden
erst gar nicht gestellt.[17] Die gegenwärtige kulturwissenschaftliche Debatte zeigt
dies recht anschaulich. Stellungnahmen von deutschen Archäologen wird man nur
selten finden, und auch die Rezeption dieser Debatte findet kaum statt.[18] Erst kürzlich wurde daher gefordert, sich vermehrt kulturgeschichtlichen Fragen zu widmen
und den kulturwissenschaftlichen Debatten endlich die nötige Aufmerksamkeit zu
schenken (Eggert/Samida 2013, 312 f.). Darf man also generell immer noch von
einer gewissen theoretischen Rückständigkeit der archäologischen Fächer spre-

16 Unter anderem Wildung 1981, 81; Schmaedecke 1989, 6; Holtorf 1993, 64; Schmidt
    1994, 23; Rieche 1996, 157 f.; Eggert 1998/2011, 272; 2006, 263; 2012, 415 f.; Siegmund
    2001, 118; Samida 2006, 225 f.; Eggert/Samida 2013, 311 f.

17 Ausführlich zu den archäologischen Fächern und ihrer konzeptionellen sowie theoretisch-
    methodischen Ausrichtung siehe Eggert 2006; er hat die Ur- und Frühgeschichtliche Ar-
    chäologie immer wieder als »antiquarische Wissenschaft« (ebd. 58) und »antiquarische
    Disziplin« (Eggert 1994/2011, 247) kritisiert.

18 Immerhin scheint sich in dieser Hinsicht etwas zu ändern, wie interdisziplinäre Sammel-
    bände der letzten Jahre zu Fragen von ›Identität‹ (Burmeister/Müller-Scheeßel 2005),
    ›Raum‹ (Trebsche/Müller-Scheeßel/Reinhold 2010) und ›Bild‹ (Juwig/Cost 2010) zei-
    gen.

chen, so gilt dies selbstverständlich auch für die Frage nach der Beziehung von Archäologie und Öffentlichkeit.

Die Auseinandersetzung von archäologischer Seite mit dem Thema ›Archäologie und Öffentlichkeit‹ scheint dringend geboten. Sie zollt nicht nur dem wachsenden gesellschaftlichen Interesse Rechnung, sondern vermag zugleich in selbstreflexiver Weise einen wichtigen Beitrag zum Selbstverständnis der Archäologie zu leisten – schließlich haben neue Fragen die Wissenschaft stets beflügelt (Siegmund 2001, 118).

Erscheint also die Antwort auf die Frage nach der Beschäftigung mit der Thematik ›Archäologie und Öffentlichkeit‹ recht einfach und klar, ist eine weitere Frage schwieriger zu beantworten: Wie sollen wir mit den vorherrschenden Klischees und Stereotypen umgehen? Auch hierzu zeichnen sich derzeit zwei Wege ab: Während eine große Gruppe dafür plädiert, der Trivialisierung eine inhaltlich-seriöse Darstellung entgegenzusetzen und mit den Klischees aufzuräumen, gibt es Vertreter – unter ihnen ist besonders Cornelius Holtorf[19] hervorzuheben –, die dafür werben, »verstärkt mit populären Trends, anstatt immer nur gegen sie« zu arbeiten (Holtorf 2005a, 242). Immer mehr rücke heute aufgrund veränderter kultureller und sozialer Verhältnisse die Suche nach dem Glück und nach dem Erlebnis zur Daseinsbewältigung in den Vordergrund (Köck 1990; Schulze 2005). Auch die Archäologie, so Holtorf (2005a, 237), vermöge Träume und Glücksgefühle anzubieten: Abenteuer, Fürsorge und Selbstvergewisserung (ebd. 237 ff.). In diesen Schlüsselbereichen sei die Archäologie zwar nicht das »einzige Produkt auf dem Markt«, aber sie entspreche den »Trends der Erlebnis- oder Traumgesellschaft« besonders gut und sei daher »anderen Produkten überlegen« (ebd. 240). Nicht nur inhaltlich, sondern auch sprachlich gibt sich Holtorf also ganz ökonomisch und

---

19 Cornelius Holtorf beschäftigt sich seit bald zwanzig Jahren mit Fragen der Rezeption und Wirkung von Archäologie in der Öffentlichkeit bzw. mit der Rolle der Archäologie in der Populärkultur. Seine Arbeiten zeichnen sich besonders durch argumentative Radikalität aus. Das zeigt sich beispielsweise an seiner provokanten These, Archäologie solle sich nicht mehr länger mit der Vergangenheit, sondern vielmehr mit den Beziehungen im Hier und Jetzt beschäftigen. So propagierte er etwa:, »Archaeology is mainly about our own culture in the present« (Holtorf 2005b, 15; 159) oder »this book is to suggest a new understanding of professional archaeology itself, shifting the emphasis from archaeology as a way of learning about the past to archaeology as a set of relations [...] in the present« (ebd.12 ff.) – ein Diktum, das nur wenigen Archäologen gefallen dürfte und selbstverständlich Widerspruch hervorruft, z. B. Burmeister (2005b). Äußerst kritisch auf Holtorfs letzte Bücher (2005b; 2007) reagierte Kristiansen (2008, 488): »It [Holtorf's theoretical and political programme] represents a dangerous attempt to deconstruct archaeology as a historical discipline in order to allow modern market forces to take over the archaeological heritage and the consumption of the past as popular culture«. Zu Kristiansens Kritik siehe auch die Stellungnahme von Holtorf 2008b.

marktkonform,[20] wenn er Archäologie als Produkt oder Ware unserer gegenwärtigen Erlebnisgesellschaft betrachtet (z. B. auch Holtorf 2007; 2008a) – eines seiner Bücher heißt dann auch konsequenterweise »Archaeology Is a Brand!«.

Holtorfs Vorschlag, verstärkt mit vorherrschenden Stereotypen zu arbeiten, da sie Trends unserer Erlebnisgesellschaft besonders gut entsprächen, vermag nicht zu überzeugen. Auch wenn er betont, er wolle keineswegs unkritischem Populismus das Wort reden (Holtorf 2005a, 242), führt seine Forderung letztlich aber genau dorthin. Welchen Vorteil hätte es, wenn Archäologen Abenteuer-, Fürsorge- oder Selbstvergewisserungsgeschichten erzählten? Könnten wir dadurch das ohnehin große Interesse der Öffentlichkeit an Archäologie noch steigern? Besteht nicht eher die Gefahr, dass eine so forcierte, schablonenhafte Geschichtsdarstellung früher oder später in Langeweile und Desinteresse umschlägt? Welchen Wert hätten Holtorfs Überlegungen, wenn wir statt des Konzepts der ›Erlebnisgesellschaft‹ ein anderes Gesellschaftskonzept zugrunde legten? Ist es nicht effektiver, die vorhandenen Archäologiebilder zu dekonstruieren und der Gesellschaft andere und neue Sichtweisen auf Archäologie und die von ihr erforschte Vergangenheit zu liefern? Ist es, wie Heinrich Härke (1993, 9) fragte, wirklich unsere Aufgabe, der Gesellschaft die Vergangenheit zu liefern, die sie wünscht?

Die angeführten Fragen sind zentral, wenn es um das Wechselverhältnis von Archäologie und Öffentlichkeit geht. Bis heute sind sie aber – jedenfalls von der deutschsprachigen Archäologie – kaum einmal intensiver angegangen worden. Holtorfs unnachgiebig geäußerte Auffassung, die Archäologie als Teil der Erlebnisgesellschaft zu betrachten, ist in gewisser Weise richtig, denn kaum einer wird widersprechen wollen, dass die westliche Welt von kulturellen Erlebnisangeboten durchzogen ist (dazu etwa Hitzler 2011). Seine Forderung, die Archäologie hätte die Aufgabe, der Öffentlichkeit erlebnisorientierte Angebote zu bieten, ist jedoch in ihrer Radikalität nicht nachvollziehbar. Aufgabe von Archäologen ist es weder, Abenteuer-, Fürsorge- oder Selbstvergewisserungsgeschichten für ein breites Publikum zu liefern, noch ist es ihnen aufgetragen, sich mit Erich von Däniken zu messen, wie es Holtorf (2005a, 240) postuliert. Die zentrale Aufgabe der Archäologie liegt stattdessen in der historischen ›Grundlagenforschung‹. Damit leistet sie einen wesentlichen Beitrag zur Kulturgeschichte des Menschen und dient zugleich der historisch-archäologischen Bildung – einer Bildung, die durchaus unterhaltend sein kann, aber dabei nicht einer Verflachung gleichkommen sollte, indem sie populäre Trends bedient, mit ihnen arbeitet und damit weit verbreitete Stereotype

---

20 Diesen Vorwurf, den auch schon Kristiansen (2008, 489) geäußert hatte, lässt Holtorf (2008b, 491) nicht gelten. Auch wenn er sicherlich nicht, wie von Kristiansen (ebd.) bezeichnet, als ›Marktradikaler‹ einer ultra-liberalen Marktideologie charakterisiert werden kann, die frei von politischer Regulation und akademischer Kritik ist, so muss er sich doch gefallen lassen, dass seine Wortwahl und die damit verbundenen Aussagen deutlich dem ›ökonomischen Zeitgeist‹ entsprechen.

zementiert. Bildung ist vielmehr im Sinne von Aufklärung zu verstehen, und dazu gehört auch die Dekonstruktion von Mythen und Klischees.

Von welcher Seite man sich dem Wechselverhältnis von Archäologie und Öffentlichkeit auch zuwendet, es bleibt zwiespältig. Auf der einen Seite haben wir die in der Öffentlichkeit vorherrschenden, aus der Archäologie des 19. Jahrhunderts stammenden Archäologiebilder wie die Faszination des Findens, des Geheimnisvollen, des Abenteuers und des Greifbaren; sie prägen die Wechselbeziehung seit über 150 Jahren. Auf der anderen Seite ist neben einer in weiten Teilen der Archäologie vorhandenen Leidenschaftslosigkeit gleichwohl ein zunehmendes Interesse an dieser Thematik festzustellen.[21] Allerdings zeigt sich, dass sowohl die in den letzten Jahren diskutierten kulturwissenschaftlichen als auch die geschichtsdidaktischen Konzepte kaum Beachtung finden. Dabei bietet die Beschäftigung mit diesen Konzepten der bislang eher deskriptiven archäologischen Forschung die notwendige theoretische Basis und eröffnet ihr neue und weiterführende Einsichten.

Kulturwissenschaftliche und geschichtsdidaktische Konzepte und Begriffe

Es wurde bereits einleitend erwähnt, dass die Vergangenheit Eingang in viele Bereiche unserer Gesellschaft gefunden hat. Gerade im Alltag begegnen wir ihr quasi täglich und in unterschiedlichen Kontexten. Es gibt zahlreiche Konzepte und Begriffe, die die vielfältigen Beziehungen zu begreifen und zu fassen suchen. Sie sollen nunmehr vorgestellt und knapp charakterisiert werden.

Archäologie in der Geschichtskultur

Kategorien wie ›Geschichtsbewusstsein‹ oder ›Geschichtskultur‹[22] prägen seit langem die Diskussion in der Geschichtsdidaktik. Der Begriff ›Geschichtsbewusstsein‹ zielt – im Gegensatz zu dem der ›Geschichtskultur‹ – auf ein men-

---

21 Es werden in chronologischer Folge einige wenige Sammelbände und Monographien genannt, die das verdeutlichen: Andreae 1981; Arch. Inf. 1994; Kümmel/Müller-Scheeßel/Schülke 1999; Jensen/Wieczorek 2002; Rieche/Schneider 2002; Denzer 2003; Arch. Nachrbl. 2004; Kühberger/Lübke/Terberger 2007; Gehrke/Sénécheau 2010; Jung 2010; DASV 2011; Kircher 2012.

22 Es sei betont, dass die Begriffe ›Geschichtskultur‹ und ›Erinnerungskultur‹ zu unterscheiden sind und trotz ihrer ähnlichen inhaltlichen Bestimmung nicht synonym verwendet werden sollten. Sie entspringen einem völlig unterschiedlichen methodisch-theoretischen Hintergrund; dazu beispielsweise Hasberg 2006.

tales Phänomen,[23] das Vergangenheitsdeutung, Gegenwartsverständnis und Zukunftserwartung miteinander verknüpft.[24] Historisches Bewusstsein wird dabei ganz entscheidend auch durch unbewusste Rezeption gebildet, sei es z. B. durch Kommunikation mit anderen oder durch den jeweiligen Zeitgeist. Geschichtsbewusstsein wirkt also auf die Lebenspraxis und drückt sich in geschichtskulturellen Manifestationen aus.

Unter ›Geschichtskultur‹ versteht man die Gesamtheit der Formen, »in denen Geschichtswissen in einer Gesellschaft präsent ist« (Hardtwig 1990, 8). Jörn Rüsen (1994; 1997) hat drei Bereiche unterschieden: die ästhetische, die politische und die kognitive Dimension. Die ästhetische Dimension der Geschichtskultur besitzt vielfältige Ausprägungen;[25] ich nenne hier nur Museen, Literatur und Kunst sowie die massenmediale Inszenierung. Bezogen auf die Archäologie nimmt neben Beiträgen im Film[26] und in Fernseh- und Hörfunksendungen[27] besonders die Berichterstattung in den Printmedien einen wichtigen Platz ein. Darüber hinaus spielen Comics (z. B. *Asterix*) und Video- und Computerspiele (z. B. *Tomb Raider*) gerade für Kinder und Jugendliche eine große Rolle und können so zur Ausbildung eines wie im Einzelnen auch immer beschaffenen Geschichtsbewusstseins beitragen. Nicht zu vergessen ist, dass archäologische Themen auch beliebte Werbeträger sind und offensichtlich als umsatzfördernd betrachtet werden (dazu z. B. Eggert/ Samida 2013, Internetkapitel Z 20 ff.). Die politische Dimension der Geschichtskultur offenbart sich beispielsweise in nationalen Gedenktagen, historischen Argumentationen in der Politik – etwa Identitätskonstruktionen (siehe unten) – oder im Schulunterricht. Die kognitive Dimension indessen ist in erster Linie durch ›Wissen‹ und ›Erkenntnis‹ geprägt, die in modernen Gesellschaften durch die his-

23 Nach Rüsen (1994, 7) handelt es sich dabei um Bewusstsein, das alle mentalen Dimensionen umgreift, in denen sich Erinnerung vollzieht.

24 Karl-Ernst Jeismann (2000a, 51) hat das so ausgedrückt: »›Geschichte‹ tritt uns entgegen als ein auf Überreste und Tradition gestützter Vorstellungskomplex von Vergangenheit, der durch das gegenwärtige Selbstverständnis und durch Zukunftserwartungen strukturiert und gedeutet wird. Nur in dieser Form haben wir Geschichte in unserer Vorstellung; sie ist eben nicht die reale Vergangenheit selbst oder ihr Abbild, sondern ein Bewußtseinskonstrukt, das von einfachen Slogans bis zu elaborierten, mit wissenschaftlichen Methoden gestützten Rekonstruktionen reicht«.

25 Eine Unterscheidung in ›populärkulturelle‹ und ›hochkulturelle‹ Geschichtsrepräsentationen scheint mir nicht sinnvoll, auch wenn man immer wieder auf solche Abgrenzungen stößt bzw. auf eine solche Trennung hingewiesen wird. Die Grenzen sind wie immer fließend. Nützlicher könnte dagegen eher eine Unterscheidung sein, die etwa zwischen kommerziellen, massenmedialen oder staatlichen Geschichtsprodukten trennt.

26 Angeführt seien hier etwa die *Indiana Jones*-Filme oder einzelne Folgen der Reihe *Star Trek – The Next Generation* (dazu z. B. Brandt/Schindel/Wellhöner 2003).

27 Während für das Fernsehen hier beispielsweise die ZDF-Reihen *Schliemanns Erben*, *Expedition* oder *Terra X* zu nennen sind, werden im Hörfunkbereich vor allem tagesaktuelle Meldungen zur Archäologie aufbereitet.

torischen Wissenschaften verkörpert werden (Rüsen 1994, 16). Geschichtskultur manifestiert sich demnach in Texten, Artefakten oder Handlungen – konkret z. B. in der Geschichtsschreibung, in den Massenmedien, in Denkmälern oder Gedenkfeiern.[28] Offensichtlich ist dabei, dass diese drei Dimensionen in einem inneren Zusammenhang stehen (Rüsen 1997, 40).

Zur Veranschaulichung möchte ich die archäologische Fernsehdokumentation als ein Beispiel aus dem großen Spektrum allgegenwärtiger geschichtskultureller Manifestationen herausgreifen. Besonders hervorzuheben sind in unserem Zusammenhang die im ZDF ausgestrahlten ›Dauerbrenner‹ *Terra X, Sphinx, Schliemanns Erben* oder *Expedition.* Die seit 1996 produzierte Dokumentationsreihe *Schliemanns Erben* behandelt pro Folge jeweils ein archäologisches Thema und wird in unregelmäßigen Abständen und mit immer neuen Themen auf dem prominenten Sendeplatz sonntags um 19.30 Uhr ausgestrahlt. Sie ist beim Publikum außerordentlich beliebt: Glaubt man dem Sender, hat sie regelmäßig bis zu fünf Millionen Zuschauer (dazu Hillrichs 2004). Im Zentrum der 45 Minuten langen Dokumentationen stehen zumeist aktuelle Forschungsprojekte vornehmlich deutscher Archäologen. Bei der Themenwahl gibt es weder eine zeitliche noch eine geographische Einschränkung. Die Sendungen handeln etwa über das Ägypten der Pharaonenzeit, über Skythenkurgane in Sibirien, über den Bau von Pyramiden in Mittelamerika oder über römische Schlachtfelder in Deutschland. Damit decken sie einen beträchtlichen Teil des archäologischen Spektrums ab. Zugleich rücken sie die archäologische Feldarbeit in den Vordergrund und damit die Suche nach Funden in scheinbar detektivischer Kleinstarbeit, an deren Ende die ›glückliche‹ Entdeckung steht (ausführlich dazu Samida 2010b).

Im Mai 2012 strahlte das ZDF in seiner *Terra X*-Reihe eine Doppelfolge mit dem Titel »Deutschlands Supergrabungen« aus.[29] Insgesamt wurden zwanzig Ausgrabungen aus unterschiedlichen Epochen – vom Paläolithikum bis in die Neuzeit – vorgestellt. Es war dem Berliner Landesarchäologen und Direktor des Museums für Vor- und Frühgeschichte Matthias Wemhoff vorbehalten, durch die beiden Sendungen zu führen und die ausgewählten Ausgrabungen zu besuchen, vorzustellen und zu kommentieren. Auch wenn in den beiden Folgen weitgehend auf das Motiv des Schätze suchenden Archäologen verzichtet wurde, so stand doch neben der klischeebehafteten Darstellung des Archäologen als Feldarchäologen auch das Stereotyp vom Abenteurer im Vordergrund, der Wind und Wetter trotzt, um seiner ›Berufung‹ nachzugehen. Frank Siegmund (2012) hat in einem Kommentar zu den beiden Folgen diese Art der Darstellung gelobt. Archäologenarbeit werde »ungeschminkt, authentisch und sympathisch« präsentiert und so dargeboten, wie sie ist, nämlich als »harte, anstrengende Arbeit und Abenteuer zugleich«. Dass Siegmund

---

28 Zur heutigen Dimensionen der Geschichtskultur siehe z. B. die Beiträge in Füßmann/
Grütter/Rüsen 1994; Korte/Paletschek 2009.

29 Sendetermine waren der 13. und 20. Mai 2012, jeweils sonntags um 19.30 Uhr.

dieser unkritischen und stereotypen Präsentation von Archäologie etwas Positives abgewinnen kann, überrascht. Denn der Ereignis- und Erlebnischarakter der Doppelfolge ist nicht zu übersehen: Es geht in erster Linie um Entdeckungen, aufregende Momente und mitreißende ›Abenteuer‹. Auffallend ist ferner der allgemeine Trend zur Personalisierung – hier der uns durch die beiden Sendungen begleitende Archäologe Matthias Wemhoff –, Dramatisierung und Emotionalisierung.[30] Hinzu kommt die ›Banalisierung‹, etwa wenn am Beginn der Szene zur Moorleiche vom Uchter Moor (von den Medien ›Moora‹ getauft) im Hintergrund, aber unverkennbar, die Musik von Michael Jacksons Hit »Thriller« spielt oder der Sprecher einen Hortfund als »glänzenden Lohn für Monate geduldiger Buddelei« beschreibt. Wie bei nahezu allen Geschichts- und Archäologiedokumentationen hat man auch bei »Deutschlands Supergrabungen« auf »Brüche, Diskontinuitäten, Widersprüche, offene Fragen, Unklarheiten, vor allem auch Kontexte und längerfristige Entwicklungen« verzichtet (Wirtz 2008, 31).[31] Gewiss, das Medium ›Fernsehen‹ mit seinen Erzählstrategien unterliegt eigenen und damit anderen Regeln als von der Wissenschaft zumeist eingefordert. Man fragt sich aber, warum Widersprüche, offene Fragen und Unklarheiten nicht angesprochen werden und die Archäologie auf das ohnehin verbreitete Klischee von Abenteuer und Schatzgräberei zurechtgestutzt wird. Umso erstaunlicher ist es, dass ein Fachvertreter einer solchen Sendung applaudiert.

Die Sendungen befriedigen zwar die Bedürfnisse der Öffentlichkeit, die sich durch die mediale Berichterstattung in ihrer im 19. Jahrhundert wurzelnden Vorstellung von Archäologie bestätigt sieht (siehe oben). Der Zuschauer wird aber zugleich in die Rolle des unmündigen und unkritischen Beobachters gedrängt, der das Gesehene unhinterfragt konsumieren soll. Behilflich sind ihm dabei die archäologischen Fachvertreter selbst, weil sie die Klischees in den TV-Dokumentationen pflichtbewusst bedienen, statt sie zu dekonstruieren. Das Beispiel zeigt, dass eine Beschäftigung mit dem archäologischen Selbstverständnis im Fach offenbar noch nicht eingesetzt hat. Die skizzierte Darstellung von Archäologie im Fernsehen und damit ihres Bildes in der Öffentlichkeit kann meines Erachtens als Gradmesser

---

30 Bei den vorgestellten Ausgrabungsorten handelt es sich nicht selten um Plätze, die Tod, Kampf, Krieg und Zerstörung repräsentieren (die Moorleiche vom Uchter Moor, die Toten von Eulau, das Schlachtfeld am Harzhorn, das von einer Sturmflut zerstörte Dorf Rungholt, versunkene Schiffswracks in der Ostsee und – obwohl keine deutsche Grabung – ›Ötzi‹, der Mann aus dem Eis) oder um solche, die aufgrund bedeutender Fundstücke bekannt wurden (›Himmelsscheibe von Nebra‹, Löwenmensch vom Lonetal, ›Fürstinnengrab‹ bei Hundersingen oder ein aus zahlreichen Goldobjekten bestehender Hortfund aus der Bronzezeit).

31 Dazu gehört auch, dass es »keine Leerstelle, keine offenen Fragen, keine Möglichkeit zum Einhaken, zur Phantasie für eigene Bilder« gibt, sondern vielmehr »jegliche Vorstellung« besetzt wird (Wirtz 2008, 22).

für den Status quo des selbstreflexiven Horizontes der Archäologie genommen werden.

Archäologische Erinnerungsorte

Wie kaum ein anderes hat das von dem Ägyptologen Jan Assmann (grundlegend J. Assmann 2000) und seiner Frau, der Anglistin Aleida Assmann (z. B. 1999), in zahlreichen Werken vorgelegte Konzept des kulturellen Gedächtnisses die kulturwissenschaftliche Diskussion der letzten zwei Jahrzehnte bestimmt. ›Gedächtnis‹, ›Erinnern‹ und auch ›Vergessen‹ gehören spätestens seit diesen Arbeiten zu den zentralen Begriffen der Kulturwissenschaften. Doch nicht nur in der Wissenschaft, sondern auch in der Öffentlichkeit hat sich ein praktischer Erinnerungsdiskurs[32] herausgebildet. Das hat gewiss verschiedene Gründen, hervorzuheben ist jedoch, dass es sich um ein gesamtkulturelles, interdisziplinäres sowie internationales Phänomen handelt (Erll 2005, 1 f.). Aus der gegenwärtigen Erinnerungsdebatte hat sich überdies eine regelrechte ›Erinnerungsindustrie‹ entwickelt. Die vielen Gedenktage und Gedenkjahre zeigen das prägnant – sie nehmen mittlerweile einen wichtigen ökonomischen Platz, speziell in der Medienproduktion, ein. Das Jahr 2009 war nicht nur das Jahr, an dem sich zum 20. Mal der Mauerfall jährte – Charles Darwins »Origin of Species« und damit die Evolutionstheorie wurden 150 Jahre alt, die Varusschlacht jährte sich zum 2000. Mal, und außerdem wurde noch Alexander von Humboldts 150. Todestag ›gefeiert‹ (zu Gedenktagen und Gedenkjahren siehe Bergmann 2009).

Auch der französische Historiker Pierre Nora hat sich in den achtziger Jahren des 20. Jahrhunderts mit dem Thema Erinnerung befasst und in verschiedenen Publikationen den Begriff der *lieux de mémoire* (Erinnerungsorte) entwickelt (Nora 1984–1992; 1990). Er versteht darunter sowohl konkrete Orte wie z. B. Gedenkstätten, Gräber, Ruinen, Archive und Museen als auch Orte im übertragenen, metaphorischen Sinne – Orte also, an denen in der Tradition der antiken Mnemotechnik Erinnerung wach gehalten wird. Erinnerungsorte besitzen dabei Bedeutung im materiellen, symbolischen und funktionalen Sinn. Nach Nora (1990, 26) wird ein konkreter Ort beispielsweise erst dann zum Erinnerungsort, wenn er von einer symbolischen Aura umgeben ist. Nicht seine Materialität, sondern seine symbolische Funktion definiert den Erinnerungsort (François/Schulze 2009b, 18).[33] Träger des Gedächtnisses sind für Nora (1990, 12) lebendige Gruppen, während Geschichte stets eine problematische und lückenhafte Rekonstruktion

---

32 In der Bezeichnung ›Erinnerungsdiskurs‹ sind die Begriffe ›Gedächtnis‹, ›Erinnern‹ und ›Vergessen‹ inbegriffen.

33 Zu den Erinnerungsorten zählen somit etwa »reale wie mythische Gestalten und Ereignisse, Gebäude und Denkmäler, Institutionen und Begriffe, Bücher und Kunstwerke – im

dessen sei, was nicht mehr existiere (ebd. 12 f.).[34] Anders ausgedrückt: Geschichte repräsentiert Vergangenheit, während das Gedächtnis gegenwärtig und ständiger Entwicklung unterworfen ist (ebd. 13).

Nora unternimmt also eine Trennung von ›Geschichte‹ und ›Gedächtnis‹ und stellt sie als Gegensätze dar. Dies hat zu Recht Kritik hervorgerufen, denn auch die Geschichtswissenschaft übernimmt memoriale Aufgaben und kann demzufolge im strengen Sinne nicht als Gegenpol von Gedächtnis betrachtet werden. Die Beziehung ist jedoch vielschichtiger und bedarf einer differenzierten Betrachtung. So ist etwa auf methodischer Ebene die von Nora aufgezeigte Dichotomie durchaus zulässig, da sich der Gedächtnisbegriff relativ offen darstellt: Gedächtnis als veränderbares, dynamisches, formbares, in der Regel subjektives, zwischen Erinnern und Vergessen angesiedeltes Phänomen.[35] Dagegen steht die wissenschaftliche Auseinandersetzung mit ihren Ansprüchen auf Nachvollzieh- und Überprüfbarkeit ihrer Ergebnisse sowie möglichst objektiver Analysekriterien. Auf einer generelleren Ebene aber schließen sich die beiden Begriffe keineswegs aus, versuchen sie doch beide eine Brücke zwischen Vergangenheit, Gegenwart und Zukunft zu schlagen, wie Etienne François und Hagen Schulze (2009b, 14) formulieren.

Selbst wenn man Noras strikte Auffassung und Trennung von ›Geschichtswissenschaft‹ und ›Gedächtnis‹ nicht teilen möchte, hat sein Konzept der *lieux de mémoire* aus rezeptionswissenschaftlicher Perspektive einiges für sich; das verdeutlicht auch der vielfältige Widerhall, den es erfahren hat.[36] Mit den Erinnerungsorten rückt zum einen der ›Raum‹ ins Zentrum des Interesses. Zum anderen werden, wie es Rüsen (2006, 84) ausgedrückt hat, die »eher unbemerkt, unterschwellig oder unreflektiert bleibenden Erinnerungsleistungen« thematisiert. Es treten also Aspekte (›Orte‹) alltagsweltlicher Erinnerung in das Blickfeld, denen bislang nur wenig oder gar keine Beachtung geschenkt wurde.

Übertragen wir das Konzept beispielsweise auf althistorisches bzw. archäologisches Terrain, können wir es einerseits auf schriftlich überlieferte Texte der Antike anwenden, aber auch auf sichtbare archäologische Denkmäler, wie etwa Menhire, Megalithbauten aller Art, Grabhügel oder Stadt-, Wall- und Grabenan-

---

heutigen Sprachgebrauch ließe sich von ›Ikonen‹ sprechen« (François/Schulze 2009b, 17 f.).

34 Aus seinen Erläuterungen kann geschlossen werden, dass er mit ›Geschichte‹ die Historie respektive Geschichtswissenschaft meint.

35 Bei Erll (2005, 7) heißt es zu den Begriffen ›Erinnern‹, ›Erinnerung‹ und ›Gedächtnis‹: Es besteht Einigkeit darüber, dass »das Erinnern als ein Prozess, Erinnerungen als dessen Ergebnis und Gedächtnis als eine Fähigkeit oder eine veränderliche Struktur zu konzipieren ist. [...] Erinnern und Vergessen sind zwei Seiten – oder verschiedene Prozesse – desselben Phänomens: des Gedächtnisses«.

36 Siehe z. B. Jahrbuch Europäische Geschichte 2000; Stein-Hölkeskamp/Hölkeskamp 2006; François/Schulze 2009a; Stein-Hölkeskamp/Hölkeskamp 2010. – Weitere Beispiele bei Erll 2005, 25 f.

lagen. Letztere nehmen gerade aufgrund ihrer Materialität und der damit einhergehenden Authentizität auf anschauliche und meist ›begreifbare‹ Weise auf unser Geschichtsbewusstsein Einfluss bzw. halten Erinnerungen an Vergangenes fest[37] – sie sind damit zugleich Manifestationen des kulturellen Gedächtnisses. Diese authentischen bzw. historischen Orte sind also ›Erinnerungsorte‹, die die Erinnerung – welcher Art auch immer – an vergangenes Geschehen sichern und schließlich zu Orten vielfältiger Erinnerungsweisen werden.

Das an den Dardanellen gelegene Troia ist ein solcher Erinnerungsort[38] im Nora'schen Sinne: materiell, symbolisch und funktional. Er ist seit Jahrtausenden Teil des kulturellen Gedächtnisses. Als Erinnerungsort vereint der Platz mehrere Aspekte auf sich, etwa den in den Homerischen Epen geschilderten Troianischen Krieg, die antike Wiederbesiedlung des Ruinenplatzes, die Suche nach dem realen Ort des Mythos im 18./19. Jahrhundert, die durch die Ausgrabungen auf dem Hügel Hisarlık sicht- und für alle greifbar gemachten Mauern sowie Heinrich Schliemanns Medialisierung des vermeintlich homerischen Troia. Dass der konkrete Platz Hisarlık zu allen Zeiten für ganz unterschiedliche Zwecke vereinnahmt wurde und somit oft neue Konnotationen erfuhr, muss nicht weiter betont werden. Bereits in der Antike diente er als Ausgangspunkt einer fiktiven politischen Tradition.

Zu den genannten Aspekten gehören auch die heutige Ruinenstätte sowie ihr Umland, die Troas. Die über einhundertjährige Ausgrabungsgeschichte mit mehr als dreißig systematisch durchgeführten Grabungskampagnen seit Schliemann hat aus dem ehemaligen Siedlungshügel eine ›moderne‹ Ruine gemacht. Troia/ Hisarlık präsentiert sich seinen Besuchern heute als sichtbares, handgreifliches und begehbares archäologisches Denkmal. Die durch die Ausgrabungen hervorgerufene Konkretheit der Ruine macht es gewissermaßen möglich, auf den Wegen der ehemaligen Bewohner zu wandeln. Diese Begehbarkeit vermittelt dem Besucher, der um die homerische Überlieferung weiß, das Gefühl, am authentischen Ort des Troianischen Krieges zu stehen. Mit seinen zum Teil monumentalen Überresten regt der Ort die sinnliche Wahrnehmung an und stimuliert Visionen des sagenumwobenen Geschehens. Denn seit Schliemanns vermeintlicher Entdeckung des mythischen Troia sind die archäologischen Überreste von Hisarlık ohne das Homerische Epos nicht mehr denkbar. Hisarlık als Troia ist so eng mit der Heldengeschichte verbunden, dass man an Ort und Stelle kaum noch darüber nachdenkt, ob das Epos tatsächlich ein historisches Geschehen wiedergibt und falls ja, ob es tatsächlich an diesem Ort stattgefunden hat. Troia – sei es nun in den Versen

37 Selbstverständlich waren solche Monumente den Menschen auch in antiker Zeit ähnlich gegenwärtig. Sie fungierten schon damals als Orte der Erinnerung, »also als Medien, Träger respektive Kristallisationspunkte von Identität und Kontinuität, Geschichtsbewußtsein und gepflegtem Gedächtnis« (Hölkeskamp/Stein-Hölkeskamp 2006, 13).
38 Ausführlich zum Erinnerungsort ›Troia‹ Samida 2007; Cobet 2010.

Homers oder in Form des Ruinenhügels Hisarlık – ist nicht nur ein wirkmächtiger, sondern ein Ort dauerhafter und transnationaler Bedeutung.

Noras Konzept, so könnte man sagen, fungiert also als eine Art Platzhalter für das nicht mehr vorhandene, kollektive Gedächtnis (Erll 2005, 23). Nicht nur transnationalen Erinnerungsorten wie Troia, sondern auch solchen nationaler Art wie z. B. der Ort der Varusschlacht (siehe Wiegels 2006), nicht nur konkreten Orten wie etwa dem Limes oder Lübeck, sondern auch ›Orten‹ im übertragenen Sinne wie z. B. dem Neanderthaler oder der Gletscherleiche vom Tisenjoch – besser bekannt unter dem Namen ›Ötzi‹ – ist daher in Zukunft vermehrt Aufmerksamkeit zu schenken.

›Erfundene Traditionen‹

Ein im Erinnerungsdiskurs bislang weitgehend unbeachtet gebliebenes Konzept stellt der von dem Althistoriker Hans-Joachim Gehrke in verschiedenen Beiträgen unter dem Begriff ›intentionale Geschichte‹ vorgelegte Entwurf dar (grundlegend: Gehrke 1994; ferner Gehrke 2000; 2004).

Gehrke entwickelt sein Konzept an Beispielen aus der griechischen Antike und hebt den in der griechischen Geschichtsschreibung üblichen Rekurs auf mythische Erzählungen hervor. Sie seien von erheblicher Bedeutung für das Alltagsleben und das politische Verhalten gewesen (Gehrke 1994, 248). Er stellt heraus, dass der Mythos als »vertrauter Vergangenheitsraum« (ebd. 246) der Griechen nicht von Geschichte geschieden war, vielmehr sei die Grenze zwischen Mythos und Geschichte fließend gewesen. So wurden etwa in der antiken Überlieferung historische Ereignisse mythisiert (z. B. Sieg von Marathon), aber zugleich mythische Ereignisse wie etwa der Troianische Krieg historisiert (ebd. 248). Diese Verbindung von Mythos und Geschichte bezeichnet er als ›intentionale Geschichte‹. Eine so verstandene ›Geschichte‹ trage zur Selbstvergewisserung, Ortsbestimmung, Identitätsstiftung und Identitätswahrung bei und weise durchaus Parallelen zur Gegenwart auf (ebd. 257). Auch heute suche man in der weit zurückliegenden Vergangenheit nach seinen Wurzeln, wenn es um Fragen der nationalen Identität gehe, und gerade Mythen seien in diesem Falle identitätsstiftend (ebd. 260). Wolle eine Gruppe oder Gesellschaft entstehen oder bestehen, müsse sie die Vergangenheit kultivieren, letztlich ein kulturelles Gedächtnis schaffen, bewahren und fortschreiben; neue Sinnstiftungen seien dazu notwendig (Gehrke 2004, 65). Anders als die eher trockene wissenschaftliche Diskussion, befriedige die intentionale Geschichte elementare Bedürfnisse, ja spreche Gefühle an. Sie mache sich in ganz unterschiedlichen Medien wie etwa Schulbüchern, Sonntagsreden und Fernsehsendungen geltend (Gehrke 1994, 262).[39]

Gehrkes Konzept ähnelt in seinen Grundzügen dem schon erwähnten, zu Beginn der achtziger Jahre des 20. Jahrhunderts von Eric Hobsbawm und Terence Ranger (1983/2010) eingeführten Begriff »invented tradition« (›erfundene Tradition‹).[40] Als ›erfundene Traditionen‹ begreift Hobsbawm (1983/2010, 1) Praktiken ritueller und symbolischer Art – er spricht auch von einen Prozess der Formalisierung und Ritualisierung (ebd. 4) –, die gewisse Werte und Verhaltensnormen durch Wiederholung ›einzuimpfen‹ versuchen, um eine Kontinuität mit einer geeigneten Vergangenheit herzustellen.[41] Dabei werde zu allen Zeiten und in allen Räumen, allein um historische Kontinuität zu schaffen, sowohl auf Fälschungen als auch auf Halbfiktionales zurückgegriffen, nicht selten werde historische Kontinuität gar erfunden (ebd. 7). Dies gelte besonders für das ausgehende 19. Jahrhundert, als sich die Nationalstaaten in Europa bildeten und ein schneller sozialer Wandel ›alte‹ Traditionen schwächte und damit zugleich neue, in diesem Falle ›erfundene Traditionen‹ hervorbrachte.[42]

Sowohl Gehrkes ›intentionaler Geschichte‹ als auch Hobsbawms ›erfundener Tradition‹ liegt die Idee zugrunde, dass Vergangenheit Identität stiftet, besonders wenn es um nationale Identität geht. Die Konzepte unterscheiden sich jedoch dahingehend, dass Gehrke die Identitätsbildung vor allem im Rückgriff auf den Mythos bzw. die Verquickung von Mythos und Geschichte begreift und die politische Dimension in den Vordergrund rückt. Hobsbawm macht dagegen sein Konzept am Begriff der Tradition fest. Damit zielt es nicht nur auf im weitesten Sinne politisch bedingte Identitätskonstrukte, sondern auch auf solche gesellschaftlicher Art.

Ein prägnantes Beispiel einer ›erfundenen Tradition‹ ist etwa die weit verbreitete Annahme, die Bewohner der Britischen Inseln – vornehmlich die Iren – seien

---

39 Gehrke (1994, 261) schließt dabei keineswegs aus, dass selbst der professionelle Umgang mit Geschichte zum Intentionalen führen könne.

40 ›Tradition‹ wird dabei als etwas Unveränderliches bzw. Statisches begriffen – im Gegensatz zum veränderlichen ›Brauch‹ (Hobsbawm 1983/2010, 2 f.).

41 »›Invented tradition‹ is taken to mean a set of practices, normally governed by overtly or tacitly accepted rules and of a ritual or symbolic nature, which seek to inculcate certain values and norms of behavior by repetition, which automatically implies continuity with the past. In fact, where possible, they normally attempt to establish continuity with a suitable historic past« (Hobsbawm 1983/2010, 1).

42 Hobsbawm (1983/2010, 9) macht drei sich überschneidende Typen von ›erfundenen Traditionen‹ aus, die folgende Aufgaben erfüllen: 1. ›erfundene Traditionen‹, deren Aufgabe die Herstellung oder Symbolisierung sozialen Zusammenhalts bzw. der Mitgliedschaft in Gruppen ist; 2. ›erfundene Traditionen‹, deren Aufgabe in der Herstellung oder Legitimierung von Institutionen, Status- und Machtbefugnissen liegt, und 3. ›erfundene Traditionen‹, deren Hauptzweck in der Sozialisation, der Einschärfung von Überzeugungen, Wertsystemen und Verhaltenskonventionen begründet ist.

direkte Nachfahren der Kelten. Diese Annahme hat ihre Wurzeln im 16. Jahrhundert, doch populär und schließlich identitätsstiftend wurde die Behauptung erst im Zuge der Nationalbewegung des 18. und 19. Jahrhunderts, als sich die Iren von England abzugrenzen und zu emanzipieren versuchten. Mittels der konstruierten ›Re-Keltisierung‹ wurde eine historische Kontinuität zu einer weit zurückliegenden Vergangenheit suggeriert, mit der die eigene nationale Identität bekräftigt werden sollte (dazu z. B.: Collis 1997; zur französischen/gallischen Problematik: Dietler 1994). Dieser Mythos stellt dabei nicht allein eine irische, walisische oder schottische, sondern eine gesamteuropäische Manifestation eines Geschichtsbewusstseins dar, das sich seit dem Humanismus herausgebildet hat und bis in unsere Zeit reicht. Nicht minder ›erfunden‹ ist beispielsweise auch die Verbindung des neuzeitlichen Halloween-Festes mit dem antiken ›Keltentum‹ (dazu Augstein/ Samida 2008).

Neben diesen Beispielen lässt sich der ›Beitrag‹ der Archäologie zur Identitätsbildung besonders gut an diversen Ausstellungstiteln ablesen, wobei der ›Europäismus‹ eine besondere Rolle spielt. Im Jahr 1980 waren es die Kelten, die als Identitätsstifter für ganz Europa betrachtet wurden,[43] 1996 die Franken[44], und 2004 wurde Byzanz als Europas östliches Erbe[45] beschworen. Dieser ›Europäismus‹ lässt sich am besten wohl als ›moderner Nationalismus‹ umschreiben. Er fußt auf dem Versuch, das heutige Europa aus einer lange zurückliegenden Vergangenheit herzuleiten. Dazu bedürfe es offenbar, so schrieb Alexander Gramsch (2005, 187) in einer kritischen Auseinandersetzung mit dem ›Europäismus‹, einer Identitätskonstruktion, die auf einem gemeinschaftlichen historischen und kulturellem Erbe beruhe. Es werde eine »supra-nationale«, ja gar »post-nationale« Identität geschaffen (beide Begriffe bei Gramsch 2005), die nicht nur auf ein gemeinsames Kulturerbe zurückgeführt werde, sondern in geradezu teleologischer Manier eine ›europäische Identität‹ bemühe, deren Wurzeln von der Bronzezeit über die Kelten und Römer bis hin zu Franken und Ottonen sowie von West- und Mitteleuropa bis an den Bosporus reiche.[46]

---

43 Beispielsweise die Ausstellung »Die Hallstattkultur. Frühform europäischer Einheit« (Steyr/Österreich 1980).

44 »Die Franken – Wegbereiter Europas« (Mannheim u. a. 1996/97).

45 »Die Welt von Byzanz – Europas östliches Erbe« (München 2004/05).

46 Gramsch (2005, 189 f.) beschreibt es so: »Die hier genannten Ausstellungen der letzten Jahre transportieren eine politisch motivierte und identitätsstiftende Ideologie, die eine moderne europäische Identität weit in die Geschichte zurück verlängern will. [...] Geschichte Europas von der Bronzezeit über die Kelten und Franken bis zu den Ottonen und Byzanz wird so geschrieben, als wäre sie zielgerichtet auf das heutige Europa, als sei das heutige Europa die zwangsläufige Folge komplexer historischer Prozesse«.

Popularisierung und Medialisierung in der Archäologie

Das Forschungsfeld ›Wissenschaftspopularisierung‹ ist noch ein ziemlich junges Gebiet – besonders wenn man die deutschsprachige Diskussion berücksichtigt. Hier lassen sich zwei Forschungsstränge ausmachen. Der eine wird von der Wissenschaftsgeschichte bzw. der Geschichte der Naturwissenschaften sowie der Geschichte des 19. Jahrhunderts dominiert. Das Hauptinteresse der Forschung liegt dabei vornehmlich auf Fragen der Popularisierung der Naturwissenschaften und ihren Akteuren im 19. Jahrhundert, gelegentlich auch der ersten beiden Jahrzehnte des 20. Jahrhunderts.[47] In letzter Zeit wird aber verschiedentlich sowohl eine inhaltliche als auch eine zeitliche Erweiterung des Forschungsgebietes gefordert (z. B. Daum 2009). Der andere Forschungsstrang ist aus der Wissenschaftssoziologie erwachsen und beschäftigt sich mit Fragen des gegenwärtigen Verhältnisses von Wissenschaft, Politik, Medien und Öffentlichkeit – schwerpunktmäßig spielt die Auseinandersetzung mit der sogenannten ›Risikoforschung‹ (z. B. Stammzellenforschung, Klimadebatte) eine wichtige Rolle.[48] Beiden Forschungssträngen ist gemeinsam, dass kaum einmal geistes- bzw. kulturwissenschaftliche Fächer bzw. das von ihnen produzierte Wissen und die aus diesen Fächern stammenden Akteure einer eingehenden Betrachtung unterzogen werden.[49] Hier liegt zweifellos ein Desiderat der aktuellen Forschung zur Wissenschaftspopularisierung.

Wissenschaftspopularisierung ist keineswegs als linearer Diffusionsprozess zu verstehen, bei dem Wissen im Sinne einer ›Top-down‹-Belehrung vermittelt wird; Wissenschaftspopularisierung ist vielmehr als interaktiver Prozess aufzufassen – als Prozess, der von Rück- und Wechselwirkungen lebt.[50] Er liefert damit Einblicke in die Gesellschaft der jeweils untersuchten Epoche und vollzog – und vollzieht – sich natürlich nicht nur nüchtern-wissenschaftlich, sondern immer auch unter Einschluss unterhaltender und inszenatorischer Aspekte.[51] Als Akteure fungieren

---

47 Die Literatur ist mittlerweile kaum noch zu überblicken, grundlegend sind aber weiterhin die Arbeiten von Daum (2002) und Schwarz (1999). Hier muss die Erwähnung der Beiträge von Kretschmann (2009), Nikolow/Schirrmacher (2007) und Schirrmacher (2008) als neueste, überblicksartige Darstellungen mit weiteren Literaturhinweisen genügen.

48 Hier sind besonders die Arbeiten der *Bielefelder Schule* um den Soziologen Peter Weingart zu nennen. Stellvertretend sei auf seine grundlegende Abhandlung zum Verhältnis von Wissenschaft und Gesellschaft verwiesen (Weingart 2008).

49 Erst seit ein paar Jahren scheint sich etwas zu ändern; siehe dazu die Publikationen von Zintzen 1998; Sösemann 2002; Samida 2009; 2011b; 2011c.

50 Beispielsweise Schwarz 1999, 38 ff.; Daum 2002, 25 ff.; Kretschmann 2009.

51 »In systematischer Hinsicht vollzieht sich Popularisierung stets im Spannungsverhältnis zwischen Belehrung und Unterhaltung, wobei hinzugefügt sei, dass speziell im deutschen Kontext eine Popularisierungsleistung offensichtlich um so kritischer betrachtet wird, je unterhaltsamer sie gelingt« (Kretschmann 2009, 29).

sowohl Wissenschaftler als auch wissenschaftliche Laien sowie die zeitgenössischen Medien, die in einem wechselseitigen Verhältnis zueinander stehen.

Arne Schirrmacher (2008, 84 ff.) hat vor kurzem ein Modell vorgestellt, das sich als Instrument zur Analyse der Wechselbeziehungen von Wissenschaft und Öffentlichkeit anbietet. Er differenziert zwischen verschiedenen Wissenschaftsstufen (Fachwissenschaft – Fachkreis außerhalb des engeren Forschungsgebiets – Fachöffentlichkeit) und zwischen Stufen von Öffentlichkeiten (interessierte/gebildete Öffentlichkeit – gelegentlich interessierte Öffentlichkeit – breite Öffentlichkeit). Als *Fachwissenschaft* begreift er die Kommunikation innerhalb einer Fachdisziplin, die vor allem auf dem stark spezialisierten Wissen von Fachzeitschriften basiert. Überblicksliteratur, Handbücher sowie die meisten Monographien sind Medien, mit denen *Fachkreise außerhalb des engeren Forschungsgebietes* angesprochen werden. Unter *Fachöffentlichkeit* fasst er die Öffentlichkeit in der Wissenschaft, also die Wissenschaften, die nichts mit dem jeweils anderen Fach zu tun haben und ihr Wissen vor allem über Lehrbücher und Einführungswerke beziehen. Das Stammpublikum der Wissensvermittlung sieht Schirrmacher in der *gebildeten und interessierten Öffentlichkeit* repräsentiert, die zwar nicht wissenschaftlich tätig ist, aber großes Interesse an wissenschaftlichem Wissen zeigt und einen Nutzen für sich daraus gewinnen möchte. Als *Gelegenheitspublikum* bezeichnet er diejenige Öffentlichkeit, die ab und an ins Museum geht und alltagssprachliche Publikationen zu wissenschaftlichen Themen heranzieht. Den Begriff *breite Öffentlichkeit* verwendet er für Personen, die nur wenig an wissenschaftlicher Bildung interessiert sind (ebd. 86), die Wissenschaft also allenfalls durch die Massenmedien wahrnehmen.

Auch wenn Schirrmacher sein »Stufenmodell der Öffentlichkeit« am Quellenmaterial der Wissenschaftspopularisierung der Naturwissenschaften des 19. Jahrhunderts vorgenommen hat, so hat es doch einiges für sich und dürfte sich in Modifikationen auf andere Wissensgebiete und andere Analysezeiträume problemlos anwenden lassen. Bezogen auf die heutige Ur- und Frühgeschichtliche Archäologie ließe es sich folgendermaßen übertragen (Abb. 1).

Das Modell verdeutlicht, dass zum einen verschiedene Öffentlichkeiten existieren, die über jeweils unterschiedliche Medien und Vermittlungsformen zu erreichen sind. Zum anderen wird klar, dass den Medien bei der Vermittlung wissenschaftlicher Erkenntnisse eine bedeutende Rolle zukommt bzw. schon immer zukam. Peter Weingart (2008, 252) hat die Situation heute als »Medialisierung der Wissenschaft« umschrieben. Durch die wachsende Bedeutung der Medien – besonders bei der Prägung des öffentlichen Bewusstseins und der politischen Meinung sowie der wachsenden Konkurrenz innerhalb der Wissenschaft sowie zwischen ihr und anderen gesellschaftlichen Teilbereichen um öffentliche Aufmerksamkeit – nehme auch die Orientierung der Wissenschaft an den Medien mehr und mehr zu. Die zunehmende Medialisierung der Wissenschaft demonstriert er unter anderem an

	Allgemein	Konkret	Medien
F	Fachwissenschaft	Ur- und Frühgeschichtliche Archäologie	z. B.: Germania, Prähistorische Zeitschrift
F_2	Fachkreise außerhalb des engeren Forschungsgebiets	Archäologische Einzelfächer	z. B.: Archäologisches Nachrichtenblatt, Ethnographisch-Archäologische Zeitschrift
FÖ	Fachöffentlichkeit	alle Wissenschaften	z. B.: Archäologie in Deutschland
$Ö_3$	gebildete/interessierte Öffentlichkeit	z. B.: Journalisten, Politiker, Schüler, ‚Heimathirsche', potentiell jeder	
$Ö_2$	gelegentlich interessierte Öffentlichkeit	potentiell jeder	z. B.: Archäologische Museen, Sachbücher
Ö	breite Öffentlichkeit	potentiell jeder	z. B.: Fernsehdokumentationen wie ‚Schliemanns Erben' (ZDF)

Abbildung 1: Modifiziertes ›Stufenmodell der Öffentlichkeit‹ nach Schirrmacher (2008, 86).

der Rolle von Wissenschaftlern als Medienstars. Einerseits ziehe eine zunehmende wissenschaftliche Reputation mediale und damit öffentliche Aufmerksamkeit nach sich, andererseits lasse sich aber auch der umgekehrte Fall feststellen: eine erhöhte Medienaufmerksamkeit bedinge nachträglich eine zunehmende wissenschaftliche Reputation innerhalb einer Fachgemeinschaft (ebd. 266).

Weingarts These gilt nicht nur für unsere moderne, von Medien dominierte Zeit, sondern lässt sich ebenfalls recht gut am Beispiel des wohl berühmtesten deutschen Archäologen, dem Mecklenburger Heinrich Schliemann, festmachen. Noch 1873 war der archäologische Laie der Öffentlichkeit weitgehend unbekannt, dabei hatte er seit 1870 zahlreiche Berichte über seine Ausgrabungen am Burghügel Hisarlık (Troia) in der damals renommierten *Allgemeinen Zeitung* veröffentlicht – die Resonanz darauf war jedoch gering. Das änderte sich abrupt, als er im August 1873 die Entdeckung des sogenannten ›Schatz des Priamos‹ bekanntgab. Dieser sensationelle Fund öffnete dem archäologischen Autodidakten überall Tür und Tor; das führte dazu, dass er mit der Zeit zahlreiche Fürsprecher hatte, die ihn und seine Sache unterstützten und in der Öffentlichkeit ein recht positives Bild von ihm zeichneten. Das Interesse auch anderer Zeitungen und Zeitschriften an dem Thema war damit geweckt und wurde durch Schliemanns aktive Pressearbeit noch ›befeuert‹. Er inszenierte nicht nur sich selbst und seine Frau, sondern auch seine Funde (ausführlich dazu z. B. Samida 2009; 2012b, 80 ff.).

Die Gründe für das Interesse an seinen Entdeckungen sind einerseits in seiner Person zu suchen: Einem Laien war gelungen, was anderen großen Wissenschaftlern verwehrt geblieben war. Andererseits schien Schliemanns Methode – mit dem Spaten in der einen und der Ilias in der anderen Hand – eindeutige, ja greifbare Beweise für seine Deutung zu liefern. Darüber hinaus war ihm das Glück über all die Jahre hold. Nicht nur in Troia, sondern auch in anderen mythischen Stätten wie

Mykene oder Tiryns gelangen ihm bedeutende Entdeckungen, die damals keiner für möglich gehalten hätte. Schliemann erschloss der im Entstehen befindlichen Prähistorischen Archäologie nicht nur neue Methoden, sondern auch bislang unbekannte Kulturen. Recht schnell galt er als Begründer der sogenannten ›Spatenwissenschaft‹ und rückte im Laufe der Jahre vom anfangs belächelten Autodidakten zum in weiten Kreisen der Archäologie anerkannten Wissenschaftler auf.[52]

Schliemann hat sich auf zweierlei Weise um die Archäologie verdient gemacht: durch seine Entdeckungen und durch seine mediale Präsenz. Erstere können zweifellos als transnationale Medienereignisse charakterisiert werden, als Ereignisse mit einem hohen Grad medialer Aufmerksamkeit. Während üblicherweise die wissenschaftliche Reputation mediale Aufmerksamkeit nach sich zieht, führte bei Schliemann hingegen erst die in den Medien erlangte Aufmerksamkeit zur Beachtung seiner Leistungen in der Fachgemeinschaft (dazu Samida 2011d).

Wissenschaft, das zeigt dieses Beispiel, war damals und ist heute mehr denn je eine öffentliche Angelegenheit (Nikolow/Schirrmacher 2007, 35). Es scheint daher lohnend, intensiver als bisher über das Wechselverhältnis von Wissenschaft und Öffentlichkeit – auch in diachroner Perspektive – zu reflektieren und die Rück- und Auswirkungen auf das Fach in den Blick zu nehmen.[53]

Inszenierung von Vergangenheit

In den Fokus kulturwissenschaftlicher Forschung treten seit einigen Jahren vermehrt Handlungen und Austauschprozesse und somit soziale, gesellschaftliche und mediale Praktiken wie z. B. Feste und Rituale. Darstellungs-, Aufführungs- und Inszenierungspraktiken – kurz: das Performative – sind in den Vordergrund gerückt und damit auch die verwendeten Begriffe, die der Theatersprache entlehnt sind, wie ›Spiel‹, ›Inszenierung‹, ›Spektakel‹ etc. (Fischer-Lichte 2001, 111).

In den letzten dreißig Jahren hat sich die Forschung intensiv und auf vielfältige Art und Weise mit dem Phänomen der Inszenierung beschäftigt.[54] Der aus dem Französischen kommende Begriff hat sich im Deutschen erst zu Beginn des

---

52 Befördert wurde diese Entwicklung durch die Freundschaft zu Rudolf Virchow (1821–1902), der in fachlicher Hinsicht prägenden Einfluss auf Schliemann gehabt hat und ihn immer wieder gegen Anfeindungen verteidigte; zur Beziehung der beiden siehe z. B. Samida 2012b, 112 ff.

53 In der Archäologie finden sich noch weitere Beispiele für die Tatsache, dass die Entdeckung eines sensationellen Fundes und die einhergehende Medialisierung die Reputation des Entdeckers innerhalb der *Scientific Community* gefördert hat; siehe z. B. Samida 2010a; 2012a.

54 Siehe die Aufzählungen der Publikationen bei Fischer-Lichte 2007, 113; Wilharm/Bohn 2009, 24 f.

19. Jahrhunderts eingebürgert.[55] Damals wie heute versteht man darunter das ›In-Szene-setzen‹ im Sinne von ›vorbereiten‹, ›bearbeiten‹, ›einstudieren‹ oder auch ›künstlerisch gestalten‹. Als ästhetischer Terminus lässt er sich jedoch durchaus etwas weiter fassen, nämlich als Begriff zur Bezeichnung medialer Praktiken (Karpenstein-Eßbach 2004, 204). In diesem Verständnis meint der Begriff also »Kulturtechniken und Praktiken, mit denen etwas zur Erscheinung gebracht wird« (Fischer-Lichte 2007, 19). Anders als Theaterinszenierungen, die im abgegrenzten Raum der Fiktion angesiedelt sind, spielen sich solche weiter gefassten Inszenierungen in der Welt des ›Nicht-Fiktionalen‹ ab (Karpenstein-Eßbach 2004, 209).

Neben die ästhetische tritt die anthropologische Komponente. ›Inszenierung‹ ist nämlich zugleich ein schöpferischer Prozess, der Imaginäres, Fiktives und Reales zueinander in Beziehung setzt (Fischer-Lichte 2007, 21). Wir haben es also mit einem Phänomen zu tun, das auf den Aspekt eines »kreativen und transformierenden Umgangs des Menschen mit sich selbst und seiner Umwelt« zielt, so die Theaterwissenschaftlerin Erika Fischer-Lichte (ebd.). Die Inszenierung unterstellt intendiertes Handeln, das in einem abgegrenzten Raum für ein Publikum bestimmt und auf Auffälligkeit und Wirkung bedacht ist (Früchtl/Zimmermann 2001, 21). Jede Inszenierung ist demnach eine Konstruktion – es wird etwas zur Erscheinung gebracht.

Der hier skizzierte Inszenierungsbegriff ist im Rahmen der Auseinandersetzung um das Verhältnis von Archäologie und Öffentlichkeit von Bedeutung, weil die Beziehung zunehmend durch Inszenierungen geprägt ist – sei es, dass Archäologen sich als Ausgräber in Szene setzen oder als solche von den Medien in Szene gesetzt werden (siehe oben), sei es, dass seit einigen Jahren inszenatorische Geschichtsdarstellungen, wie wir sie besonders im Re-Enactment finden, immer beliebter werden. Die kulturwissenschaftliche Performanzforschung, die von der Entstehung von Bedeutungen durch Zusammenspiel aller Beteiligten (Akteure, Zuschauer, Medien etc.) im Rahmen von Aufführungen ausgeht, vermag also Impulse zu liefern, die in theoretischer Hinsicht auch für Untersuchungen zum Verhältnis von Archäologie und Öffentlichkeit fruchtbar gemacht werden können.

Der Versuch einer detailgetreuen und realistischen Darstellung historischer Epochen, wie sie die Living History verfolgt, ist zweifelsohne eine legitime Art der Geschichtsvermittlung. 1985 überquerte der Militärhistoriker Marcus Junkelmann mit Gleichgesinnten in originalgetreu hergestellter früh-augusteischer Legionärsmontur die Alpen. Der über 500 Kilometer lange Marsch vom italienischen Verona bis nach Augsburg/*Augusta Vindelicum* – sozusagen auf den Spuren des von *Drusus* angeführten Alpenfeldzuges 15 v. Chr. – dauerte 24 Tage. Der Feldversuch stellte nicht nur den römischen Alpenfeldzug nach, sondern sollte auch auf experimentell-archäologischem Wege Fragen beantworten, die über die Erkenntnisse der

---

55 Zur Etymologie bzw. Geschichte des Begriffs Fischer-Lichte 2007, 113 ff.

Analyse des bekannten Fundmaterials hinausgehen, etwa zur Funktionsfähigkeit der Kleidung (ausführlich dazu Junkelmann 1986).

Junkelmann und seine ›Legionäre‹ sind ein frühes Beispiel von Living History in Deutschland. Sie nahm in den USA ihren Ausgang und erreichte in den siebziger Jahren den europäischen Kontinent. In Deutschland ist sie etwa seit den letzten zwei Jahrzehnten – vor allem in Freilichtmuseen und auf sogenannten ›Mittelaltermärkten‹ – in Mode.[56] Der englische Begriff ist ambivalent und wird im Deutschen in der Regel mit ›lebendige/wiederbelebte Geschichte‹ oder ›Geschichte erleben‹ umschrieben. Zumeist synonym oder zumindest in einem Atemzug mit Living History wird der Begriff ›Re-Enactment‹ verwendet. Ursprünglich bezeichnet er das Nachspielen konkreter historischer Ereignisse in historisch exakter, sprich originalgetreuer, Ausrüstung. Er unterscheidet sich damit von Living History insofern, als es hier weniger um das Nachstellen konkreter Ereignisse als vielmehr generell um die Darstellung vergangener Kulturen geht. Living History, so könnte man festhalten, dient also als Oberbegriff für die verschiedenen Formen körperlichen Erlebens von Vergangenheit.[57] Das zeitliche Spektrum von Re-Enactments bzw. Living History reicht von der Urgeschichte bis in die jüngste Vergangenheit.[58] Die Vorführungen der verschiedenen Re-Enactment-Gruppen sind zumeist in Aktionen von Freilichtmuseen eingebunden; dort werden dann z. B. römische Gladiatorenkämpfe nachgestellt oder eisenzeitliche Webkunst vorgeführt. Die Vergangenheit wird also ›zum Leben erweckt‹, wobei nicht selten auch der historische Ort selbst in die Vorführung miteinbezogen wird, etwa wenn Gladiatorenkämpfe im Amphitheater von Trier stattfinden.[59]

56 In den letzten Jahren hat das wissenschaftliche Interesse an der Thematik deutlich zugenommen, siehe dazu die Publikationen – in chronologischer Folge – von: Keefer 2006; Duisberg 2008; Carstensen/Meiners/Mohrmann 2008; DASV 2011. Seit 2011 widmet sich auch das von der VolkswagenStiftung geförderte Projekt »Living History: Reenacted Prehistory between Research and Popular Performance« diesem Phänomen; es wird am Zentrum für Zeithistorische Forschung (ZZF) in Potsdam und an der Universität Tübingen durchgeführt, siehe <http://www.livinghistory.uni-tuebingen.de/> [Zugriff: 1.8.2012].

57 Zu den Begriffen siehe z. B. die Beiträge in Keefer 2006. Der Freiburger Amerikanist Wolfgang Hochbruck (2008, 25; 2009, 216 f.) hat darauf aufmerksam gemacht, dass der Begriff ›Living History‹ semantisch unklar sei und einen oxymoronischen Charakter habe. Er schlägt stattdessen den Begriff ›Geschichtstheater‹ vor. Es muss sich jedoch noch zeigen, inwiefern sich dieser Terminus und die inhaltliche Abgrenzung durchsetzen kann.

58 Beispielsweise »The Battle of Orgreave«, ein 1984 in Großbritannien ausgetragener Arbeitskampf; dazu z. B. Kitamura 2010; Otto 2010, 102 ff.

59 Siehe die Trierer Show »Brot und Spiele« unter <http://www.brotundspieletrier.de> [Zugriff: 10.9.2012].

Beliebt sind die Gruppen beim Publikum aufgrund ihres scheinbar authentischen Auftretens und der Möglichkeit zum Mitmachen: Visuelles, akustisches und haptisches Erleben stehen im Vordergrund. Diese Art von Geschichtsvermittlung setzt also, wie schon Junkelmann (2002, 76) feststellte, auf die »Überzeugungskraft des Realen, Berührbaren, Nachvollziehbaren«. Durch Rekonstruktionen und besonders durch Inszenierungen wird auf unterhaltsame Art und Weise Interesse an der Vergangenheit geweckt. Es gibt Darsteller, die als historische Person – sei sie historisch bekannt oder nur fiktiv – agieren. Diese sogenannten ›first-person-interpreters‹ versuchen somit ganz bewusst, die Gegenwart in ihrer Darstellung auszublenden. Als wichtigstes Mittel der Akteure gilt die Verkleidung. Mit dem Ablegen der zeitgenössischen bzw. Alltagskleidung und dem Anlegen eines Kostüms wird einerseits »Geschichte am eigenen Leib erfahren« (Fenske 2009, 83). Andererseits wird rein optisch ein Rollen- und damit in gewisser Hinsicht auch ein Identitätswechsel vorgenommen. Die Kleidung und weitere Ausrüstungsgegenstände markieren nicht nur für den Darsteller selbst, sondern auch für das Publikum eine Art ›Zeitsprung‹. Sie sind es, die bei Akteuren und Zuschauern das ›Eintauchen‹ in eine andere Epoche und die Vorstellung von ›Einst‹ und ›Jetzt‹ erleichtern.

Fischer-Lichte (2007, 21) hat ›Inszenierung‹ als einen schöpferischer Prozess umschrieben, der Imaginäres, Fiktives und Reales zueinander in Beziehung setzt. Living History ist in diesem Sinne eine Inszenierung *par excellence*. Hier verbinden sich Imaginäres (so könnte es gewesen sein), Fiktives (frei erfundene Narrative) und Reales (originalgetreue Ausrüstung) auf performative Weise. Es besteht jedoch eine gewisse Gefahr, dass über die performativen Praktiken und Inszenierungen der Akteure Vorstellungen über die Vergangenheit geschaffen werden, die den archäologischen Fächern und anderen historischen Wissenschaften mehr schaden als nützen. Zu denken ist an Klischees und Stereotype, wie z. B. den Misteln schneidenden keltischen Druiden oder die Vereinnahmung durch esoterische und neuheidnische Gruppen sowie die Instrumentalisierung durch rechtsextremistische Kreise (siehe hierzu z. B. Mölders/Hoppadietz 2007; Banghard 2009).

Living History befindet sich – zumindest in Deutschland und hinsichtlich ur- und frühgeschichtlicher Epochen – immer noch *in statu nascendi*. Das bietet für die Archäologie die Chance, sich in die Diskussion um eine angemessene Darstellung und Vermittlung der Vergangenheit einzumischen. Macht sie das nicht, so droht das, was Sven Kommer (2011, 200) für die Mediävistik prognostiziert hat: eine Selbst-Exklusion aus dem öffentlichen Diskurs.

Perspektiven

Die Beschäftigung mit den materiellen Hinterlassenschaften der Vergangenheit gilt als ureigenste Aufgabe aller archäologischen Wissenschaften. Neben der Entwicklung einer jeweils fachspezifischen Methodik gehört dazu auch die der unterschiedlichen Quellenlage geschuldete Auseinandersetzung mit den verschiedenen Deutungsansätzen.

In den letzten Jahren hat sich die archäologische Forschung, wenn auch eher zögerlich, neue Forschungsfelder erschlossen. Dazu gehört beispielsweise die Geschlechterforschung, die mittlerweile aus der Fachdebatte nicht mehr wegzudenken ist. Wie dieser Beitrag zeigt, hat auch das Interesse an der Thematik ›Öffentlichkeit und Archäologie‹ in der deutschsprachigen Archäologie zugenommen. Klassische Forschung am Objekt und systematische historische Rezeptionsforschung schließen sich nicht mehr aus, sondern werden durchaus als wechselseitige und aufeinander bezogene Vorgänge betrachtet.[60] Es stellt sich nunmehr die Frage, wie man zukünftig die Forschungen auf diesem Gebiet systematisieren bzw. in konzeptuell klare Bahnen lenken könnte. Eine auf den verschiedenen archäologischen Einzelfächern basierende interdisziplinäre Didaktik der Archäologie könnte dabei hilfreich sein.[61] Selbstverständlich müssten in eine solche Archäologiedidaktik auch andere Fächer eingebunden werden, die sich zum einen mit der Vergangenheit und zum anderen mit der heutigen Gesellschaft beschäftigen und damit einen Beitrag zu liefern imstande wären. Das gilt beispielsweise für die Ägyptologie, Altphilologie, Altorientalistik und für alle geschichtswissenschaftlichen Fächer – einschließlich und besonders der Geschichtsdidaktik – sowie etwa auch für die Pädagogik, Soziologie, Volkskunde/Europäische Ethnologie bzw. Empirische Kulturwissenschaft und die Medien- bzw. Kommunikationswissenschaft. Sie alle stellen gewissermaßen den Rahmen einer Archäologiedidaktik dar, dessen Kern die archäologischen Fächer bilden.

Darüber hinaus sind die hier vorgestellten kulturwissenschaftlichen und geschichtsdidaktischen Konzepte in eine solche Archäologiedidaktik zu integrieren, gewinnbringend zu modifizieren und selbstverständlich zu reflektieren. Eine Archäologiedidaktik hätte die Aufgabe, die Vermittlung und die Wirkungsweise der Archäologie und der von ihr erforschten Vergangenheit in der Gesellschaft zu erforschen. Sie hätte aber nicht nur außerwissenschaftliche Aufgaben zu erfüllen, sondern müsste nicht zuletzt in die archäologischen Einzelfächer hineinwirken,

---

60　Das forderte bereits Schneider 2000, 102.

61　Damit könnten gewiss auch die von Schallmayer (2004, 172) beanstandeten und durch ein »wenig abgestimmtes, einheitliches Vorgehen und Erscheinungsbild bei denkmalpflegerisch-rechtlichen, wissenschaftlichen, wissenschaftsvermittelnden sowie gesellschafts-, wirtschafts- und kulturpolitischen Fragen« vorfindbaren und hausgemachten Probleme angemessener angegangen werden.

indem sie eine fachübergreifende archäologisch-didaktische Methodik entwickelte und zugleich das Lehrangebot in den Fächern erweiterte. Dass eine so entworfene Archäologiedidaktik nicht von heute auf morgen entstehen kann, ist klar – ihre Ausbildung und Institutionalisierung setzt einen langen Diskussionsprozess voraus.

Wenn archäologische Einzelfächer der großen öffentlichen Aufmerksamkeit also gerecht werden möchten, müssen sie sich in Zukunft mehr um ihr Bild in der Öffentlichkeit kümmern. Leider war das Interesse an solchen Fragestellungen bisher wenig ausgeprägt – wie die hier angeführten Beispiele zeigen, hat sich in den letzten Jahren jedoch in dieser Hinsicht einiges zum Positiven verändert.

Literatur

Andreae 1981: B. Andreae (Hrsg.), Archäologie und Gesellschaft. Forschung und öffentliches Interesse. Marburger Forum Philippinum 13. Stuttgart: Wissenschaftliche Verlagsgesellschaft/Frankfurt a. M.: Umwelt- und Medizin-Verlagsgesellschaft 1981.

Arch. Inf. 1994: Themenheft: Archäologie in Medien und Öffentlichkeit. Arch. Inf. 17/1, 1994.

Arch. Nachrbl. 2004: Diverse Autoren zur: Jahrestagung des Verbandes der Landesarchäologen in der Bundesrepublik Deutschland e. V. »Gesellschaft und Archäologie – Gedanken zum kulturpolitischen Auftrag«. Internationales Kolloquium am 19.5.2003 in Ulm. Arch. Nachrbl. 9/2, 2004.

A. Assmann 1999: A. Assmann, Erinnerungsräume. Formen und Wandlungen des kulturellen Gedächtnisses. München: C. H. Beck 1999.

J. Assmann 1988: J. Assmann, Kollektives Gedächtnis und kulturelle Identität. In: Ders./T. Hölscher (Hrsg.), Kultur und Gedächtnis. Frankfurt a. M.: Suhrkamp 1988, 9–19.

J. Assmann 2000: Ders., Das kulturelle Gedächtnis. Schrift, Erinnerung und politische Identität in frühen Hochkulturen. München: C. H. Beck ^{3}2000. [Erstausgabe: 1992.]

Augstein/Samida 2008: M. Augstein/St. Samida, Vom Kult zum Pop? Die Kelten und Halloween in der gegenwärtigen Alltagskultur. In: Ch. Jacke/M. Zierold (Hrsg.), Populäre Kultur und soziales Gedächtnis: theoretische und exemplarische Überlegungen zur dauervergesslichen Erinnerungsmaschine Pop. Special Issue SPIEL – Siegener Periodicum Internat. Empirische Literaturwiss. 24/2, 2005. Frankfurt a. M. u. a.: Peter Lang 2008, 389–402.

Banghard 2009: K. Banghard, »Unterm Häkelkreuz«. Germanische Living History und rechte Affekte. Ein historischer Überblick in drei Schlaglichtern. In: H.-P. Killguss (Hrsg.), Die Erfindung der Deutschen. Rezeption der Varusschlacht und die Mystifizierung der Germanen. Beitr. u. Mat. 4 Info- u. Bildstelle gegen Rechtsextremismus. Köln: Selbstverlag 2009, 29–35.

Bergmann 2009: K. Bergmann, Gedenktage, Gedenkjahre und historische Vernunft. In: S. Horn/M. Sauer (Hrsg.), Geschichte und Öffentlichkeit. Orte – Medien – Institutionen. Göttingen: Vandenhoeck & Ruprecht 2009, 24–31.

Bohne/Heinrich 2000: A. Bohne/M. U. Heinrich, Das Bild der Archäologie in der Öffentlichkeit. Eine Befragung in Bonn und Köln. Mitt. Dt. Archäologen-Verband e. V. 31/2, 2000, 1–34.

Brandt/Schindel/Wellhöner 2003: H. Brand/F. Schindel/J. Wellhöner, Indiana Jones im Weltraum? Das Bild der Archäologie in STAR TREK. In: N. Rogotzki/T. Richter/H. Brandt u. a. (Hrsg.), Faszinierend! STAR TREK und die Wissenschaften 2. Kiel: Ludwig 2003, 139–164.

Burmeister 2005a: St. Burmeister, »Die Archäologie in der Krise? – Grundfragen der Urgeschichtsforschung – 76 Jahre nach Jacob-Friesen«: Einführung. Arch. Nachrbl. 10/2, 2005, 152–166.

Burmeister 2005b: Ders., Pop-Archäologie. Anmerkungen zu Cornelius Holtorf: From Stonehenge zu Las Vegas. Archaeology as Popular Culture. Walnut Creek u. a.: AltaMira Press 2005. Rundbrief Theorie-AG 5/2, 2005, 30–36.

Burmeister/Müller-Scheeßel 2005: Ders./N. Müller-Scheeßel (Hrsg.), Soziale Gruppen – kulturelle Grenzen: Die Interpretation sozialer Identitäten in der Prähistorischen Archäologie. Tübinger Arch. Taschenbücher 5. Münster u. a.: Waxmann 2005.

Carstensen/Meiners/Mohrmann 2008: J. Carstensen/U. Meiners/R.-E. Mohrmann (Hrsg.), Living History im Museum. Möglichkeiten und Grenzen einer populären Vermittlungsform. Beitr. Volkskultur Nordwestdeutschland 111. Münster u. a.: Waxmann 2008.

Cobet 2010: J. Cobet, Troia – die Suche nach der »Stadt des Priamos«. In: Stein-Hölkeskamp/Hölkeskamp 2010, 39–60.

Collis 1997: J. Collis, Celtic Myths. Antiquity 71, 1997, 195–201.

DASV 2011: Dachverband Archäologischer Studierendenvertretungen (DASV) e. V. (Hrsg.), Vermittlung von Vergangenheit. Gelebte Geschichte als Dialog von Wissenschaft, Darstellungen und Rezeption. Weinstadt: Bernhard Albert Greiner 2011.

Daum 2002: A. Daum, Wissenschaftspopularisierung im 19. Jahrhundert. Bürgerliche Kultur, naturwissenschaftliche Bildung und die deutsche Öffentlichkeit, 1848–1914. München: Oldenbourg ^{2}2002. [Erstausgabe: 1998.]

Daum 2009: Ders., Varieties of Popular Science and the Transformation of Public Knowledge: Some Historical Reflections. Isis 100/3, 2009, 319–332.

Denzer 2003: K. Denzer (Hrsg.), Funde, Filme, falsche Freunde. Der Archäologiefilm im Dienst von Profit und Propaganda. Kiel: Ludwig 2003.

Dietler 1994: M. Dietler, »Our Ancestors the Gauls«: Archaeology, Ethnic Nationalism, and the Manipulation of Celtic Identity in Modern Europe. Am. Anthropologist N.S. 96/3, 1994, 584–605.

Duisberg 2008: H. Duisberg (Hrsg.), Living History in Freilichtmuseen: Neue Wege der Geschichtsvermittlung. Schr. Freilichtmus. Kiekeberg 59. Rosengarten-Ehestorf: Freilichtmuseum am Kiekeberg 2008.

Eggert 1994/2011: M. K. H. Eggert, Archäologie heute: Reflexionen 1993. Festvortrag zum 85. Geburtstag von Rafael von Uslar am 15. November 1993. In: Ders.,

Retrospektive. Archäologie in kulturwissenschaftlicher Sicht. Herausgegeben von M. Augstein und St. Samida. Münster u. a.: Waxmann 2011, 233–254. [Ursprünglich in: Jahrb. RGZM 41, 1994 (1996) 3–18.]

Eggert 1998/2011: Ders., Theorie in der Ur- und Frühgeschichtlichen Archäologie: Erwägungen über und für die Zukunft. In: Ders., Retrospektive. Archäologie in kulturwissenschaftlicher Sicht. Herausgegeben von M. Augstein und St. Samida. Münster u. a.: Waxmann 2011, 265–283. [Ursprünglich in: M. K. H. Eggert/U. Veit (Hrsg.), Theorie in der Archäologie: Zur englischsprachigen Diskussion. Tübinger Arch. Taschenbücher 1 (Münster u. a. 1998) 357–377.]

Eggert 2006: Ders., Archäologie: Grundzüge einer Historischen Kulturwissenschaft. Tübingen u. a.: Francke 2006.

Eggert 2012: Ders., Prähistorische Archäologie: Konzepte und Methoden. Tübingen u. a.: Francke ⁴2012. [Erstauflage 2001.]

Eggert/Samida 2013: Ders./St. Samida, Ur- und Frühgeschichtliche Archäologie. Tübingen u. a.: Francke ²2013. [Erstauflage 2009.]

Erll 2005: A. Erll, Kollektives Gedächtnis und Erinnerungskulturen. Stuttgart u. a.: J. B. Metzler 2005.

Fenske 2009: M. Fenske, Abenteuer Geschichte. Zeitreisen in der Spätmoderne. Reisefieber Richtung Vergangenheit. In: W. Hardtwig/A. Schug, History Sells. Angewandte Geschichte als Wissenschaft und Markt. Stuttgart: Franz Steiner 2009, 79–90.

Fischer/Wirtz 2008: Th. Fischer/R. Wirtz, Alles authentisch? Popularisierung der Geschichte im Fernsehen. Konstanz: UVK 2008.

Fischer-Lichte 2001: E. Fischer-Lichte, Vom »Text« zur »Performance«. Der »Performative Turn« in den Kulturwissenschaften. In: G. Stanitzek/W. Voßkamp (Hrsg.), Schnittstelle: Medien und Kulturwissenschaften. Mediologie 1. Köln: DuMont 2001, 111–115.

Fischer-Lichte 2007: Dies., Theatralität und Inszenierung. In: Dies./C. Horn/I. Pflug/M. Warstat (Hrsg.), Inszenierung von Authentizität. Tübingen u. a.: Francke ²2007, 9–28.

Früchtl/Zimmermann 2001: J. Früchtl/J. Zimmermann, Ästhetik der Inszenierung. Dimensionen eines gesellschaftlichen, individuellen und kulturellen Phänomens. In: Dies. (Hrsg.), Ästhetik der Inszenierung. Dimensionen eines künstlerischen und gesellschaftlichen Phänomens. Frankfurt a. M.: Suhrkamp 2001, 9–47.

Flashar 2001: M. Flashar, Archäologie und Öffentlichkeit – Ein seltsam widersprüchliches Spannungsverhältnis. In: P. Noelke (Hrsg.), Archäologische Museen und Stätten der römischen Antike – Auf dem Wege vom Schatzhaus zum Erlebnispark und virtuellen Informationszentrum? Referate des 2. Internationalen Colloquiums zur Vermittlungsarbeit in Museen, Köln 3.–6. Mai 1999. Schriftenr. Museumsdienst Köln 4. Bonn: Habelt 2001, 23–32.

François/Schulze 2009a: E. François/H. Schulze (Hrsg.), Deutsche Erinnerungsorte I–III. München 2009. [Broschierter Nachdruck der ersten Auflage 2001: C. H. Beck.]

François/Schulze 2009b: Dies., Einleitung. In: François/Schulze 2009a, 9–24.

Füßmann/Grütter/Rüsen 1994: K. Füßmann/H. T. Grütter/J. Rüsen (Hrsg.), Historische Faszination. Geschichtskultur heute. Köln u. a.: Böhlau 1994.

Gehrke 1994: H.-J. Gehrke, Mythos, Geschichte, Politik – antik und modern. Saeculum 45, 1994, 239–264.

Gehrke 2000: Ders., Mythos, Geschichte und kollektive Identität. Antike exempla und ihr Nachleben. In: D. Dahlmann/W. Potthoff (Hrsg.), Mythen, Symbole und Rituale. Die Geschichtsmächtigkeit der Zeichen in Südosteuropa im 19. und 20. Jahrhundert. Heidelberger Publ. Slavistik, B: Literaturwiss. R. 14. Frankfurt a. M. u. a.: Peter Lang 2000, 1–24.

Gehrke 2004: Ders., Was ist Vergangenheit? Oder: Die ›Entstehung‹ von Vergangenheit. In: Ch. Ulf (Hrsg.), Der neue Streit um Troia: Eine Bilanz. München: C. H. Beck ²2004, 62–81.

Gehrke/Sénécheau 2010: Ders./M. Sénécheau, Antike Geschichte, Archäologie, Öffentlichkeit – für einen neuen Dialog zwischen Wissenschaft und Medien. Bielefeld: transcript 2010.

Gramsch 2005: A. Gramsch, Archäologie und post-nationale Identitätssuche. Arch. Nachrbl. 10/2, 2005, 185–193.

Hardtwig 1990: W. Hardtwig, Geschichtskultur und Wissenschaft. München: Deutscher Taschenbuch Verlag 1990.

Härke 1993: H. Härke, Vergangenheit und Gegenwart. In: S. Wolfram/U. Sommer (Hrsg.), Macht der Vergangenheit – Wer macht Vergangenheit. Archäologie und Politik. Beitr. Ur- u. Frühgesch. Mitteleuropa 3. Wilkau-Hasslau: Beier & Beran 1993, 3–11.

Hasberg 2006: W. Hasberg, Erinnerungs- oder Geschichtskultur? Überlegungen zu zwei (un-)vereinbaren Konzeptionen zum Umgang mit Gedächtnis und Geschichte. In: O. Hartung (Hrsg.), Museum und Geschichtskultur: Ästhetik, Politik, Wissenschaft. Sonderveröff. Ges. Kieler Stadtgesch. 52. Bielefeld: Verlag für Regionalgeschichte 2006, 32–59.

Hillrichs 2004: H. H. Hillrichs, Archäologie im Spiegel der Medien. Arch. Nachrbl. 9/2, 2004, 123–126.

Hitzler 2009: R. Hitzler, Eventisierung. Drei Fallstudien zum marketingstrategischen Massenspaß. Wiesbaden: Verlag für Sozialwissenschaften 2011.

Hobsbawm 1983/2010: E. Hobsbawm, Introduction: Inventing Traditions. In: Hobsbawm/Ranger 1983/2010, 1–14. [Auf Deutsch erschienen unter dem Titel: Das Erfinden von Traditionen. In: C. Conrad/M. Kessel (Hrsg.), Kultur & Geschichte. Neue Einblicke in eine alte Beziehung. Suttgart: Reclam 1998, 97–118.]

Hobsbawm/Ranger 1983/2010: Ders./T. Ranger (Hrsg.), The Invention of Tradition. Cambridge: University Press 2010. [Erstausgabe: 1983.]

Hochbruck 2008: W. Hochbruck, Living History, Geschichtstheater und Museumstheater: Übergänge und Spannungsfelder. In: Duisberg 2008, 23–35.

Hochbruck 2009: Ders., ›Belebte Geschichte‹: Deliminationen der Anschaulichkeit im Geschichtstheater. In: Korte/Paletschek 2009, 215–230.

Hölkeskamp/Stein-Hölkeskamp 2006: K.-J. Hölkeskamp/E. Stein-Hölkeskamp, Einleitung: ›Erinnerungsorte‹ – Begriff und Programm. In: Stein-Hölkeskamp/Hölkeskamp 2006, 11–14.

Hölscher 1995: T. Hölscher, Klassische Archäologie am Ende des 20. Jahrhunderts: Tendenzen, Defizite, Illusionen. In: E.-R. Schwinge (Hrsg.), Die Wissenschaften vom Altertum am Ende des 2. Jahrtausends n. Chr. Stuttgart u. a. : Teubner 1995, 197–228.

Holtorf 1993: C. Holtorf, Tatort Stonehenge – ein archäologisches Denkmal als moderner Bedeutungsträger. In: S. Wolfram/U. Sommer (Hrsg.), Macht der Vergangenheit – Wer macht Vergangenheit. Archäologie und Politik. Beitr. Ur- u. Frühgesch. Mitteleuropa 3. Wilkau-Hasslau: Beier & Beran 1993, 53–65.

Holtorf 2004: Ders., Monumental Past. The Life-Histories of Megalithic Monuments in Mecklenburg-Vorpommern (Germany) <https://tspace.library.utoronto.ca/citd/holtorf/index.html> [Zugriff: 6.8.2012].

Holtorf 2005a: Ders., Archäologie in der Erlebnisgesellschaft. Arch. Nachrbl. 10/2, 2005, 234–243.

Holtorf 2005b: Ders., From Stonehenge to Las Vegas: Archaeology as Popular Culture. Walnut Creek u. a.: Alta Mira Press 2005.

Holtorf 2007: Ders., Archaeology Is a Brand! The Meaning of Archaeology in Contemporary Popular Culture. Oxford: Left Coast Press 2007.

Holtorf 2008a: Ders., Archäologie als populäre Warenmarke in der Erlebnisgesellschaft. Plattform 15/16, 2008, 138–145.

Holtorf 2008b: Ders., Academic Critique and the Need for an Open Mind (a Response to Kristiansen). Antiquity 82, 2008, 490–492.

Jahrbuch Europäische Geschichte 2000: Schwerpunktthema: Europäische lieux de mémoire? Jahrb. Europäische Gesch. 1, 2000 (2002).

Jeismann 1977: K.-E. Jeismann, Didaktik der Geschichte. In: E. Kosthorst (Hrsg.), Geschichtswissenschaft. Didaktik – Forschung – Theorie. Göttingen: Vandenhoeck & Ruprecht 1977, 9–33.

Jeismann 2000a: K.-E. Jeismann, ›Geschichtsbewußtsein‹ als zentrale Kategorie der Didaktik des Geschichtsunterrichts. In: Ders., Geschichte und Bildung. Beiträge zur Geschichtsdidaktik und zur Historischen Bildungsforschung. Paderborn u. a.: Ferdinand Schöningh 2000, 46–72.

Jeismann 2000b: Ders., Zum Verhältnis von Fachwissenschaft und Fachdidaktik. Geschichtswissenschaft und historisches Lernen. In: Ders., Geschichte und Bildung. Beiträge zur Geschichtsdidaktik und zur Historischen Bildungsforschung. Paderborn u. a.: Ferdinand Schöningh 2000, 73–86.

Jensen 2002: I. Jensen, Einführung. In: Jensen/Wieczorek 2002, 11–14.

Jensen/Wieczorek 2002: Dies./A. Wieczorek (Hrsg.), Dino, Zeus und Asterix. Zeitzeuge Archäologie in Werbung, Kunst und Alltag heute. Publ. Reiss-Engelhorn-Mus. 4 = Beitr. Ur- u. Frühgesch. Arch. Mitteleuropa 35. Mannheim: Reiss-Engelhorn-Museen/Weißbach: Beier & Beran 2002.

Jung 2010: M. Jung, »Heimathirsche«. Hobbyarchäologen zwischen Hedonismus und Professionalisierung. Internat. Hoschulschr. 541. Münster u. a.: Waxmann 2010.

Junkelmann 1986: M. Junkelmann, Die Legionen des Augustus: Der römische Soldat im archäologischen Experiment. Kulturgesch. Antike Welt 33. Mainz: Zabern 1986.

Junkelmann 2002: Ders., Das Phänomen der zeitgenössischen ›Römergruppen‹. In: Jensen/Wieczorek 2002, 73–90.

Juwig/Kost 2010: C. Juwig/C. Kost (Hrsg.), Bilder in der Archäologie – Eine Archäologie der Bilder? Tübinger Arch. Taschenbücher 8. Münster u. a.: Waxmann 2010.

Kaeser 2010: M.-A. Kaeser, ArchäologInnen und Archäologie in den Medien: Ein störendes Spiegelbild. In: Gehrke/Sénécheau 2010, 49–62.

Karpenstein-Eßbach 2004: C. Karpenstein-Eßbach, Einführung in die Kulturwissenschaft der Medien. Paderborn: W. Fink 2004.

Keefer 2006: E. Keefer (Hrsg.), Lebendige Vergangenheit: Vom archäologischen Experiment zur Zeitreise. Sonderh. Arch. Deutschland. Stuttgart: Theiss 2006.

Kircher 2012: M. Kircher, Wa(h)re Archäologie. Die Medialisierung archäologischen Wissens im Spannungsfeld von Wissenschaft und Öffentlichkeit. Bielefeld: transcript 2012.

Kirchner 1964: H. Kirchner, Die Archäologie im Geschichtsbild der Gegenwart. Gedanken zu repräsentativen Stimmen der Zeit. Jahrb. RGZM 11, 1964, 1–14.

Kitamura 2010: K. Kitamura, ›Recreating Chaos‹: Jeremy Deller's *The Battle of Orgreave*. In: I. McCalman/P. A. Pickering (Hrsg.), Historical Reenactment: From Realism to the Affective Turn. Basingstoke: Palgrave Macmillan 2010, 39–49.

Köck 1990: Ch. Köck, Sehnsucht Abenteuer: Auf den Spuren der Erlebnisgesellschaft. Berlin: Transit 1990.

Kommer 2011: S. Kommer, Mittelalter-Märkte zwischen Kommerz und Historie. In: Th. M. Buck/N. Brauch (Hrsg.), Das Mittelalter zwischen Vorstellung und Wirklichkeit. Probleme, Perspektiven und Anstöße für die Unterrichtspraxis. Münster u. a.: Waxmann 2011, 183–200.

Korte/Paletschek 2009: B. Korte/S. Paletschek (Hrsg.), History goes Pop. Zur Repräsentation von Geschichte in populären Medien und Genres. Bielefeld: transcript 2009.

Koselleck 1971: R. Koselleck, Wozu noch Historie? Hist. Zeitschr. 212, 1971, 1–18.

Kowarik/Pany/Zingerle 2007: K. Kowarik/D. Pany/C. Zingerle, Unsichtbares sichtbar machen. In: R. Karl/J. Leskovar (Hrsg.), Interpretierte Eisenzeiten. Fallstudien, Methoden, Theorie. Tagungsbeiträge der 2. Linzer Gespräche zur interpretativen Eisenzeitarchäologie. Stud. Kulturgesch. Oberösterreich 19. Linz: Oberösterreichisches Landesmuseum 2007, 57–75.

Kretschmann 2009: C. Kretschmann, Wissenschaftspopularisierung. Verfahren und Beschreibungsmodelle – ein Aufriss. In: P. Boden/D. Müller (Hrsg.), Populäres Wissen im medialen Wandel seit 1850. LiteraturForsch. 9. Berlin: Kadmos 2009, 17–34.

Kristiansen 2008: K. Kristiansen, Should Archaeology Be in the Service of ›Popular Culture‹? A Theoretical and Political Critique of Cornelius Holtorf's Vision of Archaeology. Antiquity 82, 2008, 488–492.

Kühberger/Lübke/Terberger 2007: Ch. Kühberger/C. Lübke/T. Terberger (Hrsg.), Wahre Geschichte – Geschichte als Ware: Die Verantwortung der historischen Forschung für Wissenschaft und Gesellschaft. Rahden/Westf.: Leidorf 2007.

Kümmel/Müller-Scheeßel/Schülke 1999: Ch. Kümmel/N. Müller-Scheeßel/A. Schülke (Hrsg.), Archäologie als Kunst: Darstellung – Wirkung – Kommunikation. Tübingen: MoVince 1999.

Langewiesche 2008: D. Langewiesche, Geschichtsschreibung und Geschichtsmarkt in Deutschland. In: Ders., Zeitwende. Geschichtsdenken heute. Göttingen: Vandenhoeck & Ruprecht 2008, 9–17.

Maier 1981: F. G. Maier, Archäologie und moderne Welt. In: Andreae 1981, 31–44.

Maier 1992: Ders., Von Winckelmann zu Schliemann – Archäologie als Eroberungswissenschaft des 19. Jahrhunderts. Opladen: Westdeutscher Verlag 1992.

Mölders/Hoppadietz 2007: D. Mölders/R. Hoppadietz, »Odin statt Jesus!« Europäische Ur- und Frühgeschichte als Fundgrube für religiöse Mythen neugermanischen Heidentums? Rundbrief Theorie-AG 6/1, 2007, 32–48.

Müller-Scheeßel 2001: N. Müller-Scheeßel, Fair Prehistory: Archaeological Exhibits at French Expositions Universelles. Antiquity 75, 2001, 391–401.

Nikolow/Schirrmacher 2007: S. Nikolow/A. Schirrmacher, Das Verhältnis von Wissenschaft und Öffentlichkeit als Beziehungsgeschichte. Historiographische und systematische Perspektiven. In: Dies. (Hrsg.), Wissenschaft und Öffentlichkeit als Ressourcen füreinander. Studien zur Wissenschaftsgeschichte im 20. Jahrhundert. Frankfurt a. M. u. a.: Campus 2007, 11–36.

Nipperdey 1972: Th. Nipperdey, Über Relevanz. Gesch. Wiss. u. Unterricht 23, 1972, 577–596.

Nora 1984–1992: P. Nora, Les lieux de mémoire I–III. Paris: Gallimard 1984–1992.

Nora 1990: Ders., Zwischen Geschichte und Gedächtnis. Berlin: Wagenbach 1990. [Franz. Original: Paris 1986.]

Oels 2005: D. Oels, Ceram – Keller – Pörtner. Die archäologischen Bestseller der fünfziger Jahre als historischer Projektionsraum. In: W. Hardtwig/E. Schütz (Hrsg.), Geschichte für Leser. Populäre Geschichtsschreibung in Deutschland im 20. Jahrhundert. Stuttgart: Franz Steiner 2005, 345–370.

Otto 2010: U. Otto, Gegen Vergegenwärtigung. Zur Geste und Genese des Reenactments. In: M. Mertens (Hrsg.), Vergegenwärtigung (= Jahrb. Kulturwiss. u. ästhetische Praxis 4, 2009). Tübingen: Francke 2010, 95–110.

Rieche 1996: A. Rieche, Archäologie für jedermann – populärwissenschaftliche Schriften zu Archäologie/Bodendenkmalpflege. Arch. Nachrbl. 1/2, 1996, 152–159.

Rieche/Schneider 2002: Dies./B. Schneider (Hrsg.), Archäologie virtuell. Projekte, Entwicklungen, Tendenzen seit 1995. Schr. Bodendenkmalpfl. Nordrhein-Westfalen 6. Bonn: Habelt 2002.

Rüsen 1994: J. Rüsen, Was ist Geschichtskultur? Überlegungen zu einer neuen Art, über Geschichte nachzudenken. In: Füßmann/Grütter/Rüsen 1994, 3–26.

Rüsen 1997: Ders., Geschichtskultur. In: K. Bergmann/K. Fröhlich/A. Kuhn/J. Rüsen/G. Schneider (Hrsg.), Handbuch der Geschichtsdidaktik. Seelze-Velber: Kallmeyer'sche Verlagsbuchhandlung ⁵1997, 38–41.

Rüsen 2006: Ders., Erinnerungskultur in der Geschichte der Bundesrepublik Deutschland (mit Friedrich Jäger). In: Ders., Kultur macht Sinn. Köln u. a.: Böhlau 2006, 65–107.

Samida 2006: St. Samida, Die Vergangenheit in der Alltagswelt der Gegenwart – Anmerkungen zu einer Didaktik der Archäologie. In: H.-P. Wotzka (Hrsg.), Grundlegungen. Beiträge zur europäischen und afrikanischen Archäologie für Manfred K. H. Eggert. Tübingen: Francke 2006, 215–229.

Samida 2007: Dies., Archäologische Bodendenkmale: Zur Aneignung alter Kulturlandschaft. Archiv Mediengesch. 7, 2007, 105–116.

Samida 2009: Dies., Heinrich Schliemann, Troia und die deutsche Presse: Medialisierung, Popularisierung, Inszenierung. In: P. Boden/D. Müller (Hrsg.), Populäres Wissen im medialen Wandel seit 1850. Berlin: Kadmos 2009, 135–151.

Samida 2010a: Dies., Objekte der Begierde: Archäologische Dinge zwischen Forschung und Kommerzialisierung. In: E. Tietmeyer/C. Hirschberger/K. Noack/J. Redlin (Hrsg.), Die Sprache der Dinge. Kulturwissenschaftliche Perspektiven auf die materielle Kultur. Schriftenr. Mus. Europäischer Kulturen 5. Münster u. a.: Waxmann 2010, 89–98.

Samida 2010b: Dies., Ausgräber und Entdecker, Abenteurer und Held: Populäre Geschichtsvermittlung in archäologischen Fernsehdokumentationen. In: K. Arnold/W. Hömberg/S. Kinnebrock (Hrsg.), Geschichtsjournalismus. Zwischen Information und Inszenierung. Kommunikationsgesch. 21. Münster: Lit 2010, 219–233.

Samida 2010c: Dies., Schliemanns Erbe? Populäre Bilder von Archäologie in der Öffentlichkeit. In: Gehrke/Sénécheau 2010, 31–48.

Samida 2010d: Dies., Was ist und warum brauchen wir eine Archäologiedidaktik? Reflexionen über eine vernachlässigte Aufgabe archäologischer Forschung. Zeitschr. Geschichtsdidaktik 9, 2010, 215–226.

Samida 2011a: Dies., Didaktik in den Altertumswissenschaften: Zur Struktur und Bedeutung einer Archäologiedidaktik. In: A. Verbovsek (Hrsg.), Ägyptologie und Kulturwissenschaft – Neue Herausforderungen für eine interdisziplinäre Methodik und Didaktik in den Geisteswissenschaften. Ägyptologie u. Kulturwiss. 4. München: Fink 2011, 153–172.

Samida 2011b: Dies. (Hrsg.), Inszenierte Wissenschaft. Zur Popularisierung von Wissen im 19. Jahrhundert. Bielefeld: transcript 2011.

Samida 2011c: Dies., Archäologische Berichterstattung in der Presse des 19. Jahrhunderts: Plädoyer für medienhistorische Forschungen. Saeculum 61/2, 2011, 283–304.

Samida 2011d: Dies., Vom Heros zum Lügner? Wissenschaftliche ›Medienstars‹ im 19. Jahrhundert. In: Samida 2011b, 245–272.

Samida 2012a: Dies., Medialisierte Archäologie: Inszenierung – Kommerzialisierung – Pornografisierung. In: Ch. Kühberger/A. Pudlat (Hrsg.), Vergangenheitsbewirtschaftung: Public History zwischen Wirtschaft und Wissenschaft. Innsbruck u. a.: Studienverlag 2012, 120–138.

Samida 2012b: Dies., Heinrich Schliemann. Tübingen u. a.: Francke 2012.

Schallmayer 2004: E. Schallmayer, Gesellschaft und Archäologie – Gedanken zum kulturpolitischen Auftrag: ein Resümee. Arch. Nachrbl. 9/2, 2004, 172–180.

Schirrmacher 2008: A. Schirrmacher, Nach der Popularisierung. Zur Relation von Wissenschaft und Öffentlichkeit im 20. Jahrhundert. Gesch. u. Gesellschaft 34, 2008, 73–95.

Schliemann 1881: H. Schliemann, Ilios. Stadt und Land der Trojaner. Leipzig: F. A. Brockhaus 1881.

Schmaedecke 1989: M. Schmaedecke, Archäologie und Öffentlichkeit. Versuch der Darstellung einer historischen Entwicklung. Arch. Inf. 12/1, 1989, 6–15.

Schmidt 1994: M. Schmidt, Archäologie und deutsche Öffentlichkeit. Arch. Inf. 17/1, 1994, 15–24.

Schneider 2000: L. Schneider, Archäologie, Tourismus und Gesellschaft. In: A. H. Borbein/T. Hölscher/P. Zanker (Hrsg.), Klassische Archäologie: Eine Einführung. Berlin: Reimer 2000, 91–106.

Schönemann 2008: B. Schönemann, Geschichtsdidaktik, Geschichtskultur, Geschichtswissenschaft. In: H. Günther-Arndt (Hrsg.), Geschichts-Didaktik. Praxishandbuch für die Sekundarstufe I und II. Bernd Mütter zum 65. Geburtstag. Berlin: Cornelsen Scriptor ⁵2008, 11–22.

Schörken 1995: R. Schörken, Begegnungen mit Geschichte. Vom außerwissenschaftlichen Umgang mit der Historie in Literatur und Medien. Stuttgart: Klett-Cotta 1995.

Schulze 2005: G. Schulze, Die Erlebnisgesellschaft: Kultursoziologie der Gegenwart. Frankfurt a. M. u. a.: Campus ²2005. [Erstausgabe: 1992.]

Schwarz 1999: A. Schwarz, Der Schlüssel zur modernen Welt. Wissenschaftspopularisierung in Großbritannien und Deutschland im Übergang zur Moderne (ca. 1870–1914). Vierteljahrschr. Sozial- u. Wirtschaftsgesch. Beih. 153. Stuttgart: Franz Steiner 1999.

Sénécheau 2007: M. Sénécheau, Motive mit Tradition – Lebensbilder und Geschlechterrollen in gegenwärtigen Schulbüchern. In: J. E. Fries/U. Rambuschek/G. Schulte-Dornberg (Hrsg.), Science oder Fiction? Geschlechterrollen in archäologischen Lebensbildern. Münster u. a.: Waxmann 2007, 123–162.

Sénécheau 2008: Dies., Archäologie im Schulbuch: Themen der Ur- und Frühgeschichte im Spannungsfeld zwischen Lehrplanforderungen, Fachdiskussion und populären Geschichtsvorstellungen. Schulbücher, Unterrichtsfilme, Kinder- und Jugendliteratur. Freiburg 2008 (Diss. Univ. Freiburg 2006). [PDF-Dokument unter: <http://www.freidok.uni-freiburg.de/volltexte/6142>; Zugriff: 1.8.2012.]

Sénécheau 2010a: Dies., Der Fund als Fakt? Zur Rolle und Funktion archäologischer Funde in Dokumentarfilmen. In: U. Pirker/M. Rüdiger/C. Klein u. a. (Hrsg.), Authentizitätsfiktionen in populären Geschichtskulturen. Ansprüche, Strategien, Wirkungen. Bielefeld: transcript 2010, 93–121.

Sénécheau 2010b: Dies., Geklaute Germanen? Fernsehdokumentationen als Basis für Unterrichtsfilme. In: Gehrke/Sénécheau 2010, 227–257.

Siegmund 2001: F. Siegmund, Ur- und Frühgeschichte – eine Disziplin zwischen Boom und Krise. Jahrb. SGUF 84, 2001, 109–118.

Siegmund 2012: Ders., »Abwechsunglsreich, spannend und interessant«: »Deutschlands Supergrabungen« im ZDF. Kommentar vom 1.6.2012 auf der Seite der DGUF. [Abrufbar über <http://www.dguf.de/index.php?id=241>; Zugriff: 1.8.2012.]

Sösemann 2002: B. Sösemann, Olympia als publizistisches National-Denkmal. Ein Beitrag zur Praxis und Methode der Wissenschaftspopularisierung im Deutschen Kaiserreich. In: H. Kyrieleis (Hrsg.), Olympia 1857–2000. 125 Jahre Ausgrabungen. Internationales Symposion, Berlin 9.–11. November 2000. Mainz: Zabern 2002, 49–84.

Stein-Hölkeskamp/Hölkeskamp 2006: E. Stein-Hölkeskamp/K.-J. Hölkeskamp (Hrsg.), Erinnerungsorte der Antike: Die römische Welt. München: C. H. Beck 2006.

Stein-Hölkeskamp/Hölkeskamp 2010: Dies. (Hrsg.), Die griechische Welt: Erinnerungsorte der Antike. München: C. H. Beck 2010.

von Steuben 1977: H. von Steuben, Erscheinungsformen und Motive des Publikumsinteresses an Archäologie. In: [R. Kurzrock (Hrsg.),] Archäologie. Forsch. u. Information 21. Berlin: Colloquium Verlag 1977, 9–17.

Trebsche/Müller-Scheeßel/Reinhold 2010: P. Trebsche/N. Müller-Scheeßel/S. Reinhold (Hrsg.), Der gebaute Raum: Bausteine einer Architektursoziologie vormoderner Gesellschaften. Tübinger Arch. Taschenbücher 7. Münster u. a.: Waxmann 2010.

Vierhaus 1977: R. Vierhaus, Geschichtsforschung und Didaktik der Geschichte. In: E. Kosthorst (Hrsg.), Geschichtswissenschaft. Didaktik – Forschung – Theorie. Göttingen: Vandenhoeck & Ruprecht 1977, 34–47.

Walz 2001: R. Walz, Geschichtsdidaktik. In: H.-J. Goertz (Hrsg.), Geschichte. Ein Grundkurs. Reinbek bei Hamburg: Rowohlt Taschenbuch Verlag 2001, 694–723.

Weingart 2008: P. Weingart, Die Stunde der Wahrheit? Zum Verhältnis der Wissenschaft zu Politik, Wirtschaft und Medien in der Wissensgesellschaft. Weilerswist: Velbrück Wissenschaft ²2008. [Erstausgabe: 2001.]

Wiegels 2006: R. Wiegels, ›Varusschlacht‹ und ›Hermann‹-Mythos – Historie und Historisierung eines römisch-germanischen Kampfes im Gedächtnis der Zeiten. In: Stein-Hölkeskamp/Hölkeskamp 2006, 503–525.

Wildung 1981: D. Wildung, Gedanken zur Ägyptomanie. In: Andreae 1981, 77–82.

Wilharm/Bohn 2009: H. Wilharm/R. Bohn, Einleitung. In: Dies. (Hrsg.), Inszenierung und Ereignis. Beiträge zur Theorie und Praxis der Szenografie. Bielefeld: transcript 2009, 9–43.

Wirtz 2008: R. Wirtz, Alles authentisch: so war's. Geschichte im Fernsehen oder TV-History. In: Fischer/Wirtz 2008, 9–32.

Zintzen 1998: C. Zintzen, Von Pompeji nach Troia. Archäologie, Literatur und Öffentlichkeit im 19. Jahrhundert. Comentarii 6. Wien: WUV-Universitätsverlag 1998.

Autorinnen und Autoren

Stefan Burmeister
Museum und Park Kalkriese
Venner Straße 69
49565 Bramsche-Kalkriese
Burmeister@kalkriese-varusschlacht.de

Manfred K. H. Eggert
Eberhard-Karls-Universität Tübingen
Institut für Ur- und Frühgeschichte
und Archäologie des Mittelalters
Schloss Hohentübingen
72070 Tübingen
manfred.eggert@uni-tuebingen.de

Kerstin P. Hofmann
Deutsches Archäologisches Institut, Zentrale
Exzellenzcluster Topoi
Hittorfstr. 18
14195 Berlin
kerstin_p_hofmann@gmx.de

Tim Kerig
Institute of Archaeology
University College London
31–34 Gordon Square
London
WC1H 0PY
t.kerig@ucl.ac.uk

Thomas Knopf
Eberhard-Karls-Universität Tübingen
Institut für Ur- und Frühgeschichte
und Archäologie des Mittelalters
Schloss Hohentübingen
72070 Tübingen
thomas.knopf@uni-tuebingen.de

Martin Porr
University of Western Australia
Archaeology/Centre for Rock-Art Research and Management
School of Social Sciences
Crawley WA, Australia
martin.porr@uwa.edu.au

Stefanie Samida
Zentrum für Zeithistorische Forschung
Am Neuen Markt 1
D–14467 Potsdam
samida@zzf-pdm.de

Nils Müller-Scheeßel
Römisch-Germanische Kommission
Palmengartenstraße 10–12
60325 Frankfurt am Main
muellerscheessel@rgk.dainst.de

Ulrich Veit
Professur für Ur- und Frühgeschichte
am Historischen Seminar der Universität Leipzig
Ritterstraße 12
04109 Leipzig
ulrich.veit@uni-leipzig.de